2010

浙江外事年鉴

《浙江外事年鉴》编纂委员会 编

ZHEJIANG
FOREIGN AFFAIRS
YEARBOOK

ZHEJIANG UNIVERSITY PRESS
浙江大学出版社

图书在版编目（C I P）数据

浙江外事年鉴．2010／《浙江外事年鉴》编纂委员会编．
杭州：浙江大学出版社，2010.6
ISBN 978-7-308-07631-9

Ⅰ．浙…　Ⅱ．浙…　Ⅲ．外事管理—浙江省—2010—年鉴
Ⅳ．D827.55—54

中国版本图书馆CIP数据核字（2010）第099761号

2010
浙江外事年鉴
《浙江外事年鉴》编纂委员会编

责任编辑	冯社宁
出版发行	浙江大学出版社 （杭州市天目山路148号　邮政编码310007） （网址：http://www.zjupress.com）
排　　版	浙江新华图文制作有限公司
印　　刷	浙江新华数码印务有限公司
开　　本	889mm×1194mm　1/16
印　　张	26
插　　页	64
字　　数	800千
版 印 次	2010年6月第1版 2010年6月第1次印刷
书　　号	ISBN　978-7-308-07631-9
定　　价	150.00元

编 辑 说 明

一、《浙江外事年鉴》由浙江省人民政府外事办公室主持编纂，是记载浙江省涉外工作年度大事、新事和要事的信息资料工具书。

二、《浙江外事年鉴》（2010）主要记述2009年1月1日至12月31日期间发生的涉外事件。鉴于浙江省人民政府外事办公室与浙江省人民政府港澳事务办公室合署办公这一实际情况，本年鉴将港澳工作也列入收编范围。

三、在2009卷基础上，《浙江外事年鉴》（2010）框架有所调整，主要是："省级外事"栏目中，原来的"总情"改为"2009浙江外事"；"港澳事务"和"省友协"从原来的"综述"中析出，均单独成篇；另外"部门外事"增加了部分厅局，力求更加全面地反映全省的外事工作。"市县外事"栏目中，金华市所辖的义乌市（县级市）因情况特殊，参照省级其他系统的做法，采取"11＋1"（即11个地级市＋义乌市）的模式将其单列。新增"高校和企业外事"栏目，记载部分省属高校和企业主要是民营企业的外事活动。全书分设图记、特载、浙江省情、省级外事、高校和企业外事、市县外事、外国人看浙江和附录八大栏目，共有条目1500余条，条目一般按事件发生时间的先后顺序排列。

四、本年鉴配备双重检索系统，书前有详细目录；书后备有主题分析索引，范围详及条目。另外，配有英文目录，内容详及篇目。为方便读者保存和查阅，配有光盘。

五、本年鉴所收内容（含图片）均由省外办各处（室）和下属单位，各市外事（侨务）办公室，省级各有关部门、单位和驻浙江机构提供，年鉴稿件的编辑、出版过程得到全省各级各单位外事部门的高度重视与积极配合。借此，谨向参与年鉴编撰工作的领导和作者致谢。因编辑水平所限，书中难免有不足之处，敬请有关方面和广大读者批评指正。

《浙江外事年鉴》编辑部

2010年6月

省委书记、省人大常委会主任赵洪祝会见非洲工会统一组织总书记哈桑·松莫努。（2009年2月14日）

省委书记、省人大常委会主任赵洪祝会见沃尔玛全球高级副总裁、中国区总裁兼首席执行官陈耀昌。（2009年2月20日）

省委书记、省人大常委会主任赵洪祝会见美国花旗集团执行董事罗伯特·库恩。（2009年2月25日）

省委书记、省人大常委会主任赵洪祝会见瑞士诺华制药集团首席执行官约瑟夫·吉米内斯。（2009年3月24日）

省委书记、省人大常委会主任赵洪祝会见诺基亚西门子通信公司大中国区总裁张志强。(2009年3月31日)

省委书记、省人大常委会主任赵洪祝会见中意政府委员会意方代表范义澜。(2009年4月2日)

省委书记、省人大常委会主任赵洪祝会见参加“连线浙江”活动的中东、非洲国家驻华使节和媒体记者。（2009年4月23日）

省委书记、省人大常委会主任赵洪祝会见微软公司首席执行官史蒂夫·鲍尔默。（2009年5月15日）

省委书记、省人大常委会主任赵洪祝，省委副书记、省长吕祖善共同会见新加坡总理李显龙夫妇。（2009年6月4日）

省委书记、省人大常委会主任赵洪祝会见香港贸易发展局主席苏泽光。（2009年6月5日）

省委书记、省人大常委会主任赵洪祝会见新西兰驻沪总领事隋新。（2009年6月15日）

省委书记、省人大常委会主任赵洪祝会见英国渣打银行（中国）有限公司首席执行总裁曾璟璇。（2009年6月16日）

省委书记、省人大常委会主任赵洪祝会见缅甸联邦国家和平与发展委员会副主席貌埃。（2009年6月18日）

省委书记、省人大常委会主任赵洪祝会见澳大利亚贸易部长西蒙·克林。（2009年7月11日）

省委书记、省人大常委会主任赵洪祝会见以色列IDB集团副主席阿维·费舍尔。（2009年7月27日）

省委书记、省人大常委会主任赵洪祝会见巴基斯坦总统阿西夫·阿里·扎尔达里。（2009年8月21日）

省委书记、省人大常委会主任赵洪祝会见美国联邦众议员卡洛琳·马洛尼。（2009年9月5日）

省委书记、省人大常委会主任赵洪祝会见非洲联盟委员会主席让·平。（2009年9月10日）

省委书记、省人大常委会主任赵洪祝会见以色列驻沪总领事艾雅克。（2009年11月12日）

省委书记、省人大常委会主任赵洪祝会见挪威北挪威省省长欧德·埃里克森。（2009年11月18日）

省委书记、省人大常委会主任赵洪祝会见乌干达副总统吉尔伯特·布凯尼亚。（2009年11月24日）

省委书记、省人大常委会主任赵洪祝会见奥地利萨尔茨堡市市长海因茨·沙登。（2009年12月2日）

省委书记、省人大常委会主任赵洪祝会见摩托罗拉公司资深副总裁、中国公司董事长高瑞彬。（2009年12月14日）

省委书记、省人大常委会主任赵洪祝会见"2010港澳·浙江周"前期港澳媒体采访团。（2009年12月15日）

省委书记、省人大常委会主任赵洪祝会见日本大阪府知事大桥彻、京都府知事山田启二、兵库县知事户井敏三等三府县代表团。（2009年12月24日）

省委副书记、省长吕祖善会见卡塔尔国际石油公司总裁纳赛尔·加达。（2009年5月7日）

省委副书记、省长吕祖善会见英国贸易投资与商务部长默文·戴维斯。（2009年7月23日）

省委副书记、省长吕祖善会见世界中华宁波总商会会长周亦卿。（2009年9月1日）

省委副书记、省长吕祖善会见尼日利亚奥贡州州长奥通巴·葛邦加·丹尼尔和夫人。（2009年9月7日）

省委副书记、省长吕祖善会见埃及投资部长马哈茂德·穆希丁。（2009年9月9日）

省委副书记、省长吕祖善会见爱尔兰驻华大使戴克澜·凯勒何。（2009年10月20日）

省委副书记、省长吕祖善会见玫琳凯公司全球总裁兼首席执行官大卫·霍尔。（2009年10月20日）

省委副书记、省长吕祖善会见美国田纳西州州长斐尔·布雷德森。（2009年10月26日）

省委副书记、省长吕祖善会见出席第20届中美商贸联委会会议的美国驻华大使洪博培、商务部长骆家辉和贸易代表柯克等。（2009年10月28日）

省政协主席周国富会见柬埔寨参议院立法和司法委员会主席吴本辰。（2009年11月10日）

省委副书记夏宝龙会见微软公司首席执行官史蒂夫·鲍尔默。（2009年5月15日）

省委常委、常务副省长陈敏尔会见美国高盛集团董事总经理王铁飞。（2009年3月19日）

省委常委、秘书长李强到机场迎接非洲联盟委员会主席让·平。（2009年9月9日）

省委常委、宣传部长黄坤明会见第六期非洲国家政府官员新闻研修班学员。（2009年7月22日）

省委常委、副省长葛慧君会见国际期刊联盟总裁唐纳德·库墨菲尔德。（2009年2月24日）

省人大常委会副主任吴国华会见乌克兰最高拉达（议会）人民代表、乌中议会关系人民委员会副主席维塔利·基里洛。（2009年4月24日）

省人大常委会副主任刘奇会见密克罗尼西亚联邦前副总统基里昂。（2009年6月24日）

省人大常委会副主任程渭山会见非洲和平与发展NGO联合考察团。（2009年8月13日）

副省长陈加元会见越共中央委员、组织部副部长、越南内务部部长陈文俊。（2009年8月12日）

副省长茅临生会见阿联酋外贸部长鲁卜娜·卡西米谢赫。（2009年4月21日）

副省长金德水会见古巴国务委员会科技顾问菲德尔·卡斯特罗·迪亚斯。（2009年10月15日）

副省长龚正会见巴西驻上海总领事马尔科斯·卡拉姆卢·德·帕伊瓦。（2009年2月20日）

副省长龚正会见通用电气全球副总裁、能源集团中国区总裁温跃忠。（2009年7月22日）

副省长龚正会见新加坡总理公署部长、财政部兼交通部第二部长陈惠华。（2009年10月27日）

省委书记、省人大常委会主任赵洪祝与以色列总统佩雷斯亲切会谈。（2009年11月）

省委书记、省人大常委会主任赵洪祝与以色列农业部长辛鸿会谈。（2009年11月）

省委书记、省人大常委会主任赵洪祝与以色列外交部总司长尤西·盖尔会谈。（2009年11月）

省委书记、省人大常委会主任赵洪祝与希腊萨洛尼卡省省长普索米亚季斯会谈。（2009年11月）

省委书记、省人大常委会主任赵洪祝接受希腊电视台采访。（2009年11月）

省委书记、省人大常委会主任赵洪祝与阿联酋沙迦市政委员会主席沙姆斯互赠礼品。（2009年11月）

省委书记、省人大常委会主任赵洪祝与阿联酋外贸部长鲁卜娜·卡西米谢赫女士互赠礼品。（2009年11月）

省委书记、省人大常委会主任赵洪祝考察迪拜中国浙江商贸城。（2009年11月）

省委副书记、省长吕祖善与尼日利亚奥贡州州长丹尼尔签署合作协议。（2009年7月）

省委副书记、省长吕祖善与奥贡州州长丹尼尔出席浙江省企业投资的工业园奠基仪式。（2009年7月）

省委副书记、省长吕祖善与尼日利亚拉各斯州州长法萧拉会谈。（2009年7月）

省委副书记、省长吕祖善拜会埃及投资部长马哈茂德·穆希丁。（2009年7月）

省委副书记、省长吕祖善在中国浙江—埃及投资贸易说明会上作主旨演讲。（2009年7月）

省委副书记、省长吕祖善会见土耳其伊斯坦布尔省省长穆安马·古乐。（2009年7月）

省政协主席周国富与阿根廷国会众议员胡莉亚·阿根廷·佩利耶会谈。（2009年11月）

省政协主席周国富拜会智利艾森大区区长萨利姆·卡拉斯科·罗伯。（2009年11月）

省委常委、杭州市委书记、市人大常委会主任王国平会见阿根廷布宜诺斯艾利斯市议会副议长迭戈·桑迪利。（2009年3月）

省委常委、宁波市委书记、市人大常委会主任巴音朝鲁与加拿大萨里市市长戴安娜·瓦茨共同签署两市友好交流备忘录。（2009年4月）

省委常委、秘书长李强出席达亨博茨瓦纳纺织工业园奠基典礼、浙江省·哈博罗内市结好签字仪式与达亨博茨瓦纳国际慈善基金会成立仪式。（2009年3月）

省委常委、副省长葛慧君拜会澳大利亚西澳州下议院议长伍德汉姆斯后合影。（2009年10月）

省人大常委会副主任程渭山与澳大利亚西澳州发展部国际合作局局长阿诺德会谈。（2009年3月）

副省长茅临生与斐济总理拜尼·玛拉玛夫妇合影。（2009年3月）

副省长金德水与加拿大矿业部北部发展部部长迈克尔·格拉威勒会谈。（2009年5月）

副省长龚正出席浙江省·德国石荷州促进委员会第六次会议备忘录签字仪式。（2009年9月）

副省长王建满与印尼东爪哇省副省长尤瑟夫合影。（2009年10月）

副省长郑继伟向韩国釜山市政府赠送纪念品。（2009年9月）

省委书记、省人大常委会主任赵洪祝会见澳大利亚西澳州上议院议长尼古拉斯格里菲思和夫人。（2009年2月19日）

省委书记、省人大常委会主任赵洪祝会见日本静冈县议会议长天野一。（2009年3月16日）

省委书记、省人大常委会主任赵洪祝会见比利时西弗兰德省省长保罗·拜恩。（2009年3月19日）

省委书记、省人大常委会主任赵洪祝会见韩国首尔市市长吴世勋。（2009年4月10日）

省委书记、省人大常委会主任赵洪祝会见澳大利亚西澳州总理科林·巴尼特。（2009年7月20日）

省委书记、省人大常委会主任赵洪祝会见美国印第安纳州州长米奇·丹尼尔斯。（2009年9月9日）

省委副书记、省长吕祖善会见比利时西弗兰德省省长保罗·拜恩。（2009年3月19日）

省委副书记、省长吕祖善会见韩国首尔市市长吴世勋。（2009年4月10日）

省委副书记、省长吕祖善会见前来参加第十一届浙洽会暨第八届消博会的瑞士汝拉州州长米歇尔·普斯特。（2009年6月7日）

省委副书记、省长吕祖善会见前来参加第十一届浙洽会暨第八届消博会的英国约克·恒勃大区发展署主席霍奇金森。（2009年6月8日）

省委副书记、省长吕祖善会见美国印第安纳州州长米奇·丹尼尔斯。（2009年9月9日）

省委副书记、省长吕祖善会见日本静冈县知事川胜平太。（2009年11月23日）

省委副书记夏宝龙会见瑞士汝拉州州长米歇尔·普斯特。（2009年6月8日）

省委常委、秘书长李强会见博茨瓦纳哈博罗内市市长考哈奈塞·哈里·莫泰。（2009年7月29日）

省人大常委会副主任程渭山与澳大利亚西澳州上议院议长尼古拉斯·格里菲思一行会谈。（2009年2月19日）

格里菲思一行参观浙江大学。（2009年2月19日）

副省长龚正与比利时西弗兰德省省长保罗·拜恩亲切交谈。（2009年3月19日）

浙江省·西弗兰德省经济和贸易投资促进委员会第一次会议在杭州召开。（2009年3月19日）

浙江省·枥木县书法友好交流展开幕式。（2009年3月26日）

《浙江省与首尔市建立友好合作关系协议书》签字仪式在杭州举行。（2009年4月10日）

浙江省·西澳大利亚州大学校长论坛在杭州举行。（2009年4月24日）

浙江省与澳大利亚西澳州领导与“2009体验西澳—浙江省高中英语口语大赛”获奖者合影留念。（2009年7月20日）

副省长龚正与英国约克·恒勃大区发展署主席霍奇金森为浙洽会约克·恒勃大区展台剪彩。（2009年6月8日）

副省长龚正与瑞士汝拉州州长米歇尔·普斯特为浙洽会汝拉州展台剪彩。（2009年6月8日）

省友协会长梁平波会见日本日中友好协会副会长、福井县日中友好协会会长酒井哲夫。（2009年7月28日）

美国印第安纳州州长米奇·丹尼尔斯等出席康明斯混合动力公交车服务杭州活动。（2009年9月8日）

走进印州——投资合作研讨会在杭州召开。（2009年9月9日）

省委常委、秘书长李强与瑞士弗里堡州副州长比特·冯朗特共同签署《中国浙江省与瑞士弗里堡州友好交流与合作会谈纪要》。（2009年10月20日）

浙江省·西澳州政府厅局长会议在杭州召开。（2009年12月4日）

省公安厅与西澳州警署合作备忘录签字仪式。（2009年7月20日）

杭州市市长蔡奇向爱尔兰都柏林市长赠送杭州画册。（2009年4月21日）

杭州国际友好城市市长峰会代表在《文化合作宣言》签字仪式后合影。（2009年10月16日）

中国杭州·菲律宾文化周。（2009年4月12日）

宁波市市长毛光烈会见斯里兰卡港务和航空部长拉杰帕克斯。（2009年5月8日）

新加坡总理李显龙在宁波考察来福士广场项目。（2009年6月6日）

驻外使节考察团在雅戈尔集团参观考察。（2009年7月24日）

温州市委书记邵占维会见壳牌中国集团主席林浩光。（2009年2月10日）

温州市市长赵一德会见美国得克萨斯州博尔郡议会议长凯文·沃尔夫。（2009年12月21日）

温州市副市长陈宏峰会见美国国际数据集团董事长麦戈文等。（2009年6月18日）

嘉兴市委书记陈德荣会见以色列驻沪总领事艾雅克。（2009年12月3日）

嘉兴市市长李卫宁在韩国江陵市参观两市缔结友好城市十周年图片展。（2009年5月13日）

嘉兴市副市长蒋仁欢与澳大利亚班布里市市长大卫·史密斯为嘉兴—班布里商务办公室揭幕。（2009年5月25日）

湖州市委书记孙文友会见韩国清州市副议长延哲钦。（2009年11月16日）

湖州市市长马以会见日本岛田市第21次友好访华团。（2009年11月11日）

湖州市委副书记朱坤民会见西班牙雷嘎纳斯市市长拉法尔·蒙托亚。（2009年10月23日）

绍兴市委书记张金如会见西班牙圣谷格市市长优易斯·列克德。（2009年10月28日）

绍兴市市长钱建民会见日本荏原制作所株式会社顾问、前董事长岛川文雄。（2009年4月17日）

绍兴市副市长徐明光会见日本小山市高中生代表团。（2009年3月25日）

金华市市长陈昆忠与美国马里兰州华盛顿郡约翰·富兰克林·巴尔市长签署《两市建立友好关系备忘录》。（2009年11月10日）

金华市副市长金中梁与巴西瓜路亚市市长签署两市建立友好关系备忘录。（2009年10月21日）

衢州市委书记孙建国会见前来参加纪念孔子诞辰2560周年祭祀活动的泰国隆财基金会主席、泰国岱秘中学孔子课堂主席赵昆通猜大和尚。（2009年9月27日）

衢州市副市长雷长林与日本静冈县2009年度定期协议团就现代农业交流合作项目进行座谈。（2009年8月18日）

衢州市副市长罗卫红会见日本驻上海总领事横井裕。（2009年10月22日）

舟山市委书记梁黎明参观新加坡知名企业。（2009年4月23日）

舟山市市长周国辉与美国里士满市市长麦克罗琳签署两市友好交流备忘录。（2009年10月24日）

台州市委书记、市长陈铁雄会见荷兰驻华大使裴靖康。（2009年7月28日）

台州市代市长吴蔚荣会见法国法雷奥集团雨刮专业公司总裁安东尼·杜特里奥。（2009年12月7日）

台州市副市长叶阿东会见德国哈瑙市议会议长约根·绍尔曼。（2009年10月16日）

丽水市委书记陈荣高、市长卢子跃会见参加2009中国·丽水国际摄影文化节的韩国丽水市友好代表团。（2009年11月29日）

丽水市市长卢子跃、副市长梁细弟与保加利亚索非亚市纳德日达区代表团一行合影。（2009年4月24日）

浙江省龙泉市学生访问团在韩国康津郡交流访问。（2009年8月7日）

浙江省情介绍会暨迎春招待会在上海举行。（2009年1月12日）

省外办主任阮忠训在浙江省情介绍会暨迎春招待会上致辞。（2009年1月12日）

第十一届浙江省投资贸易洽谈会暨第八届中国国际日用消费品博览会在宁波举办。（2009年6月8日）

参加“连线浙江”活动的中东、非洲国家驻华使节和媒体记者在宁波考察。（2009年4月22日）

参加“走进温州——发展中的民营经济”为主题的“使领馆年”活动的各国使节参观康奈集团。（2009年5月20日）

副省长龚正等在机场迎接来访的新加坡总理李显龙一行。（2009年6月4日）

李显龙一行考察杭州阿里巴巴集团公司。（2009年6月4日）

缅甸和平与发展委员会副主席貌埃和夫人游览西湖。（2009年6月18日）

貌埃和夫人参观灵隐寺。（2009年6月18日）

泰国公主诗琳通在海宁观看钱江潮。（2009年7月22日）

2009年中英携手创新共拓信息产业未来研讨会在杭州召开。（2009年7月23日）

2009年第六届浙江国际传统武术比赛在杭州举行。（2009年8月1日）

副省长龚正等在机场迎接来访的巴基斯坦总统阿西夫·阿里·扎尔达里一行。（2009年8月21日）

巴基斯坦—浙江（中国）贸易投资推介会在杭州召开。（2009年8月22日）

省委副书记、省长吕祖善向尼日利亚奥贡州州长奥通巴·葛邦加·丹尼尔赠送农用拖拉机等。（2009年9月7日）

丹尼尔和夫人参观义乌梦娜袜业集团。（2009年9月8日）

“魅力浙江摄影展”在瑞士展出。（2009年9月10日）

非洲联盟委员会主席让·平在温州看望老乡。（2009年9月10日）

副省长陈加元向获得“西湖友谊奖”的外国专家颁奖。（2009年9月24日）

第四届“锦湖韩亚杯”中国大学生韩国语演讲大赛浙江赛区决赛在杭州举行。（2009年10月23日）

美国田纳西—浙江投资研讨会在杭州举行。（2009年10月26日）

第二十届中美商贸联委会在杭州召开。（2009年10月28日）

2009杭州国际马拉松赛。（2009年11月8日）

乌干达副总统吉尔伯特·布凯尼亚参观义乌国际商贸城。（2009年11月24日）

布凯尼亚考察杭州经纬电子机械公司。（2009年11月24日）

杭州与荷兰阿姆斯特丹直航签约仪式在杭州举行。（2009年12月9日）

2011年亚足联亚洲杯预选赛。（2009年1月21日）

浙江国际残疾人乒乓球友谊赛。（2009年11月28日）

金华市文化代表团在德国友好城市迪恩市城市节上演出。（2009年9月18日）

中国、美国、韩国的学生在韩国全罗南道康津女子高中交流鼓艺。（2009年8月10日）

副省长龚正视察省外办。（2009年1月14日）

省友协第六届理事会2009年年会在杭州召开。（2009年3月6日）

国际形势报告会。（2009年6月16日）

省委常委、纪委书记任泽民听取省外办工作情况汇报。（2009年6月19日）

省外事干部培训班在杭州举行。（2009年7月6日）

驻外使节考察团参观台州宝石集团。（2009年7月25日）

外交为国内发展服务座谈会在杭州召开。（2009年7月28日）

全省市外办主任会议在杭州召开。（2009年8月4日）

"树立海外中国公民文明形象宣传月"活动浙江省启动仪式在青田举行。（2009年8月19日）

省外办干部职工参加省直机关第九届运动会。（2009年10月17日）

中纪委制止公款出国（境）旅游专项工作情况汇报会在杭州举行。（2009年10月30日）

《浙江外事年鉴》通讯员培训班在绍兴召开。（2009年11月12日）

省外办机关干部职工赴南郊监狱进行警示教育。（2009年12月28日）

浙江省APEC商务旅行卡推介会在台州举行。（2009年12月30日）

省外办机关摄影小组在仙居创作。（2009年5月29日）

目　录

特载

浙江省情

省级外事

2009 浙江外事

大事记

综　述

出国管理

港澳事务

对外民间交往

出　访

来　访

（非友城团组）

亚洲

美洲和大洋洲

欧洲和非洲

友好城市交流

部门外事

省发改委

省经信委

省教育厅

省科技厅

省高级人民法院

省检察院

省公安厅

省司法厅

省武警总队

省人力社保厅

省国土资源厅

省交通运输厅

省农业厅

省林业厅

省商务厅

高校和企业外事

高校外事

市县外事

杭 州 市

概述

市领导出访

重要活动

重要来访

主要来访

主要出访

友好城市交流

县(市、区)外事

温　州　市

概述

市领导出访

重要活动

重要来访

友好城市交流

县(市、区)外事

嘉兴市

湖 州 市

概述

市领导出访

重要活动

重要来访

友好城市交流

县(市、区)外事

绍　兴　市

概述

市领导出访

重要活动

重要来访

友好城市交流

县(市、区)外事

·诸暨市·

·绍兴县·

金　华　市

概述

市领导出访

重要活动

重要来访

友好城市交流

县(市、区)外事

·东阳市·

·永康市·

衢　州　市

概述

市领导出访

重要活动

Table of Contents

特载

Feature

大变革 大调整 大发展

——2009年的国际形势和中国外交

外交部部长 杨洁篪

2009年是新中国成立60周年和新中国外交60周年，也是中国和平发展进程中不平凡的一年。回顾总结一年来的国际形势和外交工作，对于我们正确把握国际形势走向，进一步做好当前和今后一个时期的外交工作，具有十分重要的意义。

2009年的国际形势发生了自冷战结束以来最为深刻复杂的变化，世界加速进入经济大动荡、体系大变革、格局大调整的新阶段，出现了一系列新特点、新趋势。

国际金融危机的深层次影响逐步显现出来，加快了国际体系变革进程。世界经济陷入严重衰退，目前趋于企稳回升，但全面复苏的基础仍较脆弱。经济全球化趋势不可逆转，但牵制因素明显增多。金融危机引发对发展模式、发展理念的深刻反思，调整变革成为潮流。国际经济金融体系改革逐步展开，二十国集团峰会走向机制化，在全球经济治理机制中发挥着更加重要的作用。国际体系变革是大势所趋，而变革的进程将是长期和复杂的。

国际力量对比发生新的此消彼长，世界多极化趋势更加明朗。新兴大国继续保持崛起势头，日益成为全球需求和消费增长的重要引擎、解决全球性问题的利益攸关方。新兴大国联合自强的意识增强，“金砖四国”等合作机制进入新的发展阶段。新兴大国崛起作为当今世界最重要的发展趋势之一，有利于推动国际力量对比朝着相对均衡的方向发展。但从总体上看，西方在经济科技上占优势，在国际体系中仍处主导地位，这一格局短期内还难以根本改变。

各主要力量竞相加快战略调整步伐，大国关系进入新一轮调整互动期。怀着强烈的抓住机遇、迎接挑战的紧迫感，各大国着眼于后危机时代的国际竞争，纷纷调整各自的发展战略、对外战略，谋求在日益激烈的综合国力竞争中占据主动地位。大国关系新一轮调整互动的主线是既竞争又合作，大国之间的协调合作明显增多，相互关系的务实性和稳定性有所上升，但利益差异不会消失，矛盾与摩擦也不可避免。

围绕气候变化、能源资源安全、核安全等全球性问题的国际合作与竞争有新发展，牵动国际关系的调整演变和国际力量的重新分化组合。全球性问题的紧迫性、联动性上升，任何国家都难以单独应对，客观上要求各国加强合作、协调行动，为此展开的重大多边外交活动空前活跃，并达成一些重要共识。与此同时，各主要力量之间的竞争较量也更加激烈，争夺的核心是发展的战略制高点和道义优势。

亚太地区格局加速演变，在国际战略全局中的地位进一步上升。不少亚太国家处于经济转轨、政治转制和社会转型期，不仅增加了维护国内稳定的难度，而且也易给相互关系造成冲击。地区热点问题时起时伏，存在一些变数。亚太地区在应对国际金融危机冲击时表现出较强的发展活力和潜力，各方普遍加大对本地区的重视程度以及投入，各种地区合作倡议层出不穷，地区合作进入关键发展阶段。

我国的国际地位不断提高，作用和影响备受各方关注。新中国成立60年特别是改革开放30多年来，我国的综合国力显著增强。我国有效应对国际金融危机的影响，积极参与应对危机的国际合作，各国特别是广大发展中国家更加重视中国的发展经验。国际社会高度评价我国在气候变化等全球性问题以及重大国际地区问题上所发挥的建设性作用，各方对我国借重与合作的一面持续上升。另一方面，国际上过高估计中国的发展水平，要求中国承担更大责任的声音也在升高，有的还有意散布“中国威胁论”、“中国责任论”等论调。

一年来，在党中央、国务院的正确领导下，外交工作以应对国际金融危机为主线，以多边峰会外交为主要平台，以外交理论和实践创新为重要动力，以统筹协调为根本工作方法，抢抓机遇，化解挑战，开拓进取，有力维护了国家主权、安全和发展利益，巩固了我国发展的重要战略机遇期。

（一）多边峰会外交成果丰硕，在国家总体外交中发挥了不可替代的作用。胡锦涛主席两次出席二十国集团金融峰会并出席上海合作组织峰会、亚太经合组织第十七次领导人非正式会议、联合国气候变化峰会、“金砖四国”领导人会议等峰会，温家宝总理出席了东亚领导人系列会议、中日韩领导人会议、哥本哈根气候变化会议等重要多边活动，都取得重要积极成果。一是就宏观经济政策同其他国家加强协调，提振国际社会应对金融危机的信心，为推动世界经济早日复苏作出重要贡献。二是积极引导国际体系变革进程，维护我国和发展中国家的利益。三是深入阐述我国对地区合作的立场和主张，务实推进区域合作进程。四是同国际社会共同应对气候变化等全球性问题，维护我国和发展中国家利益和我负责任大国形象。

（二）把应对国际金融危机影响、为国内经济社会发展服好务作为贯穿全年外交工作的主线，努力为我国发展营造良好国际环境和有利外部条件。紧紧围绕保增长、保民生、保稳定的中心任务，努力深化我国同各国的务实合作。协助推进实施“走出去”战略，大力开展能源资源外交。积极主动地提供有利于拉动内需、稳定外需、破解国内经济社会发展难题的重大政策思路和国外有益经验。此外，还根据党中央、国务院的统一部署认真做好防控甲型H1N1流感涉外工作。

（三）加大运筹大国关系力度，同各大国的关系处在稳中有升的发展时期。我们成功接待美国总统奥巴马访华，两国元首举行重要会晤，发表《中美联合声明》，进一步确立了新时期中美关系定位，两国建立并成功启动中美战略与经济对话机制，中美关系实现平稳过渡并打开了新局面。胡锦涛主席对俄罗斯进行国事访问，同梅德韦杰夫总统多次会晤，普京总理访华，两国各领域务实合作继续深化，两国战略协作伙伴关系更上一层楼。中法关系实现转圜，我国同欧盟和欧洲大国合作加强，保持了中欧关系稳步发展的良好势头。中日两国认真落实发展双边关系的各项共识和举措，不断为两国关系发展注入新动力，中日战略互惠关系在日本新政府上台后继续取得进展。我们把与新兴大国合作作为发展对外关系的新增长点，推动了新兴大国的务实合作。

（四）进一步做实做深构筑周边地缘战略依托工作，维护了良好周边环境。我国坚持与邻为善、以邻为伴的周边外交工作方针不动摇，加大投入，全面深化同周边国家的睦邻友好合作关系，推进区域次区域合作。我领导人成功访问周边国家，密切了双边关系，也得到国际社会的积极评价。我们妥善应对朝核等地区热点问题，发挥建设性作用，推动局势朝着缓和的方向发展。

（五）采取切实步骤，巩固了发展中国家在我外交全局中的基础地位。我国同非洲国家关系步入新的发展阶段。胡锦涛主席访问非洲，温家宝总理出席中非合作论坛第四届部长级会议开幕式，推出中非合作新举措，促进了新形势下的中非友好合作关系。我国同拉美国家关系不断深化和拓展。全国人大吴邦国委员长、全国政协贾庆林主席分别访问拉美有关国家。我们同拉美资源能源、基础设施和科技等领域的务实合作取得新进展。我国与阿拉伯国家双多边合作齐头并进，政治互信达到新高度。

（六）大力加强公共外交，增强了我国的软实力。我们紧紧抓住新中国成立60周年、新中国外交60周年等契机，广泛开展政策宣示工作，增进了国际社会对我国和平发展、互利共赢、和谐世界等重大战略思想的认识。及时就国内外重大突发事件和敏感问题介绍情况、宣传政策，加强了对国内外舆论的引导。我国驻外使领馆充分利用身处对外工作第一线的优势，在做驻在国媒体、学界和民众工作方面取得明显成效。

（七）坚持以人为本，把领事保护放到外交工作更加突出的位置上来。适应新形势新任务的要求，我们加强了领事保护工作的针对性和主动性，有效维护了我国海外公民、法人安全和合法权益。妥善应对我国公民在海外遭绑架、袭击等突发事件，有效处置了涉我人员财产和劳务纠纷案件，全年共处理各类领事保护案件3万余起。

（八）外交理论和外交实践的创新之年、开拓之年。2009年召开的第十一次驻外使节会议提出一系列新思想、新论断、新要求，进一步丰富和发展了中国特色外交理论体系，为外交工作指明了方向，对开拓外交工作新局面具有重要的现实和长远意义。我国外交战线上的同志们期盼已久的《中华人民共和国驻外外交人员法》于2010年1月1日起生效，这为外交事业大发展特别是外交队伍建设提供了强大的法律保障。

展望2010年，国际形势有望保持总体稳定，但各种风险和动荡因素也不少，新问题、新挑战仍会不断涌现。世界经济正处在由衰退走向复苏的重要关口，全面复苏将是一个曲折渐进的过程。国际体系变革将在各种力量的较量折冲中逐步推进，同时也不排除出现反复的可能。各大国在应对当前国际金融危机的同时，将更加重视后危机时代的谋篇布局，各国的战略走向值得关注。

2010年是我国实施“十一五”规划的最后一年，也是制定“十二五”规划的重要年份，在我国和平发展进程中具有承前启后、继往开来的意义。新形势新任务对外交工作提出了更高的要求，中国外交正站在新的历史起点上。我们要在以胡锦涛同志为总书记的党中央领导下，坚持以邓小平理论和“三个代表”重要思想为指导，深入贯彻落实科学发展观，不断开创外交工作新局面，努力使我国在政治上更有影响力、经济上更有竞争力、形象上更有亲和力、道义上更有感召力。

在新的一年里，我国外交工作大有可为、大有作为。要继续坚持走和平发展道路，坚持独立自主的和平外交政策，坚持互利共赢的开放战略，坚持推动建设持久和平、共同繁荣的和谐世界。要发挥我国独特的建设性作用，承担与我国国力和地位相适应的国际责任和义务，不做超出国力和发展阶段的事情。加强统筹规划和政治设计，确保我国领导人参与各项重大多边外交活动取得圆满成功。参与和引导国际体系变革，推动变革朝着有利于发展中国家的方向发展。加强战略思维和立体操作，统筹好与大国、周边、发展中国家的关系，不断创造合作的新亮点。积极开展经济外交以及能源资源、气候变化等领域的外交，切实为国内保增长、调结构、促发展服好务。扎实做好上海世博会、广州亚运会等重大活动的涉外工作，使其成为开展公共外交的重要平台。继续开展好涉藏、涉疆等问题的外交斗争，维护我国主权、安全和外交大局。充分调动各方资源，提高保护我国海外利益的能力和水平。

（原载中国政府网
2010年1月1日）

浙江省情

Zhejiang In Overview

【自然地理】 浙江省位于中国东南沿海长江三角洲南翼，东濒东海，南接福建，西与江西、安徽相连，北与上海、江苏为邻。境内最大的河流钱塘江，因江流曲折，又称“浙江”。省以江名，简称为“浙”。省会杭州市。

全省陆域面积10.18万平方千米，是中国面积最小的省份之一。全省面积中，山地和丘陵占70.4%，平原和盆地占23.2%，河流和湖泊占6.4%。全省耕地总面积208.17万公顷（3122.5万亩，土地详查变更数据），人均只有0.55亩。

一、地形地貌 浙江地形复杂，整个地势由西南向东北倾斜。西南部多山脉，龙泉市境内的黄茅尖海拔1929米，为本省最高山峰，也是华东地区最高山峰。中部以丘陵为主，大小盆地错落分布于丘陵山地之间，主要的有金衢盆地。东北部是低平的冲积平原，著名的有杭嘉湖平原、宁绍平原等。全省大致可分为浙北平原、浙西中山丘陵、浙东丘陵、中部金衢盆地、浙南山地、东南沿海平原及滨海岛屿等6个地形区。

浙江的海域面积广阔，达26万平方千米，海岸曲折，形成众多的港湾，如杭州湾、象山湾、三门湾、台州湾、温州湾、乐清湾等。杭州湾是本省最大的港湾，钱塘江河口呈喇叭形，由于潮汐的作用，在海宁附近形成举世闻名的钱江潮。浙江的大陆岸线北起平湖市金丝娘桥，南至苍南县的虎头鼻，长达1840.07千米。海岸线总长6484.24千米，居全国首位。沿海岛屿星罗棋布，形同串珠，北自嵊泗县花鸟山岛，南至苍南县七星岛，面积500平方米以上的岛屿共有3061个（据1989年～1994年浙江海岛资源综合调查），约占全国海岛总数的40%，是全国岛屿最多的省份。舟山岛面积502.65平方千米，是中国第四大岛。

二、江河湖泊 本省河流众多，主要有钱塘江、瓯江、灵江、苕溪、甬江、飞云江、鳌江、京杭运河（浙江段）等8条水系。钱塘江全长约605千米，在浙江境内361千米，是本省第一大江。本省的湖泊主要分布在杭嘉湖平原和宁绍平原。杭州西湖、绍兴东湖、嘉兴南湖、鄞州东钱湖为浙江四大名湖。东钱湖面积22平方千米，为本省最大湖泊。这些湖泊不仅有灌溉之利，且有许多名胜古迹，是著名的旅游胜地。新安江水库即千岛湖，是本省最大的人工湖泊，面积约580平方千米，也是国家级风景名胜区。

三、气候 浙江地处亚热带中部，属季风气候区，年温适中，四季分明，光照充足，雨量充沛。年平均气温在15℃～18℃之间，年日照时数在1100～2200小时之间，年均降水量在1100～2200毫米之间。1月、7月分别为全年气温最低和最高的月份，5月、6月为集中降雨期。因受海洋影响，浙江温、湿条件比同纬度的内陆季风区优越，是中国自然条件最优越的地区之一。

【历史人文】 浙江历史悠久，是中国古代文明的发祥地之一。早在45万年（一说为80万年）前的旧石器时代早期，就有远古人类在今天的浙江安吉、长兴一带境内活动。境内已发现新石器时代遗址1000余处，最著名的有距今7000～6000年的河姆渡文化、距今7000～5800年的马家浜文化和距今5300～4000年的良渚文化；近年又发现并确认了距今7500～6500年的跨湖桥文化和距今1万年的上山文化。

春秋时浙江分属吴、越两国，战国时属楚。秦时分属会稽郡、鄣郡、闽中郡。西汉时分属丹阳郡和会稽郡。东汉时分属丹阳、吴和会稽三郡。三国时入东吴版图，属扬州。南朝时分属扬州、东扬州。隋唐时实行州（郡）、县两级政区制，今浙江省区域范围分属苏州、杭州、湖州等11州。后来又在州之上设置一级政区“道”，今浙江各县分属浙江东道、浙江西道，“浙江”作为行政区域名称自此始。五代十国时为吴越国地，属江南道。北宋时属两浙路。南宋建都临安（即今杭州），分置两浙西路和两浙东路，浙江变成全国的政治、经济和文化中心区域。元时以行省为一级政区，今浙江之地属江浙行省的一小部分；元至正二十六年（公元1366年），朱元璋率军攻占杭州后设置浙江等处行中书省，简称浙江行省。明太祖洪武九年（公元1376年）改称浙江承宣布政使司，简称“浙江布政司”；洪武十四年（公元1381年）湖州、嘉兴两府划归浙江布政司，从此浙江辖杭、嘉、湖、宁、绍、台、金、衢、严、温、处等11府，1州（安吉州），75县，所辖区域基本定型。清康熙初年改浙江布政司为浙江省，沿袭至今。

浙江文化灿烂，素称“文物之邦”。全省有杭州、宁波、绍兴、衢州、金华、临海等6座国家级历史文化名城，温州、余姚、湖州、舟山、东阳、嘉兴、兰溪、天台、松阳、瑞安、龙泉等11座省级历史文化名城；有西塘、乌镇、南浔、安昌、慈城、石浦等6个国家级历史文化名镇，俞源、郭洞等5个国家级历史文化名村；有全国重点文物保护单位132处，省级历史文化街区、村镇78处，省级重点文物保护单位382处；浙江省列入国务院公布的两批国家级非物质文化遗产名录的“非遗”项目有129项，数量居全国第一。历史上，浙江手工业十分发达，如春秋战国时越国的铸剑术，东汉时的制瓷技术和铜镜制作工艺，唐代以后的丝绸、寺院建筑、佛像雕塑、造纸、印刷、造塔、造船等技艺，均居当时领先地位。始镌于南齐的新昌大佛寺弥勒像，被称为“江南第一大佛”；建于北宋的杭州六和塔和内塔建于唐代、外塔建于北宋的湖州飞英塔等，被誉为全国造塔工艺的典范。浙江藏书之盛自古闻名，宁波天一阁、杭州文澜阁、湖州嘉业堂、瑞安玉海楼等著名藏书楼素负盛名，已逾百年历史的浙江图书馆是中国最早建立的省级公共图书馆之一。浙江书画艺术流派纷呈，在中国书画史上占有重要地位。绍兴兰亭是中国的“书法圣地”，成立于1904年的西泠印社是中国最早以研究印学为主的学术团体和专业金石书画出版机构，建立于1928年的中国美术学院（前身为国立艺术院）是中国最早的美术高等教育学校。浙江民间艺术绚丽多姿。东阳木雕、青田石雕、温州黄杨木雕和瓯塑（简称“三雕一塑”）蜚声中外，龙舞、狮舞、竹马、高跷、灯会遍及城乡，山歌、田歌、渔歌、民间器乐种类繁多，剪纸、刺绣、染织、编织和灯彩异彩纷呈。浙江戏剧艺术底蕴丰厚，是中国古老南戏的诞生地。越剧是浙江第一大剧种，也是中国第二大剧种，此外还有绍剧、婺剧、瓯剧、甬剧、姚剧、湖剧等多个剧种。

浙江历代名人辈出，在哲学、政治、军事、科技、文化等各个领域都涌现了许多杰出人物。东汉时，王充著《论衡》，传播唯物论思想；袁康撰《越绝书》；赵晔撰《吴越春秋》，开地方志先河。东晋南朝时，有山水诗人谢灵运和书法家王羲之。隋唐五代有诗人骆宾王、贺知章、孟郊、罗隐，早期词人张志和，书法家智永、虞世南、褚遂良，政治思想家陆贽，建立吴越国的钱镠。北宋有抗金名将宗泽和科学家沈括；南宋有大诗人陆游和金华学派的吕祖谦、永嘉学派的叶适、永康学派的陈亮。元时有书画家赵孟頫和画家黄公望、吴镇、王蒙、王冕。明代有一代名臣于谦，思想家王守仁，文学家宋濂、刘基，书画家徐渭，藏书家范钦，地理学家王士性，水利家潘季驯，针灸家杨继洲。明清之际有思想家黄宗羲，史学家谈迁，画家陈洪绶、戴进。清代有史学家全祖望、万斯同、章学诚，戏剧家洪昇、李渔，药学家赵学敏，画家蓝瑛，大词人朱彝尊，等等。历史上许多著名人物如秦始皇、白居易、王安石、范仲淹、苏轼、朱熹、李清照、岳飞、戚继光等等，都在浙江留下许多佳话和遗迹。民国时期，浙江的教育与文化在全国独领风骚，浙江籍的先进人物积极宣传科学、民主与自由，提倡新的伦理道德，提倡新文学，在全国起了先锋的作用。其中的佼佼者如文学巨擘鲁迅，中国新文化运动的猛将钱玄同，北京大学首任校长蔡元培，商务印书馆馆长张元济，等等。20世纪具有全国乃至世界影响的浙江籍教育家、学者、诗人、作家和画家更是不胜枚举，例如：兼革命家、思想家和学者于一身的反专制斗士章太炎；参与制订《大清新刑律》，首次全面引入西方法律制度的晚清法学家沈家本；追求自由和爱情的新月派诗人徐志摩；诗人戴望舒；小说家郁达夫、茅盾；作家周作人、朱自清、梁实秋、夏衍;创建西泠印社的书画篆刻艺术大师吴昌硕;画家潘天寿、丰子恺;国学大师王国维;佛学大师和艺术大师李叔同;佛学专家马一浮;倡导“新人口理论”的学者兼教育家马寅初;教育家经亨颐、马叙伦、夏丏尊、蒋梦麟、竺可桢、罗家伦;哲学家、思想家杜亚泉、张东荪、戴季陶、曹聚仁;经济学家千家驹;文艺理论家冯雪峰;语言学家陈望道;历史学家蔡东藩、范文澜、吴晗;考古学家罗振玉、唐兰、夏鼐、陈梦家,等等。此外,还有巾帼英雄秋瑾,陶成章,书画家任伯年,科学家茅以升、钱学森、童第周、苏步青等一大批浙籍名人。据不完全统计,东汉以来载入史册的浙江籍文学家逾千人,约占全国的1/6;新中国成立以来的“两院”院士(学部委员)中,浙江籍人士占了近1/5。

悠久的开放历史培育了浙江人博采众长的开放心态。一大批浙江人到海外谋生,使浙江成为重要的侨乡。长期以来,浙江人在求生存谋发展的生活实践中,充分挖掘自身的潜力,形成了依靠自己的聪明才智和专业技能外出谋生的传统。这不仅孕育出了门类齐全的手工业,而且培养出了成千上万能工巧匠,形成了区域性的产业传统,著名的有东阳的木匠、泥水匠,永康的铁匠,义乌的麦芽糖艺人,台州的绣花女,温州的皮鞋匠,永嘉的弹棉花郎,等等。这些世代相传的专业技能,加上头脑灵活、善于经营的个性,构成了浙江特殊的专业性人力资源优势。浙江人艰苦卓绝,无远不届,孕育了著名的“浙商”群体。在改革开放年代,浙江人的开拓创新精神得到空前的发扬光大,形成了“自强不息、坚韧不拔、勇于创新、讲求实效”的“浙江精神”。

【区划人口】 至2009年底,浙江省有杭州、宁波两个副省级城市,温州、嘉兴、湖州、绍兴、金华、衢州、舟山、台州、丽水9个设区市,下辖36个县(包括1个民族自治县)、22个县级市和32个市辖区,747个镇、446个乡、318个街道。

2009年末浙江常住人口5180万,男性人口、女性人口分别占总人口的50.5%、49.5%。2009年全省人口自然增长率为4.63‰。

浙江为民族散杂居省份。据2000年第五次全国人口普查统计,浙江有少数民族53个,常住人口39.54万,约占总人口的0.86%。据有关部门统计,到2009年底,全省共有55个少数民族,少数民族流动人口113万。全省万人以上的少数民族有畲族、土家族、苗族、布依族、回族、壮族、侗族等7个。世居浙江的少数民族是畲族、回族和满族等,其他少数民族大多为新中国成立以后特别是改革开放以来因工作或婚嫁落户浙江的。畲族为浙江最大的少数民族,设有全国唯一的畲族自治地方——景宁畲族自治县,全省还有18个畲族乡镇。

【交通运输】 浙江陆、海、空交通较为发达。铁路交通以省会杭州为枢纽向四周辐射,有沪杭、浙赣、萧甬、宣杭、金温、甬台温等干线,营运里程1265千米;另外,沪杭、杭甬、杭长(杭州至长沙)、宁杭(南京至杭州)等高速铁路正在建设中。全省公路总里程106952千米,其中投入运营的高速公路总里程3298千米,已建成通达全省各市的“四小时公路交通圈”。全省行政村公路通达率为98.76%。浙江水运发达,全省内河航道总长9703千米,内河重点港口7个;沿海拥有万吨级以上泊位143个,形成了宁波—舟山港和温州、海门、乍浦四大港口为主体的港口群。2009年全部港口货物吞吐量10.37亿吨;主要沿海港口货物吞吐量7.14亿吨,集装箱吞吐量1118.2万个标准箱。宁波—舟山港货物吞吐量5.7亿吨,居全球海港吞吐量第一位。浙江拥有杭州萧山国际机场等7座空港,2009年完成旅客吞吐量2546.04万人次。

【资源特色】 浙江海洋资源十分丰富。全省大陆海岸线中,可建万吨级以上泊位的深水岸线290.4千米,占全国1/3以上,可建10万吨级以上泊位的深水岸线105.8千米。浙江海域是中国海洋渔业资源蕴藏量最为丰富、渔业生产力最高的渔场，其中舟山群岛是中国最大的海洋渔业基地。东海大陆架盆地拥有开发前景良好的石油和天然气资源。沿海一带具有多宜性的滩涂资源。此外，还有理论储量丰富的潮汐能、潮流能、波浪能、温差能、盐差能等海洋能资源以及丰富的风能资源。

浙江矿产资源以非金属矿产为主。在探明储量的矿产中，石煤、明矾石、叶蜡石、水泥用凝灰岩、建筑用凝灰岩等储量居全国第1位，萤石居全国第2位，硅藻土居全国第3位。有色金属、黑色金属、煤等矿产比较贫乏。

浙江林地面积664.46万公顷，经济林、竹林资源较为丰富。经济林面积109.50万公顷，占林地面积的16.48%。柑橘、茶叶、油茶、蚕桑和板栗是本省主要经济树种，其中茶、桑、柑橘等驰名中外，山核桃占全国产量60%以上，香榧占全国产量90%以上。竹林面积81.93万公顷，在全国名列前茅，商品毛竹收购量居全国首位。树种资源丰富，素有“东南植物宝库”之称，“活化石”银杏等51种野生植物列入国家珍稀保护名录。野生动物种类繁多，已知689种，有123种动物被列入国家重点保护野种动物名录，其中云豹、黑麂、白颈长尾雉、黄腹角雉、扬子鳄等21种为国家一级保护动物。浙江省重点保护动物70多种。全省有天目山、清凉峰、乌岩岭、大盘山、古田山、凤阳山—百山祖、九龙山和南麂列岛海洋自然保护区等9个国家级自然保护区以及9个省级自然保护区，有省级以上森林公园104个。全省森林覆盖率58.31%（按国家口径，不含灌木林），居全国前列。

浙江山川秀丽，旅游资源非常丰富，自然风光与人文景观交相辉映，有“鱼米之乡、丝茶之府、文物之邦、旅游胜地”之称。全省有重要地貌景观800多处，水域景观200多处，生物景观100多处，人文景观100多处，还有可供旅游开发的主要海岛景区（点）450余处。2009年，浙江省有国家级风景名胜区17个、省级风景名胜区44个，国家级旅游度假区1个（即杭州之江国家旅游度假区）、省级旅游度假区16个。省会杭州是中国七大古都之一，也是著名风景、旅游城市。以杭州西湖为中心，星罗棋布的风景名胜遍布全省。浙东一片，可以游水乡，谒佛国，亦可寻觅唐诗之踪；浙南一片，北接括苍，东临大海，以奇山异水、飞瀑流泉著称海内；浙西一片，集天地之灵气，聚山川之精华，西湖、富春江—新安江与安徽黄山连成一线，三个国家级重点风景名胜区连接成中国著名的黄金旅游线之一；浙北一片，著名的京杭大运河纵贯富饶的杭嘉湖平原，是著名的蚕乡、丝绸文明的发祥地之一，也是丝绸之路的起点，并与苏州、无锡、宜兴等地共同形成了古运河—太湖旅游区。2009年，全省接待国内旅游者2.44亿人次，接待入境旅游者570.6万人次，全年国内国际旅游总收入2644亿元。

【经济建设】 1949年，中华人民共和国成立，开启了中国历史的新纪元，浙江省从此跨入一个改天换地的新时代。

1978年改革开放以来，浙江在发展社会主义市场经济的过程中，走出了一条具有浙江特色、又好又快的发展路子。浙江是改革开放的先发先行之地。改革开放30年来，浙江面貌发生了翻天覆地的变化，经济社会发展实现了“五大历史性跨越”。一是实现了从资源小省向经济大省的历史性跨越，全省综合经济实力显著增强，各项主要经济指标在全国保持领先地位。2009年全省生产总值22832亿元，比上年增长8.9%，居全国省区市第4位（除台湾省，下同）；人均生产总值44335元（按6.831的年平均汇率折算为6490美元），列上海、北京、天津之后，居全国第4位。二是实现了从计划经济向市场经济的历史性跨越，全省体制机制形成先发优势。冲破了传统经济体制的束缚，完成了从计划经济体制向市场经济体制的根本转变，构建起了相对完善的区域市场经济体制。浙江成为全国市场化程度最高的省份之一，并成为中国大陆民营经济第一大省，民营经济占经济总量70%以上。浙江是市场大省，2009年底全省有各类商品交易市场4194家，全年成交总额10744.9亿元。义乌中国小商品城是全世界最大的小商品市场。浙江人还在境内外兴办了一批"浙江商城"、温州街和其他市场。三是实现了从农业社会向工业社会的历史性跨越，全省经济结构持续优化升级。2009年，全省工业增加值从1978年的47亿元增加到10457亿元，二三产业增加值比重由61.9%上升到94.91%，已占据全省经济的主导地位。浙江由落后的农业社会迈入了先进的工业社会。四是实现了从封闭型经济向开放型经济的历史性跨越，全省国际化程度不断提高。2009年，浙江省已与全球230多个国家和地区建立了经贸关系，全年实现外贸进出口总值1877.3亿美元，其中出口总额1330.1亿美元、进口总额547.2亿美元；合同利用外资160亿美元，实际到位外资99亿美元。境外投资总额43.4亿美元，累计在境外设立企业和机构3934家，对外直接投资主体数量占全国的23%，居于首位。五是实现了从基本温饱向总体小康的历史性跨越，全省人民生活水平迅速提升。2009年，全省城镇居民人均可支配收入24611元，农村居民人均纯收入首次突破万元大关，达到10007元，扣除价格因素，分别比上年增长9.7%和9.5%。浙江城镇居民人均可支配收入连续9年、农村居民人均纯收入连续25年列全国各省区第一位。

【社会文化】 浙江省是全国省、区中第一个基本普及从学前3年到高中段15年教育的省份，2009年高等教育毛入学率达到43%。全省有普通高校78所(含正在筹建1所)，普通高校在校生86.65万人。全省有公共图书馆95个，博物馆84个。全省有线电视用户1110.2万户，移动电话用户4436万户，互联网宽带用户890.9万户。

文化、卫生、体育和计划生育、环境保护等工作不断加强，生态环境恶化的趋势整体上得到初步遏制。2009年末，全省有卫生机构1.56万个，其中医院、卫生院2474个，医院和卫生院床位15.79万张。千人医生数2.29人，千人床位数3.61张。这些指标都大大高于全国平均水平。

居民居住条件不断改善。全省90%左右的城镇居民家庭拥有自己的房产，人均住房建筑面积35.1平方米；农村居民人均居住面积59.3平方米。每百户城镇居民汽车保有量23.72辆。消费结构明显变化，体现发展与享受需求的交通、通信、文教、娱乐和生活服务、休闲旅游等方面的支出比重快速上升。浙江省社会保障体系逐步完善，已有1432万人参加企业养老保险，784万人参加失业保险，1147万人参加城镇职工基本医疗保险。失业职工基本生活费和企业离退休人员养老金社会化发放率均达到100%，养老金水平和职工参加医疗保险率居全国前列，在中国较早地实施了城乡一体的最低生活保障制度。浙江群众安全感满意率高于全国平均水平，2009年全省群众安全感满意率达到96.35%，已连续6年超过90%。

【对外交往】 浙江具有悠久的对外交往史。早在1200多年前的盛唐时期，浙江的丝绸、陶瓷、茶叶等特产，就通过海路和著名的"丝绸之路"远销中亚和欧洲。13世纪时意大利著名旅行家马可·波罗来到杭州，称赞"杭州是世界上最华丽的城市之一"。

改革开放以来，与浙江省开展交流、合作的国家和国际组织逐年增多。截至2009年底，浙江已与日本、美国、德国、法国、英国、巴西、南非等52个国家建立了232对友好关系，其中省级友好关系51对。浙江省人民对外友好协会与世界上30多个国家和地区开展友好往来。浙江省与世界上200多个国家和地区建立了经济、贸易、科技、文化等各种友好交流关系，形成了纵横四海、覆盖全球的国际交流网络。来浙江省工作的各国经济、文教专家和留学人员逐年增多。国际媒体对浙江现象兴趣浓厚。这些对外交流活动加快了浙江省国际化进程和现代化步伐，增进了各国人民之间的友谊和合作。

省级外事

Foreign Affairs at the provincial Level

2009 浙江外事

【概况】 2009年，全省外事系统以科学发展观统领工作全局，深入贯彻实施“两创”（创业富民、创新强省）总战略，紧紧围绕构建大外事体系、实现跨越式发展这一目标，创新“三大品牌”（经济外事、诚信外事、优质外事），提升服务能力，强化统筹管理，整合内外资源，积极为国家总体外交服务、为全省经济社会发展服务、为基层群众服务，外事工作有了新的拓展，取得新的成绩。

一、统筹国际国内大局，“大外事”体系建设取得新进展

（一）全力配合中央总体外交工作。全省外事系统坚决贯彻中央对外方针政策，高水平完成重要外宾团组接待工作。省外办先后接待新加坡总理李显龙、巴基斯坦总统扎尔达里、非盟主席让·平、乌干达副总统布凯尼亚、缅甸和平与发展委员会副主席貌埃等副部级以上重要团组32批、799人次，杭州市、宁波市外办分别接待副部级以上外宾团组11批、166人次和8批、249人次。通过接待工作，宣传中国、浙江的改革开放成果和应对国际金融危机的积极成效，展现中国走和平发展道路的决心。深入做好第二十届中美商贸联委会美方代表团、中俄合理利用与保护跨界水联合委员会第二次会议代表团、美国国会议员及州长来访接待和浙江在美友城工作，继续推进与大国交往；巩固与友城澳大利亚西澳州的关系；积极发挥浙江省与日本41对友好关系的作用，促成京都、大阪、兵库三府县知事联合访浙；做好英国贸易投资与商务部部长、比利时西弗兰德省省长、瑞士汝拉州州长等来访接待，继续加深与欧盟各成员国之间的友好交流。积极开展与周边和其他发展中国家的务实合作，省外办接待15个周边国家62批代表团621人次，安排省领导出访尼日利亚、阿联酋和斐济等国，完成密克罗尼西亚家用沼气示范项目工程建设，宁波、温州市外办协助举办“中阿·中非中小企业合作论坛”、“非洲经贸周”等活动，加强了与非洲、阿拉伯国家和南太平洋岛国的交流合作。

（二）积极探索“大外事”工作体制机制。省委加强了对外事工作的领导，省委外事工作领导小组会议研究部署全省外事和因公出国（境）管理工作，完善涉外突发事件应急处置机制、浙江籍中国公民和驻外机构领事保护机制、境外非政府组织在浙活动管理工作和制止公款出国（境）旅游联席会议制度，召开全省涉外渔事案件处置工作座谈会，协调管理省内民间组织开展国际交流，有效发挥了归口管理和牵头协调作用。加大对各市外事工作的指导支持力度，推动全省外事工作协调均衡发展。部分市县外事工作体制机制和队伍结构得到优化。一个由省委、省政府统一领导，省外办统筹协调，各业务主管部门分级负责，各市外办密切配合的“大外事”工作体制机制逐步健全，在外事管理工作中发挥了重要作用。2009年，省外办被外交部授予最高荣誉奖——“全国地方外事突出贡献奖”。

（三）全省对外交流品牌实效性不断提升。省外办在上海举办浙江省情介绍会暨迎春招待会，举办了使领馆年、体验西澳——浙江省高中英语口语大赛等活动，杭州市、温州市、绍兴市外办分别举办生活品质国际交流日、外国使节走进温州、驻沪总领事和部分驻华商务代表绍兴行等活动，对外交流品牌的实效性和影响力进一步提升，为全省扩大对

外开放、加强国际交流合作发挥了积极作用。加大对“浙洽会”、“农博会”、“义博会”等大型经贸活动和“连线浙江”等重要外宣活动的服务力度，取得明显成效。

二、务实推进对外交往，国际交流合作渠道进一步拓展

（一）省领导出访有力推动了重大国际合作。全年省外办承办或协办省级领导出访33批次，出访成效有新的提升。省委书记、省人大常委会主任赵洪祝出访阿联酋、希腊、以色列三国，先后拜会以色列总统佩雷斯等三国政府和有关部门负责人，与阿联酋沙迦酋长国和希腊萨洛尼卡省签署建立友好关系协议书，有效开拓了经贸、科技、农业、教育合作新领域。省长吕祖善出访尼日利亚、埃及、土耳其三国，先后举办4场投资贸易推介会，促成有关企业签订贸易投资合同11项，涉及金额7.5亿美元，并在能源开发、食品加工、纺织服装、机械制造等领域达成多个合作意向，其中土耳其电站项目投资规模超过10亿美元。各市县外办认真做好地方领导出访工作，有效服务了当地经济社会发展。

（二）友城工作实现又好又快发展。2009年是浙江省友城工作长足发展的一年。省本级新结友好关系5对，市县新增友好关系8对。到年底，全省共与52个国家发展友好关系232对。友城间实质性交流合作取得新的进展。美国印第安纳州州长、澳大利亚西澳州新一届政府总理成功访浙，为浙印友好注入新的活力，浙江与西澳州关系保持良好发展势头。与比利时西弗兰德省、德国石荷州、澳大利亚西澳州召开友城议事机构协调会，进一步完善了友城区域合作机制。成功主办浙江省·西澳州大学校长论坛，协办投资意大利——优势与机遇研讨会等，积极推动“全球印第安纳”项目，邀请友城组团参加“浙洽会”设展，友城交流合作水平得到新的提升。杭州市外办举办第二届国际友好城市市长峰会，宁波市外办举办日本·宁波周、欧洲·宁波文化周，舟山市外办召开友城国际教育座谈会，丽水市外办协办2009中国丽水国际摄影文化节，杭州、宁波、金华、衢州等地选派专业技术人员赴友城开展农业、水利、环保、人员培训、危机管理等项目交流，有力推动了各地的友城工作。

（三）民间友好交流更加活跃。全年省友协接待16个国家的49批民间团体446人次来访，纪念中匈建交60周年匈牙利“印象浙江”摄影图片展、嘉兴农民画展（德国）等文化体育活动，增进了双方之间的友谊和了解。连续第5次举办体验西澳—浙江省高中英语口语大赛活动和第四届“锦湖韩亚杯”中国大学生韩国语大奖赛浙江赛区比赛，组织省青年友好代表团访问日本，开展中韩、中日学生体育比赛，增进青少年之间的认识与了解。各市友协也开展了形式多样的民间交流活动，取得较好成效。浙江省民间友好工作得到全国友协的充分肯定，省友协被授予“人民友谊贡献奖”。

三、着眼开放发展大局，主动融入全省经济社会发展

（一）积极服务全省开放型经济发展。重点加强与世界500强等知名企业的沟通联系，促成跨国公司在浙江的发展，不断提升浙江经济的国际化水平。其中，微软公司与杭州市政府签署战略合作备忘录，在杭州高新区启动软件技术服务平台建设；卡塔尔国际石油、壳牌（中国）公司将与中石油合作在台州建设炼化一体化项目工程；诺基亚—西门子通信公司将把第四代通信研发项目落户杭州创新软件园。成功举办以“走进温州——发展中的民营企业”为主题的第二届“使领馆年”活动、“签证官看民企——走进台州”系列活动，做好56批、220人次外国驻华使领馆官员访浙接待工作。温州市外办与韩国驻沪总领馆联合举办2009中（温州）·韩投资洽谈会，湖州市外办在德国柏林协办了湖州市投资推介会，衢州市外办积极争取日本驻沪总领馆小额捐赠项目，借力外国领馆资源服务浙江经济建设。

（二）全力推动浙江企业“走出去”。主动邀请中国驻外使节团访浙，举办外交为国内发展服务座谈会，介绍驻在国（领区）投资贸易信息，提出规避风险建议，积极利用外交资源服务浙江企业海外发展。深入开展“服务基层、服务群众”专项行动，全面推行出国任务审批和护照签证同步办理，简化企业人员参加省内双跨团组手续。出台《浙江省国有企业人员申办APEC商务旅行卡管理办法》，对参加大型招商活动和参展企业人员办理护照签证开辟绿色通道，开展因公出国(境)审批扩权改革，缩减审批时间。温州、嘉兴、金华、台州等地做好直报企业服务工作，调整扩大企业网上申报和直报服务范围，不断加大对企业“走出去”的扶持力度。

（三）港澳工作取得新进展。做好2010港澳·浙江周前期组织协调工作，相关筹备工作有序进行。协同安排省委副书记夏宝龙出席港澳地区有关团体举办的建国60周年庆祝活动，进一步增进浙江省与港澳团体机构、知名人士的联系。主动拜访香港贸发局浙江代表处等港澳驻浙机构和企业，召开港资企业负责人座谈会，积极为港澳驻浙机构和企业排忧解难。温州、嘉兴、衢州等地成功举办香港·温州经贸周、澳门·嘉兴服务项目推介会、港澳媒体衢州行等活动，加强了与港澳地区的经贸和人员往来。

四、加强外事宏观管理，对外交往规范有序发展

（一）因公出国(境)工作进一步加强。省委、省政府办公厅《关于坚决制止公款出国(境)旅游不正之风的通知》和省外办与省纪委等部门《关于切实加强因公出国(境)管理坚决制止违规违纪行为的通知》等10余个文件的下发，对因公出国(境)审批程序、双跨团组、出国(境)经费和责任追究等方面进行了制度创新。各地结合实际相继出台相应的规定，扎实开展制止公款出国(境)旅游专项工作，加强计划和量化管理，严格审核把关，从严控制党政机关人员出访，切实压缩无实质性内容的一般性出访。全年全省批准因公出国(境)团组7641批次、23697人次，与前三年平均数相比，分别下降23%、34.2%，其中党政干部出访11582人次，下降38.8%，既保证了因公出国(境)工作的正常开展，又完成了中央提出的团组和人数与前三年平均数相比减少20%的目标。

（二）领事保护和管理扎实有效。全省外事系统采取有力措施做好甲型H1N1流感涉外防控配合工作，为全省防控作出了贡献。省领导亲自组织有关部门做好访浙期间患“甲流”的挪威北挪威省省长的治疗工作，外宾深受感动。牵头省级有关部门和市县外办，妥善处理澳大利亚弗雷德公司在杭投资纠纷、乌克兰公民与义乌合作伙伴经济纠纷等涉及40多个国家的各类涉外突发事件280余起；加强与中国驻外使领馆和各国驻华使领馆的联系，协调解决浦江民工滞留蒙古案等海外领事保护事件20余起，维护了全省涉外安全和中外双方合法权益。成功召开在浙外国人领事保护工作研讨会，进一步做好在浙外国人领事保护工作，提高中外双方领事合作水平。协助开展树立海外中国公民文明形象宣传月活动。

（三）外宣舆论引导正确有力。贯彻落实国务院537号令，指导基层人员转变思想观念，掌握有效方式、善于与外国媒体和记者打交道，增强妥善处置各种突发事件、面对境外媒体采访的能力，把客观真实的一面介绍给外部世界。做好非洲国家外交官与记者团、韩国外交部记者团、“连线浙江”媒体记者团等39批、153人次的审核接待工作，引导外国记者客观地宣传报道浙江，积极营造良好的外部舆论环境。编印《全景浙江》摄影画册，在瑞士成功举办“魅力浙江”摄影展，成功举办纪念中美建交30周年图片展。扎实做好基础信息和资料汇编工作，在5年一次的全国年鉴评比中，《浙江外事年鉴》(2009)获地方专业年鉴特等奖。

五、理顺内外关系，加强外事系统自身建设

（一）深入开展学习实践活动。根据省委统一部署，认真抓好学习实践科学发展观活动整改落实工作和“回头看”，巩固学习实践活动成果。各市县外办以开展深入学习实践科学发展观活动为契机，深入解放思想，突出理论武装，开展调查研究，明确发展方向，取得积极成效。

（二）提高机关管理服务水平。省外办对内设处室和人员进行调整、配备，新设行政财务处，将护照签证处并入出国管理处，理顺关系，进一步提高了机关效能。省市外办严格控制公务用车、公务接待、会议、通信等一般性公务开支，加大服务基层力度，着力建设节约型机关。

（三）**加强干部队伍建设**。各级外办组织学习党的十七届四中全会、中央第十一次使节会议和省委全会精神，以科学理论武装干部职工头脑。省外办制订《关于进一步从严管理干部若干意见》和《干部职工教育培训工作实施意见》，坚持一手抓干部的严格管理，一手抓处级干部、外语干部和一般干部三支队伍的教育培训，举办首期全省外办主任研修班、全省外事干部培训班和省外办新进人员培训班，着力改进干部职工的思想作风、提高能力水平。省外办和部分市外办还开展了中层干部竞争上岗。

【浙江省情介绍会暨迎春招待会】 2009年1月12日，省外办在上海举行2009年度浙江省情介绍会暨迎春招待会。来自美国、俄罗斯、英国、法国、德国、日本、澳大利亚、菲律宾、阿根廷、南非等50个国家的驻沪总领事、领事、签证官员以及浙江省国外友城驻华机构代表等共140人与会。

省外办主任阮忠训简要介绍了2008年度浙江省经济社会发展和“诚信外事”建设情况，通报了2009年与各国驻沪总领馆交流设想。与会双方就继续打造“诚信外事”品牌、开展“领馆年”活动，特别是加强领事合作、拓展因私签证代办业务等共同关心的问题进行了交流，达成多项共识。省外办有关地区处还与部分国家驻沪总领馆就加强生态高效农业合作、旅游推介、友城合作、民间交流等交换了意见。

各国领馆官员认为，改革开放30年来，浙江经济社会发展取得了巨大成就，给他们留下了深刻印象。他们表示，愿与浙江省在更广泛的领域加强领事合作，协助本国政府及时妥善处理浙籍公民和机构在其国家发生的各类事件，保护他们学习、生活、开展经贸活动的合法权益。

2009年继续在浙江开展“领馆年”系列——走进温州联谊活动。温州市外办在会上介绍了温州市的特点和经济社会发展近况。各国驻沪总领馆表示要参加该项活动。

【郑继伟等获马里国家级荣誉勋章】 2009年1月19日，马里总统为浙江省副省长郑继伟、省卫生厅厅长杨敬颁发马里骑士勋位荣誉勋章。浙江省援马医疗队派员接受勋章。

此次马里总统授予浙江省和有关部门领导马里骑士勋位荣誉，是对浙江省援马医疗队40多年来致力于发展马里卫生事业、为该国医疗卫生事业作出卓越贡献的高度认可和充分肯定。

【制止公款出国（境）旅游专项工作取得初步成效】 2009年1至6月，全省审批（审核）因公出国（境）团组3321批、9228人次，与上年同期相比，批数下降16.7%，人数下降30.9%。其中，经贸类团组2182批、5743人次，文体交流类团组143批、715人次，业务考察类团组212批、604人次，分列各类出访团组前三位。省级领导率团出访12批、72人次，省管干部率团出访969批、3352人次。

上半年全省因公出国（境）呈现两大特点：一是整体结构更为合理。经贸类出访人次占总人次的62.2%，比上年同期上升2.3%。二是党政机关干部因公出国（境）得到有效控制。全省党政机关人员因公出访2940人次，占上半年出访总人次的31.9%，占全年计划的22.5%，为全年压缩目标的实现奠定了基础。

【省外办工作小组访问日本、斐济和澳大利亚】 应日本静冈县知事石川嘉延、澳大利亚西澳州政府发展部部长安·诺兰、斐济驻华大使何志美邀请，省外办主任阮忠训率浙江省外办工作小组一行6人于2009年2月13日至26日访问日本、斐济和澳大利亚。

在日本，枥木县知事福田富一和静冈县副知事花森宪一分别会见代表团，宾主双方表示要深入推进两地在经贸、旅游、环保、文化、科技、人才培养等方面的交流与合作，积极扩大两地人员往来尤其是青少年交往，增进两地人民的友好感情。两县政府及有关部门与代表团就农业、科技、教育、文化、旅游、公务员交流等进行了工作会谈。

在斐济，斐济大酋长、临时政府副总理、外交外贸部部长奈拉蒂考，地方政府发展、多民族事务部副部长瓦尼奇，斐济驻华大使何志美以及斐籍华人企业家等会见代表团。双方就浙江省与斐济在农业、渔业、林业等领域的交流与合作进行了深入、坦诚的商讨，并就浙江省与布瓦省建立友好关系事宜达成共识。

在澳大利亚西澳州，该州新任下议院议长伍德汉姆斯、下议院临时议长沃森、前总理卡朋特等4位下议院议员，州政府地方政府、文化遗产、公民权及多元文化事务部部长（内阁成员）约翰，州发展部部长诺兰，西澳大学副校长罗登教授以及孔子学院院长席格伦等9位学院院长分别会见和宴请代表团。在拜会伍德汉姆斯时，他表示，西澳州下议院将一如既往地积极支持两省州进一步发展友好关系。代表团向伍德汉姆斯介绍了浙江经济社会发展近况和浙江省与西澳州近年来交流合作情况，表示浙江省将不断深化与西澳州的各项交流与合作，为中澳发展全面合作关系作出新的贡献。阮忠训转达了浙江省委书记赵洪祝对伍德汉姆斯议长访问浙江的邀请，伍德汉姆斯愉快地接受了邀请。

访澳期间，代表团分别会晤了中国驻墨尔本总领事沈伟廉、驻珀斯总领事李树钢等。各使领馆负责人随同或派员陪同代表团在当地考察访问。

【全省市外办主任会议】 2009年3月6日在杭州召开。会议传达学习中共中央办公厅、国务院办公厅《关于坚决制止公款出国（境）旅游的通知》（简称《通知》）和省委、省政府领导有关指示精神，研究部署进一步加强全省因公出国（境）管理工作。

会议指出，必须根据《通知》要求，结合浙江省实际，进一步加强因公出国（境）管理工作。各级审核审批部门要按照省委、省政府关于2009年全省“出访经费压缩20%”和“党政机关出访团组和人数减少20%”的要求，不折不扣地执行省委外事工作领导小组核定的出访计划，从严控制党政机关人员出国（境）。

省外办办、会领导，各处处长、下属单位负责人，各市外办主任、各市外办出国管理处处长等共50余人出席会议。

【首期地方外办主任研修班】 2009年5月13日至15日在杭州举办，全省各市及部分县、区外办主任共42人参加研修。

省外办主任阮忠训围绕因公出国（境）管理工作中的10个问题进行了政策解读和辅导，并就进一步加强因公出国（境）管理、切实制止公费出国（境）旅游工作进行再动员再部署。他要求各级外事部门进一步提高思想认识，从依法行政的高度，加强因公出国（境）工作的计划管理、经费管理，不断健全监管机制，主动接受社会监督，坚决制止公款出国（境）旅游不正之风。

外交部政策规划司参赞戚振宏围绕当前国际形势、中国与主要大国关系和中国周边外交工作、企业“走出去”的基本情况及

◎全省市外办主任会议在杭州召开

外事部门如何开展工作等作主题报告。外交部领事司参赞何平就新形势下的领事保护工作和涉外案件处置作专题辅导。宁波市外办主任孔玮玮就坚持"两个服务"宗旨，创新体制机制，不断提升地方外事服务和管理能力介绍了经验和做法。学员们就如何从体制、机制上实现市、县两级外事工作有效管理等问题进行了讨论和交流。

【"签证官看民企——走进台州"系列活动】 2009年5月14日至15日在台州举办。法国、日本、意大利、澳大利亚、韩国等14个国家驻沪总领馆的19名副总领事、领事及签证官员应邀参加活动。

在签证工作座谈会上，各国驻沪总领馆官员、台州市政府领导、各县(市、区)外办负责人、20家知名民企代表面对面开展交流、探讨。台州市政府领导介绍了该市经济社会发展和民企海外发展情况，省外办主任阮忠训通报了浙江省因公出国签证中遇到的困难，就进一步加强签证政策提出了意见建议。外国驻沪总领馆官员详细介绍了本国签证政策，对民企代表提出的在签证申请中遇到的问题给予了解答。与会各方就如何进一步做好民企出国签证工作进行了交流探讨。外国签证官员们表示，将认真考虑浙江省民企的海外发展需求，对部分签证工作流程、服务措施予以调整和改进。

活动期间，各国驻沪总领馆官员实地考察了海正集团、宝石集团、吉利集团等企业。

【"走进温州——发展中的民营经济"系列活动】 2009年5月20日至22日在温州举办。俄罗斯、加拿大、波兰、匈牙利、泰国、尼日利亚等18个国家驻华大使、驻沪总领事及特派代表等共35人应邀参加本次活动。

◎参加"走进温州"活动的外国使节游览雁荡山

温州市市长赵一德介绍了温州经济社会发展情况，重点介绍了该市民营企业发展壮大的历程和应对国际金融危机的举措。使节团实地考察了温州正泰集团、康奈集团等知名企业，与企业负责人和代表进行了互动交流，切身感受到浙江民营企业积极应对国际金融危机、实施"走出去"战略、战胜国际金融危机的信心和扩大国际交流合作、加大经贸合作力度的坚定信心和良好愿望。

通过此次活动，一是进一步加深了各国驻华使节对浙江省地方经济社会发展情况的了解。不少使节和代表表示，从温州人身上看到了浙江人既秉持艰苦创业，又大力弘扬改革创新的精神。二是进一步密切了浙江省与各国驻华使领馆的交流与联系。不少驻华大使表示，对于各国驻京外交官来说，能够深入温州这样的沿海开放二线城市考察访问，机会十分难得。三是进一步宣传、展示了浙江省各级政府特别是广大企业积极应对国际金融危机，努力推进转型升级的坚定决心和有效举措。不少使节表示，将一如既往地推动本国与浙江的经贸合作，共同应对国际金融危机，开拓新的经贸合作领域。

【中国驻外使节团访问浙江】 2009年7月24日至28日，以中国驻朝鲜大使刘晓明为团长的驻外使节团一行61人来浙江省考察调研。使节团走访了杭州、宁波、台州三地，考察了雅戈尔集团、奥克斯集团、奉化滕头村、星星集团、宝石集团、银轮机械有限公司、阿里巴巴公司、正泰太阳能科技有限公司等企业和农村，并在杭州出席了由外交部国外工作局与省外办共同举办的外交为国内发展服务座谈会，与浙江省45家企业主要负责人、省市外办代表进行了座谈。

副省长龚正出席外交为国内发展服务座谈会并致辞。在宁波和台州，省委常委、宁波市委书记巴音朝鲁，台州市委书记、市长陈铁雄分别会见使节团全体成员，并介绍了两市基本情况。

26日，省委书记、省人大常委会主任赵洪祝，省长吕祖善会见使节团全体成员，介绍了浙江省经济社会发展情况和应对国际金融危机的举措。省委常委、秘书长李强，副省长龚正，省政府秘书长张鸿铭以及省直有关部门主要负责人参加会见。

使节们用三个“想不到”概括此访感受：面对国际金融危机的冲击和影响，想不到浙江的面貌气象还这么新，想不到浙商的气魄还这么大，想不到浙江企业的海外发展还这么快。使节们说，经过此行，对浙江、对祖国化危为机、实现新的发展充满了信心。

使节团对浙江的经济社会发展提出了意见建议，并提供了许多信息。

【浙江省外国人领事保护工作研讨会】 2009年10月27日在杭州召开，俄罗斯、英国、日本、韩国、尼日利亚等15个国家驻沪总领馆的领事官员参加会议。

会上，中外双方就加强浙江省外国人领事保护工作进行了深入的交流探讨。省外办和省法院、省检察院、省公安厅、省司法厅、省卫生厅等单位负责人详细介绍了各部门2008年以来在外国人在浙领事保护方面的主要做法，总结交流了领事保护工作的经验和存在的问题，并对做好下一阶段工作提出建议。

驻沪领馆官员就领事通报、经济纠纷中的非法拘禁和限制出境、国籍认证、签证延期、领事探视、外籍人员“甲流”防控等问题向中方作了咨询。听了中方的发言和解答后，领事官员纷纷表示，对浙江省的外国人领事保护政策和具体做法有了进一步的了解，并赞赏浙江省对外国人领事保护所作出的积极努力和采取的措施。

通过沟通交流，双方增进了互信，加强了合作。与会外国驻沪领馆官员对浙江省就在浙外国人领事保护方面所作的努力表示理解和感谢；作为回应，外方表示将对浙江省企业和公民的海外领事保护工作给予大力协助。同时，双方表示，要进一步总结浙江省与各国驻沪领馆在领事保护工作方面的好做法和成功经验，并以此次会议为平台，探索新的途径，完善工作机制，不断提高双方领事保护领域的合作水平。

◎中国驻外使节团参观宁波奉化滕头村

【省外办被授予“全国地方外事突出贡献奖”】 2009年12月29日，外交部召开地方外事工作表彰会，浙江省外办被授予最高荣誉奖——“全国地方外事突出贡献奖”(全国共有 5 个单位获得该奖)。这是建国以来外交部首次对全国地方外事工作进行表彰。

近年来,浙江省外事系统以科学发展观统领工作全局,深入贯彻实施“两创”总战略,紧紧围绕构建大外事体系、实现跨越式发展这一目标,打造“经济外事”、“诚信外事”、“优质外事”三大品牌,积极为国家总体外交服务、为全省经济社会发展服务、为基层群众服务,外事工作开创了工作新局面、迈上了发展新台阶。

(周赵行)

附:浙江外事部门组织机构暨负责人名录

省外办(港澳办)

党组书记、主任:阮忠训

党组成员、

副主任:彭　波

顾建新

陆国灏(2009 年 3 月任职)

汪银儿(至 2009 年 10 月)

党组成员、省友协专职副会长:陆国灏(至 2009 年 3 月)

虞希华(2009 年 3 月任职)

巡视员:汪银儿(2009 年 10 月任职)

各市外办

·杭州市外办·

主　任:谢国建

副主任:解崇明

杜士根

·宁波市外办·

主　任:孔玮玮

副主任:郑醒尘

孟庆海

叶荣钟

·温州市外办·

主　任:陈爱珍

副主任:陈瓯平

许　捷

池晓荣

·湖州市外办·

主　任:黄春安

副主任:潘宇文

徐汝忠(2009 年 4 月任职)

·嘉兴市外办·

主　任:马洪涛

副主任:冯正毅

陈国华

邱锦月(2009 年 11 月任职)

·绍兴市外办·

主　任:傅陆平

副主任:张小华

盛伯钧

周　英

·金华市外办·

主　任:罗月霞

副主任:程广兴

章　宏

·衢州市外办·

主　任:徐南昌(至 2009 年 6 月)

叶正义(2009 年 6 月任职)

副主任:周立年

·舟山市外办·

主　任:张文安

副主任:葛　斌

徐燕峰

陈国强

·台州市外办·

主　任:项文敏

副主任:徐跃莲

朱丹君

应真箭

·丽水市外办·

主　任:杨晓宏

副主任:潘毅平

蓝　华

吴一平(2009 年 1 月任职)

·省友协第六届理事会常务理事名录·

会　长:梁平波

常务副会长:阮忠训

副　会　长:马以芝

专职副会长:虞希华

副秘书长:邢绘东

吴晓东

郑竹筠

大　事　记

（2009年度）

1　月

10日　省委副书记夏宝龙、副省长龚正出席在珠海举办的浙江海外联谊会第十一届迎春团拜会。省港澳办副主任彭波参加团拜会活动。

12日　省外办在上海举行2009年度浙江省情介绍会暨迎春招待会。美国、俄罗斯、英国、法国、德国、日本等50个国家驻沪总领事、领事、签证官员以及浙江省国外友好城市驻华机构代表共140人应邀与会。省外办主任阮忠训，副主任彭波、顾建新，省友协专职副会长陆国灏，省外办副巡视员喻四八等参加。

13日　副省长陈加元会见西门子（中国）有限公司高级副总裁孟凡辰博士一行。省外办副主任顾建新等参加会见。

13日　省外商投资企业协会第四次会员代表大会在杭州召开，副省长龚正出席会议并讲话。

16日　副省长龚正会见韩国外交部记者团一行。省外办副主任顾建新等参加会见。

16日　省政协副主席、省工商联主席徐冠巨出席由省委统战部、省港澳办、省工商联联合举办的出席省“两会”（省人大、省政协会议）的省政协港澳委员欢迎酒会并致辞。省港澳办主任阮忠训等参加酒会。

21日　副省长龚正会见以中田庆雄为团长的日本国际贸易促进协会代表团一行。省外办副主任彭波等参加会见。

2　月

6日　副省长龚正会见印度新任驻沪总领事戴思锐一行。省外办主任阮忠训等参加会见。

11日　副省长龚正会见瑞典新任驻沪总领事姚汉森一行。省外办副主任顾建新等参加会见。

11日　副省长龚正会见捷克新任驻沪总领事胡米尔·马扎内克一行。省外办副主任顾建新等参加会见。

12日　省委常委、常务副省长陈敏尔会见澳大利亚新任驻沪总领事孔陶杰一行。省外办副主任彭波等参加会见。

14日　省委书记、省人大常委会主任赵洪祝会见出席“2009经济全球化与工会”国际论坛并顺访浙江的外国工会代表团客人一行。

19日　省委书记、省人大常委会主任赵洪祝会见澳大利亚西澳州上议院议长尼古拉斯·格里菲思一行。省人大常委会副主任程渭山、省外办副主任彭波等参加会见。

20日　省委书记、省人大常委会主任赵洪祝会见沃尔玛公司全球高级副总裁、中国区总裁兼首席执行官陈耀昌一行。省委常委、秘书长李强，省外办副主任彭波等参加会见。

20日　副省长龚正会见巴西驻沪总领事马尔科斯·卡拉姆卢·德·帕伊瓦一行。省外办副主任顾建新等参加会见。

23日～3月6日　以副省长茅临生为团长的浙江省政府代表团一行访问阿联酋、印度尼西亚、斐济三国。

24日　副省长龚正会见澳门贸易投资促进局主席李炳康一行。省港澳办副主任彭波等参加会见。

24日　省委常委、副省长葛

慧君会见国际期刊联盟总裁唐纳德·库墨菲尔德一行。省新闻出版局局长钟桂松、省政府副秘书长冯波声、省外办副主任顾建新等参加会见。

25日 省委书记、省人大常委会主任赵洪祝会见美国库恩基金会主席罗伯特·劳伦斯·库恩博士一行。省委常委、秘书长李强，省委常委、宣传部长黄坤明，省外办副主任彭波等参加会见。

3 月

5日 副省长龚正会见新加坡驻沪总领事叶伟杰一行。省外办副主任彭波等参加会见。

6日 全省市外办主任会议在杭州召开。会议重点研究部署进一步加强全省因公出国(境)管理、坚决制止公款出国(境)旅游的工作举措。省外办主任阮忠训，副主任彭波、顾建新，省友协专职副会长陆国灏和11个市外办主任出席会议。

6日 省友协第六届理事会2009年年会在杭州召开，省友协会长梁平波、副会长马以芝、常务副会长阮忠训、专职副会长陆国灏及理事70余人出席会议。

7日 省友协会长梁平波会见日本东京都日中友协理事长古岛琴子一行。省友协专职副会长陆国灏参加会见。

16日 省委书记、省人大常委会主任赵洪祝会见由议长天野一率领的日本静冈县议会代表团。省委常委、秘书长李强，省人大常委会秘书长姚民声，省外办主任阮忠训等参加会见。

17日 副省长龚正会见香港贸易发展局中国东区首席代表钟永喜一行。省港澳办副主任彭波等参加会见。

17日 副省长龚正会见芬兰驻沪总领事贺睦宁一行。省外办副主任顾建新等参加会见。

19日 省委书记、省人大常委会主任赵洪祝会见比利时西弗兰德省省长保罗·拜恩一行。省委常委、秘书长李强，副省长龚正，省外办主任阮忠训、副主任顾建新等参加会见。

当晚，省长吕祖善宴请保罗·拜恩一行。龚正、阮忠训、顾建新等参加宴请。

下午，龚正与保罗·拜恩共同主持浙江省·西弗兰德省经济和贸易促进委员会第一次会议，双方签署《浙江省·西弗兰德省经济和贸易促进委员会第一次会议备忘录》。阮忠训、顾建新等参加。

19日 省委常委、常务副省长陈敏尔会见美国高盛集团董事总经理王铁飞一行。省外办副主任彭波等参加会见。

20日 副省长龚正和比利时西弗兰德省省长保罗·拜恩共同出席在嘉善县举行的浙江财纳福诺木业有限公司开业典礼。省外办副主任顾建新等参加典礼。

22日～4月1日 省委常委、秘书长李强率浙江省代表团出访瑞士、埃塞俄比亚和博茨瓦纳。省外办主任阮忠训陪同出访。

24日 省委书记、省人大常委会主任赵洪祝会见瑞士诺华制药集团首席执行官约瑟夫·吉米内斯一行。副省长陈加元、省外办副主任彭波等参加会见。

24日 省委常委、常务副省长陈敏尔会见美国利宝国际高级副总裁兼亚太区首席运营官铃木一行。省外办副主任彭波等参加会见。

24日 副省长龚正会见荷兰驻华大使裴靖康一行。省外办副主任彭波等参加会见。

26日 省友协会长梁平波出席"浙江省枥木县书法友好交流展"开幕式。省友协专职副会长陆国灏等参加开幕式。

27日 省友协前会长沈祖伦会见日本枥木县书道联盟会长铃木源泉一行。省友协专职副会长陆国灏等参加会见。

31日 省委书记、省人大常委会主任赵洪祝会见诺基亚西门子通信公司新任大中国区总裁张志强一行。副省长金德水、省外办副主任顾建新等参加会见。

会见结束后，金德水代表赵洪祝宴请张志强一行。顾建新等参加宴请。

4 月

2日 省委书记、省人大常委会主任赵洪祝会见由意大利外交部官员范义澜率领的中意政府委员会意方代表团一行。省外办副主任顾建新等参加会见。

8日 副省长金德水会见塞尔维亚副总理兼科技部部长鲍日达尔·杰利奇。省外办副主任顾建新等参加会见。

10日 省委书记、省人大常委会主任赵洪祝会见韩国首尔市市长吴世勋一行。省委常委、秘书长李强,省外办主任阮忠训、副主任陆国灏等参加会见。

当晚,省长吕祖善会见吴世勋一行,并共同签署《浙江省与首尔市建立友好合作关系协议书》。省政府秘书长张鸿铭,省外办主任阮忠训、副主任陆国灏等参加。

10日 省军区司令员王贺文少将会见乌拉圭国防部部长何塞·巴亚尔迪一行。

15日 省政协主席周国富会见阿根廷驻沪总领事爱德华多·艾柏林一行。省外办主任阮忠训、副主任彭波参加会见。

15～23日 省人大常委会副主任冯明率省人大代表团出访西班牙、荷兰。

17日 省政协副主席盛昌黎会见以欧洲华人华侨联合总会主席邱爱华为团长的回国访问团。

21日 副省长茅临生会见来杭参加第三届中阿合作论坛企业家大会暨投资研讨会的阿联酋外贸部部长鲁卜娜·卡西米谢赫一行。省外办副主任陆国灏等参加会见。

21日 副省长龚正参加第三届中阿合作论坛企业家大会暨投资研讨会并致辞。省外办副主任陆国灏等参加会议开幕式。当晚,龚正出席杭州市委、市政府举办的欢迎晚宴。

22日 省委常委、宣传部长黄坤明会见参加“连线浙江”活动的中东、非洲驻华使节和媒体记者。省外办主任阮忠训、副主任顾建新等参加会见。

23日 省委书记、省人大常委会主任赵洪祝会见参加“2009连线浙江”活动的中东、非洲国家驻华使节和媒体记者。省委常委、秘书长李强,省委常委、宣传部长黄坤明,省外办主任阮忠训、副主任顾建新等参加会见。

23日 副省长金德水会见美国太平洋企业集团基金公司董事长克里斯多弗·鲍尔一行。省外办副主任彭波等参加会见。

23日 省友协会长梁平波出席第九届日本国际墨画会中国杭州展开幕式并剪彩。省外办副主任陆国灏等参加开幕式。

24日 省人大常委会副主任吴国华会见乌克兰最高拉达(议会)人民代表、乌中议会关系人民委员会副主席、乌克兰卢甘斯克塔拉斯·舍甫琴柯国立师范大学校长维塔利·基里洛以及陪同来访的乌克兰驻沪总领事卡尔玛多诺娃·安娜一行。省外办副主任顾建新等参加会见。

24日 副省长郑继伟与澳大利亚西澳州政府内阁成员、教育和旅游部长伊丽莎白·康斯特博共同出席浙江省·西澳州大学校长论坛并致辞。活动结束后,郑继伟宴请康斯特博一行。省外办副主任彭波等参加上述活动。

5　月

6日 省委常委、常务副省长陈敏尔会见卡塔尔国际石油公司总裁纳赛尔·加达和壳牌(中国)有限公司董事庄良星一行,并与代表团举行工作会谈。省外办副主任陆国灏等参加上述活动。

7日 省长吕祖善会见卡塔尔国际石油公司总裁纳赛尔·加达与壳牌(中国)有限公司董事庄良星一行。省委常委、常务副省长陈敏尔,省政府秘书长张鸿铭,省外办主任阮忠训、副主任陆国灏等参加会见。

13～15日 省外办在杭州举办首期地方外办主任研修班,全省各市及部分县、区外办主任共42人参加研修。

14～15日 省外办与台州市政府共同举办“签证官看民企——走进台州”系列活动。14个国家驻沪总领馆的19名副总领事、领事及签证官员应邀参加活动。

15日 省委书记、省人大常委会主任赵洪祝会见微软公司首席执行官史蒂夫·鲍尔默一行。省委常委、秘书长李强,省外办主任阮忠训、副主任彭波等参加会见。

15日 省委副书记夏宝龙会见美国微软公司首席执行官史蒂夫·鲍尔默一行，并出席杭州市政府与微软(中国)公司战略合作备忘录签字仪式。省委常委、杭州市委书记王国平、杭州市市长蔡奇等出席签字仪式。省外办副主任彭波等参加上述活动。

15日 省外办召开全省市外办主任会议，传达外交部防控甲型H1N1流感涉领事工作会议精神，总结前一阶段全省外事系统涉外防控工作，研究部署进一步加强全省甲型H1N1流感涉外防控工作。

20日 “国家发展的历史与未来——中日韩三国公共行政改革”国际研讨会在杭州开幕。副省长陈加元出席开幕式。

20～22日 省外办与温州市政府共同举办以“走进温州——发展中的民营经济”为主题的“使领馆年”活动。18个国家驻华大使、驻沪总领事及特派代表共35人应邀参加活动。

6 月

4日 省委书记、省人大常委会主任赵洪祝和省长吕祖善共同会见新加坡总理李显龙夫妇一行。省委常委、秘书长李强，副省长龚正，省政协副主席徐辉，杭州市市长蔡奇，省政府秘书长张鸿铭，省外办副主任陆国灏等参加会见。

李显龙抵达杭州时，龚正等前往机场迎接，并于4日晚陪同李显龙总理观看“印象西湖”文艺演出。5～6日，龚正陪同李显龙出席新加坡杭州科技园开园仪式，参观宁波港集团有限公司，并出席凯德置地莱佛士城开幕典礼。6日晚，省委常委、宁波市委书记巴音朝鲁会见并宴请李显龙总理一行，并共同出席新加坡雅思伯设计事务所项目及新加坡裕廊国际项目签约仪式。

5日 省委书记、省人大常委会主任赵洪祝会见香港贸易发展局主席苏泽光一行。省外办副主任彭波等参加会见。

5～9日 省政协主席周国富率浙江省代表团访问日本，参加日本静冈县国际机场开通及静冈—上海航线首航仪式，省外办主任阮忠训等陪同出访。

7日 省长吕祖善会见前来参加第十一届“浙洽会”的瑞士汝拉州州长米歇尔·普斯特一行。省委常委、宁波市委书记巴音朝鲁，宁波市市长毛光烈，省政府秘书长张鸿铭，省外办副主任顾建新等参加会见。

7日 副省长龚正会见前来参加第十一届“浙洽会”的各国驻沪总领事和出席中非、中阿中小企业合作论坛的有关国家执政党领导人和驻华大使。省外办副主任顾建新、陆国灏等参加会见。

8日 省长吕祖善会见前来参加第十一届“浙洽会”的英国约克·恒勃大区发展署主席霍奇金森一行。省委常委、宁波市委书记巴音朝鲁，宁波市市长毛光烈，省政府秘书长张鸿铭，省外办副主任顾建新等参加会见。同日上午，副省长龚正与霍奇金森共同为“浙洽会”约克·恒勃大区展台剪彩，省外办副主任顾建新等陪同参加剪彩活动。

8日 省委副书记夏宝龙会见瑞士汝拉州州长米歇尔·普斯特一行。同日上午，副省长龚正与普斯特共同为“浙洽会”汝拉州展台剪彩。省外办副主任顾建新等陪同参加上述活动。

8日 省委常委、宁波市委书记巴音朝鲁在宁波会见应邀前来参加“中阿·中非中小企业合作论坛”的重要嘉宾。

10日 省政府与壳牌(中国)有限公司签订战略合作框架协议。省委常委、常务副省长陈敏尔，壳牌中国集团主席林浩光出席签约仪式。

10日 省委常委、省政法委书记、省公安厅厅长王辉忠会见巴基斯坦内政部部长拉赫曼·马立克一行。

13日 省委常委、副省长葛慧君会见来杭参加“2009年中国文化遗产日主场城市活动”开幕式的希腊等7国驻华外交使节。

15日 省委书记、省人大常委会主任赵洪祝会见新西兰驻沪总领事隋新一行。省委常委、秘书长李强，省外办主任阮忠训、副主任彭波等参加会见。

16日 省委书记、省人大常委会主任赵洪祝会见英国渣打银行(中国)有限公司首席执行总裁曾璟璇一行。省委常委、常务副省长陈敏尔,省委常委、秘书长李强,省外办主任阮忠训、副主任顾建新等参加会见。

18日 省委书记、省人大常委会主任赵洪祝会见缅甸联邦国家和平与发展委员会副主席貌埃及夫人一行。省人大常委会副主任吴国华,副省长龚正,省外办主任阮忠训、副主任陆国灏等参加会见。

22日 省人大常委会副主任张家盟会见美国爱荷华州议会国际关系委员会主席戴若尔·比尔一行。省外办副主任彭波等参加会见。

22日 副省长龚正会见匈牙利驻沪总领事海博一行。省外办主任阮忠训、副主任顾建新参加会见。

22日 副省长龚正会见乌拉圭驻沪总领事卡洛斯·伊利卡拉伊一行。省外办主任阮忠训、副主任彭波等参加会见。

24日 省委书记、省人大常委会主任赵洪祝会见并宴请摩托罗拉公司资深副总裁、中国电子有限公司董事长高瑞彬一行。省委常委、秘书长李强,省外办主任阮忠训等参加会见和宴请。省委常委、宁波市委书记巴音朝鲁,省委常委、秘书长李强会见时在座。

24日 省人大常委会副主任刘奇会见密克罗尼西亚联邦前副总统基里昂一行。省外办副主任彭波等参加会见。

28日 省委副书记夏宝龙会见以车越乔为团长的香港浙江省同乡会联合会访问团全体成员。

29日～7月9日 省长吕祖善率浙江省政府代表团访问尼日利亚、埃及和土耳其。省政府秘书长张鸿铭、省外办主任阮忠训等陪同出访。

7 月

3日 副省长茅临生出席财政部在杭州召开的二十国集团可持续增长和发展融资研讨会欢迎宴会并致辞。省友协专职副会长虞希华等参加欢迎宴会。

10日 省委书记、省人大常委会主任赵洪祝会见全国人大常委、香港立法会原主席范徐丽泰一行。省委副书记夏宝龙,省委常委、秘书长李强,省港澳办副主任陆国灏等参加会见。

10日 副省长陈加元会见苏丹驻华大使米尔加尼·穆罕默德·萨利赫一行。省外办副主任顾建新等参加会见。

11日 省委书记、省人大常委会主任赵洪祝会见澳大利亚贸易部部长西蒙·克林及创新、工业和科研部部长金姆·卡尔一行。省委常委、秘书长李强,省外办副主任彭波等参加会见。

16日 省委常委、副省长葛慧君会见德国国际文化交流基金会主席冈特·铁驰一行。省外办副主任彭波等参加会见。

20日 省委书记、省人大常委会主任赵洪祝会见澳大利亚西澳州总理科林·巴尼特一行。省委常委、秘书长李强,副省长龚正,浙江大学校长杨卫,省外办副主任彭波、省友协专职副会长虞希华等参加会见。

会见前,赵洪祝和巴尼特共同出席"2009体验西澳——浙江省高中英语口语大赛"颁奖仪式并为大赛优胜者颁奖,赵洪祝在颁奖仪式上致辞。

上午,副省长龚正和巴尼特出席浙江省·西澳州交流委员会第3次会议以及两省州合作备忘录签字仪式,并分别在会上致辞。浙江大学校长杨卫、省外办副主任彭波等参加上述活动。

22日 省委常委、宣传部长黄坤明,副省长龚正会见第六期非洲国家政府官员新闻研修班成员。省外办副主任顾建新等参加会见。

22日 副省长龚正会见美国通用电气全球副总裁、能源集团中国区总裁温跃忠一行。省外办副主任彭波等参加会见。

23日 省长吕祖善会见英国贸易投资与商务部部长默文·戴维斯勋爵一行。省政府秘书长张鸿铭,省外办主任阮忠训、副主任顾建新等参加会见。

23日 副省长茅临生在安吉会见来浙江省考察竹产业的喀麦隆林业与野生动物部秘书长戴尼斯一行。省外办副主任顾建新等参加会见。

23 日 由英国投资贸易总署，浙江省经济和信息化委员会共同主办的 2009 中英携手创新共拓信息产业未来(杭州)研讨会在杭州举行。副省长金德水出席会议。

24～28 日 以中国驻朝鲜大使刘晓明为团长的驻外使节团一行 61 人到杭州、宁波、台州等地考察调研。

24 日，省委常委、宁波市委书记巴音朝鲁在宁波会见并宴请使节团。

26 日，省委书记、省人大常委会主任赵洪祝和省长吕祖善在杭州会见使节团。省委常委、秘书长李强，副省长龚正，省政府秘书长张鸿铭，省外办主任阮忠训、副主任彭波、顾建新、陆国灏，省友协专职副会长虞希华等参加会见。

27 日 省委书记、省人大常委会主任赵洪祝会见以色列 IDB 集团副主席阿维・费舍尔和陪同来访的中国驻以色列大使赵军一行。省委常委、秘书长李强，省外办副主任陆国灏等参加会见。

28 日 由外交部国外工作局和浙江省外办共同举办的外交为国内发展服务座谈会在杭州召开，副省长龚正出席并讲话。省外办主任阮忠训、副主任顾建新，省友协专职副会长虞希华等参加座谈会。

28 日 省友协会长梁平波会见日本日中友好协会副会长、日本福井县日中友好协会会长酒井哲夫一行。省友协前会长沈祖伦、省外办副主任陆国灏、省友协专职副会长虞希华等参加会见。

29 日 省委常委、秘书长李强会见博茨瓦纳首都哈博罗内市市长考哈奈塞・哈里・莫泰一行。省外办主任阮忠训、副主任顾建新等参加会见。

30 日～8 月 3 日 由省体育局、省友协共同举办的第六届浙江国际传统武术比赛在杭州举行。来自中国、美国、法国等 8 个国家的 5000 多名运动员进行了普及、规定、自选和传统武术四个大项的比赛。省友协专职副会长虞希华参加活动。

8　月

4 日 副省长龚正会见巴基斯坦驻华大使马苏德・汗一行。省外办副主任陆国灏等参加会见。

4 日 全省市外办主任会议在杭州召开。会议传达学习第 11 次驻外使节会议精神，研究部署下半年主要工作。省外办主任阮忠训，副主任彭波、顾建新、陆国灏，省友协专职副会长虞希华以及 11 个市和部分县(市、区)外办主任出席会议。

12 日 副省长陈加元会见越共中央委员、组织部副部长、越南内务部部长陈文俊一行。省外办副主任陆国灏等参加会见。

13 日 省人大常委会副主任程渭山会见非洲和平与发展 NGO 联合考察团一行。省外办副主任顾建新等参加会见。

19 日 “树立海外中国公民文明形象宣传月”活动浙江省启动仪式在青田县举行。外交部领事司参赞查立友、省外办副主任彭波出席仪式。

21～23 日 巴基斯坦总统扎尔达里访问浙江。

22 日，省委书记、省人大常委会主任赵洪祝会见巴基斯坦总统扎尔达里一行，并与扎尔达里总统共同见证国家食品药品监督管理局与巴基斯坦卫生部药品管理局、商务部投资促进事务局与巴基斯坦投资促进委员会合作谅解备忘录签字仪式。副省长龚正、省政协副主席徐辉、中国驻巴基斯坦大使罗照辉、省外办主任阮忠训及副主任陆国灏等参加会见和签字仪式。

当天上午，扎尔达里总统在下榻宾馆分别接见省水利厅、省水利水电勘测设计院、省农业厅、省农科院、正邦水电建设有限公司、正泰集团等相关部门和企业负责人。

下午，龚正和扎尔达里共同出席由浙江省政府与巴基斯坦驻华大使馆共同举办的巴基斯坦—浙江(中国)投资贸易推介会并致辞。

19 日 省友协召开教育界理事交流会。省友协副会长马以芝、专职副会长虞希华等出席交流会。

25～29 日 省政协副主席

盛昌黎率浙江省代表团赴香港、澳门访问。省外办副主任陆国灏等陪同出访。

27 日 省友协会长梁平波会见即将赴日本访问的浙江省青年友好代表团一行。省友协专职副会长虞希华等参加会见。

9 月

1 日 省长吕祖善会见世界中华宁波总商会会长周亦卿一行。宁波市市长毛光烈，省政府秘书长张鸿铭，省港澳办主任阮忠训、副主任陆国灏等参加会见。

3～14 日 副省长龚正率浙江省代表团访问德国、保加利亚和越南。省外办副主任顾建新等陪同出访德国。

5 日 省委书记、省人大常委会主任赵洪祝会见美国众议员、国会联合经济委员会众院主席卡洛琳·马洛尼一行。省委常委、秘书长李强，省人大常委会副主任冯明，省外办主任阮忠训等参加会见。

6 日 省友协会长梁平波会见以匈中友协副会长冒寿福为团长的匈牙利匈中友协代表团一行。省友协专职副会长虞希华等参加会见。

7 日 省长吕祖善会见尼日利亚奥贡州州长奥通巴·葛邦加·丹尼尔一行，并与丹尼尔共同出席省政府向奥贡州政府捐赠拖拉机和柴油发电机仪式。省政府秘书长张鸿铭、省外办主任阮忠训等参加上述活动。

9 日 省委书记、省人大常委会主任赵洪祝会见美国印第安纳州州长米奇·丹尼尔斯一行。省政协副主席姚克、省外办副主任彭波等参加会见。

9 日 省长吕祖善会见埃及投资部部长马哈茂德·穆希丁一行。省政府秘书长张鸿铭、省外办副主任陆国灏等参加会见。

10 日 省委书记、省人大常委会主任赵洪祝会见非洲联盟委员会主席让·平一行。省委常委、秘书长李强，省外办主任阮忠训等参加会见。

10 日 省长吕祖善会见美国印第安纳州州长米奇·丹尼尔斯一行。省政府秘书长张鸿铭、省外办副主任彭波等参加会见。

11 日 副省长王建满会见以美国商务部国家商业发展总署东北部 14 州总执行长戴文波为名誉团长的美国亚裔高级商贸访华团一行。省外办副主任彭波等参加会见。

11 日 副省长金德水会见保加利亚经济能源部副部长安娜·亚涅娃。

11～14 日 省委副书记夏宝龙率浙江省代表团访问澳门，并出席由澳门苏浙沪同乡会举办的建国 60 周年和澳门回归 10 周年庆典活动。省港澳办主任阮忠训等陪同出访。

14～17 日 2009 浙江出口商品（大阪）交易会在日本大阪举行。

18 日 副省长龚正会见英国 Tesco 公司全球副总裁、中国区总裁兼首席执行官陶迩康一行。省外办副主任顾建新等参加会见。

24 日 省政府举行“西湖友谊奖”颁奖大会，30 名在浙江省工作的外国专家获资奖。副省长陈加元出席颁奖大会并讲话。

24～27 日 省委副书记夏宝龙率浙江省代表团访问香港，并出席由香港苏浙沪各界人士举办的建国 60 周年庆祝活动。省港澳办主任阮忠训等陪同出访。

27 日 副省长龚正会见荷兰皇家航空公司总裁兼首席执行官彼得·佛郎斯·哈特曼一行。省外办副主任顾建新等参加会见。

29 日 省委书记、省人大常委会主任赵洪祝会见以色列驻沪总领事艾雅克一行。省委常委、秘书长李强，省外办主任阮忠训、副主任陆国灏等参加会见。

10 月

15 日 副省长金德水会见古巴国务委员会科技顾问菲德尔·卡斯特罗·迪亚斯一行。省外办副主任彭波等参加会见。

20 日 省长吕祖善会见爱尔兰驻华大使戴克澜·凯勒何一行。省政府秘书长张鸿铭、省外办主任阮忠训等参加会见。

20 日 省长吕祖善会见玫琳凯公司全球总裁兼首席执行官

大卫·霍尔一行。省政府秘书长张鸿铭，省外办主任阮忠训、副主任彭波等参加会见。

20日 省委常委、秘书长李强会见瑞士弗里堡州副州长兼经济和就业部部长比特·冯朗特一行。省外办主任阮忠训、副主任顾建新等参加会见。

20日 省人大常委会副主任刘奇出席并观看瑞士弗里堡州岚德威交响乐团音乐会。省外办主任阮忠训、副主任顾建新等陪同观看演出。

20～31日 副省长王建满率浙江省政府代表团访问柬埔寨、印度尼西亚和日本。

21日 省委常委、常务副省长陈敏尔会见澳大利亚自然资源信托基金主席兼执行董事约翰·理查德·哈里一行。省外办副主任顾建新等参加会见。

21日 省政协副主席徐辉会见孟加拉国孟中人民友好协会代表团一行。省外办副主任顾建新等参加会见。

10月24日～11月5日 省委书记、省人大常委会主任赵洪祝率浙江省代表团访问阿联酋、希腊和以色列三国。省外办主任阮忠训等陪同出访。

24日 省人大常委会副主任程渭山会见瑞士联邦议会“瑞中小组”主席诸葛一行。省外办副主任顾建新等参加会见。

26日 省长吕祖善会见美国田纳西州州长斐尔·布雷德森一行。省政府秘书长张鸿铭、省外办副主任彭波等参加会见。

26日 省委常委、常务副省长陈敏尔会见美国佛蒙特州州长詹姆士·道格拉斯一行。同日，副省长龚正出席美国田纳西—浙江投资研讨会。省外办副主任彭波等参加上述活动。

26日 副省长龚正会见泰国新任驻沪总领事毕伦·莱诗密一行。省外办副主任陆国灏等参加会见。

27日 省人大常委会副主任张家盟会见意大利米兰市议会副议长斯特法诺·迪·马蒂诺一行。省外办副主任陆国灏等参加会见。

27日 副省长龚正会见新加坡总理公署部长、财政部兼交通部第二部长陈惠华一行。省外办副主任陆国灏等参加会见。

27日 省政协副主席黄旭明会见奥地利萨尔茨堡州中国事务特使艾瑟尔和保时捷控股有限公司全球总裁罗特尔一行。省友协专职副会长虞希华等参加会见。

28日 省长吕祖善会见来杭州出席第二十届中美商贸联委会会议的美国商务部长骆家辉、贸易代表柯克和美驻华大使洪博培一行。省政府秘书长张鸿铭、省外办副主任彭波等参加会见。

29日 省友协会长梁平波会见日本静冈县日中友好协会会长渥美泰一一行。省友协专职副会长虞希华等参加会见。

31日 马拉维国防部长希迪克·米亚一行6人结束在杭州的参观访问，离开浙江。当天中午，省军区司令员傅怡少将会见米亚一行。米亚一行是应中央军委委员、国务委员兼国防部长梁光烈上将的邀请来杭访问的。

11　月

9日 副省长茅临生会见韩国全罗南道政务副知事李相勉一行。省外办副主任陆国灏等参加会见。

10日 省政协主席周国富会见柬埔寨参议院立法和司法委员会主席吴本辰一行。省政协副主席王永昌，省外办主任阮忠训、副主任陆国灏等参加会见。

12日 省委书记、省人大常委会主任赵洪祝会见以色列驻沪总领事艾雅克一行。省外办主任阮忠训等参加会见。

12日 副省长茅临生会见印尼东爪哇省省长助理索约诺一行。省外办副主任陆国灏等参加会见。

12日 省友协会长梁平波出席杭州国际马拉松赛开幕式。省友协副会长马以芝、专职副会长虞希华等陪同参加。

12日 省友协会长梁平波会见日本静冈县日中友好协议会理事长柴顺三郎一行。省友协专职副会长虞希华等参加会见。

18日 省委书记、省人大常委会主任赵洪祝会见挪威北挪威省省长欧德·埃里克森一行。省委常委、秘书长李强，省外办副主任顾建新等参加会见。

18日～12月2日 省政协主席周国富率浙江省政协代表团访问阿根廷、智利，省外办主任阮忠训等随团出访。

20日 副省长金德水会见美国兰德公司副总裁黛布拉·克诺普曼一行。省外办副主任彭波等参加会见。

22日 省友协会长梁平波会见日本日中友好协会副会长、日本福井县日中友好协会会长酒井哲夫一行，全国友协副会长李建平向酒井哲夫颁发全国友协授予的“人民友谊贡献奖”。省友协专职副会长虞希华等出席上述活动。

23日 省长吕祖善会见日本静冈县知事川胜平太一行。省政府秘书长张鸿铭、省外办副主任陆国灏等参加会见。

23日 省友协会长梁平波会见日本静冈县前教育长、静冈文化艺术大学顾问杉田丰一行。省外办副主任陆国灏等参加会见。

24日 省委书记、省人大常委会主任赵洪祝会见乌干达副总统吉尔伯特·布凯尼亚一行。省委常委、秘书长李强，省外办副主任顾建新等参加会见。

26日 省友协会长梁平波会见越南共产党胡志明市委常委、市越南祖国阵线委员会主席、市越中友好协会主席杨光河一行。省外办副主任陆国灏，省友协专职副会长虞希华等参加会见。

12　月

2日 省委书记、省人大常委会主任赵洪祝会见奥地利萨尔茨堡市市长沙登和萨尔茨堡州中国事务特使艾瑟尔一行。省委常委、秘书长李强，省外办副主任顾建新等参加会见。

2日 副省长金德水会见西门子（中国）有限公司执行副总裁、西门子能源集团东北亚区总裁马德一行。省外办副主任顾建新等参加会见。

4日 副省长龚正会见澳大利亚西澳州发展部常务副部长安·诺兰一行。省外办副主任彭波等参加会见。

8日 副省长龚正会见比利时驻沪总领事乔治一行。省外办副主任顾建新等参加会见。

9日 副省长龚正会见荷兰驻沪总领事汪一力一行，并出席杭州萧山国际机场与荷兰皇家航空公司合作备忘录签约仪式。省外办副主任彭波等参加上述活动。

14日 省委书记、省人大常委会主任赵洪祝会见摩托罗拉公司资深副总裁、中国公司董事长高瑞彬一行。省委常委、秘书长李强，省外办副主任彭波等参加会见。

15日 省委书记、省人大常委会主任赵洪祝会见2010港澳·浙江周前期港澳媒体采访团。省委常委、秘书长李强，省委常委、宣传部长黄坤明，副省长龚正，省外办主任阮忠训等参加会见。

17日 副省长龚正会见希腊驻沪总领事玛利亚·萨兰蒂一行。省外办副主任顾建新等参加会见。

17日 副省长龚正会见乌克兰驻沪总领事谢军夫妇一行。省外办副主任顾建新等参加会见。

23日 副省长龚正出席由日本大阪府、京都府、兵库县三府县共同主办的关西旅游推介会并致辞。省外办副主任陆国灏等出席推介会活动。

24日 省委书记、省人大常委会主任赵洪祝会见日本大阪府知事大桥彻、京都府知事山田启二、兵库县知事户井敏三等三府县代表团。省委常委、秘书长李强，副省长龚正，省外办主任阮忠训、副主任陆国灏等参加会见。

29日 外交部召开地方外事工作表彰会，省外办被授予最高荣誉奖——全国地方外事突出贡献奖。

30日 省外办在台州举办APEC商务旅行卡推介会。省外办副主任彭波主持会议并致辞，全省30余家企业和19个市、县外办代表参加会议。

（周赵行）

综　　述

出国管理

【概况】 2009年，全省审批（审核）因公出国（境）团组7641批、23697人次，分别比2008年下降6.4%、15%（其中省管干部出访710批、980人次）。其中，经贸类出访团组4728批、13118人次，业务考察类团组754批、2497人次，培训类团组356批、1946人次，分列各类出访团组的前三位。邀请外国人来华团组21375批、30284人次。

2009年全省因公出国（境）管理工作主要有四个特点：一是公款出国旅游不正之风得到有效遏制。全省批准因公出国（境）团组和人次与前三年平均数9925批、36034人次相比，分别下降23%、34.2%。二是严控党政干部出访落到实处。全省党政干部出访11582人次，比前三年平均数21598人次下降46.4%，完成制止公款出国（境）旅游专项工作部际联席会议年初提出的"下降20%"的预定目标。三是进一步规范了因公出国（境）管理制度。根据中央和省委、省政府有关文件精神，省外办联合有关部门或单独下发《关于切实加强因公出国（境）管理坚决制止违规违纪行为的通知》等11个文件，对审批程序、双跨团组、出国（境）经费和责任追究等进行制度创新，进一步规范了因公出国（境）管理工作。四是服务企业有创新。推出企业申办APEC商务旅行卡暂行办法，全面推广因公出国任务审批与护照签证同步办理等措施，有效提高了工作效能和服务质量。

【加强全省因公出国（境）宏观管理】 2009年3月，中央办公厅、国务院办公厅下发《关于坚决制止公款出国（境）旅游的通知》，进一步加大制止公款出国（境）旅游管理力度。省外办根据中央要求，结合浙江实际，代拟并上报省委办公厅、省政府办公厅下发《关于坚决制止公款出国（境）旅游的通知》，对领导干部因公出访、压缩因公出国（境）经费和团组数及人数、加强双跨团组管理、严格因公出国（境）审批审核、强化因公出国（境）团组派出单位责任、严厉打击中介机构不法行为、严肃查处公款出国（境）旅游案件、改革和完善因公出国（境）管理制度等八个方面作出明确规定，进一步加强了全省因公出国（境）管理。

【出台双跨团组管理规定】 为贯彻落实中纪委、外交部等八部委联合下发的《关于进一步加强跨地区跨部门团组管理的通知》，根据省委主要领导批示精神，省外办配合省纪委、省委组织部、省监察厅和省财政厅等部门，印发《关于进一步加强和改进跨地区跨部门因公出国（境）团组管理的通知》，从审批权限、计划量化管理、审批程序、经费管理、责任追究等方面对双跨团组提出具体要求，切实加强了对双跨团组的管理。

【实行因公出国（境）团组计划管理】 2009年初，省外办根据省政府主要领导提出的2009年度因公出访人数比2008年压缩20%的要求，按照"确保重点、统筹兼顾"的原则，积极与各地各部门沟通协商，反复征求意见，制订了全省2009年度因公出国(境)计划草案。2月,省委外事工作领导小组召开专题会议,研究并通过省外办提交的2009年度省级领导出访计划、省管干部因公出国(境)计划申报和省管以下人员因公出国(境)计划,与上年相比,全省因公出访人数压缩了21.3%。

根据省委外事工作领导小组核定的2009年度因公出国(境)计划,省外办严格履行出国(境)审批审核程序,严格实行量化管理,把团组人数、出访天数、出访国家数等量化规定作为“刚性条文”坚决贯彻执行,对计划外的团组和人员原则上不予受理报批手续。要求出访团组必须向审批部门提供分上下午的详细出访日程,公务活动必须占在外日程的三分之二以上,必须注明国外接待单位、主要会谈人员和内容;对因公出国(境)培训团组的立项严格审核,培训团组必须注明培训日程、培训内容和授课人等。2009年度全省批准立项培训团组56批、1148人次,分别比上年下降20%、25%。

【完善因公出国(境)专项检查制度】 2009年,经与省纪委、省委组织部协商,省外办将专项检查频率由原先的一年一次提高到一年两次,增加了年中检查。6月至7月,省纪委、省委组织部、省外办对各市、省直厅局和大专院校、企业等近130家单位2009年上半年因公出国(境)情况,以自查和抽查相结合的方式进行了检查。

年中检查围绕当前因公出国(境)工作重点,丰富了检查内容,检查报告得到省委主要领导的充分肯定。

【开展对审批单位的年度检查】 2009年初,省外办对全省25家具有审批权的单位进行年度检查,重点检查2008年因公出国(境)审批及有关外事管理等情况,对有审批权的企业还检查其改制情况和经营效益等。督促上述单位加强审批工作的制度化、规范化建设,进一步改进工作作风,提高工作效能,为全省对外交往的发展提供优质服务。

【召开因公出国(境)党风廉政建设联席会议】 2009年7月23日,省外办牵头召开省纪委、省委组织部、省政府办公厅、省公安厅、省审计厅、省商务厅、省科技厅、省教育厅、省财政厅、省旅游局等部门参加的因公出国(境)党风廉政建设联席会议,交流加强因公出国(境)管理工作的做法、存在的问题和建议,进一步掌握因公出国(境)管理工作情况。

【全面推行出访团组任务审批和护照签证同步办理制度】 2009年,省外办在原省管干部出访团组试点的基础上,全面推行出访团组任务报批与护照签证同步办理制度,出访团组凭加盖出国管理处受理章的邀请函可在审批期间同步办理护照签证,大大提高了出访团组的申办效率,得到企业的广泛好评。

【全面推行民营、国有企业申报APEC商务旅行卡】 2009年12月29日,省外办在台州召开有30多家企业参加的APEC商务旅行卡推介会,在全省推行APEC商务旅行卡的受理申办工作,为企业人员出国提供更多的便利条件。

【承办外交部“树立海外中国公民文明形象宣传月”浙江(青田)启动仪式】 2009年8月19日,省外办配合外交部领事司,在青田县举办“树立海外中国公民文明形象宣传月”活动启动仪式,发放《海外中国公民文明指南》、《中国公民海外安全常识》各15000册,为海外中国公民的文明形象、人身安全和财产安全提供咨询和保障服务。

【升级因公出国(境)和邀请外国人来华审批软件系统】 2009年年初,省外办完成因公出国(境)和邀请外国人来华审批软件系统的全面升级,初步实现全省网上任务报批和远程查询,规范了报批程序,提高了办事效率和工作透明度。

(陶允冀)

附表　2009 年浙江省因公出国、赴港澳和邀请外国人来华审批情况

类　别	项　目	批数(包括港澳)	人数(包括港澳)
审批情况	任务审批团组	6810(1272)	22427(3876)
	任务确认团组	831(71)	1270(107)
	邀请外国人来华	21375	30284
出访任务分类	友好访问	430	1642
	经贸活动	4728	13118
	科技交流	217	450
	文体交流	297	1500
	人员培训	356	1946
	国际会议	284	1314
	业务考察	754	2497
	其他任务	575	1230

领事业务

【概况】 2009 年，省外办进一步健全涉外突发事件的应急协调工作机制，提高应变处置能力，做好甲型 H1N1 流感(简称“甲流”)涉外防控工作，加强与各国驻沪总领馆的交流与联系，为建设“平安浙江”创造良好的社会环境，为浙江省实施“走出去”战略和“创业富民、创新强省”战略服务。

一、依法、妥善、及时处理各类涉外突发案(事)件。2009 年协调处理各类涉外突发事件 100 余起。其中，协调处理省内涉外事件 80 余起，涉及 40 多个国家，包括外国人在浙江省内自然、意外死亡等单纯性事件，交通肇事、斗殴以及“三非”(非法入境、非法滞留、非法就业)等治安事件，经济纠纷、合同诈骗、抢劫、强奸、走私毒品等民事、刑事案件；协调处理海外领事保护案件 20 余起，涉及浙江省公民在国外死亡、失踪、被扣等事件，还包括劳务纠纷、渔事案件等。在处理涉外突发事件中，及时采取相应措施，化解矛盾，解决问题，保护当事人合法利益。

二、做好“甲流”涉外防控工作。2009 年 4 月以来，省外办作为“甲流”防控工作的“牵头”部门，密切关注全省外国人“甲流”疫情，提出工作方案，落实工作措施，建立健全全省外事系统分工明确、通力合作的联防联控机制。年内，分别向外交部和有关国家驻华使领馆通报 80 余批共 177 名外籍患者和隔离人员信息。协调卫生防疫等部门和全省各地外事部门，做好密切接触人员的查找和留院观察人员的服务工作，对疫情防治提供必要的协助。协调公安、司法等部门，采取电话探视等灵活、多样的方式，确保特殊时期外国领事官员履行领事职责。

三、进一步密切与外国驻华使领馆的联系，创新方式、加强合作，为浙江省经济社会发展服务。举办一年一度的浙江省省情介绍会暨迎春招待会和使领馆官员“走进浙江·使领馆年”系列活动，不断完善和强化浙江省与各国驻沪领馆的磋商机制。做好浙江省贸易洽谈会(浙洽会)、中国消费品博览会(消博会)、浙江省农业博览会(农博会)的外宾邀请及有关涉外礼宾工作，承接展会组委会交办的相关工作，充分利

用领馆资源为浙江的经济和社会发展服务。召开浙江省外国人领事保护工作研讨会，邀请各总领事馆相关领事参加。会同省公检法司等部门，共同研究省内外国人领事保护工作。

【外国使领馆官员“走进温州”活动】 2009年5月20日至22日，省外办与温州市政府在温州共同举办以“走进温州——发展中的民营经济”为主题的“使领馆年”活动。

【协办第十一届浙洽会暨第八届消博会】 2009年6月8日至12日，第十一届浙洽会暨第八届消博会在宁波举行。省外办邀请3个团组52名外宾与会，其中包括瑞士、土耳其、马来西亚、加拿大、智利等13个国家驻沪总领馆官员26人。大会期间，省外办协助安排了省领导会见重要外宾团组等活动，协调组织9名翻译承担了英语、日语、韩语等近10场翻译工作。

【全省涉外渔事案件处置工作座谈会】 2009年9月22日在舟山市召开，省外办和省海洋与渔业局联合举办。省外办、省海洋与渔业局有关负责人，宁波、温州、舟山、台州等市及所辖部分县(市、区)外事和海洋与渔业系统代表共50余人参加会议。

会议总结了全省近期涉外渔事处置情况，分析远洋渔事面临的问题，研究部署下一阶段涉外渔事案件处置工作。会议还就贯彻落实省海洋与渔业局和省外办联合制发的《浙江省渔船涉外渔业案件处理暂行办法》进行了交流与讨论。

【第二届浙江省外国人领事保护工作研讨会】 2009年10月27日在杭州召开。本次研讨会由省外办牵头举办，俄罗斯、德国、日本、韩国、尼日利亚等15个国家的驻沪总领馆领事官员应邀与会。

（易书莉）

护照签证

【因公护照签证】 2009年，全省办理因公出国(境)团组9131批、27505人(出国7538批、23049人，赴港澳1593批、4456人)。与上年相比，批数基本持平，人数下降6.1%。省外办办理因公出国(境)团组5208批、16638人(出国4525批、14341人，赴港澳683批、2297人)，批数和人数分别比上年下降6.0%、15.9%。受理急件和特急件4315批，占受理总批数的82%。

全省颁发因公护照12948本(公务护照2376本、公务普通护照10572本)，颁发因公赴港澳通行证2980本。省外办颁发因公护照7772本(公务护照1396本、公务普通护照6376本)；颁发因公赴港澳通行证1611本，办理因公赴港澳签注2366个；开具出境证明739份；收缴公务护照(包括部分省管干部的公务普通护照)3734本；注销无效证照9607本；为办理境外换发护照、补发旅行证等回复外交部、中国驻外使领馆函件31份，31人。

省外办办理因公签证5272批次、21516人次，批次和人数分别比上年下降3.8%、5.6%。因公签证获签率99.67%。居前三位的出访国家分别为美国(2931人次)、日本(2038人次)、德国(1820人次)。

省外办签发《被授权单位签证通知表》3263批、3798人，批数和人数分别比上年增长47.5%、49.2%。

【领事认证】 2009年，省外办办理领事认证133356份，比上年下降6.7%。其中，办理埃及、意大利、西班牙三国的领事认证数量居前三位，分别为31071份、28794份和23541份。办理民事类认证82436份，下降12.34%；办理商业类认证54683份，增长3.3%；代办外国驻沪总领馆领事认证64366份。审核意大利家庭团聚双认证材料2966户，近15000份。代办阿根廷驻沪总领馆商业发票认证3763份。代办外交部及外国驻华使馆领事认证704份。全年收到外国驻沪总领馆查核照会62份，回复照会52份。

【因私签证】 2009年，浙江外事出国人员服务中心办理因私签证8646批次、19169人次，分别比上年下降9.3%、20.2%。其中，办理日本签证6529批次、15813人次，韩国签证1673批次、2658人次，澳大利亚签证83批次、148人次，新加坡签证94批次、131人次。因私签证获签率98%。此外，代办各市、县外办因公护照签证130批次、291人次；代办各市、县外办领事认证448批次、809人次；审核意大利家庭团聚签证涉外文书3225户；受理法国签证用公证书直送1276份；受理希腊签证查核562人次；回复领馆协查照会20份；完成签证打表3705份；提供代邮寄服务169份。

【严把因公护照颁发审核关】 为严格审核因公出国(境)团组，规范公务护照颁发工作，加强对业务科室的政策指导，优化内部审核程序，2009年对9批因分团报批、人数和在外天数超过规定及越权审批的团组，提交上级或原任务审批机关进行复议，并逐一建议按规定进行调整；对71名处以下行政机关及企事业单位人员，因情况特殊而经外交部领事司批准，予以颁发公务护照。

【做好因公护照收缴和管理工作】 2009年实行因公护照专办员备案制度。开展因公护照收缴情况抽查，先后对近30家具有行业代表性的单位进行现场检查，了解这些单位因公护照收缴与管理情况，加强对护照收缴保管工作的监督和指导。在网上开通“QQ”护照收缴管理平台。通过一系列措施，提高各单位对因公护照及时收缴、统一保管重要性的认识，明确因公护照申办、领用和收缴等各个环节的要求，杜绝了因公护照管理工作中存在的隐患。省外办公务护照继续保持100%的收缴率，公务普通护照收缴率达到99.8%。

【成立“因公电子护照筹备工作小组”】 2009年8月，省外办被外交部正式确定为全国因公电子护照试点单位，成立了“因公电子护照筹备工作小组”。年内，因公电子护照筹备工作做到五个“到位”，即思想认识到位、工作人员到位、项目资金到位、工作场地到位和程序责任到位。

【签证管理团队进一步发挥作用】 2009年，省外办的因公签证和因私签证获签率较2008年又有所增长，分别达到99.67%和98%。一是进一步规范签证材料，严格审核把关；二是做好签证信息的收集、反馈，以及团组的统计和分析工作。同时，针对签证难点国家及难点问题进行专题研究；对重要出访团组和有需要的团组提前介入，给予业务指导和培训；加强与使领馆的沟通与联系，保持签证渠道畅通。

【进一步规范《被授权单位签证通知表》管理】 近年来申请来浙工作的外国人迅速增长，为进一步规范外国人申办《被授权单位签证通知表》的管理工作，2009年初，省外办派员到外国企业代表处较集中的绍兴、义乌进行实地考察和调研，结合实际情况，撰写了关于《被授权单位签证通知表》管理工作的调研报告，提出了进一步加强管理和规范操作的政策建议。从9月份开始，针对管理工作中出现的新情况、新问题，省外办委托各市级外办代办《被授权单位签证通知表》，同时通过开发软件管理系统与各市地外办联网，加强审核把关力度，进一步规范外国人申请来浙工作的管理。

【继续严把领事认证审核关】 2009年办理文书认证13万余份，没有一份造假文书蒙混过关；查获各类假证、退回不规范公证书57份。与各地外办、司法、商检、公证处等部门座谈交流，了解各部门涉外公证文书受理流程及审核等情况，并走访部分公证处和中介机构，对实际情况进行分析，提出加强管理和规范操作的建议。

【简化企业因公出国(境)人员审查办法】 为服务民营企业“走出去”，促进浙江省外向型经济的发展，经商省委组织部，2009年3月，省外办同意义乌市开展民营企业简化因公出国(境)人员审查的试点工作。

【杭州市外办启动因公护照颁发和签证申办】 经外交部批准并经过一年的筹备，2009年6月，杭州市人民政府外事办公室正式启动因公护照颁发和签证申办工作。

【为重要出访团组开辟绿色通道】 为保证省级领导团组和其他重要团组顺利出访，2009年在实行专人办理护照签证、专人跟踪签证动态、专人保管档案材料的基础上，着手建立重要人员信息资料库，省级领导和重要人员出访时，可直接从信息库中调取所需信息，缩短了申办护照签证的准备时间，全年有55批省级领导和重要团组共245人通过绿色通道办理护照签证手续。

【开展“走进民企——签证服务月”活动】 2009年3月，省外办组织人员赴舟山，为该市70余家企事业单位进行因公出国、领事认证和因私出国等方面的业务知识培训，并编印了《领事认证知识》和《因私签证代办》手册。5月，与台州市政府联合举办“签证官看民企”——走进台州暨第二届浙江省与外国驻沪总领馆签证工作座谈会。（参见第338页**【“签证官看民企——走进台州”活动】**）

【增强服务意识、提高办事效率】

2009年，省外办护照签证处、浙江省对外服务中心共受理各类办事申请约17万件，受理的急件申请占全部申请的70%。2月，浙江省曲艺杂技总团、浙江省群众艺术馆和中国丝绸博物馆等单位共54人赴墨西哥下加州参加2009墨西哥—中国浙江文化节活动，浙江省曲艺杂技总团一行24人赴美国密苏里州“世界之村”参加演出活动。两个出访团组人员多、时间紧，签证繁琐，护照签证处受理后提前介入，做好美领馆面谈预约工作和签证前期准备工作，并争取到美国和墨西哥驻沪总领馆的支持，促成团组按时成行，确保了对外文化交往活动顺利进行。3月，杭州大厦为处理1998年收购的匈牙利LITO饭店重新改造营业事，需要紧急办理24份商业文书的领事认证。省外办有关部门与匈牙利驻沪总领馆协商后，杭州大厦及时拿到了认证文书，认证时间比常规缩短近两个月，避免了可能遭受巨额罚款和停业整顿的处罚。10月，杭州中策橡胶有限公司赴美处理该公司轮胎特保案的后续事宜，省外办有关部门经与美国领馆紧急磋商，安排该公司人员提前面谈取得签证，使公司避免了巨额经济损失。2009年为34批团组、144人申请了美国签证面谈提前。

【开拓领事认证和因私签证代办业务】 2009年新增越南、白俄罗斯、厄瓜多尔和奥地利等国的领事认证业务。新增加拿大、新西兰、意大利、俄罗斯等国因私签证代办和美国因私签证预约业务。4月，韩国驻沪总领馆因私签证实行属地化管理。截至2009年底，浙江外事出国人员服务中心可代办的因私签证国家共有55个。

【加强与外国驻沪总领馆的联络】 2009年初，省外办在上海举办浙江省情介绍会暨迎春招待会。中外双方就深化“诚信外事”品牌建设、浙江省与各国驻沪总领馆合作设想进行了真诚、富有成效的交流。温州市外办在会上进行了“走进浙江”系列活动之二——“走进温州”的推介宣传。

全年走访并接待外国驻沪总领馆官员50次，近200人。拜访和参与美国、加拿大、澳大利亚、新西兰、法国、意大利、西班牙、阿根廷、捷克、南非等15个国家的驻沪总领馆官员及领馆举行的各项活动，就签证、领事认证的情况及存在的问题进行及时磋商，寻求解决办法。

参加外交部和外国驻华使领馆召开的各类工作会议，了解政策动态，取得工作主动权，指导日常工作。6月，日本驻沪总领馆在上海召开日本因私签证研讨会，浙江积极回应日方对赴日因私签证的各项建议和要求，收到互利双赢的效果。

（蒋　岚）

附表1　2009年浙江省外办办理因公出国(境)团组情况

(按出访国家和地区及批次/人次统计)

出访性质 批次(人次) 出访地	会议	科学技术	友好访问	经济贸易	文化体育	其他	留学培训	合计
韩国	41/67	10/31	37/190	94/315	25/127	36/171	2/3	245/904
日本	63/99	30/70	66/235	321/747	52/185	40/168	18/45	590/1549
泰国	6/14	3/5	3/16	21/61	5/26		2/2	40/124
新加坡	30/43	7/13	9/32	56/194	12/24	13/81	14/117	141/504
香港	39/78	21/33	45/158	387/1283	46/272	45/115	70/356	653/2295
澳门	21/37	1/1	14/50	49/300	16/160	12/49	1/1	114/598
亚洲其他地区	65/104	43/159	78/390	593/1860	60/225	118/562	19/76	976/3376
德国	47/113	40/88	22/99	332/1023	14/108	41/178	42/185	538/1794
英国	26/37	29/90	27/103	109/420	18/46	45/206	29/104	283/1006
法国	20/28	15/65	11/43	158/488	25/173	34/138	12/49	275/984
意大利	19/28	12/28	9/38	101/298	14/42	24/99	10/18	189/551
瑞士	15/24	6/23	5/28	48/179	9/38	23/95	2/2	108/389
俄罗斯	12/22	9/37	13/75	49/228	7/67	19/80	1/1	110/510
欧洲其他地区	59/110	40/156	73/389	261/987	45/199	88/404	23/43	589/2288
澳大利亚	19/34	27/119	21/110	79/280	20/68	58/279	31/110	255/1000
新西兰	6/11	19/84	18/103	41/199	7/46	37/199	1/3	129/645
大洋洲其他地区		1/4	2/12	1/4			1/6	5/26
巴西	5/17	5/42	9/50	56/191	4/15	32/158	5/14	116/487
美国	107/158	81/190	36/148	379/1154	65/197	90/412	134/678	892/2937
加拿大	19/39	18/63	24/112	98/400	15/39	43/254	22/65	239/972
美洲其他地区	4/19	5/20	19/106	99/341	12/141	49/254	2/2	190/883
南非	4/7	5/24	11/65	46/209	7/34	24/130	2/2	99/471
非洲其他地区	17/23	12/80	27/131	120/524	10/53	40/209	1/1	227/1021
合计	**644/1112**	**439/1425**	**579/2683**	**3498/11686**	**488/2284**	**911/4241**	**444/1883**	**7003/25314**

附表2　2009年浙江省外办申办外国签证统计表

出访地＼人次＼出访性质	会议	科学技术	友好访问	经济贸易	文化体育	其他	留学培训	合计
泰国	13	5	11	60	24		2	115
日本	94	68	206	1298	180	157	35	2038
韩国	75	30	173	288	115	173		854
印度	9	4	17	202	14	11		257
马来西亚	3			97	24	28		152
亚洲其他地区	50	91	272	760	92	411	48	1724
德国	119	96	123	1057	81	176	168	1820
英国	37	90	113	397	40	206	109	992
法国	25	62	60	524	177	139	88	1075
奥地利	16	18	12	60	9	42		157
意大利	27	25	37	282	23	95	18	507
西班牙	15	20	112	342	29	137	22	677
瑞典	12	34	68	103	35	74	17	343
瑞士	21	23	28	186	34	103	1	396
俄罗斯	21	36	81	276	61	86		561
欧洲其他地区	69	132	268	973	178	269	19	1908
澳大利亚	35	111	116	271	66	282	100	981
新西兰	12	80	109	207	45	209	3	665
美国	134	188	154	1101	215	410	729	2931
加拿大	38	72	118	377	41	274	58	978
巴西	5	42	28	171	11	128	1	386
阿根廷			18	33		29		80
美洲其他地区	1	12	28	441	136	161	1	780
南非	5	24	83	202	33	136		483
埃及	3	24	76	174	44	111		432
非洲其他地区	6	23	24	165		6		224
合计	**845**	**1310**	**2335**	**10047**	**1707**	**3853**	**1419**	**21516**

新闻文化

【概况】 2008年11月，国务院颁发了《外国常驻新闻机构和外国记者采访条例》(国务院令第537号)，2009年是贯彻落实国务院第537号令的第一年，为有效地与北京奥运会期间对外国记者服务与管理工作进行衔接，确保新《条例》的顺利执行，省外办通过举办外事干部培训班、对外国记者管理工作展开调研等，指导全省外事部门做好外国记者来浙江采访的服务工作。

开展丰富多彩的对外宣传和文化交流。2月，完成《浙江概览》2009版的编印。10月，编辑印制《全景浙江》大型画册。10月下旬，第二十届中美商贸联委会在杭州召开，省外办协办、承办中美建交30年图片展和浙江与美国友城展，为会议的成功举行营造了良好的氛围。9月，在瑞士举办了"魅力浙江"摄影图片展。

做好浙江外事门户网站维护工作，及时更新信息，及时处置乱码、网页无法显示、遭受恶意攻击等突发事件，保障网站安全正常运行。全年发布各类新闻信息1000多条，为历年之最。简化工作程序，方便省内招收外国留学生机构办理202表的审批和签证，全年办理202表2828份。

《浙江外事年鉴》编辑工作再上新台阶。2009年卷《浙江外事年鉴》从装帧设计到内容都作了改进，年鉴的整体编纂水平有较大提高，在全国年鉴评比中获得地方专业年鉴特等奖。

【韩国外交部记者团访问浙江】 2009年1月14日至16日，韩国外交部记者团一行11人访问浙江。

16日，副省长龚正在杭州会见记者团一行。龚正对记者团来访表示欢迎，并介绍了浙江省经济社会发展情况。他说，一直以来，浙江都十分重视发展与韩国的友好关系，双方在经贸投资、文化教育、旅游等领域的合作交流卓有成效。希望记者团通过此次访问，能进一步加深对浙江的认识，推进双方在更广领域、更高层次的合作与交流。

省政府副秘书长夏海伟、省外办副主任顾建新等参加会见。

韩国记者在浙江期间，先后在宁波、嘉兴和杭州参观访问了雅戈尔集团、北仑港区、杭州湾跨海大桥、韩泰轮胎公司等。

【连线浙江——中东和非洲国家驻华使节及媒体记者考察采访活动】 2009年4月22日至25日举行，由省外办与省政府新闻办联合举办。

4月23日，省委书记、省人大常委会主任赵洪祝会见参加"2009连线浙江"活动的中东和非洲国家驻华使节及媒体记者。赵洪祝对来宾们到访表示欢迎，并向客人介绍了浙江省经济社会发展的基本情况。他说，近年来，中东和非洲已成为浙江省重要的贸易伙伴。浙江企业"走出去"发展，主要也集中在中东和非洲。相信在中国与中东、非洲国家全

◎副省长龚正(右一)会见韩国外交部记者团一行

面合作关系不断发展的大背景下，浙江省与中东、非洲在文化、科技、旅游、经贸等领域的交流合作必将进一步拓展和深化，并取得更加务实显著的成效，为双方人民带来更多的好处。希望通过此次活动，让大家认识一个友好开放的浙江、一个充满活力的浙江、一个商机无限的浙江，推动浙江与中东、非洲人民之间的相识、相知、相融。

省委常委、宣传部长黄坤明，省委副秘书长舒国增，省外办主任阮忠训，省新闻办主任吕建楚，省外办副主任顾建新等参加会见。

本次活动共邀请伊拉克、埃及、卡塔尔、阿曼、巴林、也门、肯尼亚、摩洛哥、沙特阿拉伯、突尼斯、巴勒斯坦、苏丹等中东和非洲国家驻华使节和阿拉伯主流媒体记者35人。活动围绕当前经济形势下，浙江省深入实施“两创”战略的举措和成效，民营企业和专业市场转型升级的思路和做法，以及文化创意产业和网络经济发展前景等主题，实地考察采访了义乌国际商贸城、阿里巴巴集团、宁波—舟山港、杭州湾跨海大桥等，对外展示浙江的建设成就，并通过组织“连线浙江”峰会论坛，构筑互动交流平台，促进浙江对外经济合作，服务浙江企业“走出去”。

◎参加“连线浙江”活动的中东、非洲国家驻华使节和媒体记者参观义乌国际商贸城

【“魅力浙江”摄影展】 2009年9月9日在瑞士卢加诺市市政厅开幕，卢加诺市副市长佩利、由省外办副主任顾建新率领的浙江省文化交流代表团以及百余名来宾参加开幕式。

摄影展展出浙江省10余名摄影家的40幅优秀作品，多角度展示了浙江秀丽的风光、浓郁的风土人情和建设成就，得到参观者好评。各界人士纷纷在留言本上留言，盛赞影展。前来参观的有不少是即将来杭州交流的瑞士高中生，他们对能提前看到浙江省的美景感到兴奋；不少其他人士参观影展后表示想马上访问浙江。卢加诺市对外关系局局长詹尼纳兹说，这次展出的摄影作品水准很高，很多人都很喜欢。瑞士提契诺州和卢加诺市的媒体记者对影展作了充分的采访和报道。

开幕式后，浙江省文化交流小组与卢加诺有关方面进行了联合登山活动，詹尼纳兹和知名摄影家里瓦等参加。

此次摄影展是应浙江省友好州瑞士提契诺州首府卢加诺市市长圭笛斯的邀请而举办的，展期3周。

【2009年度外国专家“西湖友谊奖”颁奖大会】 2009年9月24日在杭州举行。30名在浙江省工作的外国专家获“西湖友谊奖”。他们分别来自美国、德国、韩国、日本、印度等12个国家，涉及通信、机械、汽车、农业、科研等10个行业。

副省长陈加元、国家外国专家局副局长李兵、省人力社保厅厅长乐益民、省外办副主任顾建新等出席颁奖大会。陈加元在会上致辞并为外国专家颁奖。

自1997年设立“西湖友谊奖”以来，已有358位专家获此荣誉，其中29人经推荐获得中国政府“友谊奖”，并受到党和国家领导人的亲切接见。

【《全景浙江》出版】 2009年10月20日，经过半年多的收集、拍摄和编辑，省委书记、省人大常委会主任赵洪祝作序的大型对外宣传画册《全景浙江》正式出版。这是浙江省外事系统第一次编纂反映浙江自然风貌的摄影画册。该画册将作为体现浙江特色的重要外宣品和礼品，用于赠送重要来访外宾以及省级重要出访团组。

【浙美友好城市展】 2009年10月28日至29日，第二十届中美商贸联委会在杭州召开，国务院副总理王岐山与美国商务部部长骆家辉、美国贸易代表柯克、美国农业部部长维尔萨克、美国驻华大使洪博培与会。中国商务部部长陈德铭，农业部部长孙政才，国家质检总局局长王勇，国家发改委副主任、国家能源局局长张国宝及外交部、科技部、工信部等17个部门负责人出席本届联委会。配合会议召开，10月28日，会议承办方专门组织举办了浙江省与美国友好城市展，展览以图片的形式回顾了浙江省与美国新泽西州和印第安纳州友好交往的历史和成果。省长吕祖善陪同联委会双方成员参观了展览。

【《浙江外事年鉴》通讯员培训会议】 2009年11月12日至13日在绍兴召开，各市外办，省级各部门、高等院校、企业外事处及省外办各处室和下属单位的年鉴通讯员共60余人参加培训。培训会总结了2009年年鉴编纂工作情况，布置2010年编纂工作，表彰了2009年度优秀通讯员，进行了业务培训。

省外办副主任顾建新到会并讲话。他指出：2009年《浙江外事年鉴》的编纂工作实现了质的飞跃，主要体现在样式新、内容广、质量高和反响好四个方面，得到专家和读者的一致肯定，凝聚着各位通讯员的辛勤劳动。对于2010年的编纂工作，他提出四点要求：一是以高度的责任感和荣誉感，对待外事年鉴编纂工作；二是以专业的敬业精神，做好本地区本部门材料的收集工作；三是以过硬的文字水平，做好年鉴条目的撰写工作；四是注意年鉴编纂中的保密工作。

绍兴市外侨办主任傅陆平参加会议并向与会人员介绍了绍兴市经济社会发展情况。

【《浙江外事年鉴》获全国年鉴评比特等奖】 2009年12月13日至20日，第四届全国年鉴编纂出版质量评比在苏州举行。评委会对参评的年鉴框架结构设计、条目编写、装帧设计、检索手段、校对质量等五个方面进行了严格评选，经过评审、初评、公示、投票表决等环节，评出获奖年鉴及奖次（共分特等奖、一等奖、二等奖、三等奖4个奖次）。《浙江外事年鉴》（2009）获得地方专业年鉴特等奖（共3个特等奖）。

全国年鉴编纂出版质量评比由中国出版工作者协会年鉴工作委员会主办，每五年举行一次。

（沈国权）

◎省长吕祖善（右一）陪同出席第二十届中美商贸联委会的双方成员参观浙江省与美国友好城市展

附表　2009 年部分外国记者在浙江采访情况

序号	采访时间	国别	机构名称	记者名单	人数	主要采访内容
1	1 月 10～24 日	日本	NHK	原拓也等	2 人	拍摄介绍海洋渔业发展的纪录片
2	1 月 14～17 日	韩国	有线新闻台、《来日新闻》、纽西斯通讯社等 10 家媒体	金泰贤、金记洙等	11 人	浙江改革开放 30 年成就、民营企业发展及浙江对韩经贸情况
3	2 月 11～13 日	澳大利亚	澳大利亚广播公司	刘安平	1 人	杭州钢铁厂
4	2 月 23～26 日	英国	Vpoint 电视台	Rebecca Julianna Lawson 等	2 人	拍摄宁波诺丁汉大学宣传片
5	3 月 1～2 日	美国	福克斯新闻公司	安德鲁・弗恩	1 人	拍摄吉利汽车生产线
6	3 月 19～31 日	日本	《朝日新闻》	铃木淑子	1 人	为"GLOBE"专刊采访中国的供水及相关企业情况
7	3 月 9 日～4 月 6 日	西班牙	加泰罗尼亚广播电台等	Vicente Martinez Sergi 等	3 人	金融危机对中国外贸市场的影响
8	3月31日～4月8日	澳大利亚	Electric Pictures	Simon Nasht 等	5人	拍摄有关金融危机及影响的纪录片
9	4月21～27 日	日本	东京电视台	大仓琳达	1 人	采访参加中国乒乓球甲 A 联赛的日本选手
10	4 月 27～29 日	美国	《商业周刊》	Bruce Einhorn	1 人	阿里巴巴杭州公司
11	5 月 11～13 日	日本	《中国纪行》摄制组	别宫有部等	3 人	拍摄船上人家
12	6 月 2～4 日	英国等 8 个国家	路透社等 13 家媒体	各媒体常驻记者	26 人	能源发展和新农村建设
13	6 月 4～7 日	新加坡	《联合早报》等 3 家	何惜薇等	6 人	随李显龙总理来访
14	6 月 18～19 日	缅甸	官方电视台	吴昂温等	4 人	随缅甸和平与发展委员会副主席貌埃来访
15	6 月 25～28 日	阿联酋	阿拉伯半岛电视台驻京分社	刘鹏	1 人	温州制鞋业、瑞安枫岭乡西龙村及温州活字印刷
16	8 月 5～9 日	美国	自由撰稿人	柯天锡	1 人	龙井村、大唐镇、宁波港、吉利汽车、义乌中国小商品城
17	8月29日～9月14日	英国	慈善教育艺术机构 Music for Change	Aubrey Fagon	1人	
18	9月3～13 日	德国	PRO7 电视台	Claudia Mayer 等	3 人	温州金蒂鞋业、海宁翔宇纺织有限公司
19	9 月 3～6 日	日本	富士电视台	荒木恭子等	9 人	浙江曲艺杂技总团演员孙喜忠

续表

序号	采访时间	国别	机构名称	记者名单	人数	主要采访内容
20	9 月 21～25 日	日本	静冈放送	池谷征吾等	4 人	西湖风景、杭州特色街等
21	9 月 11～13 日	英国、韩国、土耳其、日本、澳大利亚	Telegraph Media Group、HEE SUP KIM、Hurriyet Gazetecilik ve Matbaacilik A. S.、DIAMOND Inc.、The Age 等	Richard Matthew Tyler、HEE SUP KIM、Ard 1 c Aytalar、Garry Beilby Barker、Hitoshi Iketomi 等	8 人	第三届亚太经济合作组织中小企业峰会、阿里巴巴集团第六届网商大会及第二届网货交易会
22	9月21日～10月1日	韩国	文化广播公司	金俊佑等	2人	绍兴黄酒厂、黄酒博物馆及乌镇旅游开发有限公司
23	9月下旬	日本	《东京新闻》、《中日新闻》中国总局	池田实	1 人	温州中小企业的现状及面临的课题、未来发展前景
24	10月26日～11月3日	英国	IWC 传媒公司	Mcrae Findlay Gordon 等	5人	拍摄各地有特色的捕鱼方法及富有地方特色的水产海鲜和烹饪方法
25	10月 11～12 日	韩国	KTV 韩国政策放送频道	Choo Dong Jin 等	7 人	杭州博物馆、慧因高丽寺、宁波港、新罗呑村、延庆寺、高丽使馆纪念馆、高丽使馆遗址、普陀山、新罗礁、观音院等
26	10 月 15～18 日	德国	《德累斯顿图片》、萨克森州日报社	Wiebke Müller 等	2 人	杭州 2009 国际友城市长峰会
27	10 月 21～22 日	韩国	岭南放送	朴允泰等	3 人	南浔嘉业堂藏书楼等
28	10月28日～11月2日	奥地利	奥地利通讯社等	Wolfgang Wehap 等	6人	2009中国(杭州)国际循环经济产业博览会
29	11 月 9～13 日	德国	Medienwerkstatt	Theodor Teucher 等	2 人	浙江建设职业技术学院中德职业教育
30	11 月 9～12 日	美国	CNN	Miller Charles Lindsay 等	2 人	义乌国际商贸城及圣诞礼品市场
31	12 月 3～4 日	日本	朝日新闻社	西井泰之	1 人	在华日本企业的拓展
32	12 月 21～24 日	日本	《每日新闻》等 8 家媒体		20 人	大阪府、京都府、兵库县三知事访问浙江

省外办机关建设

【概况】 2009年，省外办机关在上级党委和办党组领导下，组织工、青、妇团体开展活动，抓好机关和直属单位党的思想建设和组织建设，发挥机关党组织在外事工作中的保障和服务作用，发挥党员的先锋和模范作用。

2009年底，全办系统有党员1212名。年内预备党员转正50名，发展新党员2名，发展入党对象19名；办理党员调动手续488名，其中转入组织关系323名、转出165名。

【学习实践科学发展观整改工作】 省外办是省委确定的第一批实践科学发展观活动学习单位，2009年上半年进入学习活动的整改阶段。省外办把开展学习实践活动作为重大政治任务和推动外事工作科学发展的重要契机，结合实际，以创新外事三大品牌、提升宏观管理水平、增强服务发展能力为目标，以办领导班子和处以上党员干部为重点，组织全办13个党总支、党支部的党员干部认真参与整改。

按照“树立新理念、增强新本领、解决新问题、构建新机制、实现新发展”的“五新”要求，坚持学习教育贯彻始终、调查研究贯彻始终、解放思想贯彻始终和解决问题贯彻始终的原则，整改中工作学习两手抓、两不误、两促进，并提出了4条组织保障措施：一是领导率先垂范，加强组织保障；二是加强分类指导，解决突出问题；三是注重统筹安排，做到活动和工作两手抓；四是强化指导检查，保证活动质量。扎实完成整改任务，为提升外事工作水平、加快全省外事工作的科学发展提供了有力保证。

【学习贯彻中共十七届四中全会精神】 2009年9月29日，省外办召开办党组理论学习中心组扩大会议，学习贯彻中共十七届四中全会精神。办、会（省外办、省对外人民友好协会）领导，各处处长和直属单位负责人参加会议。

省外办党组书记、主任阮忠训主持会议并讲话。会议要求机关各处室、各直属单位、党总支（支部）要把认真组织好中共十七届四中全会精神的学习和贯彻落实作为当前的主要政治任务，有重点、分步骤、多形式地开展学习活动，在全办兴起学习贯彻中共十七届四中全会精神的高潮，推动各项工作迈上一个新台阶。

【效能建设主题活动成效显著】 2009年上半年，省委、省政府提出在全省组织开展“两提高、两降低”（提高工作效率、提高服务水平，降低公务支出、降低行政成本）的主题活动，省外办加强机关内部建设。制发《省外办厉行节约勤俭办外事的若干规定》，对办机关公务车配备使用管理、公务接待、会议、通信等6个方面的开支作出12条规定，全年会议费用实现“零增长”，公用经费、交通费用、专项经费明显压缩。修订完善《省外办财务管理办法》、《行政经费使用管理办法》、《地方外事经费管理暂行办法》等内部财务管理制度，切实降低了行政运行成本。

【继续创新流动党员管理工作】 省对外服务公司党组织根据“行业相近，地域相邻”的原则，组织外服中心党支部、诺基亚党支部、申软党支部及外企联合党支部四个支部的支委培训，完善网络教育平台，进行网上学习交流，开展树现代外企党员新形象活动，深化外企党员走在前列主题活动，组织大型外企骨干党员活动。通过一系列工作，在很大程度上解决了因党员人数众多、高度分散而集中活动难的问题。

9月，在全省流动党员党建工作会上，省外办作了流动党员管理专题经验介绍。

【组织开展精神文明建设和文化建设】 2009年，省外办机关党委、工会、团委联合举办“体育活动月”、省外办机关第九届运动会，广大干部职工踊跃参加，共有288人次参加了登山、羽毛球、乒乓球、垂钓、棋牌、田径等十多个项目的比赛。省外办工会被省直机关工会评为先进职工之家。

省外办钓鱼、摄影兴趣小组活动频繁，摄影小组在全省摄影比赛和庆祝建国60周年各项影展、影赛活动中获得好成绩。年初，举办了省外办迎春联欢会活动和机关干部职工第七届摄影作品展。

【开展党风廉政建设警示教育活动】 2009年12月28日，部分机关干部职工、直属单位班子成员前往杭州市南郊监狱（省法纪教育基地）接受警示教育，观看法纪教育图片展览、监狱电子传输的职务犯罪服刑人员教育改造实时场景和反腐倡廉电教片《忏悔录》，对党员干部进行党风廉政建设和警示教育活动。

省外办领导带队参加此次活动。通过教育活动，干部职工们表示，要时刻绷紧廉洁从政这根弦，加强学习，提高修养，以反面典型为戒，做到干净干事，为浙江外事科学和谐发展作出贡献。

【干部职工踊跃参加“送温暖、献爱心”捐赠活动】 2009年11月4日，民政部下发《关于进一步深化“送温暖、献爱心”社会捐助活动的通知》，省直机关于11月全面开展社会捐助活动。省外办各处、各支部把“送温暖、献爱心”社会捐助活动作为一项重要政治任务抓好落实，党员领导干部发挥带头作用，全办捐献棉被、毛毯、大衣、羽绒衣、毛衣、毛裤、皮衣、秋裤等249件（条），所有捐助物品均在八成新以上。这批捐助物品直接送往宁夏回族自治区。

【驻村扶贫见成效】 省外办驻村指导员沈小荣于2009年初到庆元县五大堡乡五大堡村开展农村致富帮扶指导工作。

五大堡乡2008年全乡人均收入仅3239元。驻村扶贫一年中，沈小荣调查走访、了解村情民意，并帮助该乡争取到多个项目，落实到位帮扶资金185万元，其中包括该乡水源头污水处理项目50万元、生态环境保护项目80万元、乡中心小学微机房捐赠项目20万元，部分解决了当地困难，得到村民的好评。

（葛志宇）

◎省外办机关登山队在省直机关第九届运动会登山比赛中获得佳绩

外事服务

·浙江省对外服务公司·

【国际教育培训业务】 2009年4月，浙江省对外服务公司（简称“省外服公司”）对国际教育培训业务进行重组，制定了以企业需求为导向，结合人力资源核心业务平台资源，建立与发展“招聘—职业培训—就业”的业务体系。与ASK123学习培训网合作，双方建立了培训业务市场管理与发展、培训技术与师资供应相结合的业务合作关系。

9月，公司成功中标宁波保税区“万名员工课堂”项目，借此开始企业“招聘—培训—派遣”业务的市场调研工作。

12月，针对大学生创建职前培训与岗位需求相结合的“招聘—培训与见习—就业（包括派遣）”的业务模式，与两岸咖啡、汉庭酒店等多家名牌连锁企业建立了合作关系。与德国汉堡教育管理就业协调协会合作设立中国项目办公室，共建职业技术培训合作平台，并推出首个职业资格培训项目——注册物流管理师培训项目。

【涉外服务业务】 至2009年末，省外服公司共有人事外包企业客户2000余家，雇员近40000名，设立全国性服务网点95个。2009年，省外服公司与美国、加拿大、欧亚各国和地区的政府部门、海外商会、大专院校、华人社团等建立了合作关系，向广大客户提供投资移民、出国留学、境外就业、国际贸易、国际交流等综合性涉外服务。

年内，公司在全省举办海外投资发展说明会27场，包括赴加拿大、美国、澳大利亚、德国、英国、新加坡、马来西亚等国的商业类、独立技术类及家庭类海外定居和发展的因私出入境中介服务项目，全年签约率和成功率均列全省同行前茅。

因受日本经济持续低迷的影响，2009年省外服公司派遣赴日研修生47人，比上年大幅下降。全年为143人提供了留学、签证等相关服务，并设立美国留学特色项目。

国际交流方面，全年公司接待外宾38批、1056人。

【商务服务业务】 2009年，省外服公司商务服务部设立代表处129家，办理代表处的工商年检/延期/变更手续817份，设立“三资”企业及其分支机构13家，并推出财税外包服务、离岸业务服务、内资服务等3项新业务。

【组织机构建设与管理】 2009年9月9日，省外服公司设立浙江省对外服务公司金华分公司；9月30日，全资成立蓝拓劳务服务(上海)有限公司；12月23日，全资成立浙江蓝拓人力资源服务有限公司。公司人力资源管理进一步提升，并通过“浙江外服网络管理学院”的开设深度挖掘人才资源开发的潜能。

【社会责任建设】 2009年，省外服公司继续发扬“助人为乐”的外服文化，积极致力于公益事业和扶贫助学项目。针对大学生就业难的社会热点问题，1月，省外服公司与《钱江晚报》、杭州青年企业家协会联合推出大学生阳光就业行动，为大学生提供1000余个见习岗位，协助组织了2场大型开放性公益招聘会。2月，参与省教育厅主办的浙江省普通高校“寒门学子”就业专场招聘会，外服公司为大学生提供就业及见习岗位289个。

2009年，省外服公司获共青团杭州市委首批“青年就业创业见习基地”称号，获杭州市劳动和社会保障局、杭州市人事局首批“杭州大学生见习训练基地”称号，并被杭州市委、市政府授予“杭州市社会责任建设先进企业”称号。省外服公司还获得“年度中国劳务派遣诚信单位”等荣誉称号。

（钱岐君）

·杭州花家山庄·

【概况】 2009年，花家山庄(简称“山庄”)营业收入2750万元，比上年增长9.8%，主营收入创历史新高。创利301万元，增长36.2%。通过杭州市餐饮食品卫生A级资格复查，并获得杭州市风景名胜区“综合治安先进单位”荣誉称号。

【做好经营接待工作】 2009年，山庄接待重要来宾209批次，接待各类会议222次、团队673批。其中有：省委书记、省人大常委会主任赵洪祝会见、宴请日本静冈县议会代表团、以色列驻沪总领事，省长吕祖善会见、宴请世界中华宁波总商会访浙考察团，省委副书记夏宝龙会见、宴请瑞士汝拉州代表团等。山庄高度重视接待工作，由专人负责，全力协调、认真落实；餐饮部根据客人的籍贯和饮食习惯精心准备菜肴，保证菜品质量，并适合客人口味；在台面布置、服务员服饰、人员服务技能培训上都力求完美，圆满完成各项接待任务。在接待各类会议中，全体工作人员本着“没有最好，只有更好”的理念努力为客人解决问题，全年会议接待宾客满意率在96%以上。

【提升管理水平】 2009年，山庄进一步理顺用工制度，解决了延搁多年的事业单位全员聘用合同签订问题；继续优化调整组织结构，加强外请人才管理力度；调整用工思路，从专业院校招收高素质实习生。建立健全、贯彻落实各项制度和流程，新建四级采购申报审阅流程和日常询价制度，健全完善会议制度和合同审批制度。添置电瓶载客车；印制各类便客卡；成立新菜研发小组，充分关注宾客的意见和建议。

注重员工培训，全年组织培训15次、参培700余人次，员工的自我管理意识明显提高。

在内部管控上，倡导"主人翁"精神和"以山庄为家"的思想。洗衣房基本实现所有棉织品自洗；对一次性消耗品实行配备管理制度，倡导绿色消费；完成288个客房阅读灯和夜灯的节能改装。采购人员主动走访市场，坚持同等价格比质量、同等质量比价格，严把进货质量关。

【基建工作】 2009年，山庄二号楼改造获得杭州市园文局审批同意，初步完成建筑设计、装修设计方案；完成环境艺术和道路设计方案；投入12万元，完成有线电视网络系统接入改造工程；完成行政楼整合工作；在后勤区域新架设热水回水系统，改善了员工的生活条件；三号楼所有房间新安装隐形纱窗，更换了窗帘；逐步更换客房床垫和羽绒被；一号楼及三号楼门庭新安装电子信息屏。一系列改造工程改善了山庄的服务设施，得到宾客的赞赏。

【关心职工生活、增强凝聚力建设】 山庄始终把关心员工生活、注重凝聚力建设摆在重要位置，营造高效和谐的企业氛围。2009年先后组织知识竞赛、拔河比赛、乒乓球比赛、"好歌大家唱"员工歌咏比赛等一系列寓教于乐的活动；员工食堂外请专业公司托管，提高了伙食标准；为全体员工进行免费健康体检；坚持举办两月一次的员工生日晚宴和联谊活动；首次推出按庄龄长短组织老员工赴外省参观游览活动；努力为病困职工解决实际问题，全年支出慰问金7万余元；发放总经理奖励基金3万余元计46人次；创办《花家山庄》报；完善山庄网站。

（郎　恩）

·浙江省外事培训中心·

【概况】 2009年，浙江省外事培训中心（简称"省外事培训中心"）整合内外资源，组织开展各种不同形式的培训，全年累计培训外事干部1600余人次。

【全省首期地方外办主任研修班】

2009年5月中旬在杭州举办。（参见第16页**【首期地方外办主任研修班】**）

【全省外事干部常规业务培训】 2009年7月6日至7日，省外事培训中心举办全省外事干部培训班，来自省级部门、高等院校及科研所、各市县（市、区）外办的170余名外事干部参加培训学习。

外交部政策规划司副司长赵鉴华、省外办副主任陆国灏和相关业务处负责人采用授课和交流的方式，分别就国际形势和外交政策、礼宾礼仪、因公出国（境）管理、护照签证、领事保护、涉外事件处理、友城工作及外国记者管理等内容进行了讲授和讲解。学员对培训的满意度达到95%。

【对新进机关工作人员培训】 2009年，对外事机关新进翻译和工作人员开展日常培训。对翻译的培训每周2次，方式为日常培训与定期专题培训相结合，内容为现场翻译技巧训练、时政及对外口径的专业训练、提高个人演讲能力的专题训练。另外，传授与工作相关的礼宾礼仪和机关工作常识。

【为地方政府举办专题培训搭建师资平台】 2009年，省外事培训中心组织举办了两次大规模的市县（市、区）外事干部培训班，邀请原外交学院院长吴建民和省外办有关领导为学员作《当前国际形势特点和我们面临的机遇和挑战》及外事礼宾礼仪等专题报告，学员反响较好。

（浙江省外事培训中心）

港澳事务

【浙江海外联谊会第十一届迎春团拜会】 2009年1月10日在珠海举行。省领导和浙江海外联谊会部分负责人与来自香港、澳门特别行政区以及海外的230余名乡贤、朋友欢聚一堂，畅叙乡情友情，共话改革发展。

省委副书记夏宝龙致辞。副省长龚正向与会嘉宾介绍了浙江经济社会发展情况以及对今后的展望。澳门特区立法会议员、全国政协委员贺定一，香港浙江省同乡会联合会会长车越乔等在会上致辞。

省港澳办副主任彭波等参加团拜会。

【三部门联合举办欢迎省政协港澳委员酒会】 2009年1月16日，省委统战部、省港澳办、省工商联联合举办欢迎酒会，招待参加省政协十届二次会议的省政协港澳委员、特邀委员。省政协副主席、省工商联主席徐冠巨致辞，对省政协港澳华侨委员、特邀委员满怀爱国爱乡之情，不辞辛劳为家乡的经济社会发展出谋划策，表示崇高的敬意。

省港澳办主任阮忠训等出席欢迎酒会。

【澳门贸易投资促进局主席访问浙江】 2009年2月24日，澳门贸易投资促进局主席李炳康一行访问浙江，副省长龚正会见李炳康一行。龚正简要介绍了浙江省经济社会发展以及应对国际金融危机等方面的情况后表示，相信在《内地与澳门关于建立更紧密经贸关系的安排》的框架下，李炳康主席此次访问一定能加深浙澳之间经济贸易的合作。

省政府副秘书长夏海伟、省港澳办副主任彭波等参加会见。

【省领导会见参加全国“两会”的部分港澳代表、委员】 2009年3月6日，在北京参加全国人大、全国政协会议的省领导会见部分港澳浙江籍以及与浙江关系密切的港澳全国人大代表、全国政协委员。

全国政协副主席董建华莅临见面会。省委书记、省人大常委会主任赵洪祝在会上致辞，省政协主席周国富主持见面会。省领导吕祖善、王永明、吴国华、郑继伟、盛昌黎、徐辉、姚克、冯明光和全国政协委员李金明以及省港澳办副主任彭波等参加会见。

【举办香港驻浙企业代表座谈会】

2009年3月11日，省港澳办与香港贸发局浙江办事处邀请汇丰银行杭州分行、上海浩富浩信杭州分公司、戴德梁行有限公司、东亚银行杭州分行、世贸企业咨询、毕马威(中国)有限公司、港龙航空、美联物业、恒生银行杭州分行、杭州裕荣贸易有限公司负责人进行工作座谈。省港澳办副主任彭波向来宾介绍了省港澳办工作情况，并听取各位负责人的工作情况介绍。与会人员对浙江的经济发展提出了许多建设性意见。

【浙江赴港招聘服务业高端人才】

2009年5月19日至24日，浙江省人才工作办公室、浙江省人力资源和社会保障厅、浙江省人民政府港澳事务办公室首次在香港国际会议展览中心联合举办2009浙江—香港现代服务业高端人才招聘会。此次招聘会共有46家浙江知名企业参加，提供400多个职位，涉及金融、教育、物流、商贸、城建、文化、会展、酒店、航运等，其中有106个职位面向香港各大专院校的应届毕业生。招聘会当天，有1300多名专业人士前来应聘，150多人初步达成聘用意向。

省港澳办副主任陆国灏参加招聘会。

【香港贸发局主席访问浙江】 2009年6月5日，省委书记、省人大常委会主任赵洪祝会见来访的香港贸发局主席苏泽光一行。

赵洪祝对苏泽光一行到访表示欢迎，并向客人介绍了浙江的经济社会发展和近期应对国际金融危机、保持经济平稳健康发展的情况。他说，浙江高度重视发展与香港的经贸合作关系，一直把香港作为扩大对外开放的窗口和桥梁。浙江将继续深入落实CEPA各项措施，促进浙港间货物、人员、资本等生产要素的自由流动，加强浙港经贸政策的协调，推动两地产业持续发展。希望香港贸发局继续支持、推动香港经贸界加强与浙江的交流和合作，帮助浙江省金融机构提高金融风险防范能力和服务水平，帮助浙江企业特别是广大中小企业提升品牌、开拓市场、提高国际竞争力。

省委常委、秘书长李强，省港澳办副主任彭波等参加会见。

【省港澳办宴请省政协港澳华侨委员】 2009年6月5日中午，省港澳办举行欢迎酒会，宴请视察湖州市新农村建设的省政协港澳华侨委员一行。

省港澳办副主任彭波、顾建新，省友协专职副会长虞希华等出席欢迎酒会。

【盛昌黎率团访问香港、澳门】 2009年8月25日至29日，省政协副主席盛昌黎率浙江省政协代表团访问香港、澳门，并在两地分别召开港澳浙江籍政协委员恳谈会。

恳谈会通报了浙江省上半年经济社会发展情况，特别是应对国际金融危机的举措、成效以及面临的问题，听取了港澳浙江籍政协委员的意见、建议，并就如何发挥港澳委员界别的优势和作用、建立港澳政协委员界别活动机制进行了深入探讨。

访问期间，代表团还拜访了中央人民政府驻港澳联络员办公室、外交部驻港澳特派员公署、港澳浙江籍政协退休委员、港澳知名人士，考察了香港大学专业进修学院、树仁大学、伟德实业有限公司、侨光集团等机构和企业。

省港澳办副主任陆国灏等随团参加有关活动。

【世界中华宁波总商会代表团访问浙江】 2009年9月1日，以周亦卿会长为团长的世界中华宁波总商会访浙考察团一行30人访问浙江，省长吕祖善会见周亦卿一行。

吕祖善对客人的到来表示欢迎，并简要介绍了浙江省贯彻落实科学发展观、应对国际金融危机、落实"标本兼治、保稳促调"各项举措、促进经济社会平稳健康发展的有关情况。他指出，长期以来，作为浙商的重要组成部分，宁波商人积极谋求向外发展，合规守法经营，热心参与公益事业，打造了"宁波商帮"这一响亮品牌。我省积极鼓励企业跳出浙江、发展浙江，也欢迎内外资企业来浙投资兴业。希望商会以遍及世界各地的甬商企业为主体，秉承服务甬商、建设家乡的宗旨，为推动家乡和祖国内地经济社会发展多作贡献。

周亦卿表示，感谢浙江省对商会成立给予的大力支持和帮助；商会将进一步加强与浙江企业的交流合作，更好地服务家乡，造福社会。

宁波市市长毛光烈，省政府秘书长张鸿铭，省港澳办主任阮忠训、副主任陆国灏等参加会见。

【澳门在杭州举办大型旅游推介会】 2009年9月4日，澳门特别行政区政府旅游局与澳门航空在杭州举行大型旅游推介会——"感受澳门"。旅游推介会邀请省港澳办、省旅游局、省口岸办、杭州海关等负责人及近200名旅游业界人士、媒体记者参会，省港澳办副主任陆国灏出席此次活动。

推介会上，澳门特区政府旅游局市场处处长霍慧兰表示，澳门旅游业将继续以推进客源市场及旅游产品多元化为目标，使澳门成为亚洲的优质多元旅游城市及独特的休闲、文化、娱乐和会展目的地。她说，内地与澳门的旅游和商务合作不断加强，通过此次活动，两地将积极交流信息、探讨合作机会。

【浙江省代表团参加港澳纪念建国60周年庆祝活动】 2009年9月11日、9月24日，省委副书记夏宝龙率浙江省代表团先后访问澳门和香港，出席港澳地区有关团体举办的建国60周年庆祝活动。

在澳门，夏宝龙出席了由澳门苏浙沪同乡会举办的建国60周年暨澳门回归祖国10周年庆祝大会，会见澳门苏浙沪同乡会负责人、浙江省在澳政协委员和浙江海外联谊会理事，向他们长期以来致力于维护祖国和平统一大业、促进浙澳交流合作、支持浙江发展表示感谢和敬意。他还专程拜会澳门特别行政区行政长官何厚铧、第三届候任行政长官崔世安、中央人民政府驻澳门联络办公室主任白志健、澳门特别行政区立法会主席曹其真等，走访了澳门中华总商会、澳门中华厂商联合会、中国银行澳门分行和贺田工业有限公司等。

在香港，夏宝龙出席了香港苏浙沪各界人士庆祝新中国成立60周年大会，拜会全国政协副主席董建华、全国政协常委杨孙西、全国政协委员包陪庆、省政协常委曹其镛和世界中华宁波总商会会长周亦卿等，拜访了中央人民政府驻香港特别行政区联络办公室、外交部驻香港特别行政区特派员公署，考察了香港社区、香港富春公司和宁兴公司等。

省港澳办主任阮忠训等陪同参加活动。

【澳门行政法务司司长访问浙江】 2009年10月28日，澳门特区政府行政法务司司长陈丽敏一行访问浙江。

陈丽敏此访是出席“十年回眸”——庆祝澳门回归祖国10周年全国巡回图片展活动。“十年回眸”图片展展出澳门记者拍摄的172幅新闻图片，生动地再现了澳门回归祖国十年来在政治、社会、经济、文化、民生等多方面发生的巨变。

（章文平）

·知识窗·

公共外交

公共外交又译作公众外交，是一国政府通过对外信息传播和对外文化交流等方式，对他国民众进行说明、说服工作，旨在创造有利于本国的国际环境，进而实现国家利益的最大化。公共外交是对传统外交的重要补充。

公共外交有四个基本特征：一是行为对象是另一国的公众。公共外交通过影响外国的公众舆论，进而影响外国政府的外交政策。二是行为主体是一国政府。只有当一国政府出面组织或幕后支持，按照政府的意志，向外国公众舆论和非政府组织提供消息，组织交流，间接影响外国政府外交政策制定的活动，才算是公共外交。三是行为方式是间接的。开展公共外交，不是政府和政府之间的直接交往，而是通过外国的非政府组织和社会公众舆论，影响他国政府的政策，进而实现自己的目的。公共外交的努力在很大程度上是改变另一国政治生态的做法，通过塑造有利于自己的政治生态，促进有利于自己的政策产出。四是行为目的最终是维护和实现本国的国家利益。通过创造有利的国际环境进而实现其国家利益。

公共外交在国家外交战略中扮演着重要的角色。首先，公共外交可以为国际互动创造信任机制。公共外交被视为一种在国外培植信任和理解的有效工具，其重要使命之一就是向国外民众展示本国的正面形象，感化国外民众，以对本国形成亲和力。其次，这种“软性政策”是为一系列硬性目标的成功铺路，最直接的效果就是带来经济效益的最大化。国家可借助这一政治色彩相对较弱的外交形式塑造有利的宏观发展环境，尤其能促进政府间的经济合作，并加强商业部门和国外民众的沟通。

对外民间交往

【概况】 2009年，浙江省人民对外友好协会(简称“省友协”)进一步推动浙江省对外民间友好交流，做好国外友好组织、机构和民间团体及重要人士的来访接待工作，注重培养友好事业接班人的工作，开创全方位、多层次、宽领域的对外民间友好交流工作新局面。省友协获得全国友协授予的“人民友谊贡献奖”团体奖。

全年接待来自美国、德国、奥地利、匈牙利、澳大利亚、日本、越南、孟加拉、巴林、约旦、巴基斯坦、也门、津巴布韦、加拿大等16个国家的代表团组54批、488人次。其中有约旦城镇事务大臣谢哈达·阿布·哈迪布，巴基斯坦前联席会议主席汉桑·哈克上将，也门首都萨那市市长、也门中国友好协会主席贾马勒·胡兰尼，日本日中友好协会副会长、福井县日中友好协会会长酒井哲夫，澳大利亚澳中友协西澳州分会副主席弗朗西斯·基宁孟斯，美国科恩集团副总裁克里斯蒂·维克，匈牙利匈中友协副主席冒寿福等。

此外，省友协还接待了外交部外交政策咨询委员会考察调研团、全国友协副会长李建平一行等国内团组2批、10人次。

全年组派出访团组5批、40人次。

【美国科恩集团副总裁访问浙江】 2009年1月8日至10日，美国科恩集团副总裁克里斯蒂·维克一行访问浙江。9日，克里斯蒂·维克一行拜访省农业厅及省畜牧局相关部门，就美国辉瑞集团与浙江动物疫苗部门的合作事宜进行工作磋商。当日下午拜访省贸促会，了解浙江对外经贸现状，双方表示将加强信息沟通，进一步促进交流与合作。

省友协专职副会长陆国灏等陪同维克一行活动。

【静冈县·浙江省书法交流展】 2009年2月13日至15日在日本静冈县举办。此次展览由静冈县书道联盟、静冈县日中友好协议会、浙江省友协和萧山画院联合举办。省友协会长梁平波为此展寄去贺词和作品。

展览展出了浙江省萧山画院5名中青年书画家和200多名静冈县书法爱好者的作品，同时还展出了两省县中学生的作品。

15日晚，静冈县·浙江省书法交流展闭幕式和交流晚会在静冈世纪饭店举行。日本文部科学大臣盐谷立、众议院议员上川阳子、静冈县议会议长天野一、静冈县日中友好协议会理事长柴顺三郎及静冈县和浙江省的书法家等300多人出席，省友协派代表到会祝贺。

展出期间，共有3000多名当地市民前往参观。

【浙江省友协工作组访问日本】 2009年2月13日至19日，省友协工作小组一行2人访问日本，参加在静冈县举办的静冈县·浙江省书法交流展，并赴东京、枥木等地拜访日中友好协会、福井县日中友好协会、静冈县日中友好协议会、静冈县日中友好协会、枥木县国际交流协会等民间友好组织，与相关组织进行工作会谈，商定2009年度双方工作交流计划，并就今后交流事宜交换意见。

【省友协第六届理事会年会】 2009年3月6日在杭州召开，会议通报了省友协2008年工作总结和2009年工作思路。

省友协会长梁平波到会并讲话，他要求省友协全体理事用科学发展观统领全局，以发展的眼光规划、部署近期工作任务和中长期工作目标；以“两个服务”为宗旨，积极为浙江省经济社会发展开拓新的交流渠道，扩大新的合作领域，实现民间对外交往的新发展。杭州市友协、义乌市外办、浙江大学韩国研究所、杭州大关小学等理事单位代表分别介绍了本单位开展对外友好交往的工作经验和今后的工作规划，参加会议的80余位理事对省友协工作提出了许多建议。

【日本东京都日中友协理事长访问浙江】 2009年3月6日至9日，日本东京都日中友协理事长古岛琴子一行13人访问浙江。

7日，省友协会长梁平波会见并宴请古岛琴子一行。他说，东京都日中友协自1950年成立以来，与中国在文化、体育和青少年交流等领域开展了富有成效的工作，为中日两国人民相互理解、加深彼此友谊作出了积极的贡献。希望东京都日中友协与浙江省友协在更广泛的领域开展合作，进一步增进双方的友好关系。

省友协专职副会长陆国灏参加会见。

会见结束后，省友协理事、西泠印社副秘书长黄镇中与代表团成员、日本水墨画画家铃木美子进行了书画交流。

【浙江省枥木县书法友好交流展】 2009年3月26日在杭州西湖美术馆开幕。省友协会长梁平波、省书法家协会主席朱关田、省友协专职副会长陆国灏、省文联书记处书记高克明、西泠印社副社长刘江以及省书法家协会约200人、日本枥木县书道联盟120余人参加开幕式。

梁平波致开幕词，他说，中国书法与日本书道有着源远流长的密切关系，中日两国书法家们在书法艺术上相互影响，彼此借鉴，共同向世界展示着东方艺术的精髓和精神。浙江省枥木县书法友好交流展的举办，不仅有利于增进两省县文化艺术交流，也将为进一步促进两省县人民的友好发挥积极的作用。

开幕式上，朱关田与枥木县书道联盟会长铃木源泉签署了《浙江省枥木县书法友好交流协议书》。枥木县书道联盟还向杭州市红十字会捐赠了为四川地震灾区重建家园而募集的10万日元。

此次交流展展出作品300余幅，展期一周。

◎浙江省枥木县书法友好交流展

【巴林国际战略研究中心代表团访问浙江】 2009年4月21日至23日，巴林国际战略研究中心代表团一行3人访问浙江。代表团此访旨在了解中国改革开放30年的成果，为出版一部关于中国经济发展模式和成功经验的专著收集资料，并与中国研究国际政治经济的专家学者研讨国际热点问题。访浙期间，代表团与浙江大学经济学院的专家教授进行了座谈，就浙江省的经济状况和全球金融危机给浙江经济产生的影响等热点问题进行了讨论，并就双方开展学术交流、人员培训、举办经济论坛等方面的合作达成初步意向。

22日，省友协专职副会长虞希华会见代表团一行，表示浙江省友协将继续努力推进浙江省与巴林的友好往来及经贸合作。

巴林国际战略研究中心由巴林国王亲自创立，由巴林王储直接领导。该中心实力雄厚，在巴林乃至整个阿拉伯地区都有很大影响。

【第九届日本国际墨画会杭州展】 2009年4月23日在浙江西湖美术馆开幕。省友协会长梁平波、省人大常委会原副主任杨彬、中国美术学院原院长肖峰、西泠印社副社长刘江、省外办副主任陆国灏以及日本国际墨画会会长香取琴等出席开幕式并剪彩。参加开幕式的还有省内美术界名人以及日本、韩国、新加坡、马来西亚、法国的参展画家、中外书画爱好者300余人。

此次展览展出来自中国、日本、韩国、新加坡、马来西亚、法国、澳大利亚等国艺术家的水墨画作品近130幅，展期一周。

【2009体验西澳——浙江省高中英语口语大赛决赛】 2009年4月24日至25日在杭州举行。从全省各地高中选拔出来的优秀选手126人参加决赛。经过统一的听力考试和口语考试，选拔出一等奖25名、二等奖31名、三等奖49名。

澳大利亚西澳州教育与旅游部部长伊丽莎白·康斯特博，省外办主任阮忠训，省外办副主任彭波、陆国灏，省教育厅副厅长蒋胜祥等在现场观摩了决赛。

浙江省高中英语口语大赛自2005年起已成功举办5届，不但增进了浙江省与西澳州之间的相互了解和友谊，同时也成为双方青少年交流的一个范例，为浙江省青少年展示才华，开展国际交流，开拓国际视野提供了平台。

【省友协派员参加第12次中日友好交流会议】 2009年5月11日至17日，应社团法人日中友好协会的邀请，省友协专职副会长虞希华访问日本，参加在香川县高松市举行的第12次中日友好交流会议。此次会议商讨新形势下中日两国民间团体的工作目标，中日双方就今后如何加强和扩大民间交流与合作，推动中日关系健康发展，进一步改善两国人民感情等课题深入交换了意见。

会后，虞希华顺访福井县，与当地友好团体和组织就共筑浙福两省县民间友好交流平台，推进双方开展务实性的交流与合作进行工作会谈。

【印象浙江——纪念中匈建交60周年摄影图片展】 2009年5月15日至31日在匈牙利布达佩斯举办。此次展览由省友协、省文联及匈牙利匈中友协联合举办。省文联书记处书记柳国平，中国驻匈牙利大使馆文化参赞刘文卿，匈牙利经济部副部长瓦留·拉斯洛，匈中友好协会会长、匈牙利前驻华大使叶桐，布达佩斯亚洲中心负责人鲁道夫·里德等出席开幕式并剪彩。

柳国平在致辞中回顾了中匈建交60年来两国之间开展友好交流的历史，期待通过这次摄影图片展进一步增进匈牙利人民对中国、对浙江的了解。

瓦留·拉斯洛、叶桐分别在致辞中对中国改革开放取得的巨大成就给予高度评价，认为文化交流是国家之间友好往来的重要载体，在匈中建交60周年之际举办此次展览具有特别的意义。

此次图片展展出60余幅摄影作品，展现了浙江的湖光山色和城市风貌，反映了浙江独特的民俗风情和悠久的历史文化。

【巴基斯坦前参谋长联席会议主席访问浙江】 2009年5月20日至22日，巴基斯坦前参谋长联席会议主席伊汉桑·哈克上将访问浙江。

20日，省友协专职副会长虞希华会见并宴请哈克一行。虞希华说，中国与巴基斯坦拥有全天候的友好合作关系，两国人民有着悠久的传统友谊，希望通过哈克上将的访问，能够将中巴友谊和各领域的合作推向一个新的高度，并进一步促进浙江省与巴基斯坦的合作交流。

哈克表示，巴基斯坦人民对中国人民怀有亲切的友情，坚信这种友情将促进中巴两国在未来开展更多更广泛的实质性交流与合作。

【日本“中国政经恳谈会”第32次访华团访问浙江】 2009年5月24日至26日，以NTT数据公司特别顾问古庄幸一为团长的日本“中国政经恳谈会”第32次访华团一行6人访问浙江，访华团成员分别担任大金工业株式会社、川崎重工株式会社、小松制作所、岛津制作所、三菱电机株式会社顾问。

在杭期间，代表团考察了杭州下沙经济技术开发区，并参观了开发区内的日资企业——杭州神钢建设机械有限公司。

24日，省友协专职副会长虞希华会见访华团一行，双方就进一步促进浙江省与日本知名企业间的经贸合作和交流进行了深入的探讨。

【日本静冈县日中友好协议会静冈机场通航纪念访华团访问浙江】 2009年6月4日，位于日本静冈县内的富士山静冈机场正式通航。6月5日，以日本静冈县日中友好协议会常务理事小松幸雄为团长的静冈县日中友好协议会静冈机场通航纪念访华团一行13人搭乘东方航空公司静冈至上海的首航班机经由上海浦东机场来浙访问。

6日，省友协专职副会长虞希华会见代表团一行，他对静冈机场开通表示祝贺，并希望随着静冈机场的开通进一步拉近浙江省与静冈县的距离，促进两省县在更广泛领域的友好交流。

小松幸雄表示愿意共同努力，进一步加强合作，不断拓展和深化双方在各个领域的交流与合作。

在浙期间，代表团参观考察了萧山经济技术开发区及开发区内的日资企业——浙江友成塑料模具有限公司，并在萧山画院与中国书画界人士进行了交流。

【也门中国友好协会代表团访问浙江】 2009年6月13日至14日，也门中国友好协会主席贾马勒·胡兰尼率代表团一行3人访问浙江。贾马勒·胡兰尼曾在中国留学，并担任也门首都萨那市市长。此次访华，旨在考察学习中国经济建设、城市市政规划和房地产开发领域的经验。

13日，省友协专职副会长虞希华会见代表团，双方表示，将充分发挥友好协会牵线搭桥作用，加深中也两国人民的相互了解和友谊，促进双方在各个领域的实质性交流与合作。

在浙期间，代表团参观考察了杭州钱江新城，详细了解了新城建设规划、基础设施建设以及新城开发中的政府行为等。

【外交部外交政策咨询委员会考察组访问浙江】 2009年6月15日至19日，外交部外交政策咨询委员会赴浙考察组一行8人在杭州、宁波、台州等地考察调研。

15日上午，省外办召开“当前国际形势报告会”，考察组成员——徐敦信、吉佩定、查培新、卢秋田、潘占林等五位前驻外大使，分别就当前若干国际形势问题作专题报告。省外办机关全体干部职工、省各有关部门及在杭大专院校的外事干部100余人听取报告。

在浙期间，考察组一行还走访了杭州国家高新技术产业开发区管委会、浙江中南集团卡通影视有限公司、浙江正泰太阳能科技有限公司、宁波经济技术开发区管委会及北仑港、吉利集团、浙江泰隆商业银行等，并与上述单位就应对金融危机、保增促调、开拓创新以及外交如何为经济建设服务等问题进行了深入探讨。省友协专职副会长虞希华陪同考察组考察调研。

【日本福井县自然体验共学中心代表团访问浙江】 2009年6月29日至7月1日，日本福井县自然体验共学中心理事长辻一宪一行3人访问浙江。省友协专职副会长虞希华会见并宴请代表团。虞希华赞扬辻一宪先生子承父业，积极开展中日青少年交流和环保教育工作，意义深远，表示省友协将不遗余力地推进双方之间的交流与合作。

在浙期间，代表团与省友协就亚洲地区民间团体合作建立实践型环保教育网络及两省县明年开展第4次中日青少年野营活动等事宜进行了会谈，初步达成以下交流意向：(1)2009年11月，日方邀请绿色浙江环保协会1名负责人赴日本福井县参加以保护水环境为主题的亚洲地区民间团体合作建立实践型环保教育网络研讨会。(2)2010年5月初，在福井县举办为期一周的第4届中日青少年野营活动，杭州十三中教育集团将派遣25名学生前往参加。

代表团还访问了绿色浙江环保协会和杭州十三中教育集团。

【嘉兴第五高级中学代表团访问德国】 2009年7月11日至25日，经省友协和嘉兴市友协、德中协会牵线搭桥，嘉兴第五高级中学代表团一行37人访问德国巴登符腾堡州罗伊特林根市，与当地的约翰内斯·开普勒一级文理中学师生进行友好交流。学生们通过与德国学生一起上课、入住德国学生家庭等活动，了解德国学校和家庭，感受当地风俗与文化。双方签署《建立友好校际交流关系协议书》。

【2009体验西澳——浙江省高中英语口语大赛颁奖仪式】 2009年7月20日在杭州举行。省委书记、省人大常委会主任赵洪祝，澳大利亚西澳州总理柯林·巴尼特出席颁奖仪式并分别致辞。

赵洪祝在致辞中说，浙江省与西澳州建立友好关系22年来，双方合作领域广泛，成果显著。"浙江省高中英语口语大赛"已成功举办5届，成为双方青少年交流的一个成功范例。希望两省州政府继续精诚合作，支持和开展类似的交流项目，为友好事业培养更多的年轻接班人。

巴尼特说，双方共同举办这项活动不仅推动了两省州青少年的交流，扩大了西澳州在浙江省的影响，也将对两省州的友好交流与合作产生长远的推动力。衷心欢迎在这次大赛中获一等奖的学生访问西澳州。

省委常委、秘书长李强，副省长龚正，省友协会长梁平波，省政府副秘书长舒国增、夏海伟，省外办副主任彭波，省教育厅副厅长蒋胜祥，省友协专职副会长虞希华，省广电集团副总编辑顾顺坤及西澳州总理办公室主任黛德·惠默特，西澳州总理与内阁部部长彼德·康瑞，西澳州驻华商务代表处首席代表庄彬俊，珀斯教育城董事会主席盖力·马丁等中外嘉宾以及大赛一等奖获得者、优秀指导教师、优秀组织奖单位代表、学生家长等百余人出席颁奖仪式。

【日本福井县农业互助合作社代表团访问浙江】 2009年7月28日至29日，以日本中国友好协会副会长、福井县日中友好协会会长、福井县农业互助合作社社长酒井哲夫为团长的日本福井县农业互助合作社代表团一行18人访问浙江。

28日，省友协会长梁平波会见代表团一行。梁平波感谢酒井哲夫长期来为推动浙江省与福井县各领域的友好交流所作的积极努力，希望通过此次福井县农业互助合作社代表团来访，进一步加强两省县农业方面的交流与合作，谋求共同发展。

省友协前会长沈祖伦、省外办副主任陆国灏、省农业厅副厅长赵兴泉、省友协专职副会长虞希华等出席会见。

在浙期间，代表团一行赴富阳，与中国水稻研究所就水稻病虫害防治、稻田养鸭等农业新科技进行了交流。

【杭州十三中棒球队赴韩参加中日韩少年棒球友谊赛】 2009年7月31日至8月5日，经省友协牵线，杭州十三中棒球队一行19人赴韩国水原市参加中日韩少年棒球友谊赛。共有来自中国、韩国、日本的6支少年棒球队参赛。杭州十三中棒球队先后战胜韩国水源市B队、水原市C队、日本福井队，在比赛的最后一天，又以10：1的绝对优势战胜水原市D队，取得最后一场比赛的胜利。

【体验西澳——浙江省青少年代表团访问西澳州】 2009年7月31日至8月8日，获得2009体验西澳—浙江省高中英语口语大赛一等奖的25名学生赴澳大利亚西澳州进行友好访问。

西澳州总理柯林·巴尼特接见代表团一行。他说，青少年是友好事业的接班人，浙江学生的到访将有利于西澳州和浙江省友好关系的延续和发展。希望学生们认真学习，今后为两省州的友好交流作出贡献。

代表团拜会西澳州议会以及中国驻珀斯总领馆，参观了西澳大学、科廷大学、艾迪斯科文大学及莫道克大学。学生们入住当地居民家庭，与当地人进行了深入的友好交流，学生们感受到西澳州人民强烈的环保和节能意识、文明的社会秩序和多元文化，促进了两省州青少年之间的相互了解和沟通。

【省友协代表团参加日本福井县日中友协重组30周年庆祝活动】 2009年8月6日至13日，省友协专职副会长虞希华率省友协代表团一行3人访问日本，参加福井县日中友好协会重组30周年庆祝活动。

8月8日，福井县日中友好协会重组30周年庆祝活动在福井市举行。前日本首相村山富市、中国驻名古屋总领事李天然、福井县知事西川一诚、议长山岸猛夫以及福井县日中友协理事、当地各界人士约150人出席庆祝活动。

虞希华代表省友协和梁平波会长在庆祝典礼上致贺词。他回顾了浙江省友协与福井县日中友协的友好交往历史，感谢福井县日中友协为增进浙福两省县人民的相互了解和友谊，促进双方的友好交流，推动中日两国友好事业发展所作的积极贡献，祝愿两省县民间友好交流与合作不断壮大发展。村山富市作了题为《日中关系现状和展望》的演讲。

访日期间，代表团一行顺访大阪、静冈、枥木和东京，拜访了大阪府日中友协、东京都日中友协、日中友协总部以及静冈县、枥木县的各民间友好团体，并就多个交流项目的开展与日方进行了磋商。

【匈牙利中国友好协会代表团访问浙江】 2009年9月6日至11日，应省友协邀请，以匈牙利中国友好协会副主席冒寿福为团长的匈中友协代表团一行4人访问浙江。

6日，省友协会长梁平波会见并宴请代表团一行。梁平波对匈中友协代表团的到访表示欢迎，并介绍了近几年来浙江经济社会发展情况，回顾了浙江省友协与匈中友协自2003年建立联系以来所开展的实质性交流。双方表示，今后两会将抓住机遇，积极开展在各领域的合作交流。省友协专职副会长虞希华参加会见。

在浙期间，代表团考察了义乌中国小商品城、宁波北仑港等，并向绍兴鲁迅纪念馆赠送了匈文版鲁迅著作。

【津巴布韦中国友好协会代表团访问浙江】 2009年9月21日至23日，津巴布韦—中国友好协会会长、津巴布韦联合执政党民盟政治委员、青年书记塞库萨纳一行6人访问浙江。

23日，省外办副主任陆国灏会见并宴请代表团，他向客人介绍了浙江省经济社会发展和新农村建设情况。双方希望进一步开展在各个领域的友好交流，促进相互了解和友谊。

津中友协成立于2007年，汇集了大批上层对华友好人士。代表团此次访问旨在推动两国民间合作，学习中国乡镇发展及扶贫经验。在浙期间，代表团访问了浙江钱江摩托股份有限公司及萧山农业开发区。

【第三届浙江省·静冈县业余围棋友谊赛】 2009年10月10日在杭州棋院开赛。以日本棋院支部静冈县联合会会长八木勇为团长的静冈县围棋代表团成员与浙江省围棋业余爱好者展开为期一天半的棋艺切磋。此次活动由省友协、省体育局、浙江日报报业集团、省对外友好交流基金会、省棋类协会、中国棋院杭州分院以及日本静冈县日中友好协议会、日本静冈新闻社、日本棋院支部静冈县联合会、日本静冈县高中围棋联盟联合举办。省友协专职副会长虞希华出席比赛开幕式并代表浙江省主办方致辞。他对此次比赛的举行表示祝贺，并希望通过本次围棋比赛，进一步促进两省县在体育领域的交流与合作，为浙静友好锦上添花。

通过比赛，浙江队以3比2获得团体冠军；个人赛中，浙江队选手获得第一名，第二、三名由静冈队选手获得。

【日本富山县南砺市市长等访问浙江】 2009年10月12日，省友协专职副会长虞希华会见来访的日本富山县南砺市市长田中干夫、市议会议长水木猛、市日中友协会长桃野忠义等一行4人。虞希华充分肯定了南砺市与绍兴市结好26年来在经贸、文教、体育等各领域交流中所取得的成果，希望在当前世界金融危机背景下，两市进一步加强各领域的交流与合作，并表示省友协将全力支持两市友好关系的深入发展。

田中表示，这是他当选南砺市市长后首次访问绍兴，主要目的是参加在绍兴举行的南砺市接收中国研修生15周年庆祝活动，并希望通过此次访问加强今后与绍兴市乃至浙江省的友好交流。

【日本大洋化学株式会社代表团访问浙江】 2009年10月17日，以二阶俊树为团长的日本大洋化学株式会社代表团一行5人访问浙江。

省友协专职副会长虞希华会见二阶俊树一行。他指出，在当前国际金融危机大背景下，中日两国应同舟共济，共克时艰，努力克服金融危机带来的不利影响，谋求共同发展。二阶俊树表示，日中间友好交流与经贸合作非常重要，日本经济的复苏离不开中国，两国在环保、节能、新能源等领域有很大的合作潜力。双方就共同促成上虞市与日本和歌山县御坊市（日本大洋化学株式会社所在地）缔结友好关系达成意向。

访浙期间，代表团视察了日本大洋化学株式会社在上虞市的投资企业——绍兴大洋塑料有限公司。

【孟中人民友协代表团访问浙江】 2009年10月21日至22日，孟中人民友好协会终身会员、前国家私有化委员会主席埃纳姆·艾哈迈德·乔杜里率孟中人民友好协会代表团一行5人访问浙江。

21日，省政协副主席徐辉会见埃纳姆·艾哈迈德·乔杜里一行。他说，中孟建交以来，双方友谊不断加深，我们赞赏孟中人民友协在这方面所作的长期努力，希望孟中人民友协代表团此次来访能加深对浙江的了解，促进孟加拉与浙江之间多方面的交流与合作。

埃纳姆·艾哈迈德·乔杜里感谢浙江省的热情接待，称赞中国及浙江省过去30年所取得的建设成就，并表达了与浙江省开展广泛交流与合作的愿望。

省外办副主任顾建新参加会见。

【第四届“锦湖韩亚杯”中国大学生韩国语演讲大赛浙江赛区比赛】 2009年10月23日在杭州举行。本次比赛作为全国9个分赛区之一，由全国友协、中韩友协、韩中友协共同主办，浙江省友协、浙江旅游职业学院、韩国韩亚航空公司驻杭办事处承办，韩国锦湖韩亚集团协办。省友协专职副会长虞希华、浙江旅游职业学院纪委书记谢征到会致辞祝贺。省内设有韩语专业的4所大专院校经过初赛选拔出16名优秀学生参加此次比赛，约250名韩国语专业学生出席观摩。

比赛分命题演讲和选题回答两部分。浙江旅游职业学院的张丽和浙江越秀外国语学院的钱浙文分别获得第一、第二名，入围11月15日在山东省威海市举行的全国总决赛。根据大赛规定，总决赛一等奖获得者将免费赴韩国留学一年，二等奖获得者免费留学半年，三等奖获得者免费赴韩国培训三个月，其余入围选手均获鼓励奖，免费赴韩国访问一星期。

【日本静冈县日中友好协会代表团访问浙江】 2009年10月29日至31日，日本静冈县日中友好协会新任会长渥美泰一（静冈县议会议员）一行6人访问浙江。

29日，省友协会长梁平波会见代表团。梁平波对渥美泰一当选会长表示祝贺，并对静冈县日中友协长期以来致力于中日友好、积极开展浙静两省县民间友好交流给予高度评价，希望静冈县日中友协一如既往推进中日和浙静民间友好事业向前发展。双方表示要继续加强合作，促进相互了解及广泛交流，为实现中日两国世代睦邻友好、互利合作、共同发展的目标作出新的努力。

在浙期间，代表团参观了在西泠印社举办的“东瀛归来——黄教奇赴日二十周年书法篆刻展”，还赴绍兴等地访问。

【东瀛归来——黄教奇赴日二十周年书法篆刻展】 2009年10月30日至11月6日在杭州西泠印社举行。省友协专职副会长虞希华代表省友协对展览的成功举办表示祝贺，高度评价黄教奇为中日文化交流所作的积极努力，希望其再接再厉，继续为中日友好交流添砖加瓦。

黄教奇，西泠印社社员，长期旅居日本静冈县。

【2009杭州国际马拉松赛】 2009年11月8日在杭州开幕。省体育局局长李云林主持开幕式，省友协会长梁平波致开幕词，国家体育总局副局长蔡振华为大赛鸣枪发令。

杭州国际马拉松赛是由中国田协和国际马拉松及长跑协会备案的国际级马拉松赛事，也是西湖博览会重要项目之一。本次马拉松赛共有来自20多个国家和地区及全国各地的14000余名跑步爱好者参加，参赛人数远超往年。

省友协副会长马以芝、专职副会长虞希华出席开幕式。

【奥地利奥中友协代表团访问浙江】 2009年11月11日至13日，奥地利奥中友协理事埃特迈耶尔率代表团一行12人访问舟山。埃特迈耶尔是前奥地利驻芬兰和加拿大大使，代表团成员均为奥地利外交、文化、经济界人士。代表团此次访浙，旨在加深相互了解，促进合作交流。

在舟山期间，代表团拜访了舟山市政府，参观了舟山大陆连岛工程，游览普陀山和朱家尖，了解了舟山近几年来经济社会发展情况，赞叹舟山是一个生态环境优越、资源丰富的群岛城市，并表示要加强合作，共创未来。

【第二届“中非友好贡献奖”在京颁奖】 2009年11月12日，中国人民对外友好协会和中国非洲人民友好协会在北京饭店举行“第二届中非友好贡献奖”颁奖典礼，表彰15位为中非友谊作出杰出贡献的中非人士，评选出“感动非洲的十位中国人”和“感动中国的五位非洲人”。

全国政协副主席、中非友协会长阿不来提·阿不都热西提，全国友协副会长、中非友协副会长冯佐库以及科特迪瓦驻华大使科菲等为获奖的中非人士颁奖。

省友协推荐的达之路国际控股集团董事长何烈辉和浙江师范大学非洲研究院院长刘鸿武当选“第二届中非友好贡献奖——感动非洲的十位中国人”，并参加了颁奖典礼，接受奖状。

“中非友好贡献奖”由全国友协和中非友协于2006年设立，每3年评选一次，旨在进一步促进中非友谊，树立中非友好交流典范，表彰为中非友好关系发展作出突出贡献的人士，吸引更多的有志之士投身于中非友好事业。

省友协专职副会长虞希华出席颁奖典礼。

【日本静冈县日中友好协议会理事长访问浙江】 2009年11月12日至16日，日本静冈县日中友好协议会理事长柴顺三郎一行6人访问浙江。

12日晚，省友协会长梁平波会见代表团。梁平波对静冈县日中友好协议会一直致力于中日友好事业，积极推动浙江省与静冈县的友好交流与务实合作给予高度评价，同时对静冈县新任知事川胜平太就任协议会会长表示祝贺，并希望双方借富士山静冈机场开通之机，进一步推进中日和浙静友好交流。双方表示要进一步加强合作，开拓创新，继续拓宽交流合作领域，促进两省县友好关系不断发展。

13日，柴顺三郎一行与浙静经济交流促进机构就2010年3月在静冈召开第18次机构会议等事项进行了磋商。

在浙期间，柴顺三郎理事长一行在省友协专职副会长虞希华陪同下访问丽水、温州。

【2009年全国友协系统会长年会暨第九届全国理事会届中会议】 2009年11月19日至20日在山东济南召开，来自全国友协和31个省、自治区、直辖市对外友协的领导和相关人员出席大会，共商民间外交和对外友协发展大计。全国友协会长陈昊苏、副会长李小林等出席会议并讲话。省友协专职副会长虞希华及杭州、宁波、温州等市友协分别派代表参加会议。

会议期间举行了“人民友谊贡献奖”颁奖仪式，浙江省友协获“人民友谊贡献奖”团体奖。

【绿色浙江代表团访问日本】 2009年11月20日至25日，省友协组派绿色浙江代表团访问日本福井县，参加由NPO伙伴协作中心举办的亚洲河流与环保教育网络国际会议。来自中国、韩国、蒙古、缅甸、日本等国的非政府组织成员约20人与会。会议主要介绍了与会国家或地区的河流情况，交流了各自国家实施环境保护的措施及非政府组织在其中的作用。在此之前，代表团还列席了在福井县召开的第十届日本NPO法人自然体验活动，推进协议会全国年会和亚洲儿童联合联盟研讨会。

在福井期间，代表团与福井县日中友好协会、朝日町日中友好旅行会进行了接触和交流。

【“人民友谊贡献奖”颁奖仪式】 2009年11月22日在杭州举行。全国友协副会长李建平向获得“人民友谊贡献奖”个人奖的日本福井县日中友好协会会长酒井哲夫，以及获得“人民友谊贡献奖”团体奖的中国国际茶文化研究会颁奖。

省友协会长梁平波、中国国际茶文化研究会副会长沈才土、省友协专职副会长虞希华、省友协部分理事以及日本福井县日中友好协会代表团、在浙日资企业代表出席颁奖仪式。

“人民友谊贡献奖”是全国友协为表彰建国60年来，一直积极支持中国的革命、建设、改革发展和国际合作事业，并作出了突出贡献的国际友人、外籍华人和长期生活在国外的中国公民；以及国内在民间外交领域作出突出贡献的模范集体和先进个人而设立的奖项。

【日本福井县日中友好协会代表团访问浙江】 2009年11月22日至26日，以日中友协副会长、福井县日中友好协会会长酒井哲夫为团长的福井县日中友协代表团一行38人访问浙江。

22日，省友协会长梁平波会见代表团一行。梁平波对代表团到访表示欢迎，对福井县日中友好协会重组30周年和酒井哲夫会长获得中国人民对外友好协会颁发的“人民友谊贡献奖”表示祝贺。他说，酒井哲夫先生在担任福井市市长和福井县日中友好协会会长期间，为中日友好事业作出了积极贡献，因此获得“人民友谊贡献奖”当之无愧。在浙江省与福井县的交流合作中，福井县日中友协做了大量工作，在双方共同努力下，两省县开展了富有成效的交流与合作。希望双方进一步加强合作，为中日友好事业和两省县友好关系的发展而共同努力。

全国友协副会长李建平、省友协专职副会长虞希华、中国国际茶文化研究会副会长沈才土参加会见。

在浙期间，代表团还参加了杭州市与福井市结好20周年纪念活动，并与嘉兴、绍兴、台州、天台等市县的民间友好组织进行了友好交流。

【日本静冈县青年友好代表团访问浙江】 2009年11月23日，省友协会长梁平波会见以日本静冈县前教育长、静冈文化艺术大学顾问杉田丰为团长的静冈县青年友好代表团一行31人。梁平波鼓励两国青年继承友好传统，加强交流和互信，做中日友好事业的接班人，为促进中日两国在广泛领域的友好交流与合作添砖加瓦。

省外办副主任陆国灏参加会见。

【越南胡志明市越中友好协会主席访问浙江】 2009年11月26日，越南胡志明市越南祖国阵线委员会主席、市越中友好协会主席杨光河一行5人访问浙江。

26日，省友协会长梁平波会见并宴请杨光河一行。梁平波说，中国与越南有着深厚的传统友谊，目前中越两国都在推进和深化各自的改革开放和革新事业，在许多重大问题上有着共同的战略利益，不断增进和发展中越友好合作关系符合两国人民的根本利益。胡志明市是越南南方经济、文化、科技、旅游和国际贸易的中心，浙江省是中国经济发展最快的省份之一，两者开展合作交流的潜力非常大。双方要充分利用友好协会的平台，开展多领域交流合作，推进中越友谊不断发展。

省外办副主任陆国灏、省友协专职副会长虞希华参加会见和宴请。

（卞爱平）

附表　2009年省友协接待的部分来访团组

序号	来访时间	团组名称	人数	主要活动
1	1月11日	斯洛伐克驻沪总领事伊戈尔·帕佐拉克	2	拜访省友协
2	2月6日	日本静冈县日中友好协议会专务理事伊藤利信	1	就2009年的交流项目进行磋商
3	2月16日	日本神栖市友好访华团	10	签署上虞市与神栖市缔结友好城市关系协议书
4	2月19日	加拿大浙江同乡会会长梁道林	1	就促进浙江省与加拿大的民间友好交流进行探讨
5	3月15～18日	奥地利律师乔治·章格	1	拜访省友协、省外经贸厅等
6	3月26～27日	日本枥木县书道联盟代表团	122	参加浙江省枥木县书法交流展
7	4月18～19日	印尼雅加达文化艺术中心代表团	5	探讨开展文化艺术交流
8	4月20～21日	德国卡尔斯鲁厄大学教授艾格勒	2	访问浙江科技学院并作题为《语言教育与国际合作》的讲座
9	4月24～26日	澳大利亚西澳州洛斯摩恩高级中学教师叶毕成一行	2	探讨学生交流项目
10	5月6日	日本静冈国际经济上海事务所所长若田部孝一行	2	与省友协和省文联就以文化交流促进浙静两省县旅游产业发展等问题进行探讨，并与省应急办就双方防灾交流进行磋商
11	5月6～7日	奥地利奥中友协华人委员会成员陈柱划一行	4	协商交流合作事宜
12	5月8日	日本中日文化研究所专务理事和泉忠乡	2	商谈有关文化交流等事宜
13	5月13～16日	约旦城镇事务大臣谢哈达·阿布·哈迪布一行	2	考察浙江的城市规划建设、自然环境保护和经济社会发展情况
14	5月18日	澳大利亚澳中友协西澳州分会副主席弗朗西斯·基宁孟斯	2	就双方建立长期友好合作关系，促进两省州民间友好交流等事宜交换意见

续表

序号	来访时间	团组名称	人数	主要活动
15	6月1～3日	日本福井县议会议员(前副议长)齐藤新绿一行	3	就推进浙福两省县经济交流进行探讨,与省皮革塑料有限公司就经贸项目合作进行业务会谈
16	6月21～24日	日本静冈县日中友好协议会专务理事伊藤利信一行	2	就下半年举办浙静围棋友谊赛等交流项目进行协商
17	7月8～10日	日本栃木县佐野市日中友协理事长宫森胜市	2	就今后开展青少年书画、象棋、茶文化交流交换意见
18	7月19～24日	日本静冈县交响乐团代表团	3	参加浙江交响乐团成立庆典暨专场演出
19	8月26～29日	日本静冈县环保企业负责人一行	4	与浙江省历届赴日本静冈县学习环保技术的研修生举行座谈会
20	9月3～5日	日本静冈县阿斯比·卡拉罗体育俱乐部董事长山本浩义	3	访问绿城足球学校,双方就开展中小学生足球交流进行商谈
21	9月10～13日	日本秋田县仁贺保市国际交流协会代表团	13	与诸暨市就2010年开始隔年互派高中生代表团等交流项目进行协商。
22	9月13～15日	日本栃木县佐野市日中友协理事长宫森胜市	1	与杭州大关小学协商中日小学生书画作品交流
23	9月14～18日	日本静冈县岛田市少年合唱团先遣组	6	为岛田市少年合唱团2010年3月在杭交流演出进行前期准备工作
24	10月1日	日本大阪府日中友好协会代表团	14	拜会省友协领导,游览杭州名胜古迹
25	10月14～15日	日本宫城县石卷市友好代表团	28	参加温州市与石卷市结好25周年庆祝活动,拜访省友协
26	10月14～17日	原日本国会议员、原静冈县议长杉山宪夫一行	2	考察浙江省市场情况,寻求合作途径
27	10月27日	日本航空杭州支店长丸桥弘和	1	拜访省友协
28	11月9日	德国德中协会常务理事吴东一行	3	讨论举办"走进欧洲—浙江省高中英语口语大赛"等交流项目
29	11月26日	日本石川县议长木本利夫一行	17	考察杭州城市建设和旅游设施,游览杭州名胜古迹
30	12月24～27日	第10次日本福井县中学生羽毛球交流团	20	羽毛球交流和训练

出　　访

【茅临生率团访问阿拉伯联合酋长国、印度尼西亚和斐济】 2009年2月23日至3月6日，副省长茅临生率浙江省政府农业代表团访问阿拉伯联合酋长国、印度尼西亚和斐济。

在阿联酋，代表团拜访了迪拜旅游和商务局，听取该局负责人阿卜杜拉·苏维坦关于迪拜城市规划、建设的介绍，双方商讨了在农业、食品贸易等领域开展合作的可能性。茅临生还与阿联酋外交部部长助理穆罕默德·阿卜杜拉希曼就浙江省与阿联酋的友好交流与合作进行了座谈，同时就浙江省与阿联酋的一个酋长国建立友好交流关系作了初步沟通。代表团还考察了亚洲商务卫视总部，希望亚洲商务卫视多宣传介绍浙江，并在海湾食品展览现场接受了亚洲商务卫视的采访。

在印尼，代表团与东爪哇省政府秘书长霍思宁等进行了会谈，茅临生对该省遭受洪灾表示慰问，介绍了浙江省省情，探讨了双方在农业、渔业、小水电、水泥等领域开展合作的可能性。

在斐济，斐济政府总理拜尼玛拉玛会见代表代表团一行，双方交流了今后可能开展交流与合作的领域等。茅临生还与斐济基础产业部部长库卡纳西喀、主管农业的常务副部长里查德·贝耶等进行了会谈，讨论了今后在珍珠养殖、食用菌、渔业等领域开展交流与合作的可能性。

【李强率团访问瑞士、埃塞俄比亚和博茨瓦纳】 2009年3月22日至4月1日，省委常委、秘书长李强率浙江省代表团访问瑞士、埃塞俄比亚和博茨瓦纳。

在瑞士，代表团与弗里堡州副州长比特及经济发展署署长、健康与卫生部部长、瑞华交流中心主任等举行了会谈，并会见议会主席巴齐和副主席索朗吉，双方就推动两省州开展新能源项目、节能环保技术等方面的合作和深化友好关系等问题进行了深入讨论。李强和比特签署建立两省州友好合作关系协议书。

在埃塞俄比亚期间，代表团同埃塞政府发展投资署署长阿皮进行了会谈，双方探讨了加强纺织、服装、皮革、农业、建材等领域的合作思路。

受外交部和省委书记赵洪祝的委托，代表团在埃塞俄比亚访问期间专程拜访了非盟主席让·平。让·平对浙江省代表团到访十分高兴，亲自前往机场迎送代表团。李强转达了外交部和赵洪祝书记对让·平先生的亲切问候，向他介绍了浙江经济社会发展情况和应对国际金融危机的措施，以及浙江在非洲的投资、贸易情况。让·平十分感谢他在北京、浙江访问期间受到中国外交部领导及赵洪祝书记的热情接待，感谢家乡人民的深情厚谊。他十分赞赏浙江省应对国际金融危机的举措，表示非盟愿为巩固非中传统友谊、加强双方务实合作作出不懈的努力。

在博茨瓦纳，副总统梅拉费会见代表团一行，他高度评价中国改革开放取得的巨大成就和两国友好合作关系，对浙江企业在博投资表示赞赏。访问期间，代表团同博茨瓦纳首都哈博罗内市市长哈里·莫塔黑进行了会谈，并会见出席达亨博茨瓦纳纺织工业园区开工仪式的博茨瓦纳政府的7位部长，双方就加强矿产资源开发、电力建设、纺织品加工等领域的合作达成多项共识。李强和哈博罗内市市长签署两省市建立友好关系协议书。

【王国平率团访问阿根廷、墨西哥和秘鲁】 2009年3月22日至4月3日，应墨西哥坎昆市政府、秘鲁驻沪总领馆、阿根廷布宜诺斯艾利斯市议会的邀请，省委常委、杭州市委书记、市人大常委会主任王国平率团对阿根廷、墨西哥、秘鲁进行友好访问。

在墨西哥期间，王国平一行重点考察了墨西哥城、特奥蒂瓦坎、伊琴奇察等地历史文化遗存的保护与利用、旅游业发展等情况；访问了杭州市友好城市、墨西哥著名的国际旅游城市坎昆市，与坎昆市政府就加强高层交往以及在旅游市场营销和古迹保护等领域开展更为密切的交流与合作等进行了商谈。

在秘鲁期间，王国平一行重点考察了利马市、马丘比丘等地的文化古迹保护和旅游业发展等情况，与秘鲁外交部相关职能部门交流了历史文化遗产保护、申报世界遗产以及旅游业发展等方面的经验和做法。秘鲁外交部副部长兼秘书长贡萨洛·古雷斯·雷内尔会见王国平一行。

在阿根廷期间，王国平一行重点考察了布宜诺斯艾利斯市历史文化遗产保护与利用情况，拜会了该市议会。议会副议长迭戈·桑迪利等会见王国平一行，双方就加强在经贸、文化和旅游等领域的合作进行了深入交流。代表团还与该国最大的电力公司IMPASA公司高层进行了会谈，就该公司来杭建立风能设备生产企业进行进一步磋商。

【程渭山率团访问澳大利亚和新西兰】 2009年3月24日至4月3日，省人大常委会副主任程渭山率浙江省人大代表团一行6人访问澳大利亚和新西兰。

访问澳大利亚期间，代表团分别与西澳州政府发展部、农业部等部门官员进行了友好交流，听取了西澳州经济社会发展、农畜牧业发展以及奥德河招商项目的基本情况介绍，并考察了奥德河农业招商项目。代表团还考察了特兰多斯农场，与西澳州下议院议长戈兰特·伍德汉姆斯等进行了友好会谈。

此外，代表团成员焦光华介绍了中国"摄影之乡"丽水市的美丽山区风光，引起西澳州都市和农畜牧业选区议员们的浓厚兴趣，议员们与她探讨了"山海合作"的可能性。

在新西兰期间，奥克兰大区议会主席迈克尔·李会见代表团一行，向代表团介绍了奥克兰大区议会人员组成、政府职能、环境保护及奥克兰市概况，并陪同代表团参观了议会大厦和会议中心。

出访期间，程渭山详细介绍了中国人民代表大会制度及其常委会职能、运行方式和作用以及浙江省经济社会发展情况，特别是浙江省应对国际金融危机的举措，希望两省州（区）在教育、科技、文化、进出口贸易、农产品加工等领域的交流合作得到进一步落实。

【巴音朝鲁率团访问日本、美国和加拿大】 应日本国际贸易促进会、美国佐治亚州经济发展厅、美国安舒茨集团公司和加拿大萨里市政府邀请，省委常委、宁波市委书记、市人大常委会主任巴音朝鲁率宁波市代表团，于2009年4月13日至24日对日本、美国、加拿大进行工作访问。

在日本，代表团参加了宁波市举办的"日本·宁波周"经贸招商活动，巴音朝鲁在开幕式上致辞。巴音朝鲁分别拜会日本国际贸易促进会会长、日本众议院议长河野洋平及日本前首相福田康夫。代表团一行考察了日本政府机构和企业，出席留日华侨同乡会和宁波旅日同乡会招待会等一系列活动。

在加拿大萨里市访问期间，巴音朝鲁会晤萨里市市长戴安娜·瓦茨，并与瓦茨共同签署《宁波市与萨里市关于深化友好交流与合作的备忘录》。代表团考察了萨里市贸易局、弗莱社大学和萨里市市政建设，与该市贸易局高层及萨里市企业家代表就宁波市与萨里市进一步开展经贸合作进行探讨，确定了长期合作机制及联系人。巴音朝鲁还拜会了中国驻温哥华总领事梁梳根。

在美国亚特兰大访问期间，巴音朝鲁会晤了亚特兰大市议长丽莎·波德丝及其他议员和政府官员，商谈推动两市友好关系进一步巩固和发展事宜，并应邀在亚特兰大议会发表演讲，介绍宁波经济社会发展近况及改革开放以来取得的成就。代表团与佐治亚州经济发展厅就开展两地经贸合作事宜进行商谈，建立了常规联系和信息互通机制。巴音朝鲁还赴中国常驻联合国代表团驻地，为宁波外贸企业进入联合国商品采购渠道牵线搭桥。

【冯明率团访问西班牙和荷兰】 2009年4月15日至23日，省人大常委会副主任冯明率浙江省人大代表团访问西班牙和荷兰。

西班牙阿斯图里亚斯大区议会议长玛丽娅·冈萨雷斯以及议会常委会各位常委、四个党派的代表与浙江省人大代表团进行了工作会谈。代表团还考察了大区职业技术培训学校、大区电视台、希宏港等。

在荷兰弗里福兰省，代表团与该省新任省长傅比克举行了会谈。双方回顾了两省开展合作10年来取得的成就，一致认为，在当前严峻的国际经济形势下，开展国际合作的重要性显得尤为突出，希望两省政府部门、议会在已有的基础上，进一步拓展合作领域，造福双方人民。傅比克强调，弗里福兰省与浙江省的经济结构有很强的互补性，双方政府都要为企业合作提供更好的服务。

4月22日，弗里福兰省政府举行旅游、农业合作研讨会。来自荷兰旅游协会、各大旅行社以及农业企业的代表出席会议。会上，代表团介绍了浙江省旅游产业、农业发展情况，双方的旅游、农业企业进行了广泛接触，并就进一步在对方开展旅游促销、增加旅游线路和客团数量、浙江省加大从荷兰进口花卉、联合开展农业科技研究等达成多项共识。在荷期间，代表团还考察了著名的库肯霍夫国际花卉、农产品展览。

在西班牙和荷兰访问期间，代表团与当地主要侨团进行了座谈。代表团还考察了位于巴塞罗那的中国商品批发中心。

【金德水率团访问俄罗斯、加拿大和香港】 2009年5月31日至6月11日，副省长金德水率浙江省政府代表团访问俄罗斯、加拿大和香港。

在俄罗斯期间，代表团先后会见俄罗斯教育科技部国际合作司司长拉斯佩尔托夫，俄国家科学院主席团副秘书长弗拉基米尔·伊万洛夫，俄应用化学研究院（简称“俄应化院”）院长萨波瓦洛夫等，就浙江省与俄罗斯开展国际科技合作进行了广泛交流。在与俄教育科技部、国家科学院的工作会谈中，双方商定各自成立工作小组，深化对接合作工作。在访问俄应化院时，浙江巨化集团公司与其签订了3项技术成果转让合同，并达成俄应化院在浙江科技创新基地（临安）设立分院的合作意向。代表团还拜会了中国驻俄罗斯大使馆。

在加拿大期间，代表团会见了加拿大联邦政府西部经济多元化部副部长道格·马雷、安大略省矿业部北部发展和矿业部部长迈克尔·格拉威勒、艾伯塔省高等教育和技术部副部长安妮特、不列颠哥伦比亚省林业厅厅长贝尔，考察了加拿大最大的林产品加工企业——加福林业集团公司和加拿大能源控股公司。浙江省科技厅与艾伯塔省高等教育和技术部就双方进一步加强合作和交流进行了具体商谈。浙江物产集团公司与加福林业集团公司签订战略合作协议。浙江物产金属有限公司与加拿大能源控股有限公司签订合作备忘录。

在香港期间，代表团会见了香港中国企业协会总裁王辽平，与建银国际（控股）有限公司进行了会谈，并出席浙江物产集团国贸公司与建银国际（控股）有限公司的战略合作协议签字仪式。

【周国富率团访问日本、阿根廷和智利】 省政协主席周国富率浙江省政协代表团于2009年6月5日至9日访问日本，11月17日至12月2日访问阿根廷和智利。

在日本静冈县，代表团参加了静冈富士山国际机场开通以及静冈—上海首航仪式。静冈县知事和议长与周国富主席举行会谈。双方共同回顾了两省县结好

26年来在各领域进行的交流与合作，对双方良好的交流模式和取得的成绩表示高度赞扬。代表团还与静冈县副知事花森宪一等举行了工作会谈。

在阿根廷，代表团重点考察了阿根廷的经济社会发展情况，通过参观阿根廷国会了解了该国的议会体制和运行机制。周国富与阿根廷国会众议员胡莉亚·阿根廷·佩利耶就与布宜诺斯艾利斯省建立友好关系的可能性进行了探讨，胡莉亚表示将与布宜诺斯艾利斯省有关部门进行协调，为浙江省与该省建立友好交流关系牵线搭桥。代表团还拜会了中国驻阿根廷大使曾钢，与阿根廷各界华侨进行了座谈。

在智利期间，周国富与艾森大区区长萨利姆·卡拉斯科·罗伯和其他议会成员进行了会谈，双方签署两省区建立友好交流关系协议书。代表团参观了艾森大区渔业加工厂、恰卡布科港口以及道路交通等基础设施，浙江省交通投资建设集团与有关大区议员进行了交流，探讨投资艾森大区基础设施建设的可能性。

此外，代表团还拜会了中国驻智利大使馆政务参赞及领事等。

在阿根廷、智利访问期间，代表团与当地的浙江华人总商会以及温州商会的华侨代表进行座谈，了解他们的生活和创业情况。

◎省政协主席周国富（右）与日本静冈县知事石川嘉延举行会谈

【黄旭明率团访问匈牙利、奥地利和克罗地亚】 2009年6月16日至27日，省政协副主席兼秘书长黄旭明率浙江省政协代表团访问匈牙利、奥地利和克罗地亚三国。

代表团先后拜会匈牙利国会副国务秘书伽博尔·托斯、匈中友协副会长冒寿福、匈中友协秘书长克拉拉·维尔特斯，奥地利萨尔茨堡州副议长佐德伦·莫斯勒一特恩施、萨尔茨堡州前副州长艾瑟尔、奥地利保时捷控股公司总裁罗德尔，克罗地亚伊斯特利亚省副省长维德兰·葛茹毕斯奇、伊斯特利亚省议会议长迪诺·科斯勒瓦奇等。考察了匈牙利国会、萨尔茨堡州议会、伊斯特利亚省议会的组织功能及其行使权力、立法程序和监督执行等情况，并向他们介绍了浙江省经济社会发展和省政协履职情况，双方就进一步加强与浙江省在经贸、科技、文化、教育、旅游和人员往来等领域的交流与合作达成共识。

其间，中国驻匈牙利大使张春祥、驻奥地利大使馆领事部主任李祖元、驻克罗地亚大使馆代办赵丽莹等会见并宴请代表团一行。代表团还看望和慰问了在上述三国的省政协海外华侨委员、浙籍侨领、华人华侨代表。

【吕祖善率团访问尼日利亚、埃及和土耳其】 2009年6月29日至7月8日，省长吕祖善率浙江省政府代表团和22家企业组成的商务代表团访问尼日利亚、埃及、土耳其三国。

在尼日利亚期间，吕祖善一行分别拜会了拉各斯州州长法萧拉、奥贡州州长丹尼尔和卡齐纳州州长谢马。双方就推动浙江和尼日利亚的投资贸易合作、深化友好关系等进行了深入讨论，达成广泛共识。奥贡州政府举行了盛大的欢迎仪式和交流会，丹尼尔州长率奥贡州地区4位酋长、政府全体部门、工商企业界人士1000余人出席会议。会上，吕祖

◎省长吕祖善与尼日利亚奥贡州州长丹尼尔签署加强两省州经贸合作备忘录

善与丹尼尔签署加强两省州经贸合作备忘录。

7月1日下午，浙江省在拉各斯市举办"中国浙江—尼日利亚投资贸易推介会"，与会客商300余人，浙江企业与尼方签署6个贸易和投资合同，省商务厅与尼国家商工会签署关于建立经贸合作工作机制的备忘录。

访尼期间，吕祖善会见了尼日利亚农工商国家联合会主席奥柯劳昂、拉各斯商工会主席昂纳佛威坎昂等尼工商界重要人士，考察了在拉各斯的浙江哈杉鞋业有限公司，并在丹尼尔州长等陪同下出席了浙江省宁波中策动力集团合作投资的奥贡工业园奠基仪式。吕祖善还会见了在尼日利亚投资创业的浙商和侨领代表。

在埃及期间，代表团拜访了埃及投资部部长穆罕默德·穆希丁，双方就进一步推进浙江与埃及在经济与投资领域的合作进行了广泛交流。穆希丁向代表团介绍了埃及经济发展情况、国家鼓励投资贸易的政策、中埃苏伊士经济合作区建设项目和埃中经贸合作情况，吕祖善介绍了浙江省经济社会发展情况，表示希望通过这次访问加强双方企业之间交流，进一步拓展合作领域，提升合作层次，携手应对国际金融危机的挑战。

7月5日上午，浙江省在开罗举行中国浙江—埃及投资贸易说明会，埃及国务秘书、贸工部副部长穆罕默德，埃及国务秘书、国家进出口总局副局长奥萨马，埃及投资总局副局长、中埃苏伊士经济合作区管委会副主席艾哈迈德，中国驻埃及大使武春华等出席说明会并致辞。会前，浙江省与埃及投资部合作，专门组织了浙江企业与埃及企业的商务对接活动，到会外商160余人，双方在能源开发、食品加工、纺织服装、机械制造等领域达成多项合作意向。在埃及期间，吕祖善还会见了浙江企业的部分合作方。商务代表团专程赴苏伊士地区考察中国经贸合作区，并参观了园区内浙江瑞安名州贸易公司等企业投资设立的箱包和卫生用品生产企业。

在土耳其期间，吕祖善拜会了伊斯坦布尔省省长穆安马·古乐，双方就加强在经济、文化、旅游等领域的合作进行了广泛交流。

7月7日上午，代表团在伊斯坦布尔举行中国浙江—土耳其投资贸易推介会，土中企业家理事会主席胡斯努·欧也金和泰非克·欧兹、M·奈卡尔·阿巴西鲁、雅林兹·欧内等三位副主席，中国驻伊斯坦布尔代总领事孙振勇等出席推介会并致辞。会上举行了经贸合作项目签字仪式，省商务厅与土耳其对外经济关系委员会签署关于建立经贸合作工作机制的备忘录。会前，吕祖善邀请浙江企业在土的重点客商召开座谈会，听取他们对国际金融危机背景下浙土企业携手开拓市场、在贸易投资领域深化合作、建立销售网络和提高产品服务质量等方面的意见建议。同时，在土耳其对外经济关系委员会协助下，浙江企业与土耳其企业开展了专场商务对接洽谈活动，到会土耳其客商200余人。在土期间，吕祖善一行还会见了在当地投资创业的浙商和侨领代表。

【龚正率团访问德国、保加利亚和越南】 2009年9月3日至14日，副省长龚正率浙江省政府代表团访问德国、保加利亚和越南。

在德国期间，代表团与石荷州政府举行了两省州促进委员会第六次会议，回顾两省州过去几年的友好合作，商定今后两年合作计划。石荷州州长卡斯藤森宴请代表团一行。代表团考察了缔森—克鲁伯海洋集团HDW造船厂、KNIERIM游艇公司及太阳能双体帆船制造项目。龚正接受了《基尔新闻》的采访。代表团赴科隆参加了科隆国际体育用品、露营设备及园林生活博览会，实地了解浙江企业参展情况，听取他们对金融危机背景下浙江企业携手开拓国际市场、深化贸易投资合作等方面的意见建议。

在保加利亚期间，龚正一行拜会了保加利亚经济能源部副部长艾弗盖尼·安吉洛夫和保加利亚投资署主席斯托扬·斯塔列夫。双方就保中工业园区、浙大网新集团在保的投标项目等进行了深入讨论。代表团一行还考察了索非亚依林茨市场内的浙江商户、保中商会等。

在越南期间，龚正会见了前江省人民委员会副主席阮文房及前江省政府有关厅局领导。双方就建立省际友好交流关系、加强经济与投资领域合作等进行了探讨。代表团一行考察了前江省的龙江工业园，会见了浙江中控集团中捷缝纫机股份有限公司、浙江杭钻机械制造股份有限公司的代表。

【郑继伟率团访问日本和韩国】 2009年9月18日至27日，副省长郑继伟率浙江省体育代表团一行6人访问韩国和日本。

访问期间，代表团分别与韩国釜山市副市长郑乐亭、日本新潟县副知事神保及两地体育部门官员进行了友好会谈，实地考察了韩国釜山市社会体育中心、首尔奥林匹克体育中心和日本东京“巨蛋”体育馆，在日本新潟县“大天鹅”体育馆观摩了历时5个小时的日本第64届国民体育大会开幕式。代表团通过访谈交流、实地参观、参加活动等，对日韩两国在推动全民健身方面的做法有了深入的了解。

【王建满率团访问柬埔寨、印度尼西亚和日本】 2009年10月20日至31日，副省长王建满率浙江省政府代表团访问柬埔寨、印度尼西亚和日本三国。

在柬埔寨期间，代表团拜会了柬埔寨公共交流与工程部部长陈友德，希望双方共同努力，推进并深化经贸、农业、交通等各领域的交流与合作。代表团实地考察了由中国援建、浙江省交通规划设计研究院设计、杭州交通工程建设集团施工的洞里萨河大桥和湄公河大桥项目，并拜会中国驻柬埔寨大使张金凤。

在印度尼西亚期间，代表团与东爪哇省副省长尤瑟夫、省长助理索约诺和部分政府官员进行了工作会谈。代表团参观了由中国路桥建设股份有限公司设计施工的印度尼西亚泗水—马都拉大桥。

在日本期间，代表团拜会了枥木县副知事麻生利正，希望双方进一步加强在交通、旅游、青少年等领域的交流，特别是航空和港口资源综合开发等领域的交流合作。代表团还与当地旅游部门举行工作座谈，商讨进一步深化旅游合作事宜。

【赵洪祝率团访问阿联酋、希腊和以色列】 2009年10月25日至11月5日，省委书记、省人大常委会主任赵洪祝率领浙江省代表团访问阿联酋、希腊和以色列。

在阿联酋，赵洪祝会见了该国外贸部部长鲁卜娜谢赫。赵洪祝向鲁卜娜谢赫介绍了浙江省经济社会发展情况及与阿联酋经贸合作的主要情况。在沙迦，赵洪祝与沙迦市政委员会主席萨利姆·欧贝德·沙姆斯进行了友好会谈。

在浙江省与沙迦酋长国建立友好关系签约仪式上，赵洪祝与沙迦市政委员会主席沙姆斯分别致辞，双方充分肯定两地交流与合作所取得的成果，一致表示将以此次结好为契机，共同推动友好交流关系不断迈上新的台阶。代表团考察了由浙商开办的迪拜中国商品城、龙城商贸中心、中国轻工城、志远鞋城和沙迦工商总会，参观了占地6.5平方千米的沙迦大学城。代表团还实地考察了由浙江籍华侨全资收购经营的亚洲商务卫视迪拜总部。

在希腊萨洛尼卡市，赵洪祝会见了萨洛尼卡省省长普索米亚季斯，双方探讨了深化两省友谊与交流等一系列问题，并签署浙江省与萨洛尼卡省建立友好关系意向书。代表团还考察了当地的港口、市政设施等，了解了当地发展教育、文化事业等方面的情况。

在以色列耶路撒冷，以色列总统佩雷斯会见赵洪祝一行，双方进行了热情友好的交谈。赵洪祝一行还会见了以色列农业部部长沙洛姆·辛鸿，外交部总司长尤西·盖尔，并与以色列工贸部首席科学家埃里·欧普等座谈，就加强浙江与以色列的友谊，进一步推动浙江与以色列在经贸、科技、农业、文化、旅游、投资等领域的合作与交流等进行了广泛深入的探讨。

代表团一行还实地考察了全球最大的非专利药制药企业泰华制药公司、以色列著名企业IDB集团、依塞通讯公司、纳特菲姆灌溉公司、公有制集体农庄——玛加尔基布兹和以色列最大的安全系统服务商耐斯系统公司。以色列驻沪总领事艾雅克全程陪同考察活动。

访问期间，赵洪祝一行专门与在阿联酋和希腊创业发展的浙江籍华人华侨代表进行了座谈。赵洪祝介绍了浙江近年来的发展情况，充分肯定了华人华侨为促进当地经济社会发展和两国友好关系作出的积极贡献，表达了家乡人民对华人华侨的亲切问候和良好祝愿。

在三国访问期间，赵洪祝一行分别会晤了中国驻阿联酋大使高育生、驻希腊大使罗林泉、驻以色列大使赵军等。各使领馆负责人全程随同或派员陪同代表团参加有关活动和实地考察。

◎省委书记、省人大常委会主任赵洪祝和沙迦市政委员会主席萨利姆·欧贝德·沙姆斯签署浙江省与沙迦酋长国建立友好关系协议书

【葛慧君率团访问澳大利亚和新西兰】 应澳大利亚西澳州政府总理科林·巴尼特、新西兰奥克兰大区主席迈克尔·李的邀请，省委常委、副省长葛慧君率浙江省政府代表团一行6人，于2009年10月27日至11月6日对上述两国进行友好访问。

在西澳州访问期间，代表团先后与该州下议院议长伍德汉姆斯、州政府总理巴特尼、州政府市场开发部副部长加里·斯多克及州政府发展部进行会谈，代表团建议西澳州充分利用丰富的矿产资源优势，进一步加强与浙江省企业的战略合作，西澳州政府官员对此表示赞同。代表团考察了西澳州植物研究所。

在新西兰，代表团访问了基督城市和奥克兰市。基督城市市长帕克和夫人会见代表团一行。葛慧君介绍了浙江省地理环境、历史文化、民营经济、专业市场、大型会展等方面的情况，并向新西兰企业来浙投资发出热情的邀请。帕克表示对加强双方的交流合作充满了期待。在奥克兰市，代表团拜会了奥克兰大区主席迈克尔·李，双方进行了热烈友好的交谈。

来　　访

（非友城团组）

亚　　洲

【日本国际贸易促进协会代表团访问浙江】 2009年1月21日至23日，以专职副会长中田庆雄为团长的日本国际贸易促进协会代表团一行10人访问浙江。21日，副省长龚正会见并宴请代表团一行。龚正对日本国际贸易促进协会为推动中日两国友好交流与合作作出的重要贡献表示感谢，希望代表团来访能进一步加深双方的相互了解，拓宽浙江与日本在经贸、科技等方面的合作。省政府副秘书长夏海伟、省外办副主任彭波等参加会见和宴请。

22日，代表团部分团员赴湖州市、长兴县等地，协商落实日本电子企业投资事项。

【印度驻沪总领事访问浙江】 2009年2月6日，印度新任驻沪总领事戴思锐一行2人访问浙江。副省长龚正会见戴思锐一行，双方就今后在经济、教育、文化等领域开展合作事宜深入交换了意见。省政府副秘书长夏海伟、省外办主任阮忠训等参加会见。中午，阮忠训宴请戴思锐一行。

【2009年度第一批老挝干部考察团访问浙江】 2009年3月3日至6日，以老挝波乔省省委委员、省政府办公厅主任苏班·宋巴松为团长的2009年度第一批老挝干部考察团一行17人访问浙江。

3日下午，省委副秘书长、办公厅主任潘家玮在省人民大会堂会见考察团一行，省外办副主任彭波、省委办公厅副巡视员屠立霞等参加会见。当晚，彭波宴请考察团一行。

在杭期间，考察团分别与省委办公厅、省人大常委会办公厅、省政府办公厅负责人及相关处室座谈，了解各部门组织机构、工作职能及运作机制等。

【新加坡驻沪总领事访问浙江】 2009年3月5日，新加坡驻沪总领事叶伟杰一行3人访问浙江。副省长龚正会见叶伟杰一行。省政府副秘书长夏海伟、省外经贸厅厅长金永辉、省外办副主任彭波等参加会见。

【杭州雅马哈乐器有限公司董事长兼总经理拜访省外办】 2009年3月10日，即将卸任的杭州雅马哈乐器有限公司董事长兼总经理千叶修偕新任董事长兼总经理高桥宏叔礼节性拜访省外办。千叶修即将赴印度尼西亚雅马哈乐器（钢琴）有限公司任职，离任前对省外办在其在职期间给予的关照表示感谢。

【日本驻沪商务领事访问浙江】 2009年3月20日，日本驻沪总领事馆商务领事富泽克行一行2人访问浙江，拜访省发改委和省商务厅，主要了解浙江经贸为应对国际金融危机影响所采取的措施和对策等。

【巴基斯坦手套协会代表团访问浙江】 2009年3月24日，巴基斯坦手套协会代表团一行6人访问浙江，巴基斯坦驻华大使馆商务参赞纳伊姆·汗陪同来访。省友协专职副会长陆国灏会见代表团。

【菲律宾驻沪总领事访问浙江】 2009年4月13日，菲律宾驻上海总领事桑若雯一行3人访问浙江，省外办副主任陆国灏会见桑若雯一行，并与桑若雯商讨菲律宾副总统德卡斯特罗访问浙江事宜。

【阿联酋外贸部长访问浙江】 2009年4月20日至22日，阿联酋外贸部部长鲁卜娜·卡西米谢赫一行4人，在阿联酋驻华大使穆罕默德·阿里·布特陪同下访问浙江。

21日中午，副省长茅临生会见并宴请鲁卜娜·卡西米谢赫一行。茅临生表示，浙江与阿联酋经济互补性较强，今后应进一步加强农业等领域的交流合作，此外还可以拓展在旅游、文化、教育等领域的交流与合作。鲁卜娜·卡西米谢赫感谢浙江方面的热情接待。她表示，近年来阿中联系密切，贸易往来频繁，这次访问增进了她对浙江经济社会发展的了解，回国后她将进一步推动双方在各方面的友好往来与经贸合作，并着力促进阿联酋第三大酋长国沙迦与浙江进行接触。省外办副主任陆国灏、省商务厅副巡视员陈晓龙等参加会见和宴请。

访浙期间，鲁卜娜·卡西米谢赫还出席了中阿合作论坛第三届企业家大会暨投资研讨会开幕式并致辞，游览了杭州城隍阁等西湖风景名胜。

【阿盟代表团访问浙江】 2009年4月20日至24日，阿盟代表团一行7人在外交部亚非司副局级参赞常华陪同下访问浙江，出席中阿合作论坛第三届企业家大会暨投资研讨会。

在浙期间，代表团参观了杭州市及淳安千岛湖。省外办副主任陆国灏等陪同考察。

【卡塔尔国际石油公司和壳牌(中国)有限公司联合代表团访问浙江】 2009年5月6日至7日，卡塔尔国际石油公司和壳牌(中国)有限公司联合代表团访问浙江。6日晚，省委常委、常务副省长陈敏尔与代表团举行工作会谈并宴请代表团一行。陈敏尔表示，我省有信心通过三方优势互补，建立合作伙伴关系。卡塔尔国际石油公司总裁纳赛尔·加达表示，卡塔尔是天然气大国，拥有世界三分之一的天然气储量，希望以后与浙江进行天然气方面的合作。

7日中午，省委副书记、省长吕祖善会见纳赛尔·加达和壳牌(中国)有限公司董事庄良星一行。吕祖善说，浙江是经济大省也是能源消费大省，一次能源资源匮乏，能源紧缺压力一直是制约经济社会发展的主要瓶颈之一，尤其是浙江石油化工产业链尚未完全形成，所需化工基础原料基本依靠外购或进口。加快发展具有国际竞争力的大型炼化一体化项目，对于完善浙江产业链、促进浙江石化及下游产业转型升级具有重要作用。相信中国石油、卡塔尔国际石油公司和壳牌石油公司与浙江的密切合作将给三方带来更大的发展空间和更好的经济回报。纳赛尔·加达表示，卡塔尔十分看好中国特别是浙江经济社会快速发展带来的商机。省政府秘书长张鸿铭，省发改委主任厉志海，省外办主任阮忠训、副主任陆国灏，台州市副市长元茂荣等参加会见。

【新加坡驻沪总领事拜访省外办】

2009年5月13日，省外办主任阮忠训、副主任陆国灏会见新加坡驻上海总领事叶伟杰一行。叶伟杰向浙江方面通报了新加坡总理李显龙6月访问浙江事宜。

【沙特驻华大使馆代办访问浙江】

2009年5月24日，沙特驻华大使馆代办穆罕默德·阿卜杜戴依米一行8人访问浙江并走访省外办。穆罕默德·阿卜杜戴依米表示愿意积极促进沙特与浙江省建立友好交流关系。

【朝鲜青年外交官代表团访问浙江】 2009年5月25日至26日，以朝鲜外务省中国局副局长金明日为团长的朝鲜青年外交官代表团一行10人访问浙江。省外办副主任陆国灏会见并宴请代表团一行。

访浙期间，代表团游览了杭州西湖、雷峰塔等。

【新加坡总理访问浙江】 2009年6月4日至7日，新加坡总理李显龙夫妇一行35人访问浙江。副省长龚正，省政府副秘书长夏海伟，省外办主任阮忠训、副主任陆国灏等前往机场迎接。

4日晚，省委书记、省人大常委会主任赵洪祝，省长吕祖善共同会见并宴请李显龙总理一行。赵洪祝指出，中新友谊源远流长，是友好国家的典范。一直以来，两国相互理解、相互尊重、相互支持，在重要国际事务和地区关系上存在诸多共同点。在谈到浙江省与新加坡的交往时，他表示，浙江的发展离不开与新加坡等周边国家的交流合作。此次新加坡杭州科技园的设立，就是双方加强合作共识、拓展合作领域、提升合作层次的又一体现。希望浙新双方共同努力，进一步发挥各自优势，深化经贸、教育、旅游、基础设施建设、现代服务业等领域的交流与合作，共推合作新项目，共创合作新局面。李显龙表示，18年前第一次访问杭州就给他留下了深刻而美好的印象，此行更是加深了他对浙江和杭州的好感。当前的国际金融危机对新加坡经济产生了巨大影响，新加坡政府也正在采取一系列积极措施予以应对。目前，新加坡政府迫切希望寻求新的经济增长方式促进国内经济发展，新加坡政府将一如既往地支持并鼓励国内企业到海外尤其是到中国投资。同时，希望有更多的浙江企业前往新加坡投资发展。省委常委、秘书长李强，副省长龚正，省政协副主席徐辉，杭州市市长蔡奇，省政府秘书长张鸿铭、副秘书长夏海伟，省发改委主任厉志海，省商务厅厅长金永辉，省外办副主任陆国灏，省委警卫局政委傅永琪等参加会见和宴请活动。宴会结束后，龚正，夏海伟、陆国灏等陪同李显龙一行观看了“印象西湖”文艺演出。

◎新加坡总理李显龙和夫人参观宁波港

5日上午，龚正陪同李显龙一行出席新加坡杭州科技园开园仪式，并参观了位于园区内的品智网络(杭州)有限公司。在杭期间，李显龙考察了阿里巴巴(中国)有限公司，并会见了部分浙江企业家。

6日，龚正陪同李显龙一行赴宁波访问。在甬期间，代表团参观了宁波港集团有限公司，并出席了凯德置地莱佛士城开幕典礼。6日晚，省委常委、宁波市委书记巴音朝鲁会见李显龙一行。会见结束后，双方共同见证了新加坡雅思伯设计事务所项目及新加坡裕廊国际项目签约仪式。签约仪式结束后，巴音朝鲁设宴款待李显龙总理一行。

7日上午，新加坡代表团参观了杭州湾跨海大桥。

【巴基斯坦内政部长访问浙江】 2009年6月10日至11日，以部长马立克为团长的巴基斯坦内政部代表团一行8人访问浙江。10日晚，省委常委、省公安厅厅长王辉忠会见并宴请代表团一行。王辉忠向代表团介绍了浙江近年来经济社会发展情况，回顾了浙江与巴基斯坦的友好关系。双方均表示要加强合作，联手打击国际恐怖主义活动。

【缅甸和平与发展委员会副主席访问浙江】 2009年6月15日至20日，缅甸联邦国家和平与发展委员会副主席貌埃夫妇一行52人，在中国驻缅甸大使叶大波等陪同下访问浙江。

18日晚，省委书记、省人大常委会主任赵洪祝会见并宴请貌埃一行。赵洪祝指出，中缅两国是友好邻邦，在重大国际问题上持相同意见，两国高层互访频繁，经贸、教育领域交流密切。浙江高度重视发展与缅甸的友好关系，非常期待与缅甸在基础设施建设、农业、旅游业、矿产资源开发等领域进一步扩大交流、深化合作。貌埃表示，在北京会晤习近平副主席时就听说了“上有天堂，下有苏杭”，此次来到杭州，不仅亲身感受了杭州秀美的湖光山色，更深刻体会到浙江经济社会发展的活力与魅力。希望通过此次访问，能继续深化两国友好关系，推进双方在经贸领域的合作，进一步巩固与增强缅中“胞波情谊”，同时加强与包括浙江省在内的中国各地的友好交流合作关系。缅甸自1988年实行市场经济以来，一直致力于吸引外资，希望有更多的浙江企业把缅甸作为海外投资目的地，缅方将为包括浙商在内的中国企业赴缅甸投资创造良好的环境。同时，希望双方能在文化、教育、旅游等方面开展实质性合作。貌埃邀请赵洪祝在缅甸玉石展期间率浙江企业家前往考察。省人大常委会副主任吴国华、副省长龚正、省政府副秘书长夏海伟、省外办主任阮忠训、省商务厅厅长金永辉、省发改委副主任黄勇、省外办副主任陆国灏、省委警卫局副局长王勇刚等参加会见和宴请。

19日上午，浙江粮油食品进出口公司、浙江中大技术进口公司、浙江东方集团机电工程公司等浙江企业代表与缅甸企业家就粮食进出口、玉石贸易、机械加工、基础设施建设等进行了对接洽谈。

在杭期间，貌埃游览了西湖、灵隐寺等名胜，考察了杭州（下沙）经济技术开发区内的杭州和利时自动化有限公司及杭州娃哈哈集团等企业。

◎缅甸和平与发展委员会副主席貌埃（左二）夫妇抵达杭州萧山国际机场

【朝鲜潮汐电站考察团访问浙江】 2009年6月22日至28日，以朝鲜国家科学院建设运输科技局局长金胜早为团长的朝鲜潮汐电站考察团一行5人访问浙江。22日晚，省外办副主任陆国灏宴请考察团。

在浙期间，考察团参观了浙江富春江水电设备股份有限公司、温岭江厦潮汐试验电站，并与中方工程技术人员就电站建设、运营情况等进行了交流。

【全日空杭州支店长拜访省外办】 2009年7月8日，日本全日空航空公司杭州支店长藤井康充拜访省外办。省外办副主任陆国灏会见藤井康充，双方就2010年上海世博会期间，全日空公司协助组织日本文化团体到上海进行文化交流并顺访杭州等事宜交换意见。

【日本北海道洞爷湖町代表团访问浙江】 2009年7月14日，日本北海道洞爷湖町町长长崎良夫率代表团访问浙江。省外办副主任陆国灏会见代表团，双方表达了开展交流的意愿。代表团还拜访了杭州市西湖区区政府。

洞爷湖町因景色秀丽而成为2008世界八国峰会的举办地。

【泰国公主访问浙江】 2009年7月22日，泰国公主诗琳通在泰国驻华大使马纳塔夫妇陪同下访问浙江海宁和宁波。此次系诗琳通公主第四次来浙江访问。

22日中午，诗琳通公主由上海抵达海宁盐官观潮，在盐官留下了“天下奇观”的中文题词。观潮结束后，诗琳通公主一行参观了杭州湾跨海大桥，在杭州湾跨海大桥管理局留下了“长虹卧波”的中文题词。

省外办副主任陆国灏陪同诗琳通公主在浙江访问。

【以色列IDB集团副主席访问浙江】 2009年7月27日至28日，以色列IDB集团副主席阿维·费舍尔一行6人在中国驻以色列大使赵军陪同下访问浙江。

27日，省委书记、省人大常委会主任赵洪祝会见并宴请代表团一行。赵洪祝说，浙江经济外向度高达50%，受金融危机影响比较大，希望IDB集团和英飞尼迪公司在浙江省找到合作伙伴，浙江省一定做好服务性工作，达到互惠双赢。

阿维·费舍尔表示，IDB集团对在中国开展业务非常感兴趣，一是源于以色列与中国有相似的历史和文化渊源；二是以色列愿意把领先的技术带到中国来，表达对中国以往帮助的感恩。

省委常委、秘书长李强，省发改委主任厉志海，省商务厅厅长金永辉，省外办副主任陆国灏等出席会见和宴请。

在杭期间，代表团考察了杭州(下沙)经济技术开发区，并参观了杭州天裕光能科技有限公司。

【巴基斯坦驻华大使访问浙江】 2009年8月4日，巴基斯坦驻华大使马苏德·汗访问浙江。副省长龚正会见马苏德·汗一行。马苏德·汗就巴基斯坦总统阿西夫·阿里·扎尔达里8月下旬访浙事宜进行了通报。省政府副秘书长夏海伟、省外办副主任陆国灏等参加会见。当天，马苏德·汗一行考察了杭州的主要酒店和省水利水电勘测设计院等单位，为总统访浙做先期准备。

此次系马苏德·汗大使首次来浙江进行公务访问。

【越南内务部长访问浙江】 2009年8月12日，越共中央委员、组织部副部长、越南内务部部长陈文俊访问浙江。副省长陈加元会见并宴请代表团。陈加元向客人简要介绍了浙江经济社会发展以及公务员管理、工资分配、地方政府改革、社区公共服务等情况。省外办副主任陆国灏等参加会见和宴请。

【日本东京都市町村议会代表团访问浙江】 2009年8月20日至22日，以东京都特别区议会议长本桥正寿为团长的日本东京都市町村议会代表团一行8人访问浙江。20日晚，省人大常委会外事委主任钟小毛宴请代表团。省人大常委会外事委副主任毛雪飞、阮龙生等参加宴请。

【巴基斯坦总统访问浙江】 2009年8月21日至23日，巴基斯坦总统阿西夫·阿里·扎尔达里一行48人，在中国驻巴基斯坦大使

◎省委书记、省人大常委会主任赵洪祝与巴基斯坦总统扎尔达里共同见证两国相关合作谅解备忘录签字仪式

罗照辉等陪同下访问浙江。

22日晚，省委书记、省人大常委会主任赵洪祝会见并宴请扎尔达里总统。赵洪祝表示，中巴两国自1951年5月建交以来，交流合作日益频繁，政治互信与日俱增，建立了全天候、全方位的友谊。中方将始终从战略高度看待和发展中巴关系，深入推动中巴更加紧密的战略合作伙伴关系。在谈到浙江省与巴基斯坦的友好关系时，赵洪祝指出，近年来，浙江与巴基斯坦的经贸合作取得了一定发展。双方的合作已具备了良好基础。除经贸领域外，双方在农业、水利水电、能源等领域也有较强的互补性，合作前景广阔，机遇良多。希望双方能进一步拓展合作领域与方式，不断挖掘潜力，探索扩大合作的新途径、新方法，使两国人民得到更多的实惠。

扎尔达里表示，中巴友谊历史悠久且坚不可摧，他本人也把中国作为上任后的第一个海外访问国，且短时间内已多次访华，这足以表明巴政府和人民对两国关系的珍惜和重视。作为新任总统，他将在任期内努力推动中巴关系迈上新台阶。在谈到浙巴合作项目时，扎尔达里总统表示，巴基斯坦在水电站建设方面具有较强竞争力，今后一段时间，双方可重点在基础设施、水电建设等方面寻找合作切入点，合作研发、生产水电建设方面产品；希望双方在铁路系统改良建设方面提升合作层次。同时，他希望通过人员互访等途径加深巴浙在文化、教育等领域的交流合作。

会见结束后，赵洪祝和扎尔达里共同见证了国家食品药品监督管理局与巴基斯坦卫生部药品管理局、商务部投资促进事务局与巴基斯坦投资促进委员会合作谅解备忘录签字仪式。副省长龚正、省政协副主席徐辉，省政府副秘书长夏海伟，省外办主任阮忠训、副主任陆国灏，省水利厅厅长陈川，省农业厅厅长孙景淼，省商务厅厅长金永辉，省发改委副主任黄勇，省公安厅副厅长汤新平等参加会见和宴请以及签字仪式。

22日下午，龚正与扎尔达里共同出席由省政府和巴基斯坦驻华大使馆共同举办的浙江（中国）—巴基斯坦投资与贸易论坛并致辞。金永辉、巴驻华大使马苏德·汗、巴投资委员会主席萨利姆·曼德维瓦拉以及部分企业代表在论坛上发言。浙江21家企业应邀参加论坛。

22日上午，扎尔达里在下榻的西湖国宾馆分别接见省水利厅、省水利水电勘测设计院、省农业厅、省农科院、正邦水电建设有限公司、正泰集团等有关部门和企业代表，并接受杨澜和浙江主要媒体联合采访，出席了三峡工程开发总公司与巴基斯坦水电开发署关于布吉水电站合作谅解备忘录签字仪式。

代表团抵离杭州时，龚正、夏海伟、阮忠训等前往机场迎送。

【泰国驻沪总领事访问浙江】 2009年9月14日，泰国驻上海总领事差利·玛尼雅坤访问浙江并走访省外办，差利·玛尼雅坤此次系来杭辞行。省外办副主任陆国灏会见并宴请差利·玛尼雅坤。

【日本驻沪总领事考察无偿援助项目】 2009年10月21日至23日，日本驻沪总领事横井裕访问衢州市和丽水龙泉市，了解日本利民工程小额无偿援助项目情况，出席了衢州上方中心卫生院项目揭牌仪式，并考察了正在申报中的龙泉市安仁镇污水处理项目。省友协专职副会长虞希华陪同考察。

【泰国驻厦门商务领事访问浙江】 2009年10月22日，泰国驻厦门商务领事金简妍一行访问浙江，了解双方在经贸方面的交流与合作。

【泰国驻沪总领事访问浙江】 2009年10月26日，泰国驻沪总领事毕伦·莱诗密夫妇一行4人访问浙江。副省长龚正会见毕伦一行。省政府副秘书长夏海伟、省外办副主任陆国灏等参加会见。当天中午，陆国灏宴请毕伦夫妇。此次是毕伦就任总领事后首次对浙江进行公务访问。

【新加坡总理公署部长、财政部兼交通部第二部长访问浙江】

2009年10月27日至30日，新加坡总理公署部长、财政部兼交通部第二部长陈惠华率新加坡企业发展局及企业代表团一行40余人访问浙江。

27日晚，副省长龚正会见并宴请代表团。龚正表示，浙江一新加坡经济贸易理事会成立以来，对浙新友好往来发挥了积极的推动作用，双方在经贸、文化、信息产业等领域开展的合作颇有成效。相信通过此次访问，能够增进相互了解，将双方的互利合作关系推上新台阶。

省外办副主任陆国灏等参加会见和宴请。

【"中小企业科技合作与技术诊断日本专家浙江行"活动】 2009年11月5日在杭州举行，日本静冈县、枥木县、福井县机械制造(汽摩配)、纺织、环保、新型农业等行业的技术和管理专家共20人参加此次活动。

【柬埔寨参议院立法和司法委员会代表团访问浙江】 2009年11月10日至12日，以柬埔寨参议院立法和司法委员会主席吴本辰为团长的柬埔寨参议院立法和司法委员会代表团在全国政协外委会委员张九桓等陪同下访问浙江。省政协副主席王永昌等前往机场迎接。

10日晚，省政协主席周国富会见并宴请代表团一行。周国富说，中柬传统友谊深厚，两国关系发展良好。近年来，在两国人民的共同努力下，双方在经贸、农业、教育、旅游等领域的友好交流与合作卓有成效。周国富向吴本辰介绍了近年来浙江省经济社会发展的基本情况和浙江省政协的基本情况。

吴本辰表示，非常高兴来中国访问。他说，柬埔寨城乡差距大、起步晚，特别是受战乱影响，地区一级行政体系尚不完善。他希望能更多地了解浙江经济社会发展的宝贵经验。省政协副主席王永昌，省外办主任阮忠训、副主任陆国灏，省政协办公厅主任郑新浦、社法委主任方泉尧等参加会见和宴请。

在杭期间，代表团参观了传化大地农业高科技园区并游览了西湖风景名胜等。

【以色列工贸部专家访问浙江】 2009年11月12日，以色列工贸部专家在以色列驻沪总领事艾雅克陪同下访问浙江。省委书记、省人大常委会主任赵洪祝宴请代表团一行。省委办公厅主任舒国增、省外办主任阮忠训等参加宴请。

在杭期间，代表团走访了省科技厅，探讨与浙江具体合作项目。

【日本三府县知事访浙先遣小组访问浙江】 2009年12月1日，大阪府府民文化部都市魅力创造局观光课课长江川信男率日本三府县知事访浙先遣组访问浙江。在杭期间，先遣组分别与省外办、省教育厅、省旅游局、杭州市外办等就12月下旬日本三府县知事访浙相关事宜交换意见。

【韩国驻沪副总领事访问浙江】 2009年12月11日，韩国驻沪副总领事朴镇雄访问浙江。其间，朴镇雄走访了省外办并参加在杭韩国侨民活动。

【日本三府县知事访问浙江】 2009年12月22日至24日，日本大阪府知事桥下彻、京都府知事山田启二、兵库县知事井户敏三分别率代表团访问浙江。

24日上午，省委书记、省人大常委会主任赵洪祝会见三府县知事一行。赵洪祝表示，在中日友好的大背景下，浙江省与日本的友好关系必将实现新的发展。三府县此次来杭成功举办日本关西旅游推介会，既增进了浙江与关西地区的交往和联系，又推动了双方在旅游方面的交流合作。相信在各位知事的大力推动和支持下，浙江省和关西地区一定能在经贸、旅游、农业等领域开展全方位的交流与合作，实现互利共赢。

大阪府知事桥下彻代表三府县知事对浙江省政府给予的热情接待和对日本关西旅游推介会的大力支持表示感谢，并介绍了三府县经济社会概况。他说，京都府、兵库县和大阪府与东京所在的首都经济圈一同拉动日本经济的发展，GDP总量接近整个韩国。三府县各具发展特色，京都府作为日本古都，是日本人"心灵的故乡"；兵库县县府神户市，是日本的时装中心；大阪府则是购物和时尚天堂。关西地区高科技产业发达，拥有松下、三洋、夏普等知名企业，以及诞生了多位诺贝尔奖获得者的岛津研究所。此次关西三地联合在浙江杭州举办旅游推介会，旨在进一步扩大与浙江省的交流，开展互利合作，实现共同发展。

省委常委、秘书长李强，副省长龚正，省政府副秘书长夏海伟，省外办主任阮忠训，省教育厅副厅长李鲁，省旅游局局长赵金勇，省外办副主任陆国灏，省商务厅副巡视员鞠雅莲等参加会见。

22日晚，阮忠训宴请桥下彻、山田启二一行，中国驻大阪总领事郑祥林等参加宴请。

23日下午，三府县在杭州世贸君澜大饭店举办日本关西旅游推介会。龚正出席推介会并致辞。他表示，关西地区历史文化底蕴深厚，旅游资源丰富，还有良好的购物环境，推介会将加深浙江人民对关西地区风土人情和文化习俗的了解，也将进一步促进双方旅游合作和往来。

【新加坡驻沪总领事访问浙江】 2009年12月23日，新加坡驻上海总领事叶伟杰访问浙江。省外办副主任陆国灏宴请叶伟杰，双方商谈了在新加坡举办浙新经贸理事会事宜。

（陈昱臻）

美洲和大洋洲

【美国驻沪总领馆官员来浙调研】 2009年1月12日，美国驻沪总领事馆政治经济处处长毕一德、经济领事林迈访问浙江，向省知识产权局了解浙江省知识产权保护最新情况。省外办副巡视员喻四八宴请毕一德一行。

【加拿大驻沪总领事访问浙江】 2009年2月4日，加拿大驻沪总领事葛淑珊一行3人访问浙江，进行辞行拜会，省外办主任阮忠训宴请葛淑珊一行，副巡视员喻四八参加宴请。

【澳大利亚驻沪总领事访问浙江】 2009年2月12日至15日，澳大利亚驻沪总领事孔陶杰一行3人访问浙江。

12日，省委常委、常务副省长陈敏尔会见孔陶杰一行。陈敏尔肯定了浙江省与澳大利亚双边贸易的良好发展势头，以及浙江省与西澳州各领域的合作成果，并向客人介绍了浙江省为应对国际金融危机采取的各项有效措施。

孔陶杰赞扬浙江自然与社会的协调发展，表示将积极促成更多的澳大利亚人士在上海世博会期间访问浙江。

省外办副主任彭波参加会见并宴请孔陶杰一行。

【沃尔玛全球高级副总裁访问浙江】 2009年2月20日，沃尔玛全球高级副总裁、中国区总裁兼首席执行官陈耀昌一行6人访问浙江。

省委书记、省人大常委会主任赵洪祝会见陈耀昌一行。赵洪祝肯定了沃尔玛在浙江的发展对浙江经济的推动作用，以及沃尔玛积极从事社会公益活动的善举，并介绍了浙江省为应对国际金融危机采取的有效措施。

陈耀昌感谢浙江省各部门对沃尔玛发展的支持，并表示沃尔玛将继续增加在浙江的投资。

省委常委、秘书长李强，省外办副主任彭波等参加会见。

【巴西驻沪总领事访问浙江】 2009年2月20日，巴西驻沪总领事马尔科斯·卡拉姆卢·德·帕伊瓦访问浙江。

副省长龚正会见帕伊瓦。龚正向帕伊瓦介绍了全球金融危机对浙江的影响，以及浙江为应对危机采取的有效措施。他肯定了浙江省和巴西在各领域的交流与合作，表示希望总领事为促进双方友好关系作出努力。

帕伊瓦介绍了巴西在金融危机中所受到的影响，并表示愿意推动浙江省和巴西工商界的相互了解。

省外办副主任顾建新参加会见并宴请帕伊瓦一行。

【美国花旗集团执行董事访问浙江】 2009年2月24日至26日，美国花旗集团执行董事罗伯特·库恩博士一行4人访问浙江。

25日，省委书记、省人大常委会主任赵洪祝会见库恩。赵洪祝赞赏库恩博士在其著作中对中国发展的客观评价，并向其介绍了浙江省经济社会发展情况，以及浙江省应对国际金融危机的措施。库恩回忆了2006年“美国·浙江周”的有关情况，赞扬了浙江的经济发展成就、发展模式和浙江精神，表示将继续努力使世界了解真实的中国。省委常委、秘书长李强，省委常委、宣传部长黄坤明，省外办副主任彭波等参加会见。

25日中午，黄坤明宴请库恩一行，彭波参加宴请。

库恩在浙期间还赴宁波考察调研。

【美国驻沪经济领事来浙江调研】 2009年2月26日，美驻上海总领馆经济领事马迪安一行2人来杭州，调研浙江省应对金融危机情况，拜访了省发改委、浙江银监局、中国建设银行浙江省分行和中国工商银行浙江省分行。

【美国安可顾问公司大中华区副董事长访问浙江】 2009年3月5日至6日，美国安可顾问有限公司大中华区副董事长季瑞达一行4人访问杭州。6日，省外办主任阮忠训宴请季瑞达一行。

【高盛集团董事总经理访问浙江】 2009年3月18日至22日，美国高盛集团董事总经理王铁飞一行5人访问浙江。

19日，省委常委、常务副省长陈敏尔会见并宴请王铁飞等。陈敏尔向客人介绍了浙江应对全球金融危机的有关情况，表示浙江有信心战胜困难。

王铁飞表示，相信只要中国加大“走出去”力度，积极转变经济增长方式，一定能较快消除危机影响。

省外办副主任彭波参加会见和宴请。

【美国利宝国际高级副总裁访问浙江】 2009年3月23日至25日，美国利宝国际高级副总裁兼亚太区首席运营官铃木一行4人访问浙江。

24日，省委常委、常务副省长陈敏尔会见铃木一行。陈敏尔介绍了国际金融危机对浙江经济的影响，以及浙江省采取的应对措施，并对利宝即将成为第一家进驻浙江的外资财产保险公司表示欢迎。

铃木介绍了利宝集团的有关情况，表示利宝愿在促进浙江保险市场发展的同时为浙江的发展而努力。

省政府副秘书长陈国平、省外办副主任彭波等参加会见。

【阿根廷驻沪总领事访问浙江】 2009年4月15日，阿根廷驻沪总领事爱德华多·艾柏林一行2人访问浙江。

省政协主席周国富会见并宴请爱德华多·艾柏林一行。周国富表示，双方应加强交流合作，共同应对全球经济危机的负面影响。艾柏林建议双方的合作向文化、医疗等领域扩展。省外办主任阮忠训、副主任彭波参加会见和宴请。

在杭期间，艾柏林还拜访了省贸促会和省工商联。

【美国驻沪新闻领事访问浙江】 2009年4月28日至29日，美国驻沪总领事馆新闻领事王汉一行2人访问浙江，拜会杭州日报报业集团、浙江日报报业集团、浙江广播电视集团，参观杭州图书馆、浙江在线网站，并在浙江传媒学院举办“美国电影之夜”活动。

【美国驻沪经济领事访问浙江】 2009年5月7日，美国驻沪总领事馆经济领事陶健一行2人访问浙江，拜会杭州市旅游委员会和杭州市贸易局，了解杭州市发放及使用消费券情况。

【微软公司首席执行官访问浙江】 2009年5月14日至15日，微软公司首席执行官史蒂夫·鲍尔默一行6人访问浙江。

15日下午，省委书记、省人大常委会主任赵洪祝会见鲍尔默一行。赵洪祝对微软公司与杭州市签署战略合作备忘录表示祝贺，希望双方共同努力，开展全面的交流与合作。鲍尔默表示此行成果丰硕，感谢浙江省政府对微软公司的长期支持。省委常委、秘书长李强，省外办主任阮忠训、副主任彭波参加会见。

15日中午，省委副书记夏宝龙会见鲍尔默一行。夏宝龙对微软公司选择杭州作为新的合作伙伴表示赞赏和肯定，并对双方合作的前景表示了信心。鲍尔默表示微软将全力支持双方的合作，实现双赢。会见结束后，夏宝龙出席了杭州市政府与微软(中国)公司战略合作备忘录签字仪式，并宴请鲍尔默一行。省委常委、杭州市委书记王国平，杭州市市长蔡奇、省外办副主任彭波参加上述活动。

在杭期间，鲍尔默一行还出席了杭州高新区软件技术服务平台启动仪式。

【加拿大安大略省驻沪代表处官员访问浙江】 2009年5月20日，加拿大安大略省驻沪代表处官员杨眉访问杭州，与杭州市上城区教育局座谈，商谈交流合作事宜。

【斐济驻华大使访问浙江】 2009年5月22日至28日，斐济驻华大使何志美访问浙江，商谈斐济博瓦省与浙江省友好交流以及斐济与浙江省开展经贸合作等事宜。省外办主任阮忠训宴请何志美，副主任彭波参加宴请。

【加拿大安大略省政府代表访问浙江】 2009年6月4日，加拿大驻沪总领事馆领事、安大略省政府驻沪代表黄文楚访问浙江，拜访省商务厅、杭州市上城区教育局。省外办副主任彭波宴请黄文楚。

【新西兰驻沪总领事率商务代表团访问浙江】 2009年6月15日至16日，新西兰驻上海总领事隋新率总领馆官员和部分新西兰在华工商界人士一行17人访问浙江。

15日，省委书记、省人大常委会主任赵洪祝会见隋新一行。赵洪祝肯定了浙江与新西兰经贸投资关系的快速发展，对新西兰工商界人士到浙江考察投资表示欢迎。隋新表达了沟通新西兰企业和浙江省有关部门的联系，深入推动新浙经贸往来的愿望。省委常委、秘书长李强，省外办主任阮忠训、副主任彭波参加会见。阮忠训宴请隋新一行，彭波参加宴请。

15日下午，隋新一行与省农业厅、省国资委、省旅游局、省公安厅消防总队、浙江进出口商品检验检疫局、杭州海关等部门负责人座谈，就海关、货物出入境、企业合作、农产品贸易、旅游推广、消防安全合作等议题进行了交流。

访浙期间，隋新一行还拜会了杭州市市长蔡奇，拜访了省商务厅、省贸促会、杭州市外经贸局和杭州市贸促会等，并参观了阿里巴巴公司。

【美国爱荷华州议会国际关系委员会主席访问浙江】 2009年6月21日至23日，美国爱荷华州议会国际关系委员会主席戴若尔·比尔一行5人访问浙江。

22日晚，省人大常委会副主任张家盟会见并宴请比尔一行，双方讨论了在经贸、文化、体育、教育以及议会事务等领域开展交流合作的可能性。比尔还转交了爱荷华州州长切斯特·卡尔佛颁发给省委书记、省人大常委会主任赵洪祝和省长吕祖善的荣誉状。

省外办副主任彭波参加会见和宴请。

【乌拉圭驻沪总领事访问浙江】 2009年6月22日，乌拉圭驻沪总领事馆总领事卡洛斯·伊利卡拉伊一行2人访问浙江。

副省长龚正会见卡洛斯·伊利卡拉伊。龚正表示，克服全球金融危机需要世界各国的共同努力，希望伊利卡拉伊总领事继续推动乌拉圭与浙江省友好关系的发展。

伊利卡拉伊表示,过去六年乌拉圭与浙江在政府和企业层面都有很多来往。相信浙江人民一定能很快走出金融危机。他还建议浙江充分利用2010年上海世博会继续扩大影响。

省政府副秘书长夏海伟,省外办主任阮忠训、副主任彭波参加会见,省外办副主任彭波宴请伊利卡拉伊。

【密克前副总统访问浙江】 2009年6月23日至28日,密克罗尼西亚前副总统基里昂率密克丘克州商务代表团一行9人访问浙江。

24日,省人大常委会副主任刘奇会见并宴请基里昂一行。刘奇回顾了两省州结好以来友好关系的发展,并表示随着浙江省援建密克家用沼气示范项目的完工,两省州的友好合作关系将得到进一步巩固。

基里昂对中国和浙江为密克发展提供的支持表示感谢,并表示希望加强浙江与丘克州商界的联系,深入开展交流合作。

省外办副主任彭波参加会见和宴请。

访浙期间,代表团还赴义乌、绍兴等地参观考察。

【摩托罗拉公司副总裁访问浙江】

2009年6月24日至25日,美国摩托罗拉公司资深副总裁、中国电子有限公司董事长高瑞彬一行6人访问浙江。

24日晚,省委书记、省人大常委会主任赵洪祝会见并宴请高瑞彬一行,双方高度评价了摩托罗拉与浙江的长期战略合作关系。赵洪祝表示,在当前国际金融危机背景下,希望摩托罗拉结合浙江发展特点,推出适用的产品和服务。浙江将全力支持摩托罗拉公司的发展。

高瑞彬表示,摩托罗拉将积极开发专网业务,努力将其浙江生产和研发基地打造成摩托罗拉中国和全球业务发展的中心之一。

省委常委、宁波市委书记巴音朝鲁参加宴请。省委常委、秘书长李强,省外办主任阮忠训参加会见和宴请。

【加拿大驻沪总领事访问浙江】

2009年6月25日至26日,加拿大驻沪总领事馆总领事潘乃德一行4人访问浙江,省外办副主任彭波宴请潘乃德一行。

【通用电气全球副总裁访问浙江】

2009年7月22日,通用电气全球副总裁、能源集团中国区总裁温跃忠一行6人访问浙江。

副省长龚正会见温跃忠一行。龚正介绍了浙江省为应对金融危机出台的方针政策,希望双方努力推进浙江省和通用电气的合作共赢关系。

温跃忠表示,公司将扩大在浙投资,加强双方在能源和医疗信息化等领域的合作,使浙江成为通用电气在亚洲的辐射中心之一。省政府副秘书长夏海伟、省外办副主任彭波参加会见。

【高盛公司董事总经理访问浙江】

2009年8月7日至9日,美国高盛公司董事总经理王铁飞一行10人访问浙江,拜会省外办,考察浙江经济和金融发展近况。省外办副主任彭波宴请王铁飞一行。

【美国驻沪总领馆官员访问浙江】

2009年8月12日至13日,美国驻沪总领事馆政治经济处副处长莫雷一行2人访问浙江,与省发改委、省人力资源和社会保障厅座谈,了解浙江省上半年城乡经济发展情况、经济发展对就业影响以及居住证与户籍挂钩改革等情况。

【美国联邦众议员访问浙江】

2009年9月5日,美国联邦众议员、国会联合经济委员会众议院主席卡洛琳·马洛尼一行7人访问浙江。

省委书记、省人大常委会主任赵洪祝会见并宴请马洛尼一行。赵洪祝向客人介绍了浙江省经济社会发展和采取措施帮扶企业应对全球金融危机的情况。他表示,中美两国是世界上的重要国家,应对金融危机需要各国共同努力。浙江欢迎更多的美国企业来投资发展。

马洛尼表示,她此次访华的

主要目的是了解中国应对全球金融危机的措施以及经济、金融领域的相关事务和立法问题。中国是美国的战略合作伙伴,在此次金融危机中,美中两国联手维护了全球金融市场的稳定。两国今后在政治、经济上的联系也会更加紧密。她表示,很高兴此次访华能参观浙江正泰太阳能科技有限公司,美国希望有机会和中国在太阳能利用等领域开展合作。

省委常委、秘书长李强,省人大常委会副主任冯明,省外办主任阮忠训等参加会见和宴请。

【美国商务部官员访问浙江】

2009年9月11日至12日,以美国商务部国家商业发展总署东北部14州总执行长戴文波为名誉团长的美国亚裔高级商贸访华团一行9人访问浙江。

11日,副省长王建满会见并宴请代表团。王建满肯定了浙江省与美国在经贸、教育、科技等领域所开展的交流与合作,并对美国商务部国家商业发展总署东北部办公室沟通中美两国企业界的努力表示赞赏。他表示欢迎更多的美国企业来浙江投资创业。

戴文波表示,亚裔族群在美国社会的影响力日益增强,希望双方加强交流与服务,为美中企业合作打造国际化的商业平台。

省外办副主任彭波参加会见和宴请。

访浙期间,代表团还拜访了省商务厅、杭州市政府,考察了解浙江省外贸进出口和杭州市经济社会发展情况,并赴金华访问。

【美国驻沪商务领事访问浙江】

2009年9月28日,美国驻上海总领事馆商务处首席商务领事高大伟一行2人访问杭州,参与第二十届中美商贸联委会有关筹备工作。

【玫琳凯公司全球总裁访问浙江】

2009年10月20日,美国玫琳凯公司全球总裁兼首席执行官大卫·霍尔一行6人访问浙江。

省长吕祖善会见大卫·霍尔一行。吕祖善介绍了浙江应对国际金融危机的情况,并表示长三角区位优势明显,交通发达,适合玫琳凯发展物流业和配送业。浙江省政府将全力支持玫琳凯在浙江的发展。

大卫·霍尔表示,中国是玫琳凯最大的海外市场,公司近两年的快速发展离不开浙江省政府的大力支持。玫琳凯愿进一步加强与浙江的合作,实现共赢。

省政府秘书长张鸿铭,省外办主任阮忠训、副主任彭波等参加会见。

【澳大利亚自然资源信托基金代表团访问浙江】 2009年10月20日至23日,以澳大利亚自然资源信托基金主席兼执行董事约翰·理查德·哈里为团长的该基金代表团一行5人访问浙江。

21日,省委常委、常务副省长陈敏尔会见代表团。哈里介绍了基金的基本情况。陈敏尔表示,浙江经济的发展需要大量的资源,希望代表团在浙江多走多看,与相关企业包括民营企业充分接触商谈。

省政府副秘书长陈国平、省外办副主任顾建新参加会见。

当晚,省外办主任阮忠训宴请代表团,顾建新参加宴请。

【澳大利亚驻华使馆官员访问浙江】 2009年10月22日至24日,澳大利亚驻华使馆经济贸易处一秘章文家一行2人访问温州、宁波、杭州等地,拜访温州市对外贸易经济合作局、宁波市对外贸易经济合作局,参观温州企业和宁波港,并在杭州出席2009国际投资合作峰会招待会。

【第二十届中美商贸联委会美方代表团来浙参会】 2009年10月27日至30日,前来杭州出席第二十届中美商贸联委会会议的美国商务部长骆家辉、贸易代表柯克、农业部长维尔萨克和美国驻华大使洪博培等一行76人访问浙江。

28日,省长吕祖善会见并宴请洪博培、骆家辉和柯克一行。吕祖善介绍了浙江经济社会发展近况。他表示,浙江历史文化底蕴深厚,经济发展势头强劲,人居生活品质优良,多年来与美国的经贸文化交流合作日益紧密。此次中美商贸联委会会议在杭州召开,必将推动浙江与美国双边友好关系进一步发展。

洪博培表示，美中建交30年来，两国关系不断稳定发展。此次联委会会议的召开，将为未来美中经贸关系决定方向。通过双方坦率、真诚地交换意见，中美关系必将有更加美好的未来。骆家辉表示，中国发展日新月异，作为华裔，他为中国的伟大文明和巨大变化倍感自豪；作为美国人，他希望美国的技术创新优势能造福世界。希望此次联委会会议能为美中两国人民增进福祉。柯克也对中国的改革开放成就和应对此次国际金融危机的举措表示赞赏，希望今后两国企业间的投资合作能得到进一步的加强。

杭州市市长蔡奇，省政府秘书长张鸿铭，省外办副主任彭波等参加会见和宴请。

同日，吕祖善、骆家辉、柯克等出席浙建集团和美国哈斯科公司投资合作签约仪式并致辞。吕祖善陪同国务院副总理王岐山和美方主要官员观看了中美建交30周年图片展和浙江美国友城图片展，参观了西湖国宾馆八角亭。中美方与会代表还游览了西湖名胜。

【高盛集团董事总经理访问浙江】 2009年11月6日，美国高盛集团董事总经理胡祖六访问浙江，省外办主任阮忠训宴请胡祖六。

【美国兰德公司副总裁访问浙江】 2009年11月19日至21日，美国兰德公司副总裁黛布拉·克诺普曼博士一行3人访问浙江。

20日，副省长金德水会见克诺普曼一行。金德水对兰德公司的影响力和声誉表示赞赏，他表示，希望兰德公司支持浙江的发展，浙江省政府也将全力支持兰德公司在浙江的发展。

克诺普曼表示，公司希望能为中国的企业和客户提供咨询和服务，并非常愿意与浙江在科技、环保、基础设施建设及物流等领域开展交流合作。

省外办副主任彭波参加会见，并宴请克诺普曼一行。

◎第二十届中美商贸联委会在杭州召开

【摩托罗拉公司资深副总裁访问浙江】 2009年12月14日至16日，美国摩托罗拉公司资深副总裁、中国公司董事长高瑞彬一行6人访问浙江。

14日晚，省委书记、省人大常委会主任赵洪祝会见并宴请高瑞彬一行。赵洪祝介绍了浙江省经济运行情况，对摩托罗拉公司在浙江省信息化建设和公益事业发展中发挥的积极作用表示赞赏。他表示，浙江省委、省政府将致力于为摩托罗拉在浙江的发展创造更好的环境。

高瑞彬高度评价摩托罗拉公司与浙江省的长期战略合作伙伴关系。他表示，公司将加强与浙江的合作，增加在移动通信技术方面的投入，公司第四代移动通信软件、硬件研发80%的份额都将在杭州进行。

省委常委、秘书长李强，省外办副主任彭波等参加会见和宴请。

（刘晓慰）

欧洲和非洲

【西门子中国有限公司高级副总裁访问浙江】 2009年1月13

日，西门子（中国）有限公司高级副总裁孟凡辰博士一行访问浙江。

副省长陈加元会见孟凡辰一行，并向客人介绍了浙江经济社会发展近况。陈加元表示，西门子公司是中国大陆最大的外资企业之一，西门子公司的产品在中国树立了良好的品牌信誉。近年来，浙江省与西门子公司在多个领域开展交流合作，取得丰硕成果。相信孟凡辰博士此访必能加深彼此了解，促进双方在环保、节能和基础建设等领域开展更广泛、更深层次的交流合作。

孟凡辰对浙江在全球经济普遍不景气的大背景下依然取得令人瞩目的成就表示钦佩。他说，浙江良好的投资环境对包括西门子公司在内的众多跨国企业具有很强的吸引力。西门子公司愿发挥在环保、节能、基础设施建设和工业自动化领域的技术优势，根据浙江需要提供技术支持和帮助。

省外办副主任顾建新、省环保局副局长卢春中、省发改委稽查特派员夏晓琳等参加会见。

【捷克驻沪总领事访问浙江】
2009年2月11日，捷克新任驻上海总领事布胡米尔·马扎内克访问浙江。

副省长龚正会见马扎内克，并向客人简要介绍了浙江经济社会发展近况以及浙江省应对国际金融危机、保持经济平稳较快发展的措施。龚正表示，浙江与捷克合作领域广、交流层次高，具有较为广阔的发展前景，相信在双方共同努力下，一定能够取得更大的成果。

马扎内克简要介绍了捷克的经济社会发展状况，以及捷克驻上海总领事馆近期工作安排。马扎内克表示，中国国内市场巨大，人民勤劳智慧，相信一定能够迅速战胜国际金融危机，迎来更大的发展，并将对世界经济复苏产生积极的促进作用。作为捷克驻上海总领事，他将一如既往地支持捷克与浙江的交流合作。

省政府副秘书长夏海伟、省外办副主任顾建新、省外经贸厅副厅长韩杰等参加会见。会见结束后，顾建新宴请马扎内克。

【瑞典驻沪总领事访问浙江】
2009年2月11日，瑞典新任驻上海总领事姚汉森访问浙江。

副省长龚正会见姚汉森，并向客人简要介绍了浙江省经济社会发展近况，同时希望瑞典与浙江的合作在现有基础上进一步发展。

姚汉森表示，瑞典政府非常重视发展同浙江省的友好关系，双方的贸易以及互相投资日益增多，总领馆将一如既往为推动瑞典同浙江省的互利合作而努力。

省政府副秘书长夏海伟、省外办副主任顾建新、省外经贸厅副厅长韩杰参加会见。会见结束后，顾建新宴请姚汉森。

在杭州期间，姚汉森还拜会了省外经贸厅、省工商联、省环保局。

【英国驻华大使馆参赞访问浙江】
2009年2月11日至12日，英国驻华大使馆参赞康大卫一行4人访问浙江。访浙期间，康大卫一行拜访了省发改委和省社科院，双方交换了节能减排的经验，探讨了未来合作的可能性和具体项目。

【埃及驻华大使访问浙江】 2009年3月4日，埃及驻华大使玛姆德·阿莱姆访问浙江。访浙期间，阿莱姆拜会省贸促会，双方就在杭州举行第三届中阿经贸论坛事宜进行了商谈，并就企业投资等事宜交换了意见。

【芬兰驻沪总领事访问浙江】
2009年3月17日，芬兰新任驻上海总领事贺睦宁一行访问浙江。

副省长龚正会见贺睦宁，并向客人简要介绍了浙江省经济社会发展情况以及改革开放以来浙江省在经济社会等各方面取得的成就，希望芬兰同浙江的合作在现有基础上进一步发展。

贺睦宁说，芬兰政府非常重视发展同浙江省的友好关系，到浙江落户的芬兰企业日益增多，总领事馆将一如既往为推动芬兰同浙江省的互利合作而努力。

省政府副秘书长夏海伟、省外办副主任顾建新、省外经贸厅副厅长韩杰参加会见。省外办主任阮忠训宴请贺睦宁一行。

【瑞士诺华制药集团首席执行官访问浙江】 2009年3月23日至25日，瑞士诺华制药集团首席执行官约瑟夫·吉米内斯一行11人访问浙江。

24日，省委书记、省人大常委会主任赵洪祝会见并宴请吉米内斯一行。赵洪祝首先对吉米内斯一行来访表示欢迎，并简要介绍了浙江省经济社会发展近况和应对全球金融危机的举措。他说，浙江正在通过切实转变经济增长方式、加快经济转型升级等措施积极应对国际金融危机，努力化危为机。这一过程为大力发展生物技术与新医药产业、改造传统医药产业提供了难得的机遇。浙江省委、省政府一直大力支持医药和保健产业发展，希望诺华制药集团抓住机遇，积极拓展浙江市场，在实现自身快速发展的同时，也为推进浙江医药产业发展、提高人民健康水平作出新贡献。

吉米内斯说，浙江省是中国经济最发达的地区之一，医疗保险覆盖面广。诺华制药集团十分看好浙江市场，并愿意与浙江携手共同迎击全球金融风暴。诺华制药集团承诺在全球金融危机时期不撤资，并将加大在中国的投资。

副省长陈加元，省委副秘书长、办公厅主任潘家玮，省外经贸厅厅长金永辉，省卫生厅厅长杨敬，省外办副主任彭波，省劳动与社会保障厅副厅长朱绍平等参加会见和宴请。

【荷兰驻华大使访问浙江】 2009年3月24日，荷兰驻华大使裴靖康一行3人访问浙江。

副省长龚正会见裴靖康，并向客人简要介绍了浙江省的基本情况以及应对全球金融危机的举措。

裴靖康对浙江在经济建设等方面取得的成就给予高度评价。他说，荷兰政府非常重视发展同浙江省的友好关系，荷兰与浙江经济互补性很强，他将一如既往为推动荷兰同浙江省的互利合作而努力。

省政府副秘书长夏海伟、省外办副主任彭波、省外经贸厅副巡视员鞠雅莲参加会见。会见结束后，彭波宴请裴靖康一行。

【德国学术交流中心代表访问浙江】 2009年3月28日，德国学术交流中心亚洲及大洋洲部主任莱蒙斯一行4人访问浙江。省外办副主任顾建新宴请莱蒙斯一行，双方就加强浙江与德国在教育领域的合作进行了交流。

【诺基亚西门子通信公司大中国区总裁访问浙江】 2009年3月31日，诺基亚西门子通信公司新任大中国区总裁张志强一行5人访问浙江。

31日，省委书记、省人大常委会主任赵洪祝会见张志强一行，向他们简要介绍了浙江经济社会发展近况以及应对当前国际金融危机的举措。在回顾浙江与诺基亚西门子通信公司交流合作情况后，赵洪祝高度评价了由诺基亚西门子通信公司投资开发的杭州创新软件园。他指出，信息产业是浙江省推进经济转型升级重点扶持和发展的产业，在实现经济新一轮发展的过程中，欢迎国际知名信息产业企业前来浙江投资发展，希望诺基亚西门子通信公司根据浙江实际和公司自身业务发展情况，在软件开发、电子政务、农村医疗卫生、远程教育、公共安全信息等领域进一步扩大与浙江的合作，共同提升浙江信息产业水平。

张志强表示，杭州创新软件园研发规模不断扩大，公司将积极配合浙江经济转型升级的需求，将第四代移动通信研发作为杭州创新软件园的重点项目之一，未来将推动公司总部把更多的研发项目放在杭州，实现互利共赢。

会见结束后，副省长金德水宴请张志强一行。省委副秘书长、办公厅主任潘家玮，省信息产业厅厅长高鹰忠，省外办副主任顾建新，中国移动浙江公司总经理钟天华参加会见和宴请。

【中意政府委员会意方代表团访问浙江】 2009年3月31日至4

月3日，中意政府委员会意方协调员范义澜率代表团一行13人访问浙江。

4月2日，省委书记、省人大常委会主任赵洪祝会见意方代表团，并简要介绍了浙江经济社会发展近况。他表示，浙江省愿意在中意政府委员会的指导和支持下，与意大利相关地方政府和部门共同努力，完善政府间交流合作机制，落实有关共识，推动双方企业开展更广泛、更深入、更持久的互利合作，为促进中意友好关系发展、增进两国人民福祉作出更大贡献。

范义澜表示，意大利政府和各地方政府非常欢迎浙江企业赴意投资兴业。作为协调员，他将为促进两国地方间各领域交流合作作出最大努力。

省委副秘书长、办公厅主任潘家玮，省发改委主任厉志海，省商务厅厅长金永辉，省外办副主任顾建新参加会见。

代表团访浙期间，由意大利引进外资及企业发展署和意大利驻上海总领事馆主办，省外办、省发改委、省经信委、省商务厅协办的投资意大利——优势和机遇研讨会在杭州举行。会上，意大利引进外资及企业发展署以及意方有关部门详细介绍了意大利投资环境与投资项目，并与浙江有关企业就投资具体事宜进行了探讨，达成多项共识。来自物流、旅游、汽车及零部件、可再生能源、机械制造、生命科学、环保等领域的50多家浙江企业代表与会。研讨会期间，省外办还与意大利驻沪总领馆签署了意大利—浙江地区合作备忘录。

此外，代表团还先后拜会省委组织部、省科技厅、省住房和城乡建设厅、省商务厅、省文化厅、省环保厅、浙江大学等，与上述单位就加强干部培训、科技、城市建设、经贸、文化、环保、高等教育等领域的交流合作进行了沟通和探讨。

【乌克兰最高拉达人民代表、乌中议会关系人民委员会副主席访问浙江】 2009年4月21日至24日，乌克兰最高拉达（议会）人民代表、乌中议会关系人民委员会副主席、乌克兰卢甘斯克塔拉斯·舍甫琴柯国立师范大学校长维塔利·顾里罗一行在乌克兰驻沪总领事卡尔玛多诺娃·安娜陪同下访问浙江。

省人大常委会副主任吴国华会见顾里罗一行，并向客人简要介绍了浙江经济社会发展近况。吴国华说，浙江与乌克兰在教育、科技等领域开展了密切的交流合作，取得令人满意的成果。2007年，浙江师范大学与乌克兰卢甘斯克塔拉斯·舍甫琴柯国立师范大学共同建立了乌克兰第一家孔子学院，为推广汉语及中国文化作出了积极贡献。近几年来，浙江省与乌克兰的经贸往来一直保持着良好发展势头，相信在双方共同努力下，浙江省与乌克兰之间的交流合作一定能取得更大进步。

顾里罗简要介绍了乌克兰经济社会发展近况以及卢甘斯克塔拉斯·舍甫琴柯国立师范大学与浙江省的交流情况。他说，乌克兰在科技、教育、重工业等领域具有优势，各地方政府非常重视开展对外交流合作，乌克兰与浙江经济互补性较强，合作潜力很大。作为乌中议会关系人民委员会副主席，他将一如既往地支持并推动乌中之间、乌克兰与浙江之间的友好交流与互利合作。

省人大常委会外事委副主任阮龙生、省外办副主任顾建新等参加会见。会见结束后，顾建新宴请顾里罗一行。

【中国外交学会会长及中国驻法国大使访问浙江】 2009年4月28日至29日，中国外交学会会长杨文昌及中国驻法国大使孔泉一行5人访问浙江。

访浙期间，杨文昌、孔泉向在杭的中央领导人汇报了中法交往近况和未来中法关系的发展等。

29日，省外办主任阮忠训宴请杨文昌、孔泉一行，副主任顾建新参加宴请。

【英国驻沪贸易投资领事访问浙江】 2009年5月14日至15日，英国驻上海总领事馆贸易投资领事魏保罗一行访问浙江。

魏保罗一行拜访了浙江电信、浙江联通、浙江移动以及杭州国家集成电路设计产业化基地有限公司，介绍了“中英携手创新”活动和“全球价值链”项目，并就一些通信技术问题与中方代表进行了交流。

【英国渣打银行中国公司总裁访问浙江】 2009年6月16日，英国渣打银行中国有限公司首席执行总裁曾璟璇访问浙江。

省委书记、省人大常委会主任赵洪祝会见曾璟璇，向她介绍了浙江省近年来经济社会特别是金融业发展情况。他说，金融是企业发展的“生命线”，浙江中小企业众多，当前又面临国际金融危机挑战，亟需金融支持。他对渣打银行在浙江省增加中小企业贷款的计划表示赞赏，并希望渣打银行在实现在浙业务快速发展的同时，能利用先进的管理和经营理念，帮助浙江省金融业进一步提高业务能力，改善金融服务，实现金融创新，防范金融风险，形成金融与经济高水平的良性互动。他还表示，浙江省委、省政府将一如既往地支持渣打银行在浙江的发展，并为渣打银行在浙投资经营提供优质服务，创造良好环境。

曾璟璇表示，渣打银行杭州分行开业以来业务发展良好，受国际金融危机影响不大，尤其在中小企业贷款方面成效显著。渣打银行不仅可以为浙江民营企业发展提供金融支持，还可以为诸如公路交通网等政府基建项目提供银团融资服务。渣打银行将积极加入浙江经济社会建设大潮，努力实现本土化。

省委常委、常务副省长陈敏尔，省委常委、秘书长李强，省政府副秘书长陈国平，省外办主任阮忠训，省金融办主任丁敏哲，省交通厅厅长郭剑彪，浙江银监局局长杨小苹，省外办副主任顾建新等参加会见。会见结束后，阮忠训宴请曾璟璇一行。

【匈牙利驻沪总领事访问浙江】 2009年6月22日，匈牙利驻上海总领事海博来杭辞行。

副省长龚正会见海博，对其在任内推动浙江与匈牙利、特别是浙江与匈牙利巴兰尼亚州的友好关系作出的努力表示感谢，并希望总领事今后对双方的交往继续予以支持。

海博感谢浙江省方面在其任总领事期间对总领馆工作所给予的大力支持，并祝愿浙江省取得更大的成就。

省政府副秘书长夏海伟、省外办主任阮忠训、副主任顾建新参加会见。

【非洲国家高级外交官代表团访问浙江】 2009年6月22日至25日，第十四期非洲国家高级外交官代表团在中非合作论坛大使仇伯华陪同下访问浙江。

访浙期间，代表团拜会了省发改委、浙江大学、杭州高新技术开发区管委会，考察了淳安县马路村和杭州华三通讯技术有限公司。

【苏丹驻华大使访问浙江】 2009年7月1日，苏丹驻华大使萨利赫一行访问浙江。副省长陈加元会见萨利赫，双方就开展能源合作、浙江国贸集团与苏丹国家电力公司合作等事宜交换了意见。

省政府副秘书长施利民、省外办副主任顾建新参加会见。

【英国贸易投资与商务部长访问浙江】 2009年7月23日，英国贸易投资与商务部长戴维斯爵士一行访问浙江。

省委副书记、省长吕祖善会见戴维斯爵士一行，并向客人简要介绍了浙江经济社会发展近况和应对国际金融危机的措施。他指出，浙江将危机作为推进经济结构调整和发展方式转变的机遇，通过促进内需改变浙江外贸依存度过高的局面。作为能源消耗大省，能源资源、环境容量等问题一直是制约浙江经济社会发展的主要瓶颈之一。浙江从自身发展阶段出发，立足省情推进产业转型升级，以此降低能源消耗，发展低碳经济，加强生态环境保护。希望能通过部长此行，进一步加深浙江与英国在能源、环保、投资、科教、文化等领域的交流与合作。

戴维斯说，在全球金融危机冲击下，世界各国都在经历一场大变革。浙江作为中国经济最为发达的省份之一，应对危机的举措值得赞赏。希望未来能加强双方经贸往来，特别是加强信息和低碳经济领域的合作，携手应对挑战。

省政府秘书长张鸿铭、省经信委主任汤黎路、省外办主任阮忠训、省政府办公厅副主任陈广胜、省教育厅厅长刘希平、省商务厅厅长金永辉、省外办副主任顾建新等参加会见。

【非洲和平与发展NGO联合考察团访问浙江】 2009年8月12日至17日，非洲和平与发展NGO联合考察团一行10人访问浙江。

13日，省人大常委会副主任程渭山会见考察团一行，向客人简要介绍了浙江省经济社会发展近况和应对国际金融危机的主要举措。他表示，浙江经济活跃，发展较快，尤其是改革开放30年来，建立了具有浙江特色的经济发展模式。

考察团团长、肯尼亚前驻联合国大使奥奇·阿达拉表示，浙江经济社会发展给代表团成员留下了深刻印象，希望浙商在非洲多进行投资，加强中非交流与合作。

省人大常委会外事委副主任阮龙生、省外办副主任顾建新等参加会见。

访浙期间，代表团考察了浙江传化江南大地发展有限公司、宁波奥克斯集团、宁波江东区划船社区和宁波港北仑港区集装箱码头等。

【意大利驻沪总领馆文化处处长访问浙江】 2009年8月26日，意大利驻上海总领事馆文化处处长倪波路访问浙江。

倪波路拜访了省外国专家局，探讨与浙江省在公务员交流方面的合作。省外办副主任顾建新宴请倪波路，双方就加强文化、教育领域的合作交换了意见。

【尼日利亚奥贡州州长访问浙江】 2009年9月6日至8日，尼日利亚奥贡州州长奥通巴·葛邦加·丹尼尔一行14人访问浙江。

7日，省长吕祖善会见丹尼尔一行，双方愉快地回顾了7月份吕祖善率浙江省政府代表团及企业家代表团访问奥贡州的情景。吕祖善表示，浙江省高度重视与非洲国家发展友好关系，并把尼日利亚作为浙江省在非洲的重要投资贸易伙伴。奥贡州是尼日利亚乃至西非的重要门户之一，与浙江省在经贸领域有着良好的合作基础和广阔的发展前景。希望奥贡州政府进一步推动双方合作，加快推进已有意向的合作项目，并不断拓展合作领域，在商贸、能源以及基础设施建设的合作上取得新进展。

丹尼尔表示，浙江在经济发展模式和新农村建设等方面经验丰富，值得学习借鉴。尼日利亚资源丰富，与浙江的互补性很强。丹尼尔还希望浙江省派遣教师前往奥贡州职业技术学院和其他高校教授中文。

会见结束后，吕祖善与丹尼尔共同出席了浙江省向奥贡州政府捐赠物资设备的交接仪式(捐赠设备包括拖拉机8台、柴油发电机24台，总价值约50万元人民币)。

省政府秘书长张鸿铭、省外办主任阮忠训、省发改委主任厉志海、省国土资源厅厅长楼小东、

◎省长吕祖善(中)会见尼日利亚奥贡州州长丹尼尔夫妇(左一、二)

省交通运输厅厅长郭剑彪、省商务厅副厅长周日星等参加会见。

访浙期间，代表团与省能源集团、省建设投资集团、省土产畜产进出口集团、浙江东方集团机电工程公司、浙江盛宏进出口公司等企业进行了会谈，双方就奥贡州新城建设、高速公路等基础设施建设项目、服装和纺织品进出口，以及电力、天然气和其他能源等领域的合作达成意向。丹尼尔与省能源集团董事长吴国潮签署合作备忘录。此外，奥贡州代表团还参观了杭州萧山区航民村，义乌梦娜袜业、新光饰品以及国际商贸城。

【非洲联盟委员会主席访问浙江】

2009年9月9日至10日，非洲联盟委员会主席让·平一行8人访问温州。

10日，省委书记、省人大常委会主任赵洪祝专程赴温州会见并宴请让·平。赵洪祝表示，浙江省委、省政府一贯重视发展与非洲各国的友好关系，积极推动浙江与非洲在经贸、文化、教育等领域开展交流与合作，支持浙江企业到非洲投资发展，鼓励企业为当地经济社会发展作出贡献，成为浙江与非洲友好往来的民间使者；同时也非常欢迎非洲企业来浙江投资发展。

让·平表示，中国是非洲可靠的朋友，浙江又是中国的重要省份之一。在当前形势下，世界各国再次聚焦中国，中国将在全球经济复苏中发挥重要而积极的作用。他将继续支持和推动非洲各国与中国、特别是与浙江省开展多领域的合作与交流，深化友谊，促进互利双赢。

◎非盟委员会主席让·平(左三)出席"中国加蓬友谊馆"开馆仪式

省委常委、秘书长李强，省外办主任阮忠训，温州市委书记邵占维、市长赵一德等参加会见和宴请。

李强、阮忠训等专程赴温州迎送让·平一行。在温州期间，让·平出席了"中国加蓬友谊馆"开馆仪式和德嘉木业有限公司奠基仪式，并探望了祖屋。

让·平1942年11月24日出生于加蓬埃蒂姆布韦州翁布埃。其父程志平祖籍中国浙江省温州市永嘉县临江镇(今鹿城区临江镇)驿头村。

【德国汉斯·赛德尔基金会前副总干事长访问浙江】 2009年9月17日，德国汉斯·赛德尔基金会前副总干事长盖伯特一行访问浙江。省外办主任阮忠训宴请盖伯特一行，双方就加强教育领域的合作进行了探讨。

【爱尔兰驻华大使访问浙江】

2009年10月18日至23日，爱尔兰驻华大使戴克澜一行4人访问浙江。

20日，省委副书记、省长吕祖善会见戴克澜一行，并向客人简要介绍了浙江省经济社会发展近况以及应对国际金融危机所采取的措施。他指出，浙江与爱尔兰的经济外向度都较高，受国际金融危机影响严重，但最困难的时期已经过去，我们将进一步推进经济结构调整，加快转型升级，更加注重提高对外开放的水平。

在双方政府加深合作的基础上，希望能利用上海世博会的机遇，组织双方软件服务外包企业进行互访、加强对接。相信大使此次来访，必将进一步推进双方在经济、文化、教育、农业等多个领域的交流与合作，加深双方友谊。

戴克澜表示，此次访浙恰逢中华人民共和国建国60周年，也是中爱建交30周年，希望以此为契机，将双方的合作水平提升到一个新的高度。爱尔兰和浙江省具有广泛的合作潜力，希望将来能有更多的爱尔兰项目落户浙江，同时也希望浙江省能有更多的企业前往爱尔兰投资经商。

省政府秘书长张鸿铭、省外办主任阮忠训、省教育厅厅长刘希平、省商务厅厅长金永辉、省政府办公厅副主任陈广胜等参加会见。省外办副主任顾建新宴请戴克澜一行。

访浙期间，爱尔兰驻华使馆分别在宁波与杭州举办了“爱尔兰——通往欧洲的门户”推介会。浙江卫视对戴克澜进行了专访。

【瑞士联邦议会议员、“瑞中小组”主席访问浙江】 2009年10月23日至26日，瑞士联邦议会议员、“瑞中小组”主席诸葛一行13人访问浙江。

24日，省人大常委会副主任程渭山会见并宴请诸葛一行。程渭山向客人简要介绍了浙江经济社会发展近况、浙江省人大情况以及浙江应对国际金融危机的举措。他说，浙江与瑞士在经济、文化、科技等领域有着长期而富有成效的合作，希望在今后的交往中能发挥各自优势，进一步拓宽合作领域，推进双方在新能源、中医药等领域的合作。

诸葛介绍了瑞士联邦议会的情况，并表示，瑞士与中国有着长期的友谊和良好的合作关系，希望在两国各界人士的推动和努力下，推进双方关系不断迈上新台阶。

省人大常委会外事委副主任阮龙生、省外办副主任顾建新等参加会见和宴请。

访浙期间，诸葛一行考察了浙江省中医院、浙江正泰太阳能科技有限公司。

【意大利米兰市议会副议长访问浙江】 2009年10月23日至27日，意大利米兰市议会副议长斯特法诺·迪·马蒂诺一行10人访问浙江。

27日，省人大常委会副主任张家盟会见并宴请马蒂诺一行。张家盟向客人介绍了浙江省经济社会发展近况以及浙江省人大的基本情况。他表示，浙江非常重视与米兰的友好关系，相信马蒂诺此访必将进一步推动双方在经济、文化、教育等多个领域的交流与合作。

马蒂诺介绍了米兰市议会的基本情况，他说，在米兰生活的大部分侨民来自浙江，期待通过此访能促进相互了解，推动双方在各领域的合作。

省人大常委会外事委副主任阮龙生、省外办副主任陆国灏等参加会见和宴请。

访浙期间，马蒂诺一行拜会了浙江大学，就浙江大学与米兰相关大学开展校际交流事宜进行了探讨。

【荷兰弗里福兰省经济厅经济发展经理访问浙江】 2009年10月25日至28日，荷兰弗里福兰省经济厅经济发展经理范德琳一行访问浙江。

访问期间，代表团一行拜会了省外办、省农办、省农科院、省贸促会、省外服公司，就2010年上海世博会荷兰农业展览会、弗里福兰日及届时访问浙江等事宜与上述单位进行了探讨。

26日，省外办副主任顾建新宴请代表团一行。

【奥地利萨尔茨堡州中国事务特使访问浙江】 2009年10月27日，奥地利萨尔茨堡州中国事务特使艾瑟尔及保时捷控股有限公司代表一行9人访问浙江。

省政协副主席黄旭明宴请艾瑟尔一行，双方探讨和交流了浙江与萨尔茨堡州友好合作以及保时捷控股有限公司在浙江的投资情况。

省友协副会长虞希华参加宴请。

【乌干达全国抵抗运动青年干部

考察团访问浙江】 2009年10月28日至31日，乌干达全国抵抗运动青年干部考察团一行15人访问浙江。

29日，省外办副主任顾建新宴请代表团一行，双方就加强浙江与乌干达的交流与合作进行了商谈。

【中俄合理利用与保护跨界水联合委员会第二次会议】 2009年10月28日至11月1日在杭州召开。以外交部部长助理胡正跃、俄罗斯联邦水资源署署长谢莉维尔斯托娃为主席的中俄合理利用与保护跨界水联合委员会第二次会议代表团一行40人参加会议。中方代表团由外交部、环保部、水利部和内蒙古自治区、黑龙江省政府代表组成。俄方代表团由俄罗斯水资源署、水文气象环境监测署、边疆区政府及俄驻华使馆代表组成。双方高度评价了中俄战略协作伙伴关系和跨界水领域的合作，相互通报了已完成的跨界水质联合监测信息，并就交换黑龙江水文资料、水文站网信息、加强水文报汛和防洪减灾合作等达成共识。通过友好磋商，双方成立了跨界水质监测和保护、水资源管理工作组，明确了工作职责，并于30日签署会议纪要。

30日晚，副省长龚正宴请联委会与会人员，并对会议的顺利召开表示祝贺。省政府副秘书长夏海伟、省外办副主任顾建新等参加宴请。

顾建新等陪同联委会与会人员游览了西湖、西溪湿地等风景名胜。

【瑞士驻沪总领事访问浙江】 2009年11月12日，瑞士驻上海总领事馆总领事范维廉访问浙江，拜会省外办、中国美术学院、浙江省中医院。

省外办主任阮忠训宴请范维廉，双方就加强浙江省与瑞士友城合作事宜进行了探讨。

【挪威北挪威省省长访问浙江】 2009年11月15日至19日，挪威北挪威省省长欧德·埃里克森一行访问浙江。

15日晚，埃里克森感觉身体不适，赴医就诊后被确诊为“甲流”病例。代表团决定取消原定访浙计划，除留下两人陪同埃里克森在浙医治外，其余人员于16日上午离杭经上海返回挪威。省委、省政府领导对埃里克森省长不幸罹病一事十分重视，要求有关方面全力开展救治。副省长龚正在埃里克森确诊第二天即前往医院探视。在省委、省政府领导的高度重视和省卫生厅等单位的全力协同配合下，经过浙医一院精心治疗，埃里克森的病情迅速好转并于四天后康复出院。

出院当天，省委书记、省人大常委会主任赵洪祝慰问埃里克森并与他进行了友好会谈。赵洪祝表示，两省在能源、经贸、海洋渔业、旅游、环保和教育等领域互补性强，有很大的合作空间，希望双方能继续开展形式多样的交流与合作。

埃里克森感谢浙江省委、省政府对他病情的关心，以及为他治疗所做的周到安排，并称医护人员的周到照顾令他十分感动，此行让他深切地感受到浙江人民的深情厚谊，明年初他将再次来访，完成这次未完成的心愿——与浙江省签署建立友好关系意向书。

省委常委、秘书长李强，省外办副主任顾建新参加会见。会见后，顾建新宴请埃里克森。

【乌干达副总统访问浙江】 2009年11月24日至27日，乌干达副总统吉尔伯特·布凯尼亚一行在外交部仇伯华大使陪同下访问浙江。

24日，省委书记、省人大常委会主任赵洪祝会见并宴请布凯尼亚一行。赵洪祝首先对布凯尼亚一行来访表示欢迎，并向客人介绍了浙江省经济社会发展近况。他表示，乌干达是东部非洲的重要国家。在积极应对国际金融危机的背景下，中国与包括乌干达在内的非洲国家的共同利益进一步增多，中非、中乌间的友好往来与经贸合作孕育着新的机遇。浙江省将积极响应中央政府号召，采取切实有效措施，不断深化与乌干达的友好交流与务实合作，巩固已有合作成果，开拓新的合作领域，为全面推进中非新型战略伙伴关系作出努力。

布凯尼亚说，中国一直以来都给予包括乌干达在内的非洲国家以真诚的帮助。乌干达政府非常重视对华交流与合作，此次来华访问的主要目的就是学习中国在党建、社会建设、经济建设方面的成功经验。近来乌干达政局稳定，政府对年轻人创业、发展中小企业等给予了大力支持。乌干达虽拥有不少自然资源，但由于缺乏先进的技术和管理经验，发展速度十分缓慢。浙江是中国的经济大省，民营经济发达、中小企业众多，希望今后双方能加强在经贸领域的交流与合作，欢迎浙江企业和商人多到乌干达投资、经商。

省委常委、秘书长李强，省商务厅厅长金永辉，省外办副主任顾建新等参加会见和宴请。

25日，布凯尼亚约请省中小企业局局长高鹰忠共进晚餐，提出希望浙江省与乌干达在成衣生产、圆珠笔和铅笔制造、番茄酱和果汁生产、金属和木材加工等方面开展合作，帮助乌干达在上述领域培训技工、建立自己的工业基础。

26日，省中小企业局专门派员随团赴义乌考察，并与乌方商谈签署浙江省中小企业局与乌干达共和国副总统办公室战略合作备忘录事宜。

访浙期间，布凯尼亚一行考察了杭州合和纺织有限公司、杭州经纬电子机械制造公司、义乌国际商贸城、浙江贝克曼服饰有限公司、浙江博尼服饰有限公司、义乌东方缝纫设备有限公司、义乌华昕工艺品有限公司、义乌家具市场等。

【奥地利萨尔茨堡市市长访问浙江】 2009年12月2日，奥地利萨尔茨堡市市长沙登一行5人在萨尔茨堡中国事务特使艾瑟尔陪同下访问浙江。

省委书记、省人大常委会主任赵洪祝会见沙登一行，并向客人简要介绍了浙江省经济社会发展近况。他说，近年来，浙江与萨尔茨堡的关系日益密切，双方高层互访频繁，各领域合作扎实推进，其中保时捷公司在浙江的发展业绩尤为突出。浙江省愿与萨尔茨堡共同努力，按照“讲友谊、讲互利、讲实效”的原则，进一步拓展合作领域，造福两地人民；同时也感谢艾瑟尔特使多年来为推动萨尔茨堡及奥地利与浙江的合作所做的大量工作，希望艾瑟尔先生继续发挥桥梁作用，促进双方友谊的长足发展和合作的不断深化。

沙登说，文化艺术是萨尔茨堡的强项，萨尔茨堡音乐节吸引着众多的音乐爱好者，非常希望双方在文化艺术领域加强合作。

省委常委、秘书长李强，省商务厅厅长金永辉，省外办副主任顾建新等参加会见。

【西门子（中国）有限公司执行副总裁访问浙江】 2009年12月2日，西门子（中国）有限公司执行副总裁马德一行4人访问浙江。

副省长金德水会见马德一行，并向客人简要介绍了浙江省经济社会发展近况。他说，近年来，浙江省与西门子公司在诸多领域开展了广泛而深入的交流合作，取得了丰硕成果，希望未来能进一步推动双方在能源利用、电网建设、装备制造等领域的交流合作。

马德表示，浙江良好的投资环境对包括西门子公司在内的众多跨国企业具有很强的吸引力。西门子公司在能源利用、电网建设、装备制造等领域技术先进、经验丰富，并愿意根据浙江需要，提供相关技术支持和帮助。目前，西门子公司正致力于智能电网和电动汽车研发，希望能与浙江企业开展合作。

省外办副主任顾建新参加会见。

【比利时驻沪总领事访问浙江】 2009年12月8日至9日，比利时新任驻上海总领事乔志一行访问浙江。

8日，副省长龚正会见乔志一行，并向客人介绍了浙江省经济社会发展近况及应对国际金融危机的措施。他说，近年来，浙江与比利时的友好关系不断深化，合作领域不断拓展，相信乔志总领事此行能进一步增进对浙江省的了解，推动比利时特别是西弗兰德省与浙江省在各领域的交流合作迈向更高层次。

乔志高度评价浙江省改革开放30多年来取得的成绩以及在浙江企业家身上体现出来的“浙商精神”。他表示，将一如既往地支持和推动比利时特别是西弗兰德省与浙江省在经贸、教育、中小企业等领域的合作与交流。

省政府副秘书长夏海伟、省外办副主任顾建新、省商务厅副巡视员陈晓龙参加会见。会见结束后，顾建新宴请乔志一行。

访浙期间，乔志还拜会了省工商联和杭州市外办。

【希腊驻沪总领事访问浙江】

2009年12月17日，希腊新任驻上海总领事玛利亚·萨兰蒂一行2人访问浙江。

副省长龚正会见萨兰蒂，并向客人介绍了浙江省经济社会发展近况和应对国际金融危机、保持经济平稳较快发展的有关举措。他说，希腊与中国有着很好的合作关系，希望萨兰蒂总领事此行能进一步增进对浙江省的了解，加强双方在多领域的交流与合作。

萨兰蒂说，今年浙江省委书记、省人大常委会主任赵洪祝访问希腊后，浙江省与希腊萨洛尼卡省签署了建立友好省关系意向书，希望能以此为契机，加强双方的友好交流与合作。

省政府副秘书长夏海伟、省外办副主任顾建新、省商务厅副厅长韩杰参加会见。会见后，省外办主任阮忠训宴请萨兰蒂一行，副主任顾建新参加宴请。

【乌克兰驻沪总领事访问浙江】

2009年12月17日，乌克兰新任驻上海总领事谢军夫妇一行3人访问浙江。

副省长龚正会见谢军一行，并向客人简要介绍了浙江省经济社会发展近况，特别是浙江省为应对国际金融危机所采取的一系列举措和取得的成效。他表示，中乌两国传统友谊深厚，双边关系发展良好。近年来，在两国友好的大背景下，浙江省与乌克兰的经贸往来日益密切。他表示，浙江与乌克兰的合作具有广阔的发展前景，相信在双方共同努力下，一定能够取得更大的成果。

谢军说，每年有许多来自浙江的企业家在乌克兰经商、投资，有大批来自浙江的学生在乌克兰留学，浙江在乌克兰有很高的知名度。但许多乌克兰人对浙江的了解仅停留在经济层面上。事实上，浙江省在文化、科技、教育、旅游等方面都具有强大的优势。乌克兰政府非常重视与浙江的合作，驻沪总领馆也将把乌浙交流与合作作为今后工作的重点，尤其要加强人员互访及人文领域的交流与合作。

省政府副秘书长夏海伟、省外办副主任顾建新、省商务厅副厅长韩杰参加会见。会见结束后，顾建新宴请谢军夫妇一行。

（刘　霏）

·知识窗·

什么是国家软实力？

“软实力”，是哈佛大学教授约瑟夫·奈1900年在《外交政策》期刊中发表的《软实力》一文里最早提出的。在该文基础上，约瑟夫·奈先后又出版了《美国定能领导世界吗》、《软实力：世界政治中的成功之道》两本书，完整地阐述了这个概念。按奈的逻辑，一个国家的综合国力既包括由经济、科技、军事实力等表现出来的“硬实力”，也包括以文化和意识形态吸引体现出来的“软实力”，即“通过吸引力，而不是强迫的方式，让别人按照自己意志行事的能力”。奈把国家软实力集中归纳为四个方面的影响力：文化影响力、意识形态影响力、制度安排上的影响力和外交影响力。

最早一篇关于“中国软实力”的系统论述，是2006年5月18日刊登在美国对外关系委员会网站上的《中国软实力的诱惑》一文。作者埃斯特·潘认为，未来的世界会越来越多地接受包括汉语、音乐、电影、服装等在内的各类中国文化以及中国的外交影响力，并罗列了中国软实力影响东南亚、美洲和拉丁美洲的现状。此外，也有一些西方学者学者夸大“中国软实力”对西方世界的影响和冲击，成了一种“中国威胁论”的新版本。

友好城市交流

亚　洲

·日　本·

【浙江省与日本静冈县友好交流概况】 2009年2月11日，省外办亚洲处为2008年度日本静冈、福井和枥木三县8名研修生举行送别会。日本三县8名研修生结束为期6个月的研修生活于2月底回国。

2月13日至18日，以省外办主任阮忠训为团长的工作组访问日本静冈县。（相关内容参见第15页**【省外办工作小组访问日本、斐济和澳大利亚】**）

3月16日至18日，以日本静冈县议会议长天野一为团长的静冈县议会代表团一行13人访问浙江。16日晚，省委书记、省人大常委会主任赵洪祝会见并宴请代表团一行。省委常委、秘书长李强，省人大常委会秘书长姚民声，省外办主任阮忠训，省人大常委会外事委副主任阮龙生等参加会见和宴请。17日，代表团一行赴义乌考察义乌国际商贸城。

4月20日，日本静冈县政府研修生宫野舞抵达浙江，开始为期1年的研修生活。宫野舞在浙江大学研修2个月中文后，到省外事服务中心研修国际交流与合作实务。

6月5日至9日，省政协主席周国富率浙江省友好代表团出访日本静冈县。（相关内容参见第62页**【周国富率团访问日本、阿根廷和智利】**）

8月5日，2009年度浙江省技术研修生俞玉梅、吴文明启程赴日本静冈县进行为期近7个月的研修。

8月17日至19日，以静冈县企画部理事外山敬三为团长的2009年度日本静冈县定期协议团一行6人访问浙江。18日，协议团赴衢州，与衢州市政府就农业交流进行工作座谈，并实地考察柑橘果园等。19日中午，省外办副主任陆国灏在杭州宴请协议团一行。在杭期间，协议团与省外办亚洲处进行工作会谈，就高层互访、青少年交流、研修生互派等事宜交换意见。

8月28日至9月4日，以省青联副主席蔡永波为团长的浙江省青年代表团访问日本静冈县。（相关内容参见第168页**【浙江省青年友好代表团访问日本】**）

◎省长吕祖善（右六）等会见日本静冈县知事川胜平太（右七）一行

9月7日，日本静冈、福井、枥木三县中文研修生6人抵达浙江，开始在浙江大学进行为期一学期的中文学习。8日，省外办副主任陆国灏会见研修生一行。

10月23日，2009年度浙江省技术研修生楼小侃启程赴日本静冈县进行为期4个月的研修。

10月26日至29日，日本静冈县教育委员会社会教育课课长释精子一行4人访问浙江，为11月下旬富士之翼国际化人才培养事业代表团来浙江访问打前站。27日，代表团一行考察了浙江工业大学、中国移动集团浙江分公司、青年时报社和杭州青少年发展中心。28日，省外办副主任陆国灏会见代表团一行。代表团与省外办签署《有关富士之翼国际化人才培养事业的备忘录》。

11月23日，静冈县知事川胜平太一行7人访问浙江，此系川胜平太就任县知事以来首次对浙江省进行公务访问。当天下午，省委副书记、省长吕祖善会见川胜平太一行，吕祖善表示，浙江与静冈县自1982年缔结友好关系以来，双方在经济、文化、人才培养等领域开展了形式多样的交流合作，取得了显著成果。特别是近年来两省县交往日益频繁，各领域合作不断深化，成为我省对外友好关系的典范之一。在谈到金融危机的影响时，吕祖善表示，双方应继续携手应对困难和挑战，进一步加强在制造业、教育、科技、环保等方面的合作，取长补短，实现互利共赢。川胜平太表示，浙江经济的快速恢复令人钦佩。明年正值上海世博会和富士山静冈机场开港1周年，静冈方面拟派遣3776名静冈县民访问浙江。省政府秘书长张鸿铭、省商务厅厅长金永辉、省旅游局局长赵金勇、省外办副主任陆国灏等参加会见。会见结束后，川胜平太一行游览了西湖。

11月20日至25日，以日本静冈县前教育长、静冈文化艺术大学顾问杉田丰为团长的日本静冈县富士之翼国际化人才培养事业交流代表团一行31人访问浙江。代表团访问浙江工业大学，与日语专业青年教师和学生就环保、大学生应对社会竞争等话题进行座谈；体验民宿，感受中国市民生活；参观杭州青少年发展中心和中国移动浙江分公司客户服务中心；还走进《青年时报》与记者一起采编新闻。23日晚，省外办、省青联共同为两省县青年举行联欢晚宴。省友协会长梁平波出席晚宴并致辞，省青联名誉主席周柳军、省外办副主任陆国灏、省青联副主席蔡永波等参加活动。

12月7日至11日，日本静冈、福井和枥木三县的研修生进行省内参观考察活动。研修生们分别考察了桐乡乌镇、宁波、东阳横店等地的民营企业、历史古迹和杭州湾跨海大桥等，实地体验了省内各地的经济、文化和风土习俗，加深了对浙江省经济社会情况的总体了解。

【浙江省与日本枥木县友好交流概况】 2009年2月11日，省外办亚洲处为2008年度日本静冈、福井和枥木三县8名研修生举行送别会。日本三县8名研修生结束为期6个月的研修生活于2月底回国。

2月13日至18日，以省外办主任阮忠训为团长的工作组访问日本枥木县。（相关内容参见第15页**【省外办工作小组访问日本、斐济和澳大利亚】**）

9月2日，2009年浙江省技术研修生江海洋、殷琛启程赴日本枥木县进行为期近5个月的研修。

9月7日，日本静冈、福井、枥木三县中文研修生6人抵达浙江，开始在浙江大学进行为期一学期的中文学习。8日，省外办副主任陆国灏会见研修生一行。

10月20日至31日，以浙江省副省长王建满为团长的浙江省政府代表团访问日本枥木县。（相关内容参见第65页**【王建满率团访问柬埔寨、印度尼西亚和日本】**）

11月25日，以枥木县产业劳动观光部参事小针务为团长的枥木县观光推进访华团一行12人访问杭州。省外办副主任陆国灏会见并宴请代表团。双方表示，两省县将继续在经济、旅游、科技、农业、医疗等方面展开合作，并以2010年上海世博会为契机，加大双方合作力度，推进旅游交流。下午，代表团拜会省旅游局和省旅游协会。

【浙江省与日本福井县友好交流概况】 2009年2月11日，省外办亚洲处为2008年度日本静冈、福井和枥木三县8名研修生举行送别会。日本三县8名研修生结束为期6个月的研修生活于2月底回国。

3月13日上午，即将卸任的福井县上海事务所所长汤川直偕新任所长小渊孝晓礼节性拜访省外办。双方就进一步推进浙江与福井县的合作交流交换意见。

8月4日，福井县政府在杭州花家山庄举行福井县观光推介会议。

9月1日，福井县国际战略课课长白崎隆夫来杭拜会省外办。双方就推进两省县交流合作具体事宜交换意见。

9月1日，2009年浙江省技术研修生郑文杰、刘震、曹燕启程赴日本福井县研修，其中郑文杰将进行为期1年的研修，刘震、曹燕进行为期半年的研修。

9月7日，日本静冈、福井、枥木三县中文研修生6人抵达浙江，开始在浙江大学进行为期一学期的中文学习。8日，省外办副主任陆国灏会见研修生。

11月6日，2009年度浙江省技术研修生成立刚启程赴日本福井县进行为期4个多月的研修。

12月20日，福井县政府在杭州举行福井观光大使恳谈会。

·韩　国·

【浙江省与韩国首尔市友好交流概况】 2009年4月10日至11日，以市长吴世勋为团长的首尔市代表团一行15人，在全国友协秘书长罗勤等陪同下访问浙江。

10日下午，省委书记、省人大常委会主任赵洪祝会见吴世勋一行。赵洪祝表示，中韩两国一衣带水，都把对方当作自己重要的贸易伙伴和合作对象，两国领导人互访不断，政治互信不断增强。浙江省和韩国不仅在贸易领域，而且在文化、教育、科技等领域均有着多方面的交流和往来，特别是旅游业合作前景看好。吴世勋表示，韩国与浙江开通了直航，所以有很多韩国人来浙江旅游。浙江风景优美，自己也是慕名而来，希望通过此次访问，推动首尔市与浙江省今后在经济、文化、旅游等领域更深入地交流合作。省委常委、秘书长李强，省外办主任阮忠训，省商务厅厅长金永辉，省旅游局局长赵金勇等参加会见。

10日晚，省长吕祖善在省人民大会堂会见吴世勋一行，并与吴世勋共同签署《浙江省与首尔市建立友好合作关系协议书》。会见和签约仪式结束后，吕祖善宴请吴世勋一行。省政府秘书长张鸿铭、省外办主任阮忠训、省商务厅厅长金永辉、省旅游局局长赵金勇等参加会见、签约和宴请。访浙期间，首尔市在杭举办了2009首尔一浙江友好交流会。浙江旅游界100多名人士参加交流会。此外，吴世勋一行还参观游览了西湖名胜、京杭大运河和杭州运河博物馆，考察了浙江旅游设施建设情况。

5月19日至20日，省发改委组团参加在首尔市举办的第三届C40大城市气候峰会。

9月28日至30日，省经信委派员参加首尔市主办的世界城市首席信息化执行官论坛。

11月8日至14日，台州市外侨办主任项文敏、绍兴市外侨办副主任盛伯钧、金华市外侨办副主任章宏三人赴韩国首尔市参加市政交流活动。

【浙江省与韩国全罗南道友好交流概况】 2009年4月30日，韩国全罗南道2008年度派遣公务员崔正结束为期1年的研修后回国。

7月下旬，舟山市派出浙江省青少年代表团访问韩国全罗南道。

11月9日至11日，韩国全罗南道政务副知事李相勉一行10人访问浙江。9日，副省长茅临生会见并宴请李相勉一行。省政府副秘书长陈龙、省外办副主任陆国灏、省农业厅副厅长冯一鹤等参加会见和宴请。10日上午，陆国灏和全罗南道政策企划官徐福男分别代表中韩双方签署《中国浙江省和韩国全罗南道交换公务员实施协议》。签约仪式后，省外办、省农业厅和韩国全罗南道政策企划官室共同举办了主题为"利用地方特色资源、发展中韩地方农业"的第11届中国浙江省·韩国全罗南道农业学术研讨会。开幕式结束后，李相勉及代表团部分成员一行5人访问绍兴。10日晚，省商务厅副巡视员鞠亚莲宴请代表团一行。代表团还参观考察了浙江传化集团、农业高科技示范园区及韩国临时政府杭州旧址纪念馆。

11月28日，由省商务厅派遣的2008年度浙江省交换公务员陈国荣结束在韩国全罗南道为期1年的研修，返回浙江。

·泰　国·

【浙江省与泰国彭世洛府友好交流概况】 2009年7月5日，省外办选派嘉兴市海盐县天宁小学高级教师林益平和海盐县三毛小学高级教师张丹华赴泰国彭世洛府醒民小学支教。

7月上旬，省外办购买价值800元的儿童教育书籍及音像制品赠送给彭世洛府醒民小学。

7月29日至31日，泰国国会实业部特别委员会委员陈伟侨夫妇率泰国国会实业部特别委员会考察团访问浙江。29日，省外办副主任陆国灏宴请陈伟侨夫妇。30日，考察团参观阿里巴巴(中国)有限公司。陈伟侨夫人为现任彭世洛市市长。

9月13日至17日，泰国醒民学校校董会主席李志山夫妇一行4人访问浙江。省外办副主任陆国灏宴请李志山夫妇。在浙期间，李志山访问了杭州、海盐、金华等地，考察了当地学校，表达了进一步加深与浙江各地校际交流的愿望。

12月10日至20日，省外办副主任陆国灏率团出访泰国彭世洛府。

·印　尼·

【浙江省与印尼东爪哇省友好交流概况】 2009年2月23日至3月6日，以副省长茅临生为团长的浙江省政府代表团访问东爪哇省。(相关内容参见第60页**【茅临生率团访问阿拉伯联合酋长国、印度尼西亚和斐济】**)

5月21日至26日，省旅游考察团访问印尼，参加在东爪哇省举办的旅游洽谈会。

10月20日至31日，以副省长王建满为团长的浙江省政府代表团访问东爪哇省。(相关内容参见第65页**【王建满率团访问柬埔寨、印度尼西亚和日本】**)

11月12日至13日，东爪哇省省长助理索约诺率东爪哇省政府代表团一行10人访问浙江。副省长茅临生会见并宴请代表团一行。省政府副秘书长陈龙、省外办副主任陆国灏、省农业厅副厅长赵兴泉、省海洋与渔业局副局长俞永跃等参加会见和宴请。在杭期间，代表团与省农业厅、省海洋与渔业局及省中小企业局等部门进行了工作会谈；部分团员参观了浙江省博物馆。

·阿　联　酋·

【浙江省与阿联酋沙迦酋长国友好交流概况】 2009年10月24日至11月5日，省委书记、省人大常委会主任赵洪祝率浙江省代表团访问沙迦酋长国，双方正式签署建立友好关系协议书。(相关内容参见第65页**【赵洪祝率团访问阿联酋、希腊和以色列】**)

12月10日至20日，省外办副主任陆国灏率团访问沙迦酋长国。

(陈昱臻)

美洲和大洋洲

·美　国·

【美国圣母大学亚洲事务顾问访问浙江】 2009年6月8日至9日，美国印第安纳州圣母大学亚洲事务顾问刘战博士访问浙江，与省文史馆商谈交流合作事宜。

【美国印第安纳州州长访问浙江】

2009年9月9日至11日，美国印第安纳州州长米奇·丹尼尔斯一行40人访问浙江。

9日晚，省委书记、省人大常委会主任赵洪祝会见并宴请丹尼尔斯一行。赵洪祝回顾了两省州结好以来开展交流与合作取得的成果，并对丹尼尔斯州长为应对国际金融危机采取的一系列刺激增长、增加就业的举措给予充分肯定。他强调，浙江和印州都是投资的热土，经济互补性很强，希望双方开展广泛的国际合作，推动浙印乃至中美关系健康有序发展。

丹尼尔斯介绍了印州为应对全球金融危机、保持经济发展所做的工作。他强调，印州珍视与浙江省的友好关系，将努力推动双方在经贸、投资、教育等领域的合作。他还对浙江省经济社会发展取得的成就表示赞赏，表示希望印州将来能成为“美国的浙江”。

省政协副主席姚克、省委副秘书长舒国增、省外办副主任彭波等参加会见和宴请。

10日晚，省长吕祖善在西湖国宾馆会见并宴请丹尼尔斯州长。吕祖善介绍了浙江省为加快转变经济发展方式、推动产业转型升级采取的措施，表示希望两省州能抓住机遇，加强合作，共同推动两省州经济社会的发展。

丹尼尔斯完全同意吕祖善省长的建议，并赞扬了浙江省采取的帮扶企业、改善企业经营环境的政策。他还表示，印州高校愿意利用自身科研优势，在“产学研”结合方面助推浙江企业“走出去”，在美国设立分支机构，实现互利共赢。

省政府秘书长张鸿铭、省外办副主任彭波参加会见和宴请。

印州代表团在杭期间，省外办、省发改委、省商务厅和印州政府共同举办了走进印州——投资合作研讨会，约40家浙江企业应邀与会。

◎美国印第安纳州州长丹尼尔斯在杭州接受浙江电视台记者采访

丹尼尔斯还拜访了省农业厅、吉利集团和万向集团，双方商谈了合作事宜。印州商务教育代表团还参观了浙江大学。

【美国“全球印第安纳”教育交流协会代表团访问浙江】 2009年10月14日至17日，美国“全球印第安纳”教育交流协会代表团一行31人访问浙江。代表团成员来自印州10所中小学，在杭期间，他们分别前往各自姐妹学校参观，并进行友好交流。“全球印第安纳”教育交流协会当选主席克里斯·麦格鲁还考察了浙江省的6所中小学，准备介绍给印州学校以结成姐妹学校。

16日，美国“全球印第安纳”教育交流协会与浙江省教育国际交流协会签署合作备忘录。

14日，省外办主任阮忠训宴请代表团，副主任彭波参加。

·澳大利亚·

【西澳州上议院议长访问浙江】 2009年2月16日至20日，西澳州上议院议长尼古拉斯·格里菲思一行6人访问浙江。

19日晚，省委书记、省人大常委会主任赵洪祝会见代表团一行。赵洪祝对西澳州新组阁政府表示祝贺，肯定了浙江省与西澳州在经贸、文化、教育等领域交流与合作所取得的成果，以及格里菲思议长此访对于加深两省州人大和议会交流的重要推动作用。

赵洪祝还表示，希望两省州通力合作，为全球经济复苏作出贡献。

格里菲思对浙江省与西澳州的良好经贸合作现状表示高兴，并表示，西澳州上议院将一如既往地支持两省州在能源资源等领域的合作。他还表示，相信浙江省政府有能力采取有效措施抵御金融经济危机。

省人大常委会副主任程渭山，省人大常委会秘书长姚民声，省委副秘书长、办公厅主任潘家玮，省外办副主任彭波、副巡视员喻四八等参加会见。

在浙江期间，格里菲思一行还赴杭州、宁波和绍兴等地参观访问。

【西澳大学教授访问浙江】 2009年3月2日至5日，西澳大学教授乔治·斯图亚特一行2人访问浙江。3日，省外办主任阮忠训宴请斯图亚特一行。

【西澳大学环境系统工程学院教授访问浙江】 2009年4月8日至13日，西澳大学环境系统工程学院教授阿那斯·加多阿尼一行3人访问浙江，与浙江大学探讨建立浙江大学·西澳大学水资源管理与保护联合实验室，以及浙江大学、西澳大学和神户大学三校签署合作协议等事宜，并在杭参加国际水污染研讨会。

【西澳州政府内阁成员、教育和旅游部长访问浙江】 2009年4月23日至25日，西澳州政府内阁成员、教育和旅游部部长伊丽莎白·康斯特博一行9人访问浙江。

24日下午，副省长郑继伟会见康斯特博一行。随后，双方共同出席浙江省·西澳州高校校长论坛并致辞。两省州主要高校负责人在会上介绍了各自学校的情况并达成一系列初步合作共识。浙江大学校长杨卫、省教育厅副厅长蒋胜祥以及浙江省其他相关高校负责人参加此次论坛。

24日晚，郑继伟宴请康斯特博一行。省外办副主任彭波参加会见、论坛和宴请。

康斯特博一行在杭州期间，还观摩了体验西澳——浙江省高中英语口语大赛决赛，并访问浙江大学。

【西澳州中学教师访问浙江】 2009年4月24日至5月1日，西澳州中学教师毕成·叶一行2人访问浙江。毕成·叶此行系受西澳州教育与培训部委托，担任体验西澳——浙江省高中英语口语大赛决赛评委，同时考察浙江省内多所中小学，寻求合适的学校与西澳州中小学建立姐妹学校关系。

【西澳州班布里市市长访问浙江】 2009年5月27日，西澳州班布里市市长大卫·史密斯一行11人访问浙江，与省外办商讨进一步加强班布里市与浙江省在经贸、工业和港务等方面的交流与合作。

省外办主任阮忠训宴请史密斯一行。

【西澳州总理访问浙江】 2009年7月19日至21日，西澳州总理科林·巴尼特一行32人访问浙江。

◎浙江省·西澳州交流委员会第三次会议在杭州举行

20日中午，省委书记、省人大常委会主任赵洪祝会见并宴请巴尼特一行。赵洪祝表示，两省州经济上互补性强，多年来在众多领域开展了务实交流与合作，在全球金融危机背景下，两省州的务实合作显得尤为重要，浙江支持省内民营企业参与西澳州矿产资源开发。西澳州的文化、教育、科技等产业也非常值得浙江学习。今后双方要落实好浙江省·西澳州交流委员会第3次会议提出的各项交流合作建议，进一步巩固并推进友好省州关系。

巴尼特表示，在澳中双边贸易中，西澳州对华贸易所占比重高达68%，中国的发展对西澳州影响很大。西澳州重视与浙江省的关系，希望浙江能成为西澳在中国拓展市场的桥头堡。他此次率团来访，旨在进一步推动双方的投资与产业合作，双方今后合作潜力很大。

省委常委、秘书长李强，副省长龚正，浙江大学校长杨卫，省委副秘书长舒国增，省政府副秘书长夏海伟，省外办副主任彭波，省友协专职副会长虞希华参加会见和宴请。

会见前，赵洪祝和巴尼特共同出席了2009体验西澳——浙江省高中英语口语大赛颁奖仪式并致辞。双方均表示，该项赛事自举办以来，参赛人数不断增加，影响逐步扩大，对于两地青少年加深感情、传承两省州友好关系具有深远意义。

省委常委、秘书长李强，副省长龚正，省友协会长梁平波，省委副秘书长舒国增，省政府副秘书长夏海伟，省外办副主任彭波，省友协专职副会长虞希华以及参加浙江省·西澳州交流委员会第三次会议的浙江分会委员参加颁奖仪式。

20日上午，浙江省·西澳州交流委员会第三次会议在杭州举行。龚正和巴尼特分别在会上致辞，交流委员会浙江分会和西澳分会成员代表在会上发言，总结了过去两年两省州在经贸、教育、农业、警务、人员培训、残疾人事业等领域的交流合作成果，并提出了未来合作建议与计划。会后，省公安厅与西澳州警察厅、浙江大学与西澳大学、省国土资源厅与西澳州土地资源部、省残联与西澳州残疾人服务委员会、浙江大学农学院与西澳州农业与食品部分别签署合作备忘录和协议。

访浙期间，巴尼特还拜访了省发改委、浙江大学等单位，商谈科研合作意向，并考察了解浙江省重大项目，了解了浙江的能源政策、水资源等有关情况。省发改委和西澳州政府发展部签署合作备忘录。

【西澳州建筑设计、服务及建材企业代表团访问浙江】 2009年10月18日至20日，西澳州建筑设计、服务及建材企业代表团一行12人访问浙江，在杭州、嘉兴两市参观重要城市建筑，与业主和设计单位代表座谈。代表团还拜会省建设厅，了解浙江省建筑和设计行业的相关法律法规。

【西澳州海德兰德港务局主席访问宁波】 2009年10月18日至19日，西澳州海德兰德港务局主席伊恩·威廉姆斯一行3人访问宁波。在甬期间，代表团考察了宁波港集团和宁波钢铁公司，并

◎浙江省发改委和西澳州政府发展部合作备忘录签字仪式

与宁波港总裁李会红等会谈，商讨两港建立友好港口关系以及合资建设海德兰德港口外港的可能性。

【西澳州矿产和石油部地质勘探局官员访问浙江】 2009年10月25日至28日，西澳州矿产和石油部地质勘探局助理局长里克·罗杰森博士等2人访问浙江，拜访省地质勘探局、省发改委、省国土资源厅，介绍了西澳州政府矿产和石油部的地质信息系统，并参加由西澳州政府驻杭州商务代表处、省发改委和省地质勘探局共同举办的西澳矿产勘探和开发投资说明会。

【西澳州默多克大学副校长访问浙江】 2009年11月10日至12日，西澳州默多克大学副校长盖里·马丁一行2人访问浙江。马丁代表默多克大学与浙江工业大学、浙江传媒学院有关负责人进行了会谈，并签署合作办学备忘录。

在杭期间，马丁还拜访了省教育厅副厅长李鲁，通报了默多克大学与上述两校的合作情况，双方商讨了2010年在西澳州举办两省州高校校长论坛的有关事宜。

【西澳州政府代表团访问浙江】 2009年12月3日至6日，由西澳州政府发展部常务副部长安·诺兰率领的西澳州政府代表团一行7人访问浙江。

4日，副省长龚正会见安·诺兰一行。龚正介绍了浙江概况特别是应对国际金融危机采取的措施和取得的成效。龚正肯定了浙江省和西澳州在各领域的友好交流所取得的显著成效，强调了国际合作对世界各国克服金融危机的重要意义。他建议，两省州今后可以探索新的交流合作方式，特别是将民营企业纳入交流合作框架。

安·诺兰介绍了西澳州政府发展部的主要职能，以及该部正在积极推进的西澳州能源资源和基础设施项目。她表示，澳大利亚经济在金融危机期间保持相对稳定，中国起了重要作用。西澳州与浙江省在经济上具有很强的互补性，希望下一阶段两省州能进一步推进民营企业间的实质性合作，西澳州政府将鼓励该州企业把浙江作为其海外加工业务的首选地。

省政府副秘书长夏海伟、省外办副主任彭波等参加会见。

4日下午，西澳州政府代表团与省外办、省发改委、省国土资源厅、省环保厅、省地质勘查局等有关厅局负责人在杭州龙禧福朋喜来登酒店举行浙江省·西澳州政府厅局长会议。双方官员就各自部门的主要职能和交流合作设想交换了看法。会后，省发改委副主任黄勇和安·诺兰共同签署浙江省发改委和西澳州政府发展部合作备忘录。

在浙期间，西澳州政府代表团还赴台州参观了吉利汽车集团，赴宁波参观了北仑港和宁波钢铁公司。

·密克罗尼西亚·

【浙江省援建密克家用沼气工程示范项目完工】 2009年6月中下旬，浙江省为密克无偿援建的家用沼气示范项目工程圆满完成。根据密克总统莫里和该国波纳佩州州长艾萨于2007年、2008年访华时达成的协议，浙江省决定援建密克家用沼气示范项目。浙江省在密克波纳佩州和丘克州总共援建4个沼气工程示范点，供当地学习和使用；同时在中国援密农场协助建造了沼气工程，为建设生态农场打下基础。浙江省专家组还在当地成功举办两场说明演示会。演示会吸引了包括密克政府高级官员、美国驻密克使馆人员在内的社会各界人士参加，在当地引起良好反响。丘克州州长文斯利专门致信浙江省表示感谢，当地一些民间团体也纷纷表示愿意出资出力，希望继续在当地修建沼气工程。

该项目带来的良好经济与环境效应引起联合国开发计划署驻密机构的浓厚兴趣。该机构主动与中国驻密使馆联系，表示愿意出资在密推广沼气技术，以应对能源危机、遏制全球气候变暖趋势。

（刘晓慰）

欧洲和非洲

·比　利　时·

【浙江省与比利时西弗兰德省友好交流概况】 2009年1月12日至16日，由西弗兰德省发展署官员傅立司率领的西弗兰德省政府工作组一行3人访问浙江。工作组拜会省外办、省教育厅、省外经贸厅、省工商联、省贸促会，参观了浙江工业大学、浙江中医药大学和浙江旅游职业学院，并赴杭州、绍兴两地考察相关企业。省外办副主任顾建新宴请工作组，双方就3月份西弗兰德省省长保罗·拜恩访问浙江、浙江省与西弗兰德省经济贸易促进委员会第一次会议等事宜进行了磋商。

3月17日至20日，西弗兰德省省长保罗·拜恩一行28人在比利时驻沪总领事裴泽东陪同下访问浙江。19日，省委书记、省人大常委会主任赵洪祝会见保罗·拜恩一行。赵洪祝高度评价保罗·拜恩省长长期以来对推动两省友谊与合作所作的贡献，对浙江省·西弗兰德省经济和贸易促进委员会第一次会议顺利召开表示热烈祝贺，并向客人介绍了浙江经济社会发展情况和应对全球金融危机的举措。赵洪祝说，希望两省携手共进、发挥各自优势，尽快克服金融危机带来的影响，实现经济复苏和新的发展。保罗·拜恩表示，西弗兰德省始终珍视与浙江省的友好关系，近年来不断调整本省发展战略，省议会还通过了专门的"中国战略"，力图使自身发展更好地适应两省合作的要求。省委常委、秘书长李强，副省长龚正，省政府副秘书长夏海伟，省外办主任阮忠训，省外经贸厅厅长金永辉，省外办副主任顾建新，省经贸委副主任周日星，省教育厅副厅长蒋胜祥，省农业厅副厅长朱志泉，省工商局副局长冯水华，省旅游局副局长许澎，省贸促会副会长林骏，省工商联副主席陈以正参加会见。会见结束后，省长吕祖善宴请保罗·拜恩一行。吕祖善对保罗·拜恩第六次访问浙江表示欢迎，并与保罗·拜恩共同回顾了两省友好交流合作情况。他希望今后拜恩省长能一如既往地支持两省交流，推动两省合作迈上新台阶。保罗·拜恩表示，西弗兰德省希望与浙江在经贸和高等教育领域开展进一步的合作与交流；代表团此访标志着两省关系将进入新的发展阶段。龚正、俞仲达、夏海伟、阮忠训、金永辉、顾建新等参加宴请。龚正与保罗·拜恩共同主持了浙江省·西弗兰德省经济和贸易促进委员会第一次会议。签署了《浙江省·西弗兰德省经济和贸易促进委员会第一次会议备忘录》，两省教育界代表和经贸界代表分别签署《中国浙江省教育厅与比利时西弗兰德省教育合作意向书》和《中国国际贸易促进委员会浙江省分会与比利时西弗兰德省发展署合作协议书》。此外，副省长龚正还和拜恩省长共同出席了在嘉善县举行的浙江财纳福诺木业有限公司开业典礼。访浙期间，保罗·拜恩一行与省科协进行了座谈，双方就浙江塑料工程协会与西弗兰德省塑料中心进行合作达成初步意向。部分外宾分别拜会了省教育厅、省贸促会、省工商联和其他相关企业，探讨未来双方在高等教育和经贸领域开展合作事宜。

4月18日至22日，省工商联副主席陈以正率工作组一行4人访问西弗兰德省，就浙江省6月份拟在比利时首都布鲁塞尔和西弗兰德省举办走进欧盟——中国浙江商会论坛活动与比利时相关单位接洽，做前期准备工作。代表团与西弗兰德省政府、省发展署及西弗兰德省工商会相关领导和负责人进行了会谈。

6月，省政协副主席、省工商联主席、传化集团董事长徐冠巨率团访问西弗兰德省，举办了走进欧盟——中国浙江商会论坛活动。访问期间，省工商联与西弗兰德省发展署、西弗兰德省商会、弗兰德斯中国商会签署友好合作协议。

9月上旬，省外办会同省教育厅、省文化厅、省旅游局负责人组成联合工作组访问西弗兰德省，拜会省长保罗·拜恩，双方就两省在教育、文化、旅游领域的合作，特别是在西弗兰德省建立孔子学院、两省建立友好省关系10周年纪念活动等事宜进行了协商。

10月25日至28日，西弗兰德省发展署官员傅立司一行3人访问浙江。访问期间，傅立司一行拜访了省外办、省工商联、省贸促会和传化集团、最红集团，并赴绍兴县考察了2009年中国(柯桥)国际纺织博览会。Mostforwater公司首席执行官斯代德与浙江工业大学环境科学学院签署《环境科学和工程交流项目协议书》。

·瑞　士·

【浙江省与瑞士汝拉州友好交流概况】 2009年6月7日至9日，瑞士汝拉州州长兼经济、合作和市镇事务部部长米歇尔·普斯特一行6人访问浙江。代表团赴宁波参加浙洽会并在国际馆设立展台，副省长龚正与普斯特州长共同为汝拉州展台剪彩。

7日，省长吕祖善在宁波会见普斯特一行。他说，面对国际金融危机造成的严重冲击，浙江认真贯彻落实中央"保增长、保民生、保稳定"的决策部署，制定出台"保稳促调"的一系列举措，这些举措已经或正在发挥积极作用。希望未来双方加强经贸、旅游、钟表业、食品加工等领域的交流与合作，携手应对国际金融危机，实现互利共赢。省委常委、宁波市委书记巴音朝鲁，宁波市市长毛光烈，省政府秘书长张鸿铭，省商务厅厅长金永辉，省外办副主任顾建新等出席会见活动。

8日晚，省委副书记夏宝龙在杭州会见并宴请普斯特一行。省贸促会会长铁建设、省外办副主任顾建新参加会见和宴请。

在杭期间，普斯特一行还拜会了省贸促会，考察了浙江正泰太阳能科技有限公司，游览了西湖名胜。

【浙江省与瑞士提契诺州友好交流概况】 2009年4月15日，浙江大学医学院第二附属医院派遣3名医生赴提契诺州心脏病学研究中心进行短期学术交流。

9月上旬，省外办会同省教育厅、省文化厅、省旅游局负责人组成联合工作组访问提契诺州。工作组拜会了州督贾尼拉和卢加诺市副市长佩里。访问期间，工作组在卢加诺市政厅举办了"魅力浙江"摄影展，参观了贝林佐纳艺术和职业技术学院以及联合国历史文化遗产——贝林佐纳古城堡，考察了提契诺州的教育及旅游设施。

10月29日，提契诺州登山爱好者和摄影师安利·利瓦一行3人访问浙江。省外办副主任顾建新宴请安利·利瓦一行。

11月9日至12日，提契诺州南方科技应用学院建筑师兼教授雷莫·柳辛格一行6人访问浙江。在杭期间，柳辛格一行拜会了绿城等相关建筑企业，介绍了节能多层建筑、社区内污水处理等整套建筑设计方案。

12月31日，提契诺州瑞意银行副总裁王立群访问浙江，拜会省金融办。省外办副主任顾建新宴请王立群。

【浙江省与瑞士弗里堡州友好交流概况】 2009年3月下旬，省委常委、秘书长李强率团访问瑞士弗里堡州，会见了副州长比特、州议会主席巴齐、州议会副主席索朗吉及经济发展署长、健康与卫生部长、瑞华交流中心主任等。访问期间，双方签署建立两省州友好合作关系协议书。

5月22日至28日，联合国工业发展署官员斯迈尔·阿尔希拉里率中瑞循环经济培训班瑞方代表团一行访问浙江。24日至26日，联合国工业发展署、瑞士联邦经济部、省经信委和瑞华交流中心(弗里堡州政府正式任命的对华交流机构)共同举办了中瑞循环经济合作培训班。省重点耗能企业、重点耗水企业及清洁生产先进企业的管理和技术人员，工业园区负责人，各市(县、区)经贸委(经委)从事循环经济、清洁生产、节能降耗、资源综合利用的管理人员，共50余人参加培训班活动。27日，瑞华交流中心总裁于伯森一行2人赴省外办进行工作会谈，就弗里堡州官方乐团——岚德威交响乐团来杭州演出、副州长比特·冯朗特近期访浙、工业循环经济培训班项目、Energissima瑞士新能源展·浙江馆项目等事宜进行探讨交流。访问期间，部分外宾参观了浙江正泰太阳能科技有限公司。

10月19日至21日，弗里堡州副州长兼经济和就业部部长比特·冯朗特率代表团和弗里堡州官方乐团——岚德威交响乐团一行136人访问浙江。20日，省委常委、秘书长李强会见并宴请冯朗特一行。李强表示，近年来浙江与弗里堡州的友好关系不断深化，双方在经贸、文化、科技等领域的交流合作卓有成效。希望未来能开拓两省州在高科技、新能源等领域的交流合作，推动双方友好关系更进一步。冯朗特说，弗里堡州政府以绿色高科技为发展方向，积极发展包括注塑、信息产业、纳米技术、清洁能源、建筑节能、食品和旅游等几大产业集群，力求振兴经济。瑞方与浙江具有较强的互补性，相信通过加强友好往来，一定能加深友谊，深化合作，促进共赢发展。他还邀请浙江省参加2010年4月在该州举行的瑞士新能源展。会谈结束后，李强与冯朗特共同签署《中国浙江省与瑞士弗里堡州友好交流与合作会谈纪要》。省外办主任阮忠训、副主任顾建新，省贸促会会长铁建设，省商务厅副厅长韩杰，省文化厅副厅长来颖杰出席上述活动。访浙期间，省贸促会与弗里堡州经济发展署共同举办了瑞士弗里堡州推介会。会后，弗里堡州政府设晚宴招待与会人员。冯朗特等弗里堡州政府主要官员考察了浙江正泰太阳能科技有限公司。此外，弗里堡州岚德威交响乐团在杭州剧院举行了专场音乐会，冯朗特陪同省人大常委会副主任刘奇等观看演出。省外办主任阮忠训专门设宴招待弗里堡州代表团和岚德威交响乐团全体成员。

·相关链接·

弗里堡州

弗里堡州位于瑞士西部，人口约27万，土地面积1671平方千米，下辖7个地区、168个市。官方语言为法语和德语。该州服务业发达，主要涉及政府行政部门、金融保险、旅游餐饮、教育和卫生服务等领域。工业门类多样，主要有食品加工业、金属和机械制造业、电子业、计算机技术、化工等。农业主要是奶牛养殖和乳品加工。该州交通便利。当地居民重视传统文化，致力保持传统特色，国际民俗大会每年在该州举行。

·英　国·

【浙江省与英国约克·恒勃大区友好交流概况】 2009年6月7日至9日，英国约克·恒勃大区发展署主席霍奇金森一行18人访问浙江，参加在宁波举行的第十一届浙江投资贸易洽谈会。代表团在浙洽会国际馆设立了展台，副省长龚正与霍奇金森主席共同为约克·恒勃大区展台剪彩。

8日，省长吕祖善在宁波会见霍奇金森一行，回顾了两省区五年来在高层互访、经贸、教育、文化等领域的交往情况。他指出，近年来，两省区的友好交往不断加深，各项合作取得明显成效。在国际金融危机的背景下，希望两省区能寻求优势互补，加强贸易往来，深化项目和技术合作，实现互利双赢。吕祖善说，浙江今后要重点推进与约克·恒勃大区在信息技术特别是软件外包、新能源利用、环保、医药、教育、航运、金融以及保险业等领域的合作，利用伦敦奥运会的带动效应，进一步打开英国等海外市场。

霍奇金森表示，中国特别是浙江应对国际金融危机的能力和措施令人钦佩，相信随着双方友好合作关系的进一步深入，一定能在危机中找到新的合作机会，推动两地经济共同发展。

省委常委、宁波市委书记巴音朝鲁，宁波市市长毛光烈，省政府秘书长张鸿铭，省商务厅厅长金永辉，省外办副主任顾建新等参加会见。

·德　国·

【浙江省与德国石荷州友好交流概况】 2009年9月3日至5日，副省长龚正率团访问石荷州，拜会州长卡斯滕森，并与石荷州方面共同召开浙江省—石荷州促进委员会第六次会议。会议对两省州过去几年的友好工作进行了总结，并为今后两年的合作确定了计划。双方表示，将继续深化在经贸、科技、教育、人力资源开发等领域的合作，并结合两省州实际积极拓展文化及环保领域的交流。会后，龚正与促进委员会德方主席、石荷州政府办公厅主任玛汝斯签署会议备忘录。

9月，应石荷州科技、经济、交通部邀请，由省外办、省安监局组织的2009年企业危机及危险管理培训团一行11人，赴石荷州进行为期8天的学习考察培训活动。

9月中旬，由浙江省各高校代表组成的教育代表团访问石荷州，与石荷州高校举行洽谈会，探讨双方在高等教育领域的合作。

11月，石荷州造船企业代表团赴上海参加中国国际海事会展，随后访问宁波，参观考察了宁波的造船企业。

12月2日，石荷州社会、健康、家庭与青年部处长艾格一行7人访问浙江。艾格一行拜会共青团浙江省委，了解浙江省青年工作情况，并与省青年联合会进行了友好交流。

·丹　麦·

【浙江省与丹麦西兰岛大区友好交流概况】 2009年4月28日至5月1日，西兰岛大区发展署处长克里斯蒂安·普瑞姆德尔访问浙江。省外办副主任顾建新宴请普瑞姆德尔，双方探讨了进一步推动两省在环保、教育等领域的合作事宜。

11月17日至18日，克里斯蒂安·普瑞姆德尔再次访问浙江，拜会省环保厅、省发改委、省工商联及浙江工业大学，双方交换了有关信息，并就浙江省与西兰岛大区在环境保护、节能降耗、贸易投资、国际教育交流等领域的合作进行了探讨。

·保加利亚·

【浙江省与保加利亚瓦尔纳大区友好交流概况】 2009年11月下旬，省纪委常委、省监察厅副厅长罗悦明率团访问瓦尔纳大区，拜会大区主席丹超·西蒙诺夫、副主席斯拉夫乔·斯拉沃夫等。访问期间，代表团还与瓦尔纳市议会反腐败委员会主席奥林·西蒙诺夫和大区检察长普拉蒙·伊万诺夫就反腐倡廉等问题进行了交流。

·博茨瓦纳·

【浙江省与博茨瓦纳哈博罗内市友好交流概况】 2009年3月下旬，省委常委、秘书长李强率团访问博茨瓦纳首都哈博罗内市，拜会博茨瓦纳副总统梅拉费、哈博罗内市市长哈里·莫泰等。访问期间，代表团与哈博罗内市签署两省市建立友好关系协议书。

7月29日，哈博罗内市市长哈里·莫泰一行访问浙江。省委常委、秘书长李强会见并宴请莫泰一行。省外办主任阮忠训、副主任顾建新等参加会见和宴请。访浙期间，莫泰一行考察了义乌国际商贸城、杭州华三通讯有限公司、义乌双童日用品公司、义乌梦娜袜业，参观了杭州胡雪岩故居和中国茶叶博物馆。

·相关链接·

哈博罗内市

哈博罗内是博茨瓦纳首都，位于博茨瓦纳东南边境，距南非边界仅18千米。这里曾是一片荒无人烟的丛林，1964年建城，并以特洛克瓦部族酋长、同南非殖民主义者英勇斗争的民族英雄哈博罗内的名字命名。1965年初，博茨瓦纳政府机构从南非的马弗京迁往哈博罗内。哈博罗内市区占地面积约11平方千米，环境优美，布局协调。哈博罗内有非洲最现代化的博茨瓦纳肉类公司，其生产的牛肉60%出口欧盟国家。哈博罗内也是博茨瓦纳羊毛、皮革的重要集散地。

·希　腊·

【浙江省与希腊萨洛尼卡省友好交流概况】 2009年10月底，省委书记、省人大常委会主任赵洪祝率团访问萨洛尼卡省，与省长普索米亚季斯签署建立友好省关系意向书。

· 相关链接 ·

萨洛尼卡省

希腊中马其顿大区的一个省，面积约3683平方千米，人口100余万。首府萨洛尼卡市。下辖2省、43市、2镇，1913年建省。

· 西　班　牙 ·

【浙江省与西班牙阿斯图里亚斯大区友好交流概况】 2009年3月25日至27日，阿斯图里亚斯大区经济发展协会会长维克多·马罗金一行9人访问浙江。25日，省外办副主任陆国灏宴请马罗金一行。访浙期间，代表团拜会了省人事厅、省科技厅、浙江大学、浙江工业大学、浙江理工大学和宁波港务局。

4月中旬，省人大常委会副主任冯明率团访问阿斯图里亚斯大区，拜会大区议会议长玛丽娅·冈萨雷斯。

· 瑞　典 ·

【浙江省与瑞典乌普萨拉省友好交流概况】 2009年8月，省新闻出版局第二批学员16人赴乌普萨拉大学培训，主题为“期刊出版”。

· 克罗地亚 ·

【浙江省与克罗地亚伊斯特利亚省友好交流概况】 2009年6月下旬，省政协副主席兼秘书长黄旭明率团访问伊斯特利亚省，拜会副省长维德兰·葛茹毕斯奇、省议会议长迪诺·科斯勒瓦奇。

· 意　大　利 ·

【浙江省与意大利坎帕尼亚大区友好交流概况】 2009年11月上旬，省委常委、省公安厅厅长王辉忠率团访问坎帕尼亚大区，拜会大区副主席安东尼奥·瓦里安特。

【浙江省与意大利艾米利亚—罗马涅大区友好交流概况】 2009年11月下旬，省纪委常委、省监察厅副厅长罗悦明率团访问艾米利亚—罗马涅大区，拜会相关政府官员。

（刘　霏）

· 小资料 ·

《香港澳门记者在内地采访办法》

第一条　为了便于香港和澳门记者在内地依法采访报道，制定本办法。

第二条　本办法所称香港和澳门记者必须是香港或者澳门居民，并在香港或者澳门依法注册的，香港或者澳门特区政府核准出版、发行、经营的时事类报纸、刊物以及电台、电视台、通讯社等新闻机构从事新闻报道工作的职业记者。

第三条　香港和澳门记者应当遵守国家法律、法规和规章，遵守新闻职业道德，客观、公正地进行采访报道，不得进行与其机构性质或者记者身份不符的活动。

第四条　香港和澳门记者新闻机构在内地设立常驻记者站及派遣常驻记者事宜，按照现行办法办理。

第五条　香港和澳门记者来内地采访，需向中央人民政府驻香港特别行政区联络办公室或中央人民政府驻澳门特别行政区联络办公室领取由中华全国新闻工作者协会制发的港澳记者采访证。

第六条　香港和澳门记者在内地采访，需征得被采访单位和个人的同意，采访时应当携带并出示港澳新闻机构常驻内地记者证或港澳记者采访证。

第七条　港澳记者可以通过有关部门指定的服务单位聘用内地居民从事辅助工作。

第八条　香港和澳门记者因采访报道需要，在依法履行报批手续后，可以临时进口、设置和使用无线电通信设备。

第九条　本办法由国务院港澳事务办公室负责解释。

第十条　本办法自公布之日起实施。

（2009年2月6日国务院港澳事务办公室公布）

附表　浙江省国际友好关系一览表

序号	地区	中方城市	对方城市	对方国家	数量
1	美洲（51）	浙江省	新泽西州	美国	10
2		浙江省	得克萨斯州	美国	
3		浙江省	印第安纳州	美国	
4		浙江省	纽芬兰省	加拿大	
5		浙江省	巴拉那州	巴西	
6		浙江省	科罗尼亚省	乌拉圭	
7		浙江省	圣詹姆斯大区	牙买加	
8		浙江省	马坦萨斯省	古巴	
9		浙江省	梅里达州	委内瑞拉	
10		浙江省	米却肯州	墨西哥	
11		杭州市	印第安纳波利斯市	美国	44
12		杭州市	马萨诸塞州波士顿市	美国	
13		杭州市	蒙特哥贝市	牙买加	
14		杭州市	帕拉马里博市	苏里南	
15		杭州市	库里蒂巴市	巴西	
16		杭州市	坎昆市	墨西哥	
17		宁波市	密尔沃基市	美国	
18		宁波市	杰克逊维尔市	美国	
19		宁波市	特拉华州威尔敏顿市	美国	
20		宁波市	休斯敦市	美国	
21		宁波市	桑托斯市	巴西	
22		宁波市	萨里市	加拿大	
23		慈溪市	加州贝克斯菲尔德市	美国	
24		余姚市	沃尔纳特市	美国	
25		温州市	加利福尼亚州匹茨堡市	美国	
26		温州市	本拿比市	加拿大	
27		温州市	帝王郡	美国	
28		温州市	新泽西州尤宁郡	美国	
29		安吉县	艾尔蒙迪市	美国	
30		嘉兴市	印地安纳州布鲁明顿市	美国	

续表

序号	地区	中方城市	对方城市	对方国家	数量
31	美洲（51）	嘉兴市	洛克维尔市	美国	41
32		嘉兴市	昆西市	美国	
33		嘉兴市	坦帕市	美国	
34		嘉兴市	德鲁蒙市	加拿大	
35		桐乡市	安大略省韦兰市	加拿大	
36		嘉善县	明尼苏达州摩瑞斯市	美国	
37		秀洲区	林肯郡	美国	
38		平湖市	华盛维尔市	美国	
39		绍兴市	新泽西州萨默塞特郡	美国	
40		绍兴市	密苏里州开普吉拉多市	美国	
41		绍兴市	加利福尼亚州卡马里罗市	美国	
42		绍兴市	佛罗里达州杰克逊威尔市	美国	
43		绍兴市	贝伦市	巴西	
44		诸暨市	拉朋地市	美国	
45		上虞市	洛克哈特市	美国	
46		衢州市	明尼苏达州雷德温市	美国	
47		台州市	伊基克市	智利	
48		台州市	圣保罗州桑托斯市	巴西	
49		台州市	桑贡萨洛市	巴西	
50		舟山市	加利福尼亚州里士满市	美国	
51		丽水市	罗威市	美国	
52	大洋洲（12）	浙江省	西澳州	澳大利亚	2
53		浙江省	波纳佩州	密克罗尼西亚	
54		杭州市	堪培拉市	澳大利亚	10
55		宁波市	奥克兰大区怀特克里市	新西兰	
56		北仑区	宝活市	澳大利亚	
57		温州市	伊普斯维奇市	澳大利亚	
58		嘉兴市	班布里市	澳大利亚	
59		湖州市	阿拉特市	澳大利亚	
60		绍兴市	白马市	澳大利亚	

续表

序号	地区	中方城市	对方城市	对方国家	数量
61	大洋洲（12）	金华市	高士夫市	澳大利亚	10
62		上虞市	维多利亚州云顿市	澳大利亚	
63		温岭市	昆士兰州洛根市	澳大利亚	
64	欧洲（82）	浙江省	上诺曼底大区	法国	26
65		浙江省	卢瓦尔·歇尔省	法国	
66		浙江省	阿尔卑斯—滨海省	法国	
67		浙江省	新西伯利亚州	俄罗斯	
68		浙江省	车臣共和国	俄罗斯	
69		浙江省	赤塔州	俄罗斯	
70		浙江省	瓦莱达奥斯塔自治区	意大利	
71		浙江省	坎帕尼亚大区	意大利	
72		浙江省	艾米利亚—罗马涅大区	意大利	
73		浙江省	弗里堡州	瑞士	
74		浙江省	提契诺州	瑞士	
75		浙江省	汝拉州	瑞士	
76		浙江省	迦太罗尼亚大区	西班牙	
77		浙江省	阿斯托里亚斯大区	西班牙	
78		浙江省	石荷州	德国	
79		浙江省	西弗兰德省	比利时	
80		浙江省	巴兰尼亚州	匈牙利	
81		浙江省	约克·恒勃大区	英国	
82		浙江省	乌普萨拉省	瑞典	
83		浙江省	下奥州	奥地利	
84		浙江省	卢夫诺州	乌克兰	
85		浙江省	皮尔森州	捷克	
86		浙江省	伊斯特利亚省	克罗地亚	
87		浙江省	西兰岛大区	丹麦	
88		浙江省	萨洛尼卡省	希腊	
89		浙江省	瓦尔纳大区	保加利亚	
90		杭州市	特兰托市	意大利	56

续表

序号	地区	中方城市	对方城市	对方国家	数量
91	欧洲（82）	杭州市	比萨市	意大利	56
92		杭州市	西约克郡利兹市	英国	
93		杭州市	尼斯市	法国	
94		杭州市	卢加诺市	瑞士	
95		杭州市	布达佩斯市	匈牙利	
96		杭州市	喀山市	俄罗斯	
97		杭州市	德累斯顿市	德国	
98		杭州市	奥维耶多市	西班牙	
99		宁波市	维罗纳市	意大利	
100		宁波市	佛罗伦萨市	意大利	
101		宁波市	巴塞罗那市	西班牙	
102		宁波市	维也纳新城市	奥地利	
103		宁波市	北威州亚琛市	德国	
104		宁波市	上诺曼底大区鲁昂市	法国	
105		宁波市	塔尔图市	爱沙尼亚	
106		宁波市	维斯普雷姆市	匈牙利	
107		宁波市	瓦尔纳市	保加利亚	
108		宁波市	斯塔万格市	挪威	
109		宁波市	安特卫普市	比利时	
110		宁波市	诺丁汉市	英国	
111		宁波市	彼得哥什市	波兰	
112		宁波市	敖德萨市	乌克兰	
113		温州市	那不勒斯市	意大利	
114		温州市	普拉托市	意大利	
115		温州市	瓦伦西亚大区阿利坎特市	西班牙	
116		温州市	勒瓦鲁瓦市	法国	
117		温州市	科沃拉市	芬兰	
118		温州市	吉森市	德国	
119		瑞安市	瓦伦西亚大区库耶拉市	西班牙	
120		湖州市	卢瓦亥蒙达尔纪市	法国	

续表

序号	地区	中方城市	对方城市	对方国家	数量
121	欧洲(82)	湖州市	雷嘎纳斯市	西班牙	56
122		长兴县	卡尔马省	瑞典	
123		安吉县	布希圣乔治市	法国	
124		嘉兴市	圣地费尔市	挪威	
125		嘉兴市	里比市	丹麦	
126		嘉兴市	哈勒市	德国	
127		绍兴市	海滨夏隆省鲁瓦扬市	法国	
128		绍兴市	卢瓦尔·歇尔省布洛瓦市	法国	
129		绍兴市	拜罗伊特市	德国	
130		绍兴市	吕贝克市	德国	
131		绍兴市	菲英岛欧登塞市	丹麦	
132		绍兴市	马切拉塔省	意大利	
133		绍兴市	列宁大区	俄罗斯	
134		诸暨市	欧文卡利	瑞典	
135		诸暨市	波里市	芬兰	
136		上虞市	托伦特市	西班牙	
137		金华市	霍拉布隆市	奥地利	
138		金华市	迪恩市	德国	
139		金华市	考沃拉市	芬兰	
140		东阳市	克罗斯特伯格市	奥地利	
141		衢州市	库塔伊西市	格鲁吉亚	
142		衢州市	万纳佐尔市	亚美尼亚	
143		台州市	波尔巴市	葡萄牙	
144		台州市	纳维尔市	法国	
145		椒江区	季米托洛夫市	保加利亚	
146	非洲(9)	浙江省	东开普省	南非	2
147		浙江省	哈博罗内市	博茨瓦纳	
148		杭州市	阿加迪尔市	摩洛哥	7
149		杭州市	开普敦市	南非	
150		宁波市	马拉喀什市	摩洛哥	

续表

序号	地区	中方城市	对方城市	对方国家	数量
151	非洲（9）	宁波市	曼德拉市	南非	7
152		温州市	沃湾市	纳米比亚	
153		温州市	让蒂尔港市	加蓬	
154		金华市	金·威廉姆斯市	南非	
155	亚洲（78）	浙江省	静冈县	日本	11
156		浙江省	福井县	日本	
157		浙江省	枥木县	日本	
158		浙江省	全罗南道	韩国	
159		浙江省	首尔市	韩国	
160		浙江省	布拉干省	菲律宾	
161		浙江省	达尔汉乌勒省	蒙古	
162		浙江省	承天一顺化省	越南	
163		浙江省	彭世洛府	泰国	
164		浙江省	哈瓦利省	科威特	
165		浙江省	沙迦酋长国	阿联酋	
166		杭州市	京都府向日市	日本	67
167		杭州市	岐阜县岐阜市	日本	
168		杭州市	福井县福井市	日本	
169		杭州市	上尾市	日本	
170		杭州市	全罗南道丽水市	韩国	
171		杭州市	庆尚北道庆山市	韩国	
172		杭州市	佛统市	泰国	
173		杭州市	万象市	老挝	
174		杭州市	本格特省碧瑶市	菲律宾	
175		杭州市	勒利德布尔市	尼泊尔	
176		杭州市	贝特谢美什市	以色列	
177		淳安县	奥多摩町	日本	
178		萧山区	山梨县山梨市	日本	
179		宁波市	岛根县益田市	日本	
180		宁波市	长野县上田市	日本	

续表

序号	地区	中方城市	对方城市	对方国家	数量
181	亚洲（78）	宁波市	南砺市	日本	67
182		宁波市	京都府长冈京市	日本	
183		宁波市	全罗南道顺天市	韩国	
184		宁波市	大邱市	韩国	
185		余姚市	全罗南道罗州市	韩国	
186		余姚市	茨城县常陆太田市	日本	
187		象山县	爱媛县吉田町	日本	
188		象山县	瓮津郡	韩国	
189		奉化市	琦玉县入间市	日本	
190		鄞州区	富山县城端町	日本	
191		温州市	广岛县吴市	日本	
192		温州市	仁川广域市中区	韩国	
193		温州市	宫城县石卷市	日本	
194		湖州市	忠清北道清州市	韩国	
195		湖州市	灵岩郡	韩国	
196		湖州市	静冈县岛田市	日本	
197		安吉县	宫之城町	日本	
198		安吉县	全罗南道潭阳郡	韩国	
199		嘉兴市	福井县春江町	日本	
200		嘉兴市	静冈县富士市	日本	
201		嘉兴市	江原道江陵市	韩国	
202		海盐县	福岛县富冈町	日本	
203		海盐县	全罗南道长兴郡	韩国	
204		平湖市	福井县小浜市	日本	
205		绍兴市	富山县福光町	日本	
206		绍兴市	福井县芦原町	日本	
207		绍兴市	兵库县西宫市	日本	
208		绍兴市	枥木县小山市	日本	
209		绍兴市	水原市	韩国	
210		绍兴市	全罗南道丽川郡	韩国	

续表

序号	地区	中方城市	对方城市	对方国家	数量
211	亚洲(78)	绍兴市	汉城市龙山区	韩国	67
212		绍兴市	静冈县富士宫市	日本	
213		诸暨市	象泻町	日本	
214		诸暨市	中央省伦县	蒙古	
215		上虞市	京畿道富川市	韩国	
216		上虞市	茨城县神栖市	日本	
217		新昌县	庆尚南道陕川郡	韩国	
218		绍兴县	全罗南道潭阳郡	韩国	
219		台州市	务安郡	韩国	
220		台州市	福井县敦贺市	日本	
221		天台县	全罗南道和顺郡	韩国	
222		天台县	枥木县岩舟町	日本	
223		临海市	江原道横城郡	韩国	
224		温岭市	大田广域市西区	韩国	
225		衢州市	苏姆盖依特市	阿塞拜疆	
226		衢州市	枥木县佐野市	日本	
227		金华市	枥木县枥木市	日本	
228		舟山市	宫城县气仙沼市	日本	
229		舟山市	伊慕斯市	菲律宾	
230		普陀区	全罗南道谷城郡	韩国	
231		丽水市	静冈县三岛市	日本	
232		龙泉市	康津郡	韩国	

· 知识窗 ·

涉外交往中对外宾的正确称呼

涉外交往中称呼外办应参照以下规则：一般称男士为先生，对已婚女子称夫人，对未婚女子称小姐。如不能确定对方女子婚否，可以称女士。对大使、部长或将军以上官员可以称阁下；对有高级官衔的女士，也可以称阁下。在君主制国家，按习惯称国王、王后，女王为陛下；称王子、公主、亲王为殿下，对有爵位的人可称其爵位。对军人称其军衔，或者军衔加先生。

对学术界人士可以单独以其职称和学位相称，如教授、校长、博士等。与中国以同志相称的国家有朝鲜、越南、老挝、古巴等，对其来访人员可称同志。

部 门 外 事

省 发 改 委

【涉外工作概况】 2009年，浙江省发展和改革委员会(简称“省发改委”)接待来访外宾10余批次、100余人次，其中有英国驻沪总领事馆领事凯灵、澳大利亚驻沪总领事孔陶杰、美国驻沪总领事馆经济领事马迪安、发展中国家应对气候变化官员研修班、第十四期非洲国家高级外交官访华团、澳大利亚西澳州政府发展部常务副部长安·诺兰及美国兰德公司副总裁黛布拉·克诺普曼博士等。成功承办西澳州矿产勘探和开发投资说明会及走进印州——投资合作研讨会；推进省政府与壳牌(中国)有限公司签署战略合作框架协议；与西澳州发展部签署合作备忘录；组团出访澳大利亚、新西兰、马来西亚三国。

【澳大利亚西澳州政府驻华商务总代表访问浙江】 2009年2月10日至11日，澳大利亚西澳州政府驻华商务代表处首席代表庄彬俊一行访问浙江。

10日，庄彬俊一行走访省能源集团，就浙江省与西澳州的能源矿产资源投资开发合作进行专题讨论。省能源集团领导介绍了浙江省能源开发利用现状和对外能源资源开发意向；庄彬俊详细介绍了西澳州的能源矿产资源、开发状况和投资政策等，双方还就浙江省投资开发西澳州的煤矿、天然气、铀矿等进行了深入交流。

11日，庄彬俊一行与杭钢集团、浙江物产国际贸易有限公司、省地质勘探局的代表就与西澳州的铁矿石投资开发合作进行专题讨论。

【英国驻沪领事访问省发改委】 2009年2月11日，英国驻上海总领事馆政治、经济、新闻事务领事凯灵访问省发改委。省发改委综合处和外资处负责人分别向英国客人介绍了浙江经济社会发展情况和浙江省应对国际金融危机采取的措施，双方还就进一步加强双边政府部门和企业间多领域的合作交流交换了意见。

【澳大利亚驻沪总领事访问省发改委】 2009年2月12日，省发改委副主任黄勇会见来访的澳大利亚新任驻上海总领事孔陶杰一行。黄勇介绍了浙江省经济社会发展情况，特别是浙江省为应对国际金融危机采取的一系列积极有力的举措。双方还就加强浙江与澳大利亚的友好交流、推动双边企业投资合作等交换了意见。

【美国驻沪经济领事访问省发改委】 2009年2月26日，美国驻上海总领事馆经济领事马迪安一行访问省发改委。省发改委外资处和综合处负责人分别向美国客人介绍了浙江省应对国际金融危机在扩大内需方面采取的系列举措。双方还就进一步扩大和加强省发改委与美国驻沪总领馆的交流与合作交换了意见。

【英国驻沪商务领事访问省发改委】 2009年3月19日，英国驻上海总领事馆商务领事巴厘·尼克尔森一行拜访省发改委，就英方与浙江省企业在新能源、环保领域的投资与技术合作事宜进行沟通交流。省发改委外资处、能源处、地区处介绍了浙江省对外开放、利用外资以及新能源发展、环保事业发展等情况；英方重点介绍了与浙江省开发风能等新能源合作，推进清洁发展机制项目的合作意向。

【浙江与壳牌（中国）有限公司签署战略合作框架协议】 2009年6月9日，省委常委、常务副省长陈敏尔在省人民大会堂会见壳牌（中国）集团主席林浩光一行，双方签署战略合作框架协议。

合作框架协议明确，抓紧落实中石油股份有限公司·壳牌（中国）有限公司及卡塔尔石油国际公司在台州的炼化一体化项目前期所需各项建设条件，积极协调与有关部门的关系，加快推进该项目的工作进程；省政府支持壳牌（中国）有限公司与杭州燃气集团合资建设杭州天然气管道项目，促成合资企业尽快成立；双方共同研究和探讨浙江省未来能源和石化产业的发展，积极寻找石化领域的潜在合作机会。

【发展中国家应对气候变化官员研修班访问浙江】 2009年6月10日至12日，由中国国际经济技术交流中心组织的发展中国家应对气候变化官员研修班一行20人来浙江访问考察，研修班成员分别来自古巴、牙买加、斐济、纽埃、巴布亚新几内亚、汤加和巴基斯坦等国。

研修班听取了省发改委负责人关于浙江省经济社会发展概况和浙江省应对气候变化相关情况的介绍，参观考察了省能源集团、萧山发电厂天然气项目、杭州锦江绿色能源有限公司和巨化股份有限公司。

【第十四期非洲国家高级外交官访华团访问省发改委】 2009年6月22日，在外交部非洲司中非合作论坛仇伯华大使陪同下，第十四期非洲国家高级外交官访华团一行25人访问省发改委。

省发改委副巡视员谢晓波向非洲客人介绍了浙江省经济社会运行情况，外资处负责人介绍了浙江省概况，双方还就有关投资合作情况进行了交流。

【走进印州——投资合作研讨会】 2009年9月10日下午在杭州香格里拉饭店召开。此次研讨会由省发改委会同省外办、省商务厅共同举办。美国印第安纳州州长米奇·丹尼尔斯率印第安纳州政府及企业家代表一行40人出席研讨会。

研讨会上，印第安纳州政府有关人员详细介绍了印州投资环境及鼓励投资的行业，并解答了浙江企业代表提出的问题。研讨会取得了积极成果，部分省内企业表示有意投资印州，部分项目已开展前期工作。

【澳大利亚西澳州矿产勘探和开发投资说明会】 2009年10月26日在杭州召开。说明会由省发改委与省地质勘查局、澳大利亚西澳州矿产和石油部地质勘探局、西澳州政府驻华商务代表处共同承办。省发改委副主任黄勇、省地勘局副局长蔡剑虹、西澳州矿产和石油地质勘探局助理局长里克·罗杰森博士、西澳州矿产和石油地质勘探局矿产推广处经理高迈·特伦奇博士及省能源公司等16家浙江企业代表共40余人出席会议。

里克·罗杰森博士代表西澳州矿产和石油地质勘探局，对西澳州的基本情况、矿产资源勘探与开发的相关投资程序、法规制度、投资环境、矿产资源状况，以及铁矿、镍矿、金矿、煤矿等主要矿产品种的蕴藏量、分布、勘探开发进展等情况作了详细介绍，并对浙江省企业赴西澳州从事矿产资源勘探和开发的投资机会、投资成本及可能存在的风险等作了重点分析。

【丹麦西兰岛大区发展署官员访问省发改委】 2009年11月18日，西兰岛大区发展署处长克里斯蒂安·普瑞姆德尔一行访问省发改委，省发改委有关负责人向丹麦客人介绍了浙江省经济社会发展概况和能源对外合作情况，双方就今后加强双边交流和投资领域的合作进行了友好商谈。

【美国兰德公司副总裁访问省发改委】 2009年11月20日，省发改委副主任黄勇会见来访的美国兰德公司副总裁黛布拉·克诺普曼博士一行。黄勇向客人介绍了浙江经济社会发展情况。双方就未来在物流、能源和水利建设等领域的研究合作交换了意见。

【省发改委考察团访问澳大利亚、新西兰和马来西亚】 2009年11月22日至12月3日,省发改委副主任黄勇率考察团访问澳大利亚、新西兰和马来西亚,并与三国相关政府部门、行业协会、投行、商会及企业等就双方在能源、矿产资源等方面的投资与合作事宜进行了深入交流。

【省发改委与西澳州发展部签署合作备忘录】 2009年12月4日,省发改委副主任黄勇在省人民大会堂会见澳大利亚西澳州政府发展部常务副部长安·诺兰一行,双方就促进在矿产和能源方面的长期贸易和合作,鼓励双方在加工制造业和服务产业的合作等进行了商谈,并签署《浙江省发展和改革委员会与西澳大利亚州发展部合作备忘录》。

（傅文钢）

省经信委

【涉外工作概况】 2009年4月,根据《浙江省政府机构改革方案》,组建浙江省经济和信息化委员会(简称"省经信委"),不再保留省经济贸易委员会、省信息产业厅、省乡镇企业局。

2009年,原经济贸易委员会组团11批、25人次赴美国、澳大利亚等国家和地区进行培训考察、商务洽谈等活动,派遣6批、6人次参加国家和省有关部门组织的出访团组赴国外考察学习。原省信息产业厅组团出访4批、18人次赴美国、法国等进行考察学习,派遣4批、6人次参加国家和省有关部门组织的出访团组赴国外考察学习。

【英特尔公司与浙江银江电子合资签约】 2009年2月11日,美国英特尔公司和浙江银江电子在杭州举行战略合作发布会,宣布由英特尔全球投资机构——英特尔投资向浙江银江电子注资,双方签署合作协议,在软件创新及优化解决方案方面展开全面合作。根据协议,英特尔将以资金和技术支持银江电子在交通智能化、医疗数字化领域的创新,并在市场开发方面加强合作。此次合作有助于银江电子开拓国际、国内市场,增强企业的市场竞争力。

【省经信委考察团赴捷克、匈牙利考察】 2009年2月17日至27日,应华为技术(捷克)有限公司和华为技术(匈牙利)有限公司邀请,省经信委副主任郑一方率考察团一行4人对捷克、匈牙利进行访问。

考察团在捷克、匈牙利期间,重点考察了华为在东欧的3G工程建设与发展情况,了解华为在捷克、匈牙利两国的3G业务发展和3G增值服务新需求,调研了两国运营商使用华为软交换及服务外包发展情况,进一步寻求浙江省通信及服务业在捷克、匈牙利的发展合作空间。

【杭州市政府与微软中国公司签署合作备忘录】 2009年5月15日,杭州市政府与微软中国公司签署为期三年的战略合作备忘录,以建立密切的合作伙伴关系,促进杭州信息产业加速发展。双方的合作将致力于提高杭州软件企业的创新能力,进一步改善知识产权保护环境,把杭州建设成为创新与知识产权保护模范城市。双方合作的具体内容包括:建立微软(杭州)中心,致力于推动本地IT生态系统的建设,推广使用最新的技术,并培育基于合作备忘录的战略项目;共同推动现有的微软技术中心升级;建立微软(杭州)云计算中心,开发创新技术,满足"软件+服务"时代的需求。

【省经信委考察团赴巴西、智利考察】 2009年5月19日至28日,省人大财经委主任丁耀民率省经信委电力行业节能减排考察团一行6人对巴西、智利两国进行考察访问。其间,考察团与巴西电力环保科技协会、巴西BWP公司和智利公共事业部等就双方电力行业节能减排和电力需求侧管理等情况进行了交流，并就相关合作事宜进行了商谈。

【2009 第二届中国电子服务大会】 2009 年 6 月 7 日在宁波南苑饭店开幕。大会由省经信委、宁波市人民政府、中国互联网协会和浙江大学等单位主办。中国工程院常务副院长、党组副书记潘云鹤院士，国家工业和信息化部信息化推进司副司长张宝泰，浙江省经信委副主任高鹰忠，宁波市委常委、副市长余红艺出席大会并致辞。

本届大会的主题是金融危机下电子服务的创新与挑战，潘云鹤院士、IBM 全球副总裁王阳博士、中国普天信息产业集团总裁邢炜、中国互联网协会副理事长高新民、用友软件股份有限公司副总裁郑雨林等 30 多名国内外电子服务行业的专家、学者，围绕全球金融危机大背景下电子服务产业的发展趋势、电子服务发展中的环境建设、中国电子服务应用推进重点等系列议题进行了深入探讨。

【2009 中英携手创新共拓信息产业未来(杭州)研讨会】 2009 年 7 月 23 日在杭州举行，研讨会由英国投资贸易总署、浙江省经信委共同主办。英国投资贸易部部长戴维斯和副省长金德水到会致辞。省政府党组成员、省经信委主任汤黎路出席会议，并代表省经信委与英国投资贸易总署签署《关于建立长期战略合作关系备忘录》。

此次会议旨在加强浙江省和英国在信息通信产业(ICT)领域内的双边交流及合作。来自英国的 BT、沃达丰、AMINO 等 18 家 ICT 企业和省内的浙江电信、浙江移动、杭州华三、东方通信等 50 余家 ICT 企业以及相关政府部门的 120 多名代表参加会议，双方 ICT 企业负责人还进行了一对一的商务洽谈和项目对接，寻求合作机会。双方就在信息通信产业领域建立紧密合作关系达成共识。

【省经信委赴英培训前期考察团赴英考察】 2009 年 11 月 5 日至 15 日，应英国诺丁汉大学邀请，原省经贸委组织的赴英培训前期考察团一行 3 人赴英国考察。其间，考察团与英国有关学校、企业，就企业经营管理人员赴英国培训团在英国培训期间的培训内容、考察内容、形式、时间等进行了座谈交流，并签署相关协议。

【省经信委企业经营管理培训团赴英培训】 2009 年 11 月 22 日至 12 月 11 日，应英国诺丁汉大学邀请，浙江省企业高层经营管理人员企业经营管理培训团赴英国进行培训学习。其间，除了学习理论知识外，学员们还实地考察了当地知名企业，并与企业高层管理人员就当前全球金融风暴下企业高层主管如何转变思路、应对挑战等问题进行了座谈交流。

（朱　嵘）

附表 1　2009 年原省经贸委主要出访团组

序号	出访时间	出 访 团 组	团　长	人数	出访地点
1	2 月	经贸考察	王昌友	4	南非
2	5 月	立法考察	周日星	10	澳大利亚、新西兰
3	9 月	合作洽谈考察	汤黎路	5	巴西、智利、秘鲁
4	11 月	商谈培训项目	许永土	4	英国、瑞士

附表 2　2009 年原省信息产业厅主要出访团组

序号	出访时间	出访团组	团长	人数	出访地点
1	5 月	信息安全保障及电子监察机制建设交流与合作	楼志鸣	6	英国、瑞典
2	12 月	通信与信息服务业发展交流与合作	高鹰忠	4	意大利、法国
3	12 月	无线电监管交流与合作	胡蓓姿	4	英国、瑞士
4	12 月	信息技术职业教育交流与合作	池美华	4	美国、加拿大

省教育厅

【涉外工作概况】　2009 年，浙江省教育厅(简称“省教育厅”)接待外宾 23 余批、330 余人。

全省高校系统各类出国留学人员 752 人，其中国家公派 52 人、单位公派 324 人、自费出国 376 人；各类留学回国人员 554 人，其中国家公派留学回国 38 人、单位公派留学回国 275 人、自费留学回国 241 人。此外，有 229 位在国外工作的学者利用假期回省内高校从事形式多样的教学与科研活动。

全省外国留学生 8217 人，比上年增长 11.1%。其中：长期生 6727 人，占总数的 82%；学位生 2727 人，比上年增长 21.4%。全省聘请长期外国文教专家 189 人次、短期专家 589 人次、外籍教师 1731 次，这些外国专家和教师主要来自美国、加拿大、澳大利亚、英国、日本、德国、法国和韩国等国家，其中 11 人获得 2009 年度浙江省“西湖友谊奖”。选派 2 名教师到英国有关院校教授中国文化，接收 11 名英国的项目学生担任外教助理。新建孔子学院 3 所，全省在国外举办的孔子学院已有 11 所。

2009 年，全省中外合作办学机构和项目共招收新生 10569 人次，其中：博士生 27 人，硕士生 747 人，本科生 2013 人，专科生 1074 人，非学历高等教育 506 人，中等职业教育 22 人，普通高中 1265 人，幼儿园 1015 人，其他非学历培训 3900 人次。

【编制完成浙江省高等职业教育中外合作办学五年发展规划】　2009 年 2 月，《浙江省高等职业教育中外合作办学五年发展规划(2009 年～2013 年)》正式发布执行。这是全国首个省级高等职业教育中外合作办学发展规划。

【省高校高层次人才交流与合作访问团访问美国和加拿大】　2009 年 4 月 12 日至 22 日，以副厅长褚子育为团长的浙江省高校高层次人才交流与合作访问团一行 10 人访问美国、加拿大。

访问团考察了美国斯坦福大学、加州大学伯克利分校、戴维斯分校和加拿大多伦多大学及杜威学院，听取了当地教育专家的介绍，并就加强高层次人才交流与合作等问题与对方进行了深入的讨论。代表团还与浙江工业大学等高校在戴维斯分校进行访学、从事博士后研究的教师及留学生代表进行了座谈。

作为本次出访的重点任务之一，代表团参加了省政府在旧金山、纽约和多伦多举办的三场浙江省海外高层次人才恳谈会，褚子育在恳谈会上介绍了浙江省高等教育取得的成就和引进海外高层次人才的优惠政策。共有 175 名海外高层次人才与浙江省高校进行洽谈，有 15 人签订了协议，28 人明确了引进意向，6 人有意申报国家和省相关高层次人才培养计划。

【浙江省摩根清寒优秀奖学金颁奖仪式】　分别于 2009 年 5 月 12 日、15 日在丽水缙云和台州天台举行。为激励家庭生活贫困、学习成绩优秀的浙江省中小学学生，美籍华人陈摩根每年出资7.6万元人民币奖励114名高中、初中、小学学生。2009年是第一年，陈摩根专程前往缙云、天台参加颁奖仪式，出席颁奖仪式的还有省政协、省教育厅以及缙云、天台两县的县政府和教育局领导。浙江省摩根清寒优秀奖学金具体事务由省教育国际交流协会负责执行。

【浙江省中外合作办学研讨会】 2009年6月17日至18日在杭州召开，有关高校教务和外事部门负责人近60人参加会议。研讨会总结交流了高校中外合作办学的经验，探讨了存在的问题，研究解决问题的办法。

【第一届长三角教育国际协作研讨会】 2009年6月18日至20日在宁波召开。研讨会由省教育厅承办，江苏省、上海市和浙江省教育厅(委)外事部门的领导和代表共19人参加会议。教育部国际交流与合作司副巡视员徐永吉专程到会指导。省委教育工委副书记、省教育厅副厅长蒋胜祥主持会议并作主题发言。

研讨会上，两省一市代表围绕本省、市教育国际化特点作了交流发言，对如何促进长三角教育国际协作发展进行了深入讨论。与会代表一致认为，江浙沪协作机制的建立将对长三角地区外向型教育国际化起到推动作用，筹建长三角教育国际化协调机构、构建多渠道的信息交流平台、实现教育资源优势互补等是长三角地区教育国际协作工作的重要内容。

会议期间，与会代表参观了宁波诺丁汉大学，并就中外合作办学的有关问题进行了座谈。会议商定，长三角教育国际协作年度研讨会将在江浙沪三地轮流举办。

【美国爱荷华州议会国际关系委员会主席访问省教育厅】 2009年6月22日，省教育厅副厅长鲍学军会见来访的美国爱荷华州议会国际关系委员会主席戴若尔·比尔一行。双方介绍了各自经济社会发展状况，特别是教育发展的基本情况，并就加强两省州教育交流与合作进行了深入交谈，初步达成进一步开展教育合作的意向。

【省政府设立来华留学生奖学金】 2009年6月23日，浙江省人民政府批准设立浙江省政府来华留学生奖学金，额度为500万元/年。省教育厅、省财政厅出台《浙江省政府来华留学生奖学金管理办法》。奖学金每年评审一次，主要对优秀外国学生和学者在浙江省学习期间的学费、生活费、住宿费等进行补助。

【汉语桥——美国中小学校长访华团访问浙江】 2009年6月25日至28日，由国家汉办组织的“汉语桥——美国中小学校长访华之旅”一行96人来浙江省交流访问。

6月26日，省教育厅在浙江教育大厦举办中美中小学校长论坛，全省近60所中小学校长参加。省教育厅巡视员张绪培应邀出席论坛，并就浙江省基础教育的发展、现状和未来作主旨演讲。

美方校长与中方校长及教师代表进行了广泛的交流并达成共识，双方加深了对双方国家教育情况的了解。美国中小学校长们还分别参观了杭州市第十四中学、杭州市第十三中学、杭州市学军小学，游览了西湖风景名胜。

【汉语桥——英国中学生夏令营在杭州举办】 2009年7月19日，由浙江省教育国际交流协会承办的汉语桥——英国中学生夏令营在杭州英特外国语学校开幕。英国国王中学等5所中学的71名师生参加了此次活动，其中3名学生先后感染甲型H1N1流感，在组织单位和营地学校的周密安排下，疫情得到有效控制，各项活动有序展开，夏令营活动于7月25日结束。

【省教育国际交流协会与美国全球印第安纳教育交流协会签订合作意向书】 2009年10月16日，浙江省教育国际交流协会与美国全球印第安纳教育交流协会在杭州举行教育合作意向书签字仪式。浙江省教育国际交流协会常务副会长蒋胜祥与美国全球印第安纳教育交流协会当选主席克里斯·麦格鲁出席签字仪式并签署合作意向书。合作意向书确定了双方在学术交流、学生活动和人员培训等方面开展合作交流的框架性意见。

【爱尔兰驻华大使在杭举办推介会】 2009 年 10 月 18 日至 23 日，爱尔兰驻华大使戴克澜·凯勒何一行 4 人访问浙江。

21 日下午，戴克澜·凯勒何一行在杭州举办爱尔兰推介会，就爱尔兰的教育、经济发展、投资环境、经济多样化战略和欧盟成员国地位等进行了详细推介。来自省内高校的 30 余名与会代表与爱尔兰代表进行了深入交流，并对双方开展教育国际合作与交流的可能性进行了探讨。

【新加坡职业和技术教育代表团访问省教育厅】 2009 年 10 月 23 日，省教育厅副厅长蒋胜祥在浙江教育大厦会见新加坡职业和技术教育代表团蔡顺强一行 13 人，并参加了浙新高等职业教育座谈会。当天下午，代表团访问浙江育英职业技术学院、杭州职业技术学院，实地了解两校教学和实训设施情况，双方就开展合作办学、师生交流等进行了洽谈，达成初步意向。

【澳大利亚默多克大学教育代表团访问省教育厅】 2009 年 11 月 12 日，省教育厅副厅长李鲁在浙江教育大厦会见澳大利亚西澳州默多克大学副校长马丁和国际部项目主任汉屈克一行，双方就浙江工业大学、浙江传媒学院与默多克大学合作进展状况以及 2010 年上半年在澳大利亚珀斯召开两省州高校校长论坛事宜进行了交流和商讨。

【浙江省外国留学生第三届“梦行浙江”暨省政府来华留学生奖学金颁奖典礼】 2009 年 12 月 18 日在浙江大学玉泉校区举行。此次活动由省教育厅、省委外宣办、省外办、省广电集团联合主办。省委常委、宣传部长黄坤明等领导出席，并向获得首届浙江省政府来华留学生奖学金的留学生代表颁奖。省有关部门和近 20 所高校的领导出席颁奖典礼，并观看了近 150 名来华留学生的才艺表演。

19 日至 20 日，参加演出的来华留学生参观了杭州良渚文化博物馆、省外国留学生教育基地——余姚中学、河姆渡遗址博物馆以及宁波北仑港。

【制定实施中外合作办学质量评价体系】 为进一步规范中外合作办学管理、提高质量、促进健康发展，2009 年，省教育厅制订《浙江省高等专科教育中外合作办学项目办学质量评议指标体系》，并于 11 月首次组织专家组对全省 13 所高校的 23 个高等专科教育中外合作办学项目进行办学质量检查，检查结果良好。

（钱晓晴）

省科技厅

【涉外工作概况】 2009 年，浙江省科学技术厅（简称“省科技厅”）组织 18 批、28 人次赴国（境）外进行业务考察、培训，与国外科研机构、大学以及企业开展科技合作；组织实施国际科技合作项目 78 项，引进一批技术，经过消化、吸收、再创新，形成一批自主知识产权；接待 20 多批外国官员、专家学者、友好人士和驻华使领馆官员；举行 10 多场科技论坛、研讨会、展览会；举办全省科技外事管理干部培训班，60 多名科技外事管理人员参加学习。

【浙江医学专家参加中俄医学高科技领域合作记者招待会】 2009 年 1 月 16 日，应俄罗斯驻华大使馆和俄罗斯费德洛夫眼显微外科综合体邀请，省科技厅对外科技合作处调研员张健率浙江大学医学院附属第二医院眼科中心和温州医学院专家一行 5 人，赴京参加俄罗斯驻华大使馆召开的中俄医学高科技领域合作记者招待会。中国卫生部和科技部代表，俄罗斯费德洛夫眼显微外科综合体专家组、哈尔滨医科大学、大庆市人民医院、重庆市第三人民医院等单位代表参加记者招待会。与会各单位代表介绍了中俄医学合作进展、近期中俄眼科合作计划等。

会后，浙江大学医学院附属第二医院眼科中心和温州医学院专家与俄罗斯费德洛夫眼显微外科综合体代表就浙俄医学领域科技合作事项进行会谈。

俄罗斯费德洛夫眼显微外科综合体由设在莫斯科的总部和11家附属机构组成，其眼科手术和新技术应用水平在俄罗斯处于领先地位，每年治疗30万个病人，有85%的病人采用先进技术和最新科学成果进行治疗。

【俄罗斯科学院西伯利亚分院代表团访问省科技厅】 2009年2月6日，省科技厅厅长蒋泰维会见来访的俄罗斯科学院西伯利亚分院学术秘书长拉亚霍夫院士一行。双方回顾了近几年来，特别是2007俄罗斯·中国浙江周以来中俄科技合作取得的成效。双方表示要继续推动科技合作，促进产业转型升级。会见后，嘉兴市科技局、嘉兴科技城、嘉兴中俄科技转化中心代表与拉亚霍夫等进一步探讨了筹建中俄科技园的相关事宜。浙江工业大学浙江俄罗斯机械化学联合实验室、杭州电子科技大学、温州联合研究院、玉环圣固铸造有限公司等单位代表，就感兴趣的项目分别与客人进行交流洽谈，内容涉及中医药、电子、设备制造、冶金等领域。拉亚霍夫承诺，回国后将把浙江提出的合作意向转达给相应的研究所负责人。省科技厅副厅长罗卫红参加会谈并向客人赠送省科技厅组织编译的《俄罗斯科学院西伯利亚分院科技成果选编》。

2月7日，拉亚霍夫一行赴嘉兴参观中俄科技转化中心合作项目中试生产线。

【瑞典温德公司总经理访问省科技厅】 2009年2月10日，省科技厅副厅长罗卫红会见来访的瑞典温德网络技术公司总经理斯特凡及市场总监刘从岩一行。该公司是中国长三角·欧洲波罗的海国际技术转移中心网络技术供应商。罗卫红向客人介绍了浙江的经济、科技工作，特别是科技政策，以及浙江省科技网站建设情况。斯特凡一行参观考察了浙江省科技信息研究院的网络设备及运行情况，并与信息院有关技术人员探讨了建设中国长三角·欧洲波罗的海国际技术转移中心网络的技术细节。

【加拿大艾伯塔省科技代表团访问省科技厅】 2009年2月27日，加拿大艾伯塔省高教科技部执行主席黎辉河率科技代表团访问省科技厅。省科技厅副厅长罗卫红会见黎辉河一行。她简要回顾了两省签署科技合作备忘录以来的工作进展情况，提出了两省开展合作的重点领域与合作方式。双方认为，可先从生物技术、能源环保以及医疗卫生领域开展科技合作。双方还对两省科技合作具体事宜进行了商讨，并表示，将为促成两省科技合作项目提供必要的资助。

当天，黎辉河一行赴杭州易邦生物工程有限公司和杭州师范大学生物医药中心进行实地考察，该中心专业技术人员介绍了与艾伯塔省科技合作项目的进展情况。

【第二十二届中国(浙江)国际科研、医疗仪器设备技术交流展览会】 2009年3月18日至21日在杭州浙江世界贸易中心举行。展览会展出面积5000平方米，设展位265个。美国通用、雅培、强生、贝克曼库尔特，日本东芝、日立、富士、奥林巴斯，德国西门子、莱卡、蔡司、德尔格、贝朗，荷兰飞利浦，法国生物梅里埃，意大利百胜，瑞士倍力曼，丹麦雷度，韩国拜斯倍斯，中国香港威士达、深圳买瑞、浙江省医疗器械公司等国内外100多家知名企业参展，展出国际最先进的科研和医疗仪器设备，共有1万多名专业人员前来参观、交流、洽谈，总成交额约2亿元人民币。展会期间，举办了第一届中国(长三角)国际医疗科技创新及应用论坛，应邀参加的国内外专家与长三角地区的医院及相关单位代表举行了多场小型专业研讨会。

【西班牙阿斯图里亚斯大区经济发展协会会长访问省科技厅】 2009年3月26日，省科技厅副厅长丁康生会见来访的阿斯图里亚斯大区经济发展协会会长维克多·马努尔·贡扎勒斯·马罗金一行。维克多此行旨在探讨与浙江省在人员交流、科技创新、校际交流、港口等领域开展合作的可能性。丁康生向维克多一行介绍了浙江省科技情况及科技厅主要职能，并建议发挥双方作用，推动两省区大专院校、科研院所、企业开展国际科技合作。双方还探讨了新能源项目合作的可能性。

【中意政府委员会意方协调员访问省科技厅】 2009年4月2日，省科技厅副巡视员王宏理会见中意政府委员会意方协调员范义澜一行。此次范义澜一行来浙访问，主要是探讨与浙江省在节能、环保、建筑、生物医药等领域开展合作的可能性。王宏理向意方介绍了浙江省在这些领域和纺织等其他行业的优势和需求，希望将合作落实到中意双方的企业、大学和科研院所。他还邀请意大利其他大区与浙江省合作。

【浙江省首期援密沼气示范项目投入使用】 2009年4月4日，浙江省无偿援助密克罗尼西亚联邦政府(简称“密克”)第一个沼气示范项目在密克波纳佩州马德连林市欧瓦中学点火成功，原本污染环境的猪粪等废弃物转化成清洁的沼气能源。至6月中旬，浙江省在密克波纳佩州和丘克州共建成4个沼气工程示范点，并在中国援密示范农场建造1项沼气工程。诸暨市农村能源技术推广站在密克的援建专家举办了两场说明演示会，帮助当地用户尽快掌握沼气生产和使用技术。密克政府高级官员、中国驻密克大使刘菲、美国驻密克使馆人员和社会各界人士参加了演示会。密克一些民间团体参观沼气示范项目后表示，愿意出资出力，希望能在当地继续修建沼气工程。联合国开发计划署驻密克机构主动与中国驻密克使馆联系，建议由该署出资，在密克推广这项沼气技术，以应对全球气候变暖和能源危机。该项目已进入申请受理阶段。

【太湖源镇现代林业国际科技合作基地揭牌成立】 2009年4月17日，揭牌仪式在临安市观赏竹种园举行。科技部国际合作司原驻澳大利亚大使馆科技参赞徐海，省科技厅党组成员、纪检组长李凤英出席揭牌仪式并讲话。省林业厅代表、杭州市科技局、临安市政府领导及相关部门负责人参加揭牌仪式。

太湖源镇是典型的山区镇。近年来，该镇在依靠科技创建“生态经济强镇、环境优美名镇、文明和谐富镇”的实践中，与加拿大国际发展研究中心、国际示范林网络中心、国际林业研究中心、国际竹藤组织、中国林业科学院、中国人民大学、浙江林学院、智利国家林业研究所、菲律宾竹业协会等10余家大专院校和研究机构合作，实施国内外科技项目25项，涉及山区森林可持续经营、新农村建设、非木质林产品开发等现代林业领域。先后举办国际培训班9期，68个国家的1668名官员、专家、学者参加考察和培训。通过项目实施，太湖源镇成为全国闻名的环境优美乡镇、山区生

◎太湖源镇现代林业“国际科技合作基地”揭牌仪式在临安市举行

态经济同步发展典型、浙江省可持续发展实验区、杭州市现代农业科技示范园区、国际示范林示范点、国际非木质林产品和森林可持续经营培训基地。

【美国太平洋企业集团基金董事长访问浙江】 2009年4月23日，美国太平洋企业集团基金董事长兼总裁克里斯多弗·鲍尔一行访问浙江。

当日，鲍尔一行考察了浙江节能实业发展有限公司。

美国太平洋企业集团基金是全球最大、历史最悠久的私募股权投资基金之一，主要投资方向包括清洁能源和环保、消费品生产和销售、工业制造和物流等。鲍尔一行来浙访问，旨在加深对浙江省的了解，促成设立合作基金，开展投资浙江省企业拓展海外并购等方面的合作。

【匈牙利国家渔业研究所所长访问省科技厅】 2009年5月20日，省科技厅副厅长邱飞章会见来访的国际著名水产养殖专家、匈牙利国家渔业、水产养殖与灌溉研究所所长拉斯洛·瓦拉迪一行。双方在会谈中一致认为，中、匈两国的水产养殖业面临着水资源短缺、环境保护、饲料涨价等众多因素的挑战，两国科学家在水产养殖等领域具有互补性，合作潜力很大。

访浙期间，拉斯洛·瓦拉迪一行拜访了浙江省海洋与渔业局，考察了浙江省淡水水产研究所，双方就学术研究、项目合作和人员交流等问题进行了交流与洽谈，拉斯洛·瓦拉迪并为省淡水所科技人员作两场学术报告，与所领导及该所科研团队就双方开展中国主要淡水养殖品种环境友好型养殖关键技术研究项目进行了深入的讨论，并达成合作意见。双方签署项目合作会谈备忘录，就互派青年科技人员进行学习与进修等问题达成共识。

拉斯洛·瓦拉迪一行还赴浙江南太湖淡水水产种业有限公司、浙江璟宝饲料有限公司及徐缘渔庄生态养殖示范基地进行实地考察。

【浙江加州国际纳米研究院第一届理事会第三次会议】 2009年6月17日在杭州召开。中方理事长、浙江大学校长杨卫，美方理事长罗依·杜曼尼及理事会理事10人出席会议。副理事长、省科技厅厅长蒋泰维参加会议并讲话。会议主要议程是研究确定部分理事调整问题，听取并审议纳米研究院工作报告。理事会充分肯定纳米研究院所做的工作，希望纳米院紧紧围绕“国际合作”和“产业拓展”开展现有资源整合与优化工作，推进纳米研究院可持续发展。

会后，浙江大学副校长吴朝晖和美国加州大学洛杉矶分校副校长凯瑟琳·安·艾奇逊签订UCLA－ZCNI专利技术转移协议。UCLA－ZCNI专利技术转移以美国加州大学洛杉矶分校1500多项可产业化专利技术为基础，通过纳米研究院进行技术转移。

【俄罗斯、白俄罗斯专家参加中国(温州)科技成果交易会】 2009年6月19日至21日，俄罗斯科技创新署、俄罗斯科学院远东分院、俄罗斯费德洛夫眼显微外科综合体，以及白俄罗斯科学院的10位专家，由俄罗斯科技创新署国际合作局副局长库普里欣和白俄罗斯科学院对华合作委员会秘书列奥诺夫带队，携200多项机械制造、节能环保、电子技术、新材料、医学等领域的高新技术成果，参加2009中国(温州)科技成果交易会。

交易会期间，俄罗斯和白俄罗斯两国专家分别与温州等地58家单位开展项目对接洽谈。华中科技大学温州先进技术研究院、浙江温州轻工研究院与俄罗斯科学院远东分院化学研究所等单位签订一批合作项目，达成一批合作意向，意向销售额900万美元。压缩空气用过滤器、生物降解聚合物薄膜、太阳能模板、太阳能转换器等与节能环保相关的技术和低温超导变压器等电气技术为合作洽谈重点。

【浙江可再生能源发展——能源领域合作机遇研讨会】 2009年10月9日在德国柏林市政厅举

行，本次研讨会是2009年第七届柏林亚太周的一项子活动，由浙江省科技厅、德国弗劳恩霍夫应用研究促进协会共同主办。分主题报告、项目对接、考察交流三个阶段进行。浙江代表团由21家单位、25位代表组成，包括太阳能、建筑节能、农村能源、生物质能、能源管理等领域专家和企业家以及政府代表。德国方面组织弗劳恩霍夫应用研究促进协会所属5家研究所、8位专家与浙江代表团进行合作交流和项目对接。浙江代表团还参加了柏林亚太周组委会举办的建筑节能和光伏发电两个专场报告会。会后考察了弗劳恩霍夫协会化学研究所。

【古巴国务委员会科技顾问访问浙江】 2009年10月14日，古巴国务委员会科技顾问菲德尔·卡斯特罗·迪亚斯一行访问浙江。迪亚斯等此行主要目的是，实地考察并了解浙江省科技事业发展成就和古巴与浙江省科技合作现状，探讨进一步深化双边科技合作关系。

15日上午，迪亚斯一行访问浙江大学紫金港校区，参观浙江大学科技展览馆。浙江大学校长杨卫会见来宾，双方就科学技术和人才培养等合作进行会谈。

当天中午，副省长金德水会见迪亚斯一行。金德水简要介绍了浙江省经济、社会特别是科技事业发展情况。他指出，迪亚斯一行来访，有助于推动古巴与浙江的科技合作，增进古巴人民和浙江人民的友谊。

【浙俄新材料项目对接会】 2009年10月21日至23日，由中国工程院、中国有色金属学会、俄罗斯联邦科学与教育部、俄罗斯科学院巴依科夫冶金材料研究院等单位联合举办，嘉兴学院承办的第十届中俄双边新材料新工艺研讨会在嘉兴市召开。中方13名院士、俄方6名院士，以及近200名国内外专家出席会议。科技部副部长曹健林、副省长金德水、嘉兴市副市长柴永强等到会祝贺。本届会议主题是材料研究和应用新进展与新机遇，内容涉及有色金属、钢铁、航空、化工、医疗和建材等多个领域。

23日，由省科技厅、嘉兴学院、嘉兴市科技局主办，浙江省对外科学技术交流中心承办的浙俄新材料新工艺项目对接会在嘉兴博雅酒店举行。俄罗斯科学院25位专家、学者，中国有色金属学会副理事长钮因健、秘书长杨焕文，全省70余位企业家、专家、学者出席项目对接会。会上，俄罗斯8位专家进行新材料科技术项目推介后，浙俄双方进行项目对接、交流洽谈，浙俄各研究单位和企业根据自身的研究方向和研究领域提出了今后合作研究课题，双方达成一批合作意向。

【科技外交官浙江行】 2009年10月24日至27日举行。此次活动旨在加强和推动地方国际科技合作与交流，充分利用中国驻外使领馆科技机构信息资源，引进国外先进技术和科技人才，提高地方企业引进、消化、吸收和再创新能力，促进地方经济全面协调发展。活动由省科技厅、衢州市政府主办，浙江省对外科技交流中心、衢州市科技局承办。

中国驻美国、欧盟、乌克兰使领馆的科技外交官介绍了所驻国(组织)科技发展趋势、政策，高新技术产业发展特点以及国际科技合作情况，提出科技合作建议，并与参会代表进行互动交流。衢州地区50多家企业、研究机构，以及周边地区科技局分管国际科技合作的领导及合作处负责人参加会议。

科技外交官在浙期间，还赴义乌、东阳等地考察。

【省科技厅与芬兰国家技术创新局签订科技合作谅解备忘录】 2009年10月26日，芬兰国家技术创新局局长韦利·佩卡·萨尔尼瓦拉率团访问浙江。省科技厅副厅长寿剑刚会见来访的芬兰客人，双方就开展双边科技合作进行会谈。

寿剑刚向客人简要介绍了浙江省经济、科技、社会发展情况，科技现状及相关科技政策。他指出，芬兰国家技术创新局和浙江省科技厅可以为双方企业、科研院所和高校开展科技合作搭建桥梁，提供服务。他建议芬兰国家技术创新局和浙江省科技厅都要指定固定联系人，开展定期会晤和交流，建立完善的工作机制，以保证双方合作能够切实有效地开展。

萨尔尼瓦拉简要回顾了芬兰和中国近年来科技合作与进展情况。他说，浙江地处中国经济最活跃、科技创新能力较强的长三角地区，芬兰国家技术创新局希望能够与浙江开展科技合作，实现互利共赢。

会谈结束后，寿剑刚与萨尔尼瓦拉共同签署科技合作谅解备忘录。

【中小企业科技创新与技术诊断——日本专家浙江行】 2009年11月5日在杭州举行。此次日本专家浙江行活动由省科技厅和日本枥木县产业劳动观光部、静冈县产业部、福井县产业劳动部主办，浙江省对外科技交流中心、枥木县技术士会、静冈县日中友好协议会、福井县商工会议所承办。包括摩托车发动机设计、伺服电机、模具加工、河流整治与河道建设、精密机械、齿轮制造、弹簧加工、经营战略和工厂规划等领域的20位日本技术和管理专家，与浙江省各地50多家企业代表和相关大学院所专家进行了交流和对接。浙江省对外科技交流中心与日本枥木县技术士会签署技术交流备忘录。会后，日本专家赴嘉兴等地的对口企业进行交流洽谈和技术诊断。

【美国百森商学院院长访问省科技厅】 2009年11月9日，省科技厅厅长蒋泰维会见来访的美国百森商学院院长伦纳德·施莱辛格一行。蒋泰维向客人介绍了浙江省经济、科技发展情况。他指出，浙江经济活跃，民营经济尤为发达，涌现了许多优秀企业家。但浙江企业普遍存在创新人才不足、企业管理层人员创新意识不强、创新理念滞后等现象，百森商学院可以为浙江企业特别是科技型企业高管提供培训。

伦纳德·施莱辛格对此表示赞同。他说，美国百森商学院非常重视与浙江的合作，浙江中小企业众多，市场潜力巨大。百森商学院愿意与浙江省科技厅一起，对浙江科技型企业高管进行培训深造。

美国百森商学院成立于1919年，在创业学领域和创业管理等方面处于全球领先地位。浙江省曾与该院合作举办过企业家培训班。

【以色列工贸部代表团访问省科技厅】 2009年11月12日，省科技厅厅长蒋泰维会见来访的以色列驻上海总领事杰基·阿尔丹和以色列工贸部代表团。

蒋泰维简要回顾了浙江与以色列的科技交流情况，着重介绍了浙江科技城有关情况，并向以色列企业、科研院所、研发机构以及科学家等发出诚挚的邀请，欢迎他们到浙江来投资创业，浙江将为他们提供良好的创业环境和相关的优惠政策。

杰基·阿尔丹认为，以色列和中国关系密切。中国人民在二战时期对犹太人的帮助让以色列人民一直感恩在心，中国人民是以色列人民永远的朋友。浙江是以色列的重要合作伙伴，以色列非常乐意和浙江开展多领域合作，并表示将向国内有关部门报告浙江科技城情况。

以色列工贸部官员介绍了以色列首席科学家办公室，以及以色列工贸部产业研发中心的职能。双方就如何开展双边科技合作进行了探讨，希望择机签订科技合作备忘录。

【中德计算机虚拟交互仿真实验室揭牌】 2009年11月15日，揭牌仪式在杭州电子科技大学举行。德国弗劳恩霍夫协会主席布陵格和省科技厅厅长蒋泰维共同为实验室揭牌。中德计算机虚拟交互仿真实验室由杭州电子科技大学和德国弗劳恩霍夫协会工业工程与经济组织研究所共同组建，引进德国虚拟现实交互软件平台和先进位置跟踪系统。

揭牌仪式上，蒋泰维对布陵格先生率团参加中德计算机虚拟交互仿真实验室揭牌仪式表示欢迎。他说，近年来浙江经济、科技迅速发展，走在全国前列。他希望双方加强沟通，优势互补，开展多种形式的合作与交流，共同举行专题性活动。

揭牌仪式后，蒋泰维和布陵格就进一步发挥各自优势，深化双边合作等事项举行会谈。

【省农科院等单位国际科技合作基地授牌仪式】 2009年12月9日在浙江省农业科学研究院举行。浙江省农业科学研究院、浙江工业大学、中国水稻研究所分别获得科技部“国际科技合作基地”称号。科技部国际科技合作司司长靳晓明，省科技厅厅长蒋泰维，浙江工业大学党委书记汪晓村、副校长马淳安，浙江省农业科学研究院副院长孟智启，中国水稻研究所副所长李西明参加授牌仪式。

授牌仪式上，靳晓明发表讲话。蒋泰维对上述三家单位获得科技部“国际科技合作基地”称号表示祝贺，并感谢科技部对浙江省国际科技合作工作的高度重视和大力支持。他强调，在经济和科技全球化背景下要强化国际科技合作，以提升自主创新能力和科研水平。

【百名海外清华学子浙江行】 2009年12月21日至25日在杭州举行。省委书记、省人大常委会主任赵洪祝，清华大学党委常务副书记、副校长陈旭，副省长金德水等在21日上午的启动仪式上致辞。省委常委、组织部长斯鑫良主持仪式。省领导李强、吴国华、徐辉，清华大学校务委员会副主任岑章志等出席启动仪式。

为加快引进海外优秀留学人才到浙江创业创新，提升浙江省的自主创新能力，省科技厅和清华大学海外校友组织邀请60余位海外清华学子带着科研项目或成熟技术来到浙江，与浙江省科技、产业界专家进行对接。60余位海外清华学子中，包括新材料、新能源、物联网、生物医药等多个领域的拔尖人才。

赵洪祝在讲话中对海外清华学子来浙江表示欢迎。他强调，根据中央实施的引进海外高层次人才“千人计划”的总体部署，浙江省决定从2009年起实施海外高层次人才引进计划，用5至10年时间引进并重点支持300名左右的战略科学家、科技领军人物和创业人才等海外高层次人才。

陈旭感谢浙江省一直以来对清华大学的大力支持。她希望海外学子能在浙江落地、开花、结果，为建设创新型国家和推动浙江经济转型升级作出积极贡献。会上，中国驻美国旧金山总领事馆参赞董建龙致辞，省科技厅厅长蒋泰维介绍了此次活动的总体情况，海外清华学子代表牛海辉、于江涛等发言。

21日下午至25日，参加海外清华学子浙江行的海外留学生分别赴杭州临安青山湖科技城、嘉兴和宁波鄞州区等地考察洽谈。

（张　健）

省高级人民法院

【外事工作概况】 2009年，浙江省高级人民法院(以下简称“省法院”)应邀组织或参加出访团组8批、92人次，分别赴美国、加拿大、墨西哥、德国、澳大利亚、埃及、南非等国家和地区参加考察和培训；接待来自美国、韩国、日本、澳大利亚、东盟等国家和地区的客人6批、64人次。送达涉外司法文书539件，其中对外送达313件。

【澳大利亚昆士兰州最高法院法官代表团访问省法院】 2009年5月11日，澳大利亚昆士兰州最高法院法官代表团一行8人访问省法院。

省法院副院长高杰会见并宴请代表团。双方就中国物权法、法官如何确保法条适用与司法实践的一致性、知识产权案件审理中经济赔偿的金额计算等问题进行了座谈。双方表示，要进一步加强和推进司法交流与合作，不断加深和促进中澳两国法官的友谊。

昆士兰州最高法院法官戴博拉·穆斯林及约翰·穆依尔还分别以知识产权审判工作的若干问题、民事案件的举证方法为主题，为在浙江省法官进修学院培训的法官授课。

【美国旧金山高等法院法官访问省法院】 2009年5月22日，美国旧金山高等法院资深华裔法官郭丽莲、邓孟诗访问省法院。省法院院长齐奇会见并宴请郭丽莲、邓孟诗。齐奇对她们为中美司法交流所做的工作表示感谢，希望两位法官为中美之间的司法交流多作贡献。她们表示，愿意为加强中美之间的司法交流架起沟通的桥梁，巩固和发展两国间司法领域交流与合作的成果。

副院长俞新尧参加会见和宴请。

【浙江省法官代表团赴埃及、南非考察】 2009年6月2日至11日，应埃及司法部国际合作和文化事务司、南非开普敦高级法院邀请，省法院副院长童兆洪率浙江省法官代表团一行6人访问埃及和南非，就法院的组织体制、司法运作模式，特别是国际金融危机下如何在规范经济秩序、防范金融风险方面发挥司法职能作用，婚姻家庭纠纷案件的审判、执行以及提高办案效率的措施等专题与对方进行广泛的交流。代表团还参观了审判法庭，旁听了案件庭审。

【浙江省法官代表团赴德培训】 2009年7月9日至30日，省法院执行局副局长、执行实施处处长徐亚农率浙江省法官代表团一行24人，赴德国进行以大陆法系强制执行制度为主题的培训。

培训期间，代表团先后到北威州高等法院、汉堡高等行政法院、汉堡大学、莱茵伯格律师事务所、汉堡地方法院、柏林司法部、洪堡大学、柏林地方法院、莱比锡地方法院、ISAR教育公司和慕尼黑地方法院等单位进行学习考察，并与德方进行了业务交流。

【浙江省法官代表团访问美国、加拿大】 2009年8月3日至12日，以省法院机关党委副书记、政治部副主任戴忠祥为团长的浙江省法官代表团，赴美国、加拿大进行以司法政务管理为主题的交流与考察。

考察期间，代表团参观了美国哥伦比亚特区上诉法院和高等法院、洛杉矶高等法院、夏威夷高等法院，加拿大B·C省高等(上诉)法院和高等(审判)法院的立案大厅、审判法庭等法院设施，旁听了哥伦比亚特区高等法院刑庭、社区法庭、家事法庭的案件庭审，观摩了案件流程管理操作，并与哥伦比亚特区高等法院大法官萨特菲尔德·李、加拿大温哥华林主光律师事务所主任林主光，就法院案件管理、信息技术运用、法官和其他工作人员的教育培训、司法便民举措、法官与律师的关系等专题进行交流。

【日本律师联合会代表团访问省法院】 2009年9月21日，日本律师联合会代表团一行20人访问省法院。

省法院副院长童兆洪会见代表团一行，双方就中日企业破产法的异同问题进行了座谈。双方表示，在国际金融危机影响下，就企业破产法进行座谈交流很有意义，有利于共同应对企业破产对经济发展的影响。双方还就共同关心的破产企业公司管理人组成、申请企业破产债权人与债务人的比例及外商或合资企业自行申请破产等问题进行了交流。

【美国国际开发计划署代表团访问省法院】 2009年9月21日，省法院副院长童兆洪会见来访的美国国际开发计划署代表团。童兆洪代表省法院对美国客人表示欢迎，并简要介绍了省法院审判工作情况。双方就可能的合作领域交换了意见并进行深入交流。

【省法院法警总队长随团赴法国、希腊考察】 2009年10月26日至11月4日，省法院法警总队长张京随最高人民法院警务考察团赴法国、希腊考察，了解法国、希腊司法警察的历史、现状以及机构、体制、编制、警衔制度，比较中国和法国、希腊司法警察的职责和职权管理的异同，观摩了两国开庭审判，了解履行押解、看管、安全检查、维护审判秩序等职责的方式和程序，考察司法警察提押被告人时与监狱的衔接情况。

【浙江省法官代表团访问美国、加拿大和墨西哥】 2009年10月

27日至11月7日，应美国新泽西州高等法院特派首席法官约兰德·赛肯、加拿大安大略省上诉法院资深司法官员约翰·H·科隆姆坎普、墨西哥城高级法院院长爱德加·爱立亚的邀请，省法院审判委员会专职委员童志兴率浙江省法官代表团一行5人赴加拿大、美国、墨西哥，进行以金融危机下的司法应对为主题的司法考察。

考察期间，代表团一行分别与三国的法官进行了座谈，着重就当前金融危机下的司法应对，法院机构、人事和行政事务管理，司法制度和司法改革的主要情况和未来趋势等问题进行了交流。

【“中国—东盟法律培训基地”第三期东盟研修班学员来浙江培训】 2009年11月2日，“中国—东盟法律培训基地”第三期东盟研修班学员来浙江培训，省法官协会副会长、省法院政治部主任林一会见并宴请研修班学员。省法院办公室副主任陈中平向研修班学员介绍了中国的审判制度以及浙江法院审判工作情况。双方还就弱势群体的司法救助、民商事案件调解、案件质量监督、判例在审判工作中的应用等问题进行了座谈交流。研修班学员参观了审判法庭，亲身体验了数字法庭的建设成果，增进了对浙江法院推行阳光司法的认识。

【韩国法官代表团访问省法院】 2009年11月20日，韩国首尔高等法院审判长朴彻率韩国法官代表团访问省法院，省法院副院长高杰会见并宴请代表团一行。双方就金融危机对司法的影响、司法研究对审判工作的指导、法官教育培训等内容进行了交流。

【浙江省法官代表团赴澳大利亚培训】 2009年11月28日至12月18日，省法院审监庭庭长楼旭萌率浙江省法官代表团一行23人赴澳大利亚墨尔本皇家理工大学，进行以金融危机下企业纠纷多元化速裁机制为主题的培训。

培训期间，代表团参观考察了墨尔本地方法院、维多利亚州高等法院、昆士兰州联邦地方法院、布里斯班中级法院、新南威尔士州中级法院和澳大利亚联邦高等法院，分别就澳大利亚法律体系、公司法和破产法以及金融危机背景下企业纠纷的解决机制等课题，与当地法官等进行座谈和交流，并旁听了布里斯班中级法院一企业纠纷案件的庭审。

【浙江省法官代表团赴美国培训】 2009年12月4日至24日，应美国巴尔的摩大学邀请，以浙江法官进修学院副院长吴道富为团长的法官代表团一行21人，赴美国进行以中美司法审判制度比较为主题的培训和交流。

代表团对美国的立法、行政、司法三权分立体制，联邦与州的司法体系，刑事、民事、行政审判机制，司法监督机制，法官的选任、任免与惩戒机制以及法官独立审判和司法廉洁保障机制等课题进行了全面考察，并先后到马里兰州、纽约州、加利福尼亚州的不同法院与法官进行交流；现场观摩了安纳波利斯市巡回法院民事案件初审庭审、纽约曼哈顿区刑事法庭刑事初审和上诉审庭审；到美国联邦司法中心专题考察了美国联邦法院的法官培训制度；并与美国联邦律师协会、哥伦比亚特区律师协会座谈，听取律师参与诉前调解的经验介绍。

【全省法院外事工作座谈会】 2009年12月11日在杭州举行。会议主要传达第二次全国法院外事工作会议精神，总结三年多来全省法院外事工作经验，研究部署今后外事工作任务。省法院副院长童兆洪在会上讲话，最高法院外事局局长刘合华、出访处处长刘铭到会指导。

全省各中级法院、宁波海事法院分管领导和外事工作部门负责人参加会议。

（徐亦男）

省检察院

【涉外工作概况】 2009年，浙江省人民检察院(简称“省检察院”)组织检察考察团2批、12人次，分别赴巴西、阿根廷、秘鲁、澳大利亚、韩国访问考察；接待新加坡来访团组1批、5人次。另外，副检察长刘建国率省政府新闻发布工作考察团赴瑞典、挪威、丹麦考察；副检察长张雪樵参加中共中央统战部的第45期党外领导干部行政管理高级研修班赴瑞典培训；省检察院反贪局局长黄生林在中共中央党校学习期间参加中国青年干部赴日考察团赴日本考察。

2009年，接受最高人民检察院交办，省检察院办理国际司法协助案件2件，办理香港廉政公署个案协查案件3件。

【协助哈萨克斯坦总检察院调查取证】 2009年，哈萨克斯坦总检察院请求中国最高人民检察院就某刑事案件提供司法协助。根据外方的协查委托，犯罪嫌疑人、原哈萨克斯坦中央电力运输有限公司市场与销售经理科鲁别夫涉嫌的犯罪事实涉及多家浙江企业，高检院于4月20日将该案交省检察院办理。省检察院会同杭州市、宁波市人民检察院，到相关企业和人员处进行了调查取证，于9月20日完成协助调查取证工作。

【浙江省检察代表团访问巴西、阿根廷和秘鲁】 2009年10月13日至24日，应巴西里约州司法部检察院、阿根廷布宜诺斯艾利斯省司法部检察院和秘鲁ICA省检察院邀请，以省检察院检察长陈云龙为团长的浙江省检察代表团一行6人，对巴西、阿根廷、秘鲁三国进行访问考察。

代表团分别访问了巴西里约州司法部检察院、阿根廷布宜诺斯艾利斯省司法部检察院和秘鲁ICA省检察院，考察了三国的检察制度；同时，通过对刑事政策的研讨，交流了双方在惩治犯罪、保障人权方面的经验。

【新加坡检察代表团访问省检察院】 应最高人民检察院邀请，新加坡总检察长温长明(按副总理级接待)率团于2009年10月19日至26日对中国进行友好访问。其间，代表团于10月22日至24日在杭州访问了省检察院。

受检察长陈云龙委托，省检察院副检察长刘晓刚会见温长明一行，双方就共同关心的问题进行了深入的探讨和交流，表达了进一步加强交流和合作的愿望。温长明表示，将加强双方检察工作合作，共同打击跨境犯罪行为。

【浙江省检察代表团访问澳大利亚和韩国】 2009年12月8日至17日，应澳大利亚新南威尔士州检察总署、韩国庆尚北道知事的邀请，以省检察院反渎职侵权局局长陈春玉为团长的浙江省检察代表团一行6人，对澳大利亚、韩国进行访问考察。

访问期间，代表团分别与澳大利亚新南威尔士州检察总署、韩国大邱地方检察厅、首尔地方律师协会，就各自的法律体制、检察机关职能、检察官职责和运作模式及律师参与刑事诉讼等进行了座谈；并通过专题交流、旁听案件等，进一步加深了对澳大利亚、韩国两国法律制度和检察体制的了解。代表团重点考察了两国恢复性司法实践，通过借鉴其相关成熟经验，探索包括社区矫正、保安处分、刑事和解等各种方式的恢复性司法在中国实施的可能性。

（莫舟强）

省公安厅

【涉外工作概况】 2009年，浙江省公安厅(简称“省公安厅”)接待国外来访团组18批、236人次；派遣36批次、51人次出国(境)访问、考察和培训。继续巩固与澳大利亚西澳州警察厅的友好关系。

【阿联酋国家安全情报总局代表团访问浙江】 2009年2月15日至16日，应公安部邀请，以反恐怖局局长贾希姆·祖阿比为团长的阿联酋国家安全情报总局代表团一行4人，在公安部反恐怖局副局长宋锡军陪同下访问浙江。

15日晚，省公安厅副厅长凌秋来会见代表团一行。

【第二期巴勒斯坦主席府卫队官兵培训班在杭州举行】 2009年3月2日至6月1日，由商务部主办、浙江警察学院承办的国家对外人力资源开发项目——第二期巴勒斯坦主席府卫队官兵培训班在杭州举行。3月2日，省公安厅政治部主任华乃强出席开学典礼并致辞。

培训班以特别行动、反恐、格斗、巷战、战术射击、攀登和特种驾驶等内容为重点，对学员进行了系统、全面、深入的训练。

【澳门保安司代表团访问浙江】 2009年5月11日至15日，应公安部邀请，以司法警察局局长黄少泽为团长的澳门特别行政区保安司代表团一行11人来浙江访问。省公安厅副厅长、杭州市委常委、市公安局局长柯良栋，省公安厅副厅长凌秋来分别会见代表团全体成员。

在浙期间，代表团参观了省公安厅物证鉴定中心，考察了杭州市和湖州市城乡的社区警务管理工作。

【澳门治安警察局代表团访问浙江】 2009年5月25日至29日，应公安部邀请，以治安警察局代局长李小平为团长的澳门特别行政区治安警察局代表团一行10人来浙江访问。省公安厅副厅长凌秋来会见代表团全体成员。

在浙期间，代表团先后赴杭州市公安局特警支队、景区分局南山派出所以及宁波市、舟山市参观考察。

【非洲国家中高级警官研修班在浙江举办】 2009年6月7日至28日，由公安部承办的国家援外人力资源开发项目——非洲国家中高级警官研修班在浙江警察学院举办。研修班共有36名官员，分别来自布隆迪等18个非洲国家。研修班官员围绕中国的经济社会发展、法律制度建设和警务实践等进行了研修。

研修班官员还考察了浙江、上海、北京等地的警务工作和经济及文化建设。

【巴基斯坦内政部代表团访问浙江】 2009年6月10日至11日，应国务委员、公安部部长孟建柱邀请，巴基斯坦内政部部长马立克率代表团一行9人，在公安部国际合作局副巡视员王传旗和中国驻巴基斯坦大使馆警务联络官的陪同下访问浙江。

10日晚，省委常委、政法委书记、公安厅厅长王辉忠在浙江西子宾馆会见代表团一行，省公安厅副厅长董晓伟参加会见。

【德国易制毒化学品管制代表团访问浙江】 2009年6月24日至27日，应公安部邀请，德国联邦药品医疗品研究所易制毒化学品处处长罗安妮率代表团一行5人，来浙江参观考察易制毒化学品管制工作。

代表团在浙期间，与省公安厅禁毒总队进行了业务会谈，参观考察了浙江省易制毒化学品管理系统、杭州吴山广场“6·26”禁毒宣传活动、浙江普洛康裕制药有限公司，并演示了德方携带的易制毒化学品检测仪器。

24日，省公安厅副厅长董晓伟会见代表团一行。

【澳大利亚西澳州警察厅代表团访问浙江】 2009年7月21日至23日，以副厅长格雷·崔伯格斯为团长的澳大利亚西澳州警察厅代表团一行3人访问浙江。

21日，省公安厅副厅长陈重天会见代表团一行。

代表团在浙期间，参观了浙江警察学院、杭州市公安局指挥中心和杭州市公安局景区分局南山派出所。

【浙江省公安考察团访问西班牙和塞尔维亚】 2009年8月20日至29日，应塞尔维亚内政部、西班牙马德里警察局邀请，省公安厅副厅长陈重天率考察团一行6人，赴西班牙、塞尔维亚考察。其间，考察团就打击非法移民活动的工作机制和运作模式，涉外情报信息的收集、分析、研判工作，涉外案(事)件的查处工作，外国人入出境、居留和就业管理工作，以及开展警察培训等内容进行了考察。

【中国—欧盟易制毒化学品管理

研讨会代表访问浙江】 2009年10月24日至29日，国家禁毒办、欧盟税务、欧盟海关总司联合在杭州举办易制毒化学品管理研讨会。欧盟委员会、德国、法国、比利时和荷兰易制毒化学品管理专家17人参会，与中方交流易制毒化学品管制工作模式和学习借鉴对方先进管理经验。浙江省禁毒办领导在研讨会上作了浙江省易制毒化学品管理经验介绍，杭州新锐公司和浙江普洛康裕制药有限公司分别介绍了信息系统研发、企业自律及与政府部门的配合协作等。

26日，省公安厅副厅长董晓伟会见外方代表。

【缅甸内政部代表团访问浙江】 2009年11月6日至8日，应公安部邀请，以内政部副部长蓬瑞为团长的缅甸内政部代表团一行10人访问浙江。

在浙期间，代表团参观考察了舟山、宁波等地的警务工作。省公安厅副厅长徐定安陪同考察。

【2009警察与科学“执法规范化”国际讲坛】 2009年11月15日至17日在杭州举办。此次讲坛由公安部法制局、国际合作局和浙江省公安厅主办，浙江警察学院承办，来自澳大利亚、加拿大、德国、英国和美国的8名专家出席讲坛，介绍了其所在国警察执法的经验、做法，与中国代表共同探讨规范化的执法制度、执法机制、执法保障体系等问题，探索国际执法支持机制、国际执法合作途径和模式。

其间，外国专家考察了杭州市公安局景区分局南山派出所、安吉县公安局等。

【塔吉克斯坦国家安全委员会出入境管理培训班】 2009年11月16日至28日在杭州举办。培训班由公安部国际合作局主办，浙江警察学院承办，塔方派出14名出入境管理和边防管理工作人员参加。公安部出入境管理局、省公安厅及浙江警察学院领导、专家与塔方人员一起，就出入境管理等课题进行了深入的研讨和交流。其间，培训班学员还赴杭州、上海和厦门等地考察了中国警务工作。

【澳大利亚联邦警察代表团访问浙江】 2009年11月22日至23日，以首席运营武官安德为团长的澳大利亚联邦警察代表团一行7人访问浙江。23日，代表团出席2009年严重犯罪管理课程(MOSC)开课仪式。省公安厅副厅长董晓伟会见代表团一行。

MOSC是澳大利亚联邦警察针对高级警官开设的培训、研修项目，2007年，该项目被引进杭州，由浙江警察学院与澳大利亚警方联合承办该课程。

【新加坡警察总监、国际刑警组织主席访问浙江】 2009年11月27日至29日，新加坡警察总监、国际刑警组织主席邱文晖率代表团一行7人访问浙江。

27日晚，省委常委、政法委书记、公安厅厅长王辉忠在浙江西子宾馆会见代表团一行，省公安厅副厅长徐定安出席会见。28晚，省公安厅副厅长、杭州市委常委、市公安局局长柯良栋会见代表团一行。

访浙期间，代表团考察了杭州市公安局景区分局南山派出所等。

【浙江省公安考察团访问美国、加拿大和古巴】 2009年11月28日至12月10日，应美国司法部司法研究所、美国纽约和新泽西亚裔执法顾问委员会、加拿大本拿比市政府、古巴内务部的邀请，省公安厅副厅长董晓伟率考察团一行6人赴美国、加拿大和古巴考察。

考察团对美国、加拿大、古巴等国的现代警务工作运行模式、监狱管理与犯罪矫正、新型毒品犯罪打击与预防、监管工作的管理方法和机制等进行了考察。

【浙江省公安考察团访问美国、加拿大和韩国】 2009年12月4日至15日，应加拿大温哥华警察局、美国旧金山警察局、韩国庆尚北道政府的邀请，省公安厅副巡视员朱志华率考察团一行5人赴三国考察。

考察团就加拿大、美国和韩国警方在预防犯罪、社区警务等方面的工作理念、工作机制、工作方法等进行了考察。

【浙江省公安考察团访问俄罗斯和匈牙利】 2009年12月7日至16日，应俄罗斯内务部、匈牙利布达佩斯警察总局的邀请，省公安厅副厅长凌秋来率考察团一行6人赴俄罗斯、匈牙利考察。

考察团就输油气管道安全保护立法及执行程序、政府有关职能部门和管道企业对管道保护工作的职责分工情况、管道保护工作(占压隐患整改及社会治安防控和消防管理方面)的经验做法等对两国进行了考察。

【乌兹别克斯坦反恐培训班】 2009年12月8日至22日在浙江警察学院举行，由公安部承办。乌兹别克斯坦警方10名官员来华参加培训。省公安厅政治部主任华乃强为培训班官员授课。

【东盟与中日韩执法人力资源开发研讨会】 2009年12月13日至18日在杭州举办，由公安部和省公安厅共同主办，浙江警察学院承办。东盟秘书处、东盟成员国和日本、韩国的26名高级执法官员，以及公安部，有关省、市公安厅、局国际合作部门和公安院校的领导参加会议。省公安厅政治部主任华乃强出席研讨会。

(陈凌德)

省司法厅

【涉外工作概况】 2009年，浙江省司法行政系统接待来自澳大利亚、日本、文莱、柬埔寨、印度尼西亚、老挝、马来西亚、缅甸、菲律宾、新加坡、泰国、越南等国和中国香港特别行政区的访问团组5个、68人次；应邀出访澳大利亚、新西兰、德国、美国、加拿大、古巴、秘鲁、巴西等国家和香港共15个团组、46人次。

【省司法厅干部随司法部团组赴德国培训】 2009年2月7日至27日，应德国阔博工业服务公司邀请，浙江省司法厅(简称“省司法厅”)选派厅纪委副书记蔡祥华随司法部团组前往德国进行廉政建设和行政监察知识专题培训。

【日本矫正协会代表团访问浙江】 2009年2月19日至20日，日本矫正协会会长但木敬一一行7人访问浙江。省司法厅副厅长、省监狱学会会长葛炳瑶，省监狱管理局政委吕昭华陪同代表团参观访问了浙江省女子监狱。

【省司法厅干部随司法部团组赴美国培训】 2009年3月28日至4月18日，应美国马里兰大学行为与社会科学学院邀请，省司法厅选派厅办公室主任朱小明随司法部团组前往美国进行司法行政系统外事领导干部培训。

4月18日至5月6日，应美国伊利诺伊大学厄本那—香槟分校邀请，省司法厅选派浙江省十里丰监狱监狱长王震随司法部团组前往美国进行监狱长业务培训。

11月7日至28日，应美国马里兰大学行为与社会科学学院邀请，省司法厅选派浙江省第五监狱政委陈慰忠随司法部团组前往美国进行监狱长业务培训，学习考察美国监狱管理体系、监狱分类、监狱建设标准、罪犯管理与矫正方式、矫正人员配置、矫正资金来源与保障、罪犯劳动、轻罪惩罚等，参观了美国联邦监狱局、有关联邦监狱和州监狱。

【省司法厅干部赴澳大利亚、新西兰考察非诉讼调解工作】 2009年4月21日至30日，应澳大利亚新南威尔士州地方法院和新西兰威多摩市政府邀请，省司法厅副巡视员韩麦田一行6人前往澳大利亚和新西兰，对两国的非诉讼调解的基本架构、程序、方法及法律效力，以及非诉讼调解与司法审判之间的衔接和联系等进行考察。

【省司法厅干部赴古巴、秘鲁和巴西考察】 2009年5月31日至6月11日，应古巴全国法律家联盟、秘鲁托瓦尔·巴德阿莱斯律师事务所和巴西索萨·班代拉律师协会邀请，省司法厅副厅长吴强军一行5人前往古巴、秘鲁和巴西，考察上述三国律师在应对国际金融危机中发挥的作用，了解有关的律师制度以及律师参与企业重整重组、为化解企业债务危机提供法律服务等情况。

【浙江警官职业学院加强与国外同行的交流】 2009年6月26日至7月5日，应浙江警官职业学院邀请，澳大利亚查尔斯特大学戈本警察学院院长罗丝玛丽·乌尔斯顿、博士山技术与继续教育学院教授安玛丽·古德曼到浙江警官职业学院进行参观访问和学术交流。

8月3日至8日，应澳大利亚查尔斯特大学警察学院和博士山技术与继续教育学院邀请，浙江警官职业学院选派副院长钱美兰等6人前往澳大利亚考察交流，访问查尔斯特大学警察学院，考察其办学特点和管理模式；访问博士山技术与继续教育学院，考察该院职业教育体系的特点、办学理念，以及如何围绕行业标准进行课程开发和教学。

11月25日至30日，应美国伍斯特州立学院邀请，浙江警官职业学院一行6人前往美国，学习考察伍斯特州立学院在教育教学管理、教学质量监控、师资管理等方面的经验。

◎浙港联合举办浙江企业涉外法律服务系列洽谈会

【浙港联合举办浙江企业涉外法律服务系列洽谈会】 2009年7月17日，省律师协会邀请香港律师会17位资深律师，并联合省贸促会、省国际商会，在杭州共同举办浙江企业涉外法律服务系列洽谈会。浙江企业代表、浙江律师及香港律师代表共150余人参加会议。浙港两地律师结合涉外法律实务经验，向与会的近百家主要从事出口贸易的浙江企业代表介绍了可行的法律解决方案，并提供面对面的法律咨询服务。

【省司法厅干部赴港进行司法交流培训】 根据省司法厅与香港特别行政区政府律政司2004年1月签署的《法律服务合作协议书》，省司法厅选派厅律师管理处和基层工作处的两名业务骨干，于2009年9月1日至12日赴香港特别行政区政府律政司交流培训。

在港期间，两人对香港律政司的职能、司法制度、律师制度、立法制度和法律援助工作等进行了较为系统、全面的考察了解；与香港高等法院法官座谈，并旁听观摩了庭审活动；与香港立法会、香港大学、廉政公署的专家就立法程序、法学教育和建设廉洁高效政府等问题进行了广泛的交流；考察了香港白沙湾惩教所，听取有关情况的介绍；考察了香港律师会、大律师公会、律师事务所，双方就律师和律师事务所管理等进行了深入讨论。

【第二届中日律师协会法律研讨会】 2009年9月20日在杭州举行。此次研讨会由中华全国律师协会和日本律师联合会共同举办，浙江省律师协会承办，研讨会以律师在应对国际金融危机中的作用为主题。日本律师联合会会长宫崎诚，中华全国律师协会会长于宁、副秘书长冯秀梅，省司法厅副厅长吴强军，浙江省律师协会会长章靖忠以及来自中日双方律师界的百余位代表参加研讨会。会上，中日律师就破产法的重要地位、基本制度和跨境破产合作等问题,进行了广泛深入的研讨。

【中国一东盟法律培训基地研修班学员访问省律师协会】 2009年11月2日,参加由中国法学会举办的第三期中国一东盟法律培训基地研修班的学员一行19人访问浙江省律师协会,考察了解浙江省律师业概况和浙江省律师拓展服务社会、经济、文化生活等领域的工作情况。19名学员来自文莱、柬埔寨、印度尼西亚、老挝、马来西亚、缅甸、菲律宾、新加坡、泰国和越南等东盟国家。

【浙江警官学院干部随教育部团组赴德国培训】 2009年11月8日至12月6日,应德国国际继续教育与发展协会邀请,浙江警官职业学院副院长金川随教育部组织的"高职院校领导海外培训项目团"前往德国培训,通过专题讲座、专业研讨、交流访谈、顶岗实习、课堂观摩等研修活动,全面学习和了解德国职业教育体系的特点、发展趋势,以及德国职业院校的运作与管理特点、质量保证体系等。

【省司法厅干部赴加拿大、美国考察社区矫正工作】 2009年12月27日至2010年1月5日,应加拿大多伦多士嘉堡大学和美国加州大学戴维斯分校邀请,省司法厅副厅长葛炳瑶一行6人赴加拿大和美国,就两国的社区矫正制度、机构、管理模式及工作情况等进行学习和考察。

(陈俊伟)

省武警总队

【罗马尼亚宪兵部队代表团访问浙江】 2009年12月5日至6日,以宪兵特种警卫部队司令格鲁亚上校为团长的罗马尼亚宪兵部队代表团一行9人,在武警部队外事办公室主任朱文军等陪同下访问武警浙江省总队。其间,省武警总队总队长王安平少将会见并宴请代表团,参谋长金林炎大校陪同代表团游览了杭州的风景名胜。

(杨统昆)

◎第二届中日律师协会法律研讨会在杭州举行

省人力社保厅

【德国卡尔杜伊斯堡公益中心副总经理访问浙江】 2009年3月20日,德国卡尔杜伊斯堡公益中心副总经理哈顿·毕克等一行3人访问浙江。省外国专家局局长黎雯会见代表团。双方回顾总结了前期合作情况,并就进一步开展国际人才交流合作进行了洽谈。

【西班牙阿斯图里亚斯大区经济发展协会会长访问省人事厅】 2009年3月25日,西班牙阿斯图里亚斯大区经济发展协会会长维克多·马努尔·贡扎勒斯·马罗金等一行10人拜会省人事厅(4月15日以后改为省人力资源和社会保障厅,简称"省人力社保厅")。省人事厅副厅长袁中伟、省外国专家局局长黎雯等与客人就浙江省与阿斯图里亚斯大区加强国际人才交流和项目合作进行了友好会谈。

访浙期间，访问团与浙江工业大学进行了合作交流项目对接和洽谈。

【挪威行政与改革部国务秘书访问浙江】 2009年3月31日至4月3日，挪威行政与改革部国务秘书文琦·林霍尔姆(副部长级)率团一行4人访问浙江。省人事厅厅长乐益民、副厅长李为、省外国专家局局长黎雯等向客人介绍了浙江省行政机构设置及改革等有关情况。

在浙访问期间，代表团还考察了杭州市高新技术开发区(滨江)行政中心，并赴绍兴市和嘉善县考察。

【韩国首尔市在杭举办友好交流会】 2009年4月10日至11日，韩国首尔市市长吴世勋率代表团一行23人访问浙江。10日下午，代表团在杭州举办2009浙江—首尔友好交流会。会上，吴世勋及有关官员对首尔市经济、人才、旅游等情况进行了推介。国家外国专家局教科文卫专家司司长赵立宪、省外国专家局局长黎雯及浙江省部分市人事部门负责人应邀参加交流会。

11日，省人事厅副厅长袁中伟等与吴世勋一行就进一步加强浙江与首尔市人才合作交流进行友好会谈。中国对外友好协会秘书长罗勤、省外办副主任陆国灏等参加会谈。

【海外高层次人才恳谈会】 2009年4月12日至21日，浙江省在美国旧金山、纽约和加拿大多伦多等地举办引进海外高层次人才恳谈会。省内34家大专院校、科研院所和企事业单位参加此次招聘活动，共推出高层次人才需求岗位1239个、科技项目合作需求91个。850余名海外高层次人才参加了三地恳谈会。恳谈会达成海外高层次人才引进意向426个，当场确定引进海外高层次人才15名，谈成合作和创业的科技项目11个。省国际人才交流协会分别依托国家外国专家局驻美国旧金山、加拿大多伦多代表处，建立了海外高层次人才工作联络站。代表团还与海外人才组织机构签订12个人才与科技国际交流合作意向书。

【第三届长三角(上海)外国文教专家供需见面会】 2009年4月26日在上海举办。见面会由浙江省外国专家局、上海市外国专家局、江苏省外国专家局及国家外国专家局国外人才信息研究中心联合举办。两省一市的60余家外国文教专家聘请单位参加见面会，推出149个招聘岗位，需求外国文教专家483人。来自美国、英国、加拿大、德国、日本、澳大利亚、法国等32个国家和地区的171名外籍专业人才到会应聘。

【2009浙江—香港现代服务业高端人才招聘会】 2009年5月23日在香港举办。招聘会由省委组织部、省人力社保厅、省人民政府港澳事务办公室联合举办。省内银行、交通、航运、旅游等行业以及高校的46家现代服务业知名企事业单位参加现场招聘活动，推出高层次岗位400多个，教育、科技、经济等方面的合作项目20余个，香港1300余名高端人才前来应聘，153人当场与浙江省参会单位达成聘用意向。

【第十一届浙洽会海外人才智力引进系列活动】 2009年6月8日至12日，在第十一届浙洽会期间，省人力社保厅会同宁波市人事局，组织举办了海外人才智力技术项目对接合作洽谈会等活动，共邀请英国、法国、比利时、意大利、韩国等9个国家11个专家组织和人才中介机构的12名代表参会。各市、有关部门和企事业单位共推出412个引智项目进场对接洽谈，达成合作意向287项。副省长龚正专门会见了应邀参会的外国专家组织和人才中介机构的代表。

【美国REGENT大学国际领导学院助理院长访问浙江】 2009年8月2日，省委组织部副部长姚志文、省外国专家局局长黎雯会见来访的美国REGENT大学国际领导学院助理院长朱丽安·斯纳克一行，双方就促进浙江省有关部门的培训和与 REGENT 大学的交流合作事宜进行会谈。

3 日上午，美国 REGENT 大学在杭州金溪山庄举办国际培训项目座谈会。会上，朱丽安·斯纳克等介绍了该大学的基本情况以及人才项目培训情况。省委组织部、省经信委、省国资委、省工商联、省贸促会、省中小企业局、省外专局等相关部门负责人及杭州钢铁集团等企业人力资源部负责人共 10 余人参加座谈会。与会双方就开展国际人才培训合作的可行性进行了探讨。

【越南内务部长访问浙江】 2009 年 8 月 11 日至 13 日，以越共中央委员、组织部副部长，越南内务部部长陈文俊为团长的代表团一行 9 人访问浙江。代表团与省人力社保厅就政府机构改革、公务员管理及政府公共服务等进行了业务交流。

【韩中文化经济友好协会会长访问浙江】 2009 年 8 月 21 日至 23 日，韩中文化经济友好协会会长金英爱等一行 8 人访问浙江。省外国专家局局长黎雯及有关人员与客人就加强浙江与韩国间的国际人才交流和合作进行了友好交谈。省国际人才交流协会与韩中文化经济友好协会签署人才项目合作协议。

【30 名外国专家获“西湖友谊奖”】 2009 年 9 月 24 日，省政府在杭州举行 2009 年度浙江省外国专家“西湖友谊奖”颁奖大会，省人力社保厅厅长乐益民主持颁奖大会。副省长陈加元为获奖专家颁奖并讲话。国家外国专家局副局长李兵应邀出席大会并致辞。省政府副秘书长施利民宣读省政府授予 30 名外国专家“西湖友谊奖”的决定。获奖的 30 名在浙工作的外国经济技术和文教专家中，包括经济技术专家 18 人、文教专家 12 人，分别来自美国、德国、韩国、日本、澳大利亚、英国、意大利等 12 个国家。

省教育厅、省外办等有关厅局、各市人事部门负责人参加颁奖大会。

【土耳其中东行政学院代表团访问浙江】 2009 年 12 月 8 日至 10 日，土耳其中东行政学院副院长卡米尔·比尔根等一行 11 人访问浙江。

在浙期间，省人力社保厅副厅长李为、省外国专家局局长黎雯、省公务员局副局长傅七宝及有关人员与土耳其代表团进行了业务座谈。座谈会上，李为向代表团简要介绍了近年来浙江省经济社会发展，以及公务员管理制度方面的情况。双方就公务员的录用、考核、培训等方面的问题进行了深入的交流与探讨。

代表团一行还考察了杭州市西湖区政务办事大厅和嘉兴市的公务员管理等。

【2010 年浙江省外国专家迎新茶话会】 2009 年 12 月 28 日下午在浙江宾馆举行。省政府办公厅、省外办、省公安厅、省经信委、省教育厅、省科技厅、省新闻办、省卫生厅、省农业厅等部门领导与在浙工作的 120 余名外国专家及其配偶出席茶话会。省人力社保厅厅长乐益民致新年贺词，向关心、支持和参与浙江经济建设、社会事业发展的外国专家，以及致力于促进浙江省与世界各国人民友谊与合作的外国朋友及其家人致以新年的祝福。会上，外国专家代表和省艺术职业技术学院的师生共同表演了文艺节目。招待会由省外专局局长黎雯主持。

（奚灵平）

省国土资源厅

【涉外工作概况】 2009 年，浙江省国土资源厅（简称“省国土资源厅”）执行出访任务 9 批、26 人次，其中参团 6 批次、8 人次，组团 3 批次、18 人次。接待来自澳大利亚、智利、玻利维亚、哥伦比亚、阿根廷、墨西哥、乌拉圭和赤道几内亚等 8 个国家的外宾 3 批、21 人次。

【澳大利亚西澳州政府官员访问省国土资源厅】 2009 年 7 月 20 日，澳大利亚西澳州政府土地资讯管理局国际总监阿诺德·王访问省国土资源厅。副厅长王永民会见客人。双方就进一步落实土地信息管理合作备忘录内容、加强土地信息管理合作等事宜进行了友好会谈，计划在土地信息系统建设、土地资源保护和管理、矿产资源开发管理等方面开展考察培训，进一步推动双方的合作与交流。

在浙江省·西澳州交流委员会第3次会议上，省国土资源厅副厅长王永民与阿诺德·王签署土地信息管理合作备忘录，副省长龚正、西澳州总理巴尼特分别作为浙江方和西澳方见证人在合作备忘录上签字。

【澳大利亚西澳州政府地质调查局官员访问省国土资源厅】 2009年10月28日，澳大利亚西澳州矿产和石油部地质调查局副局长里克·罗杰森博士、矿产推广处经理高劢·特伦奇博士访问省国土资源厅。副厅长潘圣明会见西澳州来宾。双方商谈了西澳州矿产和石油部与浙江省国土资源厅加强联系与合作事宜。

【浙江省国土资源考察团访问埃及、塞舌尔和南非】 应埃及石油部，塞舌尔环境、自然资源与运输部和南非康维尼市政府邀请，以副厅长潘圣明为团长的浙江省国土资源厅代表团一行6人，于2009年11月22日至12月3日对埃及、塞舌尔、南非等三国进行考察访问。

考察团重点考察了三个国家的国土资源管理，特别是矿产资源管理体制机制以及矿产勘查开发与环境保护等方面的工作情况，了解三个国家矿产资源管理方面的法律法规、投资环境以及矿业政策，还实地考察了浙商在南非等地从事矿产勘查开发、物流中转等有关情况。

◎土地利用与管理高级研修班学员考察杭州市城市规划展览馆

【南美洲和非洲七国官员来浙江考察】 2009年12月1日至5日，来自智利、玻利维亚、哥伦比亚、阿根廷、墨西哥、乌拉圭和赤道几内亚等7个国家的18名参加国土资源部土地利用与管理高级研修班的学员来浙江考察。

在浙江期间，学员们与相关部门交流了城市土地利用总体规划、区县土地整理、地籍管理信息系统与社会化服务等经验，实地考察了杭州市国土资源局办事大厅、杭州市城市规划展览馆、丽水市松阳县新兴乡外孟村居民点改造项目和遂昌金矿矿山复绿与土地整治项目等。

【浙江省·西澳州政府厅局长会议】 2009年12月4日，浙江省·西澳州政府厅局长会议在杭州喜来登酒店举行。会议由省外办副主任彭波主持，澳大利亚西澳州政府发展部常务副部长安·诺兰、西澳州矿产和石油部常务副部长理查德·沙里斯等一行5人出席会议。副厅长王永民代表浙江省国土资源厅出席会议，并就如何与西澳州开展合作交流发言。

王永民在发言中表示，省国土资源厅将在省政府加强浙江省与西澳州友好合作交流的框架下，进一步拓展与西澳州在土地、矿产资源领域的交流与合作，巩固双方已建立的联络交往渠道，以加强国土资源信息管理、矿山复绿技术以及人员培训交流合作为平台，进一步提高双方交流合作的质量和实效。

【浙江省国土资源考察团访问巴西、智利和古巴】 应巴西圣保罗市城市规划厅、智利毛利省政府办公厅、古巴哈瓦那市政府人大的邀请，以副厅长张延华为团长的浙江省国土资源厅考察团一行6人，于2009年7月22日至8月2日对巴西、智利、古巴三国进行考察交流。

考察团重点考察了三国国土资源利用管理、耕地保护以及监督机制等方面的工作，了解各国土地改革的思路、措施，并就改革中遇到的问题与对方进行了交流和探讨。

（周　展）

省交通运输厅

【涉外工作概况】 2009年，浙江省交通运输厅（简称“省交通运输厅”）坚持“围绕中心、精简节约、务求实效”的组团原则，开展多种形式的对外交流、学习、考察和研讨等活动，全年组织出访团组15批、82人次；参加交通运输部、省政府组团14批、14人次；完成政审批件28个、行前安全教育15次；护照收缴率达到100%。

【浙江省公共交通管理交流团访问英国、挪威和丹麦】 2009年7月21日至8月1日，应英国伦敦市交通局、挪威公共道路管理局、丹麦交通部公路总局的邀请，省交通运输厅监察专员耿洛佳率浙江省城市公共交通管理交流团一行6人，赴英国、挪威和丹麦访问。

代表团成员与上述三国相关单位的管理人员和专家就实施公交优先战略、应用城市公共交通智能化管理系统、解决城市交通拥堵、建立发挥公交效能的体制机制、开展公交节能减排等方面的行业标准、政策法规、运营经验等进行了交流与探讨。

【环地中海联合建设与物流考察团访问西班牙、葡萄牙和希腊】 2009年9月1日至12日，应西班牙国家装卸协会、葡萄牙DHV有限责任公司和希腊海事法律协会的邀请，省交通运输厅总工程师卞钧霈率环地中海联合建设与物流考察团一行6人赴西班牙、葡萄牙和希腊访问。

代表团成员与西班牙、葡萄牙和希腊有关管理人员及专家就港口管理模式和港口物流等方面的问题进行了交流与探讨。

【浙江省现代港口与物流园区建设考察团访问丹麦和芬兰】 2009年9月2日至11日，应丹麦斯堪的纳维亚交通中心、芬兰赫尔辛基市政厅的邀请，省交通运输厅副厅长王德宝率浙江省现代港口与物流园区一体化建设考察团一行6人赴丹麦、芬兰访问。

考察团一行与丹麦哥本哈根市政厅官员进行了会晤，与斯堪的纳维亚交通中心、芬兰赫尔辛基港的有关专家进行了座谈，就有关港区与物流园区间的独立性比率、港口在现代综合物流系统中的作用、政府对港口与物流园区一体化建设的资金投入和政策支持、加强港口资源的优化配置、港口的运作以及与物流一体化的操作模式等问题进行了交流和探讨，并实地考察了斯堪的纳维亚运输中心的物流园区港区和赫尔辛基港物流中心港区等。

【浙江参与柬埔寨交通建设】 2006年，浙江省交通规划设计研究院首次与总承包方上海建工（集团）总公司合作，参与柬埔寨公路项目设计。2009年，该设计院又承担了柬埔寨59号公路、61号公路、5A号公路以及金边港新码头工程的勘察、设计等前期工作。至年底，基本完成上述项目的外业测量、地质勘察和前期设计，先后派遣专业技术人员近百人次赴柬工作。

从2008年到2020年，柬埔寨至少需要50亿美元用于国家的交通网络建设，除改造原有道路外，还要新建通往农村地区、旅游地区和周边国家的道路。

（顾朱官）

省 农 业 厅

【涉外工作概况】 2009年,浙江省农业厅(简称“省农业厅”)组派各类出访团组9批、82人次;参加农业部和省有关部门组团9批、12人次。接待来自美国、加拿大、澳大利亚、日本、韩国、印度尼西亚、以色列等10多个国家、地区和国际组织的外宾共20批、210人次,其中包括美国印第安纳州州长、印尼东爪哇省省长助理、韩国全罗南道副知事等。

【日本静冈县日中农林水产交流协会代表团访问浙江】 2009年1月12日,省农业厅副厅长赵兴泉会见来访的日本静冈县日中农林水产交流协会会长植木喜美一行。赵兴泉向客人介绍了浙江农业发展情况,就浙江与静冈的农业合作和交流提出希望,为双方共同应对当前国际金融危机及食品安全问题对中日农产品贸易产生的不良影响提出意见和建议。双方就如何消除日本消费者对中国农产品质量安全的顾虑、稳定农产品贸易等有关事宜进行了交流。

【浙江省农业代表团赴美国培训】 2009年2月18日至3月10日,应美国三立公司邀请,省农业厅组织有关市、县从事农业机械、畜牧生产和农村能源技术推广工作的管理和专业技术人员共19人赴美国进行畜牧生产机械化技术培训。培训在弗吉尼亚理工大学进行。培训期间,代表团实地考察了旧金山生态农场、马里兰州家庭农场、弗吉尼亚州理工大学米德堡农业研究与推广中心、弗吉尼亚州养牛场、特拉华大学生物资源与机械工程系实验农场等。

【日本静冈县农业技术调查团访问浙江】 2009年2月24日,省农业厅副厅长赵兴泉会见以静冈县产业部理事、静冈县畜产技术研究所所长望月启司为团长的静冈县农业技术调查团一行6人。赵兴泉回顾了两厅部农业友好交流关系建立20多年来所取得的成果,介绍了浙江农业生产情况和浙江农业转型升级及“六大提升”(即产业提升、主体提升、科技提升、基础提升、服务提升和管理提升)行动计划。同时强调,浙江省与静冈县在农业领域有许多相似之处,两厅部应该继续加强合作,共同为两省县农业生产的进一步发展作出新的贡献。

【加拿大驻华农业参赞等访问浙江】 2009年3月4日,省农业厅副厅长赵兴泉会见来访的加拿大驻华大使馆农业参赞孔乐恩、加拿大驻上海代总领事芮乔丹和商务专员邓华达一行。双方就进一步加强浙江与加拿大在农业领域的交流与合作进行磋商,并同意开展畜牧生产和育种技术培训合作。

【浙江省农业代表团访问波兰、瑞典和挪威】 2009年5月19日至30日,应波兰国际食品展组委会、瑞典斯德哥尔摩市政厅和挪威皇家农业发展协会邀请,以省农业厅副厅长朱志泉为团长的浙江省农业代表团一行6人,赴波

◎浙江省农产品出口企业参加第六届波兰国际食品饮料展

兰、瑞典和挪威进行考察访问。在波兰，代表团率领12家浙江农业龙头企业首次参加第六届波兰国际食品饮料展，拜访了波兰农业部农业市场局，实地考察了华沙的超市和农产品市场。在瑞典，代表团拜会斯德哥尔摩省政府，参观了位于哥德堡郊区的生态农场，考察了斯德哥尔摩市农产品超市。在挪威，代表团拜访了挪威皇家农业发展协会。

【浙江省农业代表团访问日本和韩国】 2009年6月5日至14日，应日本静冈县企画部和韩国全罗南道农业技术院邀请，以浙江省畜牧兽医局局长张火法为团长的浙江省农业代表团一行6人，在参加日本静冈机场首航仪式后，赴日本、韩国进行现代畜牧业考察访问。其间，代表团与静冈县畜产技术研究所、全罗南道农业技术院进行了深入的交流，并实地考察静冈县沼津市完山奶牛场、雾峰观光牧场、东京大田青果批发市场、全南大学罗州韩牛实习场、光州荣光郡养猪协会液肥加工厂、荣光郡畜协青大麦发酵饲料厂等。

【浙江省农业代表团访问巴西、阿根廷和古巴】 2009年6月10日至21日，应巴西国际食品展组委会、阿根廷阿中友好协会和古巴驻华大使馆邀请，以省政府副秘书长、省政府办公厅主任俞仲达为团长的浙江省农业代表团一行5人，赴巴西、阿根廷和古巴进行考察访问。在巴西，代表团率领部分浙江农业龙头企业首次参加圣保罗国际食品展，拜访了里约热内卢农业联合会。在阿根廷，代表团看望了浙江远洋渔业公司驻阿根廷公司，详细了解了生产经营情况和当地的投资环境。在古巴，代表团拜访了古巴农业部。

【美国印第安纳州州长访问省农业厅】 2009年9月9日，省农业厅厅长孙景淼会见来访的美国印第安纳州州长丹尼尔斯一行。孙景淼向外宾介绍了浙江农业发展情况，并与美方探讨了浙江与印第安纳州在农业领域进行合作的可能性。

【浙江省农业代表团访问美国和加拿大】 2009年9月22日至10月1日，应美国东部天然食品展承办商和加拿大安大略省农业部邀请，以省农业厅副厅长叶新才为团长的浙江省农业代表团一行6人，赴美国和加拿大进行农产品市场和食品安全管理体系考察访问。在美国，代表团参加了在波士顿举行的美国东部天然食品展，拜访了美国农业部统计局，实地考察了波士顿、纽约等主要城市的超市和农产品市场。在加拿大，代表团拜访了安大略省农业部，与其主要负责人及有关专家就农产品市场和食品安全管理进行了深入的交流与探讨。

【第十一届中国浙江省·韩国全罗南道农业学术研讨会】 2009年11月10日在杭州召开，省政府副秘书长陈龙、省农业厅副厅长冯一鹤、省外办副主任陆国灏等出席研讨会。开幕式上，陈龙、韩国全罗南道副知事李相勉分别致贺词。来自省农业厅、省农办、省农科院的60多位专业技术人员参加研讨会。

研讨会上，韩国顺天大学李基雄博士等3位全罗南道农业专家和省农业厅的3位专家分别就全罗南道和浙江省的观光农业、茶产业、循环畜牧业等主题进行专题演讲。

【印尼东爪哇省省长助理访问浙江】 2009年11月12日，省农业厅副厅长赵兴泉会见由省长助理索约诺率领的印尼东爪哇省省政府代表团一行。赵兴泉向外宾介绍了浙江农业发展情况，并与他们探讨了在农机等领域进行交流与合作的可能性。

【日本静冈县农业技术调查团访问浙江】 2009年11月25日，省农业厅副厅长赵兴泉会见以静冈县农林技术研究所果树研究中心主任中神敏为团长的日本静冈县农业技术调查团一行6人。调查团来访的主要目的是调查了解浙江现代农业发展情况、浙江农业品种开发和种质资源有效利用现状。赵兴泉向外宾介绍了浙江农业发展情况，与日方就如何开好浙江省·静冈县农业交流促进委员会第十七次会议、加强两省县在农业品种和技术领域的交流、在农业面临的共同问题上开展合作等议题进行了探讨。

【浙江省农业代表团赴以色列培训】 2009年12月1日至20日，应以色列驻上海总领事馆和以色列耐特菲姆公司邀请，省农业厅组织有关国际先进农业技术实验园项目点的技术人员和相关管理人员共22人，赴以色列进行现代农业灌溉技术培训。

培训期间，代表团拜访、参观了耐特菲姆公司总部、生产滴灌系统设备的工厂、从事耐特菲姆公司产品生产的基布兹(集体农庄)、泽文种子公司大棚蔬菜生产基地、温室草莓栽培基地、果园、阿卡过滤系统公司、以色列最大的化肥生产企业——丹山姆公司等。

【组织农产品出口企业赴国外参展】 2009年，省农业厅组织农产品出口企业分别参加了阿联酋迪拜、日本东京、比利时布鲁塞尔、阿尔及利亚、波兰华沙、巴西、马来西亚吉隆坡、俄罗斯莫斯科、美国波士顿、德国科隆等10个国际食品博览会，参展企业174家(次)、参展人员347人，共设摊位218个。

(楼建锋)

省林业厅

【涉外工作概况】 2009年，浙江省林业厅(简称"省林业厅")组织出访团组3批、17人次，参加团中央、国家林业局、省政府应急办组团3批、3人次；接待来自世界林业中心、喀麦隆等国的外宾2批、8人次。

【浙江省林业代表团访问南非和埃及】 2009年5月24日至6月2日，应南非林业水利部和埃及环境事务部邀请，省林业厅副厅长叶胜荣率浙江省林业代表团一行6人考察南非、埃及。

代表团访问了南非西开普省林业水利局、埃及环境事务部林业绿化局，实地考察了南非约翰内斯堡比林斯堡野生动物保护区、好望角自然保护区、开普敦植物园以及埃及尼罗河两岸防护林带建设，并与南非、埃及有关专家和管理人员就生物多样性保护、旅游开发、人工林培育、城区绿化、森林防火、带状林业、灌溉林业等问题进行了深入的探讨与交流。

【浙江省林业代表团访问以色列、印度尼西亚和柬埔寨】 2009年8月23日至9月3日，应以色列、印度尼西亚、柬埔寨三国林业部邀请，省林业厅厅长楼国华率浙江省林业代表团一行6人考察以色列、印度尼西亚和柬埔寨。

代表团走访了印度尼西亚林业部、巴厘岛红树林研究所和柬埔寨政府中央森林管理局、以色列中北部农林研究开发中心，实地考察了以色列ARAVA地区先进的干旱地域植被水土保持和节水滴灌技术以及印度尼西亚巴厘岛环岛红树林基地、柬埔寨洞里萨湖野生植物保护区，并与以色列、印度尼西亚、柬埔寨有关专家和管理人员就沿海防护林建设、红树林保护、林业节水滴灌技术、珍稀植物培育和利用等进行了深入的探讨与交流。

【浙江省林业代表团访问阿根廷和巴西】 2009年10月12日至21日，应阿根廷布宜诺斯艾利斯州岛屿管理局、群岛市政府和巴西巴拿马州政府、圣保罗市政府、伊泰普水电站邀请，省林业厅副厅长邢最荣率浙江省林业代表团一行5人考察阿根廷和巴西。

代表团访问了阿根廷布宜诺斯艾利斯州政府、州农林部、群岛市政府和巴西巴拿马州政府、伊泰普水电站、巴拿马州立大学、巴拿马州竹业协会，实地考察了布宜诺斯艾利斯州三角洲地区、伊泰普水电站环境保护、亚马孙热带雨林、城市绿化等，并与阿根廷、巴西有关专家和管理人员就森林资源保护、生物多样性、竹业合作、水土保持、城市林业等进行了深入的探讨与交流。

【世界林业中心专家代表团访问浙江】 2009年11月21日至23日，以高级研究员利克·赞纳为团长的世界林业中心专家代表团一行3人访问浙江。

省林业厅副厅长吴鸿会见代表团，向他们介绍了浙江省森林生态建设和林业科技普及工作情况。

代表团考察了杭州城市森林和西湖生态环境，对杭州的森林生态非常赞赏，对浙江省政府重视生态环境给予高度评价，对杭州市民的森林生态意识给予充分肯定。代表团欢迎浙江林业专家到世界林业中心访问交流。

世界林业中心是一个专门从事林业教育研究的非营利性私营机构。

【喀麦隆林业考察团访问浙江】 2009年7月23日，以林业与野生动物部秘书长戴尼斯为团长的喀麦隆林业考察团一行5人访问浙江。

副省长茅临生会见考察团一行，介绍了浙江省经济社会发展特别是林业及竹产业发展情况，并提出增进浙江与喀麦隆的交流与合作，尤其要加强林业等方面的投资开发。

戴尼斯介绍了喀麦隆的林业情况并高度赞赏浙江安吉竹产业开发取得的成就，并表示要在喀麦隆推广安吉的技术和经验，促进当地竹产业发展。

（李荣勋）

省商务厅

【涉外工作概况】 2009年，浙江省商务厅（简称“省商务厅”）主要承办了中国浙江尼日利亚投资贸易推介会、中国浙江埃及投资贸易说明会、中国浙江土耳其投资贸易推介会、巴基斯坦—浙江（中国）贸易投资推介会，浙江—伦敦双向投资项目对接洽谈会，2009浙江出口商品（大阪）交易会，组织参加了第十一届浙江投资贸易洽谈会、第八届中国国际日用消费品博览会，第105届广交会，2009年中国品牌出口商品美国展，第13届中国国际投资贸易洽谈会，协助举办了第20届中美商贸联委会、中国浙江一英国约克·恒勃大区经贸投资交流会，2009浙江—西澳大利亚州经贸投融资洽谈会、埃及一浙江（中国）投资贸易推介会、投资意大利——优势和机遇研讨会、走进印州一投资合作研讨会，以及保加利亚经济管理官员研修班座谈会等。全年接待外宾43批、300余人次。

【瑞典驻沪总领事访问省商务厅】 2009年2月11日，省商务厅厅长金永辉会见来访的瑞典新任驻沪总领事姚汉森一行。这是姚汉森总领事自2008年9月上任以来首次正式访问浙江，旨在了解浙江省经济社会发展情况，进一步推动瑞典与浙江省的友好合作。会谈中，姚汉森着重介绍了“中—瑞可持续商务计划”。该计划是瑞方向中国中小型供货商提供一个与经验丰富的大企业分享经验的机会，以帮助其快速成长，并适应瑞典的市场标准和需求。金永辉对“中—瑞可持续商务计划”表示欢迎，省商务厅将对该计划的制订和实施提供帮助和支持。

【澳大利亚驻沪总领事访问省商务厅】 2009年2月12日，省商务厅厅长金永辉会见来访的澳大利亚驻沪总领事孔陶德一行。这是孔陶德上任以来首次正式访问浙江。

孔陶德表示，浙江经济的快速发展使得澳大利亚越来越重视与浙江的交流合作；同时，他对全球经济衰退对浙江的影响以及浙江省采取的应对措施表示关切。

金永辉表示，面对当前金融危机，浙江省主要从加大基础设施建设投资，以政府投资带动企业投资，拉动内需刺激消费方面入手，积极应对，并已取得一定效果。对于如何进一步加强双方合作，金永辉表示：一要组织更多的企业赴澳投资；二要加强与澳在技术领域的合作；三要加强双方企业间的相互往来，浙江与澳大利亚应为企业搭建相互沟通的平台，建立信息互通机制，以真正实现互利共赢。

【澳门贸易投资促进局主席访问省商务厅】 2009年2月23日，省商务厅厅长金永辉、副厅长韩杰会见澳门贸易投资促进局主席李炳康一行。

金永辉简要介绍了浙江外经贸发展情况，表示两地仍有很大的合作空间，建议加强在会展方面的交流合作，并鼓励两地企业开展更多的双向投资活动，使两地经贸关系跨上一个新台阶。韩杰表示，澳门虽然经济规模较小，但具有强大的辐射力，可以成为加强浙江与葡语国家之间沟通与合作的桥梁。

李炳康介绍了澳门经贸发展情况，邀请浙江企业赴澳门参加4月份在澳门举办的国际环保发展论坛和10月份举办的国际贸易投资展览会。

【新加坡驻沪总领事访问省商务厅】 2009年3月6日，省商务厅厅长金永辉会见新加坡驻沪总领事叶伟杰及南洋理工大学校长徐冠林博士一行8人。双方就浙江与新加坡今后的经贸合作交换了意见，并进行了深入探讨。

【“投资意大利——优势和机遇”研讨会】 2009年4月1日在杭州索菲特西湖大酒店举行，研讨会由中意政府委员会意方代表团主办，省商务厅厅长金永辉出席研讨会并致辞。

此次研讨会旨在通过对意大利投资环境、政策优势的介绍，增进中国尤其是浙江企业对意大利投资环境的认知和了解，以吸引更多的浙江企业家赴意投资。

【中意政府委员会意方代表团访问省商务厅】 2009年4月3日，省商务厅副厅长胡潍康会见中意政府委员会意方代表团。意方代表团是在举办“投资意大利——优势和机遇”研讨会之后拜访省商务厅的，旨在进一步加强意大利与浙江之间的沟通，加深彼此在经贸领域的交流与合作。胡潍康表示，浙江与意大利的交往日益频繁，经贸领域的合作也日益加深，省商务厅将积极为两地企业的合作提供帮助。

【保加利亚经济管理官员研修班座谈会】 2009年5月23日至26日，由商务部主办、商务部培训中心承办的保加利亚经济管理官员研修班一行23人来浙江省参观考察，25日上午在省商务厅召开保加利亚—浙江省商务发展情况座谈会。

省商务厅副厅长韩杰主持座谈会。韩杰重点介绍了浙江省经济社会发展及浙江省与保加利亚经贸往来情况，表示双方要在更多领域、更深层次促进经贸合作。

保加利亚经济能源部对外经济政策司副司长科·扬科娃介绍了保加利亚经济社会发展情况、应对国际金融危机的主要措施，表达了继续加强与浙江在各个领域的合作与交流的愿望。

研修班官员一行参观考察了浙大网新集团有限公司等企业。

【日中经济贸易中心代表团访问浙江】 2009年6月7日，省人大常委会副主任冯明在宁波会见参加第十一届浙洽会的日中经济贸易中心理事长青木俊一郎一行5人。冯明向日本客人介绍了浙江经济社会发展基本情况，并希望日中经济贸易中心和省商务厅加强合作，积极探索新的模式，促进浙江和日本投资贸易往来。

省商务厅副巡视员陈晓龙参加会见。

【中国浙江—英国约克·恒勃大区经贸投资交流会】 2009年6月8日在宁波东港喜来登酒店举行，交流会由浙江省投资贸易洽谈会组委会、英国约克·恒勃大区主办，浙江省国际投资促进中心、英国约克·恒勃大区发展署承办。英国约克·恒勃大区发展署主席霍奇金森率政府部门和企业组成的19人代表团参加会议。省商务厅党组成员、纪检组长秦忠出席会议。来自省商务系统和各地的企业代表100余人参加会议。

会议由经贸交流和对接洽谈两部分组成。秦忠介绍了浙江省经济社会基本情况和优势产业以及对外经济贸易合作情况。英方代表介绍了约克·恒勃大区的基本情况、主要产业和商业机遇以及来访企业的合作意向。

【第十一届浙江投资贸易洽谈会、第八届中国国际日用消费品博览会】 2009年6月8日至12日，由浙江省人民政府主办，浙江省商务厅、宁波市人民政府共同承办的第十一届浙江投资贸易洽谈会(简称“浙洽会”)，以及由商务部、浙江省人民政府联合主办，浙江省商务厅、宁波市人民政府共同承办的第八届中国国际日用消费品博览会(简称“消博会”)，在宁波举行。本届浙洽会、消博会以“新产业、新空间、新拓展”为主题，着力提升开放区创新、创造能力，提高浙江省开放型经济运行水平，构建开放新格局，提升浙江国际化程度。大会期间，共签约外商投资项目192个，协议利用外资31.7亿美元，投资领域主要集中在先进制造业和现代服务业。

本届浙洽会、消博会安排了浙江开发区(园区)形象展示，集中展示浙江省开发区、保税区、保税港区、出口加工区、工业园区、高新园区、旅游度假区等开放区域的发展历程和未来。组织了19场专业对接洽谈活动，其中，“投资浙江”产业专场对接会5场，中国境外经贸合作洽谈区推介会等招商说明会3场，以及中阿·中非中小企业对接洽谈会，4家浙江省境外经贸合作区与4家省内开发区签订结对协作框架协议；组织人才引进和科技合作洽谈活动5场，达成国外人才智力合作意向287项、海外留学人才技术项目合作意向31项，达成科技合作项目意向53项，共签约科技合作项目35个，技术交易额9700余万元人民币；联合国采购对接会、日本Trial集团公司采购说明会、沃尔玛(中国)公司采购说明会、新加坡贸易推介会等跨国采购活动4场，600余家企业参加采购洽谈；首次举办浙江省重点商贸企业采购对接会，28家重点商贸企业和162家外贸出口生产企业参加对接，达成采购意向1.2亿元人民币。举办了第二届中国开放论坛、中阿·中非中小企业合作论坛、中国电子服务大会等4场论坛。

【瑞典卡尔马省地区委员会主席访问省商务厅】 2009年6月9日，省商务厅厅长金永辉会见来访的瑞典卡尔马地区委员会主席拉夫·雷尔松一行。

拉夫·雷尔松介绍了中国—波罗的海商业论坛的基本情况，并希望借论坛的召开进一步加深双方商贸合作。

金永辉表示，在今后的工作中将对浙瑞友好省州关系的建立和发展提供更多的支持。

【澳大利亚贸易部长及科研部长访浙】 2009年7月11日至12日，澳大利亚贸易部部长克林及创新、工业和科研部部长卡尔一行访问浙江。

克林一行在鞠雅莲陪同下，参观了位于杭州滨江区的吉利控股集团总部，拜会了吉利集团总裁杨健。

【浙江—伦敦双向投资项目对接洽谈会】 2009年7月23日在伦敦高富诺酒店举行。洽谈会由省商务厅组织，浙江省国际投资促进中心和英中贸易协会共同承办，省商务厅、湖州市、丽水市以及余杭、奉化等市的外经贸局、开发区、企业代表与70多家英国企业进行了对接洽谈。省国际投资促进中心与英中贸易协会在会上签署机构合作协议，就支持企业海外投资、提供投资服务、组织商务考察访问、组织专题经贸活动、开展信息交流等达成共识。

英中贸易协会总裁史蒂夫·菲利普出席会议并致辞。省国际投资促进中心主任吕伟旗介绍了浙江省的投资环境与产业发展情况。英国投资贸易总署代表介绍了英国的投资政策与机会。

【2009年中国品牌出口商品美国展】 2009年8月10日至14日在美国拉斯维加斯举行。此展由商务部、浙江省人民政府、广东省人民政府共同主办。商务部副部长钟山、美国内华达州副州长克罗里基、拉斯维加斯市市长古德曼出席开幕式，并为该展剪彩。

2009年中国品牌出口商品美国展以“展中展”的形式参加美国拉斯维加斯消费品展。展期4天，分家电电子产品和轻工消费品两大类。中国共有200个展位，其中浙江省组织企业39家，展位50个，占中国品牌商品美国展展位总数的四分之一。浙江产品主要是工艺品、玩具、塑料制品、文具、箱包、电子电器汽配以及家纺面料等。浙江参展企业共成交(包括意向)1350万美元。

省商务厅副厅长韩杰率浙江省代表团参加该展。

【巴基斯坦—浙江(中国)贸易投资推介会】 2009年8月22日，巴基斯坦总统扎尔达里访浙期间，巴基斯坦与浙江省商务厅等部门联合承办了巴基斯坦—浙江(中国)贸易投资推介会。副省长龚正、中国驻巴基斯坦大使罗照辉、省商务厅厅长金永辉及部分浙江企业家参加会议。

龚正致欢迎词，他说，浙江与巴基斯坦的经贸合作呈现良好的发展势头，浙江已成为中国大陆对巴经贸合作的主要省份之一。金永辉在发言中表示，浙江与巴基斯坦一直保持着良好的经贸合作关系，2000年至2008年，双方贸易额年均增长36.7%。浙江与巴基斯坦之间的双向投资也不断扩大，浙江企业还积极承接巴基斯坦的工程建设项目，仅2008年就完成了1811万美元的工程项目。此次推介会为双方政府、企业提供了一个相互了解、加强沟通的平台和契机，必将进一步推动双方经济贸易投资合作健康发展。

扎尔达里总统对浙江省商务厅为举办此次推介会所付出的努力表示感谢。他说，巴中是“全天候”的朋友，希望进一步加深巴基斯坦与包括浙江在内的中国各省、区、市的合作关系，促进双方投资，创造双赢局面。

【尼日利亚奥贡州代表团访浙】 2009年9月6日至8日，以州长奥通巴·葛邦加·丹尼尔为团长的尼日利亚奥贡州代表团访问浙江。

7日下午，举办了浙江企业家与奥贡州代表团座谈会。其间，省能源集团、省建设投资集团、东方集团机电工程有限公司、省土产畜产进出口集团、杭州盛宏进出口有限公司分别与对口的奥贡州企业就电力建设、石油天然气、城市建设、纺织、木材加工等领域的合作进行了对接和洽谈。省能源集团与奥贡州政府签订加强能源领域合作的备忘录。

【浙江省组团参加第十三届“投洽会”】 2009年9月8日至11日，第十三届中国国际投资贸易洽谈会(简称“投洽会”)在福建厦门举行。这是中国唯一以促进双向投资为目的的国际投资促进活动，是全球规模最大的投资性展览会。

省商务厅组织了11个市的外经贸部门、国家级开发区及有关境外投资企业约700余名代表参会，展位面积160平方米。浙江代表团团长、省商务厅副巡视员鞠雅莲受省政府委托，与商务部、工业与信息化部、科技部、教育部共同签订了部—省—示范市服务外包共建协议。浙江省代表团在本届投洽会上共有21个项目达成意向，总投资2亿美元，协议利用外资1.2亿美元。

【埃及—浙江(中国)投资贸易推介会】 2009年9月9日，埃及投资部部长穆希丁率团访问浙江。访浙期间，埃及驻华大使馆与省商务厅联合举办埃及—浙江(中国)投资贸易推介会，浙江省部分企业代表参加。

省商务厅副厅长周日星出席会议并致辞。双方表示将以此次推介会为契机，增进彼此间的了解和沟通，推动两地经济贸易投资合作进一步健康发展，实现互利共赢。

【走进印州——投资合作研讨会】 2009年9月10日省商务厅等有关部门与美国印第安纳州政府在杭州举办，双方企业代表参加。印第安纳州州长丹尼尔斯，省商务厅副厅长周日星分别代表两省州政府发言。双方表示，将以此次研讨会为契机，进一步促进双方更加深入、全面的了解，不断创造互利共赢的新局面。会后，双方企业家进行了贸易投资对接与交流。

【美国亚裔高级商贸代表团访问省商务厅】 2009年9月11日，

省商务厅副厅长周日星会见美国联邦商务部国家商业发展总署东北部14州总执行长戴文波率领的美国亚裔高级商贸访华代表团一行。双方表示，将进一步加强合作，促使两地经贸往来跃上新台阶。

【2009浙江出口商品(大阪)交易会】 2009年9月14日至17日在日本大阪举行。本次交易会由商务部和省政府主办，省商务厅和日本大阪国际见本市委员会共同承办，是全国各省市单独在境外举办的最大展会。全省有265家企业参加交易会，展位数368个，参展企业和展位数量均比上年增长35%。4天展期，到会日方专业客商5004人，比上届增长20%，客商流量1万余人次。交易会共达成657笔出口订单，现场实际出口成交金额1893万美元，意向出口成交金额7268万美元，是上届实际成交和意向成交合计数的近3倍。

【特易购全球副总裁访问省商务厅】 2009年9月18日，省商务厅厅长金永辉会见来访的特易购全球副总裁、特易购中国区总裁兼首席执行官陶迩康一行。

陶迩康简要介绍了特易购公司的历史及其在中国的发展规划。

金永辉表示，希望特易购在浙江的发展能够更上一层楼。

省商务厅副厅长韩杰、省外商投资企业协会会长傅杜尔等参加会见。

【参加2009达之路非洲投资高峰论坛】 2009年9月28日，2009达之路非洲投资高峰论坛在上海国际会议中心举办。来自非洲30多个国家的驻华大使、总领事、商务参赞、政府官员和企业代表以及非洲发展银行、阿拉伯国家联盟等机构的代表，来自上海市、江苏省和浙江省有意在非洲投资发展的企业家代表参加论坛。

省商务厅厅长金永辉出席开幕式并致辞，随后参加了以在金融危机下加强中非经贸合作、投资非洲的机会与挑战为主题的部长级圆桌会议。

【省政府代表团出席德国科隆博览会展】 2009年9月，副省长龚正率浙江省政府代表团出席德国科隆国际体育用品、露营设备及园林生活博览会展，助推浙江企业开拓国际市场。省商务厅组织151家企业参展，展位面积7600平方米，参展企业约占总参展商的10%，占中国参展企业总数一半以上，展品以浙江省具有竞争优势的户外家具、帐篷、园林产品、工艺品等为主。

省政府副秘书长夏海伟、省商务厅副厅长韩杰等有关部门负责人随团出访。

【2009浙江—西澳州经贸投融资洽谈会】 2009年11月11日在杭州凯悦酒店举行，由省商务厅、省工商行政管理局、省人民政府经济协作办公室和澳大利亚西澳州工商会共同主办，省国际投资促进中心、省私(民)营企业协会、省区域经济合作企业发展促进会、杭州纳新科技有限公司、杭州绿通投资管理有限公司承办。以西澳州工商会会长凯斯西为团长的10余家西澳州企业组成的代表团以及UBS瑞士银行等近10家境外投资银行参加会议。省政协副主席龙安定、省政府副秘书长陈国平、省商务厅副厅长韩杰、省工商局副局长冯水华、省协作办副主任夏炳荣等出席会议，浙方参会的各地市外经贸系统人员与企业代表近500人。

本次会议共推出20余个外资、外经、外贸合作项目，并举办了专场对接会。

（贾春仙）

省文化厅

【涉外工作概况】 2009年，浙江省文化厅(简称“省文化厅”)实施对境外文化交流项目494起、3817人次，其中引进项目405起、3135人次，派出项目89起、682人次。对外文化交流项目314起、3078人次；对港澳文化交流项目94起、199人次。

【浙江民乐团赴法国参加"春节品牌"活动】 2009年1月13日至23日，浙江歌舞剧院民乐团一行19人赴法国参加中国文化部"春节品牌"活动，在塞尔改市大学、巴黎荣军院、巴黎文化中心、十三区政府礼堂等地演出6场，受到各方好评。

【浙江民间工艺参加马斯喀特艺术节】 2009年1月16日至2月14日，浙江手工艺家代表团一行18人赴阿曼，参加第十届马斯喀特艺术节国际手工艺展活动，受到阿曼和各国观众的欢迎。

浙江手工艺家代表团展出的浙江民间工艺由黄杨木雕、米塑、瓯塑、十字绣、漆画、风筝、台绣、剪纸、蓝印花布、王星记扇艺、皮贴画、农民画、古建雕刻、茶艺等14个国家级或省级非物质文化遗产种类组成。

【2009墨西哥·中国浙江文化节】 2009年3月12日至23日，省文化厅厅长杨建新率浙江文化代表团一行58人，赴墨西哥下加利福尼亚州举办"浙江文化在下加州"——2009墨西哥·中国浙江文化节。此次文化节共推出"天上人间——浙江丝绸文化展"、"天堂风情——大型杂技专场演出"、"和谐浙江——中国浙江民俗风情摄影展"、"水流花开——尹舒拉、王少求美术作品展"、"浙江文化与下加州"——浙江电视台与下加州电视台联合摄制专题片等5个交流项目，为期3个月，向墨西哥人民展示了浙江悠久的历史和丰富多彩的文化，受到下加州人民的好评，一时成为当地民众关注的热点。

【执着的巡游——米罗作品展】 2009年8月9日至10月25日在浙江美术馆举办。"执着的巡游——米罗作品展"由浙江美术馆和西班牙巴塞罗那米罗基金会共同举办，展出米罗作品146件。这是米罗作品在中国国内最大规模的展示与推广。

【浙江艺术团赴爱尔兰、法国和德国演出】 应中国驻爱尔兰大使馆、驻法国大使馆和驻德国法兰克福总领事馆的邀请，2009年9月15日至29日，省文化厅副厅长来颖杰率浙江文化艺术团一行43人赴爱尔兰、法国和德国，参加庆祝中华人民共和国成立60周年和中爱建交30周年演出活动。此次访演节目融合歌舞、器乐、杂技等多种艺术形式，展示了江南的钟灵毓秀和美丽富饶，再现了浙江浓郁的地方特色和民俗传统。

【文化艺术团体出国交流演出频繁】 2009年，浙江省各文化艺术团体出国演出活跃，主要有：浙江歌舞剧院民乐小组赴突尼斯、塞浦路斯和叙利亚进行中国国庆60周年访演，浙江京剧团实验京剧《王者俄狄》赴美国演出，浙江歌舞剧院赴美国瓦尔帕莱索孔子学院演出，浙江昆剧团赴法国参加第四届中国传统戏剧节，浙江杂技团赴墨西哥下加州参加国际艺术节活动等。

【学术交流与合作】 2009年，浙江文物考古研究所、中国丝绸博物馆、浙江艺术职业学院、浙江图书馆、浙江文化艺术研究院等单位分别与美国大都会博物馆、美国耶鲁大学、美国自然历史博物馆、美国奥隆尼大学、美国康奈尔大学、德国歌德学院、德国富特旺根大学和奥地利维也纳音乐学院、法国吉美亚洲艺术博物馆、日本东京国立博物馆和正仓院、缅甸仰光莫哥禅修中心等国际知名文化艺术机构开展了学术交流和合作。

【2009年度《浙江省商业演出展览文化产品出口指导目录》评选】 2009年，省文化厅共受理16家单位申报的19个项目。经评审，确定浙江曲艺杂技总团的杂技《天堂风情》、浙江东方民族民间艺术团的风情歌舞剧《天台山神韵》、浙江省博物馆的"圣地宁波——日本佛教1300年的源流"文物展览等3个项目列入2009年度浙江省商业演出展览文化产品出口指导目录项目。

【打造对外文化交流精品】 2009年，省文化厅加强对外对港澳文化交流精品的扶持和培育，着力形成一批富有艺术内涵和民族特色、适应境内境外两个市场需求的文化交流精品。指导和支持浙江京剧团创排了中国戏曲秀《国色天香》，浙江歌舞剧院创排了综艺歌舞《水墨江南》，浙江省群众艺术馆策划了浙江民俗风情摄影展，浙江博物馆与良渚博物院联手打造了浙江良渚文化历史展。

（张　雁）

附表1　2009年省文化厅其他重要出访团组

序号	出访时间	团长（职务）	人数	出访地点	备注
1	12月13～19日	巡视员齐有为	3	俄罗斯	2010年中国文化节前期考察
2	12月20～26日	副厅长田宇原	7	日本	出席第五届中国诚信画廊精品巡回展——日本展开幕式

附表2　2009年省文化厅接待的重要来访团组

序号	来访时间	团组名称	团长（职务）	人数	会见（宴请）	备注
1	2月11～14日	墨西哥下加利福尼亚州文化厅	安赫尔·诺尔萨卡拉伊·诺尔萨卡拉伊（厅长）	3	杨建新	商谈“浙江文化在下加州”筹备事宜
2	3月5～7日	芬兰埃斯堡当代艺术博物馆代表团	瓦尔柯宁（馆长）	4	杨建新 来颖杰	与中国丝绸博物馆商谈赴芬兰举办丝绸展事宜
3	3月10～11日	伊朗艺术研究院代表团	穆罕穆德·哈桑·布里哈里博士（伊朗艺术研究院艺术院院长）	7	来颖杰	访问中国美术学院、浙江省博物馆
4	5月12～13日	乌克兰政府文化代表团	科汉·季莫菲·格利戈罗维奇（乌文化旅游部副部长、中乌文化合作混委会乌方主席）	5	杨建新	参观浙江省博物馆，观看越剧演出，与杭州师范大学音乐艺术学院会谈
5	5月27～30日	阿拉伯四国文化机构负责人访问团		8	来颖杰	考察中国美术学院文化创意产业学院
6	6月25～27日	阿曼手工业代表团	阿依莎·哈尔凡·贾米拉·斯亚比（手工业总局局长）	5	来颖杰	参观中国丝绸博物馆、都锦生丝织厂
7	9月8～12日	莱索托王国政府文化代表团	莱博杭·恩齐尼（旅游、环境和文化大臣）	3	杨建新	参观中国茶叶博物馆、清河坊、胡雪岩故居、乌镇
8	9月18～19日	德国国家博物馆馆长代表团	米歇尔·艾森豪威尔博士（柏林国家博物馆总馆长）	3		参观中国美术学院、中国丝绸博物馆、浙江美术馆
9	9月29～30日	纽约大都会博物馆馆长代表团	托马斯·坎贝尔博士（大都会博物馆馆长）	3	鲍贤伦 来颖杰	参观中国丝绸博物馆、浙江省博物馆
10	10月18～19日	英国博物馆代表团		10	鲍贤伦	“中英文化连线”中英博物馆交流活动，与浙江省博物馆、中国丝绸博物馆会谈

省卫生厅

【**涉外工作概况**】 2009年，浙江省卫生厅（简称“省卫生厅”）审核和组织出国（境）团组89批、332人次，涉及医院管理、妇幼保健、社区公共卫生服务、区域卫生规划、应急管理、艾滋病防控、精神卫生法制化、食品卫生监督等医疗卫生各个领域。邀请境外来访团组4批、4人次，接待境外来访团组12批、33人次。

【**胡锦涛看望浙江省援马医疗队队员**】 2009年2月13日，中共中央总书记、国家主席胡锦涛在马里访问期间，专门赴中国援马里医疗队总队所在地——卡地，亲切接见浙江省派遣的第20批援马里医疗队31名医疗队员。胡总书记对医疗队员给予高度评价，他说：“你们不远万里来到马里，以精湛的医术和崇高的医德，竭诚为马里人民服务，赢得了马里政府和人民的广泛赞誉，为国增了光。我代表党、政府和祖国人民，向你们表示衷心的感谢和诚挚的慰问！你们不愧为救死扶伤的白衣天使，是增进中马友谊的友好使者”。医疗队全体队员表示，决不辜负总书记的殷切希望，不负重托，不辱使命。胡总书记还参观了医疗队驻地，并关切地询问队员的工作和生活情况，嘱咐队员们要保重身体。队员们备受感动。

自1968年2月起，中国开始向马里派遣医疗队，全部由浙江省负责挑选和派出，至2009年已派出近700人次。中国是世界上唯一持续数十年向马里提供医疗援助的国家，中国医生在马里救治了无数患者。

【**英国皇家全科医师学会专家访问浙江**】 2009年3月29日至4月16日，英国皇家全科医师学会中国项目总代表格兰特·布莱尔医师就中英全科医学合作项目访问浙江。省卫生厅厅长杨敬、副厅长马伟杭分别会见布莱尔，并聘请布莱尔为浙江省社区卫生服务顾问。双方肯定了过去四年中英全科医学合作项目取得的成果和经验，交流和探讨了今后继续开展合作项目的有关设想。布莱尔还赴金华和丽水两地进行学术讲座和示范坐诊等活动。

【**中法区域卫生规划研讨会**】 2009年4月9日在杭州举行。研讨会由省卫生厅与法国卫生部共同举办。副厅长马伟杭到会致欢迎词，法国驻华大使馆社会事务参赞段路易及法国卫生专家等向浙江省卫生管理人员介绍了法国医疗卫生区域规划的经验。全省各市卫生局100余位代表参加研讨会。会上，省卫生厅和法国卫生部医院管理局签署《卫生合作意向书》，双方确定，未来三年在区域卫生规划、卫生管理、医院管理等领域开展合作交流。

4月23日，由省卫生厅组织的省级高等院校和医疗单位肝病、肿瘤、急救医学、心脑血管疾病专业人员等共13人参加了法国驻华大使馆等单位在上海举办的“法国医学日”巡回活动。

6月底，由省卫生厅组织、省急救指挥中心以及市级急救中心管理人员组成的代表团赴法国卫生部以及南特教学医院等机构访问，考察法国急救急诊系统。

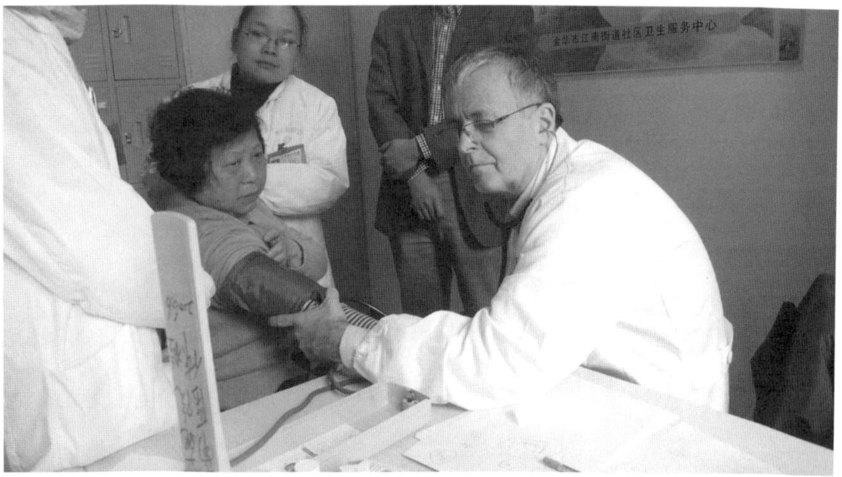

◎布莱尔医生在金华市江南街道社区卫生服务中心坐诊

11月，省卫生厅以及项目试点市——湖州市派遣卫生行政及医院管理人员赴法国卫生部参加区域卫生规划研讨会，访问了法国社会福利卫生部、里摩赞大区医院管理总局、里摩日教学医院集团、朗克多·鲁希用大区医院管理总局、蒙彼利埃教学医院集团等单位，与法国卫生界同仁进行了广泛深入的交流。

【马里政府为浙江省第20期援马里医疗队授勋】 2009年7月30日，马里政府在首都巴马科为医疗队举行隆重的颁奖仪式，授予浙江省第20期援马里医疗队总队长熊志明骑士勋章，授予其他30名队员雄狮勋章。颁奖仪式上，马里卫生部部长高度赞扬浙江省援马医疗队为马里医疗卫生事业作出的杰出贡献。中国驻马里大使张国庆致答谢词，中国驻马里大使馆经商处参赞张友华和浙江省第21批援马里医疗队总队长尹来等出席颁奖仪式。

【省卫生厅选拔骨干医生赴德国培训】 根据省卫生厅与德国德中科技交流基金会2008年10月签署的《德中医疗交流项目(浙江省)合作备忘录》，2009年11月，省卫生厅通过本项目派出21名医生赴德进修培训。

德中医疗交流项目是由德国政府、德国科协及德中科技交流协会共同资助，德国医学会支持的国际医疗交流项目，其宗旨是促进德国医疗机构与中国同行间的医疗交流、人才交流以及学术成果交流，并协助中国各地区提升本地卫生医疗系统的技术水平、学术水平和管理水平。

【中澳合作“提高应对流感大流行的应急能力”项目启动】 在卫生部、商务部和澳大利亚国际发展署等支持下，由浙江省牵头，山东省、新疆维吾尔自治区、贵州省、湖北省武汉市和澳大利亚西澳州参加的中澳合作项目“提高应对流感大流行的应急能力”于2009年12月18日在杭州市正式启动。本项目主要目的是完善流感大流行应急处置技术操作、提高流感大流行应急处置及演练管理与组织实施能力。通过项目的实施，加强流感应对能力，促进中澳合作，为应对正在持续的流感流行和预防控制流感的扩散提供有效的技术支持。

卫生部、省卫生厅、省疾控中心及部分省、区、市卫生和疾控部门相关人员与澳大利亚国际发展署、中澳卫生与艾滋病项目办公室、澳大利亚西澳州疾病预防控制委员会等项目参与人员参加启动会。

（麻欢萍）

省环保厅

【涉外工作概况】 2009年，浙江省环境保护厅(简称“省环保厅”)接待来自美国、瑞典、法国、意大利、波兰、西班牙等国家的外宾8批、39人次；组织赴欧洲、美国、澳大利亚、新西兰、埃及、肯尼亚、日本、以色列等国家和地区考察、培训和技术交流团组15批、44人次。

【瑞典驻沪总领事访问省环保厅】 2009年2月11日，瑞典新任驻上海总领事姚汉森等访问浙江并走访省环保厅。

省环保厅党组成员、纪检组长周振煊会见姚汉森一行。姚汉森介绍了瑞典在城市规划及建设中规避环境风险的经验和中瑞政府合作开发的唐山曹妃甸生态城项目情况，并表达了希望与浙江省加强在生态环保领域合作的意向。

【中意政府委员会意方代表团访问浙江】 2009年4月1日，中意政府委员会意方协调员范义澜率意方代表团一行5人走访省环保厅。

副厅长方敏会见意方代表团，向客人介绍了浙江省节能减排、污水处理、固体废物管理等方面的政策和措施，以及浙江省与国外环保技术、资金合作的情况。

意方表达了在环保领域与浙江省进一步合作的意愿。

【省环保厅代表团访问肯尼亚、希腊和以色列】 2009年4月13日至24日，省环保厅厅长徐震率浙江省环保代表团一行5人赴肯尼亚、希腊、以色列进行考察访问。

访问期间，代表团拜访了中国常驻联合国环境规划署代表处和肯尼亚国家环境管理局、希腊环境保护部、以色列提比利亚市政府，与相关国家官员和技术人员探讨了环境保护的政策和标准、水资源保护和综合利用、历史文化遗产环境保护与自然生态环境保护等；实地考察了肯尼亚马塞马拉自然保护区、希腊雅典城市环境和生活垃圾再生利用、希腊爱琴海生态环境，以及以色列的中水回用技术。代表团一行在联合国环境规划署了解了联合国在全球环境保护方面的发展动态和政策措施。

【波兰环保代表团访问浙江】 2009年4月30日，以波兰环境保护部副部长斯坦尼斯瓦夫·加夫洛夫斯基为团长的波兰环境保护部代表团一行访问浙江。

代表团成员主要是波兰企业发展署代表和环境保护领域的部分企业代表，此访旨在促进波中环保企业之间的交流，以及引进污水处理方面的投资者。

省环保厅、省贸促会和波兰驻上海总领事馆合作，在杭州香格里拉饭店举行商务洽谈会。洽谈会上，省环保厅副巡视员陈茜代表省环保厅介绍了浙江省环境保护的基本情况，表达了与外方合作的愿望。

【省环保代表团访问丹麦、挪威和瑞典】 2009年9月1日至10日，副厅长卢春中率浙江省环保代表团一行5人赴丹麦、挪威和瑞典进行考察访问。

访问期间，代表团拜访了丹麦环保部、哈马碧滨水新城环境信息中心、东约特兰省清洁技术中心和挪威奥斯陆市政厅下属废物管理局，与当地官员探讨了环境保护法律法规、环境宣传教育、清洁能源、废弃物管理、环境税费和许可证交易制度等方面的经验和做法。代表团实地考察了瑞典东约特兰省清洁技术中心垃圾发电厂。

【美国兰德公司代表团访问省环保厅】 2009年11月20日，美国兰德公司副总裁黛布拉·克诺普曼博士一行3人走访省环保厅。

副厅长史济锡向客人介绍了浙江生态省建设、环境污染整治行动、节能减排工作、环保基础设施建设和环保体制机制建设五个方面的工作内容。

（虞琼宵）

省广电局

【涉外工作概况】 2009年，浙江省广播电影电视局（简称“省广电局”）自组出国团组4批、34人，其中一批为培训团组。参加双跨团组4批、4人。

【与英国、法国和以色列签订合作协议书】 2009年1月，应英国、法国和以色列NDS公司的邀请，副局长胡瑞庭一行6人赴英国、法国和以色列NDS公司进行数

◎省环保代表团实地考察瑞典东约特兰省清洁技术中心垃圾发电厂

字电视智能卡设备配置及技术人才配置模式及培训计划的合作谈判，双方签订意向协议书。

【与瑞士、爱尔兰签订合作协议书】 2009年6月，应瑞士NAGRAVISION公司、爱尔兰EMC公司的邀请，副局长铁国强一行5人赴瑞士、爱尔兰进行合作开发移动手机电视安全运营和运作配置解决方案以及广播电视广告监测及存储技术合作开发事宜，双方签订合作协议书。

【亚太广播联盟人员访问省广电局】 2009年8月，亚太广播联盟技术部主任拜访省广电局，了解浙江广播电视发展情况，介绍亚太广播联盟的发展计划。副局长胡瑞庭会见客人。

【北欧浙江媒体周】 2009年10月14日在芬兰坦佩雷市开幕，21日在丹麦首都哥本哈根闭幕。此次活动由省广电局主办，芬兰大众明天媒体集团公司承办，浙江广电集团海外中心、浙江在线、杭州文广集团、宁波广电集团和温州、义乌广播电视台，以及瑞典SBS电台、丹麦SBS电台协办，旨在通过与北欧主流媒体合作，向北欧宣传浙江的经济、文化、社会及普通老百姓生活，加强浙江与北欧的联系、交流与合作。这是省广电局首次组织全省广电系统协同开展对外宣传交流活动。在浙江媒体周期间，浙江媒体代表团与大众明天媒体公司就进一步加强合作、推动浙欧交流举行会谈；拜访芬兰广播公司电视2台和瑞典、丹麦的SBS广播电台，就广播电视节目制作、传播、交流等进行探讨；通过在线互动、家庭走访、座谈了解等多种方式，与芬兰、瑞典、丹麦等地网民、听众进行交流。媒体周开幕前一个月，芬兰大众媒体公司派出两名记者赴杭州、宁波、温州、义乌等地进行为期14天的采访拍摄，并将资料进行本土化编辑制作后在芬兰媒体上播出。

【广播影视新媒体应用与传播研讨会】 2009年10月19日在杭州举行，国家广电总局国际合作司主办，省广电局承办。英国独立电视台环球娱乐亚洲区域总裁詹姆斯、荷兰案的默传媒集团亚洲运营部首席执行官阿扬·范米尔洛、韩国广播公司政策企划中心企划局副局长李荣俊、日本广播协会综合企划室部长元桥圭哉出席研讨会并发表演讲。

【组团赴美国培训】 2009年10月，应美国密苏里大学邀请，浙江新闻传播与管理培训团一行18人，赴密苏里大学进行为期21天的培训，参加培训的学员主要是市县级广播业务管理人员。其间，培训团一行考察了美国NBC等多家媒体，并与之进行了广播电视业务交流。

（吕晓军）

省体育局

【涉外工作概况】 2009年，浙江省体育局（简称“省体育局”）加强对外体育交流，增进与各国和地区人民之间的相互了解和友谊，促进体育事业的发展。全年派遣71批、314人次，赴31个国家和地区参加比赛或交流访问；接待澳大利亚、加拿大、法国、意大利、日本、韩国、瑞典、美国和香港等17个国家和地区的35个团（队）、390人次来浙江进行足球、篮球、排球、武术等运动项目交流、训练和比赛。

【2011年“亚洲杯”预选赛杭州赛区比赛】 在浙江省黄龙体育中心举行，中国、越南、黎巴嫩、叙利亚4支球队参加比赛。2009年1月21日，中国队6∶1战胜越南队；11月22日，中国队1∶0胜黎巴嫩队，中国队主场两战全胜。2009年中国队小组赛积9分，居叙利亚之后排第二位。中国队小组赛主场的最后一场比赛将于2010年1月6日晚对阵叙利亚队。

【协办第四届香港国际武术大奖赛暨国际健身气功展示会】 2009年3月3日至8日，浙江省对外体育交流中心协助香港武术学校有限公司举办了2009年第四届香港国际武术大奖赛暨国际健身气功展示会。来自美国、日本、印度、埃及、加拿大、法国、德国等15个国家，中国内地和澳门、香港等地区的147个代表队、1500余名武术爱好者报名参赛。

浙江方面主要负责该赛事的规程制定、比赛设计、裁判选调、竞赛信息统计和浙江省的组队参赛等工作。

【第二十二届"亚洲杯"乒乓球赛】 2009年5月19日至21日杭州体育馆举行，此次比赛由亚洲乒乓球联盟授权，中国乒乓球协会、浙江省体育局主办，浙江省体育竞赛中心、杭州市体育馆承办。比赛设男子单打、女子单打项目，来自中国大陆、中国台北、中国香港和韩国、新加坡、朝鲜、日本、印度、伊朗、泰国、哈萨克斯坦等13个国家和地区的32名运动员参赛。

经过分组循环赛和八强淘汰赛，中国的郭跃在决赛中以4∶0胜中国的刘诗雯获得女单冠军，中国的马龙4∶3胜中国的王皓获得男单冠军，中国队包揽本次赛事男女单打前三名。

亚洲乒乓球联盟主席李富荣、省委副秘书长吕毅强、省体育局副局长孔建军等观看比赛并为男女前三名运动员颁奖。

【中国室内五人制足球国际锦标赛】 2009年6月19日至21日在黄龙体育馆举行，由中国足球协会主办，浙江省足球协会、黄龙体育中心、杭州市体育局共同承办，这是中国第一届室内五人制足球国际锦标赛。中国、伊朗、荷兰和日本等4支球队参加比赛。比赛为单循环赛，分3天进行6场比赛，荷兰队获得第一名，日本队获第二名，伊朗队获第三名，中国队以2平1负居第四。

为了更好地在浙江推广五人制足球运动，将五人制国际足球锦标赛打造成一项真正的国际品牌赛事，浙江省足球协会与中国足球协会签订合作协议，从2009年起在浙江连续举办5届（每年一届）中国室内五人制足球国际锦标赛。

【第六届浙江国际传统武术比赛】 2009年7月30日至8月3日在黄龙体育中心举行，由省体育局、省友协主办，浙江省黄龙体育中心、省对外体育交流中心、省武术协会、省体育科学研究所承办。省友协会长梁平波为本届比赛题写主题词"展示国粹魅力，弘扬中华武术"，国家体育总局武术运动管理中心主任高小军担任组委会名誉主任并亲临现场指导，来自美国、法国、日本、荷兰、澳大利亚、菲律宾、古巴等7个国家和中国香港、澳门地区及安徽、北京、福建、广东、河南、新疆、浙江等20个省区市共计343个代表队、5079名选手报名参赛。本次比赛设普及、规定、自选和传统武术系列各类拳种、各种兵器、各种风格的比赛9000多项次，为不同的传统武术拳种、流派、门派提供平等展示的平台，同时也展示日本空手道、法国国际手搏等国外的搏击功夫，体现了功夫的国际性。

比赛期间，在黄龙体育馆举办了武术产品展示。在杭州华洋宾馆举行了2009年第六届浙江国际传统武术比赛论文报告会。

【2009年杭州国际马拉松赛】 2009年11月8日上午，由中国田径协会主办、为国际马拉松协会认可的世界级马拉松赛事2009杭州国际马拉松赛在黄龙体育中心广场举行。开幕式由浙江省体育局局长李云林主持，浙江省人民对外友好协会会长梁平波致辞，国家体育总局副局长蔡振华为大赛鸣枪发令。来自全国各地以及20多个国家和地区的14000余名跑步爱好者参加比赛。

本次马拉松设有全程（42.195千米）、半程（21.0975千米）、短程（13.8千米）、迷你（6.8千米）、情侣跑（3.8千米）以及家庭跑（1.2千米）6个组别的比赛，参加全程跑和半程跑的人数接近3600人，参加情侣跑和家庭跑的1800余人。肯尼亚选手姆旺吉·莫里斯以2小时18分37秒的成绩获得男子全程马拉松冠军，南京选手岳超以2小时39分58秒的成绩获得女子全程马拉松金牌，杭州市陈经纶体育学校的曹少波和江苏选手陶丽丽分别获得半程马拉松男子组和女子组的冠军。

【日本京都日中武道研究会研修团访问浙江】 2009年12月29日至2010年1月5日，以吉村京子为团长的日本京都市日中武道研究会研修团一行16人访问浙江，此项交流活动始于1984年，该研究会已连续26年组团访问浙江。为了把中国武术带回日本，也使日本武道传入中国，研修团成员在杭州过新年，学习太极拳、武当对剑、形意拳、六合拳、太极扇等中国传统的武术项目。

◎日本京都武道研究会研修团在杭州进行武道交流

研修团此次访问浙江，还与台州市形意拳专业组和天台县太极拳组织进行了中国武术和日本武道交流。

（刘　杰）

附表1　2009年省体育局部分出访团组

序号	出访时间	团组名称	团组负责人	出访人数	出访国家或地区	备注
1	1月12～18日	篮球	何　苹	3	澳大利亚	参团
2	1月12～19日	田径	金　涛	4	澳大利亚	参团
3	1月12～19日	沙滩排球	王卫中	3	澳大利亚	参团
4	2月3～9日	体操	赵漪波	1	斯洛伐克	参团
5	2月4～17日	柔道	竺　昂	1	法国、奥地利	参团
6	2月6～11日	马拉松	林　可	8	日本	组团
7	2月10～17日	跆拳道	蒋梦非	1	美国	参团
8	2月18～23日	游泳	张亚东	6	日本	参团
9	2月25日～3月3日	皮划艇	雷文斌	1	波兰	参团
10	3月26～31日	体操	鲁　健	8	法国	参团
11	4月4～17日	排球	马　俊	6	泰国	组团
12	4月21～27日	蹦床	邵春华	2	保加利亚	参团
13	5月11～16日	综合	单　毅	6	韩国	组团
14	5月20～25日	篮球	张华珍	2	瑞士	组团
15	5月20～29日	赛事	李期华	6	英国、法国	组团
16	5月27～25日	轮滑	费江生	16	韩国	组团
17	5月28日～6月1日	体操	朱毅斌	6	瑞士	参团

续表

序号	出访时间	团组名称	团组负责人	出访人数	出访国家或地区	备注
18	6月7日～7月14日	赛艇	何东江	14	德国、瑞士	参团
19	6月8～15日	比赛	罗　智	2	日本	参团
20	6月10～24日	网球	王家放	7	马来西亚	组团
21	6月17～22日	排球	徐先涛	2	日本	参团
22	6月21～30日	综合	马万里	6	南非、埃及	组团
23	6月25日～7月14日	体操	朱洁亚	1	塞尔维亚	参团
24	6月25日～7月14日	体操	丁一丹	1	塞尔维亚	参团
25	6月25日～7月14日	游泳	夏晨莹	3	塞尔维亚	参团
26	6月27日～7月5日	田径	黄海炳	4	新加坡	参团
27	6月28日～7月5日	篮球	沈　怡	1	新加坡	参团
28	6月30日～7月14日	气功	沈延红	1	德国	参团
29	7月2～6日	田径	吴建伟	11	香港	组团
30	7月5～14日	田径	叶佳贝	3	意大利	参团
31	7月11日～8月4日	游泳	罗雪娟	1	意大利	参团
32	7月14～27日	排球	单丹娜	2	墨西哥	参团
33	7月16日～8月2日	游泳	曹　宏	1	意大利	组团
34	7月20日～8月4日	游泳	徐国义	10	意大利	参团
35	7月21日～8月3日	篮球	郑博文	1	泰国	参团
36	7月22日～8月3日	篮球	苏志清	18	韩国	组团
37	7月27日～8月7日	跆拳道	邵国强	8	韩国	组团
38	7月29日～8月11日	排球	徐先涛	1	印度	参团
39	8月12～21日	体育教育	李建设	6	澳大利亚、新西兰	组团
40	8月16日～9月1日	航模	吴新华	1	匈牙利	参团
41	8月19～24日	技巧	马素萍	4	俄罗斯	参团
42	8月23～29日	篮球	张王来	2	韩国	参团
43	8月23～29日	排球	宓　明	5	韩国	参团
44	8月23～29日	田径	叶嘉莹	4	韩国	参团
45	8月24日～9月4日	羽毛球	葛　枫	15	泰国	组团
46	8月25～30日	彩票	孔建军	6	美国	组团
47	9月1～30日	管理	俞慧敏	1	美国	参团

续表

序号	出访时间	团组名称	团组负责人	出访人数	出访国家或地区	备注
48	9月6～26日	管理与保障	李玉莲	1	英国	参团
49	9月18～27日	群众体育	郑继伟	6	日本、韩国	组团
50	9月20～27日	跆拳道	闻人云涛	2	伊朗	参团
51	10月7～21日	体操	朱洁亚	1	英国	参团
52	10月10～20日	跆拳道	毛海威	1	丹麦	参团
53	10月16日～11月10日	武术	王志爽	1	加拿大、美国、日本	参团
54	10月26日～11月3日	体操	叶　盛	1	瑞士	参团
55	10月28日～11月3日	田径	庄海涛	1	越南	参团
56	10月28日～11月8日	国际象棋	丁立人	1	越南	参团
57	11月2～10日	青年	孟关良	1	巴基斯坦	参团
58	11月15～22日	排球	朱林伟	19	日本	组团
59	11月18日～12月25日	武术	占旭刚	18	日本	组团
60	11月22日～12月6日	武术	郑　波	5	瑞士、意大利、南非、利比里亚	参团
61	11月27日～12月8日	篮球	沈　怡	2	印度	参团
62	11月30日～12月12日	篮球	罗　智	3	香港	参团
63	12月3～9日	跆拳道	蒋梦菲	1	香港	参团
64	12月4～11日	游泳	朱志根	9	香港	参团
65	12月5～12日	举重	唐德尚	1	香港	参团
66	12月6～13日	赛艇	奚春群	11	香港	参团
67	12月6～14日	田径	钟杭伟	1	香港	组团
68	12月7～14日	田径	金　涛	3	香港	参团
69	12月7～14日	田径	陆敏佳	1	香港	参团
70	12月10～14日	举重	竺　昂	5	香港	参团
71	12月10～14日	柔道	竺　昂	1	香港	参团

附表2　2009年省体育局接待的部分访浙团组

序号	来访时间	团组名称	团组负责人	来访人数	来访目的
1	1月18～22日	越南国家足球队	杨武林	28	比赛
2	1月18～22日	亚足联	罗伯特·特瑞斯	6	比赛
3	4月21～27日	西班牙乒乓球队	Zhang Dong Ping	10	训练

续表

序号	来访时间	团组名称	团组负责人	来访人数	来访目的
4	4 月 21～27 日	日本东京电视体育部	大仓琳达	1	采访
5	5 月 2～6 日	美国洛杉矶闪电职业男子篮球队	Archer JR. David Gordon	12	比赛
6	7 月 25～27 日	曼联足球俱乐部	Alexander Chapman. Ferguson	80	比赛
7	11 月 20～23 日	黎巴嫩国家足球队	汉帕松·米萨基安	37	比赛
8	11 月 20～23 日	亚洲足联	布里兹	6	比赛
9	12 月 29 日～2010 年 1 月 5 日	京都日中武道研究会访问团	吉村京子	16	交流

省海洋与渔业局

【涉外工作概况】 2009 年，浙江省海洋与渔业局(简称“省海洋与渔业局”)组织出访考察团 12 个、27 人次(包括双跨团)，出国考察内容主要是渔业科技合作、水产品质量安全、渔业执法、海岛管理和海洋渔业项目合作等，组团出访加拿大、美国、日本、韩国、印尼、马来西亚、英国、俄罗斯、希腊、匈牙利等国家。接待外宾 7 批、41 人次，分别来自日本、韩国、印尼、匈牙利、美国、澳大利亚等国家。实施引进外国专家项目 9 个，邀请挪威、匈牙利、美国、英国和韩国的渔业专家 14 人。

【泰国东方大学海洋技术学院师生来省养殖所访问与研修】 2009 年 5 月 7 日，泰国东方大学海洋技术学院院长助理沙拉悟特、讲师娜帕旁博士与两名学生来省养殖所访问。两名学生还前往省养殖所永兴基地、洞头基地研修海洋贝类苗种培育、藻类培养、鱼类生殖调控等相关技术。

泰国东方大学海洋技术学院与省养殖所有着长期友好合作关系，此次该学院师生来省养殖所访问与研修是双方共建“中泰海洋技术联合实验室”平台的重要内容之一。

【联合国亚太地区综合养鱼研究和培训中心学员考察省淡水所】 2009 年 6 月 6 日，参加联合国亚太地区综合养鱼研究和培训中心举办的水产养殖技术培训班 18 名学员(分别来自津巴布韦等 10 个国家)，考察了省淡水水产研究所。所长叶金云向学员们介绍了该所概况，湖州市水产技术推广站副站长沈乃峰介绍了湖州市渔业概况及桑基鱼塘养殖系统。学员们参观了该所标本室，考察了菱湖桑基鱼塘养殖基地，对该所的科研、开发工作以及菱湖桑基鱼塘养殖系统表现出浓厚的兴趣。

【美国奥本大学水产专家访问省淡水所】 应省淡水水产研究所所长叶金云的邀请，2009 年 7 月 19 日至 25 日，美国奥本大学水产系主任罗斯博士对该所进行学术访问。叶金云向其详细介绍了该所的基本情况和在科研、开发方面取得的成就；罗斯介绍了奥本大学水产系在教育、科研和推广方面的科技成果和研发方向，向该所科研人员作了克氏原螯虾和红螯螯虾养殖专题讲座。罗斯参观了浙江南太湖淡水水产种业有限公司、浙江璟宝水产饲料有限公司和湖州荻港生态旅游开发有限公司。

访问期间，罗斯愉快地接受了该所聘其为兼职研究科学家的聘任书，双方还就在科研和人才培养领域开展进一步合作达成意向。

【美国生命科学专家访问省养殖所】 2009年8月14日，美国路易斯安那州立大学副教授丁焕根博士与美国得克萨斯大学副教授白益东博士访问省养殖所并参观省级重点实验室及海洋生物标本室。该所的科研人员与来访专家就海岸带管理、海洋生物线粒体相关研究技术与合作意向进行了座谈交流，并就科研人员交流培训事宜与丁焕根博士达成初步意向。

【浙江省渔业考察团访问加拿大、美国和日本】 应加拿大温哥华岛大学、不列颠哥伦比亚省特产食品有限公司、美国夏威夷海洋研究所及日本长崎县水产部的邀请，以省海洋与渔业局局长赵利民为团长的浙江省渔业考察团一行6人，于2009年9月18日至30日赴加拿大、美国及日本进行考察访问。

在加拿大和美国，考察团访问了加拿大温哥华岛大学的贝类研究中心和计划新建的鲟鱼研究中心、不列颠哥伦比亚省特产食品有限公司虹鳟鱼养殖场、美国迈阿密大学海洋与大气科学学院、夏威夷海洋研究所，与加、美两国渔业科技人员就加强（亚）冷水性鱼类养殖技术、南美白对虾的引进及育苗和养殖技术、鱼虾配合饲料（含添加剂）技术、环境养殖技术等双方共同关心的问题进行了广泛的交流和探讨。

在日本，考察团访问了长崎县水产部，参观了长崎县鱼市场和长崎县综合水产试验场。考察团与长崎县水产部签订渔业合作交流备忘录。

【2009海洋生态文明（温州）国际论坛】 2009年11月15日至19日在温州举行。论坛由省海洋水产养殖研究所、北京大学中国持续发展研究中心、浙江省科学技术协会和中国北京三生环境与发展研究院共同主办。来自美国、日本、法国、加拿大、泰国、挪威等国家以及中国内地海洋学界的知名科学家，还有来自各级政府管理部门的官员和香港等地区的海洋研究领域科学家共150余人出席论坛，30位专家作大会主题报告和专题发言。专家们围绕应对金融危机的海洋科技战略和海洋科技、行业及经济的关系两个议题，以构建生态文明的目标体系为主题，深入探讨了海洋生态文明建设的目标、内涵、核心价值观和重点领域。

◎省淡水水产研究所所长叶金云（右）向罗斯博士颁发聘任证书

【海水鱼类营养与饲料联合实验室扩大合作】 2009年省海洋水产研究所和挪威国家水产蛋白质研究中心、中国科学院水生生物研究所、浙江大学动物科学学院等4家单位共同在浙江省海水增养殖重点实验室内建设的海水鱼类营养与饲料联合实验室，全面改善设备，增加了微滤、蛋白分离等设施。挪威生命科学大学、浙江大学、上海海洋大学、宁波大学、东海水产研究所、浙江海洋学院等7个单位（部门）、近30人次的教师、研究生，在实验室从事10余个试验项目研究工作。

【鱼类网箱养殖技术合作】 2009年，省海洋水产研究所与英国、澳大利亚、比利时等国专家及国际组织加强了水产养殖网箱设施及养殖技术的合作。英国的史蒂芬·J·斯库尼思和澳大利亚的史蒂夫·马林两位外籍农业信息咨询专家于9月17日至18日访问省海洋所，并提供了英国、澳大利亚深水网箱产业化发展的有关信息。比利时贝卡尔特公司亚洲研发中心创新经理作田恭一和李玉胜博士于12月17日访问省海洋所，介绍了该公司研发的金属网衣网箱的产业化发展情况。

（叶　丹）

省食品药品监管局

【涉外工作概况】 2009年，浙江省食品药品监督管理局（简称“省食品药品监管局”）组织11个因公出国团组、54人次，分别赴西欧、北欧、北美、南美、非洲等地区，与有关国家政府药品监管部门、行业协会、高等院校和大型医药企业开展技术合作和交流访问。

【省食品药品监管局代表团访问英国、法国】 2009年6月16日至25日，应英国药品与健康产品监督局和法国处方药剂师公会邀请，驻省食品药品监管局纪检组长张小平率团一行6人赴英国、法国访问。

出访期间，代表团与英方就加强药品安全保障方面的规定和条款进行了洽谈；与法方就药剂师管理法律法规、政策体系和管理制度等进行了讨论，双方一致认为，严格药剂师的从业资格，加强药剂师继续教育，是广大群众用药安全的有力保障。

【浙江医药高等专科学校代表团访问巴西、秘鲁】 2009年10月13日至22日，应巴西大学和秘鲁化学药品学院邀请，浙江医药高等专科学校校长王自勇等一行6人赴巴西和秘鲁访问。

出访期间，代表团参观了巴西大学著名的药物动力学实验室；与秘鲁化学药品学院就药剂师资格考试的教育培训工作进行了深入的探讨。

【省食品药品监管局代表团访问意大利、土耳其】 2009年11月28日至12月9日，应意大利意中基金会和土耳其MN制药公司邀请，省食品药品监管局局长黄萌等6人出访意大利、土耳其。

在意大利，代表团与在意的中国医药企业代表和意大利当地的大型医药企业召开座谈会，商讨新形势下的医药产业合作模式。

在土耳其，代表团积极推荐浙江的优秀知名中医药企业，并就为双方企业产品的注册提供业务指导和技术帮助达成合作意向。

【省食品药品监管局代表团访问埃及、肯尼亚】 2009年12月4日至13日，应埃及国家药品监管研发中心和肯尼亚国家医药协会邀请，省食品药品监管局副局长吴宁一等6人赴埃及、肯尼亚访问。

在埃及，代表团向埃方解释了中国药品生产质量管理规范体系（GSP）和药品经营质量管理规范体系（GSP）的相关问题，促进了两国监管机构之间的友好协作。

在肯尼亚期间，代表团对中国产抗疟疾药物的运输、仓储等方面的技术要求进行了宣传，以有效保证药品质量和使用效果。

（曹丽云）

省新闻出版局

【涉外工作概况】 2009年，浙江省新闻出版局（版权局）（简称“省新闻出版局”（省版权局））根据中央和省委关于加强和改进新形势下对外宣传工作的要求，结合浙江实际，积极组织开展对外合作与交流，鼓励和支持有关出版、发行、出版物进出口经营单位开展促进浙版出版物“走出去”工作，扩大了中华文化的国际影响力，提高了浙江省出版发行业参与国际市场竞争的能力。全省出口出版物1.5万余种、15万余册，销售额70多万美元。

【国际期刊联盟总裁访问浙江】 2009年2月24日，国际期刊联盟总裁唐纳德·库墨菲尔德来杭考察第二届亚太数码杂志国际会议可行性和筹备情况。省委常委、副省长葛慧君会见唐纳德·库墨菲尔德一行，双方就有关事项进行了交流。

省新闻出版局局长钟桂松、省政府副秘书长冯波声、省新闻出版局副局长王汐、省外办副主任顾建新、中国期刊协会执行秘书长刘晓玲等参加会见。

【浙江版权贸易代表团访问美国】 2009年5月27日至6月4日，省版权局会同省政府新闻办组织浙江省版权贸易代表团一行12人，赴美国进行访问和交流。

代表团参观了美国书展，与美国出版业同行开展了一系列版权合作及图书出版发行交流活动，浙江少儿出版社、浙江大学出版社等与美国海马出版公司、洛杉矶沈氏出版社就有关合作项目达成初步意向，对一些新的合作领域进行了商洽。5月28日，代表团在纽约与美国百盛公司共同举行2009美国浙江版权贸易图书展，展出浙版图书近千种。

【浙江出版考察团访问英国、瑞士】 2009年8月16日至25日，以省新闻出版局局长钟桂松为团长的浙江出版考察团一行5人，赴英国、瑞士考察出版业发展情况，先后访问英国《金融时报》、瑞士新闻出版集团，实地考察了上述单位和两国的有关图书市场。

【期刊业务骨干赴瑞典培训】 2009年8月18日至9月7日，由省新闻出版局组织的部分期刊方阵工程入选期刊的社长（主编）和业务骨干一行16人赴瑞典乌普萨拉大学培训，学习、借鉴国外期刊业先进的办刊理念、经营模式和管理经验。培训的主题是期刊与新媒体技术展望。

【组织参加第十六届北京国际图书博览会】 2009年9月3日至7日，省新闻出版局组织省内14家图书出版社及浙江华硕国际贸易有限责任公司、浙江广博集团有限公司等参加第十六届北京国际图书博览会，参展出版物1200多种。其中一批精品图书受到美国、意大利、韩国、越南和香港特别行政区等几十个国家和地区出版机构的关注，共签订版权引进合同5项、版权输出合同6项、合作出版合同4项，达成版权引进意向174项、版权输出意向221项。

（陈清贵）

杭州海关

【涉外工作概况】 2009年，杭州海关面对严峻的经济形势，关区进口总值比上年下降25.8%，主要税源商品原油进口平均价格下跌40.5%。杭州海关采取有效措施，克服不利因素的影响，全年征收“两税”（关税和进口调节税）303.88亿元，比上年下降18.73%。审核报关单61.28万份，下降2.78%。监管进出境运输工具45.90万辆（艘、架、次），增长19.16%。进出口货物9026.25万吨，增长18.85%；进出口货值438.27亿美元，下降11.70%。进出境集装箱104.96万标准箱，增长29.61%。进出境人员176.62万人次，增长23.78%。进出境邮递物品65.62万件，增长33.78%；印刷品及音像制品152.25万件，增长14.37%；快件225.58万件，下降18.15%。审核加工贸易备案纸质手册18865份，下降18.16%；备案金额111.21亿美元，下降28.88%；加工贸易实际进出口值227.01亿美元，下降17.7%。立案查处各类走私违法案件5406起，增长34.24%；案值21.82亿元，增长32.96%；涉税1.59亿元。

【强化知识产权保护】 2009年，杭州海关组织召开长三角地区海关知识产权保护工作联席会议，统一区域内海关执法尺度。加强与省内相关部门及权利人合作，强化自主知识产权保护，继续实施知识产权示范企业“孵化”计划，引导民营企业自主创新。在义乌海关设立全国首个隶属海关的知识产权保护科。全年采取知识产权保护措施3722批次，比上年增长157%；查获涉及侵权货物1742余万件，增长42%，价值人民币4018万元。

【严厉打击涉税和毒品走私犯罪】

2009年，杭州海关开展了打击铝出口走私、葡萄酒走私等专项行动。针对高档消费品、医疗设备、通信器材等重点税源商品走私频发的特点，组织开展专项打击行动。成功侦破海关总署挂牌督办的“11·3”系列服装走私案，总案值1.02亿元，涉税2565万元。在关区组织开展打击走私名牌服装专项行动，涉案金额6000余万元。针对快件渠道走私活跃的新情况，立案侦查“2·28”国际快递走私案，案值400余万元。查处废五金走私犯罪案件4起，案值8000余万元，涉税200余万元。10月30日，在秋季海上缉私专项行动中，舟山分局查获海上特大成品油走私案件，摧毁了某走私成品油的犯罪团伙及网络，抓获涉案人员30余名，查获涉案成品油8500吨，总案值6000余万元，涉税750万元。在机场旅检、快件以及邮递物品监管渠道连续查获走私毒品案5起，共缴获毒品海洛因4313.48克、大麻4354克，并首次查获人体藏毒走私案。

【加深对外交流】 2009年，根据中美海关联合验证试点工作部署会，成立工作小组，交流沟通美国海关贸易合作反恐项目的有关情况，并按照《杭州关区首次中美联合验证试点工作方案》对相关工作进行了部署，进一步加深对外交流工作。

【服务国际航线】 2009年7月27日，杭州—菲律宾卡里波(长滩岛)航线正式开通。10月27日，杭州—北京—法兰克福国际航线开通，结束了杭州萧山国际机场无洲际定期客运航线的历史。萧山机场海关密切联系航空、机场公司和各有关单位，深入沟通，规范往返国际旅客通关作业流程，并督促责任单位做好引导服务工作；在有效监管的同时积极做好海关各项政策法规宣传工作。海关对国际航线的各项监管工作运行有序。

【给予重要外宾通关礼遇】 2007年7月26日，英超曼联足球队乘坐包机从韩国首尔飞抵杭州，参加曼联2009年亚洲之旅杭州站的比赛。机场海关快速验放相关人员随身行李物品，并做好随机运抵的相关摄影器材及医疗用品监管工作。

8月21日，巴基斯坦总统扎尔达里一行11人入境，海关给予免检、免验礼遇。

【中意海关邮政座谈会】 2009年10月21日，意大利邮政海关代表团访问温州邮政。22日上午，中意双方在温州万豪商务大酒店召开座谈会，温州海关副关长李友新、海关驻邮办副主任金莉应邀出席会议。中意双方对温州邮寄出口到意大利邮包出现大量退包的原因及客户反映的问题进行了探讨，共同寻找解决的方法，畅通了沟通渠道，消除了疑问和误解，促进了中意海关邮政的友好关系。

【义乌海关积极应对俄罗斯“灰色清关”危机】 2009年，俄罗斯掀起打击“灰色清关”新一轮战役。针对新情况，义乌海关积极采取应对措施：一是迅速采集汇总2008年9月至2009年6月期间有出口俄罗斯实绩的125家义乌企业名单，其中包括出口100万美元以上的14家企业。并将名单通报义乌市外经贸局并提请相关企业关注；二是通过义乌市报关协会、货代协会以集中培训和函告的形式向从事小商品出口的相关企业提示风险；三是适当提高出口俄罗斯小商品货物的查验比例，向货主提示“灰色清关”风险；四是积极与上级对口部门联系，认真做好输俄货物可能因该事件中途退运回国办理海关相关手续的准备工作。

（李上莹）

浙江检验检疫局

【涉外工作概况】 2009年，浙江出入境检验检疫局(简称"浙江检验检疫局"或"浙江局")积极主动地融入地方,增强服务浙江经济社会发展的有效性;深入开展"质量和安全年"活动,促进进出口产品质量持续提升;不断改革创新,构建科学监管新机制;严格履行口岸把关职能,保障国家经济安全和全省人民群众生命健康安全。

积极开展国际交流与合作,接待欧盟消费者保护总司食品兽医办公室(FVO)、日本谷物鉴定协会、美国丘博集团等有关国际机构人员的来访。组织或参加有关团组赴欧美、日本、韩国、非洲、东南亚等国家和地区执行进口商品预检、境外企业考核、现场检查评审、技术交流培训、相关业务考察等任务。

【浙江局输欧盆栽植物监管体系得到肯定】 2009年2月10日至12日,欧盟消费者保护总司食品兽医办公室官员考察了浙江检验检疫局输欧盆栽植物检疫监管体系,这是该考察团在中国实地考察的第一站。

考察团听取了浙江局出口盆栽植物检疫监管模式介绍,实地考察了杭州六通园艺有限公司输欧盆景基地,详细了解了中方对于输欧星天牛寄主植物的官方监管和企业管理措施。考察结束后,FVO官员对浙江局输欧盆栽植物监管体系表示肯定,对星天牛防控措施表示满意。

2008年10月,欧盟对从第三方国家输往欧盟的星天牛寄主植物提出了紧急植物检疫措施要求。该措施于2008年11月生效,对中国苗木输欧造成一定的影响。由于此次FVO考察团的考察结果对于欧盟委员会随后对该紧急措施的修订以及新决议的发布均有直接影响,浙江局高度重视,专门成立了工作小组,准备有关材料,做好实验室、标本室有关记录核对及技术支持工作,还派人专程赴北京代表中国向FVO检查团介绍"中国出口盆景植物的监管体系"。

【浙江出口宠物食品安全卫生控制体系通过欧盟FVO检查】 2009年3月23日至25日,按照欧盟EC No. 1774/2002条例的要求,以Francisco Javier博士为组长的欧盟FVO代表团赴温州、台州,对浙江省出口宠物食品安全控制体系进行检查评估。这是欧盟首次对中国出口宠物食品生产安全卫生管理体系进行回顾性检查评估,其结果将关系到中国输欧宠物食品市场准入问题,浙江出口咬胶类宠物食品占世界市场的60%以上。

FVO检查团深入温州佩蒂宠物用品有限公司、台州温岭鑫泰宠物用品有限公司,听取了检验检疫部门监管情况的介绍,详细询问了当地出口宠物食品生产的官方监管体系的有关情况。FVO检查团在了解受检企业有关安全卫生质量控制情况后,就企业原辅料的控制、自检自控、溯源体系等有关情况进行了提问。检查过程中,欧盟官员拿出一份已签发《兽医卫生证书》的复印件,对有关签字兽医官就欧盟法规条文的熟悉程度进行提问,对企业从签证、产品检验检疫出口到原料验收的整个过程进行倒追溯并要求提供佐证资料。浙江局动植物监管处和浙江省畜牧兽医局的有关官员全程陪同检查组。

在检查情况反馈会上,欧盟FVO检查团对浙江省出口宠物食品安全卫生控制体系的有效性给予肯定,对浙江出口宠物食品的检验检疫监管工作、受检企业的自检自控体系表示满意;对温州、台州检验检疫局及有关企业表示感谢,并表示:"此次浙江地区出口宠物食品官方监管交流和企业检查非常有效,对中国出口宠物食品的官方监管体系以及企业的安全卫生质量管理体系有了更加深入的了解,这对评估报告中国输欧宠物食品安全卫生质量现状非常有帮助。"

【中欧信息安全管理体系认证研讨会】 2009年4月14日在杭州召开,会议由中欧信息社会项目和中国信息安全认证中心联合主办。来自工业和信息化部、国家认监委、欧盟驻华代表团以及地方政府各相关部门、研究机构和企业界的代表共约200人参加会议。

中欧两地信息安全专家、企业代表围绕信息安全管理体系认证进行了讨论，双方专家交流了经验，在加强信息安全合作、加强中欧两地对话交流方面达成共识。

【省检科院与日本谷物鉴定协会开展技术交流】 2009年4月22日，省检验检疫科学院与日本谷物鉴定协会在杭州进行了技术交流。

省检科院食品安全与动植物检验检疫研究所技术人员同日本谷物鉴定协会的代表就双方共同关注的农药残留检测、DNA分析技术、霉菌毒素检测等问题进行了讨论。日方代表还参观了省检科院食品安全与动植物检验检疫研究所的实验室，高度赞赏实验室的硬件设备和人员素质，希望双方在人才培养、技术交流等方面开展更广泛的合作。

这是日本谷物鉴定协会第一次造访浙江检验检疫局。

【浙江省输欧水产品卫生监管体系通过欧盟FVO考察】 2009年5月9日至14日，欧盟食品兽医办公室(FVO)考察组一行对浙江省输欧水产品卫生监管体系进行考察。

考察组重点考察了浙江检验检疫局实验室、杭州检验检疫局辖区的水产养殖场、舟山检验检疫局辖区的渔船、码头、制冰厂、水产品加工企业等。欧方在考察总结会上对浙江输欧水产品卓有成效的控制体系、公开透明的工作程序等给予充分肯定和高度评价，认为浙江建立了有效的出口水产品安全卫生管理体系，通过执行较为完善的检验检疫监管程序和要求，能有效地控制出口欧盟的水产品的质量安全。

【美国丘博集团大中华区总裁访问浙江局】 2009年6月29日，浙江检验检疫局副局长戴永华会见来访的美国丘博集团大中华区总裁戴永利一行3人。

戴永华向客人介绍了浙江进出口现状，尤其是检验检疫部门对进出口产品质量的监控体系、风险防范体系建设等有关情况。双方就如何提高产品质量控制，加强产品安全责任风险防范和提高中国产品的国际竞争力等进行了广泛交流。

美国丘博保险集团公司是全球最大的非寿险保险公司之一。2000年，美国丘博保险集团公司在上海注册成立了美国联邦保险股份有限公司上海分公司，主要开展出口产品责任风险保险业务。

【第七次中荷双边植检会谈在杭州举行】 2009年10月19日至21日，第七次中荷双边植物检疫会谈在杭州举行。会议由国家质检总局动植司与荷兰农业部植物保护司相关负责人共同主持。

双方回顾了近年来两国在进出境植物检验检疫领域的合作成果，讨论了双边植物、植物产品贸易中出现的检验检疫问题，重点就荷兰花卉种球、鲜梨、马铃薯微型薯输华，中国槭属苗木、五针松盆景输荷等问题进行了深入交流，并就下一步解决问题的方案达成一致。此外，双方还就合作建立植物检疫证书真伪核查机制进行了讨论。

会谈结束后，荷兰代表团实地考察了杭州六通园艺有限公司盆景种植基地及星天牛防控措施。

【中日废物原料检验检疫及贸易研讨会】 2009年11月5日至6日在杭州召开。此次会议目的是促进中日两国废物原料贸易的顺利进行和稳定发展。日本环境省有关负责人和国家质检总局检验监管司司长王新、浙江检验检疫局副局长刘志研出席会议，环保部污染防治司、海关总署政策法规司、中国检验检疫协会再生资源分会、中国塑料工业协会塑料再生利用专委会的代表应邀参加会议。

会后，与会代表到台州的海门港检验检疫现场参观，了解中国口岸进口废物原料检验检疫管理及监督情况。

浙江、广东和上海是国内进口废物原料的三大口岸。

【浙江局保健中心开展出国留学"一站式健康服务"】 2009年，

为进一步满足出国人员体检和免疫接种的需要，浙江检验检疫局保健中心开展了出国留学人员“一站式健康服务”。

以往赴美留学人员在保健中心进行体检和接种后，还要到杭州市结核病防治所接受结核皮试(PPD)，他们感到非常不方便。保健中心为了切实解决服务对象的困难，经过认真准备，积极推进该项目的顺利开展：一是主动与杭州市结核病诊疗中心(红会医院)联系，派员到该中心学习PPD的新方法，并成功开展此项业务。二是制定操作规程、判定标准及注意事项。三是梳理工作流程，布置场地及环境。

开展PPD试验后，出国留学人员可以在保健中心一站式完成体检、接种、外文健康表格填写等程序，保健中心的服务水平进一步提升。

【严防甲型H1N1流感疫情从口岸传入】 2009年，面对严峻的甲型H1N1流感疫情形势，浙江检验检疫局积极采取措施，加强应对工作，依法、科学、有力、有序地防控甲型H1N1流感输入。

截至7月19日，浙江局共检疫查验入境人员155618人，发现有症状人员556人，移送卫生部门481人，其中13例被诊断为甲型H1N1流感确诊病例，占全省口岸输入性病例的62%，远超全国42.3%的检出率，最大限度地延缓了疫情在浙江口岸的传播和扩散。

浙江局还部署和落实浙江口岸甲型H1N1流感防控工作进入常态化管理：一是调整入境人员检疫测温方式；二是调整口岸有症状人员和密切接触者的管理方式，进行分类管理；三是调整部分信息报送内容；四是调整检疫人员个人防护措施。

（徐　晖）

亚太小水电中心

【涉外工作概况】 2009年，亚太地区小水电研究培训中心(简称“亚太小水电中心”、“中心”)受商务部委托，举办3期援外小水电培训班，即小水电技术培训班、非洲小水电技术培训班和小水电技术官员班，来自46个国家的91名学员参加培训；开展多项小水电合作与交流活动；成功执行一系列水电合作项目；进一步拓展国外小水电市场，与土耳其签署3份贸易合同，合同总金额754万美元。已执行及尚在执行的土耳其小水电设备项目5项，秘鲁2个项目投入商业运行。进一步加强国际合作与信息交流，巩固发展与越南、秘鲁等国家的小水电合作项目，开拓与尼日利亚、泰国等国的水电技术合作。接待外国来访团组21批、80人次，包括巴基斯坦、土耳其、挪威、塞尔维亚、印度、南非、尼日利亚、印尼、尼泊尔、苏丹、泰国等国家的专家和水电技术人员；向土耳其、尼泊尔、马其顿、瑞典、秘鲁、美国、塞拉利昂、利比里亚、苏丹等国派遣工作团组12批、21人次。

【派员参加第五届世界水论坛】 2009年3月16日，第五届世界水论坛在土耳其伊斯坦布尔金号角会展中心开幕，156个国家的2.8万名代表(其中有90多位部长)出席会议。水利部农村电气化研究所副所长徐锦才参加水利部专家代表团参会并提交大会《水能风能互补发电系统仿真分析》的论文。亚太小水电中心还组织参加了会展，展出中国小水电技术和设备。

会议期间，南京水利科学研究院副院长李云与徐锦才等会见参加第五届世界水论坛的土耳其国家水利工程总局和PIK能源公司的官员和技术专家，双方进行了技术讨论与合作洽谈。

【第五届“今日水电论坛”】 2009年5月11日在杭州举行。论坛由水利部和联合国工业发展组织主办，国际小水电中心承办，来自26个国家和联合国工发组织、国际水电协会等国际组织的50多名国外代表，以及来自全国各省(区)水利厅(局)、水电局和从事小水电规划、设计、制造、开发等企事业单位的120多名代表参加本次论坛。水利部部长陈雷出席论坛并作主旨讲话。亚太小水电中心主任程夏蕾出席论坛。

本次论坛以小水电与民生改善为主题，探讨小水电在改善民生方面的作用和重要功能，展示中国农村水电及电气化成果，推广中国发展小水电和小水电在改善民生方面的成功经验，探讨国际小水电新技术、新产品、政策、环保等方面的发展方向和趋势，推动全球小水电开发领域的合作与发展。

【小水电技术培训班】 2009年5月14日至6月24日在杭州举办。培训班由商务部委托亚太小水电中心举办，来自18个国家小水电领域的32位工程技术人员参加培训。培训教学以小水电相关课程和小水电站参观考察为主，在原来教材的基础上增加了如何与中国开展双边贸易等课程，受到学员欢迎。

【越南小水电评估考察团来杭培训考察】 2009年8月3日至11日，由越南工贸部、财政部和四大国有银行组成的越南小水电评估考察团一行13人来杭进行培训考察和交流。

该评估考察团主要是考察学习中国在小水电开发领域的成果和经验。代表团成员就小水电经济技术评估、水电开发的安全框架(包括环境、移民安置以及监管)、中国及国际小水电标准(现行和趋势)、小水电设备的资质评定、中国小水电发展、中国小水电设备选型、中国政府对小水电的管理规则等议题与亚太小水电中心专家和来自浙江省水电开发管理中心、浙江省水利水电勘测设计院的专家进行了热烈友好的讨论。

考察团还参观了浙江富春江水电设备有限公司等，了解中国水电设备的生产能力及中国政府对清洁能源的支持。

【越南水利代表团访问中心】 2009年8月25日，越南水利科学院培训与国际合作中心主任阮腾枫、越南水利科学研究院水电和可再生能源研究所所长阮吾微以及该所培训与国际合作处处长阮堂腾一行3人访问亚太小水电中心。亚太小水电中心主任程夏蕾，副主任徐锦才、黄建平，研发中心处长董大富、副处长林凝，外事与培训处处长潘大庆，设计院总工程师吕建平及相关工作人员参加会谈。双方就低水头电站开发、小水电自动化技术合作、微水电箱式机组技术以及国际小水电培训等领域的合作进行了洽谈，并签署合作备忘录。越南水利代表团一行还考察了金华金轮集团公司以及箱式微型水电站。

阮腾枫曾于1994年参加由中国政府委托亚太小水电中心举办的援外小水电培训班。他对中心在促进全球小水电开发、援外小水电培训和水电设备的研发、出口等方面作出的贡献和取得的成绩表示高度赞赏。

【协助全球水伙伴中国委员会在杭考察活动】 2009年8月27日，亚太小水电中心协助全球水伙伴中国委员会，组织生态文学与环境教育国际学术研讨会代表在杭州的参观考察活动。研讨会代表一行19人在外事与培训处处长潘大庆等陪同下，到杭州市风景名胜区管委会参观考察，听取了关于西湖的变迁、历代对西湖的整治，尤其是改革开放以来杭州市政府对西湖景区所采取的环境保护措施以及取得的成果等情况介绍。代表们到西湖综合整治工程长桥溪入水口进行了实地考察。当天，参加生态文学与环境教育国际学术研讨会的中外代表在亚太小水电中心举行闭幕仪式。

【派员参加“2009国际水电开发管理及应用高级培训班”】 由瑞典国际开发合作署主办、瑞典Vattenfall电力部门和SWECO设计咨询公司承办的2009国际水电开发管理及应用高级培训班于2009年9月5日至10月2日在瑞典首都斯德哥尔摩举行，由亚太小水电中心申报，水利部国际合作与科技司审核，亚太小水电中心国际合作与科技处陈星经瑞典有关方面选拔批准后参加了此次培训，并提交题为《农村电气化发展分析》的行动计划。

本次培训有来自21个国家

的29名学员参加，其中有3名中国学员。培训的主要课程涉及能源、电网、水电开发、环境保护等方面。培训期间，学员们还考察了正在施工建设的水电站。

【参加秘鲁全国机电工程大会】 2009年9月28日至10月1日，应秘鲁全国机电工程大会组委会的邀请，亚太小水电中心所属杭州亚太水电设备成套技术有限公司总经理董大富，副总经理林凝、徐伟参加了在利马举行的会议。林凝在会上作题为《中国小水电设备生产和HRC对小水电开发所作贡献》的发言，成套公司作为该大会的赞助商之一参加了同期举行的机电设备和技术展览。

秘鲁全国机电工程大会每两年举办一次，为全秘鲁注册工程师、机电设备制造商以及技术开发和供应商的盛会，此前已举办17届。2009年举行的第18届机电工程大会的主题为能源和可持续发展，内容涉及水电、风电、太阳能以及节能减排等。

【尼日利亚国家科学与基础工程署署长访问中心】 2009年10月14日，尼日利亚国家科学与基础工程署署长阿德沃一行访问亚太小水电中心。水利部农村电气化研究所所长、亚太小水电中心主任程夏蕾等与尼方代表就尼日利亚小水电设备制造、项目开发、工程设计咨询、人员培训等合作领域举行友好会谈，双方就下一步合作和分工签署合作备忘录。

【非洲小水电技术培训班】 2009年10月15日至11月25日在杭州举行。培训班由商务部委托亚太小水电中心举办，来自14个非洲法语国家小水电领域的33位工程技术人员参加培训。本次论坛不仅是一次小水电技术交流会，还是一次小水电合作洽谈会。多数非洲国家的水力资源开发率不到10%，小水电技术和资金十分缺乏，学员们热切希望亚洲小水电中心能够参与非洲国家的小水电开发，提供小水电技术服务或到非洲进行小水电项目投资。培训期间，还组织学员参观了设计制造高效薄膜太阳能、晶硅电池及组件、光伏电站以及其他应用产品的浙江正泰太阳能科技有限公司。

【参与“小水电点亮非洲”项目】 2009年11月25日至12月9日，亚太小水电中心高级工程师周卫明、饶大义作为特邀专家，对塞拉利昂和利比里亚的4个小水电站站址进行考察。分别进行现场地形测量、流量测验以及供电区的负荷调查等，在此基础上编写报告，为联合国工发组织援助开发这几座水电站提供重要依据。

【泰国TGC集团高级顾问访问中心】 2009年11月29日至12月2日，泰国TGC集团高级顾问泊拉帕斯·帕莱玛尼一行3人访问亚太小水电中心，与中心领导及专家举行多轮友好会谈。水利部农村电气化研究所所长、亚太小水电中心主任程夏蕾等和泰国来宾交流了中国和泰国小水电发展状况，双方表达了在水电及其他可再生能源领域开展合作的强烈

◎小水电技术培训班学员参观临海电机厂

愿望并就合作内容达成共识，签署合作备忘录。

【小水电技术研修班】 2009年12月1日至21日，商务部在杭州举办小水电技术研修班。来自14个国家的26名官员参加研修班。亚太小水电中心根据官员研修班特点，对课程作了调整，增加了清洁能源开发机制、小水电的国际合作、融资洽谈等内容。培训班还组织学员考察了三峡工程。

【参与执行联合国教科文组织的可再生能源项目】 受联合国教科文组织委托，亚太小水电中心（水利部农村电气化研究所）承担了"阿拉伯可再生能源框架研究"项目，其中包括两个小水电的开发咨询。2009年12月26日，水利部农村电气化研究所副所长黄建平、高级工程师饶大义赴苏丹进行为期10天的小水电项目咨询。

在苏丹期间，专家们对两个拟开发的水库调水工程进行了现场考察及资料收集，并与苏丹方进行了讨论。水利部农村电气化研究所将与当地咨询机构合作完成上述项目的初步研究，为苏丹下一步引资实施上述项目打下基础。

【开展国际合作与信息交流】 2009年，亚太小水电中心承接了巴布亚新几内亚上柏水电站机电设备成套技术文件编制、越南光江水电站机电工程设计和越南河江省太安220千伏变电站工程等；继续执行越南太安水电站工程设计、越南老街省蒙宏水电站工程设计、越南站奏电站初步设计审定和电站招标设计。

（潘大庆）

省总工会

【涉外工作概况】 2009年，浙江省总工会（简称"省总工会"）围绕抗击国际金融风暴挑战、确保经济平稳较快增长这一工作大局，严格执行省委、省政府关于进一步加强因公出国（境）管理的有关规定，认真做好工会对外交往工作。

全年接待来自25个国家和地区的工会代表团28批、247人次；应邀组织5个代表团、28人次，出访日本、西班牙、葡萄牙、挪威、德国、韩国等国家。

【亚非工会领导人访问浙江】 应中华全国总工会邀请，非洲工会统一组织总书记哈桑·松莫努、阿拉伯工人工会国际联合会副总书记拉贾伯·马吐克等西亚、非洲11个国家的工会领导人一行18人，于2009年2月14日至16日到浙江参观访问。

2月14日，省委书记、省人大常委会主任赵洪祝在西湖国宾馆会见并宴请来访的外国工会代表团客人。赵洪祝说，经济全球化对浙江经济发展和工会工作的影响和挑战十分明显。希望浙江工会进一步加强与国际工会组织的联系与合作，学习借鉴各国工会的成功经验，努力在促进浙江经济发展、维护劳动者权益和改善劳动者生活方面作出更大的贡献。

代表团成员感谢浙江省的接待，并表示愿意加强工会间的交流，共同应对经济全球化和国际金融危机的挑战。

省人大常委会副主任、省总工会主席刘奇，省委副秘书长潘家玮，省总工会党组书记、常务副主席金长征，省总工会副主席陈世权、姚炳甫、李锦平、吴建宪，省外办副主任顾建新等陪同会见。

在杭州期间，代表团一行考察了环北小商品市场、丝绸市场、西溪数码港，游览了西湖风景名胜。

【埃及全国铁路工会第4次友好访华团访问浙江】 应浙江省总工会邀请，以副主席马哈茂德·巴德里·阿卜杜勒·哈里日为团长的埃及全国铁路工会第4次友好访华代表团一行6人，于2009年5月8日至10日对浙江进行友好访问。

代表团在杭期间，与省总工会、上海铁路杭州办事处工会工作委员会进行了座谈交流，参观了铁路杭州站。

8日晚，省总工会常务副主席金长征设宴欢迎埃及工会客人，并向客人介绍了浙江省的基本情况和工会工作情况，希望加强两地工会间的友谊，促进工会业务交流。

代表团在杭期间，还考察了环北小商品市场、丝绸市场、国美家电，游览了西湖风景名胜。

【省总工会代表团访问日本】 2009年5月10日至15日，应日本枥木县劳动者福祉协议会(简称“劳福协”)邀请，以副主席吴建宪为团长的浙江省总工会第8次友好访日代表团一行6人，对日本枥木县进行友好访问。

访日期间，代表团与日本劳动组合总联合会枥木县联合会(简称“联合枥木”)、枥木县劳福协进行了工作交流，考察了枥木县劳动金库，参观了富士通公司那须工厂并与该厂工会进行座谈交流。

11日，代表团拜访了枥木县厅，双方就两省县的社会、经济、文化及工会情况进行了友好交流。

在东京，代表团一行参观了日本国会，与来自枥木县的日本民主党参议员、参议院国会对策委员长簗濑进进行了交流。

【古巴马坦萨斯省总工会代表团访问浙江】 应浙江省总工会邀请，以书记处书记伊斯马埃尔·罗德里格斯·马丁为团长的古巴中央工会马坦萨斯省总工会第6次友好访华团一行2人，于2009年5月26日至31日来浙江参观访问。

代表团在浙期间，与省总工会进行了座谈交流，参观了普天东方通信集团有限公司并与公司工会进行座谈交流，考察了杭州西溪数码港、义乌国际商贸城、绍兴中国黄酒博物馆。

27日晚，省人大常委会副主任、省总工会主席刘奇设宴欢迎代表团，省总工会常务副主席金长征、副主席李锦平、吴建宪等参加宴请。

【挪威工业和能源工会第2次友好访华团访问浙江】 应浙江省总工会邀请，以副主席丽芙·温汉姆为团长的挪威工业和能源工会第2次友好访华代表团一行7人，于2009年6月16日至18日对浙江进行友好访问。

16日下午，省人大常委会副主任、省总工会主席刘奇会见代表团一行。刘奇向客人介绍了浙江省经济发展情况，丽芙·温汉姆介绍了挪威特别是工业和能源产业发展情况。双方表示，将在巩固和发展工会组织间友好关系的基础上，进一步加强新的合作。

省总工会常务副主席金长征、副主席吴建宪等参加会见。当晚，金长征设宴欢迎代表团。

17日，省总工会与代表团就全球金融危机和工会保护劳工权益这一主题进行座谈交流，探讨如何共同应对全球金融危机给工会带来的机遇和挑战。

【省总工会代表团访问西班牙、葡萄牙】 2009年9月13日至22日，应西班牙加里西亚总工会和葡萄牙塞杜瓦尔总工会的邀请，以常务副主席金长征为团长的浙江省总工会代表团一行6人对西班牙、葡萄牙进行友好访问。

出访期间，代表团分别拜访了西班牙加里西亚总工会、加里西亚劳动委员会和葡萄牙塞杜瓦尔总工会，听取两国工会的维权工作和活动方式的介绍，并就共同关心的工会在应对金融危机中所起的作用进行了交流和探讨；考察了加里西亚总工会培训中心，参观了西班牙 VIZA 工厂、葡萄牙 Parmalat 工厂，分别与两家企业的行政负责人和工会进行了座谈交流。访西期间，代表团还与西班牙工人委员会工会联合会马德里商贸、餐饮、旅游工会签订了友好交流协议。

【澳门工会“十一”代表团访问浙江】 应中华全国总工会邀请，以会长何雪卿为团长的澳门工会联合总会“十一”代表团一行19人，于2009年9月25日至27日访问浙江。

26日晚，省总工会常务副主席金长征设宴欢迎澳门工会客人，省总工会副主席姚炳甫、吴建宪等参加宴请。

【省总工会代表团访问挪威、德国】 2009年10月14日至23日，应挪威工业和能源工会、德国工会联合会北部地区工会邀请，以台州市总工会常务副主席蔡康为团长的浙江省总工会代表团一行5人，对挪威、德国进行友好访问。

访问期间，代表团分别拜访了挪威工业和能源工会、德国工会联合会、德国工会联合会北部地区工会，就工会在全球金融危机中如何采取应对措施、保护工人权益等共同关心的问题进行了交流和探讨；参观了德国吕贝克养老保险公司、德工联法律公司，听取了德国社会保险制度介绍和德工联法律保护工作情况介绍。

【日本联合静冈、静冈县劳福协第8次友好访华代表团访问浙江】 应浙江省总工会邀请，以副会长青岛幸弘为团长的日本联合静冈、静冈县劳福协第8次友好访华代表团一行5人，于2009年10月28日至31日对浙江进行友好访问。

29日，代表团拜访省总工会，双方就工会在国际金融危机中如何采取应对措施、保护工人权益等共同关心的问题进行了座谈交流。当晚，省总工会常务副主席金长征设宴欢迎代表团。

在浙期间，代表团还与杭州高新技术产业开发区工会进行了交流，参观了杭州大和热磁电子有限公司。

【省总工会代表团访问日本、韩国】 应日本劳动组合总联合会福井县联合会(简称“联合福井”)和韩国劳动组合总联盟庆尚南道本部邀请，以省总工会常委、宣教部长杨谷人为团长的浙江省总工会代表团一行5人，于2009年11月8日至17日对日本、韩国进行友好访问。

在日期间，代表团拜访了福井县厅，参观了福井市至民小学并与校方和学校的教育志愿者座谈，与联合福井进行了交流会谈，考察了日本最大的铝制品厂——古河斯凯福井工厂，并与厂方和厂工会人员交流。

访韩期间，代表团考察了庆尚南道的食品罐头工厂，与厂方人员进行了交流，并与韩国劳动组合总联盟庆尚南道本部领导进行了友好会谈。

【墨西哥劳工大会第3次友好访华代表团访问浙江】 应浙江省总工会邀请，以副主席拉蒙·奥赫达为团长的墨西哥劳工大会第3次友好访华代表团一行4人，于2009年11月23日至28日来浙江参观访问。

代表团在杭期间，与省总工会进行了座谈交流。23日晚，省总工会常务副主席金长征宴请来访的墨西哥客人，省总工会副主席姚炳甫、李锦平、吴建宪参加宴请。

在浙期间，代表团参观了普天东方通信集团有限公司并与该企业工会进行座谈交流，考察了杭州市总工会困难职工帮扶中心，游览了西湖风景名胜和千岛湖。

【日本工会总联合会代表团访问浙江】 应中华全国总工会邀请，以副会长落合清四为团长的日本工会总联合会(简称“日本联合”)代表团一行8人，于2009年12月6日至11日来浙江进行友好访问。

在浙期间，中华全国总工会与日本联合在杭州共同举办了中日工会跨国公司劳动关系研讨会。中日双方与会人员就中国工会依法维护职工权益的途径与效果、日本工会和劳资关系、日资在华企业劳动关系及工会工作、浙江省外资企业工会工作、日本企业社会责任、履行社会责任是企业应尽的基本义务等主题发言，并展开热烈的讨论。省总工会副主席吴建宪在会上作主题发言。杭芝机电有限公司、松下电化住宅设备机器(杭州)有限公司两家在杭日资企业在会上介绍了劳动用工情况和企业工会工作经验。中华全国总工会国际部部长江广平、日本联合副会长落合清四、省总工会常务副主席金长征分别在开幕式上致辞。

(刘鲁宁)

附表　2009 年省总工会接待的部分访浙团组

序号	团组名称	人数	来访时间	访问目的	团长	宴请领导
1	澳门水电工会代表团	8	1 月 2 日	参观游览	阮毓明	金长征
2	巴西工人总工会访华代表团	5	3 月 26～28 日	参观访问	何塞·赫苏斯·特拉武洛·索萨	姚炳甫
3	西班牙加里西亚总工会代表团	2	3 月 29～31 日	友好访问	费尔南德斯	姚炳甫
4	德国工联北部地区分会代表团	3	3 月 31 日～4 月 4 日	友好访问	彼得·多伊奇兰特	金长征
5	日本大阪市劳联工作访问团	3	4 月 11～13 日	友好访问	中村义男	
6	日本邮政工会中国地方本部代表团	6	4 月 15～17 日	友好访问	片本雅伸	金长征
7	西班牙工人委员会联合会马德里工会访问团	8	4 月 17～19 日	参观访问	安东尼奥	金长征
8	国际劳工组织都灵培训中心专家代表团	2	8 月 28～30 日	参观访问	川口清一	吴建宪
9	凯利·莱尔斯与简·艾尔弗特曼艺术访华团	9	9 月 24～26 日	友好访问		
10	韩国劳动组合总联盟全罗北道地域本部第 13 次友好访华团	5	9 月 10～11 日	友好访问	柳章熙	姚炳甫
11	埃及公用事业工会访华代表团	7	10 月 11～13 日	友好访问	奥萨马·嘎马尔·阿卜杜·萨枚·赛义德	金长征
12	日本劳动笔友会代表团	11	10月15～19日	交流访问	久谷与四郎	李锦平
13	美国教育商贸访问团	8	11月 5～7 日	交流访问		
14	日本栃木县劳福协	16	11 月 26～29 日	友好访问	伍井邦夫	金长征
15	日本教职员组合九州地区协议会第 2 次友好交流访问团	28	12 月 25～27 日	友好访问	山本隆司	

团省委

【涉外工作概况】 2009 年，共青团浙江省委员会(简称“团省委”)应邀组织 8 批、38 人次，赴英国、南非、埃及、日本、韩国等国家交流访问。接待 3 批、57 人次来自德国、巴基斯坦、日本等 3 个国家的青年代表团。

【巴基斯坦青年领袖考察团访问浙江】 2009 年 3 月 12 日至 15 日，应全国青联邀请，以巴基斯坦西北边境省议会议员斯坎达尔·伊尔凡为团长的巴基斯坦青年领袖考察团一行 19 人访问浙江。

考察团参观考察了杭州青少年发展中心、浙大中控公司、义乌国际商贸城、义乌农村社区。团省委副书记、省青联主席周柳军会见并宴请代表团，团省委副书记、省青联副主席徐旭，省对外友好协会副会长陆国灏参加会见和宴请。

【团省委干部随北京行政学院赴港小组访问香港】 2009 年 4 月 19 日至 24 日，应香港京泰实业(集团)有限公司邀请，团省委办公室主任卢旺忠参加北京行政学院组织的赴港小组访问香港。

【团省委干部随中国青年代表团访问英国】 2009 年 6 月 25 日至

◎巴基斯坦青年领袖考察团参观杭州青少年发展中心，体验中国书法

7月4日，应英国文化协会邀请，团省委青工部部长陈江参加团中央组织的中国青年代表团访问英国。

【浙江青年友好代表团访问日本】 2009年8月28日至9月4日，应日本静冈县教育委员会邀请，以团省委副书记、省青联副主席蔡永波为团长的浙江青年友好代表团一行26人赴日本进行交流访问。

代表团先后拜访日本前首相村山富市、中国驻日本大使馆公使孙建民、东京国立博物馆馆长佐藤祯一；参观了静冈县立美术馆、县立防灾中心和日本知名的动漫厂商万代集团、大阪市青少年教育基地大阪科学技术馆；到日本青年家里体验民宿，与民宿家庭进行友好交流，并在静冈朝雾野外活动中心举行两省县青年研讨会和两省县青年交流会，两国青年围绕中日友好事业、环保、健康、金融危机、大学生就业责任等话题展开了深入的讨论。蔡永波代表浙江省青年联合会与静冈县教育委员会签订开展青年友好交流协议书，双方约定定期互派青年代表进行交流，共同推进两国友好事业向前发展。

日本静冈县知事川胜平太会见代表团。

【浙江省青联代表团访问南非和埃及】 2009年10月19日至28日，应南非非洲人国民大会党(简称“非国大”)青年会和埃及青年联合会邀请，以团省委副书记、省青联主席徐旭为团长的浙江省青联代表团一行6人赴南非和埃及进行交流访问。

在南非，代表团会见了非国大青年会副主席爱迪乐·兰歌沙、秘书长尼圭屋·波乐罗，双方介绍了各自青年组织的现状和发展。

在埃及，代表团与埃及青年联合会副会长那歌·红沙和秘书长阿马·哥马乐进行了会谈，交流了各自的组织机构和组织任务，对青年工作尤其是志愿者工作进行了深入探讨；参观了埃及青年联合会学生团体和妇女志愿组织的办公场所。其间，代表团还走访了南部非洲浙江商会和温州商会、埃及华人联合会等当地华人华侨组织，了解华侨新生代在海外的生活和创业状况，并与当地华人华侨及其子女进行了广泛友好的交流。

【日本静冈县青年交流代表团访问浙江】 2009年11月20日至23日，以日本静冈县前教育长、静冈文化艺术大学顾问杉田丰为团长的静冈县青年交流代表团一行31人访问浙江。

代表团参观了浙江工业大学、杭州市青少年发展中心、中国移动浙江分公司客户服务中心、青年时报社，并到普通家庭民宿一天，体验市民生活。在浙江工业大学，代表团与中方就环保和大学生应具备的素质等问题进行了深入的交流探讨；在杭州市青少年发展中心，代表团体验了中国传统文化书法和乐器及新鲜有趣的DO都城；在中国移动浙江分公司客户服务中心，静冈青年与企业青年员工就如何面对顾客投诉、员工享有何种福利、青年就业创业等问题进行了讨论，并与《青年时报》记者一起体验了采访

◎浙江一静冈青年联欢晚宴

工作。

省对外友好协会会长梁平波会见并宴请代表团，团省委书记周柳军，省外办副主任陆国灏，团省委副书记、省青联副主席蔡永波参加会见和宴请。

【德国青年工作者代表团访问浙江】 2009年12月2日至4日，应全国青联邀请，以石荷州社会、健康、家庭与青年局处长卡斯腾·艾格为团长的德国青年工作者代表团一行7人访问浙江。

代表团参观考察了浙江科技馆、浙江艺术职业学院、杭州市青少年发展中心、杭州市大关艺术幼儿园。在中德青年工作交流会上，两国青年工作者交流了工作经验。

团省委副书记苗伟伦会见并宴请代表团。

（景丽敏）

附表　2009年团省委接待的其他来访团组

序号	来访时间	团　组　名　称	团长	人数	访问目的
1	3月16日	香港厂商联合会青年委员会访浙团	周绍荣	8	交流访问
2	5月26日	日本静冈县富士之翼领导干部培训事业代表团	释精子	5	交流访问
3	10月23～24日	香港各界青年访浙团	陆雅仪	28	交流访问
4	10月27日	日本静冈县青年交流代表团先遣团	释精子	4	交流访问

省　妇　联

【涉外工作概况】 2009年，浙江省妇女联合会(简称“省妇联”)接待了8位国际劳工组织专家；组织省妇女考察团赴美国考察访问；省妇联主席厉月姿参加以全国妇联主席陈至立为团长的中国妇女代表团，赴埃及参加“中非论坛”并在会上发言。

【浙江妇女代表团访问美国和加拿大】 2009年9月3日至12日，应美国国家职业妇女协会洛杉矶分会和加拿大加中妇女理事会邀请，以浙江省妇女干部学校校长徐秀英为团长的浙江妇女代表团一行6人赴美国、加拿大学习考察。

考察团成员与美国国家职业妇女协会洛杉矶分会、加州妇女组织以及加拿大加中妇女理事会和不列颠哥伦比亚省高贵林市教育局有关人员，分别就妇女教育培训、就业创业等问题进行切磋交流，参观考察了美国加州理工大学、加拿大多伦多大学和社区等。

【省妇联主席赴埃及参加“中非论坛”】 2009年10月9日至18日，省妇联主席厉月姿参加由全国妇联主席陈至立带队的中国妇

◎《禁止和立即行动消除最恶劣形式的童工劳动公约》研讨会在杭州召开

女代表团，赴埃及参加“中非论坛”，并在论坛上作《妇女参政奏响妇女进步与发展的强音》的发言。

【《禁止和立即行动消除最恶劣形式的童工劳动公约》研讨会】 2009年12月7日至8日在杭州举行，全国妇联与国际劳工组织合作举办，省妇联承办。会议邀请8位国际劳工组织专家讲解《公约》并分享菲律宾的经验。人力资源和社会保障部、浙江省企业联合会、浙江省教育厅、浙江省民政厅等单位50余人与会，就执行《公约》相关的政策、措施和实践经验等进行了交流和研讨。

（徐　慧）

省　科　协

【涉外工作概况】 2009年，浙江省科学技术协会（简称“省科协”）接待来自美国、德国、日本等国家和地区的代表团19批、148人次；应邀组织12批、63人次赴美国、德国、挪威等国家参加会议、考察、进修等；举办国际、双边学术会议、公众报告13场；组织国际科研合作项目7项。

【省科协与比利时西弗兰德省代表团举行合作洽谈】 2009年3月17日至20日，比利时西弗兰德省省长保罗·拜恩、副省长根特·皮尔崔率代表团一行27人访问浙江。

18日，省科协召集浙江省塑料工程学会、浙江大学、浙江工业大学和中国科学院宁波材料技术与工程研究所有关人员与保罗·拜恩、根特·皮尔崔举行会谈。会谈中，省科协项目主任朱兵介绍了省科协的国际交流工作，提出了与西弗兰德省开展综合性科技学术交流与合作的意向；保罗·拜恩介绍了西弗兰德省主要行业之一的塑料工业发展状况，表达了希望与浙江省开展相关合作的意愿。浙江省塑料工程学会副理事长、浙江大学高分子复合材料研究所方征平教授介绍了浙江省塑料工业发展状况，提出了与西弗兰德省开展塑料工业交流与合作的意向。最后，双方就开展长期互利交流与合作的可能性进行了深入的探讨，达成建立长期友好关系的意向。

19日，省科协组织浙江省能源研究会、浙江大学、浙江工业大学有关专业人员与西弗兰德省对华交流事务顾问殷铃姑、西弗兰德省温克清洁能源科技有限公司中国区总经理依和·雷温斯等就双方开展生物质废弃物能源开发领域的科技合作举行会谈。

【新世纪科技讲坛：国际食品药品与人类健康高层论坛】 2009年3月24日在浙江大学药学院举行。本次论坛由省科协、省药学会主办，浙江大学药学院、省药学会药理专业委员会、浙江省药理学会、省国际民间科技交流中心承办。省科协秘书长董克军出席开幕式并致辞。来自德国基尔大学、日本东北大学、浙江大学、浙江中医药大学、南京大学、浙江省各级食品药品质量监督单位、各级药学会以及有关药厂的近百位专业人员参会。

围绕食品药品与人类健康这一主题，德国、日本、中国的6位著名专家，就食品药品领域最新研发进展和面临的机遇与挑战作大会报告，交流在各自研究领域的经验与成果。

论坛期间，部分与会者参观了浙江大学药理毒理与生化药学研究所、浙江大学药学院心脑血管与肝脏药理研究室等。

【2009严重创伤救治国际研讨会】 2009年4月11日至13日在杭州举办。此次研讨会是省科协国际医学合作项目之一，由省科协、浙医二院和美国纽约上州医科大学共同主办，浙江省急诊医学质量控制中心、浙江省国际民间科技交流中心共同承办。100多名来自急诊、创伤外科、ICU专业的一线科研人员和临床医生代表参加研讨会。报告会期间，10位中美专家作了12场大会报告，交流各自在此领域的经验与成果。

【美国上州医科大学高层访问团访问省科协】 2009年4月11日至17日，美国纽约上州医科大学急诊学院院长约翰·麦克教授率该大学高层访问团一行6人对省科协进行工作访问。

在杭期间，访问团先后参加了2009严重创伤救治国际研讨会和第二届中美院前急救流程和技能规范化培训两场大型学术活动；访问了省科协及国际医学合作项目浙江大学医学院、浙医二院、杭州市萧山区第一人民医院等多家合作单位；与有关中方临床科研团队研讨了2009～2010年课题研究开展方向、内容等问题。

访问团与省科协、浙医二院就合作派遣高级护师短期进修、《急诊医学》杂志出版英文版等事宜进行洽谈，基本达成共识。

4月16日，在省科协的组织安排下，国际医学合作项目派遣赴美进修的近30名医生护士与访问团进行了联谊座谈。

【第二届中美院前急救流程和技能规范化培训】 2009年4月13日至15日在杭州举行。这次培训是省科协国际医学合作项目之一，由省科协、省急救指挥中心、美国纽约上州医科大学联合主办，省人民医院、省国际民间科技交流中心共同承办，来自全国各地的百余名院前急救医生与急诊科医生参加培训。

培训围绕如何更有效地利用院前急救这"黄金一小时"来提高伤病员存活率这一主题展开。培训教材采用美国急救委员会标准规范，由上州医科大学急诊医学院4位资深医师联合浙江省人民医院急诊专家共同授课。

闭幕式上，省急救指挥中心主任徐伟伟与上州医科大学急诊学院院长等一起向考核合格的学员颁发了上州医科大学院前急救培训合格证书。

自2008年开始，中美院前急救流程和技能规范化培训每年举办一次，系浙江省规格最高、师资最好的院前急救医学培训。

【第五届电磁辐射与健康国际研讨会】 2009年4月16日至19日在杭州召开。本次研讨会由省科协、中国生物医学工程学会和浙江大学医学院主办，浙江省生物电磁学重点研究实验室、中国疾病预防控制中心环境与健康相关产品安全所和浙江省国际学术交换中心共同承办。来自美国、德国、意大利、韩国、泰国、南非及中国等12个国家的专家学者、政府官员以及企事业代表共约140人(其中外宾20人)参加会议。世界卫生组织辐射项目小组组长艾米莉·范德万特博士出席研讨会，并作主题报告。浙江大学医学院副院长许正平教授和芬兰STUK实验室主任萨莱什琴斯基教授为本次研讨会大会主席。省科协秘书长董克军在开幕式上致辞。

会议期间，国内外代表围绕电磁辐射问题进行了48场报告，部分代表通过学术海报的形式展示了自己的研究成果。

【浙江省中学生代表团参加俄数奥竞赛】 2009年4月20日至27日，应莫斯科市政府、俄罗斯北高加索州立科技大学邀请，省科协派遣省青少年活动中心主任、省高中学科竞赛组织委员会办公室主任杨英率浙江省中学生代表团，参加俄罗斯数学奥林匹克竞赛。

此次活动系根据中俄两国数学奥林匹克委员会签署的相关协议，互派前一年本国最佳省队参加对方数奥竞赛。

【省科协组团赴德国、挪威访问】 2009年5月4日至14日，应德国切瑞特医学中心和挪威奥斯陆大学医学院邀请，以浙江医院院长祝世法教授为团长的国际医学合作项目团对德国和挪威进行公务访问。

在德国，访问团与柏林波斯坦医院院长及手术部主任进行了座谈交流，参观了该院手术室、重症加强护理病房及急诊科等科室。访问了VANGUARD医疗服务公司，与该公司副总裁就在杭州举办有关现代医疗服务体系研讨会进行协商。

访问团还访问了德国切瑞特医学中心，探访了省科协及合作医院派遣的在该中心攻读医学博士学位的5名学员，了解他们的学习和科研进展情况。切瑞特医学中心新任校长会见访问团，双方进行了会谈，并续签合作协议书。

在挪威访问期间，访问团参观了奥斯陆大学医学院生物医学创新园，参观了该医学院的一家附属医院。

【2009首场中美科普连线报告会】 2009年5月16日在嘉兴市行政中心举行。本次报告会由省科协、嘉兴市人民政府共同主办，嘉兴市科协、嘉兴市环保局、中国电信嘉兴分公司、浙江省国际民间科技交流中心共同承办。报告会以“饮水思源、人水和谐”为主题，中方会场设在嘉兴市，美方会场设在新泽西自由科技馆。嘉兴市环保、水利等领域的专家学者、嘉兴学院“心绿”环保协会的志愿者，以及浙江省科技馆，杭州、宁波、温州、湖州等市科协、科技馆领导和工作人员共200余人参加。

开幕式上，省科协副主席隗斌贤、嘉兴市副市长柴永强和美国新泽西自由科技馆馆长艾姆林·科斯特博士，分别代表主办方讲话。新泽西州经济发展署署长凯伦·弗雷奇尼代表州政府对报告会的举办表示支持和肯定，希望通过开展类似活动推动浙江省和新泽西州友好省州关系的健康持续发展。

近两年，省科协与美国新泽西自由科技馆、美国探索馆等开展了科普创新与科技馆展项设计等方面的交流，并于2008年10月在杭州举办中美科普与科技馆创新报告会。2009年初，双方协商决定开展以连线科普报告为主要形式的“中美连线科普报告会”项目。

【英国驻沪文化教育领事访问省科协】 2009年5月26日，英国驻沪总领事馆文化教育领事安格文偕项目负责人陈燕、科技助理洪宗华等访问省科协，与省科协秘书长董克军、省国际民间科技交流中心主任张世丹、项目主任朱兵等，就共同举办科普教育活动、促进中英科普交流与合作进行会谈，达成基本共识，并签订合作备忘录。根据备忘录，双方计划于2009年财政年度（2009年4月至2010年3月）在杭州开展“科技咖啡馆”活动。

【省科协组织中比企业开展能源开发项目合作】 2009年6月1日，杭州锅炉集团（简称“杭锅”）和比利时温克清洁能源公司（简称“温克”）的生物质废弃物能源开发项目合作第二次正式谈判在杭锅举行。

杭锅副总经理何伟校及部门负责人与专程来华的温克全球总裁德克·温克及温克中国公司总经理、副总经理等就双方合作开发生物质废弃物能源项目进行了谈判。省科协国际部项目主任朱兵、陈炯炯和比利时西弗兰德省浙江省合作项目高级顾问殷玲姑分别代表浙江省和西弗兰德省列席谈判。

经谈判，双方确定了合作模式，并将互派技术人员到对方工地现场参观调查，同时向两省政府提交有关如何发展生物质废弃物能源行业的专家建议。

【省科协科普考察团访问西班牙、葡萄牙和希腊】 2009年6月14日至25日，应葡萄牙里斯本大学科学馆、西班牙科学技术博物馆、希腊技术协会的邀请，以省科协副主席虞龙宝为团长的省科协科普考察团一行6人，对上述三国进行科普考察。

在葡萄牙，考察团访问了里斯本大学科学馆。在西班牙，考察团访问了西班牙国家科学技术博物馆，与该馆馆长进行了座谈。在希腊，考察团与希腊技术协会副秘书长卡罗弗里斯、国际关系处处长丹尼、建筑工程师协会主席史米可等进行了会谈。双方表达了建立友好关系、开展合作的愿望，并就建筑环保、太阳能发电、风力发电、古代科技文明传承及古迹修复等可能开展的合作主题进行了深入的探讨。

【省科协邀请国际天文学家作科普报告】 2009年7月22日，中国长江流域出现500年一遇的日全食奇观。全食带横扫云南、四川、湖北、湖南、江西、安徽、江苏和浙江等省，日全食时间超过6分钟，中国境内是最佳观测点，世界天文学界称此次日食为“中国日全食”。为此，省科协在日全食发生前联合中国科学院国家天文台、《钱江晚报》等单位在浙江举办了9场日全食系列天文科普报告会。

7月19日上午，国际天文联合会日食工作组主席杰·巴萨乔夫教授在省科技馆作《日全食现象》报告，并回答了听众提出的问题。美国新泽西理工学院大熊湖天文台副台长王海民教授等在杭州市青少年活动中心和社区作了两场有关日全食的科普报告。

【“科技咖啡馆——质数音乐”活动】 2009年8月3日，由省科协联合英国驻上海总领事馆文化教育处共同主办的首场“科技咖啡馆”活动在杭州西湖边的星巴克咖啡馆举办。

此次活动以“质数音乐”为主题，英国牛津大学数学教授、沃德翰学院研究员马库斯·杜·索托和杭州师范大学数学教授于秀源两位报告人，深入浅出地讲解了质数以及用质数的特点来创作表现时间永无休止的音乐等知识。

200多名听众参加了此次科技咖啡馆活动。

·相关链接·

科技咖啡馆

所谓科技咖啡馆，是在一个远离传统学术环境和氛围的地方（如咖啡馆），就可以兴趣盎然地探讨最新科学和技术发展的自由学术聚会，1998年首创于英国利兹。此后科技咖啡馆网络陆续扩展到很多城市。科技咖啡馆是一种讨论科学技术课题的论坛形式而不是展示科学技术的窗口。其宗旨是经常性地开展科学家与公众进行有关热点或前沿科学话题的讨论，使公众尽可能多地接触科学技术并且让科学技术在大众眼中不再显得那么高不可攀。最重要的，是希望通过科技咖啡馆活动的举办，能让传统的科协事业焕发新的活力，促进科协事业不断创新。

【挪威奥斯陆大学医学院院长等访问省科协】 2009年8月9日至12日，挪威奥斯陆大学医学院院长费·维斯洛夫等一行3人访问省科协。双方就奥斯陆大学医学院加入浙江省科协国际医学合作项目进行了洽谈，初步达成意向。

10日，挪威客人访问了浙江大学医学院及附属第二医院、浙江省人民医院等合作单位以及浙江大学医学院附属第一医院。11日，访问杭氧集团，双方就合作开发医用微型制氧机进行洽谈。

访问团还游览了西湖、灵隐寺等杭州风景名胜。

【美国上州医科大学教授访问省科协】 2009年8月10日至13日，美国纽约上州医科大学糖尿病中心医学主任露丝·魏因斯托克教授访问省科协。

在杭期间，魏因斯托克先后为省内的糖尿病专科医生和浙医二院相关科室的医务人员作了两场讲座，介绍美国糖尿病临床诊治标准和美国新的糖尿病实时监控系统。省科协医学合作项目派遣进修生、浙江医院的吴天凤医生等与魏因斯托克进行了座谈。

【美国科普作家访问省科协】 2009年8月11日至13日，美国科普作家理查德·卡斯特拉纳访问省科协。其间，参观访问了杭州国家动画产业基地和杭州玄机科技信息技术有限公司，与杭州国家高新技术开发区有关领导和相关企业领导座谈，了解杭州动画产业发展情况。双方就将卡斯特拉纳的3部儿童科普读物开发制作成动画片进行了商议，并达成初步合作意向。

【省科协组团赴美国开展国际医学合作项目交流】 2009年8月15日至21日，应美国纽约上州医科大学邀请，省科协组织国际医学合作项目团访问美国，访问团由省科协及浙江大学科研院、浙医二院、浙江医院、省肿瘤医院、杭州市萧山区第一人民医院等6家合作单位派员组成。

访问团与上州医科大学新任校长就如何延伸项目生命力、充实项目内涵等进行了深入的交谈，达成一致意见，并续签合作协议书。

访问团还探访了省科协及合作医院派遣的在该校学习的进修生，了解了他们的学习和科研情况。

【省科协组团赴美国进行科普考察】 2009年9月7日至11日，应美国加州科学中心邀请，省科协考察团一行5人对美国进行科普考察，主要参观访问了美国加州科学中心、美国国家航空航天博物馆。

【省科协组团赴英国、俄罗斯进行科普考察】 2009年9月7日至16日，应英国IXC科技创新和成果转换中心、俄罗斯摩卡鲁科技交流中心邀请，省科协党组书记鲁善增率省科协访问团一行6人对英国、俄罗斯进行科普考察。

在英国，访问团考察了IXC科技创新和成果转换中心，双方就如何更好地把咨询中心打造成全面、有效服务于产学研结合的机构进行了深入探讨。鲁善增邀请对方在2010年省科协年会期间访问杭州。

在俄罗斯，访问团考察了以技术转让为特长的摩卡鲁科技交流中心，考察了该中心的孵化器企业园，双方就开展科技创新和技术转让等领域的交流进行了商讨。

【2009第二场中美科普连线报告会】 2009年9月24日上午在嘉兴市第一中学举行，报告会由省科协、美国新泽西自由科技馆主办，嘉兴市科学技术协会、嘉兴市教育局、中国电信嘉兴分公司和浙江省国际民间科技交流中心承办，主题是“绿色能源”。

报告会分中、美两个现场，省科协国际部部长张世丹，嘉兴市科协主席陆建中、副主席章芸，美国新泽西州科技协同进步组主任丹尼尔·史密斯，美国新泽西自由科技馆馆长艾姆林·科斯特博士等分别在各自会场出席报告会开幕式。150多名嘉兴一中师生和部分相关单位人员参与中方报告会。

开幕式上，嘉兴一中校长孙国虎首先通过连线向美国朋友介绍了嘉兴一中的校史和办学成就，并提出了希望通过自由科技馆与新泽西州有关高中建立友好关系的愿望。丹尼尔·史密斯、艾姆林·科斯特博士通过连线介绍了美国在环保方面所作的努力。开幕式结束后，与会嘉宾点燃3支蜡烛，寓意化石能源终将如蜡烛一样燃烧完，只有寻求绿色能源才是最终出路。

此次连线分别由美国新泽西自由科技馆和嘉兴学院有关专家作科普报告。随后，美方专家与嘉兴一中师生通过连线的方式就中国风能的分布及利用情况、核能的使用及安全保障等展开了热烈的讨论。

【省科协派员参加2009美中能源效率与新能源效率研讨会】 应美国杜兰大学美中能源环境技术中心邀请，省科协派遣学会部副调研员叶序友、科普部副调研员贾厚颉，于2009年9月25日至30日赴美国参加由美国能源部能源效率与可再生能源办公室、美国能源工程师协会和美国杜兰大学美中能源环境技术中心共同主办的2009美中能源效率与新能源效率研讨会。

此次研讨会重点讨论能源与环境、清洁能源等主题。叶序友、贾厚颉与参会者就学术团体如何在新能源战略方面发挥作用广泛交流了意见。会后，两人拜访了美国能源部能源效率与可再生能源办公室、美国能源部国家可再生能源实验室等相关机构，商讨了双方开展新能源领域学术交流与合作的可能性。

【省科协组团赴捷克、匈牙利进行科普考察】 2009年10月19日至28日，应捷克Ceska Hlava科普中心、匈牙利国家技术开发办公室邀请，以省科协副巡视员吴惠林为团长的省科协访问团一行6人对捷克、匈牙利进行科普考察。

在捷克期间，访问团与捷克Ceska Hlava科普中心交流了开展科普工作的经验与方法，并就双方共同开展国际科普工作交流的可能性进行了商讨。

在匈牙利期间，访问团与匈牙利国际技术开发办公室就技术创新、技术转让等进行了交流，吴惠林邀请对方在2010年上海世博会期间访问浙江。

【省科协组团赴美国、加拿大考察】 应友好单位美国新泽西自由科技馆、加拿大萨德伯里科技馆的邀请，省科协组织有关市、县科协领导共6人，于2009年10月20日至30日对美国、加拿大进行科普与科技馆创新考察交流。

访问团参观访问了美国新泽西自由科技馆、加拿大萨德伯里科技馆和美国国家航空航天博物馆，并与新泽西自由科技馆就2010年继续开展“连线报告会”项目进行了沟通协商。

访问团分别与美国新泽西自由科技馆和加拿大萨德伯里科技馆就科学普及手段方法、科技馆的管理体制和财政运行机制、经费的筹集渠道和受捐原则、科技馆展品制作和更新、科普连线项目的合作办法等进行了广泛深入的交流和探讨。

【德国切瑞特医学中心客人访问省科协】 2009年10月21日至28日，德国切瑞特医学中心国际部莫妮卡教授等一行4人访问省科协。双方就共同举办2011年欧洲口腔种植学年会进行了商讨。德国客人还拜访了浙江医院等多家省科协国际医学合作项目合作医院，看望了德方在杭实习生。

【省科协举办以色列渔业养殖技术培训】 2009年10月25日至29日，由中国对外应用技术交流促进会、省科协共同主办，浙江海洋学院承办的以色列“莫沙夫”培训计划课程“渔业养殖技术培训”在浙江海洋学院举行，该校从事鱼类养殖与管理教学研究的师生约100人参加培训。培训结束后，以色列专家为学员颁发了结业证书。

以方专家在舟山期间，还赴舟山小沙对虾养殖基地、浙江省海洋与水产研究所和浙江海洋学院重点实验室进行了考察交流。

【比利时西弗兰德省开发署代表团访问省科协】 2009年10月27日至28日，比利时西弗兰德省开发署企业代表团访问省科协。

省科协会同浙江省环境科学学会、浙江工业大学，召集省内有关环保管理部门、水厂、污水处理厂与随团来访的比利时Mostfor Water水处理公司总裁德克·范·德斯蒂得举行了座谈，就浙江—比利时水处理管理和技术合作可能性等议题进行了深入的探讨。

省科协还协助浙江工业大学与Mostfor Water公司、比利时根特大学之间共建科研平台、开展学生教师交流和技术合作等进行了深入的交流与讨论，起草了三方合作协议草案；MostforWater公司与浙江工业大学签署有关污水处理节能减排与仿真控制的项目合作协议。

【美、日专家参加省科协举办的全国科技馆发展与创新研讨会】 2009年10月29日至30日，省科协下属的浙江省科技馆举办全国科技馆创新与发展研讨会，美国、日本及国内科技馆界130多位专家、代表与会。中国科协书记处书记程东红代表中国科协在会上讲话。省科协党组书记鲁善增代表省科协致欢迎词。

30日，美国、日本的科技馆专家以远程连线和现场报告相结合的形式，为与会代表讲述了国外科技馆最新的理念和模式。

与会代表还参观考察了浙江省科技馆新馆，对省科技馆在展品和展项上的创新表示赞赏。

【国际数控伺服压力机技术交流研讨会】 2009年11月5日在杭州举行。此次研讨会由省科协联合浙江省机械工业情报研究所、浙江省机电设计研究院主办，浙江机电工程杂志社、浙江省机械装备制造技术创新服务平台、浙江省电机动力学会、浙江省国际民间科技交流中心承办。

由日本工业大学机械系主任古闲伸裕教授率领的日本代表团和来自浙江大学、杭州机床厂等高校和企业的代表82人参加会议。

开幕式上，省科协副主席隗斌贤、日本工业大学渡部修一教授分别致辞。6位日本专家分别就NC伺服压力机特性和加工事例等作了演讲，并与中方代表进行了专业交流。浙江锻压机床厂、浙江中兴精密集团公司等单位代表就相关技术问题咨询了日本专家。

【第二场科技咖啡馆(杭州)活动】 2009年12月2日在杭州西湖畔的“星巴克”举办。本次活动由省科协与英国驻上海总领事馆文化教育处联合主办，浙江省国际民间科技交流中心承办。省科协党组书记鲁善增，副主席虞龙宝、隗斌贤，省国际民间科技交流中心主任张世丹等参加了此次科技咖啡馆活动。

英国诺丁汉大学(宁波)可持续发展学院院长乔大宽教授和浙江大学环境科学研究中心副主任、浙江省生态学会常务理事兼秘书长唐建军博士就“可持续发展城市一理想与现实”这一主题阐述了各自的见解。现场百余名听众就节能建筑、低碳科技、气候变暖等踊跃提问。

【省科协开展国际医学合作项目】 2009年，省科协及浙江大学医学院、温州医学院、嵊州市人民医院等9家合作单位继续开展与美国纽约上州医科大学、德国切瑞特医学中心的国际医学合作项目。

5月和8月，省科协分别组团对德国、美国两家合作单位进行工作访问，与两家合作单位的新任领导建立了互信的合作关系，并续签合作协议。与挪威奥斯陆大学医学院、比利时布鲁日圣玛丽医院建立友好关系。

省科协全年派遣6名医生赴美国进行为期4个月的医学进修、1名医生赴德国进行为期两年的攻读博士进修；接待美国短期医学实习生4名、德国短期医学实习生5名、外派医生国外导师2名；举办国际食品药品与人类健康高层论坛、第二届中美院前急救流程和技能规范化培训、2009严重创伤救治国际研讨会、第五届电磁辐射与健康国际研讨会、第五届杭州国际分子影像研讨会等5次国际、双边学术会议。

省科协国际医学合作项目系省科协及合作医院与美国纽约州立大学上州医科大学、德国切瑞特医疗中心开展的以人员互派为基础，结合临床医学合作、医学科研合作等多方面的综合性国际医学合作项目，始于1996年。到2008年止，已向外派遣医学博士生15人(7人已获学位)，派遣短期进修生60余人，选送2名浙江中医药大学学生参加德国切瑞特医学中心暑期医学夏令营；接收外方实习生60余人；开展临床医学合作、医学科研合作项目10余项。

(陈炯炯)

省 文 联

【涉外工作概况】 2009年，浙江省文学艺术界联合会(简称“省文联”)围绕省委、省政府中心工作，积极开展对外文化交流活动。全年组(参)团出访5批、17人次，前往日本、韩国、加拿大、匈牙利、丹麦、挪威、芬兰等国家开展摄影、电视、书法、戏剧等领域的交流与合作。

【省剧协领导随中国戏剧家代表团访问日本】 2009年4月4日至9日，应日本日中文化交流协会邀请，以中国戏剧家协会主席尚长荣为团长、副主席濮存昕为副团长的中国戏剧家代表团一行5人赴日本访问。浙江省戏剧家协会副主席、剧作家吕建华随团出访。

访日期间，吕建华与日本剧作家斋藤怜就戏剧创作与评论进行了专门的交流。斋藤怜介绍了日本小剧场兴起的现状和历史背景，以及日本戏剧创作的情况；吕建华介绍了中国戏曲创作的现状和成就。双方对今后在戏剧创作方面的合作与交流充满期待。

【浙江摄影代表团赴匈牙利举办“印象浙江—纪念中匈建交60周年摄影图片展”】 2009年5月11日至18日，应匈牙利匈中友好协会邀请，由省文联党组成员、书记处书记柳国平率领的浙江摄影代表团一行4人，在匈牙利举办展览、进行交流。

在匈牙利布达佩斯亚洲中心举行了“印象浙江—纪念中匈建交60周年摄影图片展”，展出摄影图片60幅，均是从浙江省摄影家优秀作品中挑选出来的精品。这些图片以人文、发展、交流为线索，生动描绘了浙江的山山水水，展示了浙江丰富而独特的民俗风情和悠久的历史文化，真实记录了浙江省日新月异发展的面貌。

柳国平在展览开幕式上致辞。匈牙利国务秘书、国会议员、经济部副部长瓦留·拉斯洛，中国驻匈牙利大使馆文化参赞刘文卿，匈中友好协会会长、匈牙利前驻华大使叶桐，布达佩斯亚洲中心负责人鲁道夫·里德等参加了开幕式并剪彩。匈牙利外交部亚太司司长罗那·澳托专程到场观看摄影展。

◎“印象浙江——纪念中匈建交60周年摄影图片展”在布达佩斯展出

【浙江书法代表团赴日举办“浙江省·枥木县书法友好交流展”】 应日本枥木县书道联盟邀请，浙江省书法家协会副主席兼秘书长赵雁君率领浙江书法代表团，于2009年6月4日至11日赴日本进行展览和交流。

6日，展览在枥木县综合文化中心开幕。此次展览展出62件作品，均为浙江省书法家协会组织作者创作，内容以中国优秀传统文化中的古典诗词为主，形式多样，流派纷呈。展览结束后，出版了《浙江省·枥木县书法友好交流展作品集》。

【浙江电视代表团赴加拿大、韩国交流考察】 2009年6月5日至14日，应加拿大班夫国际电视节和韩国庆尚北道厅邀请，以省电视艺术家协会秘书长汤丽娟为团长的浙江电视代表团对以上两国进行交流考察。

在加拿大，代表团参加了班夫国际电视节数字媒体系统中的文化与商机和保护世界非物质文化遗产研讨会，并与电视节负责人之一东·皮特森进行了深入的交流。皮特森介绍了加拿大电视产业的现状、特点和发展前景，表示希望能够更全面地了解中国，了解浙江以及浙江的电视发展情况。访加期间，考察团还参观了加拿大CBC广播电台、蒙特利尔C－TV电视台和加拿大CCETV中文电视台，分别与加方就电视剧营销经验、网络电视新媒体、邀请CCETV来浙江拍摄风光专题等事宜进行磋商。

在韩国期间，代表团分别与庆州SBS电视台、大邱TBC电视台的韩国电视界人士进行了交流，双方就韩国电视剧的快速发展和影视新星的制造等方面内容进行了深入的探讨。

【浙江电视艺术代表团赴北欧考察交流】 应丹麦、挪威国家电视台和芬兰赫尔辛基市政府邀请，以省文联党组书记、常务副主席林晓峰为团长的浙江电视艺术代表团一行4人，于2009年10月24日至11月3日对上述三国进行考察。

丹麦国家电视台主编阿恩·诺特金、挪威国家电视台对外交流部主管西格雷德·山达维恩和芬兰赫尔辛基市文化中心主管马丽亚娜分别接待代表团一行。他们介绍了广播电视和文化产业发展情况，双方就合作拍摄相关电视节目与开展业务合作交流进行了初步的洽谈，代表团还实地参观了丹麦、挪威电视台的各节目制播工作部门及设施。

（俞臻娜）

省工商联

【涉外工作概况】 2009年，浙江省工商业联合会（简称“省工商联”）广泛联络海外工商社团和工商界人士，积极开拓对外交流渠道，推动浙江省非公有制企业与海外工商界的经贸合作和交流。全年接待来自8个国家和地区的工商界人士12批、110人次。

做好大型涉外活动的组织工作。6月，省工商联作为第11届浙洽会成员单位，邀请了香港中华出入口商会、香港厂主联合会、欧洲杭州联谊会等3个海外工商团体31位客商参加大会，并对浙江省有关市县进行经贸考察。策划举办“'09携手浙商”活动。举办“走进欧盟——中国浙江商会论坛”活动。组织省内近30名企业家赴比利时布鲁塞尔、瓦隆州和西弗兰德省举办经贸论坛和企业对接活动，为浙江省民营企业更好地实施“走出去”发展战略搭建了新的平台。

【巴西驻沪总领事访问省工商联】 2009年2月19日，巴西驻上海总领事马尔科斯·帕伊瓦一行拜会省工商联并考察浙江企业。

省工商联副主席陈以正会见马尔科斯·帕伊瓦一行，向他们介绍了省工商联和浙江省民营经济的基本情况，希望通过巴西驻上海总领事馆尽快与巴西的主流商会组织建立正式友好合作关系。陈以正还邀请马尔科斯·帕伊瓦总领事参加“'09携手浙商”活动。

马尔科斯·帕伊瓦对省工商联的热情接待及邀请表示感谢，希望双方加快交流和合作进程，为两地企业的相互投资和贸易往来提供更多更好的服务。

马尔科斯·帕伊瓦一行还访问了浙江大学经济学院，与该院领导和教授就当前国际经济形势和浙江民营经济发展等进行了座谈交流；考察了富通集团，与省工商联副主席、富通集团董事长王建沂就巴西的经济情况、投资环境及中巴企业相互投资情况等进行了深入的交流与探讨。

【瑞典卡尔马省地区委员会主席访问省工商联】 2009年6月9日，瑞典卡尔马省地区委员会主席雷夫·拉松一行在瑞典驻上海总领事姚汉森陪同下拜访省工商联。

省工商联副主席陈以正向客人介绍了省工商联与瑞典政府经济发展部门及乌普萨拉省商会的交流合作情况及成效，希望今后进一步扩大与瑞典经贸组织和主流商会的合作，通过创新合作模式、拓展合作领域，开展更多更具实效的经济活动。

雷夫·拉松介绍了卡尔马省的优势行业及波罗地海地区与中国商业论坛的筹备情况，并邀请省工商联届时组团参加。雷夫·拉松表示，希望瑞典的商会能够更加积极主动地与浙江省工商联加强交流合作，为两省企业相互投资、项目合作搭建一个良好的平台。

【走进欧盟——中国浙江商会论坛】 2009年6月21日至24日在欧洲举办。论坛由省工商联与比利时驻上海总领事馆合作，以"支持浙商走进欧盟，欢迎欧盟投资浙江"为主题。省政协副主席、省工商联主席、传化集团董事长徐冠巨率浙江省工商业联合会经贸代表团一行27人参加。这是省工商联首次在国外举办浙江商会论坛，也是首次组织大型民营企业经贸代表团出访欧盟。

从22日到24日，"走进欧盟——中国浙江商会论坛"活动分别在布鲁塞尔、瓦隆、西弗兰德等地举行。在论坛上，徐冠巨发表了以《走进欧盟，合作共赢》为题的演讲；比利时政府官员介绍了欧盟及布鲁塞尔、瓦隆、西弗兰德等地的投资环境；省工商联副主席陈以正介绍了浙江民营经济发展情况；宁波新海电气股份有限公司和浙江阳光集团代表分别介绍了"引进来、走出去、谋发展"的情况。浙江企业家与欧盟、比利时企业家进行了两场对接洽谈，并考察了瓦隆煤矿、泽布鲁日港口等。

中国驻比利时大使张援远，中国驻欧盟使团商务参赞，中国贸促会驻比利时代表，上海世博会比利时委员会主任，欧洲国际总负责人，西弗兰德省省长、布鲁日市议会议长等政府官员和议会议员，当地经济机构及商会代表、比利时工商界人士及浙籍侨领、侨商代表等共300余人参加此次活动。

6月24日是"浙江·西弗兰德贸易日"。当天，省工商联和西弗兰德省发展署、西弗兰德省商会、弗兰德斯中国商会签订了友好合作协议。

【比利时驻沪商务领事访问省工商联】 2009年8月13日，比利时驻上海总领事馆商务领事薄可瑞一行拜访省工商联并考察浙江企业。

省工商联副主席陈以正与薄可瑞举行会谈。陈以正希望双方今后能在更广泛的领域展开更为密切的合作。陈以正说，浙方参加"走进欧盟——中国浙江商会论坛"活动的多家企业已经与比方企业达成初步的合作意向，并邀请他们来浙江实地考察，就具体合作项目进行深入的洽谈。

薄可瑞说，比利时各个大区的政府部门和相关贸促机构都在努力为浙江企业创造良好的投资环境，并提供一系列的优惠政策。2010年上海世博会期间，比方将组织经贸代表团来浙江考察，希望双方继续在经贸方面开展合作。

薄可瑞一行还考察了传化集团，董事长徐冠巨向薄可瑞一行介绍了传化集团的发展历史，着重介绍了传化在化工、物流、农业领域的一些创新性举措。双方企业就合作可能和合作方式等深入交换了看法。

14日，薄可瑞一行参观了"走进欧盟"活动参团企业宁波格莱特休闲用品有限公司。

【英中贸易协会主席访问省工商联】 2009年9月16日，英中贸易协会主席百乐威爵士等一行3人访问省工商联。

省工商联副主席陈以正介绍了浙江省民营经济近期发展情况，希望双方在现有基础上加强交流与合作，充分发挥商会的桥梁纽带作用。

百乐威充分肯定了浙江省民营经济的快速发展和省工商联近年来取得的成绩。他说，非常欢迎省工商联派遣更多的团组访问英中贸易协会伦敦总部，希望双方日后开展更为广泛和深入的合作。

【比利时西弗兰德省发展署官员访问省工商联】 2009年10月26日至28日，比利时西弗兰德省发展署官员傅立司一行访问省工商联。

省工商联副巡视员、联络处处长李寅生会见傅立司一行。他希望双方巩固合作成果、创新合作方式、扩大合作领域，为企业提供更好的服务。

傅立司介绍了2010年上海世博会期间西弗兰德省在华的系列活动，希望西弗兰德省发展署与省工商联能在两省政府及商会间的友好合作框架下再次合作。届时西弗兰德省发展署将率大型经贸代表团访问浙江，并在浙江举办研讨会和双向的企业对接洽谈会。

西弗兰德省发展署官员一行还对传化集团和最红集团进行了回访。

【丹麦西兰岛大区发展署官员访问省工商联】 2009年11月18日，丹麦西兰岛大区发展署处长克里斯蒂安·普瑞姆德尔访问浙江并走访省工商联。

省工商联副巡视员、联络处处长李寅生会见普瑞姆德尔。他向普瑞姆德尔详细介绍了省工商联的组织构架等。

普瑞姆德尔说，西兰岛大区和浙江省作为友好省州，已经在农业、教育、科技等领域建立起一定程度的联系和合作，希望能尽快推动并促成两地在经济领域的合作。

【菲律宾驻沪总领事访问省工商联】 2009年11月26日，菲律宾驻上海总领事桑若雯等一行3人访问浙江并走访省工商联。

省工商联副主席陈以正介绍了浙江民营经济发展情况、省工商联概况及省工商联近几年与外国驻沪总领事馆的交流合作情况，并向菲律宾驻沪总领事馆发出参加"2010携手浙商"活动的邀请。

桑若雯表示，菲律宾政府非常重视与浙江的关系，尤其是两地的经贸往来和相互投资，希望菲律宾企业能通过工商联这一平台更好地了解浙江的民营经济，同时浙江的民营企业也能通过菲律宾驻沪总领事馆更好地了解菲律宾的经济政策和投资环境，最终促成两地企业合作，促进两地经济共同繁荣。

【"2009携手浙商"活动】 2009年12月3日至5日，省工商联在杭州举办"2009携手浙商"活动，巴西、阿根廷、秘鲁三国驻上海总领事馆的总领事、商务领事应邀参加。

3日中午，副省长金德水，省政协副主席、省工商联主席徐冠巨会见来访外宾。金德水对外宾们来访表示欢迎。他说，浙江省与巴西、阿根廷、秘鲁三国长期友好，双方交流合作领域不断扩大，已在经贸、文化、科技等领域取得丰硕的合作成果。他相信此次活动能进一步巩固和深化双方的友好合作关系。

下午，举行了来访外宾与浙江省民营企业家代表共同参加的座谈会，省委统战部副部长、省工商联党组书记汤为平，省工商联副主席陈以正，省商务厅副厅长韩杰，省外办副主任彭波，杭州市工商联副主席王坚等出席座谈会。徐冠巨介绍了浙江省的基本情况、民营经济发展现状和开展国际经贸合作的情况，他指出，浙江省民营企业正在积极实施"引进来"、"走出去"战略，与国外政府机构、商务机构和企业之间的合作越来越紧密。巴西、阿根廷、秘鲁三国总领事介绍了本国的基本情况和投资环境，表示非常欢迎浙江省企业前往投资合作。亚太、传化、最红、中球冠、贝因美、富通、吉利等企业代表与南美三国的领事们进行了深入的交流。座谈会结束以后，南美三国总领事考察了部分民营企业。

【比利时驻沪总领事访问省工商联】 2009年12月8日，比利时新任驻上海总领事乔志访问浙江并走访省工商联。

省工商联副主席陈以正会见乔志，向他介绍了浙江省民营经济、省工商联的组织状况及省工商联对外交流合作情况，着重介绍了上半年的"走进欧盟"活动和下半年的"携手浙商"活动。希望总领事能多来浙江，为浙江省民营企业"走出去"参与国际市场竞争提供指导和帮助。

乔志对省工商联在促进两地经贸往来和相互投资中所作的努力及取得的成果表示肯定。他强调，浙江是中国最具经济活力的省份之一，比利时政府非常重视发展与浙江的关系，比利时不同大区与浙江在经济、教育、文化、科技等领域一直保持着良好而愉快的交流和合作。比利时驻上海总领事馆也非常关心浙江经济的发展，希望能通过省工商联更好地了解浙江的民营经济。他表示，将一如既往地给浙江省工商联的工作予以支持和协助，推进两地企业间的合作，促进两地经济共同繁荣。

（杨　敏）

省残联

【涉外工作概况】 2009年，浙江省残疾人联合会(简称“省残联”)以服务残疾人为宗旨，拓展新的交流渠道，扩大实质性的交流内容，多方位开展与各国残疾人组织的互访和交流。全年接待来自国际微笑行动组织和德国、澳大利亚的残疾人工作访问团组3批、13人。应邀组团3批、15人出访;应邀组派出国培训团组3批、55人。派遣优秀残疾人工作者2批、2人分别赴香港和新加坡参加短期培训和技术研讨会;派遣优秀残疾人运动员2批、5人，随中国残联代表团分别赴印度等国家和地区，参加国际残疾人体育赛事。

【国际微笑行动组织主席访问浙江】 2009年3月7日，国际微笑行动组织主席凯西一行6人访问浙江，省残联理事长陈燕萍、副理事长吴一农会见访问团成员，双方就共同为浙江省贫困唇腭裂患者进行康复治疗、残疾人康复专业人员技术培训、残疾人康复等进行了交流与探讨。

【省残联派员赴香港参加短期培训】 2009年5月3日至8日，应香港耀能协会邀请，省残联派遣省残疾人康复指导中心华玉文赴港参加2009年第三届教导自闭症儿童短期培训。

【西澳州残疾人服务委员会主任访问浙江】 2009年7月18日，澳大利亚西澳州残疾人服务委员会主任苏珊·派登访问浙江，省残联理事长陈燕萍宴请苏珊·派登。

21日，苏珊·派登与省残联副理事长郑瑶进行会谈，双方就进一步加强在残疾人领域的合作、促进两省州残疾人事业的发展进行了交流。

在杭期间，苏珊在省残联副理事长吴一农陪同下参观了浙江省残疾人辅助器具资源中心。

苏珊·派登此次随西澳州政府代表团来杭列席浙江省·西澳州交流委员会第三次会议。

【省残联与西澳州残疾人服务委员会签署友好交流意向书】 2009年7月20日，省残联与澳大利亚西澳州残疾人服务委员会在杭州签署为期5年的友好交流意向书。副省长龚正和西澳州总理科林·巴尼特作为见证人参加仪式并在意向书上签字，省残联副理事长郑瑶代表省残联在意向书上签字。此项目已列为浙江省政府与西澳州政府重点交流合作项目之一。

【浙江省残疾人立法和社会保障工作交流团访问瑞典和芬兰】 2009年8月20日至29日，应瑞典基层社会保障事务处和芬兰赫尔辛基市政厅邀请，以省残联副理事长吴一农为团长的浙江省残疾人社会保障与立法工作交流团一行5人访问瑞典、芬兰，着重就残疾人立法、政府如何维护残疾人权利，以及政府在残疾人医疗、康复、就业培训和社会保障方面所制定的法规与政策的运作方式

◎浙江省残疾人立法和社会保障工作交流团参观瑞典地区级智障人士活动中心

和服务模式等进行考察、交流。

交流团在瑞典期间还专门拜访了瑞典国家智障残疾人协会，参观了瑞典地区级智障人士活动中心。

【浙江残疾人运动员在听障奥运会上取得优异成绩】 2009年9月15日，第21届听障奥运会在台北闭幕，中国代表团获得12枚金牌、9枚银牌、17枚铜牌，列第4位，其中浙江省运动员获得1枚金牌、1枚银牌、4枚铜牌。温州籍运动员徐家晖获得50米蝶泳金牌以及4×100米混合泳和4×100米自由泳两个游泳接力项目的铜牌。杭州籍运动员钱金芝获得女子4×100米接力项目银牌和女子跳高项目铜牌，另一名杭州籍运动员沈海军获得铅球项目铜牌。

【浙江省残疾人权益保障和服务能力交流团访问南非和埃及】 2009年10月21日至30日，应南非西开普省议会和埃及残疾人协会邀请，以省残联理事长陈燕萍为团长的浙江省残疾人权益保障和服务能力交流团一行5人赴南非、埃及进行残疾人工作考察和交流。交流团参观考察了南非开普敦精神康复教育与培训福利中心，与西开普省议会进行了残疾人权益保障工作情况交流，与开普敦理工大学残疾人学院进行了高等特殊教育情况交流，双方初步达成在高等特殊教育方面合作的意向。交流团还访问了埃及残疾人协会。

【德国奥托博克公司总裁访问省残联】 2009年10月29日，德国奥托博克公司总裁汉斯·乔治·雷德教授一行6人访问浙江。省残联副理事长陈玉国、郑瑶、吴一农会见雷德一行，并就奥托博克公司与浙江省实施的残疾人共享小康工程前期合作、2011年中国第8届全国残运会运动员辅助器具维修服务以及2010年浙江省残疾人康复管理和技术人员赴德国培训资助等事宜进行了交流。雷德表示，将对浙江省残疾人事业给予多方面的支持。

◎浙江省残疾人权益保障和服务能力交流团访问埃及残疾人协会

【浙江残疾人运动员在世界轮椅和肢残人运动会上取得优异成绩】 2009年11月22日至12月2日，2009年世界轮椅和肢残人运动会在印度班加罗尔举行，中国残联体育代表团共50人参加了田径、游泳、举重、击剑等4个项目的比赛，获金牌49枚、银牌17枚、铜牌7枚，分别居金牌、奖牌榜第一位，其中浙江省2名运动员获得3枚金牌、3枚银牌。丽水籍游泳运动员蔡余庆燕首次参加国际比赛，即获得100米自由泳、400米自由泳2枚金牌和100米蝶泳银牌。嘉兴籍田径运动员金亚娟以12.57米的成绩获得铅球项目金牌，这一成绩与世界纪录仅差1厘米，她还获得了标枪和铁饼两个项目的银牌。

世界轮椅和肢残人运动会是专为轮椅人士举办的综合性运动会，每两年举办一届，办赛规模和项目设置仅次于残奥会。

【2009年浙江国际残疾人乒乓球友谊赛】 2009年11月28日至30日在杭州举行。本次赛事由省残联主办，省残疾人对外交流

中心承办，主题是“乒乓会友 共享和谐”。这是浙江省首次举办国际残疾人体育比赛，来自中国、日本、韩国等国家的近30名运动员参加比赛。参赛运动员在杭期间还进行了关于无障碍环境的座谈交流以及旅游观光活动。

【省残联派员赴新加坡参加学术研讨会】 2009年12月1日至5日，应第7届亚太地区人工耳蜗植入和相关技术研究学术研讨会组委会邀请，省残联派遣省听力语言康复中心副主任郎叶平随中国残联赴新加坡参加第7届亚太地区人工耳蜗植入和相关技术研究学术研讨会。

（朱秀芳）

附表　2009年度省残联出国(境)培训团组

序号	培训时间	团　组　名　称	团长职务、姓名	培训人数	培训国家
1	2月27日～3月19日	浙江省孤独症儿童早期诊断和社区康复训练技术培训团	省残联康复部部长邵建	23人	美国
2	3月20日～4月9日	浙江省盲人定向行走训练技术培训团	省残联康复部副部长赵英	13人	德国
3	10月19日～11月8日	残疾人集中托养与日间照料管理人员培训团	省残疾人康复指导中心主任余爱如	19人	德国

省贸促会

【涉外工作概况】 2009年，中国国际贸易促进委员会浙江省分会（以下简称“省贸促会”）积极开展国际贸易、国际投资和对外经济技术合作的促进工作，努力提升浙江企业的国际竞争力，推动浙江省与世界各国、各地区之间的经贸交流和友好合作。

2009年，省贸促会先后与比利时西弗兰德省经济发展署、瑞士瑞华交流中心、波兰雇主联合会、斯洛伐克日利纳工商会、匈牙利投资与贸易发展局、捷克投资促进局、泰国25府商会、肯尼亚国家工商会、卢旺达发展署等33家机构签订双边友好合作协议，省贸促会的国(境)外合作协议机构增加到79家。接待来自24个国家和地区的45批、327人次的商务访问，组织举办瑞士弗里堡州推介会、波兰环保行业商务交流会等6期以“走出去”为主题的投资说明会、推介会和研讨会，组织7个经贸访问交流团组，帮助企业开拓国际发展空间。出版4期英文简报，报道省贸促会各种经贸交流研讨活动，分送外国驻华使领馆、双边友好协议机构等；加强与多国使领馆、国外商协会和贸促机构的联系，发布经贸活动信息，为国内外企业牵线搭桥；协助省外宣办举办“2009浙江外贸直通车”大型媒体宣传活动，为浙江企业和产品“走出去”提供宣传、促销、咨询等一条龙服务，推介浙江企业和产品。

全年组织执行出国经贸展览项目113个，总展位数2225个。全年签发原产地证457621份，办理涉外商事证明书52163份，代办领事认证17800份，签发ATA单证128份。此外，为涉外企业提供各种调解咨询、知识产权及其他法律服务。

【浙江省·西弗兰德省经济和贸易促进委员会第一次会议】 2009年3月19日在杭州召开。会议由副省长龚正与比利时西弗兰德省省长保罗·拜恩共同主持。双方回顾了以往的交流与合作成果，并就委员会的组织机构、运作机制以及今后两省在投资贸易、教育培训、科技文化等领域拟开展合作的项目交换了意见。

会上，省贸促会副会长林骏代表省贸促会与比利时西弗兰德省发展署签署友好合作协议。

【协办中阿合作论坛第三届企业家大会暨投资研讨会】 2009年4月21日至22日，中阿合作论坛第三届企业家大会暨投资研讨会在杭州举行。来自中国和阿盟各个成员国的官员和企业家逾千人出席研讨会，共同探讨金融危机下的中阿双边贸易与投资合作。全国政协副主席阿不来提·阿不都热西提出席会议并讲话。副省长龚正代表浙江省人民政府致贺词。省贸促会会长铁建设、副会长徐山、秘书长王玉傅应邀出席。

作为协办单位，省贸促会组织了近百家会员企业参加开幕式、专题研讨和对口洽谈，并安排和组织60多位参会的阿拉伯国家高官及企业家访问义乌中国小商品城。

【省经贸代表团访问俄罗斯、白俄罗斯和乌克兰】 2009年6月13日至25日，由省贸促会会长铁建设率领的浙江企业家代表团一行11人参加中国贸促会组织的中国经贸代表团，访问俄罗斯、白俄罗斯和乌克兰。

出访期间，铁建设一行出席了中国—白俄罗斯经贸合作论坛暨中白企业对口洽谈会、中俄双边企业家理事会第四次会议和中国—乌克兰经贸合作论坛暨中乌企业对口洽谈会。在双边企业家的对口洽谈会上，温州阿尔凡服饰有限公司等浙江企业与外方达成合作意向。

【深化浙江与泰国之间的合作交流】 2009年6月19日，省贸促会和泰国投资委员会在绍兴主办了泰国投资机遇研讨会，来自绍兴当地企业和泰国的企业家代表共80余人参加会议。

8月4日，省贸促会和泰国投资委员会在德清主办泰国投资机遇研讨会，来自湖州当地企业和泰国的企业家代表共80余人参加会议。

9月12日至17日，应泰国投资委员会邀请，以省贸促会国际联络部部长潘炼为团长的浙江省经贸考察团一行5人赴泰国考察。在泰国清迈，代表团与当地商协会、企业进行了座谈交流，清迈府府尹阿蒙潘·尼玛南、中国驻清迈总领事祝伟敏会见代表团。在曼谷期间，代表团拜访了泰国投资委员会总部，泰国投资委秘书长阿查珈·布润布博士会见代表团。在泰国工业总会的安排下，代表团与当地30多家企业进行了对接洽谈。此外，代表团还考察了当地的工业园区和企业，对泰国的投资环境进行深入的了解。

【省经贸代表团访问波兰、匈牙利和捷克】 2009年6月30日至7月9日，应波兰雇主联合会、匈牙利贸易投资发展局和捷克投资促进局的邀请，省贸促会副巡视员、秘书长王玉傅率浙江省经贸代表团访问上述三国。浙江省成套设备局、省供销社、上虞市外经贸局有关负责人参加访问。

出访期间，代表团与当地贸易促进机构和商会探讨了促进和扩大双向投资和双边贸易的可行性，协商了常年工作联系机制，并签署双边机构合作协议。

代表团还和有意与中国企业开展合作的当地企业家进行了交流和座谈，了解当地企业的经营状况、先进的技术和管理理念。

代表团还拜访了中国驻三国大使馆经商处，了解当地的投资和贸易环境及中资企业的经营状况。

【美国田纳西州经贸代表团访问浙江】 2009年10月26日至27日，应中国贸促会邀请，州长斐尔·布雷德森率美国田纳西州经贸代表团一行56人访问浙江。

26日上午，省长吕祖善会见斐尔·布雷德森。

当天下午，美国田纳西州经济发展署与省贸促会、省商务厅联合举办田纳西—浙江投资研讨会，来自双边的官员和企业代表共100多人出席会议。斐尔·布雷德森和副省长龚正分别致辞。金永辉、铁建设等出席研讨会，王玉傅主持会议。

【美国佛蒙特州经贸代表团访问浙江】 2009年10月26日至27日，应中国贸促会邀请，州长詹姆斯·道格拉斯率美国佛蒙特州经贸代表团一行15人访问浙江。

26日，省委常委、常务副省长陈敏尔在省人民大会堂会见詹姆斯·道格拉斯一行。陈敏尔代表省长吕祖善对客人到访表示欢迎，并介绍了浙江的经济社会发展情况。他指出，佛蒙特州拥有先进的农业、旅游业和制造业，浙江愿意加强与佛州的经贸交流与合作。道格拉斯希望深化佛蒙特州和浙江在经贸、农业、教育、科技等领域的交流与合作。

省政府副秘书长陈国平、省商务厅厅长金永辉、省贸促会会长铁建设、省外办副主任彭波等参加会见。

【省贸促会组团参加中非合作论坛第三届企业家大会】 2009年11月5日至19日，由中国贸促会会长万季飞率领的中国贸促会经贸代表团赴埃及、摩洛哥和阿尔及利亚三国访问。省贸促会会长铁建设、省二轻集团总经理戴震华等随团出访。

【省贸促会与泰国25府商会签订友好合作协议】 2009年11月6日，泰国商务部督查长潘妮率团一行46人访问浙江，并出席中泰商务交流会暨浙江国际商会与泰国25府商会谅解备忘录签约仪式。

会上，省贸促会副会长邵志华与泰国25府商会负责人签署合作协议。省贸促会副巡视员兼秘书长王玉傅向泰国代表团介绍了省贸促会、省国际商会的发展历史、职能范围及商会运作情况。

【省贸促会经贸代表团访问肯尼亚、卢旺达和南非】 2009年12月7日至18日，应肯尼亚国家工商会、卢旺达发展署和南非西开普省投资贸易发展局的邀请，以副巡视员王玉傅为团长的省贸促会经贸代表团访问上述三国。

访问期间，代表团先后拜会肯尼亚国家工商会、肯尼亚投资促进局、卢旺达发展署、南非西开普省投资贸易发展局及中国驻肯尼亚、卢旺达大使馆经商处和驻南非开普敦总领事馆，并与南部非洲浙江商会企业家座谈，了解三国贸易和投资环境及市场需求。王玉傅代表省贸促会分别与肯尼亚国家工商会、卢旺达发展署签订双边机构友好合作协议。

（朱晓冬）

附表　2009年省贸促会接待的部分来访团组

序号	来访时间	来访单位和团组名称	人数	访问目的	会见(宴请)
1	1月9日	美国科恩集团	5	友好访问	王玉傅
2	1月9日	美国伊利诺州上海代表处	2	友好访问	王玉傅
3	1月14日	比利时西弗兰德省政府工作组	4	友好访问	王玉傅
4	1月20日	印度工业联合会上海代表处	3	友好访问	王玉傅
5	2月18日	日本国际贸易促进协会贸易投资部课长	3	业务交流	王玉傅
6	3月4日	埃及驻华大使馆官员	3	业务交流	铁建设、王玉傅
7	3月19日	比利时西弗兰德省代表团	7	业务交流	林骏、王玉傅
8	4月9日	日本贸促会代表团	3	先遣考察	林骏、王玉傅
9	4月15日	阿根廷驻上海总领事馆官员	4	友好访问	铁建设、王玉傅
10	4月15日	瑞士瑞华交流中心杭州办事处	1	业务交流	王玉傅
11	4月24日	美国田纳西州经济社会发展署	4	先遣考察	王玉傅
12	4月29日	捷克投资局东南亚营运部	1	业务交流	王玉傅
13	4月30日	波兰环保代表团	30	举办会议	王玉傅
14	5月25日	瑞士瑞华交流中心	4	业务交流	王玉傅

续表

序号	来访时间	来访单位和团组名称	人数	访问目的	会见(宴请)
15	6月9日	瑞士汝拉州代表团	5	友好访问	铁建设、邵志华、王玉傅
16	6月15日	新西兰驻上海总领事馆	17	业务交流	王玉傅
17	6月22日	乌拉圭驻上海总领事馆	2	业务交流	徐山
18	7月24日	香港交易所及结算所有限公司	2	举办会议	王玉傅
19	8月4日	哥斯达黎加对外贸易协会	2	友好访问	王玉傅
20	8月7日	卢森堡驻上海总领事馆	2	友好访问	王玉傅
21	8月7日	波兰驻上海总领事馆	3	业务交流	王玉傅
22	8月27日	菲律宾贸工部副部长	3	举办会议	铁建设、王玉傅
23	9月2日	美国田纳西州经济社会发展署	4	业务交流	徐山、王玉傅
24	9月11日	法国里尔都市发展圈国际发展署	1	友好访问	王玉傅
25	9月21日	斯里兰卡驻上海总领事馆	2	友好访问	王玉傅
26	9月29日	美国佛蒙特州驻华代表	1	业务交流	王玉傅
27	10月20日	瑞士弗里堡州代表团	7	举办会议	铁建设、王玉傅
28	10月22日	泰国驻厦门总领事馆商务处	2	业务交流	王玉傅
29	10月27日	荷兰弗里福兰省经济厅	3	业务交流	王玉傅
30	10月28日	比利时西弗兰德省经济发展署	2	业务交流	王玉傅
31	11月6日	泰国商务部代表团	46	举办会议	邵志华、王玉傅
32	11月12日	澳大利亚西澳州工商会	3	业务交流	王玉傅
33	11月26日	菲律宾驻上海总领事馆	3	业务交流	徐山

省农科院

【涉外工作概况】 2009年，浙江省农业科学院(简称“省农科院”)派遣59人次科技人员出国考察、参加项目合作和国际学术会议及技术进修。接待48批、169人次国外官员和专家学者来访。

【塞尔维亚副总理兼科学技术发展部部长访问浙江】 2009年4月9日，塞尔维亚副总理兼科学技术发展部部长博日达尔·杰利奇一行访问省农科院。

省农科院副院长孟智启会见客人，并简要介绍了省农科院的机构设置和科学研究、技术推广、国际合作等方面的情况，希望借助杰利奇副总理来访的机会，推动中塞双方在农业科技领域的合作。

杰利奇介绍了塞尔维亚农业发展和主要农业科研机构的情况，希望双方科研人员加强交流，在农产品安全、气候变化对农作物的影响、环境生态保护和微生物及基因研究等方面开展合作。

杰利奇一行还参观了省农科院植物组培中心和作物育种试验田。

【中欧可持续植物保护策略与食品安全论坛】 2009年4月13日至15日在杭州召开。此次论坛由科技部国际合作司主办，浙江省科技厅和浙江省自然科学基金委协办，省农科院承办。来自全国18个涉农教学科研相关单位的近30名专家学者出席会议。

科技部国际合作司欧洲处处长邢继俊就新时期中国对欧盟的科技合作方针与合作思路作大会报告。与会专家围绕生物多样性与天敌利用、转基因生物安全评价、病虫草害发生规律与综合防治、农药应用技术与安全合理使用以及农药残留限量标准与食品安全等五个领域作专题报告，总结近年来中国在农作物可持续保护领域取得的新成就，交流对欧盟及其成员国开展可持续植物保护与食品安全领域的合作经验。在随后举行的分专题研讨会上，专家学者就中国进一步加强与欧盟及其成员国开展可持续植物保护与食品安全领域合作的思路及对策发表了意见。

【中丹可持续作物保护研讨会】 2009年4月15日至17日在杭州举行。此次研讨会由省农科院与丹麦奥胡斯大学农学院植物保护系联合举办。来自省农科院、丹麦奥胡斯大学农学院植物保护系和中国农科院的40余名代表参加会议。双方专家分别就杂草控制、植物病害、害虫控制等作主题发言，初步形成在植物病毒、农药合理化使用、技术推广等领域开展合作的意向和计划。

【国际干旱地区农业研究中心主任访问省农科院】 2009年8月5日，国际干旱地区农业研究中心主任马哈茂德·索勒赫博士等一行3人来省农科院交流访问。

副院长孟智启会见索勒赫一行，双方就各自科学研究、科技成果、技术推广的情况作了介绍。

【与日本大学签订合作协议】 2009年8月21日，省农科院与日本九州大学农学部在杭州举行合作协议文本交换仪式。换文仪式由副院长孟智启主持，日本九州大学农学研究院院长代表麻生阳一教授和藤井博名誉教授出席换文仪式。麻生阳一在换文仪式上宣读了九州大学农学研究院院长吉村淳的贺词。

【省农科院举行名誉所长聘任仪式】 2009年8月27日，省农科院举行聘任加拿大农业部圭尔夫食品科学研究中心高级研究员石贤权教授为省农科院食品所名誉所长的仪式。仪式由副院长孟智启主持，陈剑平院长出席。

石贤权教授长期从事人类营养健康和营养保健品开发与管理，是省农科院聘任的首位名誉所长，也是农科院柔性引进高端人才的首次尝试。

【库玛博士获"国家友谊奖"】 在省农科院工作的印度籍专家克里什娜·忽旺南德拉·库玛博士获得2009年度国务院外国专家局颁发的"友谊奖"，并赴北京参加了颁奖仪式和国庆60周年庆典活动。

2009年9月30日，国家外国专家局在北京人民大会堂举行颁奖仪式，授予100名在华工作的外国专家为2009年度外国专家"友谊奖"。

【与丹麦奥胡斯大学农学院签署科技合作谅解备忘录】 2009年10月13日，省农科院与丹麦奥胡斯大学农学院签署科技合作谅解备忘录，省农科院院长陈剑平和奥胡斯大学农学院院长余斯特·延森分别在备忘录上签字。奥胡斯大学农学院所属害虫综合防治系、农业生态和环境系、动物健康和生物科学系、食品科学系、园艺系、基因和生物技术系、农业工程系等7位系主任，以及省农科院科研处和相关研究所负责人参加签字仪式。签字仪式结束后，奥胡斯大学农学院代表分别到对口研究所与科技人员进行学术交流和座谈。

【丹麦生物质能源代表团访问省农科院】 2009年10月29日，丹麦生物质能源代表团一行11人在丹麦驻沪领事馆官员陪同下访问省农科院。

副院长孟智启会见来宾，向客人简要介绍了省农科院科研工作的总体情况，以及在生物质能源利用、农业废弃物利用和畜禽粪便处理等领域的研究。丹麦生物能源和环境技术创新中心主任迈克尔·斯托勒和奥胡斯大学农学院代表分别就丹麦和奥胡斯大学在该领域的研究进展作了介绍，并表达了希望与省农科院开展科技合作的愿望。省农科院的相关科研人员与丹麦代表团成员进行了交流与讨论，初步确定了在从芒草植物提取生物燃料、养殖场废物无害化处理利用等领域开展科技交流与合作的意向。

【陈剑平赴越南应对稻飞虱传播的病毒病疫情】 2009年11月26日至29日，省农科院院长陈剑平应越南农业科学院邀请，赴越南河内，与越南农业科学院植物保护研究所和国际水稻所的专家，就越南国内大规模爆发的由稻飞虱传播的病毒病疫情，商讨合理有效的疫情控制手段和具体合作方式。

【与美国马歇尔大学签署科技合作协议】 2009年12月2日，省农科院举行与美国马歇尔大学签署科技合作协议暨客座教授聘任仪式。省农科院副院长孟智启主持仪式，院长陈剑平出席并与马歇尔大学药学院院长理查德·尼尔斯博士签署《中国浙江省农业科学院与美国马歇尔大学科技合作备忘录》及《中国浙江省农业科学院与美国马歇尔大学研究人员交流计划协议》。

陈剑平在仪式上致辞，他向来访的美国客人表示欢迎，并指出，微生物学在现代农业中占有非常重要的地位，也是省农科院重点推进的一门学科，希望能够通过双方建立的科技合作平台，推动、壮大农科院微生物学科的发展。理查德·尼尔斯表示，农学和医学在现代科研中联系十分紧密，希望双方单位今后通过人员交流和合作研究，不断寻找相同之处，开展更多卓有成效的合作。

省农科院特聘请马歇尔大学的终身教授于宏伟为客座教授。陈剑平向于宏伟颁发了客座教授聘书。于宏伟教授是美国微生物协会副秘书长，从事微生物学尤其是细胞基因工程、新型微生物多糖与多肽类产品的开发以及宿主免疫等领域的研究，是世界上唯一能够转导进入一系列病原菌的高通量ABBIS筛选系统拥有者。于宏伟在仪式上表示，微生物学科是一门投入少、收益大的学科，具有广阔的发展前景，希望通过双方建立的微生物学和生物技术合作平台，和他作为省农科院客座教授的契机，与农科院科研人员密切协作，合作共赢，为促进微生物学科的发展而尽心尽力。

【张成浩获韩国"海外名誉研究官"称号】 为表彰省农科院张成浩副研究员对促进中韩设施园艺领域合作所作出的贡献，2009年12月5日，韩国农村振兴厅聘请张成浩为"海外名誉研究官"。

【省农科院被授予"国际科技合作基地"】 2009年12月9日，科技部"国际科技合作基地"授牌仪式在省农科院举行。科技部国际合作司司长靳晓明、省科技厅厅长蒋泰维、省农科院副院长孟智启等出席授牌仪式。

靳晓明为省农科院授牌并讲话。他向省农科院获得"国际科技合作基地"称号表示祝贺，指出，科技部授予浙江省农科院"国际科技合作基地"，既是对省农科院在国际科技合作方面做出成绩的肯定，更是一个新的起点，希望把国际科技合作基地建设成为优秀示范基地。

（陈晓雯）

附表　2009年省农科院重要出访团组

序号	出访时间	出访团组	团长	人数	出访地点
1	6月22日～7月3日	科技考察	孟智启	3	英国、荷兰、西班牙
2	11月16～26日	科技考察	田恒方	4	美国、加拿大
3	11月1～6日	参加中韩学术研讨会	骆荣挺	6	韩国
4	11月30日～12月9日	科技考察	徐子伟	6	澳大利亚、新西兰

高校和企业外事

Foreign Affairs in Institutions of Higher Learning and Enterprises

高校外事

·浙江大学·

【涉外工作概况】 2009年,浙江大学(简称"浙大")按照"海外合作与交流计划",全方位推进学校对外交流与合作的多元化工作格局,全面提升学校国际竞争力,建立和发展与海外高水平大学的合作关系,促进师生开展海外学术交流,举办国际会议,引进国外智力,发展外国留学生教育等。

全年派出短期出国1414批、2768人次。其中:访问考察323人次,合作研究259人次,学术交流465人次,技术培训及进修学习400人次,讲学25人次,参加国际学术会议1204人次(发表论文584篇),参展参赛23人次,其他69人次。在校攻读专业学位的外国留学生人数继续大幅攀升,外国研究生总数346人,比上年增长26.3%;本科生1156人,增长14.9%。

主请长、短期专家638名,其中短期专家566名、长期专家72名;聘请名誉、客座教授53名,其中包括1994年诺贝尔经济学奖获得者、德国科学院院士及欧洲经济学会主席莱因哈德·泽尔腾和美国UCLA校长杰恩·布劳克等多名学术大师。

新签或续签校际交流协议院校14所,其中:美国院校3所,英国2所,澳大利亚2所,意大利2所,瑞典2所,日本、加拿大和芬兰各1所。

举办国际和双边学术会议56个,参会代表共5354人次,其中境外代表1136人次,来自60多个国家和地区。

【澳大利亚西澳州上议院议长访问浙大】 2009年2月19日,浙江大学校长杨卫会见来访的澳大利亚西澳州上议院议长尼古拉斯·格里菲思一行。杨卫向客人介绍了浙江大学及其近十年来的发展概况。格里菲思称赞浙江大学的发展和取得的成果,并建议浙大与西澳州的大学特别是澳大利亚八强名校之一的西澳大学展开强强合作,希望浙大今后多派优秀博士生去西澳大学共同开展合作与科研活动。

【第七届流体传动及控制国际学术会议】 2009年4月8日在杭州浙江世贸君澜大饭店开幕,来自美国、德国、日本等18个国家和地区的65名境外来宾及中国内地高校的200名代表参加会议。全国人大常委会副委员长、中国科学院院长路甬祥,浙江大学校长杨卫等出席开幕式并致辞,来自德国、英国的知名学者在会上作特邀报告,引起与会者的浓厚兴趣。

【塞尔维亚副总理访问浙大】 2009年4月9日,塞尔维亚副总理兼科学技术部部长博日达尔·杰利奇一行访问浙江大学,参观考察了紫金港校区、校史展、科技成果展和浙江大学国家大学科技园。校长杨卫会见杰利奇一行,双方就在信息、能源、材料和农业等重点领域开展合作进行了交流和探讨。

【流域水环境污染控制技术与管理策略国际学术研讨会】 2009年4月10日至12日在杭州召开,由浙江大学、美国密歇根州立大学、美国康奈尔大学、美国加州大学戴维斯分校、中国农业部面源污染控制重点开放实验室、浙江省水体污染控制与环境安全技术重点实验室以及浙江省环保装备科技创新服务平台联合主办,浙江大学环境与资源学院承办。来自美国、英国、日本、澳大利亚以及菲律宾等十余个国家和地区的130多名专家学者出席会议。与会专家学者围绕农村面源污染控制理论与技术、湖库富营养化控制理论与生态修复技术等议题进行了广泛的交流和讨论。会议还促进了浙江大学和西澳大学的合作，会后不久，双方在浙大组建了浙江大学—西澳大学综合水资源管理联合实验室。

【校领导率团访问英国剑桥大学】 2009年5月22日，浙大校长杨卫一行4人访问英国剑桥大学。杨卫与剑桥校方约定根据交流合作项目的具体实施情况进行进一步沟通，与当地的校友进行了座谈，并为剑桥学生作题为《中国研究型大学的动态发展》的演讲。

【国际生物数学学会与中国生物数学学会联合会议】 2009年6月14日至17日在浙大举行，会议由国际生物数学学会和中国生物数学学会联合举办，国际生物数学学会主席阿文纳·弗里德曼和中国生物数学学会主席兰孙·陈担任大会主席。会议围绕当今生物数学、计算生物学和医药学界中最受关注的主题展开，与会代表就复杂性状的基因定位、人类疾病的数学研究分析方法、H5N1禽流感和H1N1猪流感等流行性疾病的模拟分析等热点进行了热烈讨论。

【浙大代表团访问德国和英国】 2009年10月12日至19日，党委书记张曦率浙江大学代表团应邀访问德国柏林工业大学、柏林自由大学、基尔大学、考古研究所，英国伦敦大学学院和阿伯丁大学等。

在柏林工业大学，张曦一行受到校长库茨勒的热情接待，双方对两校已有的合作给予高度评价，就进一步推动两校的科研合作、博士生联合培养和学生交流等交换了意见，并同意进一步拓展双方在船舶工程技术、中西科技史、中国学以及跨文化交流等领域的合作。

【意大利米兰市议会代表团访问浙大】 2009年10月27日，浙大党委书记张曦会见来访的以副议长斯特法·迪·马蒂诺为团长的意大利米兰市议会代表团。张曦向客人介绍了浙江大学教学、科研以及国际交流等方面的情况，希望以此次议长来访为契机，通过米兰市议会的帮助，进一步推动两国大学和科研单位间在科研、人才培养，尤其是在人文社科等领域的合作与交流。马蒂诺表示非常愿意积极推动米兰与浙江大学间的合作与交流。双方还就未来开展合作的可能性进行了探讨。

【瑞典能源署署长访问浙大能源清洁利用国家重点实验室】 2009年11月15日至18日，瑞典能源署署长暨瑞典皇家工程院院士托马斯·凯伯格教授应浙大热能工程研究所所长岑可法院士邀请，访问浙江大学能源清洁利用国家重点实验室。浙大常务副校长倪明江主持欢迎宴会，并听取了凯伯格关于可再生能源发展方面的建议，向他介绍了浙江大学近几年的发展概况，提出了加强浙江大学与瑞典高校合作的构想。

【浙大与新加坡教育部、美国MIT共建新加坡大学项目正式启动】 2009年11月，有关浙江大学和美国麻省理工学院一起同新加坡共建其第四所公立大学——新加坡技术与设计大学的协议由中国教育部和新加坡教育部共同签署。国家主席胡锦涛称以新中美三方合作模式建立新加坡第四所公立大学是"一项创举"，有利于强强联合、优势互补、互利共赢，中方对此予以积极支持。

【浙大与港澳地区交流概况】 2009年，浙江大学赴港澳地区交流访问共计220批、561人次，其中访问香港特别行政区192批、461人次，访问澳门特别行政区28批、100人次；接待港澳地区来宾44批、446人次，其中香港40批、432人次，澳门4批、14人次。重要来宾包括香港理工大学校长唐伟章、澳门大学校长赵伟等。

开展港澳学生交流项目31项，参与交流学生总计752人次，其中本校学生374人次、来校交流学生378人次。其中，对港副学士进修计划2项，进修学生9人；短期赴港研习2项，派出学生6人；短期香港学生来访2项，来访学生76人；短期赴澳门学生2项，出访学生41人。

年内，浙江大学与香港大学、香港中文大学、香港城市大学等3所港澳地区主要高校就校际学术交流与合作、科研合作、教学交流和学生交流签订和续签多项合作协议。

（姚　诚）

附表1　2009年浙江大学对外合作交流情况

学院名称	出国交流（人次）	聘请国外专家（人数）	举办国际学术会议（次数）
人文学院	70	6（短期）+1（长期）	1
外国语言文化与国际交流学院	123	5（短期）+22（长期）	4
经济学院	70	9（短期）	
光华法学院	22	1（短期）+3（长期）	
教育学院	44	4（短期）+1（长期）	3
管理学院	98	14（短期）+3（长期）	5
公共管理学院	51	15（短期）+4（长期）	5
理学院（包括数学科学中心）	180	60（短期）+3（长期）	10
机械与能源学院	141	13（短期）	2
材料与化工学院	185	44（短期）+5（长期）	2
电气工程学院	144	8（短期）+1（长期）	
建筑工程学院	77	2（短期）+1（长期）	1
生物医学工程与仪器科学学院	39	1（短期）+2（长期）	1
生物工程与食品学院	43	44（短期）+2（长期）	
计算机科学与技术学院	211	9（短期）+2（长期）	7
环境与资源学院	50	41（短期）	2
农业与生物技术学院	71	59（短期）+4（长期）	2
动物科学学院	68	24（短期）	1
生命科学学院	64	23（短期）+1（长期）	1
医学院	318	35（短期）+3（长期）	2
药学院	14	6（短期）+1（长期）	
航天航空学院	13	6（短期）+1（长期）	
信息学院	241	29（短期）+6（长期）	1
其他	431	133（短期）+3（长期）	6
合计	**2768**	**591（短期）+72（长期）**	**56**

附表 2　2009 年浙江大学其他校级出访团组

序号	出访时间	团长姓名	出　访　事　由
1	3 月 31 日～4 月 1 日	来茂德	赴德国参加“德中科学教育年”会议
2	4 月 8 日	倪明江	出席香港理工大学唐伟章校长就职典礼
3	4 月 13～15 日	杨　卫	访问美国瓦尔帕莱索大学、伊利诺伊大学香槟分校和印第安纳大学，同时参加在印第安那大学举行的“21 世纪中美商务合作：企业家的机遇与挑战”研讨会
4	4 月 15～19 日	张　曦	参加香港商界名流曹光彪先生九十华诞庆祝会
5	5 月 7～8 日	杨　卫	访问新加坡
6	6 月 13～22 日	张　曦	访问意大利和西班牙多所著名高校，出席意大利浙江大学校友会成立大会和西班牙浙江大学校友会换届大会
7	6 月 26～30 日	朱　军	访问芬兰教育部、赫尔辛基大学、赫尔辛基技术大学及荷兰乌特勒支大学
8	6 月 29 日	杨　卫	访问美国罗马琳达大学
9	7 月 25 日～8 月 6 日	王玉芝	访问美国道富公司总部、罗德岛大学和加拿大西蒙菲沙大学
10	8 月 3～6 日	朱　军	访问老挝国立大学、教育部、国家农村发展和反贫困委员会，泰国易三仓大学、华侨大学、朱拉隆功大学及正大集团
11	9 月 23～27 日	邹晓东	赴俄罗斯参加“中俄高等工程教育研讨会”
12	10 月 6～8 日	来茂德	出席在德国图宾根大学举行的第四届中德大学校长会议
13	10 月 16 日	倪明江	赴美国旧金山参加北美浙江大学校友总会第 33 届年会
14	11 月 18～19 日	杨　卫	出席“香港理工大学中国访问学人成就表扬典礼”并获颁香港理工大学 2009 年度“杰出中国访问学人”荣誉

·浙江工业大学·

【涉外工作概况】　2009 年，浙江工业大学（简称“浙工大”）派出教职工出国（境）团组 74 批、130 人次，其中出国 62 批、112 人次，赴港澳等地区 12 批、18 人次，主要是公务访问、参加国际学术会议及国际竞赛、讲学、合作研究及短期培训等。学校组团出访 5 批，分别赴瑞典、比利时、奥地利、美国、澳大利亚、日本等国家。全年累计派遣 114 名学生以交流、交换生和海外第二校园经历等形式赴国外友好学校及高等教育机构学习。

全年接待外来访问团组 128 批、597 余人次，其中港澳地区来访团组 7 批次、110 余人次；聘请 44 名外籍专家和教师、10 名短期文教专家来校工作、开展科研合作和学术交流活动。英国籍教师安东尼一米那格汉获 2009 年度浙江省外国专家“西湖友谊奖”。

2009 年学校新增协议单位 2 所，即澳大利亚默多克大学和日本兵库县立大学。新签、续签校际交流协议的院校 8 所。

全年举办各类国际学术会议和体育赛事 3 次，分别为金融危机下的就业和创业创新中英双边研讨会、第六届亚洲大学木球锦标赛和第十一届“西湖”国际中小企业研讨会。

9 月中旬，瓦尔帕莱索大学孔子学院新设凯威学府孔子课堂和西娅·博曼领导学校孔子课堂。

【比利时西弗兰德省政府和议会代表团访问浙工大】　2009 年 3

月19日下午，比利时西弗兰德省省政府和省议会代表团一行28人在省长保罗·拜恩、省议会主席让·德·贝图奈、副省长根特·皮尔崔等率领下来浙江工业大学进行友好访问。

校长张立彬在屏峰校区会见来宾。张立彬回顾了浙工大与西弗兰德省省政府和该省高等院校间的友好交往历史，介绍了浙工大与西弗兰德应用科技大学之间开展的师生交流项目，对未来省、校双方的合作形式和内容提出了建议。

根特·皮尔崔对浙工大在浙江省和西弗兰德省的文化科技交流中发挥的积极作用表示赞赏，并表示西弗兰德省政府将继续大力支持两省高等院校间合作交流的深入和发展。

【第六届亚洲青年（大学）木球锦标赛和首届浙江省高校木球锦标赛】 2009年7月20日至24日在浙工大屏峰校区举行。来自日本、韩国、印度尼西亚、马来西亚、印度和香港等十几个国家和地区以及省内外多所高校的250多名大学生参加比赛。

本次亚洲青年木球锦标赛由国际木球总会和国家体育总局社会体育指导中心指导，亚洲木球总会主办，首次由中国高校承办。

【浙工大代表团访问瑞典和比利时】 2009年10月7日至16日，浙工大党委书记汪晓村应邀率团访问瑞典布莱金厄理工学院和比利时西弗兰德科技大学。

在瑞典期间，代表团参加了布莱金厄理工学院20周年校庆活动，会见了布莱金厄省省长冈沃·恩斯托姆和布莱金厄理工学院院长厄休拉·哈斯。

在比利时期间，代表团会见了中国驻比利时大使馆教育处参赞王鲁新、西弗兰德省分管教育的副省长岗特·珀特里和西弗兰德科技大学校长洛德·德盖特。

【英国利兹市代表团访问浙工大】 2009年10月15日，英国利兹市市长朱迪思·艾略特一行3人访问浙工大。

副校长盛颂恩在屏峰校区会见来访客人。盛颂恩向朱迪思·艾略特介绍了学校的基本情况以及学校与英国利兹都会大学合作举办的国际金融与贸易专业硕士项目的开展情况和合作前景，提出了拓展校际合作专业、增加两校学生和教师双向交流的机会以及与利兹市其他高等院校建立合作关系等建议。

朱迪思·艾略特对浙工大教育科研、基础建设、国际合作等方面发展之迅速、成效之明显深表赞赏。他表示，利兹市政府将一如既往地大力支持利兹都会大学与浙工大之间的友好合作，并将努力推动该市的其他高等院校与浙工大建立合作关系，促进利兹和杭州两个友好城市乃至英中两国之间青年人的友好交往。

【日本静冈县青年交流代表团访问浙工大】 2009年11月21日，静冈县前教育长、静冈文化艺术大学顾问杉田丰率日本静冈县青年交流代表团一行31人，在省外办、省青联人员陪同下访问浙工大。交流团成员与浙工大师生就环境保护、青年人更好地适应社会竞争应具备的素质和能力以及对于创业和就业的思考三个话题进行了深入的交流与讨论。

【浙工大代表团访问日本】 2009年11月23日至28日，由名誉校长沈寅初院士，校长张立彬，校党委委员、校长助理张志军等组成的浙江工业大学代表团访问日本金泽大学和宇都宫大学。金泽大学副校长千野勇、田中隆治和坚见由美子，宇都宫大学校长进村武男、副校长马场敬信等会见代表团一行。张立彬和金泽大学校长中村信一分别代表两校签订校际交流合作协议书。

【"能源材料及应用国际科技合作基地"获科技部授牌】 2009年12月9日上午，科技部"国际科技合作基地"授牌仪式在省农科院举行，浙江工业大学"能源材料及应用国际科技合作基地"为浙江省获授牌的3个单位之一。科技部国际科技合作司司长靳晓明，浙江省科技厅厅长蒋泰维，浙工大党委书记汪晓村、副校长马淳安等有关领导出席授牌仪式。

（陆　遥）

附表 1　2009 年访问浙江工业大学的外国代表团

国别	批次	人数	国别	批次	人数	国别	批次	人数
美国	21	67	新加坡	3	5	英国	28	38
日本	17	70	德国	6	17	西班牙	2	10
瑞典	5	14	澳大利亚	18	50	波兰	1	4
韩国	1	18	新西兰	1	2	芬兰	1	2
瑞士	1	1	比利时	5	168	丹麦	3	3
印度	1	7	乌克兰	1	2	俄罗斯	2	4
匈牙利	2	2	马来西亚	1	1	保加利亚	1	2

注：此表不包括来校参加国际会议的外宾。

附表 2　2009 年浙江工业大学部分校级领导出访团组

出访日期	出访人员	出访国家	出　国　事　由
4 月 12 日	副校长肖瑞峰等 2 人	美国、加拿大	随省教育厅团组赴美国、加拿大进行人才招聘考察访问
4 月 15 日	副校长盛颂恩	西班牙、荷兰	随省人大常委会团组赴西班牙、荷兰进行工作访问
6 月 1 日	副校长马淳安等 4 人	日本	参加国际学术会议
6 月 29 日	校长张立彬一行 5 人	奥地利	考察访问克雷姆斯科技大学
11 月 2 日	党委副书记沈传缘一行 5 人	美国	考察访问瓦尔帕莱索大学
11 月 4 日	副校长宣勇	新加坡	随中央党校团组赴新加坡培训学习
11 月 9 日	党委副书记何智蕴一行 5 人	澳大利亚	考察访问塔斯马尼亚大学
11 月 15 日	党委书记汪晓村	英国	随教育部团组赴英国参加中国高校领导短期学习培训

·浙江师范大学·

【涉外工作概况】　2009 年，浙江师范大学（简称“浙师大”）派出短期出国人员 112 人次，比 2008 年增长 51%。其中：合作研究 16 人次，交流访问 49 人次，参加国际学术会议 47 人次。有 754 名国（境）外专家学者、学生来校学习、访问、作学术报告或参加学术会议。学校新签（或续签）校际交流协议院校 8 所，涉及美国、韩国、越南、埃及、莫桑比克等国家和地区。举办国际学术会议 4 个。

2009 年有留学生 462 人次，生源分布 56 个国家。2009 年浙江省推出首届省政府来华留学生奖学金，浙师大报送的 26 名留学生全部获奖，占获奖总人数近 1/10。

【中日文化交流与中国现代文学国际学术研讨会】　2009 年 1 月 10 日在浙师大举行，由浙师大主办，日本东京大学、韩国忠北国立大学、摩尔多瓦大学、南开大学、中国现当代文学与文化研究所、中国社会科学院文学研究所等高校（研究机构）的 40 余名国内外专家学者参会。会议就中国文学与留日学生、日本与中西方文化交流、中国现代作家与日本文化的关系、日本经验与中国现代文学、文学翻译与现代文学、日本文学思潮与中国现代文学等课题进行了深入的交流和探讨。

【浙师大成为商务汉语考试浙江省唯一考点】 2009年3月9日，经国家汉办/孔子学院总部审批，浙师大设立商务汉语考试杭州校区考点，是浙江省唯一考点。商务汉语考试是为测试第一语言非汉语者从事商务活动的汉语水平而设立的国家级标准化考试。中国已在海外设立20个考点，国内已设立27个考点。

【浙师大成为汉语水平考试考点】 2009年3月9日，经国家汉办/孔子学院总部批准，浙师大成为汉语水平考试考点。汉语水平考试是为测试母语非汉语者(包括外国人、华侨和中国少数民族考生)的汉语水平而设立的国家级标准化考试。2009年，浙师大承办了两次汉语水平考试，本校以及义乌工商学院、台州学院、金华职业技术学院共122名留学生参加测试。

【文化、外语和语言教学国际研讨会】 2009年4月17日至19日在浙师大举行。来自美国、英国、日本、中国大陆和香港等地区的100余名专家和学者参加会议。与会人员分别就外语教学宏观研究、外语教学的文化转型、外语教师专业发展、跨文化与翻译教学、语言学理论与外语教学等问题展开了深入的探讨。

【"跨文化视野下的儿童发展与教育"国际高峰论坛】 2009年5月12日至13日在浙师大举行。此次论坛由浙师大儿童文学研究院与加拿大多伦多大学儿童研究所联合主办。与会专家在6场学术讨论与交流活动中，从不同的文化背景出发，就儿童政策、学前教育、儿童心理等议题展开了深入的研讨。

【美国中央俄克拉荷马大学研究生学院院长访问浙师大】 2009年5月21日，美国中央俄克拉荷马大学研究生学院院长伯纳德一行访问浙师大。校长吴锋民会见伯纳德一行。两校签署交换生协议，根据协议，浙师大每年派20名本科生和研究生去中央俄克拉荷马大学学习一年，每名学生可获2500美元奖学金。双方希望进一步加强交流，在教师培养、学术研究等更多领域开展合作。

【教育部第七次对发展中国家教育援外工作会议】 2009年5月25日在浙师大举行。会议由教育部主办，浙师大承办，来自教育部、商务部、外交部、国家留学基金管理委员会、中国教育国际交流协会、省教育厅、省外办、金华市有关单位以及承担教育部、商务部援外培训项目的高校领导等出席会议。

会议讨论了《教育部教育援外基地管理办法》(征求意见稿)，并就如何解决选派援外教师过程中出现的问题，如何实施教育援外"走出去"战略，如何做好教育援外后续工作等问题进行了探讨。

· 相关链接 ·

浙师大的教育援外工作

浙师大从2002年开始教育援外工作，到2009年共承办了20期教育援外培训项目。其中2009年承办3期，培训77人次，为历年来最多。学员大多为基础教育官员、中学校长或教师，涉及31个非洲国家和地区。

【完成教育援外培训网及数据库建设】 2009年5月25日，由浙师大承担的教育部教育援外培训网及数据库通过教育部审核，正式开通使用。

援外培训网及数据库是浙师大受教育部国际合作与交流司委托研发的，目的是为了完善援外培训的数据统计工作，加强各援外培训项目承办院校和单位之间的信息沟通。该数据库于2009年2月份初步建成并上线公测，经各援外培训项目承办院校和单位试用并进一步完善。该数据库由浙师大负责维护与管理，各援外项目承办院校和单位在项目结束后将项目相关信息录入数据库。

【首次承办国家汉办“非洲汉语教师研修班”项目】 2009年7月6日，受国家汉办委托，浙师大为来自非洲6个国家的25名汉语教师开办为期一个月的汉语研修班。该项目是国家汉办为支持国外汉语教学、促进中外汉语教学的交流与合作、培训国外本土化汉语教师而特设的。

【第四届中国古代小说国际研讨会】 2009年8月20日至23日在浙师大召开。此次研讨会由中国社会科学院文学研究所中国古代小说研究中心和浙师大联合主办，北京大学、日本东京大学等国内外高校、研究机构的80多名专家学者参加会议。与会学者就古代小说文献与小说史研究、古代小说收藏及传播研究等主题进行了研讨。

【莫桑比克蒙德拉内大学校长访问浙师大】 2009年9月8日，莫桑比克蒙德拉内大学校长菲利普·库托一行访问浙师大。校长吴锋民会见代表团，两校签署合作备忘录。双方表示，将在平等与互惠互利的基础上，寻求在师生交换、学术交流、合作办学、孔子学院建设等方面的合作。

【韩国国立大邱教育大学校长团访问浙师大】 2009年9月14日，韩国国立大邱教育大学校长团一行访问浙师大。校长吴锋民会见代表团，两校签署合作协议。双方表示，将在学术研究、师生交换等方面开展合作。

【浙师大代表团访问乌克兰和土耳其】 2009年9月20日至29日，应乌克兰与土耳其相关高校、教育部门的邀请，浙师大校长吴锋民一行6人赴乌克兰基辅国立师范大学、基辅市阿波罗区教育局、卢甘斯克大学和土耳其花园城市大学访问。

在乌克兰访问期间，吴锋民出席了卢甘斯克大学孔子学院理事会会议，并与卢甘斯克大学校长顾里罗就双方进一步拓展合作领域、设立常规交流项目、扩大交流规模等交换意见。双方还就孔子学院的办学质量、招生、师资培训、中长期发展规划等问题进行了讨论，并达成广泛共识。

【“非洲高等教育国别研究系列”首批丛书出版】 2009年9月，浙师大《非洲研究文库》“非洲高等教育国别研究系列”首批丛书《尼日利亚高等教育研究》、《肯尼亚高等教育研究》、《坦桑尼亚高等教育研究》、《埃塞俄比亚高等教育研究》由中国社会科学出版社出版发行。外交部副部长翟隽为丛书作序。此套丛书遴选非洲研究的重点课题，集为八大系列，共120卷，逐步推出。“非洲高等教育国别研究系列”项目获得教育部重点课题和国家留学基金委员会的专项资助。首批出版的4本专著均由浙师大具有较高专业水平的教师在前往研究对象国进行实地调研的基础上完成。

【中非非政府组织研讨会暨《非洲非政府组织与中非关系》新书首发式】 2009年10月14日，由中非合作论坛后续行动委员会秘书处支持、浙师大非洲研究院与中国民间组织国际交流促进会(简称“中促会”)共同举办的“增进相互了解，促进交流合作——中非非政府组织研讨会暨《非洲非政府组织与中非关系》新书首发式”在北京万寿宾馆举行。

研讨会及首发式的开幕式由中促会秘书长崔建军主持。中联部副部长、中促会高级顾问李进军，中非合作论坛中方后续行动委员会秘书处舒展大使，非洲研究院执行院长刘鸿武，中国教育国际交流协会秘书长江波，中国社会科学院西亚非洲研究所非洲室主任贺文萍，世界知识出版社社长高树茂等出席开幕式。

出席研讨会与首发式的还有来自8个非洲国家的20余名非洲重要非政府组织负责人、中华全国妇女联合会、中非商会、中国人民对外友好协会、中国人民争取和平与裁军协会、中国红十字总会、中国计划生育协会、中国国际交流协会、扶贫基金会、世界知识出版社等单位负责人与中国社会科学院、浙师大的非洲研究专家学者等共60余人。

【非洲研究院中非合作论坛研究中心成立】 2009年10月18日，由中非合作论坛中方后续行动委员会秘书处和浙师大联合主办的浙师大非洲研究院中非合作论坛研究中心成立仪式与中非合作关系研讨会在浙师大举行。外交部非洲司副司长曹忠明，教育部国际合作与交流司副司长刘宝利，浙师大党委书记梅新林，中国社科院西亚非洲研究所所长杨光，原中国驻中非、刚果大使崔永乾出席仪式并致辞。副校长王辉主持仪式。梅新林为非洲研究院中非合作论坛研究中心的学术顾问颁发聘书。

来自北京大学、中国人民大学、中国社科院西亚非洲研究所、中国现代国际关系研究院亚非所、《人民日报》等高校、科研机构、媒体的30余名专家学者围绕"中国整体外交格局中中非合作关系:战略与政策"和"中非合作论坛研究:主旨、理论与方法"两个主题，对中非合作关系展开了深入的探讨。

【韩国尚志大学代表团访问浙师大】 2009年10月29日，韩国尚志大学副校长朴正元一行访问浙师大。校长吴锋民会见代表团，两校签署交换生备忘录。根据备忘录，从2010年9月开始，两校之间每年可以相互派遣6名交换学生。

【《中非合作五十年:背景、成效与意义——中国学者论中非关系》(英文版)出版】 2009年11月8日，受中非合作论坛中方后续行动委员会秘书处委托，浙师大非洲研究院执行院长刘鸿武与上海国际问题研究院联合编纂的《中非合作五十年:背景、成效与意义——中国学者论中非关系》(英文版)，在埃及沙姆沙伊赫举行的中非合作论坛第四届部长级会议上，作为会议资料向与会非洲各国官员、媒体散发，同时提供给中国驻非洲各国使馆，向更多的非洲民众介绍中非合作关系。该书内容涉及中非在政治、外交、经济、科技、农业、文化和教育等领域合作的历史、现状、成效及未来展望。

◎浙师大留学生获"中华诵·2009年经典诵读大赛"全国总决赛季军和优胜奖

【浙师大代表团访问埃及、喀麦隆和南非】 2009年11月10日至20日，浙师大党委书记梅新林率代表团，先后访问埃及苏伊士运河大学、喀麦隆雅温得第二大学、南非斯坦陵布什大学，商讨孔子学院建设、汉语国际推广及校际合作事宜。

在喀麦隆期间，梅新林出席了雅温得第二大学孔子学院建院两周年庆典活动及孔子学院理事会会议，并会见喀麦隆高教部长。

代表团一行还访问了南非斯坦陵布什大学并拜会中国驻南非大使馆。

【刘鸿武当选"感动非洲的十位中国人"】 2009年11月14日，浙师大非洲研究院执行院长刘鸿武获中国人民对外友好协会、中国非洲人民友好协会颁发的第二届"中非友好贡献奖——感动非洲的十位中国人"。赞比亚前总统卡翁达等获"感动中国的五位非洲人"。颁奖仪式上，刘鸿武与卡翁达进行了亲切会谈，并接受卢旺达全国团结和解阵线负责人的专访。

刘鸿武是浙江省政府“钱江学者”特聘教授、非洲研究院执行院长、博士生导师、外交学院兼职教授、云南大学非洲研究中心主任、中国非洲史研究会副会长、中国人民对外友好协会理事、中国亚非学会理事。1990 年从尼日利亚留学回国后在云南大学组建非洲学科，2007 年到浙师大组建非洲研究院。著述甚丰，培养了一批非洲研究博士、硕士与留学生，获多项国家教学科研成果奖。

【喀麦隆雅温得第二大学孔子学院被评为“年度优秀孔子学院”】 2009 年 12 月 11 日，第四届孔子学院大会在北京国家会议中心举行，浙师大校长吴锋民应邀出席大会。会议期间，浙师大与喀麦隆雅温得第二大学合办的喀麦隆雅温得第二大学孔子学院被评为“2009 年度优秀孔子学院”。

【浙师大与伊迪斯·科文大学合办高等教育项目】 2009 年，浙师大与澳大利亚伊迪斯·科文大学合作举办的“教育管理硕士学位项目”期限延长申请获教育部批准。该项目当年招收学员 57 人。浙师大与伊迪斯·科文大学合作举办国际商务英语与信息技术课程非学历高等教育项目，当年招收学员 36 人，2009 年结业 18 人。

【出国留学及海外夏令营】 2009 年，浙师大办理出国留学 62 人次，留学层次以本科和硕士生为主。另外，浙师大组织海外夏令营一期，参加学生 27 人次。

【浙师大留学生获得国家级、省级荣誉】 2009 年，浙师大被中国高等教育学会外国留学生教育管理分会授予“全国外国留学生管理工作先进单位”荣誉称号。

2009 年，浙师大留学生参加浙江省第二届大学生中华经典诗文诵读大赛，获留学生组银奖；还获得浙江省第三届“梦行浙江”留学生摄影大赛一等奖 1 项、二等奖 2 项、三等奖 1 项；获“中华诵”经典诵读大赛全国总决赛留学生组季军、优胜奖各 1 项。

【与港澳地区交流概况】 2009 年，浙师大接待来自香港地区的来访客人 6 批、9 人次。浙师大赴港澳地区访问、考察、交流共 9 批、9 人次，其中香港 8 人次、澳门 1 人次。校纪委书记张先亮应香港理工大学邀请，参加第五届现代汉语语法国际学术研讨会并发言。

（卢　丹）

附表　2009 年浙江师范大学对外合作交流情况

学院、部门名称	出国交流(人次)	聘请国外专家(人数)	举办国际学术会议(次数)
外国语学院	4	11(长期)	1
研究生学院	3	3(长期)	
国际文化与教育学院	7	4(长期)	
初阳学院		1(长期)	
音乐学院		2(长期)	
杭州幼儿师范学院	9	4(长期)	
法政与公共管理学院	1	2(长期)	
数理与信息工程学院	12	5(长期)	
行知学院	1	4(长期)	
教师教育学院	19		

续表

学院、部门名称	出国交流(人次)	聘请国外专家(人数)	举办国际学术会议(次数)
非洲研究院	8		
儿童文化研究院	5		1
人文学院	5		2
旅游与资源管理学院	3		
化学与生命科学学院	1	1(长期)	
体育与健康科学学院	1		
职业技术学院	1		
其他	32		
总计	**112**	**38(长期)**	**4**

·宁波大学·

【涉外工作概况】 2009年，宁波大学(简称“宁大”)派遣短期因公出国71批、127人次，其中校领导出访7批、33人次；参加国际学术会议或进行合作科学研究43批、57人次；参加教育交流与短期进修21批、37人次。

全年接待外国来访、交流、讲学和合作研究的专家、学者、友好人士84批、217人次。接待港澳地区来访29批、248人次。

全年聘请外籍教师45人(其中14人为短期专家)，其中博士16人、硕士18人，分别来自加拿大、英国、美国、德国、瑞典、法国、奥地利、意大利、日本、韩国等国家。宁大德语外教尼可获得宁波市2009年“茶花奖”。

年内学校新签或续签校际交流协议的院校、科研机构9所。

【宁大代表团访问加拿大】 2009年9月21日至26日，应加拿大曼尼托巴大学商学院和汉伯学院的邀请，副校长王文斌率宁大代表团一行3人访问上述两所大学。

访问期间，代表团拜访了加拿大注册会计师协会副会长盖布里艾尔·维图斯和中国区执行理事芭芭拉·郭，就宁大首批会计学专业(CGA方向)和首期CGA非全日培训班的招生运作情况作了汇报；代表团赴工商管理专业(中加学分互认)合作方曼尼托巴大学，探讨了科研合作、师资培训和引进及交换学生等问题。代表团还与“2+2”模式06、07级共15名学生进行了交流，勉励学生努力学习。代表团一行还走访了宁大中加国际商务管理项目(国内非学历)的合作院校汉伯学院，与该校领导商讨了项目的持续发展事宜，达成一定的共识。

【校领导带队赴美国培训】 2009年9月26日至10月15日，应美国威斯康星大学邀请，副校长唐绍祥等一行9人赴威斯康星大学奥斯哥斯分校参加中层干部境外培训。

【宁大代表团访问法国、挪威和瑞典】 2009年10月9日至22日，应法国鲁昂大学、挪威奥斯陆大学和瑞典克里斯安斯塔德大学的邀请，宁大纪委书记徐茵等一行5人访问上述三所大学。

访问期间，代表团与三校校长交流了合作项目开展情况，并就将来可能进一步开拓的合作领域进行了探讨。与鲁昂大学校长就互派学生实习、宁大派个别专业的教师到鲁昂大学进行短期讲学等达成意向。与挪威奥斯陆大学教育学院院长等就开展教师交流，本科生、研究生互换，派送宁大毕业生到该校攻读硕士学位等合作项目达成初步意见。

代表团还探望了在鲁昂大学和克里斯安斯塔德大学学习的宁大学生。

【宁大代表团访问葡萄牙、意大利和希腊】 2009年10月13日至25日，应葡萄牙里斯本高级技术学院、意大利帕瓦多大学以及希腊雅典工程教育学院的邀请，校长聂秋华率宁波大学代表团一行4人访问上述三所大学。

在葡萄牙高级理工学院，代表团与该校阿尔梅达教授商谈了进一步加强科研和实验室合作的相关事宜，并参观了光谱、电子机器人等8个实验室。

在意大利，代表团先后访问了博洛尼亚大学和帕多瓦大学。博洛尼亚大学是世界上最古老的大学。代表团听取了卡洛斯·卡多苏教授关于该校历史、办学理念的介绍，参观了该校图书馆。在帕多瓦大学，该校副校长与宁大代表团商谈了两校之间开展多方面合作的可能性。

在希腊雅典工程教育学院，代表团听取了关于该校的介绍，参观了校园和实验室，双方就可能开展的合作进行了初步洽谈。

【魏绍相现代医学模拟教学实验中心落成】 2009年10月21日下午，实验中心落成典礼在宁大医学院附属医院举行。该中心由浙江省爱乡楷模、宁波荣誉市民、香港甬港联谊会副会长、香港恒丰喉业有限公司董事长魏绍相捐资助建。宁波市副市长成岳冲，宁波大学副校长郑孟状出席典礼。

香港甬港联谊会会长严信才，香港宁波同乡会副会长金维明，香港甬港联谊会副会长王明康、江兴浩、邹星炳、杨大毅、郑介初等20余位嘉宾出席落成典礼。

成岳冲代表市政府向魏绍相现代医学模拟教学实验中心落成表示热烈祝贺，并对魏绍相先生伉俪爱国爱乡、捐资助学的善举与拳拳赤子之情给予高度评价。宁大副校长郑孟状在致辞中表达了全体师生对于魏绍相先生伉俪多次捐助宁大的感谢之情。

魏绍相与成岳冲、严信才和郑孟状一起为实验中心揭牌。随后，各位嘉宾与领导参观了实验中心。

【宁波大学荣华学者奖励计划第十届颁奖典礼暨第二届杏琴园研究生奖助学金发放仪式】 2009年11月4日在宁大锦绣小剧场举行。市政协副主席陈大申，校党委书记程刚，校长聂秋华，印尼荣华纺织有限公司总经理赵亨龙、香港荣华纺织有限公司董事总经理赵亨文等出席颁奖典礼。

颁奖典礼上，王文斌副校长宣读了第十届荣华学者奖励计划获得者与第二届杏琴园研究生奖助学金获奖名单。主席台嘉宾与领导向获奖师生颁发了证书。

“宁波大学荣华学者奖励计划”由已故香港知名爱国人士、浙江省“爱乡楷模”、宁波市“荣誉市民”、荣华纺织有限公司董事长赵安中于2000年设立，主要奖励具有高深学术造诣，在教书育人、科学研究中取得显著成绩，受聘于宁波大学特级和一级教学、科研关键岗位的院士、教授。

【宁大代表团访问印尼】 2009年11月5日至12日，应印尼三宝垄大学的邀请，副校长赵伐一行4人访问该大学。双方就合作开展中文教育、申办印尼国立三宝垄大学“孔子学院”相关事宜进行了商谈。

【宁大代表团访问墨西哥和巴西】

2009年12月6日至18日，应墨西哥蒙特利尔技术学院和巴西蒙特撒拉特中心大学的邀请，副校长郑孟状率宁波大学代表团一行5人访问上述两所大学。

在墨西哥蒙特雷科技大学阿州校区，宁大与该校举行了合作签约仪式。

在巴西蒙特撒拉特中心大学桑托斯校区，代表团与该校副校长罗格·马赛罗和市场营销与国际交流部主任法维奥博士等就学生和教师交换、建立孔子学院、选送学生来宁大攻读硕士学位、参加短期培训项目、宁大学生赴该校学习葡萄牙语和相关专业等合作事宜进行了深入的磋商，该校表示争取于2010年开始选送学生赴宁大攻读硕士学位。

（翁华星）

附表1　2009年宁波大学接待的部分来访团组

来访时间	来访人员	来访内容
2月17日	斯里兰卡白桑那	磋商该国学生来华具体事宜
2月19～20日	美国伊州理工学院亚洲项目主任华克伟	就MPA项目合作进行交流
2月20日	荷兰埃文思大学国际合作项目办亚洲项目负责人弗莱德·考胡匝克、国际商学院预科项目负责人基蒂·沃肯伯	本科生交换、优秀教师互访和2+2等项目
3月20日	瑞典哈姆斯塔德大学、西部大学贡那·皮特森等	交换生面试，参加外语学院“瑞典文化日”活动
3月23日～4月1日	埃及法尤姆大学凯利里·巴拉卡特	校际交流
3月31日	美国伊州理工学院亚洲项目主任华克伟	与申请MPA项目学生交流
4月14～16日	瑞典克里斯蒂安大学丽萨·洛特·尼尔森等	交换生面试，友好访问
4月21日	法国圣女贞德中学学监等一行	参观交流
5月7日	瑞士驻香港总领事洪含雅等	参加国际论坛
5月11日	澳大利亚悉尼大学语言与文化学院院长杰弗里·里格尔	交流
5月18～21日	美国普度大学32名师生	文化交流
6月4日	澳大利亚西悉尼大学凯文·沃森	交流
6月10日	美国密西根合作联盟梁平等4人	交流访问
6月15日	日本宇都宫大学今泉繁良	交流访问
6月22日	美国新墨西哥大学约翰·E·康茨博士等	校长访问团，举行签约仪式
6月25日	加拿大驻沪总领事潘乃德等	访问交流
6月25日	印度哈曼贸易合作公司哈曼德·僧伽罗	洽谈印度交流学生事宜
7月7日	波兰彼得哥什市市长等	
7月13日	美国驻沪总领事康碧翠等	
9月19日	日本大阪工业大学代表团	交流访问
9月19日	意大利比萨大学代表团	交流访问、签订学术合作协议
11月18日	荷兰鹿特丹商学院	合作洽谈
12月4日	法国驻沪教育领事魏戈曼	交流访问
12月7日	印度尼西亚三宝垄大学	合作洽谈、签订合作协议

附表 2　2009 年来宁波大学访问和交流的港澳等海外人士(部分)

序号	到访日期	到访人士(团体)	交流访问事项
1	3 月 14 日	英国曼彻斯特城市大学副校长莫里斯、香港甬港联谊会理事郑玫一行 2 人	访问宁大
2	4 月 1 日	香港王宽诚教育基金会董事、幸福企业集团有限公司董事王凯彦等一行 5 人	再次为王宽诚幸福基金增资 10 万美元
3	4 月 3 日	香港甬港联谊会会长严信才等一行 12 人	访问宁大
4	4 月 14 日	香港宁波公学代表团一行 40 余人	访问宁大
5	5 月 8 日	香港工程师学会主席、香港房屋署总结构工程师陈少德等一行 30 余人	专业交流
6	5 月 27 日	香港甬港联谊会副会长姚锦华等一行 3 人	为宁波大学姚祥兴、邹星缘助学基金增资 100 万元人民币
7	6 月 20 日	印尼泰丰纺织有限公司总经理王声达、印尼荣华纺织有限公司总经理赵亨龙一行 5 人	访问宁大
8	10 月 11 日	范氏慈善信托基金理事罗范椒芬	商谈宁大教师赴港进修事宜
9	10 月 20 日	香港宁波同乡会副会长金维明一行 2 人	访问宁大，了解捐赠项目进展情况
10	10 月 21 日	香港甬港联谊会副会长、香港恒丰喉业有限公司董事长魏绍相伉俪及亲友、香港甬港联谊会嘉宾等一行 30 余人	参加魏绍相现代医学模拟教学实验中心落成典礼
11	10 月 28 日	小港李氏家族李名信等一行 30 余人	参加宁大小音乐厅落成典礼暨音乐答谢会
12	11 月 17 日	香港甬港联谊会副会长叶泰海等	商谈开展医药、医学方面合作
13	11 月 22 日	范氏慈善信托基金理事罗范椒芬	商谈宁大教师赴港进修事宜
14	12 月 19 日	美国路易斯安那州立大学医学院教授、博士乌蔚庭一行 3 人	访问宁大，与曾受“乌人孚清寒助学金”资助的部分校友代表座谈

·浙江理工大学·

【涉外工作概况】 2009 年，浙江理工大学(简称“理工大学”)派出因公出国(境)团组 38 批、76 人次，其中：考察访问 17 人次，参加国际学术会议 37 人次，技术培训以及学习进修 2 人次，合作交流 19 人次，参加国外展览 6 人次。全年有 323 名国(境)外专家学者、学生来校学习、访问、作学术报告或参加学术会议。其中：外籍专家教师 44 人次，来华留学生 100 人次，港澳等地区学生 11 人次，短期来校交流访问以及考察人员 168 人次。学校新签(或续签)校际交流协议的院校 6 所，通过校际交流项目赴国外高校学习的学生 57 人次，跟随导师参加国际学术交流学生 8 人次。

【日本佐贺大学副校长访问理工大学】 2009 年 3 月 5 日，日本佐贺大学副校长西河贞捷等一行到浙江理工大学进行访问交流。校长裘松良会见西河贞捷一行。双方就研究生交流培养的相关事宜进行了交流和商讨，初步达成合作意向。

【理工大学代表团访问韩国和澳大利亚】 2009 年 3 月 25 日至 4

月3日，应韩国水原女子大学校长朱淑男、澳大利亚迪肯大学副校长（国际事务）菲利浦·克拉克的邀请，校长裘松良一行6人访问韩国和澳大利亚部分高校。

在水原女子大学，裘松良与该校理事长崔熙圭、校长朱淑男进行了友好会面，并为该大学建校40周年纪念馆开馆仪式剪彩。

在澳大利亚，代表团访问了拉筹伯大学，并与国际知名大学莫纳士大学代表会面，两校代表介绍了各自学校概况。双方就学生联合培养、交流学习、教师互访、科研合作等内容进行了广泛、深入的交流。双方表示，根据此次会谈的内容，近期将起草、签订友好交流合作备忘录，并就具体合作项目签订子协议。

【西班牙阿斯图利亚斯经济发展协会会长访问理工大学】 2009年3月26日，西班牙阿斯图利亚斯大区经济发展协会会长维克多·马努尔一行7人访问理工大学。副校长陈建勇会见维克多一行，阿斯图利亚斯大区和浙江省政府间正在设计一个关于企业创新和发展的国际硕士学位项目。维克多希望通过此次访问，促成双方在这个项目上的合作，开展双方学生之间的交流与学习。

【法国勒芒材料与机械工程学院院长访问理工大学】 2009年4月10日，法国勒芒材料与机械工程学院院长阿兰·莫泰教授一行来理工大学交流访问。校长裘松良、副校长陈建勇会见来宾。双方就机械设计制造及其自动化、机械电子工程等相关专业联合培养本科生以及之后的硕士研究生教育等相关事宜进行洽谈，并签署协议。

【朝鲜教育工作者代表团访问理工大学】 2009年6月11日，以教育省科学指导局局长吴民为团长的朝鲜教育工作者代表团一行10人，在中国教育国际交流协会来华部部长付强华陪同下访问理工大学，考察信息技术教育和产学研结合情况。

【日本静冈县县民部代理部长访问理工大学】 2009年9月1日，校长裘松良会见来访的日本静冈县县民部代理部长前田干夫等一行3人。双方都表示，希望以此次选送静冈县在校大学生来理工大学短期留学为契机，在人才培养、科学研究、文化交流等领域开展深入的合作。

静冈县为浙江省友好省县，2008、2009两年已接收理工大学13名在校生赴该县大学联盟下属的高校进行为期3个月的学习。

【日籍文教专家饭冢善子获“西湖友谊奖”】 2009年9月24日，2009年度浙江省外国专家“西湖友谊奖”颁奖典礼在杭州举行。理工大学日本籍文教专家饭冢善子获“西湖友谊奖”，成为该校第7位获此荣誉的外国文教专家。

【美国加州州立大学奇科分校代表团访问理工大学】 2009年10月22日，由副校长桑德拉·佛雷克博士率领的美国加州州立大学奇科分校代表团一行3人访问理工大学。校长裘松良会见代表团一行，两校签署校际合作备忘录。双方希望进一步加强交流，在更多领域开展合作。

【理工大学留学生获得省级、国家级荣誉】 2009年11月，浙江理工大学留学生参加浙江省第二届大学生中华经典诗文诵读大赛，获留学生组银奖。

12月，理工大学留学生获得浙江省第三届“梦行浙江”留学生摄影大赛三等奖2项。

10名理工大学外国留学生获得2009年度浙江省政府来华留学生B类、C类奖学金。

【理工大学代表团访问美国、加拿大】 2009年12月4日至13日，应美国、加拿大有关高校邀请，副校长沈满洪率代表团一行6人访问美国纽约州立大学奥斯威戈分校、普度大学卡鲁梅分校和加拿大谢布鲁克大学、莱斯布里奇大学。访问期间，代表团与美国相关大学就短期交流生互派、“2+2”培养模式等进行了探讨。

【理工大学成为“接受中国政府奖

学金来华留学生院校”】 2009年，经教育部国际合作与交流司批准，理工大学正式成为“接受中国政府奖学金来华留学生院校”。自此，学校将根据教育部委托，承担中国政府奖学金来华留学生的培养工作。

中国政府奖学金来华留学生项目是中国政府设立的资助来华留学生到中国高等院校进修学习的奖学金项目。

（郭　斐）

附表1　2009年浙江理工大学对外合作交流情况

学院、部门名称	教师出国(境)交流(人次)	学生出国(境)交流(人次)	聘请长短期国(境)外专家(人次)
材料与纺织学院	6	2	1(长期)
经济管理学院	7	4	
信息电子学院	2	3	
理学院	11	1	1(长期)
机械与自动控制学院	20	2	
文化传播学院	1	1	
服装学院	3	29	4(长期、短期各2人)
科技与艺术学院	2		
外国语学院	2	15	34(长期)
生命科学学院	2	1	1(短期)
法政学院		1	
建工学院		1	
启新学院	1	1	
艺术与设计学院	2	1	2(短期)
行政部门	17		1(长期)
总计	**76人次**	**62人次**	**44人次**

附表2　2009年访问浙江理工大学的部分国(境)外代表团

国家或地区	批次	人数	国家或地区	批次	人数
澳大利亚	1	1	意大利	1	1
日本	15	35	西班牙	1	7
德国	3	7	朝鲜	1	10
韩国	3	66	法国	3	7
加拿大	3	4	英国	4	4
美国	5	7			

·杭州电子科技大学·

【涉外工作概况】 2009年，杭州电子科技大学(简称“杭电”)派出因公出国(境)人员70批、109人次，其中学校出访团组4批、20人次，上级部门双跨出访团组4批、6人次，学术交流及科研合作出访团组54批、73人次，公派出国留学团组9批、9人次。

全年接待国(境)外合作交流、学术交流、项目洽谈友好代表团组40批、154人次(其中顺访团组6个)，分别来自美国、加拿大、德国、英国、爱尔兰、西班牙、意大利、丹麦、法国、瑞典、丹麦、澳大利亚、日本、朝鲜、印度等国。

【德国斯图加特大学教授受聘技术管理系主任】 2009年1月10日，杭电举行聘任仪式，聘请德国弗劳恩霍夫协会工业工程与组织研究所所长、德国斯图加特大学人力资源与技术管理研究所所长汉斯一彼得·伦特斯教授担任管理学院技术管理系系主任。校党委书记方华出席仪式并为汉斯一彼得·伦特斯颁发聘任证书。

汉斯一彼得·伦特斯教授在生产组织与生产计划、虚拟现实与信息技术管理等领域积累了丰硕的研究成果，曾与包括欧宝汽车、大众汽车、戴姆勒一奔驰、AEG、西门子等德国多家著名公司合作从事科学研究和项目开发工作，在国际上享有盛名。

聘任仪式上，副校长陈畴镛对汉斯一彼得·伦特斯为中德合作、杭电人才培养及工业工程专业建设等方面所作出的贡献表示高度赞赏和感谢。

汉斯一彼得·伦特斯对受聘为杭电技术管理系系主任表示感谢，并表示将为双方开展国际合作与交流做更多的工作。

◎汉斯一彼得·伦特斯(左二)受聘担任杭州电子科技大学管理学院技术管理系系主任

【杭电5名留学生获首届省政府留学生奖学金】 2009年1月14日下午，杭电举行颁奖会，副校长陈鹰为来自意大利和印度的5位留学生颁发首届浙江省政府留学生奖学金，并代表学校对获奖留学生表示热烈祝贺。

获奖留学生对浙江省政府和杭州电子科技大学的热情关怀和悉心培养表示由衷的感谢。

【与外籍专家共度除夕夜】 2009年2月13日是除夕之夜，杭电设宴招待“千人计划”专家和部分外籍华裔专家，校党委书记方华与外籍教授钱正洪等举杯祝酒，共迎新年。

方华在致辞中，对各位专家、教授投身杭电的建设和发展表示感谢，对各位专家、教授所取得的教学科研成果表示祝贺，希望各位专家、教授进一步发挥自身优势，施展才华，创造出更加辉煌的业绩，为杭电发展多作贡献。

出席宴会的专家、教授感谢学校对他们工作、生活及家人的关心，表示将为学校的发展建设作出新的贡献。

【杭电代表团出席2009中爱国际会议】 应爱尔兰都柏林城市大学和国立梅努斯大学邀请，2009年8月18日至22日，副校长胡华率杭电代表团访问爱尔兰，出席在爱尔兰国立梅诺斯大学举办的2009年中国一爱尔兰信息与通信技术国际会议，杭电在读硕士研究生濮俊杰在会上宣读了论文，该论文被评为会议最佳论文之一。

会议期间，爱尔兰国立梅努斯大学校长约翰·休斯教授会见杭电代表团，双方在会谈中一致同意建立两校友好合作关系，开展实质性的合作与交流。

代表团还应邀对都柏林城市大学进行友好访问。该校校长费迪南德·旺·普鲁恩德金斯基等与胡华一行举行了会谈，双方充分肯定了过去几年两校的合作成果，并就进一步开展各种层次的学生联合培养等达成共识。

【杭电代表团访问意大利、西班牙和挪威】 应意大利那不勒斯帕森诺普大学、西班牙胡安卡洛斯国王大学、挪威科技大学和挪威国家信息实验室等高校和科研机构的邀请，2009年10月9日至20日，校长薛安克率杭电代表团一行5人，对上述高校和科研机构进行友好访问。

在意大利，代表团与坎帕尼亚大区政府高等教育培训和就业主管委员库拉多·加伯利勒进行了会谈。库拉多·加伯利勒表达了诚挚的校际合作愿望。薛安克希望此次访问能推动杭电与帕森诺普大学以及坎帕尼亚大区其他高校之间的实质性合作，并以此带动浙江省与坎帕尼亚大区之间的合作与交流。此外，薛安克还与帕森诺普大学校长齐纳罗·费拉拉签署两校合作协议，并会见2009年10月将来杭电交流学习的该校学生。

在西班牙，薛安克与胡安卡洛斯国王大学副校长琼·曼纽尔·阿兹克纳·帕斯特举行了两校合作协议换签仪式。仪式结束后，双方就两校留学生互派、教师互访、开展中文及西班牙语培训等项目进行了探讨，并达成合作共识。

在挪威，薛安克与挪威科技大学校长特比杰恩·迪格尼斯等分别进行了友好会谈，就两校在科研合作、博士生共同培养、教师和学生交流等方面的合作达成意向，并就两校的学科建设及研究领域的最新成果及研究动态进行了交流。

代表团考察了Simula国家信息实验室，实验室研究与创新学院院长阿·马格诺斯·布鲁阿塞特等介绍了该实验室的主要研究领域、研究方向、研究成果及运作机制，双方就合作内容、合作模式等进行了探讨，并达成初步意向。

【杭电代表团访问德国、瑞士和英国高校】 应德国斯图加特大学、德国弗劳恩霍夫协会工业工程与组织研究所(IAO)、瑞士圣加伦大学、瑞士圣加伦国际教育基金会、英国贝尔法斯特女王大学邀请，校党委书记方华率杭电代表团于2009年10月26日至11月5日访问上述单位和机构。

在德国斯图加特大学，方华与该校校长沃尔夫拉姆·瑞瑟等进行了友好会谈。双方对2006年以来开展的合作给予高度评价，并对斯图加特大学、弗劳恩霍夫协会IAO研究所与杭州电子科技大学在管理学院技术管理系共同开展的本科生工业工程专业课程联合培养项目的培养方案、教学计划、课程模块与知识点进行了认真的审定，对即将举行的第三届中德论坛主题进行了磋商，双方签署两校合作备忘录。

在瑞士圣加伦大学，方华同该校校长欧斯特·莫尔举行了友好会谈，就两校建立校际友好合作关系、在MBA项目领域探讨国际合作与交流的模式交换了意见。

在英国贝尔法斯特女王大学，方华同该校校长彼得·杰奎逊进行了会谈，双方均表示将共同致力于发展两校的友好合作关系，一致同意在电气、电子信息和计算机工程领域开展两校博士生联合培养项目，并以此带动其他合作项目的开展。在共同签署的合作备忘录中，双方表示将推动杭州电子科技大学和贝尔法斯特女王大学间的多种形式的交流。

【中德计算机虚拟交互仿真实验室揭牌】 2009年11月15日在杭电科技馆举行揭牌仪式。德国弗劳恩霍夫协会主席布陵格及代表团一行12人，省科技厅厅长蒋泰维，浙江大学谭建荣院士，浙江大学CAD & CG国家重点实验室创始人梁友栋教授等，省科技厅对外合作处长洪积庆等，以及杭电校长薛安克出席揭牌仪式。

薛安克在揭牌仪式上致辞说，自2006年杭电与德国弗劳恩霍夫协会工业工程与组织研究所建立友好合作关系以来，双方合作进展顺利，中德计算机虚拟交互仿真实验室的顺利建成，标志着双方在国际合作领域的进一步拓展，希望双方今后常来常往，增进友谊、合作共赢。

布陵格在致辞中说，很高兴在杭电看到中德合作的又一新成果，这也是中德合作成功的标志。布陵格表示，将继续支持双方的合作，并期待双方合作不断取得新的进步。

布陵格和蒋泰维共同为实验室揭牌。随后，布陵格一行在校领导陪同下参观了计算机虚拟交互仿真实验室和中日国际合作光伏并网发电微网系统实验室。

【中日合作光伏发电微网实证研究总结报告会】 2009年12月3日在杭电举行。来自日本NEDO、日本清水建设(株)技术研究所、日本明电舍(株)、日本中国电力(株)和浙江省发改委、中国科学院电工研究所、浙江大学、天津大学、上海交通大学、合肥工业大学、国家电网电力科学研究院、浙江省电力公司、杭州市电力局的领导和专家，以及杭电校长薛安克等出席总结报告会。

开幕式上，国家能源局特派代表宣读了国家能源局的贺电。薛安克致欢迎词，向为项目建设和实证研究而辛勤工作的中日双方专家表示亲切慰问和感谢，对实证研究取得的成果表示热烈祝贺。

省发改委副主任、省能源局局长陈智伟致辞。他说，光伏发电微网系统实证研究项目是2007年4月温家宝总理访日期间签订的能源、环境、科技合作框架项目之一。光伏发电微网系统实证研究项目不仅在应对全球能源、环境、气候变化以及有效开发利用太阳能、发展智能电网等方面具有重要的作用，而且对于中日两国在新能源和可再生能源方面的科技合作、促进中日两国之间的经济科技合作也具有重要意义。

日本NEDO负责国际合作的气贺泽在致辞中高度赞扬中日双方专家携手努力，圆满完成光伏发电微网实证研究项目的预期目标，并取得丰硕的研究成果。他表示，光伏发电微网实证研究项目是日本NEDO在中国实施的技术水平最高、研究成果最好的国际合作项目，希望实证研究所取得的成果在中国的光伏发电推广应用、可再生能源分布式电源并网、智能电网的研究和建设中发挥积极作用。

浙江省电力公司副总工程师程极盛、日本清水建设(株)技术研究所副所长传田也分别在开幕式上致辞。

开幕式结束后，中日双方专家举行了总结报告会，现场参观了微网系统，观摩了由中方课题组成员进行的微网并网点潮流恒定控制及从并网运行连续切换到独网运行的演示。

（田　野）

·浙江工商大学·

【概况】 2009年，浙江工商大学(简称“浙商大”)接待国外来访客人114批、414人次。聘请长期外国专家24名、短期外国专家6名，聘请外国名誉教授、客座教授19名。

年内，与8所外国院校签订校际合作协议，其中美洲、欧洲各2所，亚洲3所，大洋洲1所；举办国际会议3次，参加会议代表250人，来自14个国家和地区；教师因公出国51人次，学生出国236人次。

【浙商大代表团访问美国和加拿大】 2009年5月4日至13日，校长胡建淼率浙商大代表团赴美国和加拿大访问，与加拿大布鲁克大学签订校际合作协议和英语语言促进项目协议；在美国哥伦比亚大学参加了由浙商大与该校共同举办的“东亚文化遗产：共性与个性”国际学术会议，胡建淼校长致开幕词。

【踏歌钱塘——2009 浙商大中外学生联欢会】 2009 年 5 月 14 日在学生活动中心剧院举行，由浙商大国际教育学院主办，外国语学院、英语协会承办。200 余名外国留学生与 800 余名中国学生参加联欢会。联欢会历时近 3 个小时，中外学生表演了 20 多个文艺节目。

浙江省外国留学生教育管理委员会、杭州师范大学、浙江理工大学、浙江财经学院等高校涉外部门的负责人，下沙高教园区兄弟院校的部分外教和外国留学生应邀参加联欢会，并表演了节目。

【李昌钰受聘为浙商大研究生导师】 2009 年 5 月 19 日，浙商大聘请美籍华人、著名国际刑侦专家、美国康涅狄克州警政厅终身荣誉厅长、美国纽海文大学终身教授李昌钰博士为研究生导师。根据聘任协议，李昌钰担任诉讼法学专业研究生导师，每年来校讲学 1～2 次。

李昌钰是国际著名的刑事鉴识专家，为国际司法界唯一同时获得美国法庭科学会“杰出成就奖”和国际鉴识学会“终身荣誉奖”的传奇人物。2008 年 4 月 10 日，李昌钰首次访问浙商大，并受聘为名誉教授。

李昌钰博士夫人宋妙娟、新加坡创投公司董事长董玉莲、浙商大副校长张仁寿等出席受聘仪式，张仁寿向李昌钰颁发聘书。

【日籍专家水口干记获“西湖友谊奖”】 2009 年 9 月 24 日，2009 年度浙江省外国专家“西湖友谊奖”颁奖大会在杭州举行。浙商大日本语言文化学院的日籍文教专家水口干记博士获得 2009 年度浙江省“西湖友谊奖”。

水口干记曾任职于日本早稻田大学，2005 年到浙商大任教，在教学及科学研究方面表现突出。水口干记是浙商大首位获“西湖友谊奖”的外国专家。

【浙商大代表团访问日本】 2009 年 10 月 6 日至 11 日，校党委书记蒋承勇率浙商大代表团访问日本神奈川大学和二松学舍大学，与二松学舍大学续签两校合作协议。

【召开首次推进教育国际化大会】 2009 年 12 月 3 日，浙商大召开首次推进教育国际化大会。校党政领导班子成员、处级以上干部、校学科带头人、各民主党派负责人、西湖学者、学院外事秘书（联络员）、外事处和国际教育学院等相关人员共 200 多人参加大会。

校党委书记蒋承勇、省外办副主任顾建新、省教育厅外事处处长舒培冬、校长胡建淼等在会上讲话。大会确定了推进浙商大教育国际化的指导思想、总体目标和主要任务，提出了把浙商大建设成为“国际化的工商大学”的奋斗目标。

【第二语言促进项目】 2009 年，共有来自美国、加拿大、德国、智利、孟加拉、土耳其等国家的 8 个学生交流团 152 名学生来浙商大参加第二语言促进项目。

·相关链接·

第二语言促进项目

英语口语促进项目简称 SEPP，也称“英语寝室”（因该项目最早在学生寝室中展开），是浙商大的特色项目，开展于 2001 年。它旨在帮助中国学生提高英语交流能力。每个参加该项目的国际师生在到访期间的工作日中，每天安排 3～4 小时与中国学生用英语交谈，每小时对 1 个中国学生组，每个中国学生组由 4～6人组成。从 2006 年起，浙商大邀请了更多来自不同国家的师生来校参加该项目，使本校学生的英语水平普遍得到提高。在 SEPP 项目基础上又扩展了汉语口语促进项目（SCPP，也称“汉语寝室”），2009 年派出 3 个师生交流团共 45 人赴菲律宾圣·托马斯大学等参加交流活动。浙商大学生传播中国文化的活动得到合作高校的高度评价，交流取得了良好的效果。第二语言促进项目（含 SEPP、SCPP 和 SGPP—德语口语促进项目）已成为浙商大国际交流合作中最受欢迎的项目之一。

【交换生项目取得新进展】 2009年，浙商大派送84名长期交换生赴美国、英国、法国、日本、韩国等国学习。与德国维尔道应用科技大学实施的学生交换项目进展顺利，成效明显。2009年上半年36名德国学生来浙商大学习，下半年浙商大派出24名学生去维尔道应用科技大学学习，这是浙商大规模最大的单校合作项目之一。

【健全涉外工作规章制度】 2009年，浙商大制定出台《"五洲讲坛"管理办法》、《外事活动管理办法》、《外国留学生管理工作规定》、《外国留学生奖学金管理办法》等9个规范性文件及与之配套的10余个工作流程，建立起比较完整的涉外工作规章制度；编写《涉外工作手册》，收录上级部门和学校出台的最新涉外文件及工作流程，为学校各部门开展国际化交流提供政策依据。

【建立完善涉外工作网站】 2009年，浙商大建立了外事处、港澳台办公室网站和法语联盟网站，更新了学校英文网站、国际教育学院网站，为广大师生了解学校的涉外工作信息、涉外规章制度，规范开展国际化活动提供了服务平台。

（柳杨青）

附表　2009年浙商大接待的部分国外来访团组

来访时间	来访人员	来访内容
1月10日～7月12日	美国华盛顿大学克里斯托弗·海乌林博士	讲学并作为期半年的课题研究
1月30日～2月2日	澳大利亚昆士兰大学朱云霞教授	来校讲学，帮助浙商大与昆士兰大学建立合作交流关系
2月27日	德国威尔道应用科技大学学生36人	进行为期3个月的交换学习
3月8～13日	德国威尔道应用科技大学约尔根·瓦根曼教授	为浙商大赴德国威尔道应用科技大学学生授课、面试选拔学生并作讲座
3月12日	日本四天王寺大学人文学部语言文化学科学科长矢羽野隆男副教授、胡士云副教授	来浙商大参观，与返校的交换留学生交流并商议与浙商大交换留学生事宜
3月23～26日	日本静冈大学代表团一行	参观浙商大图书馆、体育中心；参观日语学院图书室并与日语学院会谈
3月25日	美国阿肯色州州立大学副校长丹霍华德博士、该校中国办公室主任斯蒂芬西姆等一行	探讨两校多层面合作的可能性
3月28日	英国曼彻斯特大学海伦·李教授	商谈与浙商大合作事宜
4月11日	加拿大阿尔伯塔大学商学院副院长艾迪皇	与浙商大就教师互访、学生交换等交换意见
4月12～13日	韩国关东大学中国学系主任李奎泰教授	与人文学院洽谈合作办学事宜
4月16日	英国考文垂大学商学院副院长唐纳德·芬利等	与金融学院、工商学院、财会学院和经济学院的代表会谈，面试选拔赴考文垂参加3+1项目的学生，举办讲座
4月21日	韩国湖南大学研究院院长金铁、韩中交流中心主任李政林、电脑科技中心主任程泳基等一行	与浙商大旅游与城市管理学院就加强两院合作进行会谈，签署合作备忘录
4月28日～5月2日	加拿大卡普兰诺大学师生代表团一行19人	访问学校，并作短期的文化、学术交流
5月17日～6月6日	加拿大布鲁克大学师生代表团26人	访问浙商大，参加SEPP项目的交流活动

续表

来访时间	来访人员	来访内容
5月17日～6月6日	美国纽约州立大学奥斯威戈分校师生代表团7人	访问浙商大，参加SEPP项目的交流活动
5月25日	美国威廉帕森大学陈海洋博士率该校师生代表团一行14人	来校作短期交流，与金融学院师生座谈，并就暑期金融实践项目的合作事宜进行交流
5月27日～6月7日	加拿大魁北克大学席库提米分校雅克德比安教授	为浙商大与加方合作举办的MPM项目授课
6月9～11日	法国昂热大学副校长伊夫·道里斯	与旅游学院就双方合作办学事宜进行交流和磋商
6月11日	澳大利亚南澳大学莎伦卢	商谈合作办学事宜
6月12日	法国法语联盟驻华总代表、法语联盟管委会法方代表	参加法语联盟成立以来首次管理委员会会议
6月22日	澳大利亚国际商会首席代表麦克果	探讨学生派送和其他合作的可能性
6月23～25日	加拿大魁北克大学席库提米分校校长一行7人	就MPM项目的合作细节及其他方面的交流合作进行友好磋商
6月25日	澳大利亚默多克大学外事处亨德里克·哈利姆	商谈两校进一步全面合作的安排
6月30日～7月1日	英国伦敦商学院马丁·提姆波等	就交换生事宜进行交流，看望该校在浙商大学习的交换生
8月17日	法国莱恩第一大学姚建峰	商谈合作办学
8月31日～9月4日	德国维尔道应用科技大学亚洲项目负责人约尔根·瓦根曼	访问浙商大，并陪同浙商大赴该校交流学习的24名学生前往德国
9月20～21日	美国国务院下属之美国国际开发计划署专家组一行4人	访问浙商大，并与法学院师生座谈
10月21～24日	新西兰坎特伯雷大学国际商务项目主任劳拉·梅里洛托等	访问浙商大，商谈交换生事宜，实地考察交换生的生活、学习环境
10月27日	法国驻上海总领事馆新任教育领事魏戈曼一行4人	访问浙商大
10月29日	英国考文垂大学商学院副院长唐纳德·芬利等	访问浙商大，进一步探讨交换生项目、SEPP项目及教师交换项目
11月12～13日	德国维尔道应用科技大学亚洲项目负责人约尔根·瓦根曼	主要商谈“International Management”硕士项目、2010年春季学期维尔道应用科技大学学生到浙商大交换事宜及教师交换项目
11月16～17日	美国华盛顿水务局高级工程师张建祺博士	学术交流，受聘任浙商大兼职教授
11月21～23日	加拿大魁北克大学席库提米分校副校长安德烈·多里昂等一行7人	合作办学互访
12月10日	世界艺术文化振兴协会会长深见东洲一行	参加日本文化研究楼落成典礼，举办讲座

·中国计量学院·

【概况】 2009年，中国计量学院（简称"量院"）接待国（境）外各类来访人员29批、105人次；出访49批、84人次，其中学校组团赴国外合作洽谈35人次，出席国际会议15人次，合作研究及学术交流20人次，进修培训等14人次。共聘请外籍语言教师10人次，邀请来校讲学、合作研究类短期外国文教专家32人次。完成学生赴海外留学、实习33人次，接收国（境）外学生来校短期游学、交流36人次，接收国（境）外学生来校留学11人。年内，学校举办了2009第八届WSEAS仪器、测量、电路与系统国际会议。

【校际交流与合作】 2009年，中国计量学院新增交流学校4所，分别是美国克拉克·亚特兰大大学、菲律宾圣·路易斯大学、韩国建国大学和京畿大学。与6所大学签署校际交流协议，分别是美国南方理工州立大学、德国德累斯顿工业大学和德累斯顿经济技术大学、日本东京农工大学、韩国京畿大学及菲律宾圣·路易斯大学。与德累斯顿经济技术大学达成合办孔子学院意向，与奥克兰理工大学就开展"计算机科学与技术"专业（外方"IT Service Science"专业）本科教育项目达成一致。

【因公出访与学术交流】 2009年，学校组织教育合作交流团组6批、35人次，分别出访美国、德国、澳大利亚、新西兰、日本、韩国等国家和地区，签署合作协议和备忘录4份。

学校组织教师赴美国、日本、法国、葡萄牙、新加坡、韩国和香港特别行政区等参加国际会议15人次，合作研究及学术交流20人次，进修培训等14人次；外语专业选派教师赴国（境）外高校进修学习的人数连续三年保持在2～4人次；赴德国联邦物理技术研究院进修人数连续数年保持在2人次左右。

【引进国外师资和专家】 2009年，学校聘请长期外籍教师10人次，主要从事英语口语、写作、英美文学、英语语言文化及商务英语等课程的日常教学工作。

来校讲学、合作研究类短期外国文教专家共32人次，分别来自美国、英国、德国、澳大利亚、日本、新西兰、加拿大、葡萄牙等国家。

全年学校完成浙江省外国专家局引智项目申报3项，其中2项是重点项目。完成国家外国专家局引进国外技术、管理人才项目申报2项，其中1项获得省外国专家局2009年度重点资助。

【对外学生交流】 2009年通过与国际爱因斯特大学生实习组织、中国对外友好合作服务中心和浙江省对外服务公司等机构合作，学校组织8名学生赴海外实习，向新西兰奥克兰理工大学和英国利兹大学等合作学校输送5名交换生。2009年共有20名学生赴德国、美国、英国、日本留学。来自哥伦比亚、葡萄牙和波兰的3名学生来校进修。香港浸会大学学生代表团一行25名学生来访，与量院学生交流。

【留学生工作】 2009年中国计量学院共招收11名国外语言生和进修生，其中2名学生获得浙江省政府留学生奖学金。

（吴宏宽）

·温州医学院·

【涉外工作概况】 2009年，温州医学院（简称"温医"）派遣出国（境）143人次，其中赴国（境）外进修学习41人次、学术访问17人次、参加国际学术会议28人次、科研合作12人次、友好访问30人次；接待外国和港澳地区的友人和团组来访101批、301人次。与国（境）外院校签署合作协议9项，新增美国托马斯大学、美国微笑联盟、日本北陆大学、泰国华侨崇圣大学、瑞典隆德大学、瑞典林奈大学等7所合作院校与机构。截至2009年末，温医已与海外58所院校、机构建立友好合作关系。

【与美国"微笑联盟"合作打造"幸福微笑"公益活动平台】 2009年2月24日,温医校长瞿佳与美国"微笑联盟"基金会总裁施安妮代表双方正式签署协议,合作成立温州医学院一微笑联盟唇腭裂治疗中心,共同打造"幸福微笑"公益活动治疗平台。

11月11日,该中心正式揭牌成立。由温医、美国"微笑联盟"基金会及世界温州人"微笑联盟"组织(筹)联合主办,温医附属口腔医院、附属二院承办的第二期"幸福微笑"公益医疗救助活动顺利开展,153名唇腭裂儿童接受了免费手术、语音矫正、心理辅导等系列援助。

同日,由温医、世界温州人联谊总会、温州日报报业集团联合倡议发起的"世界温州人微笑联盟"正式宣告成立,这是中国首个专职从事唇腭裂贫困患儿救助的慈善、医疗、培训机构。

【泰国华侨崇圣大学代表团访问温医】 2009年5月14日,泰国枢密院大臣、前教育部部长卡盛率泰国华侨崇圣大学代表团一行30人到温医交流访问,双方签署合作备忘录,将联合开展学术活动和研究课题,进行院系交流,互换留学生,开设短期培训课程,加强各项文化交流。

【第五届全国儿科麻醉学术会议暨首届中美儿科麻醉学术交流会】 2009年6月8日在温医召开,由中华医学会麻醉学分会主办,温州市医学会麻醉学分会和温医附属第二医院、育英儿童医院承办。

【与美国托马斯大学开展本科合作办学】 2009年7月16日,美国托马斯大学代表团访问温医并签订合作协议,双方将合作创办护理专业学士、硕士项目,医护管理硕士项目,并在其他领域开展互利的合作。

【与日本北陆大学签订协议】 2009年7月23日,日本北陆大学理事长北元喜朗等4人访问温医并签订《友好交流协议书》及《关于插班生的备忘录》,双方将在学分互认、师生互派、学术研究、短期讲座等方面进行合作。

【第三届国际线粒体生物医学学术会议】 2009年8月10日至12日在温州召开,会议由温医浙江省医学遗传学重点实验室和Attardi线粒体生物医学研究院主办。来自国内外的20多位与线粒体生物医学研究有关的全球顶级专家出席会议,对线粒体生物医学前沿研究和最新研究进行了专题交流。

【温医与泰国东方大学合办孔子学院落成】 2009年9月15日,温医与泰国东方大学合办的泰国东方大学孔子学院暨中国研究中心正式成立,泰国公主诗琳通亲临现场为孔子学院揭牌,并接见正在泰国访问的温医校长瞿佳、党委副书记陈肖鸣率领的代表团一行。

【温医与美国纽约州立大学视光学院筹建孔子学院】 2009年9月,温医联合美国纽约州立大学视光学院筹建的孔子学院获中国孔子学院总部批准,这是温医继泰国之后在海外联合建立的第二所孔子学院。中美双方除在汉语教学、中国文化推广等方面进行合作外,还将立足两家医学院校的资源优势,开展中国医学文化的推广与服务,并以孔子学院为平台,将两校在眼视光学、中医学等专业方面的教育科研合作向纵深推进。

【温医与瑞典隆德大学签署合作协议】 2009年11月10日,瑞典隆德大学临床医学院院长罗兰德·艾森访问温医。访问期间,艾森教授参观了温医茶山校区和温医附属第一医院外科实验室,与医院专家进行了学术交流,并商谈进一步开展科研合作事宜。

12月12日至21日,温医党委副书记陈肖鸣率团回访隆德大学,双方进一步洽谈在科研合作、人才培养、学术交流等方面的合作事宜,并正式签署合作协议。

【温医代表团访问泰国清迈大学】 2009年11月23日至28日,应泰国清迈大学校长邀请,副校长吕帆率团参加该校建校45周年庆典活动，并就眼视光学、中医、人文管理、护理等领域的科研合作、学生互换等进行了具体商谈，并商定于2010年开展学生交流项目，开启两校实质性合作。

【温医代表团访问瑞典】 2009年12月12日至21日，温医党委副书记陈肖鸣应邀率团访问瑞典林奈大学，双方在学生互换、教职工交流等方面进行了探讨，达成合作意向。

【国际特奥东亚区区域会议】 2009年12月13日，国际特奥东亚区区域顾问委员会在世界上唯一以特奥会创始人命名的特奥健康中心——温州医学院尤尼丝·肯尼迪·施莱佛女士特奥运动医学健康中心举行会议，重点讨论国际特奥会东亚区2011～2015年五年规划及战略重点、东亚区展望及战略重点等重大事项。来自中国大陆及港澳地区、韩国等国际特奥会东亚区的近50名特奥领袖和代表参加会议。

【温医外专外教获省市友谊奖】 2009年，温医外国专家伊恩弗莱泽教授（澳大利亚）、大卫·黑斯教授（美国）获2009年度浙江省政府"西湖友谊奖"，外教韩巍然（美国）获得2009年度温州市政府"雁荡友谊奖"。

（夏　露）

附表1　2009年访问温州医学院的外国团组

国别	批次	人数	国别	批次	人数
美国	37	119	瑞典	2	2
日本	8	20	韩国	1	6
英国	3	3	加纳	1	4
泰国	5	52			

注：不包括来校参加国际会议的外宾。

附表2　2009年温州医学院部分校级出访团组

出访时间	团长姓名	出访国家或地区	出国事由
8月27日～9月1日	陈肖鸣	泰国	赴清迈大学交流访问
9月13～18日	瞿佳	泰国	赴东方大学交流访问

·浙江树人大学·

【涉外工作概况】 2009年，浙江树人大学（简称"浙树大"）共派出短期出国（境）人员84人次。其中：访问考察14人次，技术培训及进修学习3人次，讲学2人次，参加国际学术会议4人次，其他61人次。

全年接待来自6个国家和地区的来宾44批、219人，主请的短期专家27名。学校新签或续签校际交流协议的院校13所。

全年举办2个国际学术会议，参会代表450多人，来自6个国家和地区。

2009年，浙树大在第三个四年发展规划中对涉外工作提出以东亚地区为重点的浙江树人大学对外交流与合作，首次明确了外事工作以日本、韩国和香港等国家和地区为重点的发展方向。

【韩国大佛大学访问团访问浙树大】 2009年2月23日，以学生支援处处长李瑄基为团长的浙树大姐妹学校韩国大佛大学师生访问团一行17人来浙树大访问交流，副校长徐绪卿会见来宾，并参加了两校师生交流会。徐绪卿介绍了浙树大概况，回顾总结了两校的友好交流，展望了今后发展方向，希望两校进一步加强交流，使两校的友好交流成为浙江省与全罗南道的友谊窗口。

【韩国友人访问浙树大并举行钢琴演奏会】 2009年3月9日，韩国友人朴东宣、韩国著名钢琴演奏家徐惠京教授来浙树大参观访问，终身名誉校长王家扬，校领导朱玉、章清、童国尧、朱月平会见朴东宣一行。朱玉简要回顾了朴先生与浙树大的友好往来历程，高度赞扬朴先生为中韩教育事业所作的贡献，希望今后中韩关系世代友好、共同发展。朴东宣对浙树大健康快速的发展表示由衷的感叹，并希望学校越办越好。

徐惠京教授举行了钢琴演奏会。

【美国明尼苏达大学教授做客树人讲坛】 2009年4月15日，美国明尼苏达大学教授朱军博士应邀做客树人讲坛，为生物与环境工程学院师生作题为《通过发酵从农业废水和猪粪中生物制氢》的报告。

【浙树大访问团访问韩国友好院校】 2009年5月26日至31日，应姐妹学校韩国大佛大学邀请，校长朱玉率树人大学访问团一行5人访问韩国，访问了大佛大学、釜山女子大学、又松大学、建国大学、延世大学。

【日本中京学院大学代表团访问浙树大】 2009年8月5日，日本中京学院大学校长高嶋芳男等一行访问浙树大，商谈两校进一步合作事宜。校长朱玉、副校长徐绪卿等会见来访客人。该大学是浙树大的友好院校，两校已有10多年的友好合作。

朱玉向客人介绍了浙树大的发展情况，高嶋芳男对浙树大日新月异的变化表示由衷的感叹，希望双方保持友好交流关系，共同发展。双方就进一步加强合作、拓宽合作领域进行了探讨，并就学生自费留学(日语培训班、专升本)、学分互认、课程合作等达成初步意向。

【浙树大与日本活水女子大学签订合作协议】 2009年9月15日，日本活水女子大学校长奥野政元一行访问浙树大。校长朱玉、副校长徐绪卿会见来宾。朱玉介绍了浙树大基本情况，希望今后两校有良好的合作前景，共同分享和探讨私立大学的办学经验，提高彼此教育水平。随后，朱玉、奥野政元共同签署两校教育与学术交流协议、交换留学备忘录、短期自费留学和短期研修备忘录。

【日本常叶学园代表团访问浙树大】 2009年11月25日，日本常叶学园本部部长木宫一邦一行10人访问浙树大，朱玉校长会见访问团，双方就在新形势下进一步推进和完善已有合作项目、加强赴日留学日语培训班教育与管理、拓展两校新的合作领域等问题进行了探讨，并达成一致意见。

【日本专家登临“人文大讲坛”】 2009年12月10日，应浙树大人文学院茶文化教研室邀请，日本国立民族学博物馆名誉教授、林原美术馆馆长熊仓功夫博士以及日本立教大学教育学部教授中村修也博士来浙树大进行学术交流。朱玉校长会见日本客人。两位教授在“人文大讲堂”分别作题为《日本茶道的发展特征》、《日本中古茶文化》的报告。

(陈承琦)

附表　2009年浙江树人大学对外合作交流情况

学院名称	出国(境)交流人次	聘请国(境)外专家人数	举办国际学术会议次数
管理学院	2	1(短期)	
城建学院	2		

续表

学院名称	出国(境)交流人次	聘请国(境)外专家人数	举办国际学术会议次数
人文学院	8		1
信息学院		1(短期)	
外经贸学院	8	1(短期)	
艺术学院	4		
现代服务业学院	1		1
总计	**25**	**3(短期)**	**2**

· 浙江万里学院 ·

【涉外工作概况】 2009年,浙江万里学院(简称"万里学院")派遣短期出国人员32人次,比2008年增加17人次。其中:合作研究8人次,交流访问20人次,参加国际学术会议4人次。有125名国(境)外专家学者、学生、院校代表来校学习、访问、作学术报告或进行项目洽谈。学校与美国、法国、西班牙、匈牙利、新加坡等国的6所高校新签校际交流协议。

2009年招收留学生104人,生源来自18个国家。学校有10名留学生获首届省政府来华留学生奖学金。

2009年参加交换生或海外学习项目的在校本科生39名,毕业生出国读研77人,到宁波诺丁汉大学读研62人。

学校受浙江省经济和信息化委员会及鄞州区经济发展局委托,分别与英国诺丁汉大学、新加坡南洋理工大学开展企业家赴海外培训项目,2009年完成3批团组培训。

【校领导随团访问德国、匈牙利高校】 2009年1月6日,副校长钱国英随省教育厅副厅长蒋胜祥率领的团组赴德国、匈牙利有关高校访问,万里学院与匈牙利布达佩斯商学院签署合作协议,根据协议,两校可开展交换生项目。

【匈牙利驻沪总领事访问万里学院】 2009年4月2日,匈牙利驻上海总领事海博专程访问万里学院,副校长钱国英会见海博。海博此次来访是受匈牙利有关高校的委托,与万里学院洽谈合作事宜。

【聘请法国学者为客座教授】 2009年6月22日至26日,法国普瓦捷高等商业与管理学院宋玲芳教授为万里学院商学院学生开设国际市场营销课,万里学院教师观摩了宋玲芳教授的教学。宋玲芳被学院聘为客座教授。

【美国国际进出口培训协会会长访问万里学院】 2009年9月21日,美国国际进出口培训协会会长唐纳德一行3人访问万里学院,参观考察了商学院的实验室和相关设施。

【万里学院代表团访问美国高校】 2009年9月23日至30日,副校长钱国英率团访问美国肯特州立大学和纽约州立大学普拉茨堡分校,与肯特州立大学确立合作关系,与纽约州立大学普拉茨堡分校商谈了两校开展学分转移项目事宜,确定了可参加项目的学生人数和入学要求。

【聘请德国学者为客座教授】 2009年10月9日上午,万里学院举行仪式,聘请德国AWI极地海洋研究所瑞格海德博士和阿玛斯教授为客座教授,并欢迎受欧盟资助的由德国AWI极地海洋研究所和万里学院联合培养的奥地利维也纳大学的博士生到学校进行项目研究。执行校长陈厥祥,副校长钱国英,国际交流部部长、生环学院院长等相关人员出席仪式。

【万里学院再次参与南极科考】 2009年10月11日至2010年4月20日，万里学院生物与环境学院熊尚凌博士随中国第26次南极考察队参加南极科考活动，熊尚凌是唯一一位浙江高校教师，主要承担南极阿曼达湾ASPA168号特别保护区考察项目。

自2006年首派优秀学生戴芳芳参加中德合作"极星号"南极考察，至此万里学院师生已经第三次参加极地考察。

【万里学院代表团访问英国、匈牙利高校】 2009年11月2日至13日，副校长钱国英率团访问匈牙利布达佩斯商学院、英国诺丁汉大学和邓迪大学，商谈校际合作交流，以及由万里学院承办的浙江省企业家团组赴英国培训事宜，就培训的细节与对方进行沟通，双方达成一致意见。

【万里学院代表团访问日本高校】 2009年11月6日至13日，副校长应敏率团访问日本大阪国际大学、浜松大学及武藏野大学，出席大阪国际大学建校80周年校庆纪念活动，与浜松大学及武藏野大学商谈两校开展合作事宜。

【日本浜松大学校长访问万里学院】 2009年11月26日，日本浜松大学校长木宫一邦一行5人访问万里学院，执行校长陈厥祥等会见客人，双方就两校开展师生交流事宜进行了讨论。

【万里学院代表团访问波兰、西班牙高校】 2009年12月5日至14日，执行校长陈厥祥率领由外语学院、电信学院、基础学院院领导组成的代表团访问波兰科茨明斯基大学和西班牙胡安卡洛斯国王大学，与两校领导商谈教师交流、学生交流等项目，双方在诸多领域达成共识。

（贺继军）

附表1　2009年浙江万里学院对外合作交流情况

学院、部门名称	出国交流(人次)	聘请国外专家(人数)	举办国际学术会议(次数)
外语学院	2	6(长期)	
商学院	5	1(短期)	
生物与环境学院	9	1(长期)2(短期)	
电子信息学院	2		
设计艺术与建筑学院	1	2(短期)	
基础学院	1	1(长期)	
继续教育学院	2		

附表2　2009年访问浙江万里学院的部分外国代表团

国家或地区	批次	人数	国家或地区	批次	人数
美国	10	29	日本	3	9
法国	1	1	新加坡	2	5
瑞典	2	3	荷兰	1	2
德国	1	2			

·义乌工商职业技术学院·

【涉外工作概况】 2009年,义乌工商职业技术学院(简称“义乌工商学院”)派出短期出国(境)人员13人次,其中:访问考察11人次,技术培训及进修学习1人次,讲学1人次。全年接待境外来访团组3批、4人次。

【英国诺丁汉大学教授访问义乌工商学院】 2009年4月1日,英国诺丁汉大学朱益群教授来义乌工商学院交流,并作题为《英国与中国不同的高等教育体制》的讲座。

【校领导随义乌市政府代表团访问日本和澳大利亚】 2009年5月14日至23日,义乌工商学院副院长王建新随义乌市政府代表团访问日本和澳大利亚。

【韩国安山1大学教授访问义乌工商学院】 2009年9月13日,韩国安山1大学中文观光系主任尹东烈、计算机系主任杨吉德访问义乌工商学院,双方就开展教师短期培训、学术交流以及学生的学习和实训等方面的进一步合作进行了深入探讨,并就进一步加强学生交流、教师互访、科研合作等达成意向。

【校领导随义乌市政府代表团访问密克罗尼西亚和美国】 2009年9月13日至22日,学院党委委员何少庆随义乌市政府代表团访问密克罗尼西亚和美国。在美国,考察了芝加哥伊利诺大学,与美方洽谈关于开展人力资源管理和公务员培训合作事宜;与伊利诺伊理工学院商谈短期培训项目等。

【爱尔兰国家学院教授访问义乌工商学院】 2009年11月5日,爱尔兰国家学院国际部主任尼古拉·卡洛尔访问义乌工商学院,洽谈合作办学事宜。双方初步达成开展专升本、专升硕项目的合作意向。

【义乌工商学院教育代表团访问韩国】 2009年11月9日至14日,应韩国安山1大学总长金得中邀请,义乌工商学院副院长李慧玲率团访问韩国安山1大学、汉阳女子大学、济州光观大学,与三所大学的总长、教学处长、产学处长及系科负责人进行了广泛的交流、探讨,参观了实验室及配套设施,观摩了课堂教学。代表团分别与三所高校就进一步加强学生交流、教师互访、科研合作等达成意向。

【义乌工商学院教育代表团访问美国】 2009年11月10日至15日,应美国华盛本大学校长杰瑞·法利邀请,副院长贾少华率义乌工商学院教育代表团访问华盛本大学、华盛本技术学院。访问期间,代表团参观了实验室及配套设施,观摩了课堂教学、实训教学,双方就进一步加强学生交流、教师互访、科研合作等达成意向。

(龚苏娟)

◎义乌工商学院留学生的课余生活

企业外事

·省能源集团·

【西门子电站自动化公司中国地区销售总监访问省能源集团】 2009年1月15日，西门子电站自动化有限公司电站仪表控制中国地区销售总监布什兰一行3人访问省能源集团公司，与公司高层领导会谈，商讨双方进一步合作事宜，特别是即将开始的嘉兴发电有限责任公司三期2×1000兆瓦燃煤机组项目的合作。

【澳大利亚西澳州政府驻华商务代表访问省能源集团】 2009年2月10日，澳大利亚西澳州政府驻华商务代表庄彬俊一行3人拜访省能源集团公司，就西澳州的煤矿、天然气、铀矿等资源的投资合作进行专题介绍和交流座谈。

【南非驻沪总领事馆官员访问浙江】 2009年3月23日，南非驻上海总领事馆官员及南非开发局官员一行5人走访省能源集团公司下属浙江天虹物资贸易有限公司、浙江长兴捷通物流有限公司，洽谈中方向南非出口水泥等事宜，并对长兴水泥厂进行实地考察。

【挪威诺尔兰省经贸厅官员访问省能源集团】 2009年4月2日，挪威诺尔兰省经贸厅国际关系主管彼·艾丁维克一行2人访问省能源集团公司，与公司相关部门就天然气、石油领域的合作等问题进行探讨和交流。

【中日环境友好中心代表团访问嘉兴发电公司】 2009年4月3日，日本中日环境友好中心宫泽常悦一行3人访问省能源集团公司下属嘉兴发电有限责任公司，考察该公司的污泥焚烧项目。

【发展中国家应对气候变化官员研修班成员访问省能源集团】 2009年6月10日，发展中国家应对气候变化官员研修班一行21人访问省能源集团公司，并考察了集团公司下属萧山发电厂的天然气项目。

【日本客人访问嘉兴发电公司】 2009年9月18日，日本3K钢丝绳制造厂中川荣一行4人访问省能源集团公司下属嘉兴发电有限责任公司，参加钢丝绳产品技术交流会。

【澳大利亚自然资源信托基金代表团访问省能源集团】 2009年10月21日，澳大利亚自然资源信托基金代表团一行5人访问省能源集团公司，与公司高层领导会谈，并介绍澳大利亚自然资源信托基金及其操作方式。

【尼日利亚奥贡州政府代表团访问省能源集团】 2009年10月21日，尼日利亚奥贡州政府代表团访问省能源集团公司，与公司签署合作开发奥贡州能源、电力项目等的备忘录。

【日本三菱商社访问省能源集团】 2009年11月24日，日本三菱商社一行10人访问省能源集团公司，与公司高层领导会谈，商讨双方在液化天然气市场合作事宜。

（杨　旸）

·巨化集团公司·

【涉外工作概况】 2009年，巨化集团公司（简称“巨化”）全年审核、审批因公出国（境）团组15批、42人次；办理邀请外国人来

◎发展中国家应对气候变化官员研修班成员在巨化集团公司考察

华10批、18人次;接待来自美国、意大利、澳大利亚、日本、俄罗斯、韩国、英国、印度、法国、土耳其等9个国家的客人200余人次。

【发展中国家应对气候变化官员研修班成员访问巨化】 2009年6月12日,参加由商务部举办的发展中国家应对气候变化官员研修班的16名成员,来巨化集团公司考察节能减排情况。

【法国阿科玛集团访问巨化】 2009年7月29日,法国阿科玛集团特殊化学品部执行副总裁、氟化物部集团总裁皮艾尔·相旺一行7人拜访巨化集团公司,双方进行了技术交流。

【中国驻外大使馆官员参观巨化】 2009年10月16日,中国驻美国大使馆公使衔参赞金炬、驻欧盟使团公使衔参赞韩军、驻乌克兰大使馆一秘李谦如等科技外交官到巨化集团公司参观。

(朱礼波)

附表 2009年巨化集团公司主要出访团组

序号	出访时间	单位(团长)	出访国家或地区	访问内容
1	3月20～23日	巨化集团公司副总经理唐舟山	香港	与力拓公司洽谈烧碱出口及工业盐进口相关事宜
2	4月9～16日	巨化股份公司电化厂	日本	与日本旭化成公司就电解技术最新研发成果、环保节能技术进行交流和业务洽谈
3	6月10～25日	巨化股份公司	美国、加拿大、荷兰	与三国相关公司就醇醚项目进行技术交流
4	8月25～31日	巨化集团(香港)有限公司	新加坡	与新加坡(力拓)有限公司洽谈铁矿石进口及烧碱出口事宜
5	8月18～29日	巨化股份公司	美国、巴西	与美国、巴西相关公司就醇醚项目进行技术交流
6	10月18～24日	巨化集团公司制药厂	韩国	与韩国ENZYCHEM公司进行技术合作
7	9月23～25日	巨化集团公司总经理蒋声汉	香港	与力拓公司洽谈烧碱出口及工业盐进口相关事宜
8	10月20～26日	巨化股份公司	日本	技术交流并与日本CER购买用户交流意见
9	11月22～28日	巨化股份公司氟聚厂	韩国	市场考察及用户走访服务

·杭州娃哈哈集团有限公司·

【涉外工作概况】 2009年，娃哈哈集团公司审核、审批因公出国(境)组团31批、107人次；接待国外访问团28批、730人，包括委内瑞拉、菲律宾、波兰、缅甸、非洲等多个国家的政要代表团138人；接待美国纽约大学、香港浸会大学等10所境外高校组织的MBA/EMBA访问团378人；接待新加坡、日本等10个国家的企业代表团83人。

全年娃哈哈对外销售额648万美元，向美国、加拿大等29个国家和地区销售茶饮料、乳饮料等7个品种、22项产品。

【菲律宾官员访问娃哈哈】 2009年11月12日，娃哈哈集团总经理宗庆后会见来访的菲律宾贸易部投资署官员和菲驻华领事，菲方介绍了菲律宾热带水果浓缩汁和果汁加工厂项目，以及菲律宾矿产资源情况。宗庆后表示，将前往菲律宾进行实地考察，推进对菲律宾的投资事宜。

2008年10月菲律宾总统阿罗约访问浙江时，曾约见宗庆后，热情邀请娃哈哈投资菲律宾。菲律宾盛产水果和矿石，2009年以来，娃哈哈加强了与菲律宾的联系。

【新西兰库克岛基础建设部长访问娃哈哈】 2009年11月，娃哈哈集团董事长宗庆后会见来访的新西兰库克岛基础建设部长唐加塔·瓦维阿，介绍了库克岛以及纽埃的情况。宗庆后表示，将适时赴新西兰，对当地的乳业、旅游业以及海洋资源进行投资考察。

(杨　胜)

附表　2009年娃哈哈集团接待的部分来访团组

序号	日期	团队名称	人数
1	4月7日	非洲国家政府官员	24
2	6月19日	缅甸国家和平与发展委员会副主席貌埃一行	70
3	8月24日	委内瑞拉农业和土地部副部长妮萨·阿彭德一行	8
4	8月27日	菲律宾贸工部副部长艾玛·贺尔南德斯一行	15
5	10月23日	波兰驻沪领事馆	10
6	1月5日	香港浸会大学	34
7	1月9日	香港浸会大学	37
8	11月20日	纽约大学MBA联系访问团	43
9	1月15日	日本水处理专家	7
10	2月20日	富士经济	2
11	5月22日	国外供应商	20
12	8月31日	新加坡客人	27
13	10月15日	日本HAM公司	4

·万向集团·

【涉外工作概况】 2009年，万向集团(简称“万向”)审核、审批因公出国(境)团组38批、126人次；邀请意大利、俄罗斯、伊朗、澳大利亚、埃及、阿联酋等国客人来访26人次；接待来自美国、德国、韩国、印度、英国、日本、瑞士、意大利、韩国、波兰等15个国家的来访客人45批、200余人次。引进包括美国、意大利、俄罗斯、韩国等国家的技术专家60多人次，其中美国专家马尔科姆·麦金托什被授予2009年浙江省“西湖友谊奖”。

【德国奔驰专家来万向精工作供应商资格评审】 2009年4月23日至24日，德国奔驰公司工程部与采购部联络工程师、工程经理和质量工程师等一行6人来万向精工进行供应商资格评审。德国专家对万向精工的技术质量、开发能力、品质管理、生产过程、物流管理、成本控制等内容进行了仔细考察并作综合评审。

【美国印第安纳州州长访问万向】 2009年9月10日上午，美国印第安纳州州长米奇·丹尼尔斯一行，在省外办副主任彭波陪同下访问万向。万向集团董事局主席鲁冠球向客人介绍了万向，尤其是万向美国公司的基本情况。鲁冠球说，太阳能、风能、天然气和电动汽车等新能源产业是万向今后大力发展的方向，同时也是万向在美国重点投资发展的产业。

◎万向集团董事局主席鲁冠球会见美国印第安纳州州长米奇·丹尼尔斯

【万向资源公司派员赴英国参加LME金属年会】 为更好地寻求与供应商及用户在铜现货与矿产资源等方面的合作，应英国联合金属贸易有限公司邀请，万向资源公司派团参加于2009年10月在英国伦敦举办的LME金属年会。全球基本金属制造商、消费商和贸易商出席此次年会。

（唐世明）

附表1　2009年万向集团部分出访团组

序号	出访时间	单位(团长)	出访国家或地区	访　问　内　容
1	4月27～30日	系统公司沈仁泉	马来西亚	万向系统提供Sapura公司PROTON项目的BLM转向节进入批量生产，帮助做好PROTON配套项目新产品的同步开发
2	5月4～10日	等速驱动轴公司田金兴	土耳其	协助向隆机械(中国的公司)购买EX－CELL－O球道双工位磨床和搓齿机设备
3	5月22～31日	万向太阳能进出口公司邵宏政等	德国、西班牙、斯洛文尼亚	参加德国欧洲太阳能展会并出访西班牙、斯洛文尼亚，对产品的应用进行跟踪、调研
4	6月16～21日	普通服务公司沈志军等	德国、荷兰	应GKN公司邀请，赴德国、荷兰考察GKN欧洲汽车零部件分销体系并洽谈相关合作事宜
5	6月29日～7月6日	技术中心孙国辉	日本	参加在日本冲绳召开的第24届国际标准化组织第四技术委员会会议
6	9月16～25日	轴承公司沈华川	奥地利、英国、德国	与欧洲FLT公司商讨圆锥滚子轴承、圆柱滚子轴承等产品的供货事宜以及加强维修市场和OEM市场的合作
7	12月13～25日	万向资源公司、大鼎贸易公司刘旻等	美国、巴西	应美国DIAMARK公司邀请，与美国、巴西就合作开发生铁、铁矿石等黑色金属业务进行实地考察

附表 2　2009 年万向集团接待的部分来访团组

序号	来访时间	团组名称	人数	访　问　内　容
1	3 月 26 日	爱尔兰投资发展局驻上海总领事馆经济参赞等	2	介绍爱尔兰的投资环境和优惠政策，希望万向前去考察投资
2	5 月 13 日	英国 GKN 公司专项业务首席执行官沃尔特等	5	探讨与万向合作
3	9 月 2 日	德国宝马公司高级副总裁尔勒等	2	了解万向的基本情况
4	9 月 24 日	美国机械代表团	7	来万向参观访问

·阿里巴巴集团公司·

【涉外工作概况】 2009 年，阿里巴巴集团公司(简称“阿里巴巴”)接待来自全球各个国家的客人 19 批、254 人次。

【微软首席执行官访问阿里巴巴】 2009 年 5 月 15 日，微软首席执行官史蒂夫·鲍尔默一行访问阿里巴巴，集团董事局主席兼首席执行官马云等会见鲍尔默一行。鲍尔默一行在马云等陪同下参观了公司的办公区域，双方进行了座谈。

【新加坡总理访问阿里巴巴】 2009 年 6 月 5 日，新加坡总理李显龙一行在副省长龚正、省政府副秘书长夏海伟、省外办副主任陆国灏、外交部亚洲司参赞柴文睿等陪同下访问阿里巴巴。集团董事局主席马云等会见李显龙一行。马云欢迎李显龙总理来访，向客人介绍了阿里巴巴集团的业务概况，并陪同他们参观公司。

【索罗斯访问阿里巴巴】 2009 年 6 月 8 日，应阿里巴巴董事局主席兼首席执行官马云的邀请，国际著名投资者、量子基金创始人乔治·索罗斯访问阿里巴巴公司和淘宝网，并出席“江南会大讲堂:乔治·索罗斯沙龙”，就当前金融危机对各国的影响以及今后两年国际金融市场的发展趋势，与到会的企业家、金融高管进行了探讨。

【中国驻外使节代表团访问阿里巴巴】 2009 年 7 月 27 日，由中国驻朝鲜大使刘晓明(团长)、中国驻英国大使傅莹(副团长)率领的中国驻外使节代表团一行 61 人，在省外办主任阮忠训陪同下访问阿里巴巴。集团董事局主席兼首席执行官马云会见代表团。阿里巴巴集团旗下 B2B 上市公司总裁卫哲向代表团介绍了阿里巴巴集团各子公司的相关业务及在海外的业务拓展情况，并陪同代表团一行参观了公司的办公区域。代表团成员对公司奉行的“快乐工作，认真生活”的理念表示赞赏。

【马云参加 APEC 工商咨询理事会】 2009 年，阿里巴巴集团董事局主席马云继续担任 APEC 工商咨询理事会中国代表并兼任其能力建设工作组主席，负责理事会中小企业、区域紧急事务合作、气候问题等若干重大问题的项目推进。11 月底，马云参加了 APEC 工商咨询理事会年度第四次会议并与其他 21 个成员地区的 62 名工商界代表一道在新加坡总理官邸参与了与各国首脑的对话环节，就 2009 年的世界经济走势和 2010 年的经济预期与各位领导人进行了深度沟通。

会议期间，马云还应邀会见秘鲁总统加西亚，并就阿里巴巴集团的业务和电子商务的走势与加西亚总统交换意见。

(上官春美)

附表　2009年阿里巴巴公司接待的来访团组

国家或地区	批次	人数	国家或地区	批次	人数
韩国	1	15	日本	1	15
新加坡	3	56	英国	1	24
尼泊尔	1	6	荷兰	2	8
新西兰	1	17	老挝	1	17
美国	6	52	香港	2	44

·浙江吉利控股集团有限公司·

【涉外工作概况】 2009年，吉利控股集团派员出国访问与交流百余人次，接待来自美国、德国、英国、澳大利亚、韩国、日本、新加坡、卡塔尔、科特迪瓦、丹麦等10多个国家的客人200余人次。

◎吉利汽车收购澳大利亚DSI自动变速器公司交接仪式

【吉利收购澳大利亚DSI公司】 2009年3月27日，吉利收购世界第二大自动变速器公司——澳大利亚DSI公司，6月15日在墨尔本举行正式交接仪式。通过收购DSI，吉利在原有小扭矩自动变速器的自主知识产权的基础上，丰富了产品线，强化了吉利自动变速器的研发与生产能力，改写了中国汽车产业缺少轿车自动变速器的历史。"吉利收购DSI，为战略转型'加码'"一案被评为08/09年度中国十大最佳商业案例。

自动变速器决定着整车的动力性、经济性和舒适性。DSI是一家集研发、制造、销售于一体的自动变速器专业公司，拥有80年历史，具有年产18万台自动变速器的生产能力，曾为美国福特、克莱斯勒及韩国双龙等汽车公司配套。

2009年2月中旬，因福特汽车公司在澳大利亚的整车企业减产和韩国双龙汽车公司倒闭，DSI产量骤降，进入破产程序。吉利汽车得知此消息后果断地提出收购计划，在15个买家竞购中胜出，在不向银行举债的情况下仅用4个月即在海外完成融资，以不到4亿元人民币（7000万澳元）的代价全资收购了这家全球排名第二的汽车自动变速器独立生产商。

这次跨国并购得到中国和澳大利亚政府的支持，中国驻澳大利亚大使章均赛和澳大利亚新南威尔士州政府官员出席收购仪式。

浙江吉利控股集团有限公司是中国汽车行业十强企业，1997年进入轿车领域并快速发展，连续七年进入中国企业500强，连续五年进入中国汽车行业十强，是"中国汽车工业50年发展速度最快、成长最好"的企业。

（杨馥春）

附表1　2009年吉利控股集团有限公司部分出访团组

序号	出访时间	单位(团长)	出访国家或地区	出访人数	访问内容
1	3月	李书福	澳大利亚	15	考察DSI自动变速器公司,洽谈收购事宜及签约
2	6月	李书福	澳大利亚	10	接收DSI公司
3	6月	李书福	叙利亚	10	考察叙利亚汽车市场,并与叙利亚总理拉吉·奥特利会晤,商谈合作事宜
4	6月	李书福	叙利亚	10	出席吉利汽车叙利亚首家专营4S店开业典礼
5	10月	赵福全	日本	50	应中国驻日本大使馆邀请,出席中国汽车行业在日交流会
6	12月	杨　健	印尼	6	举办MK车型CKD组装生产下线仪式

附表2　2009年吉利控股集团有限公司接待的部分来访团组

序号	来访时间	组团名称	来访人数	访问内容
1	2月12日	韩国HPT社长一行	5	商谈自动变速器合作事宜
2	2月17日	埃及投资自由区代表团一行	10	介绍埃及的投资环境,邀请吉利前往投资
3	3月1日	日本大协西川公司	2	技术交流
4	3月5日	德国博世新任亚太总裁乌韦·拉西克一行	3	互访,交流
5	3月9日	澳大利亚政府代表团	4	了解吉利基本情况,尤其是吉利技术体系、产品开发体系等
6	3月10日	美国凯雷投资集团董事总经理何欣一行	4	洽谈交流
7	3月19日	三井物产代表团	5	商务交往,增进了解,寻求合作机会
8	3月28日	美国密歇根大学汽车研究中心主任一行	2	浙江汽车工程学院与密歇根大学汽车研究中心就合作事宜达成一致意见,并签署战略合作协议
9	4月2日	印度M&M Ltd副总裁一行	2	考察
10	4月18日	美国Segway公司	3	技术交流
11	4月28日	新加坡科技动力集团	1	技术交流
12	5月	韩国经济报社客人	2	了解吉利基本情况,尤其是吉利技术体系、产品开发体系等,以进行报道
13	5月25日	奥地利AVL公司董事长一行	2	技术交流
14	5月28日	日本大金氟化工	2	技术交流
15	6月12日	俄罗斯吉利汽车代理商—ROLF集团首席执行官	3	参观考察

续表

序号	来访时间	组团名称	来访人数	访问内容
16	6月22日	以色列 Better Place 公司	6	技术交流
17	6月30日	澳大利亚贸易部部长克林及工业、创新、科学和研究部部长卡尔率领的澳大利亚政府汽车项目访问团	15	了解吉利发展状况，寻求更多的合作机会
18	7月1日	科特迪瓦交通部部长一行	5	参观考察
19	8月11日	日本野村研究所	3	技术交流
20	8月13日	德国博世客人	5	在临海吉利汽车研究院举办德国博世技术展示日活动
21	8月27日	浙大—韩国企业家	20	参观交流
22	9月10日	美国印第安纳州州长米奇·丹尼尔斯一行	20	参观考察
23	9月17日	韩国大信证券	3	了解中国及全球汽车行业
24	9月29日	美国 Maxwell 集团	9	技术交流
25	10月14日	美国3M高层团队一行	5	参观访问
26	10月19日	J. D. power 总裁	5	会晤交流
27	10月30日	瑞典 Infotiv 设计公司	3	访问交流
28	12月1日	英国贸易投资总署 Ms. Louise Colwell 等	4	调研
29	12月16日	美国江森自控有限公司董事长兼首席执行官等	3	出席吉利汽车—江森自控全球战略合作签约仪式

·浙江金轮机电实业有限公司·

【涉外工作概况】 2009年，浙江金轮机电实业有限公司（简称“金轮公司”）接待来自48个国家和地区的客商98批、240余人次，与19个国家的客商签订31个出口水轮发电机组、69台套合同项目。公司向印度、保加利亚、意大利、加拿大、巴西、哥伦比亚等22个国家派出工程技术人员54批、130余人次，进行技术交流和机组安装指导工作。

（许锡光）

◎国际小水电中心组织的“小水电与农村社区可持续发展官员研修班”学员参观金轮机电实业有限公司

附表　2009年金轮公司部分出访团组

序号	出访时间	带队团长	出访国家或地区	访问内容
1	5月29日	董事长王杭伟	加拿大	与加拿大公司签订电站供货合同
2	6月1日	总经理汪国跃 总工程师张联升	阿塞拜疆	签订建立全面合作关系备忘录
3	6月12日	副总经理徐从孝	智利	与圣地亚哥公司洽谈两个水电站项目商务和技术问题、
4	7月13日	营销部长朱勇	土耳其	签订水电站设备供货合同
5	7月7日	副总经理徐从孝	越南	与浙江省第一水电建设集团有限公司和浙江广川工程咨询有限公司三方联合体同越南业主签订关于越南富安省水电站工程EPC项目合同
6	9月4日	董事长王杭伟	保加利亚	签订水电站成套设备供应合同
7	11月4日	营销部长朱勇	巴基斯坦	与巴方签订投资开发巴基斯坦改造电站项目的供货合同

·奥克斯集团·

【巴基斯坦客商访问奥克斯集团】 2010年1月5日，巴基斯坦空调商巴基斯坦电子有限公司派员来奥克斯视察，通过会谈及参观工厂，客户表示会把所有其他工厂的订单转下至奥克斯。

【新加坡TT INTERNATIONAL集团销售总监访问奥克斯集团】 2009年1月15日，新加坡TT INTERNATIONAL集团销售总监安吉拉一行3人访问奥克斯集团公司，与公司高层领导会谈，商讨双方进一步合作事宜，特别是未来两年新项目的合作。

【南非ECO AIRE公司总经理拜访奥克斯进出口有限公司】 2010年1月15日，南非ECO AIRE公司总经理杰拉德·凡·尼亚可与其助手访问奥克斯进出口有限公司，与公司高层领导会谈，重点讨论首批一拖一分体商用空调订单的采购细节。

【印度客商访问奥克斯集团】 2010年2月9日，印度专业空调安装、承包商一行5人访问奥克斯集团，与集团公司领导会谈，商讨双方进一步合作事宜，特别是大型宾馆项目的合作。

【马其顿客户访问奥克斯集团】 2009年3月6日，马其顿客户VANAKS总经理辛迪立威·锐斯塔克访问奥克斯集团，洽谈2010年度的合作和具体订货事宜。VANAKS公司为2008年开始与奥克斯合作的AUX品牌代理。

【美国政府驻华商务代表访问奥克斯集团】 2009年3月10日，美国政府驻华商务代表一行3人拜访奥克斯集团公司，就电力、通信、科研等方面的投资合作进行专题介绍和交流座谈。

【安哥拉GBS公司经理拜访奥克斯公司】 2009年3月10日至7月22日，安哥拉GBS集团采购经理马利克、工程师威维克等先后7次访问奥克斯进出口有限公司，与公司高层领导会谈，重点洽谈GBS公司7个工程项目的中央空调采购。

【俄罗斯客商访问奥克斯集团】 2010年3月18日，俄罗斯专业空调经销商“顶点”公司一行2人访问奥克斯集团，与公司领导会谈，当场签订试订单，双方对进一步的合作进行了商讨。

【南非GMC公司总经理访问奥克斯公司】 2010年3月20日，南非GMC公司总经理理查德访问奥克斯进出口有限公司，与公司高层领导会谈，重点洽谈高静压风管机空调项目及细节。

【乌克兰OPTIM公司总经理访问奥克斯】 2009年3月20日，乌克兰暖通行业OPTIM公司总经理奥尔加来访，与奥克斯公司就OEM贴牌合作问题进行洽谈，双方初步达成合作意向并确定试订单。

【香港客商访问奥克斯集团】 2010年3月29日，香港客商曼德森日本电器有限公司携其6位终端客户访问奥克斯，对奥克斯给予高度评价，并对奥克斯集团的其他产品表示了浓厚的合作意向。

【南非顿罕布什公司执行总监访问奥克斯公司】 2010年4月10日，南非顿罕布什公司执行总监莫凯·布雷特等2人访问奥克斯进出口有限公司，与公司高层领导会谈，并参观样品间和生产线。此次会谈重点讨论奥克斯直流变频空调新品研发、出口以及新的合作意向。

【马来西亚客商访问奥克斯集团】 2010年4月22日，马来西亚老客户锦声电器(马)有限公司携其经销商来奥克斯考察，客户对奥克斯的发展表示惊叹，并确定2010冷年的订单量将在2009冷年的基础上翻一番。

【克罗地亚MSAN集团公司采购经理访问奥克斯公司】 2009年4月23日，克罗地亚最大的空调进口商MSAN采购经理来奥克斯公司拜访洽谈。双方就当前的市场形势交换了意见，并就2010年度的合作进行了深入洽谈。

【韩国嘉悠国际项目总监访问奥克斯集团】 2009年6月2日，韩国嘉悠国际项目总监可耀一行10人访问奥克斯集团公司，与公司高层领导会谈，商讨双方在韩国市场合作以及新产品开发等。

【罗马尼亚ROMSTAL公司客人访问奥克斯】 2009年7月10日，罗马尼亚最大的卫浴暖通设备安装商ROMSTAL公司一行3人拜访奥克斯集团公司，双方就下一步加强合作进行了深入的沟通。

【土库曼斯坦奥克斯品牌代理访问奥克斯】 2009年7月30日，土库曼斯坦奥克斯品牌代理顿安斯电器有限公司多来特访问奥克斯集团公司，双方回顾了2008年合作过程，并就2010年合作事宜进行了洽谈。

【伊朗英派克斯国际贸易有限公司老板访问奥克斯】 2009年10月5日，伊朗英派克斯国际贸易有限公司老板阿巴斯拜访奥克斯集团，参观了公司流水线，与公司领导洽谈AUKIA品牌在伊朗独家代理事宜。

【安哥拉COTACO公司首席代表拜访奥克斯公司】 2009年10月9日，安哥拉AUX代理COTACO公司首席代表路易斯访问奥克斯进出口公司。双方交换了市场信息，分析了过去合作中的不足并商定改进方法，确定了新的产品方向与订单细节。

【越南客商访问奥克斯集团】 2009年11月15日，越南最大的空调安装和销售商REE电器合资公司高层一行3人来奥克斯公司参观访问。次月，该客户和奥克斯开展了第一单工程机的合作。

【中日环境友好中心代表团访问奥克斯空调公司】 2009年11月23日，日本中日环境友好中心宫泽常悦一行3人访问奥克斯集团公司下属空调公司，考察该公司的空调环保项目。

【哈萨克斯坦艾尔达公司老板访问奥克斯】 2009年11月27日，哈萨克斯坦大客户艾尔达公司老板等访问奥克斯总部，双方确定了2010年合作的基本框架。

（陈　霞）

市县外事

Foreign Affairs in Municipalities and Counties

杭 州 市

杭州市简称“杭”，辖上城、下城、江干、拱墅、西湖、高新（滨江）、萧山、余杭8个区，建德、富阳、临安3个县级市，桐庐、淳安2个县。全市总面积16596平方千米，其中市区面积3068平方千米。2009年末常住人口810万，其中户籍人口683.38万。2009年，全市实现地区生产总值5098.66亿元；财政总收入1019.43亿元，其中地方财政收入520.79亿元。

概 述

【外事工作概况】 2009年，杭州市人民政府外事办公室（简称“市外办”）围绕中央总体外交，积极配合全市中心工作，为地方经济和社会发展服务。

围绕中心工作，发挥职能优势。一是积极配合市委、市政府及其他部门做好全市出访团组赴国外经贸考察、招商引资、旅游促销、干部培训等相关工作，保证重点团组顺利出访。全年完成市领导出访任务18批。举办杭州旅游消费券发放推介会，两次推介会共邀请到港澳地区近50家著名旅行社和20多家主流媒体参加，收到良好成效。二是积极配合“城市国际化”战略，努力做好全市大型涉外活动的外事邀请接待和礼宾翻译工作。通过接待赛诺菲集团总裁、微软公司首席执行官、摩托罗拉中国区总裁等世界500强企业高层，促成杭州与这些著名企业的战略合作；圆满完成中阿合作论坛第三届企业家大会暨投资研讨会、中国国际动漫节、2009世界民间艺术节组织理事会、第十届CIOFF亚洲大洋洲民间艺术节暨杭州西湖国际狂欢节、第五届目的地管理国际会议、印度旅游推介会、第十一届杭州西湖国际博览会等礼宾接待任务。全年邀请接待境外来宾198批、2741人次，其中副部级以上团组11批、166人次，世界500强企业和国外著名大公司高层77批、513人次，友好城市和友好交流关系及友好往来城市代表团40批、570人次，国际会议代表25批、1019人次，各国驻沪领馆官员31批、164人次。三是积极实施“人才强市”战略，进一步加大外向型人才培养力度，为杭州储备人才资源。通过多方努力，杭州市与香港特别行政区政府再次续签为期两年的两地公务员实习交流协议。经市外办牵线搭桥，全年输送25名公务员赴境外培训。积极配合杭州师范大学做好城市学研修员派遣的相关工作，协助落实15名研修员的境外接收单位，为其办理出境手续等提供便利和支持。

构筑高端平台，促进交流合作。一是以文化交流为纽带，推进友城互利共赢。西博会期间，牵头成功举办第二届杭州国际友好城市市长峰会。峰会期间，许多友城与杭州市旅游、教育、文化等有关部门达成交流意向，杭州市与德国德累斯顿市、韩国水原市正式缔结友好城市关系，与捷克奥洛莫乌茨市签署友好合作备忘录。杭州市的友好城市增至19个，友好交流与往来城市增加到41个。二是借助重大友好交流活动，积极开展地方对外交流活动。除邀请友城访杭外，积极组团参与国际友城的各项活动。如组团参加日本岐阜市建市120周年暨杭州岐阜缔结友好城市30周年纪念活动，爱沙尼亚塔林市第18届爱沙尼亚歌舞节，日本福井举办的杭州—福井结好20周年相关活动等。三是通过办好《友城时讯专报》和“友城之窗”专栏，搜集国外友城在各领域的成功经验。

建立健全机制，加强规范管理。一是根据年初市委外事工作领导小组会议精神，专题研究部署2009年度全市因公出访计划和因公出国（境）管理工作，突出招商引资和旅游促销两大主题，大力压缩一般性公务考察。全年审批因公出国（境）团组1015批、3467人次，人次比上年下降18.2%。其中：经贸团组604批、1848人次，非经贸团组411批、1619人次，非经贸团组和人数分别比上年下降11.1%、27.2%。全年党政机关、事业单位（公共财政）因公出国（境）2099人次，比上年下降20.3%，比前三年平均数下降43%。共否决不符合规定团组23批、133人次，调整压缩55批、47人、565天，大大节约了公共财政支出。二是以杭州市因公出入境办证中心正式启动为契机，进一步加强外事归口管理，提高行政效率和服务水平。中心自6月上旬正式启动，年内为全市635批因公出国团组的2336人办理了护照和签证手续，其中新颁护照1528本（公务护照483本，普通公务护照1045本）；全年办理因公护照2496本，护照收缴率100%。中心与60余个国家驻上海总领事馆建立了沟通协调机制。三是妥善处理涉外事件，营造良好城市形象。全球爆发甲型H1N1流感后，市外办积极配合省、市有关部门，做好涉外人士的“甲流”防控工作。

加强自身建设，提高综合素质。一是开展深入学习实践科学发展观活动，专程走访省外办，分别赴上城区、高新技术开发区、经济技术开发区和中法化学有限公司等单位调研，了解基层情况，听取意见建议；通过全市外办主任会议征求各区、县（市）外办、外经局负责人的意见建议，向60家有关单位发放征求意见建议表。二是开展机关处级干部竞争上岗和下属事业单位负责人民主测评推荐工作，调动广大干部的工作积极性。三是专门召开“公述民评”会议，征求全市各单位的服务对象、人大代表、政协委员共计43名代表的意见和建议，并抓好整改落实。

【杭州市因公出入境办证中心成立】 2009年6月12日，杭州市因公出入境办证中心举行启动新闻发布会。省委常委、市委书记、市人大常委会主任王国平为办证中心题词：“在服务大局上有新突破，在从严管理上有新作为”；市委副书记、市长蔡奇发来贺信；副市长佟桂莉出席发布会并致辞。外交部领事司参赞孙显宇，省外办副主任彭波应邀出席发布会。

杭州市因公出入境办证中心成立，标志着杭州市拥有了因公护照颁发权、签证自办权和出具出国（境）“证明”权，可以自行颁发因公护照，直接向驻上海的各国领事馆申办因公签证，减少了因公出入境办证的中间环节和办理费用。

【杭州市外办主任会议】 2009年8月21日在杭州举行，市外办领导及处级以上中层干部和各区、县（市）外办、外经局负责人出席会议。会议主要学习传达第十一次驻外使节会议、全国地方外办主任会议、全国因公电子护照会议和全省外办主任会议精神。市外办主任谢国建通报了全市外事工作情况，提出下一步工作要求，各区、县（市）负责人进行了工作交流。

市领导出访

【王国平率团访问阿根廷、墨西哥和秘鲁】参见第61页同名条目。

【蔡奇率团访问德国、奥地利和爱尔兰】 2009年4月12日至24日，应德国德累斯顿市市长、奥地利萨尔茨堡州州长和爱尔兰出口商协会首席执行官的邀请，以市委副书记、市长蔡奇为团长的杭州市政府代表团出访以上三国。

在德国，代表团学习考察了柏林、慕尼黑两市在宜居城市建设方面的经验和做法。

在奥地利，代表团拜会了萨

尔茨堡州政府，与对方就开展全方位交流合作进行商谈；同时，对维也纳进行宜居城市考察。

在爱尔兰，代表团与都柏林市政府、爱尔兰出口商协会、爱尔兰工业发展署等工商机构高层进行了会谈，并出席杭州市在都柏林举办的服务外包推介活动，宣传杭州服务外包的人才优势和产业政策。

【孙忠焕率团访问保加利亚、希腊和土耳其】 2009年7月20日至31日，应保加利亚普罗夫迪夫市政府、希腊文化部古迹与文化遗产司、土耳其伊斯坦布尔市政府的邀请，市政协主席孙忠焕一行赴上述三国进行友好访问。

在保加利亚，孙忠焕和普罗夫迪夫市代市长安塔纳索夫交流了各自市情和文化古迹保护情况，商谈了两市友好合作事项。

在希腊，孙忠焕与受市长委托的雅典市副市长苏菲·达斯卡拉奇·朱蒂利尼奥进行了友好会谈。双方表示，杭州和雅典都是历史文化名城，在文化发展和古迹保护方面应加强友好交往。

在土耳其，伊斯坦布尔市工商会执行总裁哈桑·德米尔向代表团介绍了商会的基本情况，表达了伊斯坦布尔工商界加强与中国企业合作的愿望。

孙忠焕还向到访城市宣传介绍了中国人民政治协商会议制度。

附表　2009年杭州市部分出访团组

序号	出访时间	团长职务、姓名	出访地点
1	3月22日～4月2日	市委副书记叶明	法国、西班牙、希腊
2	4月19～30日	市委常委、常务副市长杨戌标	以色列、摩洛哥、马耳他
3	5月9～20日	副市长何关新	南非、肯尼亚、赞比亚
4	5月12～23日	副市长佟桂莉	加拿大、巴西、美国
5	5月19～28日	副市长张建庭	韩国、日本
6	6月13～25日	市人大常委会副主任陈重华	意大利、英国
7	6月21日～7月2日	市政协副主席赵光育	西班牙、意大利、法国
8	7月22日～8月2日	市委常委、副市长沈坚	匈牙利、德国、俄罗斯
9	8月7～18日	市人大常委会副主任陈振濂	挪威、德国、希腊
10	9月13～25日	市政协副主席郁嘉玲	德国、奥地利、捷克
11	10月6～18日	市政协副主席张必来	韩国、日本、香港
12	10月18～23日	市委常委、常务副市长杨戌标	韩国
13	11月15～19日	副市长陈小平	菲律宾

重要活动

【2009年在杭外商投资企业暨在杭境外友人迎春团拜会】 2009年1月15日在杭州举行，市长蔡奇、市友协会长虞荣仁、市人大常委会副主任陈振濂、副市长佟桂莉、市政协副主席吴正虎等出席。蔡奇向来杭投资的外商和境外友人致以最真挚的问候和最美好的祝福，并简要介绍了杭州经济社会发展情况。

【第二届中国(杭州)国际户外休闲用品采购商大会】 2009年3

月4日至7日在和平会展中心举行。出席展会的有商务部、浙江省、杭州市主管领导，国际权威行业组织，世界户外休闲用品顶级品牌企业、国内重点生产企业、经销商、零售商等约200人。展会还举办了户外家具、休闲野营用品产业论坛以及商务配对交流等系列活动。

省委常委、市委书记、市人大常委会主任王国平，市委副书记王金财，市人大常委会副主任项勤，副市长佟桂莉，市政协副主席俞国庆等出席开幕式。

【2009中国杭州·菲律宾文化周】 2009年4月12日至30日在杭州西博会博物馆举行，由菲律宾驻沪总领事馆和西博会组委会办公室联合主办。

【中阿合作论坛第三届企业家大会暨投资研讨会】 2009年4月21日至22日在杭州举行。省委常委、市委书记、市人大常委会主任王国平，市人大常委会副主任陈振濂，副市长佟桂莉，市政协副主席俞国庆，近600家中方企业和19个阿拉伯国家的300余家企业代表参会。

与会人员围绕中阿相互投资的现状与前景、国际金融危机下的中阿双边贸易、中阿金融合作展望及中阿中小企业合作等话题进行了研讨。

【在杭世界500强企业座谈会】 2009年6月23日，市长蔡奇、副市长佟桂莉出席在杭世界500强企业座谈会。蔡奇与40余位500强企业代表座谈，了解他们在生产经营和工作生活中遇到的困难，帮助他们排忧解难；鼓励在杭世界500强企业增强发展信心，扩大发展规模，为杭州开放发展作出更大贡献。

【第五届目的地管理国际会议】 2009年9月21日在杭州召开，来自50个国家和地区的300多名代表参加会议。

目的地管理国际会议由联合国世界旅游组织发起于2002年，致力于在地方、区域和国家层面，针对旅游业不断增长的需求提供战略指导。此次会议的主题是“应对国际金融衰退：旅游目的地管理的挑战”，目的是认清旅游目的地在全球经济危机的情况下所面对的主要挑战，商讨减缓经济危机负面影响的政策。

中国国家旅游局副局长杜江，世界旅游组织代理副秘书长、首席运营官欧亨尼奥·尤尼斯，杭州市市长蔡奇、副市长张建庭等出席开幕式。

【2009PATA旅游交易会】 2009年9月23日至25日在杭州召开，参加本届旅交会的国际国内旅游买家、卖家代表共1200多人，来自51个国家和地区，其中50%来自欧美，25%来自其他亚洲国家和地区，场馆占地面积3348平方米，设372个展位。

PATA旅游交易会是亚太地区乃至全球著名的旅游行业专业展览和商务交流平台，杭州是中国大陆继北京之后第二个被选择承办PATA旅游交易会的城市。

【印度旅游推介会】 2009年9月26日在杭州举行，印度驻沪总领事戴思锐及印度旅游局官员一行13人出席推介会，向杭州市民发出到印度旅游的诚挚邀请。

副市长佟桂莉到会致辞。她说，杭州与印度在旅游业方面有着广阔的合作前景，本次推介会展示了印度丰富多彩的旅游资源，有助于增进杭州人民对印度的了解，扩大杭州与印度之间旅游和文化的合作交流，为增进双方友谊发挥积极作用。

【2009杭州国际友好城市市长峰会】 2009年10月15日至18日在杭州举办，来自16个国家的20个国外城市代表团、9个国内城市代表团和6个外国驻华使领馆代表团共200余人参会，外交部、全国友协、省外办、省文化厅领导应邀参会。

峰会围绕“城市与文化”主题，举办了“城市与文化”论坛，举行了《文化合作宣言》签署仪式、友城集体签署仪式，开展了友谊林植树、西湖徒步行、杭州文化体验之旅、文化创意产业参观之旅等系列活动。

省委常委、市委书记、市人大

常委会主任王国平给大会发来贺信。市长蔡奇作题为《文化是友城交流合作的纽带》的主旨发言，副市长佟桂莉主持开幕式，德国德累斯顿市市长海尔玛·奥洛兹、海口市副市长韩美分别代表国内外友城市长在开幕式上发言，斯里兰卡驻沪总领事马金达·贾森哈代表各国驻华使领馆致祝贺词。峰会深入探讨、交流了各参会城市在城市文化发展领域的先进理念与实践经验。

峰会期间，市长蔡奇分别与德国德累斯顿市市长海尔玛·奥洛兹、韩国水原市副市长芮昌根签署建立友好城市协议书，与捷克奥洛莫乌茨市副市长汉娜·卡斯蒂洛娃·特莎洛娃签署友好合作备忘录。

【2009中国(杭州)国际循环经济产业博览会】 2009年10月31日至11月2日在杭州举行，此次博览会的宗旨是“创新、合作、发展、共赢”。

来自英、美、法、德等17个国家的近百名政要莅临现场道贺，市长蔡奇出席开幕式并致辞。蔡奇说，以低能耗、低污染和低排放为标志的低碳经济是人类生活方式、能源消费方式、经济发展方式的重要变革，也是工业文明向生态文明转变的重大进步。当前，杭州正把发展低碳经济、倡导低碳生活、打造低碳城市作为践行科学发展观的重要途径，力争到2020年建成经济与环境协调发展，人与环境和谐共生的循环型城市。

【2009生活与发展国际论坛】 2009年11月8日至10日在杭州举行，由杭州市委、市政府及浙江大学和欧洲基金学院主办，市发展研究中心、市外办、杭州发展研究会等承办。

副市长佟桂莉主持开幕式，市委副书记叶明、浙江大学副校长吴朝晖分别在开幕式上致辞，省委常委、市委书记、市人大常委会主任王国平会见与会代表，副市长张建庭参加会见。在10日的闭幕式上，市委常委、秘书长许勤华致闭幕词。

来自美国、英国、德国、法国、日本等10多个国家的40多位政府官员、专家学者、国际组织代表，围绕“生活与发展”主题展开研讨。

【联合国教科文组织第十三届亚太地区教育革新为发展服务计划会议】 2009年11月15日至17日在杭州召开。联合国教科文组织亚太地区办事处官员，与来自美国、加拿大等10多个国家的200多名教育专家、知名信息技术企业高管一起，围绕“信息传播技术与教育”主题进行了交流研讨。

15日，市长蔡奇、市委副书记叶明、市政协副主席郁嘉玲会见参加会议的中外重要嘉宾。

重要来访

【微软公司副总裁访杭】 2009年1月20日，市长蔡奇、副市长佟桂莉会见微软公司副总裁善恩·金一行8人。蔡奇说，杭州互联网业务发达，拥有阿里巴巴等为代表的一大批优秀电子商务企业，Intel、思科、IBM等国际知名IT企业已经落户杭州，微软此前与杭州有许多合作，非常期待与微软公司进行更深层次的合作。

3月19日，市长蔡奇会见微软公司资深副总裁、大中华区董事长兼首席执行官梁念坚一行4人。蔡奇说，今后微软可以在网络游戏开发、电子商务、软件开发、IT培训、大学生创业实训等方面与杭州开展更深层次的合作，杭州市政府将在知识产权保护等领域为企业创造更好的投资环境。梁念坚简要介绍了微软近期发展战略和业务拓展计划，表示希望与杭州展开进一步的合作。

【摩托罗拉全球副总裁访杭】 2009年2月6日，省委常委、市委书记、市人大常委会主任王国平会见摩托罗拉全球副总裁、新任全球集成供应链宽带互联网及移动网络负责人白恩能一行7人，双方就摩托罗拉在杭州进一步投资发展进行了深入的探讨与交流。王国平建议双方一起开拓数字电视产业和互联网业务的广阔市场，共同描绘摩托罗拉在杭发展的美好前景。

副市长佟桂莉等参加会见。

【思科公司中国区董事长访杭】 2009年2月16日，市长蔡奇会见思科公司中国区董事长兼首席执行官杰瑞·史瑞夫一行6人。蔡奇说，杭州是国内知名的软件城市，有软件企业近千家，希望思科公司在杭州发展得更好，杭州市政府将协助思科公司进一步扩大研发基地规模，拓展服务平台。

副市长佟桂莉等参加会见。

【秘鲁驻沪总领事访杭】 2009年2月25日，省委常委、市委书记、市人大常委会主任王国平会见秘鲁驻沪总领事马雅德一行3人。

王国平说，秘鲁是一个古老的国度，拥有许多世界遗产，在文化景观遗产保护方面有很多好经验。杭州西湖将向联合国教科文组织申报2010年世界文化景观遗产，非常希望能学习和借鉴秘鲁保护世界文化景观遗产的好经验。

马雅德表示，将大力支持双方的交流与合作。

【荷兰驻华大使等访杭】 2009年3月25日，市长蔡奇会见荷兰新任驻华大使斐靖康和荷兰驻沪总领事汪一力一行3人。

蔡奇说，杭州不仅是风景旅游城市，还是经济强市，现代服务业、文化创意产业日益成为杭州新型主导产业，电子商务、服务外包、软件开发等新经济业态也正在兴起。荷兰王国的旅游、花卉、高科技、空港等产业非常发达，希望通过大使先生的造访，推动双方在旅游、经贸、空港等领域加强联系和合作。

裴靖康说，杭州不仅城市美丽，而且企业活力十足，这体现了杭州市政府良好的城市管理和运作能力。他表示，今后将支持更多的荷兰企业来杭投资。

市政府秘书长许小富会见时在座。

【英特尔软件开发商关系部全球总经理访杭】 2009年3月26日，市长蔡奇会见美国英特尔软件开发商关系部全球总经理柯里斯多斯·乔治奥珀罗斯一行4人。

蔡奇说，英特尔公司与杭州有着良好的合作关系，希望双方能在现有基础上取得更好成果。

乔治奥珀罗斯表示英特尔将继续加大在杭州的投资力度。

副市长佟桂莉等参加会见。

【韩国大金公司董事长访杭】 2009年3月26日，市长蔡奇会见韩国大金公司董事长赵炳喆一行。大金公司看好杭州经济技术开发区，打算在杭投资半导体固态硬盘存储器项目。蔡奇表示，市政府将为项目的落地做好跟踪服务工作。

【宜家亚太区董事会主席访杭】 2009年4月7日，省委常委、市委书记、市人大常委会主任王国平会见宜家亚太区董事会主席杜福延一行6人。

王国平说，杭州环境优越，房地产市场情况良好，宜家落户杭州是一个明智的选择，希望宜家尽快落户杭州，为提升杭州市民的生活品质作出贡献。

【谷歌公司全球副总裁访杭】 2009年4月9日，市长蔡奇会见美国谷歌公司全球副总裁刘允博士。

蔡奇说，杭州的软件业发达，在产业发展中，杭州坚持向美国硅谷看齐，引进美国硅谷研发团队，打造“天堂硅谷”品牌，实现与美国硅谷公司、人才、市场同步，双方可以在软件、培训、研发、风险投资等领域开展合作。

【微软全球副总裁访杭】 2009年4月17日，省委常委、市委书记、市人大常委会主任王国平会见微软全球副总裁比尔·维特一行7人。

王国平说，从2004年杭州与微软签订合作协议以来，杭州在推广正版软件方面做了很多工作，希望微软将保护知识产权方面的成功做法介绍给杭州，与杭州在软件人才培训、软件研发、全媒体建设方面深化合作。

副市长佟桂莉等参加会见。

【美国NBA中国区总裁访杭】 2009年4月17日，省委常委、市委书记、市人大常委会主任王国平会见美国NBA中国区总裁陈永正一行6人。

王国平说，杭州经济发展水平较高，环境具有优势，杭州奥博中心从一开始就坚持按照世界一流的标准进行设计建设，建成后希望能引进像NBA这样的国际顶级赛事。

陈永正说，杭州的新城建设与洛杉矶非常类似，发展潜力较大，NBA公司将继续推进双方的沟通和合作。

代表团此行主要是就美国NBA篮球赛落地杭州事宜与市有关部门进行可行性调研和洽谈，并实地考察杭州市奥博中心和钱江新城建设。

副市长佟桂莉等参加会见。

【法国赛诺菲·安万特总裁访杭】 2009年4月20日，省委常委、市委书记、市人大常委会主任王国平会见法国赛诺菲·安万特集团总裁魏巴赫一行10人。

王国平说，赛诺菲·安万特集团与杭州民生药业集团强强联手以来，合资公司获得了迅猛发展，为杭州医药产业发展作出了积极贡献。杭州赛诺菲·安万特民生制药有限公司搬迁到高新区（滨江）后，将为双方合作迎来新的战略机遇。

市委常委、副市长沈坚等参加会见。

【松下公司前社长访杭】 2009年4月22日，省委常委、市委书记、市人大常委会主任王国平会见松下公司前社长森下洋一一行7人。

王国平说，十多年来，松下与杭州保持着很好的战略合作关系，双方互惠、双赢，松下与杭州的合作堪称是在杭外资企业的典范。在国际金融危机影响下，杭州鼓励白色家电下乡，对松下进一步拓展市场、推进与杭州的合作是个好机会。

副市长佟桂莉等参加会见。

【泰国3D震撼集团董事长访杭】 2009年4月30日，省委常委、市委书记、市人大常委会主任王国平会见泰国3D震撼集团董事长卞模良一行9人。

王国平说，3D技术正逐步应用于动漫、影视、娱乐等领域，市委、市政府将支持3D震撼集团在杭州的发展。

卞模良介绍了3D震撼集团的发展战略，表示要加快在杭投资项目的推进速度。

市委副书记叶明等参加会见。

【微软公司CEO访杭】 2009年5月15日，美国微软公司CEO鲍尔默一行6人访问杭州，市委书记王国平、市长蔡奇出席杭州市一微软（中国）战略合作备忘录签字仪式、高新区软件服务创新平台启动仪式。

【新加坡总理访杭】 2009年6月4日至5日，新加坡总理李显龙夫妇率新加坡政府代表团一行34人访问杭州。

6月5日上午，新加坡杭州科技园正式开园。新加坡总理李显龙、浙江省副省长龚正，杭州市市长蔡奇等出席开园仪式。该园位于杭州经济技术开发区中心地带，占地48公顷，是新加坡腾飞集团和杭州经济技术开发区资产经营集团有限公司联手打造的杭州第一个现代化、国际化的综合科技园区。

【思科全球副总裁访杭】 2009年6月5日，市长蔡奇会见思科全球副总裁、中国副董事长兼总裁林正刚一行9人。

2008年10月29日，思科宣布成立杭州分公司，为本地客户提供更加有力的支持和服务。林正刚此行，就思科与浙大网新合作项目、杭州市信息化建设、思科网迅在杭州的发展等与有关方面进行交流。

副市长佟桂莉等参加会见。

【美国斯坦福大学教授访杭】 2009年6月5日，市长蔡奇会见美国斯坦福大学教授、斯坦福大学和美国SLAC国家实验室联合设立的材料和能源科学研究所所长沈志勋一行7人。

蔡奇介绍了杭州发展新能源特别是太阳能光伏产业的情况，希望双方在光伏产业整合、企业孵化、人才培训、技术与商业模式创新等方面开展合作。

【外国驻华代表团访杭】 2009年6月13日，省委常委、市委书记、市人大常委会主任王国平，市长蔡奇会见以希腊驻华大使塞德罗斯·耶奥卡凯罗斯夫妇为团长的“2009年中国文化遗产日外交官走进文化遗产活动”外国驻华代表一行14人。

王国平说，杭州是一座拥有8000年文明史、5000年建城史的古老城市，保护文化遗产的责任非常重，希望国家文物局、各位驻华使节指导和帮助杭州人民保护好文化遗产。

埃塞俄比亚驻华大使代表各位外交使节说，杭州的城市非常美丽，杭州的人民非常友好。他们已深深感觉到，杭州为什么被称之为“人间天堂”以及杭州在构建和谐社会、和谐文化上所取得的成果。相信杭州在文化遗产保护上也一定能取得更大的成绩。

副市长张建庭等参加会见。

【新西兰驻沪总领事访杭】 2009年6月16日，市长蔡奇会见新西兰驻上海总领事隋新一行10人。

蔡奇说，新西兰是一个美丽的国家，杭州与新西兰有良好的贸易合作关系。希望双方进一步加强合作，保持联系，建立和完善经贸合作渠道，推动双方经贸发展。

隋新希望能把更多的新西兰企业介绍到杭州来，推动新西兰与杭州的经贸往来。

副市长佟桂莉等参加会见。

【摩托罗拉中国区董事长访杭】 2009年6月25日，省委常委、市委书记、市人大常委会主任王国平会见摩托罗拉中国区董事长高瑞彬一行7人。

王国平说，摩托罗拉公司对杭州IT产业的发展起到了非常重大的作用。当前，适逢国家大力推动“三网融合”（下一代互联网、第三代移动通信技术以及下一代广播电视网）的大好发展机遇，希望摩托罗拉与杭州市在下一代互联网、第三代移动通信技术以及下一代广播电视网等领域的合作实现新的突破，共同推动杭州的城市数字化和信息化进程。

高瑞彬对杭州市委、市政府多年来对摩托罗拉在杭公司的大力支持表示感谢。他表示，摩托罗拉愿意与杭州市进一步加强合作，加快双方在新兴通信领域合作发展的步伐。

市委常委、副市长沈坚会见时在座。

【加拿大驻沪总领事访杭】 2009年6月26日，市长蔡奇在市政府会见加拿大新任驻沪总领事潘乃德一行3人。

蔡奇说，杭州一直以加拿大温哥华为标杆，学习借鉴温哥华的宜居经验，并与加拿大许多城市有友好往来，希望今后在总领事先生的帮助下，与加拿大工商界加强合作，扩大投资、贸易、旅游和文化交往，与加拿大一些城市结为友好城市。

潘乃德说，杭州不仅有美丽的风景，还是充满生机的城市，杭州的发展也为加拿大创造很多机会，希望双方加强交往，不断开拓新的合作领域。

【埃森哲大中华区副总裁访杭】 2009年7月9日，市长蔡奇在天元大厦会见并宴请埃森哲大中华区副总裁查尔斯·亨廷一行5人。

蔡奇说，杭州拥有一批以浙大网新和恒生电子为代表的优秀服务外包企业，是中国服务外包发展较快的城市，埃森哲是全球知名的服务外包公司，希望公司能把在华交付中心放在杭州，加强在杭服务外包人才培训，多介绍服务外包的企业和项目来杭州发展。

亨廷说，杭州不仅有很强的人才储备，而且专业化发展的定位非常明确，同时又是一个非常宜居的城市，埃森哲愿与杭州合作，特别是在人才培养方面作出贡献。

副市长佟桂莉等参加会见和

宴请。

【美国银湖投资集团高级顾问访杭】 2009年7月25日，市长蔡奇会见美国银湖投资集团高级顾问李信麟和董事总经理陈徇一行3人。

蔡奇说，杭州有优越的投资环境和强大的人才储备，近年来正积极发展软件等高技术产业，希望与美国银湖投资集团加强合作，实现互利双赢。

李信麟表示，杭州有着国内城市不可多得的商业和居住环境。美国银湖投资集团愿意与杭州在设立投资基金方面进行进一步的探讨，并争取早日取得实质性进展。

【瑞士建筑事务所亚洲区首席代表及亚洲区域总负责人访杭】 2009年8月7日，省委常委、市委书记、市人大常委会主任王国平会见瑞士赫尔佐格和德默隆建筑事务所合伙人、亚洲区首席代表董临熙一行4人。

王国平说，工业遗产是杭州这座历史文化名城的重要组成部分，希望赫尔佐格和德默隆建筑事务所能积极参与杭州制氧机厂、杭州锅炉厂等工业老厂房的保留改造利用项目，为杭州工业遗产保护提出更多的好点子。

董临熙说，杭州是一座美丽的城市，充满了历史与文化的积淀。杭州对工业遗产不遗余力地加以保护，体现了这座城市的决策者对历史负责、对人民负责、对城市负责的远见卓识。他表示，将积极参与杭氧、杭锅工业老厂房的改造计划，并愿意把国际上关于工业遗产保护的新理念介绍到杭州来。

市委常委、常务副市长杨戌标，市委常委、秘书长许勤华和市有关部门负责人会见时在座。

12月17日，省委常委、杭州市委书记、市人大常委会主任王国平会见瑞士赫尔佐格和德梅隆建筑事务所合伙人、亚洲区域项目总负责人史蒂凡·马尔巴赫一行3人。王国平希望其能积极参与杭州制氧机厂和杭州锅炉厂老厂房保护利用项目的规划设计，并为杭州工业遗产保护提出更多的好点子。

史蒂凡·马尔巴赫表示，将积极参与杭氧、杭锅老厂房保护利用项目的规划设计，并愿意把国际上关于工业遗产保护的新理念、好做法介绍到杭州来。

市委常委、秘书长许勤华，副市长张建庭会见时在座。

【新加坡悦榕集团主席访杭】 2009年8月19日，省委常委、市委书记、市人大常委会主任王国平会见新加坡悦榕集团主席何光平一行6人。

王国平说，杭州欢迎新加坡悦榕集团及其他世界知名酒店业公司来杭发展，帮助杭州引入国际品牌，创新管理经营理念，共同提升杭州旅游的竞争力。

何光平说，新加坡悦榕集团愿意进一步加强与杭州的合作，全力经营管理好已建项目，实现互利共赢。

【法国LV集团全球总裁访杭】 2009年8月23日，省委常委、市委书记、市人大常委会主任王国平会见法国LV集团全球总裁伊夫一行7人，伊夫此行计划与上城区湖滨国际名品街开展合作。

王国平说，西湖是世界著名的风景旅游胜地，每年有5000多万人次中外游客到杭州旅游，3000多万人次游客到西湖，湖滨国际名品街位于西湖门厅，集中西湖周边50%以上的商业设施，是发展奢侈品业务的一块宝地，市委、市政府将为LV在杭州的发展提供优质服务。

【美国硅谷银行首席执行官访杭】 2009年9月2日，市长蔡奇会见美国硅谷银行首席执行官威尔考克斯、首席财务官戴司南一行4人。

蔡奇说，美国硅谷银行是全球知名银行，杭州经过银监会批准，参照美国硅谷银行的运作模式组建了科技银行，服务杭州的中小企业，取得了良好效果。希望威尔考克斯先生为杭州科技银行发展多提宝贵意见。

威尔考克斯表示，愿意为杭州中小企业的发展提供帮助，与杭州市分享在服务中小企业方面的经验和成果。

【秘鲁驻华大使访杭】 2009年9月10日，市长蔡奇会见秘鲁驻华大使哈罗德·福塞斯和秘鲁驻沪总领事阿尔伯托·马萨。

蔡奇说，秘鲁有着灿烂悠久的文明史，大使先生为杭州与秘鲁首都利马市的友好交往作出了不可磨灭的贡献，希望大使先生为杭州与秘鲁旅游界、工商界的合作牵线搭桥，杭州将为秘鲁公民、企业在杭州的商务活动和旅行提供便利。

福塞斯说，通过马可·波罗游记了解到杭州是一座著名的城市。10月份，利马市市长将率团来杭州参加国际友城市长峰会，相信利马与杭州的合作前景将越来越广阔。

【联合国科教文组织世界遗产中心主任访杭】 2009年9月29日至30日，联合国科教文组织世界遗产中心主任班德林一行2人访问杭州，专门就西湖“申遗”工作进行检查指导。

省委常委、市委书记、市人大常委会主任王国平，市长蔡奇会见班德林一行，双方就推进西湖“申遗”，保护好西湖这一中国乃至世界特有的文化景观遗产进行了深入的探讨与交流。

【摩根士丹利全球管理联席负责人访杭】 2009年10月15日，市长蔡奇会见摩根士丹利全球管理联席负责人斯蒂芬·特来弗一行6人。

蔡奇说，杭州是风险投资最好的城市之一，金融业发展迅速，正着力打造多层次的资本市场，希望摩根士丹利继续给予杭州指导与帮助。

斯蒂芬·特来弗对杭州市一直以来对摩根士丹利在杭州项目的支持帮助表示感谢。他表示，将进一步加强与杭州的合作，促进双方共同发展。

【英国伦敦证券交易所董事长访杭】 2009年10月21日，市长蔡奇会见英国伦敦证券交易所董事长高博深一行4人。

蔡奇说，杭州正积极支持企业上市，鼓励企业到海外上市募集资金。伦敦证券交易所是世界四大证券交易所之一，希望能与杭州有意向了解和进入欧盟市场的实力企业展开更多的合作。

高博深表示，将积极在杭开展推广活动，为杭州企业在伦敦上市提供周到的服务。

副市长佟桂莉等参加会见。

【爱尔兰驻华大使访杭】 2009年10月21日，市长蔡奇会见爱尔兰驻华大使戴克澜·凯勒何一行10人。

蔡奇说，爱尔兰享有“欧洲软件之都”的美誉，全世界服务外包业最集中的地区也在爱尔兰。杭州与爱尔兰之间有良好的经贸合作关系，去年杭州对爱尔兰的进出口总额达到6575万美元，希望双方在软件业、服务外包产业开展全方位的合作。

戴克澜·凯勒何表示爱尔兰愿意成为杭州进入欧洲的门户。

【奥地利保时捷公司总裁访杭】 2009年10月27日，市长蔡奇会见奥地利保时捷控股公司全球总裁罗特尔一行7人。

蔡奇说，当前杭州抓住国家出台汽车产业调整振兴规划的历史机遇，将汽车产业作为战略产业来抓，倾力打造汽车产业园，使之成为汽车整车及零部件的集散地。

罗特尔表示，保时捷公司将加快在杭州业务发展的步伐。

【德国慕尼黑市长访杭】 2009年10月29日，市长蔡奇会见德国慕尼黑市市长吾德一行5人。

蔡奇说，慕尼黑是世界名城，国际公认的宜居城市。杭州正在建设与世界名城相媲美的生活品质之城，杭州与慕尼黑可以在宜居城市建设、文化交流、公务员互访、文创产业上加强合作。

吾德说，杭州有非常美丽的风景，保护完好的名胜古迹，非常棒的艺术气息，处处体现了生活质量的高水准。希望今后两市加强交流合作，促进共同繁荣。

【微软大中华区总裁访杭】 2009年10月30日，市长蔡奇会见美国微软大中华区总裁梁念坚一行5人。

蔡奇说，今年5月，杭州市政

府与微软签署了战略合作备忘录，双方携手在建立微软（杭州）云计算中心等机构，在共同推进杭州建设中国领先的“服务外包示范城市”、中国最优秀的“知识产权保护示范城市”、中国领先的创新型城市等方面开展战略合作。杭州被誉为“天堂硅谷”，发展信息技术、软件等高科技产业有着得天独厚的人才和环境优势，希望双方在原有的基础上深化合作与交流。

副市长佟桂莉等参加会见。

【世界休闲组织主席访杭】 2009年11月6日，省委常委、市委书记、市人大常委会主任王国平会见世界休闲组织主席卡塞一行25人。

王国平说，从第一届世界休闲博览会筹备开始，杭州就与世界休闲组织建立了战略合作关系，目前，杭州正在积极推进第二届世界休闲博览会的筹备工作，奥体博览城规划面积近6平方千米，已确定建设项目建筑面积达270万平方米。

卡塞说，世界休闲组织将会继续与杭州加强合作，推动第二届世界休闲博览会成功举办。

副市长张建庭等参加会见。

【英国建筑设计大师访杭】 2009年11月25日，省委常委、市委书记、市人大常委会主任王国平会见来杭参加杭氧、杭锅地块国际旅游综合体总体规划及建筑概念设计征集的英国著名建筑设计师大卫·齐普菲尔德一行4人。

王国平说，杭州主城区已迈入工业化后期，主城区的工业企业搬迁后留下的老厂房是一笔宝贵的工业遗产。杭氧、杭锅地块是杭州老厂房保护面积最大、最集中的地区之一。

大卫·齐普菲尔德说，杭氧、杭锅工业遗产保护项目是一个具有意义、振奋人心的项目。他表示，将积极参与杭氧、杭锅工业遗产保护项目，力争交出漂亮的答卷。双方就实施保护好该项目达成初步意向。

市委常委、秘书长许勤华等会见时在座。

【UT斯达康全球首席执行官访杭】 2009年12月9日，市长蔡奇会见UT斯达康全球首席执行官彼得·布莱克摩一行4人。

蔡奇说，UT斯达康是全球领先的端对端网络设备供应商，希望坚定在杭州发展的信心，加强杭州基地新产品的研发投入，政府将为UT斯达康在杭州发展做好服务工作。

彼得·布莱克摩说，UT斯达康主要业务集中在中国等亚洲地区，已开发IPTV（网络电视）、宽带等新产品，公司正把全球运营中心逐步搬到杭州。

副市长佟桂莉等参加会见。

【美国著名建筑设计师访杭】 2009年12月11日，省委常委、市委书记、市人大常委会主任王国平会见美国著名建筑设计师史蒂芬·霍尔及其建筑事务所一行3人。

王国平说，杭州的主城区已经迈入后工业化时代，数千家企业正逐步搬离主城区。工业遗产是杭州这座历史文化名城的重要财富。为此，杭州专门编制了工业遗产保护与利用规划，在老城区范围内将保护近50万平方米工业遗产。杭氧、杭锅地块是杭州工业遗产规模最大、集聚度最强、含金量最高的区域。我们将聘请世界一流建筑设计师把好保护利用这道关，努力使杭氧、杭锅工业遗产成为杭州这座城市的地标性建筑。霍尔先生是世界超一流建筑设计师，非常感谢霍尔先生对杭氧、杭锅工业遗产保护的重视和关注，而且亲自对杭氧、杭锅地块的保护利用进行规划设计。

霍尔说，打算在规划设计中加入杭州的元素，对杭氧、杭锅工业遗产加以特别保护，融合园林和现代两种特色，同时体现过去、现在和未来，让这个项目成为独一无二的标志性作品，给杭氧、杭锅地块带来新的生机。

市委常委、秘书长许勤华，副市长张建庭等会见时在座。

【日本大阪、京都、兵库三府县知事访杭】 2009年12月24日，市长蔡奇会见代表团一行14人。

蔡奇说，杭州的旅游业发达，

曾被世界休闲组织命名为“东方休闲之都”，被国家旅游局和世界旅游组织联合授予“中国最佳旅游城市”。西湖、西溪、运河、良渚文化、南宋皇城大遗址等都是可以推向世界的旅游产品。杭州与日本众多城市有密切交往，与岐阜、福井、札幌、松江等市都建立了友好关系。关西地区是日本的第二中心，旅游业发达，有众多名城古迹，希望双方加强经贸、旅游方面的交流与合作。

井户敏三知事希望进一步加强与杭州市政府间和民间的交往，特别是加强双方青少年之间的交流。

副市长佟桂莉、中国驻大阪总领事郑祥林等陪同出席会见。

附表　2009 年杭州市接待的部分来访团组

序号	来访时间	团组名称(团长职务)	团长姓名	人数	会见(宴请)
1	1月6日	美国 IDEO 公司亚太区总裁	理查德·凯里	5	沈　坚
3	1月16日	国际香精香料公司执行副总裁	贝丝·福特	5	佟桂莉
4	2月4日	加拿大驻沪总领事	葛淑珊	4	佟桂莉
5	2月6日	印度驻沪总领事	戴恩锐	3	佟桂莉
6	2月11日	捷克驻沪总领事	布胡米尔·马扎内克	2	佟桂莉
7	2月16日	美国西屋制动技术有限公司中国区总裁	崔垚	4	佟桂莉
8	2月20日	巴西驻沪总领事	马尔科斯·卡拉姆卢·德·帕伊瓦	2	佟桂莉
9	2月23日	德国博世电动工具公司事业部总裁	史德藩·哈得坦	4	佟桂莉
10	2月24日	奥地利保时捷控股公司总裁	库尔特·罗特尔	9	王金财
11	3月3日	毕马威全球信息技术咨询主管	查玮亮	6	佟桂莉
12	3月4日	科威特驻华大使	费萨尔·拉希德·盖斯	20	佟桂莉
13	3月5日	新加坡驻沪总领事	叶伟杰	3	佟桂莉
14	3月6日	韩国三星集团大中华区总裁	朴根熙	11	许迈永
15	3月13日	法国赛诺菲·安万特项目经理	阿兰·富尼	4	沈　坚
16	3月17日	新加坡科技动力有限公司总裁	萧志权	4	佟桂莉
17	3月17日	芬兰驻沪总领事	贺睦宁	8	佟桂莉
18	3月18日	美国商会代表团	威廉姆斯	40	佟桂莉
19	3月19日	挪威驻沪总领事	诺和平	8	张建庭
20	3月24日	美国 RSA 建筑设计公司执行副总裁	米契·史瓦西	2	佟桂莉
21	3月24日	美国利宝互助集团执行副总裁兼亚太区首席运营官	铃木	3	杨戌标
22	4月1日	英国渣打银行(中国)有限公司首席经济学家	王志浩	5	杨戌标
23	4月1日	日本岩国市·广岛市 2009 书法交流访华团	松塚展門	10	虞荣仁

续表

序号	来访时间	团组名称(团长职务)	团长姓名	人数	会见(宴请)
24	4月4日	中国驻墨西哥蒂华纳总领事	高守坚	8	叶　明
25	4月16日	香港商务代表团	黎永昌	4	陈小平
26	4月22日	法国液空集团高级副总裁	弗朗索瓦·达西	6	佟桂莉
27	4月22日	印度驻沪总领事	戴思锐	5	佟桂莉
28	4月24日	意大利欧洲设计学院副校长	安德拉	4	沈　坚
29	4月24日	澳大利亚新南威尔士州华人议员代表团	曾筱龙	6	佟桂莉
30	4月20日	日本松下家电电器社副社长	藤井	4	佟桂莉
31	4月26日	世界民间艺术节组织理事会		46	虞荣仁
32	5月8日	毕马威全球IT咨询服务主管	查玮亮	4	佟桂莉
33	5月18日	意大利都灵工商会主席	巴伯利斯	19	沈　坚
34	6月4日	泰国普吉市市长	颂佳	23	沈　坚
35	6月11日	摩托罗拉公司资深副总裁	倪铭声	4	佟桂莉
36	6月16日	香港铁路有限公司财物及业务拓展总监	梁国权	11	杨戌标
37	6月16日	松下电器产业株式会社家用电器社社长	高见和德	5	佟桂莉
38	6月22日	美国AEG公司中国区总裁	葛伯强	3	佟桂莉
39	6月25日	毕马威伦敦事务所主席	瑞德	5	佟桂莉
40	6月30日	日本泰尔茂株式会社常务董事、中国总代表	三村孝仁	3	佟桂莉
41	7月8日	默沙东中国有限公司总裁	冯纳玺	6	佟桂莉
42	7月8日	日本松下电工信息系统株式会社董事	黑野尚	6	佟桂莉
43	7月29日	日本福井市前市长	酒井哲夫	6	佟桂莉
44	8月18日	SITA公司北亚太管理团队总裁	保罗·戴尔特	5	佟桂莉
45	8月23日	美国云桥科技首席执行官	侯文章	4	佟桂莉
46	8月23日	美国安泰保险金融集团亚太区副总裁	程·霍金	5	佟桂莉
47	9月3日	花旗集团全球公共部门银行业务部联席主席	迈克·雷顿	5	杨戌标
48	9月8日	土耳其运萨集团总裁	萨利姆·艾克多冈	6	孙忠焕
49	9月10日	法国液空集团高级副总裁	弗朗索瓦·达西	12	沈　坚
50	9月11日	美国联邦商务部国家商业发展总署东北部14州亚裔商业名誉顾问委员会名誉团长	戴文波	15	佟桂莉
51	9月11日	美国百思买亚洲区总裁	杨得铭	2	佟桂莉
52	9月12日	著名雕塑及城市景观设计艺术大师	理查德·迪肯	7	佟桂莉

续表

序号	来访时间	团组名称(团长职务)	团长姓名	人数	会见(宴请)
53	9月15日	英中贸易协会主席	白乐威	15	杨戌标
54	9月19日	日本驻华大使、国际交流基金日中交流中心所长	阿南惟茂	2	虞荣仁
55	9月20日	美国生物技术产业协会执行副总裁	肖恩·达拉	4	佟桂莉
56	9月24日	博世包装技术(杭州)有限公司总经理	海基	3	金胜山
57	9月25日	微软公司视窗产品全球副总裁	迈克·纳什	5	佟桂莉
58	10月23日	国际金融服务外包考察团	佛朗索瓦·德古尔德	12	佟桂莉
59	10月28日	新加坡总理公署部长、财政部兼交通部第二部长	陈惠华	50	佟桂莉
60	10月28日	美国新世纪科技服务集团首席执行官	侯文章	10	佟桂莉
61	10月30日	奥地利施泰尔马克州经济部长	克里斯蒂安·布赫曼	50	佟桂莉
62	11月3日	日本阿普丽佳婴童产品经营副总经理	稻山胜久	6	沈　坚
63	11月5日	阿根廷阿尔米兰德布朗市市长	达里奥·朱斯托齐	4	董祖德
64	11月10日	美国高德纳公司副总裁	拉弗德		佟桂莉
65	11月10日	日本泰尔茂公司会长	和地孝	10	佟桂莉
66	11月10日	隆德市第一副市长	简·英格·阿菲尔德	10	陈小平
67	11月14日	美亚友好协会会长	梁德铨	15	沈　坚
68	11月18日	美国ING公司副总裁	艾博	3	董祖德
69	11月20日	美国兰德公司副总裁	克诺普	3	佟桂莉
70	12月3日	日本大阪府府民文化部都市魅力局观光科科长		5	谢国建
71	12月4日	日本YRP研究开发推进协会会长	甕昭男	19	佟桂莉
72	12月8日	比利时新任驻沪总领事	乔治	3	谢国建
73	12月9日	瑞士诺华制药公司国际部总裁	艾西比罗	3	沈　坚
74	12月9日	荷兰驻沪总领事	汪一力	2	佟桂莉
75	12月22日	埃森哲大中华区副总裁	查尔斯·亨廷	3	佟桂莉
76	12月23日	西门子(中国)有限公司华东区总经理	孟凡辰	4	杨戌标
77	12月14日	香港屈臣氏集团中国区总经理	罗敬人	6	佟桂莉
78	12月17日	希腊驻沪总领事	玛利亚·萨兰蒂	2	佟桂莉
79	12月24日	泰国下议院常务委员会主席	萨达·孔裴	24	于辉达

友好城市交流

【日本上尾市市长访杭】 2009年3月26日，市长蔡奇会见日本上尾市市长岛村穰一行。杭州与上尾两市交往已久，14年前双方就有了经贸往来，2004年两市签署友好交流与合作备忘录。

【美国印第安纳波利斯市代表团访杭】 2009年6月10日至12日，以副市长尼克·韦伯为团长的美国印第安纳波利斯市代表团一行6人来杭访问，拜会市领导，并与杭州市经济、教育等部门商谈2008年拟定的交流合作意向。

【澳大利亚兰德维克市市长访杭】 2009年7月7日至10日，澳大利亚兰德维克市市长布罗斯·诺特里·斯密斯一行2人访问杭州，拜会市领导和市环保局、西湖博览会办公室、钱江经济开发区等部门。

8日，副市长佟桂莉会见代表团一行，希望双方在环保、教育、文化、古迹保护、产业发展以及公务员交流等领域加强交流与合作。

【杭州与韩国丽水市交流往来】 2009年10月10日，韩国丽水市市长吴炫燮率该市代表团一行9人来杭访问。两市举行了“2011年杭州世界休闲博览会”和“2012年丽水世界博览会”友好合作备忘录签署仪式。

11月5日至6日，丽水市世博会组委会组织的市民记者团一行48人来杭访问，考察西湖博览会举办情况，学习借鉴杭州市办展的经验，实地观摩西博会的相关活动。

【杭州、岐阜结好30周年纪念活动】 2009年10月10日至14日在杭州举办，日本岐阜市市长细江茂光、议长林政安及受表彰友好人士代表团一行120余人来杭参加。两市举行了30周年庆典和友好人士表彰仪式、中日友好书法交流活动、中日友好风筝放飞交流活动等。

【韩国春川市代表团访杭】 2009年11月5日，韩国春川市“2010春川世界休博会”组委会委员长孙殷男率代表团访问杭州，主要目的一是代表春川市参加杭州市举办的2009中国(国际)休闲发展论坛，二是邀请杭州市参加于2010年在春川召开的世界休闲大会。

【德国德累斯顿大学代表团访杭】 2009年11月9日，德国德累斯顿经济技术大学代表团一行4人来杭访问，考察杭州市教育情况，并寻求与杭州市高校合作。这是杭州与德累斯顿正式结好后德方首个来访代表团。

【杭州与福井结好20周年庆典及交流活动】 2009年11月20日至24日，日本福井市市长東村新一、议长松山俊弘及福井市日中友协、福井市民国际交流协会和福井县日中友协代表团共147人来杭参加两市结好20周年庆典及交流活动。

◎杭州、福井结好20周年庆祝宴会暨友好人士表彰仪式

23日，市友协与福井市日中友协、福井市民国际交流协会签署进一步促进友好交流协议书，举办了两市结好20周年纪念植树仪式。当晚，市政府、市友协举行两市结好20周年庆祝宴会暨友好人士表彰仪式。

（张尚辉）

县(市、区)外事

·西　湖　区·

【外事工作概况】 2009年全区受理因公出国(境)申报团组7批、42人次。审核并办理邀请外国人来华280批、423人次。接待来自日本、越南、土耳其等国的政府官员和企业家来访。

【主要出访】 2009年5月5日至16日，应瑞士罗氏公司、俄罗斯湿地国际组织等的邀请，区委书记郑荣胜率区项目洽谈访问团一行出访俄罗斯、瑞士、捷克等国，进行招商引资、项目洽谈、湿地考察等。瑞士罗氏公司是世界500强企业，已在西湖区三墩镇合作建立了杭州迪安医疗控股有限公司。

7月2日至13日，应智中经贸促进会等单位的邀请，区委副书记、区长王立华率区项目洽谈访问团出访巴西、阿根廷、智利三国，就发展地方经济、开发旅游资源、繁荣文化体育事业、保障低收入人群住房等问题与受访单位进行了广泛的交流。

（杨敏华）

·萧　山　区·

【外事工作概况】 2009年，区外办受理、审核，并经区政府领导审批同意的因公出国(境)团组146批次、287人次，分别比上年下降24.4%、32%。区政府自行审批经贸类团组65批次、138人次，其中区内企业自组团组46批次、98人次，自组团总批次和总人次分别比上年下降29.3%、47%；转报杭州市政府审批团组81批次、149人次，分别下降20%、10%。审核、转报上级外办审批外国人来华发邀请函电申请64批次、76人次。

【主要出访】 2009年4月12日至23日，区委副书记、区长盛阅春随杭州市政府代表团出访德国、奥地利、爱尔兰。

11月，由区委常委、组织部长施迎利带队，萧山区政府工作部门和镇街主要负责人共23人赴美国参加为期28天的“政府经济管理和公共危机处理”培训。

【重要外事活动】 2009年3月23日至28日，为期6天的第56届国际金钥匙组织年会在萧山区召开，来自40个国家和地区的900多位“金钥匙”参加年会。

·相关链接·

国际金钥匙组织

1929年由费迪兰·吉列特在法国创立，是由酒店礼宾司及委托代办服务人员组成的国际性组织。该组织每年举行一次全球性年会。

国际金钥匙组织的使命是：建立并推广高水平的专业技能及职业道德标准，拓展对行业新人的培训；发掘、培养及强化酒店的礼宾司或委托代办服务人员的专业技能及素养等。

6月10日至13日，第十五届中国国际化纤会议在萧山区召开，这是中国化纤业最大盛会连续第二年在萧山区举行。中国纺织工业协会、中国化纤协会，国家发改委、工信部等相关行业和部门负责人，萧山区领导盛阅春、蒋金梁出席会议。来自美国、日本、韩国、德国、英国、瑞士、巴西等30多个国家和地区化纤业界的专家、学者和企业家以及国内代表共360多人参加会议。

6月19日，萧山区举行产业环境推介会暨项目签约仪式，介绍萧山的投资环境，共有77个项目签约，其中外商投资项目34个，总投资7.58亿美元，合同利用外资3.76亿美元。来自美国、德国、英国、荷兰、日本、韩国等国的投资者和企业代表参加会议，南非、丹麦、保加利亚、荷兰等国驻沪总领馆的官员出席会议。

9月15日至10月15日，举行萧山国际旅游节暨2009中国国际（萧山）钱江观潮节。其间，萧山区接待国内外游客186.5万人次。来自世界各地的冲浪高手参加了钱塘江冲浪活动。

11月6日至7日，2009中国（国际）休闲发展论坛在萧山区举行。全国人大常委会副委员长陈昌智、杭州市人大常委会副主任陈振濂、杭州市副市长张建庭、萧山区副区长方毅、世界休闲组织理事会主席德雷克·卡塞，国家发改委、国家体育总局、国家旅游局等国家各部委领导，省级相关部门领导，南京、青岛、贵阳、银川等28个休闲旅游重点城市代表，国际组织机构官员，国内外专家学者等共500多位代表出席论坛。2009中国（国际）休闲发展论坛由世界休闲组织、杭州市人民政府、浙江大学、求是《小康》杂志社主办，杭州世界休闲博览会组委会办公室、求是《小康》杂志社、浙江大学亚太休闲教育研究中心、萧山区人民政府承办。在2009中国休闲城市颁奖仪式上，萧山被授予“2009中国十大休闲胜地”称号。

12月3日至6日，第十五届中国羽绒制品及服装服饰博览会暨首届萧山国际羽绒节在萧山举行。中国轻工业联合会、工信部、中国羽绒工业协会等领导，浙江省及杭州市领导，国内相关行业组织以及科研院校代表，国际羽绒羽毛局、日本羽毛制品协同组合等机构的代表参加博览会各项活动。

【重要来访】 2009年9月7日，由州长奥通巴·葛邦加·丹尼尔率领的尼日利亚奥贡州政府及企业家代表团一行40余人访问萧山区。省外办主任阮忠训、副区长方毅会见代表团一行，并陪同参观考察。代表团重点考察了瓜沥镇航民村，参观了航民集团下属非织造布公司、黄金首饰饰品有限公司等，参观了农民住宅，了解农民的生活状况。航民村发达的民营经济、完善的社会保障、安逸的农民生活，给来宾留下了深刻印象。

10月11日至14日，由副市长蒂塔尤·肖盖勒率领的法属波利尼西亚帕埃阿市政府代表团对萧山区进行友好访问。代表团先后参观考察了萧山城市建设馆、萧山图书馆、自来水三厂、湘湖景区、跨湖桥博物馆、萧山博物馆、萧山中学、东方文化园、传化集团、桃北新村等。市委常委、区委书记洪航勇会见并宴请代表团一行。肖盖勒代表帕埃阿市政府邀请萧山区于2010年派遣代表团访问法属波利尼西亚。

11月25日，来华进行非正式访问的乌干达副总统吉尔伯特·布凯尼亚一行5人，在外交部仇伯华大使、省外办副主任顾建新等的陪同下访问萧山。布凯尼亚一行考察了杭州合和纺织有限公司、杭州经纬电子机械制造公司等企业，详细了解纺织业发展情况，对与萧山区企业合作表示了浓厚兴趣。

（陈燕郸）

·余　杭　区·

【外事工作概况】 2009年，全区受理因公出国（境）申报团组71批、158人次，分别比上年下降29.7%、34.7%。审核并办理邀请外国人来华642批、1034人次，其中商务考察、贸易洽谈、设备调试等616批、1007人次，就业26批、27人次。接待来自英国、美国、荷兰、日本等国政府官员和企业家来访7批、25人次。

【主要出访】 2009年3月20日至30日，以区长姜军为团长的区政府招商促销团一行6人赴英国、法国招商。招商促销团访问了友好城市英国柯克利斯市，宣传推介余杭；走访了法国赛诺菲·万安特公司和曼尼通公司总部，就曼尼通公司增资位于余杭的曼尼通（杭州）叉车有限公司达成意向。

8月29日至9月7日，以区委常委、余杭创新基地党工委书记孙炳松为团长的余杭创新基地招商考察团赴英国、瑞典举办投资洽谈会，宣传推介余杭创新基地。

5月8日至17日，以区委常委、余杭经济开发区党工委书记沈昱为团长的余杭经济开发区招商团，访问日本福冈市、冈山县、大阪枚方市和静冈县的经济部门及企业，就医疗器械等项目的引进达成意向。

7月21日至31日，区外经局招商引资团赴美国招商引资，参观访问了华尔街、硅谷等地，宣传推介余杭的投资环境。

【主要来访】 2009年12月7日，世界500强企业瑞士诺华公司国际部总裁赫瑟斯一行5人访问余杭区。市委常委、区委书记朱金坤，区长姜军，副区长屠冬冬及余杭经济开发区管委会等有关领导会见代表团，向诺华公司介绍了余杭的投资环境。诺华公司代表团考察了余杭经济开发区，双方就诺华公司并购浙江天元生物药业股份有限公司事宜进行了磋商。

【友好交流关系】 2009年10月14日至15日，市长尼德雷耳一行3人代表荷兰维特市市政厅访问余杭区。14日，副区长田野与尼德雷耳签署建立友好交流关系备忘录。代表团参观了江南水乡文化博物馆、余杭高级中学及余杭经济开发区，双方表示，将在贸易、学生交流等方面开展进一步合作。

11月3日至5日，副市长格雷厄姆一行代表美国印第安纳州安德森市市政厅访问余杭区。4日，区长姜军与格雷厄姆签署备忘录，余杭区与安德森市正式结为友好城市。安德森市市政厅代表团在余杭区举办了投资推介会。双方表示将在经济、教育、医疗和文化等领域继续加强联系与合作。

【友好交流活动】 2009年2月15日，首届中国杭州超山梅花节开幕式在超山风景区举行，100多位外国友人出席开幕式。

6月14日，2009西溪国际龙舟赛在西溪湿地开赛，来自上海各外企的外国朋友以及瑞典、罗马尼亚等国驻沪领事参加比赛。

10月21日，日本东福寺代表出席径山万寿禅寺复建工程奠基仪式。同日，径山万寿禅寺与日本东福寺签署法脉友好备忘录。

（李敏华）

·建　德　市·

【外事工作概况】 2009年，全市办理因公出国（境）任务报批46批、76人，主要出访美国、澳大利亚、法国、德国、西班牙等国，以参团形式为主，出访目的主要是交流、学习、考察、招商引资等；市政府自组团1批。申报审查企业邀请外国人来华38批、87人次，主要是经贸商务洽谈。

【主要出访】 2009年12月10日至18日，市长洪庆华带领市外经贸局、新安化工相关人员一行5人赴澳大利亚和新西兰进行商务洽谈和交流合作考察。考察组一行拜会了澳大利亚自由党有关议员、著名律师丹尼尔·莫里斯，考察了瑞道克斯公司，并就投资合作、城市建设、教育培训、多元文化交流、仓储管理、物流发展和草甘膦产品国际市场拓展等与澳方进行了广泛的交流、洽谈。

【加强因公出国（境）管理】 2009年，建德市出台文件，强调进一步统筹安排本地区本部门2009年度因公出国（境）计划。在人员要求上：明确市管干部出国（境）人数实行总量控制，每年20人左右；同等条件下，首次出国（境）者优先；一般为担任实职的市管干部，3年内不超过1次（包括赴港澳等地区考察）；调研员不安排出国（境）考察。一个单位一年内在职领导一般只能安排一名出国（境）考察。在经费要求上：进一步加强约束，严格经费预算、核销管理。严禁公款报销出国从事因私活动的费用；严禁接受企事业单位出资或补助；严禁向下属单位、企业摊派或转嫁费用。

（程　旭）

·临　安　市·

【外事工作概况】 2009年，全市办理因公出国（境）团组34批、91人次，分别比上年减少30.6%、9.6%。切实加强党政干部因公出国（境）管理，继续实施计划报批制度。进一步加强对企业办理邀请函的管理，组织上百家企业举办外事政策宣讲专题培训，实行专办员制度、一次性告知制度、企业所在地乡镇（街道）预审制度、建立信息库制度等，并加强与市公安局出入境管理处、宾馆酒店的联系，强化后续监督管理。开发制作外事系统软件，提高了工作效率。

【主要出访】 2009年4月16日至28日，市委副书记、市长王宏率招商考察团出访加拿大、美国和马来西亚。代表团在加拿大本拿比市举行了临安高新技术产业投资环境说明会，与该市政府官员进行了座谈交流，双方签署友好交流合作备忘录。代表团参观考察了美国硅谷首府圣何塞、惠普公司、斯坦福大学等，并与旧金山市有关企业进行了洽谈交流。在马来西亚，代表团参观了杨忠礼集团及其属下的产业项目，双方签署杨忠礼集团进一步加大在临安投资合作的框架协议。

12月2日至12日，市委书记邵毅率经贸招商团出访爱尔兰、英国和匈牙利。代表团考察了爱尔兰科克市的微电子及软件和生物制药等国际化基地；参观考察了英国锑尔镀层科技公司，并就锑尔公司在临安市省科创基地（科技城）设立研发中心事宜与该公司董事长丹尼斯·锑尔进行了深入交流，并达成共识。代表团还专项考察了匈牙利黑维兹小镇的温泉建设和奥克尼市的社区建设，双方进行了友好交流。

【主要礼宾接待】 2009年6月29日至7月2日，由市长萨嘎罗夫率领的俄罗斯下诺夫哥罗德州维克萨市考察团访问临安，市委书记邵毅，市委副书记、市长王宏等接待考察团一行，双方举行了友好交流座谈会，并签署备忘录。考察团参观考察了浙江林学院、天目山景区以及相关企业，并参加了对接经贸座谈。

（张泓阳）

·桐　庐　县·

【外事工作概况】 2009年，全县办理因公出国（境）团组35批、41人次，分别比上年下降7.9%、39.7%，其中自行组团2批、6人次，出访的主要任务为经贸考察、培训交流和旅游促销。

【与韩国的文化交流活动】 2009年5月，桐庐县举行中韩文化交流月活动，由第五届中韩文人画交流展和第二届浙江桐庐中韩文化交流节两项大型活动组成。

第五届中韩文人画交流展于5月9日举行，来自中韩两国的63位著名艺术家参加并展出154幅作品，其中韩国画家作品50幅。两国艺术家还进行了文人画现场创作交流活动。

第二届浙江桐庐中韩文化交流节于5月21日至22日举行。中韩两国隔海相望，同属儒学之邦，文化交流源远流长。曾经隐居桐庐的东汉名臣严子陵与韩国恪守罔仆之义的“退庵先生”有着相似的隐逸文化。韩国访问团在严子陵钓台举行退庵先生屏铭碑揭碑3周年纪念活动，并举行了退庵一子陵两先生义理精神国际学术讲演会。

（郑　玲）

·淳　安　县·

【外事工作概况】 2009年，全县办理因公出国（境）任务34批、54人次，分别比上年减少22%、29%，出访的主要内容为旅游促销、招商引资和业务培训等。邀请国外客商和友人来访25批、31人次。接待外宾及外交部领导13批、118人次。

【主要出访】 2009年9月6日至15日，县委副书记、代县长凌志峰率县政府代表团出访加拿大、美国，与加拿大利兹千岛市市长弗兰克·金塞拉共同签署《中加千岛湖友好合作协议书》，世界上唯一两个实名为“千岛湖”的著名风景区正式缔结友好合作联系。

【友好城市交流】 2009年12月2日至11日，副县长余力行率县政府代表团访问友好城市日本奥多摩町，考察当地的生态环保、城镇建设和教育，并就共拟两县町友好交流史进行了交流与探讨。

（童月山）

宁 波 市

宁波市简称"甬",辖海曙、江东、江北、北仑、镇海、鄞州6个区,余姚、慈溪、奉化3个县级市,象山、宁海2个县,全市总面积9365平方千米。2009年末全市总人口571.0万。2009年,全市实现地区生产总值4214.6亿元;财政总收入966.2亿元,其中地方财政收入432.8亿元。

概 述

【外事工作概况】 2009年,宁波市努力创新外事服务举措,提升服务国家总体外交能力,提高服务宁波市经济社会发展能力,加强外事管理服务工作,推动内部管理工作。

围绕大局,提升服务国家总体外交能力。成功举办"中阿·中非中小企业合作论坛",做好市领导出国(境)的服务工作。市委书记、市人大常委会主任巴音朝鲁率宁波市代表团访问日本、加拿大和美国。市委副书记、市长毛光烈率团赴香港出席2009甬港经济合作论坛。市政协主席王卓辉率团参加澳门苏浙沪同乡会庆祝中华人民共和国成立60周年、澳门特别行政区成立10周年暨澳门苏浙沪同乡会成立13周年庆典活动,加强与澳门各界的感情联络。做好重要外宾的邀请接待工作。全年接待各类外宾团组162批、1083人次,其中副部级以上团组8批、249人次。先后在德国斯图加特市、亚琛市和比利时安特卫普市举办"欧洲·宁波周"活动,取得圆满成功。

积极利用外交资源为宁波市经济建设服务。一是利用多种资源为民营企业"走出去"牵线搭桥、献计献策。参与联系联合国来甬采购,积极推动宁波市民营企业"走出去"。安排第十一次驻外使节会议浙江考察团考察民营企业发展和对外开放情况。积极服务宁波市企业应对国际金融危机。中国驻日本大使徐敦信率领的外交部咨询委员会来宁波考察,安排考察团与宁波经济技术开发区就如何实现"保增促调"目标进行探讨,并为企业解困提出建议。二是利用友城资源为宁波市经济社会发展服务。全年接待友好城市团组47批、371人次。开拓新的对外交流渠道,宁波市与比利时安特卫普市正式签署建立友好交流关系城市协议书,宁波市友好城市、友好交流关系城市增至27对。充分利用友城资源,在保持双方高层互访的基础上,积极促进宁波市与国外友城在经贸、教育、文化、体育、卫生、人才培训等领域的交流与合作,不断提升宁波的国际化水平。三是利用使领馆资源为宁波市经济社会发展服务。全年接待各国驻华使领馆官员53批、250人次来甬访问,其中大使17人次、总领事27人次。通过举办市情介绍会、春节走访、参加驻沪总领馆所在国国庆日、协助部分外国驻华使领馆在甬举办各种活动,不断巩固与各国驻沪领馆的良好合作关系。

规范有序,努力加强外事管理服务工作。做好浙洽会、消博会、家博会、徐霞客开游节、节能环保技术与产品博览会等全市重大涉外活动的礼宾服务和翻译工作;编写《涉外礼宾工作实务手册》,进一步规范宁波市涉外礼宾工作;做好全市35家涉外参观点的《宁波采访线工程手册》、《中国·宁波》(2009版)等外宣品的英文翻译工作。严格执行党政人员因公出国计划审批与总量控制管理相结合的审批管理原则，做到有序审批、计划派遣、规范管理。全年审批确认因公出国(境)团组2300批、6141人次，其中党政人员出国(境)2012人次，较前三年平均数减少23.3%。做好在甬外籍人员的管理服务与慰问表彰和涉外事件的处置工作。组织在甬外籍人员参加各种活动。规范外国记者采访的管理工作，全年接待19批33个国家的78家媒体151名记者来甬采访。

主要活动

【全市外办主任会议】 2009年2月5日至6日在江东区举行。来自各县(市)区的外办主任、有关高校、企业和市级相关部门的外事工作负责人40余人参加会议。会议回顾总结了2008年的主要工作，并就如何在全球金融危机日渐加深的严峻形势下共克时艰、做好2009年的外事工作进行了研究部署。

【市政府在上海举行招待酒会】 2009年3月2日晚，宁波市政府在上海国际贵都大饭店举行招待酒会，应邀出席酒会的有来自36个国家驻沪总领事、领事及官员，外国商会、跨国企业及经贸促进机构驻华代表等近百位嘉宾。副市长郧和民在招待酒会上致辞，并邀请各国朋友出席浙洽会、消博会等商贸活动。

【墨西哥美食节】 2009年3月6日晚在宁波南苑饭店开幕。墨西哥驻上海总领事米格尔·巴里奥，市政协、市外办、市旅游局、市外经贸局负责人出席揭幕仪式。

美食节期间，来自墨西哥的特邀厨师为宁波市民带来地道的墨西哥美食，墨西哥留学生献演了富有墨西哥风情的歌舞节目。

美食节为期一个月。

【在甬境外女性共度国际“三八”妇女节】 2009年3月7日，市外办联合市外经贸局、市妇联举办境外女性庆“三八”联谊活动，来自墨西哥、德国、英国、美国、澳大利亚、斐济、爱尔兰、阿根廷、塔吉克斯坦、伊朗等20余个国家和地区的100余名女性朋友参加活动。在甬境外女性还参观了宁波博物馆、东部新城建设指挥部、慈城古镇和慈城的天工之城·DIY创意园等。

【“西门子日”活动】 2009年4月7日下午，西门子(中国)有限公司在宁波万豪酒店举办“西门子日”活动。活动以节能、环保、港口建设等为主题，向宁波市相关部门及企业推介西门子公司在上述领域的先进技术和解决方案。市委常委、常务副市长王勇出席活动开幕式并致辞。

开幕式上，宁波市北仑区政府、西门子(中国)有限公司和中控科技(宁波)研究院共同签署节能减排战略合作备忘录暨北仑区政府大楼节能改造意向书。

开幕式前，王勇会见西门子(中国)有限公司高级副总裁孟凡辰博士一行。

【日本·宁波周】 2009年4月13日至17日，宁波市政府在日本举办“日本·宁波周”活动。此次活动由日本国际贸易促进协会和日本东海日中贸易中心等协办。省委常委、市委书记、市人大常委会主任巴音朝鲁率宁波市代表团前往日本出席宁波周活动。副市长郧和民等随同前往。

“宁波周”期间，举行了宁波市情况介绍会、服务外包合作交流会、节能环保产业投资合作恳谈会、模具与新材料产业合作推介会以及空港物流园区、梅山保税港区、慈溪开发区等的招商项目推介会等一系列活动。本次活动重点加强了与国外友好城市的交流，推动浙洽会、消博会、服装节等宁波市经贸活动的招商工作。

15日下午，中国宁波(东京)服务外包合作交流会在日本东京王子饭店举行。省委常委、市委书记、市人大常委会主任巴音朝鲁在会上致辞。会上，宁波市与三菱电机信息技术有限公司、日本乐科科株式会社、伊灵克东京株式会社等签订了合作协议。

15日下午，宁波市在东京举

行旅游合作交流会。会上，市旅游协会与日中国际合作交流中心，宁波中国旅行社、宁波中山国旅与日本相关旅游企业签订合作协议。

【“连线浙江”——中东和非洲使节及媒体记者宁波行】 2009年4月26日，“连线浙江”——中东和非洲使节及媒体记者宁波行活动举行。沙特阿拉伯、卡塔尔、阿联酋等国的20多位驻华使节和媒体记者参加活动，采访和考察了宁波港、杭州湾跨海大桥等地。此次活动由省委外宣办、宁波市委外宣办、省外办、宁波市外办等联合举办，以“交往·友谊·合作”为主题。来甬考察采访是此次活动的重要内容。

【2009发展中国家港口管理研修班】 2009年5月18日下午在宁波举行开班仪式，此次研修班由商务部主办，宁波职业技术学院承办，来自巴勒斯坦、也门、叙利亚等11个国家的港口管理部门的20名官员以及宁波市相关部门负责人出席开班仪式。

研修班为期14天，以理论学习、论坛、交流研讨相结合的形式进行，并组织学员实地参观考察港口、企业，帮助学员了解中国国情及中国港口管理的运作模式和管理改革经验。

发展中国家港口管理研修班是中国政府向发展中国家援助计划的一部分。受商务部委托，宁波市分别于2007年11月和2008年6月举办了两期研修班，已有60余名发展中国家港口管理部门的官员通过此计划来中国研修。

【百名中外少年儿童共迎“六一”】 2009年5月23日上午，团市委、市教育局、市外办和市少工委等部门在宁波金港饭店共同举办“美丽地球、美好家园”中外少年儿童共迎“六一”、共绘和谐世界大地画活动。100多名来自不同国家的少年儿童用纸、笔和无限畅想共同描绘对美好家园的热爱和对节日的美好祝愿。

【中阿·中非中小企业合作论坛】 2009年6月8日至10日在宁波东港喜来登大酒店举行。论坛由中联部和浙江省政府共同主办，中国经济联络中心和宁波市政府承办。中联部副部长李进军、浙江省人大常委会副主任冯明、宁波市委副书记郭正伟出席开幕式并致辞，伊拉克驻华大使穆罕默德·萨比尔·伊斯梅尔代表与会各国驻华使馆官员致辞。宁波市人大常委会副主任张金康出席论坛。来自阿拉伯和非洲地区的叙利亚、也门、伊拉克、巴勒斯坦、埃及、苏丹、阿尔及利亚、利比亚、突尼斯、摩洛哥、毛里塔尼亚等11个国家的16个政党或组织领导人、企业家以及11国驻华大使或使馆高级官员等近100人参加论坛。宁波等地近100家中小企业代表与会。

本届论坛的主题是“增进了解、促进合作、互利双赢、共同发展”，目的是深化党际交往的务实合作内容，在国际金融危机背景下通过党际交往渠道促进中国与阿拉伯和非洲国家的经贸合作，帮助国内中小企业应对国际金融危机的挑战，拓展“走出去”的渠道，使政党外交更好地为党和国家的中心工作服务。

8日下午，中阿·中非中小企业合作论坛投资贸易对接洽谈

◎中外少年儿童共迎“六一”、共绘和谐世界大地画活动

会在东港喜来登大酒店举行。近100家浙江企业与参会的阿拉伯和非洲地区的11国企业开展对接洽谈。9日，参加论坛的各国驻华使馆官员、政党经济事务负责人以及企业家代表一行赴宁波港集团、吉利汽车、奉化市滕头村参观考察，实地了解宁波市投资贸易环境。

7日晚，副省长龚正在东港喜来登大酒店会见参加中阿·中非中小企业合作论坛的重要客人和参加浙洽会、消博会的部分外国驻华使领馆代表。中联部三局局长刘登林、省政府副秘书长夏海伟会见时在座。

9日晚，省委常委、宁波市委书记巴音朝鲁在东港喜来登酒店会见巴勒斯坦人民党总书记巴萨姆·萨利希等参加中阿·中非中小企业合作论坛的嘉宾。市委常委、常务副市长王勇，中联部三局局长刘登林等会见时在座。

【外交部咨询委员会赴浙学习考察团来甬考察】 2009年6月17日至18日，以中国驻日本大使徐敦信为团长的外交部咨询委员会赴浙学习考察团一行8人到宁波考察。考察团在宁波经济技术开发区、宁波港集团有限公司与相关负责人就促进经济持续平稳较快发展进行了探讨。

【2009年"茶花奖"颁奖】 2009年7月16日，宁波市政府举行2009年"茶花奖"颁奖典礼，授予6位外国专家2009年"茶花奖"，另有10位外国专家获2009年"茶花纪念奖"。副市长邬和民为"茶花奖"获奖者颁奖。

自1996年始，宁波市已举行14届"茶花奖"颁奖活动，共对271名在甬外国专家进行了表彰并授奖，其中84人获"茶花(荣誉)奖"。

附表　2009年"茶花奖"获奖者名单

序号		姓　名	国籍	性别	年龄	聘用单位及职务
1	茶花奖	彼得·维莱茨基	奥地利	男	49	海伦钢琴股份有限公司总技术顾问
2		河村一司	日本	男	60	宁波保税区/出口加工区提爱思泉盟汽车内饰有限公司总经理
3		卡尔·昆特·考斯特	德国	男	69	宁波欧琳厨具有限公司首席设计师
4		胡建雄	德国	男	40	宁波诗兰姆汽车零部件有限公司总经理
5		雪莉·戴维斯	美国	女	54	宁波爱学国际学校校长
6		德岛政治	日本	男	46	赛力(中国)有限公司董事长
7	茶花纪念奖	杰夫·朗	澳大利亚	男	43	宁波曼切斯体育用品有限公司技术总监
8		中野真次	日本	男	57	宁波长华布施螺子有限公司总经理
9		陈荣	新加坡	男	40	宁波狮丹努进出口有限公司副总经理
10		曼弗雷德·菲舌尔	德国	男	66	宁波大港意宁液压有限公司高级设计工程师
11		丹内修	日本	男	66	宁波龙和服装有限公司副总经理
12		苏珊·本尼特	澳大利亚	女	54	万里国际学校副校长
13		永井浩幸	日本	男	44	宁波方正汽车模具有限公司客户经理
14		库尔特·马夸特	德国	男	70	宁波圣菲机械制造有限公司工程师
15		妮可·库恩	德国	女	42	宁波大学教师
16		高光义博	日本	男	68	浙大宁波理工学院教师

（本表由李淑颖提供）

【全市外办主任会议】 2009年7月16日至17日在大榭召开。会议回顾总结宁波市半年来外事工作情况，学习传达中央、省、市最新的文件规定精神，研究部署下半年外事工作任务。各县(市)、区外办主任，各县(市)、区外办主任，大榭开发区、宁波国家高新区、保税区、东钱湖旅游度假区、慈溪出口加工区、梅山保税港区的外办主任，市有关部门和在甬大专院校、国有企业外办负责人参加会议。

【驻外使节考察团考察宁波】 2009年7月24日至25日，以中国驻朝鲜大使刘晓明为团长的驻外使节考察团考察宁波，考察团成员包括中国驻英国大使傅莹等29位驻外大使和总领事等共61人。24日晚，省委常委、宁波市委书记、市人大常委会主任巴音朝鲁在华侨豪生大酒店会见考察团一行。随后，傅莹组织宁波市相关部门和服装企业负责人召开了宁波市服装企业收购英国国际服装品牌座谈会。

在甬期间，考察团一行参观了雅戈尔集团、奥克斯集团、老外滩、天一阁、奉化市滕头村等。

【2009外籍人士中秋诗会】 2009年8月16日在南苑饭店举行，由宁波南苑集团主办，宁波市对外友协协办。来自美国、日本、波兰、德国、巴西、澳大利亚、伊朗、印尼、瑞典等国的30余位在甬外籍人士参加诗会、学做月饼，共度中秋佳节。

【外国驻沪领馆官员观看《十里红妆》演出】 2009年9月1日至4日，由宁波市歌舞团创排的大型原创民俗风情舞剧《十里红妆·女儿梦》在上海大剧院上演。来自白俄罗斯、德国、法国、澳大利亚等近30个国家的驻沪总领馆官员应邀观看了1日晚的首场演出。

◎2009外籍人士中秋诗会

《十里红妆》选取清末民初江南小镇上发生的爱情故事作为婚嫁习俗的载体，以爱情演绎民俗，全剧贯穿着女儿红、轧蚕花、子孙桶、合欢树、焐新床、荷花灯、女儿节等10多个民俗风情，仅一场肚兜舞，就从博物馆"拷贝"了36种不同式样的肚兜用于演出。

【市政府举行国庆60周年招待会】 2009年9月28日晚，宁波市政府在南苑饭店举行招待会，庆祝中华人民共和国成立60周年。省委常委、宁波市委书记、市人大常委会主任巴音朝鲁，市委副书记、市长毛光烈，市委副书记郭正伟，市委常委、市委秘书长王剑波，市人大常委会党组书记、副主任郑杰民，市政协副主席郁义康，市政府秘书长宋越舜，市政协秘书长王必恒出席招待会。副市长邬和民主持招待会。

应邀出席招待会的有在宁波工作的荣誉市民、外国专家、国际友人、"三资"企业外方高级管理人员代表及外籍华人代表和市有关部门负责人等。

【欧洲·宁波文化周】 2009年10月7日至16日，由市委宣传部、市文广新闻出版局、市外办共同举办的"欧洲·宁波文化周"活动在德国和波兰两地先后开幕。宁波市赴欧演出代表团分别在德国亚琛圣乌苏拉女子学校、路德维希博物馆剧院和波兰彼得哥什市诺瓦剧院上演《十里红妆·女儿梦》等宁波文化民俗节目和歌舞节目。彼得哥什市副市长马斯基、彼得哥什市议会全体议员观看了《十里红妆》的演出。市长董布罗维奇出差在外，特地委托其夫人到现场观看演出。演出前，董布罗维奇还特地从国外打来电话预祝演出成功。

这是《十里红妆》第一次走出国门。

【欧洲·宁波周】 2009年10月25日至30日，宁波市政府在德国、比利时两国举办欧洲·宁波周招商推介活动。副市长邬和民率领由宁波市政府和企业组成的27个分团140余人赴会。

27日至29日，“欧洲·宁波周”活动三个专题活动宁波—巴符州经贸合作交流会、宁波—德国高新技术与工业设计合作交流会、宁波—安特卫普港口物流暨临港工业合作交流会分别在德国斯图加特市、亚琛市和比利时安特卫普市举行。外方政府官员、商会负责人、高校及科研院所负责人、相关领域的企业家代表以及媒体应邀与会。交流会上，介绍了宁波市投资环境及经济社会发展远景，慈溪出口加工区、宁海开发区、鄞州投资创业园和慈东工业园作了介绍，市高新技术、工业设计与和丰创意广场、高新区等进行了产业状况介绍、园区推介及合作项目招商，另外，宁波港集团股份有限公司、梅山保税港区以及宁波经济技术开发区分别就宁波港口物流和临港工业等项目的基本情况、功能定位、招商合作意向等作了推介。27日下午，在斯图加特市举行了企业对接洽谈，15个项目达成合作意向，1个项目当场签约。

活动期间，宁波市政府代表团还分别拜会亚琛市、安特卫普市政府官员，出席亚琛市政府招待酒会，出席亚琛市、安特卫普市关于宁波与两市加强友好交流协议书的签字仪式，会见安特卫普省省长，接受媒体采访，并考察德国知名企业。各县(市)、区，市级有关部门和单位分别利用活动机会拜访当地政府部门、商界和企业，举行小型恳谈会，洽谈和推进合作项目；了解当地市场，寻找贸易合作商机；走访宁波市“走出去”企业，了解企业运营情况等。

【甬港经济合作论坛】 2009年11月4日在香港举行，由宁波市人民政府和香港贸易发展局共同主办。中央政府驻香港特别行政区联络办副主任王志民、香港特别行政区政府商务及经济发展局局长刘吴慧兰、宁波市市长毛光烈，以及香港特区政府有关官员，香港金融界、工商界、科技界等250多位嘉宾出席开幕式。

本届论坛以“危中求机，共创繁荣”为主题，以甬港现代服务业合作为重点，包括甬港航运金融服务业发展研讨会、甬港教育合作论坛、甬港医疗卫生合作论坛等7个专题活动。

【第二届天童国际登山邀请赛】 2009年11月7日在天童森林公园举行，由宁波市外办、宁波市体育局和鄞州区政府共同举办。来自宁波大学、宁波诺丁汉大学、浙江万里学院、宁波职业技术学院、宁波华茂外国语学校的40位国际友人组成5支代表队参赛。宁波大学代表队和宁波诺丁汉大学代表队分别获得男子组、女子组个人奖和团体奖项。

【发展中国家高等职业教育管理研修班】 2009年11月25日至12月10日在宁波市举行，来自叙利亚、也门、越南、密克罗尼西亚、白俄罗斯、苏里南、贝宁、阿富汗、塞尔维亚、利比里亚等32个国家的52名教育管理部门官员参加研修。其间，学员们学习了解了中国职业教育的发展概况与政策等，参观考察了宁波高教园区、杭州高教园区、宁波经济技术开发区以及有关企业，体验了剪纸、中国功夫、茶艺、书法等中国传统文化。

主要来访

【加拿大驻沪总领事访甬】 2009年1月14日，加拿大驻上海总领事葛淑珊偕新任公共事务领事陈素敏等一行3人访问宁波。此行为葛淑珊总领事离任访问。在甬期间，葛淑珊一行与宁波大学外语学院加拿大研究中心进行了座谈。

【韩国外交部记者团来甬采访】 2009年1月14日至15日，由外交部新闻司组织的韩国外交部记者团一行11人到宁波采访。记者团参观采访了宁波博物馆、雅戈尔集团、宁波港、鄞州中心区、宁波市区和奉化市滕头村。

市政府副秘书长陈国强会见记者团一行。

【以色列驻沪总领事访甬】 2009年1月15日，副市长邬和民会见以色列新任驻沪总领事艾雅克一行。双方就教育合作、友城交流、组团互访等事宜交换了意见。

16日上午，艾雅克一行参观了宁波高新区，并与高新区管委会相关负责人座谈。

【美国美中企业家商会代表团访甬】 2009年2月11日，副市长邬和民会见由美国美中企业家商会会长、美国世纪盛集团董事长孙文铁率领的美国美中企业家商会代表团。代表团此访旨在推动美国各地与宁波之间在医疗卫生等方面的进一步合作。

【日本伊藤忠商社代表团访甬】 2009年2月15日，市委副书记、市长毛光烈在宁波万达索菲特大酒店会见由专务董事冈藤正广率领的日本伊藤忠商社代表团。市委常委、鄞州区委书记寿永年，市政府秘书长宋越舜以及市外办、市外经贸局等负责人参加会见。伊藤忠商社代表团出席了与杉杉集团的合作签约仪式。

【丹麦驻沪总领事访甬】 2009年2月18日，丹麦新任驻上海总领事何丽兰来甬进行工作访问，并拜会宁波市外办负责人。双方就人员培训、技术合作、经贸往来、教育等领域的进一步交流与合作交换了意见。

在甬期间，何丽兰考察了北欧工业园区，听取了园区管理方的情况介绍，并参观了丹麦及其他北欧国家投资的企业。

【加拿大驻沪领事访甬】 2009年2月23日至24日，加拿大驻沪总领事兼商务专员简思华一行访问宁波，拜会市建委、市房产协会和房地产开发企业，了解宁波市建筑行业发展动态以及房产开发项目，介绍了加拿大木业协会和设计单位，希望增进双方的沟通和了解，开拓两地在设计、建材、家装等领域的合作机会。

【美国花旗集团执行董事访甬】 2009年2月25日晚，省委常委、市委书记、市人大常委会主任巴音朝鲁会见美国花旗集团执行董事罗伯特·劳伦斯·库恩博士一行，向他们介绍了宁波改革开放30年的发展、应对国际金融危机的措施、缩小城乡差距、宁波在长三角地区的定位与发展等情况。巴音朝鲁希望库恩通过在宁波的深入考察，把一个真实的宁波介绍给美国，介绍给世界。

26日，库恩参观考察了奉化市滕头村、雅戈尔集团、宁波诺丁汉大学等。

【印度驻沪总领事访甬】 2009年3月23日，副市长邬和民会见印度新任驻沪总领事戴思锐。邬和民介绍了宁波改革开放以来取得的成就，以及宁波市面对国际金融危机采取的应对措施。戴思锐表示希望通过双方努力，加速两地经贸往来。

在甬期间，戴思锐参观了天一阁、阿育王寺等。

【韩国驻沪总领事访甬】 2009年4月2日，省委常委、宁波市委书记、市人大常委会主任巴音朝鲁会见来访的韩国驻沪总领事金正基一行。巴音朝鲁向客人介绍了宁波市经济社会发展以及与韩国各地交流等情况。他希望韩资企业与宁波企业在发展特色性产业等方面加强合作，共同应对全球金融危机。

金正基希望韩国各地与宁波在经贸、文化等方面进一步加强合作交流，促进共同繁荣。

副市长邬和民参加会见活动。

【斯里兰卡港务航空部长及驻华大使访甬】 2009年5月8日，市委副书记、市长毛光烈会见斯里兰卡港务和航空部部长查麦尔·拉杰帕克斯及斯里兰卡驻华大使阿穆努加马一行。双方出席宁波港和斯里兰卡科伦坡港合作备忘录签字仪式。

在甬期间，拉杰帕克斯一行考察了宁波港集团，双方就进一步加强港口合作进行了磋商。拉杰帕克斯一行还赴慈溪考察了斯里兰卡投资的企业。

【新加坡总理访甬】 2009年6月6日至7日，新加坡总理李显龙及夫人率代表团访问宁波。

6日晚，省委常委、宁波市委书记、市人大常委会主任巴音朝鲁会见李显龙一行。会见后，双方共同出席宁波－新加坡合作项目签约仪式。

在甬期间，李显龙一行听取了宁波港集团、梅山保税港区管委会、新加坡雅思伯公司关于宁波港口现状和发展规划、梅山保税港区建设规划及新加坡雅思伯公司的北仑区南片规划设计等情况介绍，实地察看了北仑港三期集装箱码头和杭州湾跨海大桥。李显龙一行还出席了新加坡来福士品牌落户宁波典礼。

随同李显龙来访的有新加坡总理公署部长、财政部兼交通部第二部长陈惠华，新加坡驻华大使陈燮荣，新加坡驻上海总领事叶伟杰等。

副省长龚正，宁波市委副书记、市长毛光烈，市委常委、常务副市长王勇，副市长邬和民，市政府秘书长宋越舜等陪同考察或参加相关活动。

【16国驻沪总领馆官员出席第十一届浙洽会】 2009年6月7日至8日，应浙洽会组委会邀请，瑞士、土耳其、阿根廷、智利等16国驻沪总领馆官员一行30余人来甬出席第十一届浙洽会的相关活动。

7日，副省长龚正在宁波会见领馆官员一行。

【阿根廷驻沪总领事访甬】 2009年6月7日至9日，阿根廷驻沪总领事爱德华多·艾柏林、副总领事兼商务领事孟古奇一行2人首次公务访甬，参加浙洽会有关活动，并与宁波市外办、宁波市贸促会、宁波港集团进行座谈交流。

9日，副市长成岳冲会见艾柏林一行。

【澳大利亚驻沪总领事访甬】 2009年6月18日，副市长邬和民会见到访的澳大利亚新任驻沪总领事孔陶杰一行。孔陶杰系首次访问宁波。

在甬期间，孔陶杰拜访了市发改委、市外经贸局、市城市建设投资公司负责人，考察了即将开业的江东世纪东方商业广场。

【三国驻沪总领馆官员参加2009中国(宁波)节能环保技术与产品博览会】 2009年6月18日至19日，美国驻沪商务领事哈国瑞、高级商务专员姚德康，法国驻沪商务助理谷彩琳、杨杨，加拿大驻上海商务官员张申文一行5人，来甬参加“能博会”，与相关企业、研究机构和政府部门进行洽谈，为两地在节能环保领域搭建交流合作的平台。

【以色列驻沪总领馆人员来甬参观】 2009年6月19日至21日，以色列驻沪总领事艾雅克率全馆30余人来甬参观游览福泉山、南宋石刻公园、溪口蒋氏故居等。

【加拿大驻沪总领事访甬】 2009年6月24日至25日，加拿大新任驻沪总领事潘乃德、公共事务领事陈素敏、商务领事裘恩瑞及助理许韵等一行4人来宁波市考察访问。25日上午，副市长邬和民会见总领事一行。

在甬期间，潘乃德等还考察了宁波港，并与宁波大学加拿大研究中心座谈交流。

【泰国驻华大使考察杭州湾跨海大桥】 2009年6月29日，泰国驻华大使马纳塔一行专程来甬考察杭州湾跨海大桥。马纳塔一行听取了杭州湾大桥管理局相关负责人的情况介绍，参观了南岸服务区。

【新加坡国际企业发展局助理局

长访甬】 2009年6月30日，副市长邬和民会见到访的新加坡国际企业发展局助理局长尤善钡一行。

邬和民说，新加坡和宁波有着良好的合作关系，宁波市政府对两地合作项目的推进情况予以高度关注，希望两地能深化合作、共渡难关。

尤善钡表示，新加坡国际企业发展局将积极促进两地多领域的合作。

在甬期间，来宾一行拜会了市外经贸局，并考察了梅山保税港区。

【泰国农贸代表团来甬考察】 2009年7月1日至2日，泰国农贸代表团一行26人来宁波考察访问。代表团以泰国驻上海代总领事蔡胜利为团长，成员包括泰国农业部官员、泰国驻华使领馆官员、泰国农业从业人员及水果出口商等。代表团此行旨在探讨加快泰国水果经宁波口岸进入中国市场的可能性。

在甬期间，泰国代表团还就水果进口检验等技术性问题与宁波出入境检验检疫局座谈，并考察了宁波港集装箱码头和冷藏箱堆场。

【美国海岸警卫队司令访甬】 应公安部邀请，以司令艾伦海军上将为团长的美国海岸警卫队代表团一行9人于2009年7月12日至15日访华。14日至15日，代表团一行访问宁波。

在甬期间，艾伦一行访问了公安海警高等专科学校，听取了校方关于学校情况的介绍，双方就人员培训等事宜进行了交流，艾伦一行在学校领导陪同下参观了海警学校。艾伦一行还参观了宁波博物馆和天一阁。

【美国驻沪总领事访甬】 2009年7月13日，省委常委、宁波市委书记、市人大常委会主任巴音朝鲁会见美国驻上海总领事康碧翠一行。

在甬期间，康碧翠一行参观考察了宁波大学、宁波港集团等，并走访市发改委、市外经贸局等部门，了解宁波市经济发展情况。

宁波市委常委、市委秘书长王剑波等会见时在座。

【英国驻沪商务领事访甬】 2009年7月15日至16日，英国驻上海商务领事尼百瑞和贸易投资官员张莹一行2人来甬考察访问。

在甬期间，尼百瑞一行拜访了市环保局、市发改委和市经委，与上述单位的相关负责人就节能降耗和环保等领域的合作进行探讨，进一步加强和促进中英两国在节能环保和基础设施建设等领域的技术合作，寻求中英两国企业合作机会。

【泰国公主参观杭州湾跨海大桥】 2009年7月22日，泰国公主诗琳通一行37人来甬参观杭州湾跨海大桥。诗琳通公主为杭州湾跨海大桥题词"长虹卧波"。随同公主来访的有泰国驻华大使马纳塔夫妇、泰国驻上海总领事玛尼雅坤夫妇等。

【第六期非洲国家政府官员新闻研修班学员访甬】 2009年7月23日至24日，由国务院新闻办公室组织的第六期非洲国家政府官员新闻研修班学员到宁波考察访问。研修班学员包括非洲英语区24个国家的43名政府高级新闻官员和主流媒体负责人。

23日晚，市委常委、宣传部长宋伟会见研修班全体成员。

在甬期间，研修班全体成员考察了广博集团、奉化市滕头村、太极环保企业和杭州湾跨海大桥等。

【非洲和平与发展NGO联合考察团访甬】 2009年8月15日至17日，非洲和平与发展NGO联合考察团一行10人考察访问宁波。考察团由肯尼亚、加纳、塞内加尔、埃塞俄比亚、莫桑比克、喀麦隆、南非、乌干达和索马里等9个国家的非政府组织人员组成。

在甬期间，考察团一行参观了奥克斯集团、全国文明社区江东区划船社区、奉化市滕头村、北仑港集装箱码头和天一阁博物馆等。

【第三期越南司局级党政干部培训班学员访甬】 2009年10月

16日至20日，第三期越南司局级党政干部培训班学员一行25人结束在中央党校的理论培训后，由中联部和中央党校相关领导陪同访问宁波。16日晚，市委常委、组织部长朱伟会见培训班学员一行。

在甬期间，越南客人实地考察了江东区划船社区、奉化市滕头村、宁波港集团、雅戈尔集团和吉利汽车有限公司，参观了宁波博物馆和天一阁博物馆，并游览了东钱湖和溪口风景区。

【爱尔兰驻华大使访甬】 2009年10月19日，副市长邬和民会见爱尔兰驻华大使戴克澜一行。此系戴克澜2004年出任爱尔兰驻华大使以来首次公务访甬，旨在了解宁波市近期经济社会发展情况，探讨如何采取有效措施应对国际金融危机以及促进爱中经贸、文教等领域的合作交流等。当天上午，爱尔兰驻华使馆在宁波香格里拉大酒店举行爱尔兰产业情况介绍会。

【新加坡总理公署部长访甬】 2009年10月28日，副市长成岳冲会见由新加坡总理公署部长、财政部兼交通部第二部长、新加坡—浙江经济贸易理事会联合主席陈惠华率领的新加坡政府代表团和企业家代表团一行51人。

在甬期间，陈惠华一行考察了宁波东部新城、雅戈尔集团等。新方企业家代表还参加了宁波投资环境推介会，与宁波民营企业家进行座谈交流。

【乌干达青年干部考察团访甬】 2009年10月30日至31日，由乌干达全国青年主席阿巴斯·阿加巴率领的乌干达全国抵抗运动青年干部考察团一行15人访问宁波。

在甬期间，代表团一行参观了宁波港集团、吉利汽车有限公司和宁波博物馆等，观看了第五届中国梁祝爱情节开幕式、百合婚典和民间文艺大巡游。

【泰国正大集团董事长和巴林前财政经济部长访甬】 2009年11月5日，省委常委、宁波市委书记、市人大常委会主任巴音朝鲁在慈溪会见泰国正大集团董事长谢国民和巴林王国酋长、前金融和经济部部长阿卜杜拉一行。巴音朝鲁向客人介绍了宁波市经济社会发展情况，表示将为正大集团在宁波的发展提供支持和服务。

【世界农业大会组委会先遣组考察宁波】 2009年12月1日至2日，世界农业论坛主席兼首席执行官凯瑟琳·莫尔德森率世界农业大会组委会先遣组考察宁波。1日，市委副书记陈新在南苑饭店主持召开世界农业大会筹备交流座谈会，莫尔德森和市委、市政府各相关部门负责人参加座谈会。

在甬期间，代表团考察了宁波市各大酒店、鄞州区湾地村、奉化市滕头村、天一阁博物馆等。

世界农业论坛创建于1997年，自1998年以来，世界农业论坛已吸引了全世界110个国家参与世界农业大会。“世界农业大会·中国——农业、农村发展和城市化：实现适当的平衡”将于2010年1月在宁波市举行，由国家发改委城市和小城镇中心、宁波市政府主办。

【澳大利亚驻沪签证领事访甬】 2009年12月2日，澳大利亚驻上海签证领事董平一行5人来甬拜会市外办。双方就在留学、签证等方面加深合作等事宜进行了商洽。

【爱沙尼亚议会外委会代表团访甬】 应全国人大外事委员会邀请，2009年12月1日至3日，以爱沙尼亚议会外事委员会主席斯文·米科萨为团长的一行6人在爱沙尼亚驻华大使安德瑞斯·翁卡陪同下访问宁波。2日晚，市人大常委会副主任陈旭会见代表团一行。

在甬期间，代表团一行考察了宁波港集团、吉利汽车有限公司和雅戈尔集团等。

【新西兰驻沪总领事访甬】 2009年12月3日，新西兰新任驻上海总领事隋新率商务代表团访问宁波。

3日晚，副市长邬和民会见代表团一行。隋新表示，新西兰希望在农业生产、高科技产品、创意产业、建筑、工程设计等领域与宁波建立联系。

在甬期间，隋新一行与市外经贸局、市贸促会、市规划局、市重点办、开发区管委会、宁波城市建设投资公司等部门和单位进行了交流，并参观了宁波港。

【越南共产党代表团访甬】 应中国共产党邀请，以中央理论委员会秘书长阮曰通为团长的越南共产党代表团一行15人于2009年12月15日至17日来宁波市考察访问。15日晚，市委常委、宣传部长宋伟会见代表团一行。

在甬期间，代表团一行参观考察了宁波港集团有限公司、吉利汽车有限公司、雅戈尔集团有限公司、宁波博物馆等。

主要出访

【宁波市代表团访问日本、美国和加拿大】 参见第61页**【巴音朝鲁率团访问日本、美国和加拿大】**。

【宁波市代表团访问巴西、秘鲁和智利】 应巴西桑托斯市政府、秘鲁布瑞纳市政府以及智利库利科省政府的邀请，市政协副主席胡建岳率宁波市代表团于2009年8月16日至27日对巴西、秘鲁、智利三国进行友好访问。

代表团先后访问桑托斯市、布瑞纳市和库利科省，拜会两市政府领导和库利科省省长，考察有关企业和大学，重点对国际友城、劳动与社会保障制度、经贸发展环境进行了考察。

【宁波市代表团访问波兰、俄罗斯和捷克】 应波兰彼得哥什市政府、俄罗斯国际合作中心及捷克卡罗维瓦利市政府邀请，市委常委、市公安局局长王惠敏率宁波市代表团于2009年9月2日至13日赴上述三国进行工作访问。

代表团先后访问彼得哥什市政府、俄罗斯国际合作中心及卡罗维瓦利市政府，拜会各市市长或相关机构负责人，介绍宁波市基本情况和经济社会发展情况，与对方磋商今后加强两地合作交流的方案，并考察城市设施、治安机构等。

【宁波市代表团访问澳门】 应澳门苏浙沪同乡会邀请，2009年9月14日至17日，市政协主席王卓辉率宁波市代表团赴澳门参加澳门苏浙沪同乡会庆祝中华人民共和国成立60周年、澳门特别行政区成立10周年暨澳门苏浙沪同乡会成立13周年庆典活动。

9月15日，澳门苏浙沪同乡会庆祝中华人民共和国成立60周年、澳门特别行政区成立10周年暨澳门苏浙沪同乡会成立13周年庆典在万豪轩酒店举行。澳门特别行政区行政长官何厚铧，中央人民政府驻澳门特别行政区联络办公室副主任李本钧，澳门特别行政区立法会主席、澳门苏浙沪同乡会会长曹其真，全国人大常委会委员贺一诚出席庆典。澳门苏浙沪籍人士和来自澳门各界的嘉宾等600余人参加庆典活动。王卓辉在庆典上致辞。

在澳门期间，王卓辉一行还会见了澳门特别行政区行政长官何厚铧、中央人民政府驻澳门特别行政区联络办公室副主任徐泽、澳门特别行政区立法会主席曹其真等。

【宁波市友好代表团访问保加利亚、匈牙利和俄罗斯】 应保加利亚瓦尔纳市政府、匈牙利维斯普雷姆市政府以及俄罗斯圣彼得堡市相关单位的邀请，市政协副主席常敏毅率宁波市友好代表团于2009年10月9日至20日赴上述三国进行工作访问。

代表团先后访问圣彼得堡市政府、瓦尔纳市政府和维斯普雷姆市政府，与各市政府领导、部门领导及相关单位负责人会晤，介绍宁波市的基本情况，听取对方经济社会发展情况的介绍，并就进一步加强双边合作与交流进行磋商，推动并加强双方在经贸、教育、文化、医疗、环保、旅游等领域的交流与合作。

【宁波市代表团访问奥地利、乌克兰】 应奥地利联邦议会和乌克兰敖德萨市政府邀请，市人大常委会原主任陈勇率宁波市代表团于2009年10月28日至11月6日赴奥地利、乌克兰进行工作访问。

代表团先后访问奥地利维也纳市、萨尔茨堡市和乌克兰敖德萨市，拜会奥地利联邦议会、奥中友协和敖德萨市政府等，通报宁波市经济社会发展情况，并就发展双边友好关系、加强交流合作深入交换意见，签署了宁波市与乌克兰敖德萨市加强友好交流与合作备忘录，进行教育、文化等考察活动，并拜访中国驻乌克兰敖德萨总领事馆。

【宁波市代表团访问香港】 2009年11月3日，市委副书记、市长毛光烈率宁波市代表团赴香港出席2009甬港经济合作论坛。论坛以“危中求机，共创繁荣”为主题，主要活动包括开幕式暨宁波新区域新政策推介、甬港航运金融服务业发展研讨会、甬港教育合作论坛、甬港医疗卫生合作论坛、甬港商贸合作论坛、梅山保税港区推介、旅游推广和开办现代物流业专修班等。

友好城市交流

【澳大利亚西澳州议会代表团访甬】 2009年2月17日，省委常委、市委书记、市人大常委会主任巴音朝鲁会见由西澳州上议院议长尼古拉斯·格里菲斯率领的澳大利亚西澳州议会代表团一行。

巴音朝鲁对西澳州议会代表团来甬访问表示欢迎，并介绍了宁波市经济社会发展情况。尼古拉斯·格里菲斯介绍了西澳州经济社会发展情况，表示将进一步加强与宁波的交流合作，推动两地建立长期、互利互惠的友好关系。

在甬期间，考察团一行考察了宁波港集团公司、宁波钢铁厂和宁波麦芽厂等。

【波兰彼得哥什市青年摇滚乐队访甬演出】 2009年3月16日至22日，宁波市友好城市波兰彼得哥什市ROAN青年摇滚乐队访甬，在宁波音乐厅、宁波市高校等地进行多场演出。

ROAN青年摇滚乐队是波兰知名摇滚乐队，彼得哥什市政府于2006年推荐该乐队到宁波市访问演出，取得很好效果。2007年该乐队曾来宁波市取景，以宁波港、天一广场、老外滩等为背景录制MTV专辑。

【北欧投资考察团来甬考察】 2009年4月20日，市委常委、副市长余红艺会见由挪威驻上海总领事诺和平和丹麦驻上海总领事何丽兰率领的北欧投资考察团一行。

代表团重点考察了宁波北欧工业园的投资环境，并参加中国(宁波)商业机会论坛、北欧工业园孵化基地竣工典礼、研发中心一期结顶和二期动工典礼以及挪威欧伯格公司入驻北欧工业园庆典等一系列经贸活动。

考察团成员还包括宁波友好城市挪威斯塔万格市政府的高级顾问汉森、挪威商会主席、丹麦商会主席、挪威驻上海总领事馆商务参赞等。

【宁波市青年联合会与韩国顺天青年会议所国际青年友好组织结好】 2009年6月7日至9日，韩国顺天青年会议所代表团一行7人在甬交流访问。8日，宁波市青年联合会与韩国顺天青年会议所国际青年友好组织缔约仪式在市青少年宫举行，双方缔结为国际友好青年组织，建立长期、稳定、全面的合作关系，以两地青年代表的交往、交流带动企业、民间的交往、交流，推动双方合作向多领域、多层次、多渠道发展。

在甬期间，代表团一行参观了天一阁、高丽使馆、城市展览馆、老外滩等，并参观了浙洽会展区。

【贝宁科托努市代表团访甬】 应宁波市邀请，以贝宁科托努市第一副市长勒哈迪·索格洛为团长的科托努市政府代表团一行10人于2009年6月7日至11日访问宁波。贝宁驻华大使塞多赞·阿皮蒂陪同访问。

7日下午，代表团一行参观了宁波市城市展览馆，了解宁波城市历史、现状和未来规划。8日，代表团一行参加了第十一届浙洽会、第八届消博会开馆活动，参观了场馆，并访问宁波港。

【美国亚特兰大市经贸代表团访甬】 应宁波市政府邀请，亚特兰大市资深议员吉姆·麦道克斯率经贸代表团于2009年6月7日至12日对宁波市进行经贸考察并参加第十一届浙洽会和第八届消博会。

此次亚特兰大市经贸代表团除在浙洽会国际馆设立展位推介亚特兰大市以外，还考察了鄞州区128创业园区、博格华纳公司、奥克斯集团、凹凸重工和赛尔富电子公司，参加了鄞州境外投资说明会等经贸活动。

9日晚，市人大常委会副主任卓祥駚在南苑饭店会见代表团一行。

【宁波市第二医院与韩国大邱市岭南大学医院结好】 2009年6月8日，韩国大邱市岭南大学医院代表团一行5人对宁波市第二医院进行友好访问，两院签署合作协议书，结为友好医院。根据协议，双方将建立学术交流渠道，在医疗技术、医院管理、人才培养等方面开展交流合作。

在甬期间，韩国客人还拜访了宁波市旅游局和旅行社，推广其医院的医疗观光项目。

【比利时安特卫普市代表团访甬】

应宁波市邀请，安特卫普市副市长兼安特卫普港务局主席马克·范·皮尔率比利时安特卫普市代表团一行5人于2009年6月17日至18日访问宁波。

17日中午，宁波市常务副市长王勇在南苑饭店会见并宴请马克·范·皮尔一行。

代表团在甬期间，与宁波市相关部门就两市建立友好交流关系、举办欧洲“宁波周”活动等举行了工作会谈。

【宁波大学生艺术团赴波兰访问演出】 2009年6月28日至7月5日，宁波大学大学生艺术团一行32人应邀赴宁波市友好城市波兰彼得哥什市，参加第32届彼得哥什市国际音乐节。艺术团在音乐节上表现出色，获彼得哥什市市长奖。

【波兰彼得哥什市市长访甬】 应宁波市政府邀请，波兰彼得哥什市市长康·董布罗维奇一行3人于2009年7月6日至12日对宁波市进行友好访问。

7日晚，市委副书记、市长毛光烈在东港喜来登酒店会见代表团一行。

在甬期间，代表团一行与宁波大学、宁波中学、宁波四中、宁波大剧院、市外经贸局等单位就两市文化、教育、经贸合作事宜进行商讨，并考察了贝发集团、海天塑机、汽车城、国贸平台、宁波博物馆、东钱湖等。

【澳大利亚西澳州海德兰德港务局主席访甬】 2009年10月18日至19日，澳大利亚西澳州海德兰德港务局主席伊恩·威廉姆斯率代表团一行3人来甬访问。

在甬期间，代表团考察了宁波港集团和宁波钢铁公司，并与宁波港集团负责人商讨两港建立友好港口关系以及合资建设海德兰德港外港的可能性。

【意大利佛罗伦萨市议员访甬】

应宁波市邀请，意大利佛罗伦萨市议员、托斯卡纳大区意中友协主席马里奥于2009年10月22日访问宁波，参加第13届宁波国际服装节的相关活动。在甬期间，马里奥还考察了雅戈尔集团，接受《宁波日报》记者专题采访。

【英国诺丁汉市市长访甬】 应宁波市邀请，英国诺丁汉市市长珍妮·帕克一行于2009年10月25日至27日访问宁波。

26日晚，市委副书记陈新在东港喜来登酒店会见珍妮·帕克一行。

在甬期间，珍妮·帕克一行考察了宁波诺丁汉大学和宁波七中，与师生进行交流，还参观了宁波博物馆和天一阁，与有关单位商谈合作交流事宜。

【“印象诺丁汉”摄影展】 2009年11月26日至2010年1月4

日在宁波博物馆展出，由宁波博物馆、诺丁汉城堡博物馆和宁波市对外友好协会共同举办。

影展展出摄影作品108幅，主要展示诺丁汉城市风光和市民生活。

【法国勒阿弗尔港华东贸易代表团访甬】 2009年12月1日，由勒阿弗尔港口协会主席乐虎率领的法国勒阿弗尔港华东贸易代表团访问宁波，在南苑饭店举行港口合作推介会，并希望与宁波市在港口、经贸等方面开展进一步合作，推动两地贸易往来。

【澳大利亚西澳州政府代表团访甬】 应浙江省邀请，由西澳州政府发展部常务副部长安·诺兰率领的澳大利亚西澳州政府代表团一行7人于2009年12月5日至6日对宁波市进行访问，考察宁波港集团、宁波钢铁公司，了解宁波市经济社会发展近况。

【韩国地方政府国际化协会北京办事处代表团访甬】 2009年12月22日，韩国地方政府国际化协会北京办事处代表团一行3人访问宁波，与市外办负责人进行工作会谈，就加强宁波市与韩国友好城市交流交换意见，并考察杭州湾跨海大桥和明州与高丽交往史陈列馆。

（邓碧波）

县（市、区）外事

·江　东　区·

【主要礼宾接待】 2009年6月3日，由厄立特里亚人民民主与正义阵线中央政治部教育负责人所罗门·迪拉率领的该党干部考察团一行16人，在中共中央联络部相关人员陪同下，参观江东区划船社区，了解基层党建工作情况及和谐社区建设。

6月19日，澳大利亚驻上海总领事孔陶杰在区领导暨军民、周少华等陪同下，考察世纪东方广场的建设情况。

10月14日，澳大利亚新南威尔士州西区教育局局长格雷一行在市、区教育局相关负责人陪同下，参观访问江东区曙光中学和春晓中学。

10月17日，越南共产主义杂志社办公厅主任阮德树一行25人在中共中央联络部参赞李英陪同下，考察江东区划船社区，了解基层党建工作情况及和谐社区建设。

10月20日，英国诺丁汉市市长珍妮·帕克一行访问宁波市第七中学，参观了校园石刻、特色社团，并观摩公开课，珍妮·帕克邀请该校师生访问诺丁汉市。

【重大活动】 2009年8月2日，来自江东区会展、物流、金融、创意等高端服务业的17位企业家赴新加坡，参加为期一周的专题培训，重点学习先进的经营模式和管理理念，并拜访新加坡经济发展局，考察新加坡裕廊工业园区、新加坡同乐餐饮集团源全5S示范店、新加坡横河电机有限公司。

12月11日下午，和丰创意广场韩国设计成果新闻发布会在中信国际大酒店举行。会上，宁波市与韩国国家最高级别设计机构——韩国振兴院签订合作协议。市委常委、副市长余红艺在签约仪式上致辞。市政府副秘书长陈炳荣，市经委主任林克宇，区委副书记、区长胡军出席。韩国公司还分别与宁波中鼎规划设计咨询公司、宁波中意文化创意公司签订合作协议，并举行韩国设计公司入驻和丰创意广场签约仪式。

【主要出访】 2009年8月2日至13日，区委书记暨军民率代表团一行6人赴新加坡、希腊、阿联酋进行招商经贸考察活动。考察团先后拜会新加坡国际企业发展局、建屋发展局、市区重建局、新加坡地铁公司和希腊麦萨纳市政府，学习新加坡在城市建设、规划和管理方面的经验；同麦萨纳市政府高层领导进行友好交流，双方就建立友好城区关系交换意见。考察团还分别考察了新加坡新达城会议展览中心、星发展有限公司、傅长春物流有限公司和三江会馆、宁波同乡会、中华总商会、希腊 ALEX PAK 公司、阿联酋中东投资贸易促进中心等商会组织和企业。

10月25日至11月4日，副区长周少华及区外经贸局局长杨勇赴德国、比利时和英国参加“欧洲·宁波周”并开展招商引资和洽谈项目，其间参加了“欧洲·宁波周”系列活动，拜访英国伦敦金属交易所主席马丁·阿伯特、伦敦联合金属贸易公司财务董事哈米西·米奇，还实地考察了德国德固赛公司、德国 Panda 公司、比利时 Cne 公司、英国 Gsi 公司和英国麦格理证券集团，就上述公司到宁波投资事宜进行洽谈和交流。

10月27日至11月7日，区长胡军率代表团一行6人赴巴西、智利和秘鲁介绍投资环境、洽谈外商投资项目并考察当地城市规划和建设。代表团一行拜会了巴西里约热内卢市议会、伊瓜苏工商局，秘鲁圣伊西德罗区区政府；考察了巴西淡水河谷公司总部、智利钱氏集团总部、Fashion's Park 服装专业门店，了解南美国家的贸易环境和市场情况，进行投资环境推介，拓展江东区与巴西、智利、秘鲁等国政府和企业的合作领域，开展与当地政府间的双向交流。

11月28日至12月9日，区政协主席陈勤俭率代表团一行6人，赴挪威、丹麦、英国进行项目洽谈和招商。代表团重点考察了挪威船级社、丹麦文化和体验经济中心及英国 GSI 公司，还拜会挪威北欧工业园投资方总部，与丹麦比隆市洽谈建立友好交流关系事宜等。

12月6日至17日，区人大常委会主任于海平率代表团一行6人，赴南非、埃及和肯尼亚进行招商引资经贸考察活动。代表团参观考察了南非安博赛德商务在线支持公司，拜访内罗毕市副市长乔治·奥维拉、埃及政府商会秘书长艾兹博士，向他们简要介绍了宁波及江东区的经济社会发展概况，重点推介宁波及江东区的区位优势、产业结构、城市建设和投资环境，并邀请对方组团到宁波考察。代表团还考察了约翰内斯堡、内罗毕、开罗等城市的商业商务区、专业市场和自由贸易区，深入了解当地经济环境与贸易发展情况。

12月10日至21日，区委常委、宣传部长黄焕利率团一行6人，赴美国、加拿大和韩国进行友好城市教育与卫生洽谈交流。代表团拜访了美国奇诺市市政府、加州圣博拉蒂诺联合学区，加拿大素里市经贸部，韩国首尔市教育厅和首尔市保健福祉部，就教育卫生管理政策、社区医疗发展、素质教育、特色办学等内容与对方进行了交流，向他们介绍了江东区产业、经济发展状况和前景，寻求合作项目。

（施　峰）

·江　北　区·

【外事工作概况】 2009年，江北区派遣因公出国(境)团组97批、173人次，其中企业经贸团组56批、94人次，分别占因公出国(境)团组和人员的58%、54%。对党政干部因公出国(境)严把初审关，做到任务与人员、与经济社会发展实际需要相匹配。同时，严格监督管理，有效保障了因公出国渠道的畅通，为全区的出国招商和对外考察、交流提供了快速、便捷的途径。

【主要礼宾接待】 2009年6月6日，区委书记俞雷陪同新加坡总理李显龙及夫人，新加坡总理公署部长、财政部兼交通部第二部长陈惠华，新加坡驻华大使陈燮荣，新加坡驻上海总领事叶伟杰，嘉德置地总裁廖文良等，参加来福士品牌宁波落户典礼，副省长龚正，市委副书记、市长毛光烈，区委副书记、区长张南芬，副区长周明力等应邀出席典礼。

【主要出访】 2009年11月2日至6日，区委书记俞雷率交流团一行6人赴尼日利亚开展招商引资工作。在尼日利亚期间，交流团与奥贡州州长会晤，州长表示在适当的时机对宁波江北进行友好访问。俞雷与李氏集团董事长洽谈了宁波中策与李氏集团的电站合作项目、宁波中策与李氏集团签订的尼日利亚奥贡工业园区合作协议。

11月5日至6日，区长张南芬、常务副区长蒋旭灿、副区长周明力参加市政府在香港举办的“甬港经济合作论坛”。其间，张南芬与香港利星行汽车有限公司签订了投资合作协议。同时，江北区政府在香港举办了专题推介会，邀请中国海外地产、英皇投资等20多家知名商业地产商，专题推介江北区重点区块。

（徐春艳）

·北　仑　区·

【外事工作概况】 2009年，北仑区（开发区）在外事活动中积极捕捉经济信息，为区域经济建设牵线搭桥，全力打造经济外事新形象。全年接待外宾、外商10批、132人次；派遣因公出国（境）团组129批、273人，其中机关事业单位人员63批、142人。

【主要出访】 2009年4月13日至18日，宁波经济技术开发区管委会委员王一鸣率团参加“日本·宁波周”，并举办节能环保产业合作恳谈会。

9月18日至25日，区长华伟一行5人赴南非、津巴布韦和肯尼亚招商。11月3日至6日赴香港参加甬港经济合作论坛。

10月13日至22日，区委书记、宁波经济技术开发区管委会主任陈利幸率团赴美国、加拿大进行招商考察。

10月27日至11月2日，宁波经济技术开发区管委会委员王一鸣率团参加“欧洲·宁波周”活动，并与其他部门共同承办宁波—安特卫普港口物流及临港工业合作交流会，推介北仑港的合作项目。

【友城往来】 2009年11月14日至25日，区政府派遣以顾惠良为团长的6人团组前往澳大利亚宝活市进行友好交流活动，与澳洲国际联合总商会签订友好合作协议，双方开展经济贸易、商务、文化等方面的交流。

【一批外国专家获“茶花奖”】 2009年，北仑区海伦钢琴股份有限公司奥地利籍总技术顾问彼得·维莱茨基、宁波爱学书院美国籍校长雪莉·戴维斯和赛力（中国）有限公司日本籍董事长德岛政治获宁波市政府颁发的“茶花奖”；宁波大港意宁液压有限公司德国籍高级设计工程师曼弗雷德·菲舌尔获“茶花纪念奖”。

（虞　雁）

·镇　海　区·

【重大活动】 2009年10月22日，宁波帮博物馆在镇海举行开馆典礼。香港宁波同乡会创会会长李达三、世界中华宁波总商会会长、香港其士国际集团有限公司主席周亦卿、全国政协委员、省政协常委、香港环球轮船公司主席包培庆，香港浙江同乡会联合会会长车越乔，香港宁波同乡会会长李宗德、宁波市委副书记、市长毛光烈，市政协主席王卓辉，市委副书记郭正伟，市人大常委会副主任郑杰民，副市长成岳冲，镇海区领导马卫光、陈召华、林瑶、王悦、宋济青等出席开馆典礼。市委副书记唐一军主持开馆庆典。宁波帮博物馆位于宁波市高教园区北区，毗邻宁波大学，主要由博物馆和会馆两部分构成。

11月17日，区委书记马卫光在埃及开罗与埃及国家石油公司代表会谈。双方就加强埃及国家石油公司和宁波化工区合作问题进行了深入的探讨，并就宁波化工区重大项目原料供应问题达成原则意见。

11月20日，区委书记马卫光一行在土耳其伊斯坦布尔考察了ADEL公司和对欧贸易市场。

【主要礼宾接待】 2009年4月9日，区委副书记、区长陈召华会见世界500强企业阿克苏诺贝尔公司董事罗伯·佛罗一行，双方就该公司在宁波化工区内建设亚洲最大的多元化生产基地及乙烯储罐等事宜进行会谈。区委常委、宁波化工区管委会主任胡祖友等参加会见。

9月23日，区委副书记、区长陈召华会见挪威驻上海总领事馆商务领事何艾琳和Styrbjorn公司总裁、北欧工业园区投资者脱·耶德博，双方就加快建设北欧工业园区、引进高水平研发机构及扩大合作领域等进行友好交谈。

【主要出访】 2009年12月1日，宁波市委、市政府，镇海区委、区政府在香港举行宁波帮博物馆落成答谢会。香港宁波同乡会创会会长李达三、世界中华宁波总商会会长周亦卿、香港宁波同乡会会长李宗德、香港甬港联谊会会长严信才等近百位乡贤参加。宁波市委副书记唐一军出席并致辞，镇海区区委书记马卫光汇报宁波帮博物馆建设情况。

（刘斯琼）

·鄞　州　区·

【外事工作概况】 2009年，鄞州区审核办理因公出国(境)团组198批、346人次，其中企业经贸团110批、180人次，分别占因公出国(境)团组和人员的55.56%、52.03%；接待外宾9批、70余人次，因公护照、通行证收缴率100%。严格管理党政人员因公出访，完善因公出国(境)量化管理机制，各单位出访指标较前二年平均数减少20%；实施党政因公出国(境)团组经费先行审核，严格控制出访经费。党政人员出访人次比上年减少29.91%。

【主要礼宾接待】 2009年3月13日，英国苏赛克斯大学研究院艾勒曼博士一行5人访问鄞州，参观奥克斯集团。

3月23日，印度驻上海总领事戴思锐一行5人访问鄞州，参观阿育王寺。

6月7日，市委常委、区委书记寿永年会见法国政府商务特使克理斯托夫一行，副区长王洪平陪同参加会见。商务团成员还有瑞士汤仕玛公司董事长罗伯特、首席执行官瓦纳等，双方就瑞士汤仕玛公司投资的宁波斯玛特商业广场项目落户鄞州事宜进行商谈。

6月8日，区委副书记、区长薛维海会见由荷兰华人青年联合会会长傅旭敏率领的欧洲企业家考察团、荷兰华人青年联合会一行20人，副区长王洪平陪同会见。

6月9日，副区长王洪平会见由美国各州驻华协会会长邵宁率领的美国各州驻华商务代表团，双方就鄞州区经济发展和现代服务业发展进行了交流和探讨。

8月15日，非洲和平与发展非政府组织联合考察团访问鄞州，考察团由肯尼亚、加纳、塞内加尔、埃塞俄比亚、莫桑比克、喀麦隆、南非、乌干达等8个国家的非政府组织人员组成，考察团一行参观了奥克斯集团，中联部、省外办及市外办领导陪同考察。

【重大活动】 2009年3月18日，区政府在香港举办2009宁波(鄞州)商业地产暨十大功能区块推介会，100余名香港工商界人士应邀出席。副区长王洪平出席推介会。在港期间，区领导分别拜会甬港联谊会和“宁波帮”知名人士。

9月1日至12日，“鄞州杯”第二届世界女子国际象棋团体锦标赛在鄞州举行。世界女子国际象棋团体锦标赛是世界最高规格的国际象棋女子团体赛，格鲁吉亚、俄罗斯、乌克兰、印度、亚美尼亚、美国、波兰、越南及东道主中国一队和二队等10支队伍参赛，中国一队、俄罗斯队和乌克兰队分获团体前三名。

11月4日，鄞州区代表团参加在香港举办的2009甬港经济合作论坛开幕式暨新政策推介会，会上，鄞州区重点推介了宁波栎社空港物流保税园区。

11月5日，2009宁波市鄞州区金融及商务服务业发展恳谈会在香港举行，东亚银行、渣打银行、美联资产集团、金朝阳集团等40余位业内嘉宾参加会议，会上介绍了鄞州区金融及商务业发展的投资环境和现代服务业扶持政策。

【主要出访】 2009年4月15日至26日，市委常委、鄞州区委书记寿永年率经贸交流团出访澳大利亚、新西兰、斐济，与三国有关政府部门进行友好交流，考察学习当地经济发展的经验，推介鄞州区投资环境，进行招商项目洽谈。

11月28日至12月2日，区人大常委会主任陈明志率团访问韩国，考察乐天世界游乐项目，并与韩方就项目引进等事项进行洽谈。

【友城往来】 2009年12月14日，鄞州区国际友城德国亚琛市的梦幻摇滚乐队主唱访问鄞州音王集团，该乐团2008年7月曾在音王集团演出。

【涉外管理】 2009年，鄞州区加强涉外服务和管理，与公安、教育、外经贸、劳动就业等部门紧密联系，完善服务体系，积极帮助协调解决有关涉外事件。妥善处理赫伯特贸易公司墨西哥籍人士与房东之间的纠纷；帮助寻找在境外旅游而与家人失去联系的鄞州人士；协助外商企业来横街镇洽谈投资项目。做好甲型H1N1流感防控工作，对9名外籍人士进行医学观察。浙洽会期间，做好预案，积极应对甲型H1N1流感，确保浙洽会顺利进行。

（虞立军　吴小珍　毛颖颖）

·余　姚　市·

【外事工作概况】 2009年余姚市因公出国（境）190批次、409人次，其中非企业47批、178人次。与前三年平均数相比，非企业因公出国（境）人员减少25.5%，削减经费20%以上。

【重大活动】 2009年4月15日，2009（香港）·余姚旅游及现代服务业推介会在香港君悦酒店举行。宁兴（集团）有限公司董事长、美国旧金山中华总商会会长、香港甬港联谊会会长、香港甬港联谊会副会长及余姚市主要领导等出席推介会。会上，向香港各界推介了余姚旅游和现代服务业发展的潜力和商机，并首次在香港举行大型旅游推介活动。部分香港旅行社与余姚市旅行社达成合作意向，并于5月首次组团赴余姚旅游。

5月21日，中央电视台《艺术人生》栏目在余姚市河姆渡遗址录制以中华文化魅力和表现之美为主题的特别节目《中国节——端午》。来自同济大学、南京大学、中国美术学院、浙江工业大学、宁波诺丁汉大学的20余个国家的200名余名外国留学生来余姚参加节目现场录制。录制结束后，留学生们参加了划龙舟、乘画舫、包粽子等活动，参观了河姆渡遗址博物馆、王阳明故居等。

5月25日至27日，首届国际河姆渡文化节在余姚市举行，来自澳大利亚、美国、意大利、芬兰等国家和国内的50余名博物馆馆长、专家参加了国际遗址博物馆馆长河姆渡峰会。全国政协常委、中国工程院院士袁隆平，联合国粮农组织代表维多利亚·塞奇托莱科等在河姆渡稻作文明与世界粮食安全国际论坛上发言。首届国际河姆渡文化节获“2009中国节庆产业金手指奖”。

8月5日至11日，余姚市文化旅游代表团赴日本福冈县进行旅游推介活动，在福冈县柳川市举行余姚市旅游说明会。日本政府相关部门、新闻媒体、学校、旅行社等50余名代表参加说明会。代表团在日期间拜会相关部门负责人，就文化旅游合作等事项进行友好洽谈，并就学生修学旅游达成一致意见。余姚市河姆渡旅行社与柳川市观光协会、菊池市观光协会签订合作意向书。

10月27日至2010年1月3日，2009中国裘皮服装节在余姚市举行，其间举行了中国裘皮产业发展论坛，还举办了“千秋华美”文艺晚会，通过民族服装和民族舞蹈的结合，演绎裘皮服饰文化；举办了裘皮服装制作工艺培训讲座，国际知名设计师作裘皮服装流行趋势报告，展示裘皮制作工艺。北美裘皮拍卖行、美国传奇毛皮拍卖行、芬兰毛皮拍卖行、哥本哈根皮草公司等国际专业客商参加裘皮服装节，并参与各项专业活动。丹麦哥本哈根皮草公司副总裁还携公司皮草专业模特来余姚走秀，举办了裘皮服饰流行趋势发布会等。服装节吸引国内外客商1.8万人次，累计达成意向成交额3.1亿元。

11月6日至9日，第11届中国塑料博览会在余姚市举行，来自美国、德国、瑞士、日本等24个国家和地区的508家企业参展，吸引有效客商10万余人次，签约外资项目 9 个，总投资 1.6 亿美元。展会期间，举办了第五届中国塑料产业发展(国际)论坛暨中国·国际塑料加工技术高峰论坛，来自海内外的 200 余名塑料界人士参加论坛，共同探讨国际金融危机背景下塑料产业创新发展的重大问题。

【主要来访】 2009 年 5 月 25 日，市委书记王永康会见来余姚参加国际遗址博物馆馆长河姆渡峰会的国际古迹遗址理事会展示与传播委员会主席尼尔·希波尔曼一行。

7 月 31 日，市长陈伟俊会见美国客商丹恩·妮勒，双方就美国奥迪曼波公司在余姚市设立印刷设备制造中心事项进行洽谈。

9 月 9 日，副市长诸晓蓓会见加拿大爱德蒙顿市市长办公室中国业务主任黄伯新一行 5 人，双方就经济、文化、旅游等内容进行了交流，并达成建立友好交流关系的意向。

10 月 19 日，副市长郑桂春会见国际原子能机构项目官员马德琳·马利·斯宾塞、意大利博洛尼亚大学教授瓦莲京娜·塔拉蒙博士等，双方就建设国际原子能机构和农业部核技术农业应用平台的水稻新品种和新产品展示中心进行了探讨。

10 月 27 日，市人大常委会主任孙钜昌会见来余姚参加 2009 中国裘皮服装节的丹麦哥本哈根皮草公司副总裁兼销售总监艾里克·聂加德，双方就裘皮产业合作事项进行洽谈。

11 月 22 日，市委书记、市长陈伟俊会见哥本哈根皮草公司总裁、丹麦执政党部长托本·尼尔森和丹麦驻中国公使衔参赞贾波等。托本·尼尔森此次专程来余姚，与中国裘皮城签订裘皮产业发展联盟协议。

【主要出访】 2009 年 5 月 11 日至 22 日，市委书记王永康率团出访美国和印度尼西亚。

在美国期间，代表团与美国广益集团就其来余姚市建设国际广场追加投资事项进行洽谈，并对国际广场规划设计方案再次进行确认。代表团还赴友好城市美国核桃市宣传推介余姚。

在印尼，协助余姚市天邦实达有限公司与印尼 SUMBER DAYA 公司就合作生产组装液晶电视机进行洽谈，促成双方签订合作投资协议。

【友城往来】 为庆祝余姚市与日本常陆太田市结好 10 周年，余姚市征集了 25 幅摄影作品，于 2009 年 11 月 9 日至 29 日在常陆太田市市役所大厅展出。常陆太田市也征集了 25 幅书画作品同期在余姚市政府大厅展出。

5 月 18 日至 11 月 18 日，友好交流城市韩国罗州市派遣一名公务员研修生来余姚市学习研修。

（杨巨华　沈建芬）

·慈　溪　市·

【外事工作概况】 2009 年，慈溪市从严控制党政干部因公出国(境)的规模与批次，坚决制止无实质性内容和具体任务的出国考察活动。全年机关事业单位干部实际出国(境)97 人次，出访人数和出国费用均比 2006～2008 年三年平均数下降 20%。外事工作积极服务当地经济社会发展，不断拓展“经济外事”外延，有序推进涉外应急管理和日常管理，提高涉外管理水平；坚持友城的发展以经济贸易和科技交流等实质性内容为基础，积极寻求友城工作新的渠道。

【重大活动】 2009 年 4 月 22 日至 24 日，由中国家电商业协会、慈溪市政府共同主办的 2009 中国慈溪家电博览会在慈溪市会展中心举行。展会期间，3.3 万人次参会，签订中外合资和科技经贸合作项目 25 个，协议利用外资 3.16 亿美元。来自美国、加拿大、澳大利亚、俄罗斯、英国、法国、新加坡、日本、韩国等国家和地区的 470 多名外商参加博览会，肯尼亚、坦桑尼亚等国的驻华大使和参赞参观了博览会。

【主要礼宾接待】 2009 年 5 月 9 日，斯里兰卡港务和航空部部长查麦尔·拉杰帕克斯率政府代表团访问慈溪，市委书记洪嘉祥会见代表团一行，向他们介绍了慈溪市经济社会发展概况。双方希望进一步拓展投资领域，开展多方面的沟通与合作。

12月2日，国家质量监督检验检疫总局副局长魏传忠陪同来自埃塞俄比亚、南非、阿根廷、澳大利亚、白俄罗斯、智利、哥斯达黎加、埃及、新西兰、俄罗斯、沙特阿拉伯、乌克兰、美国等国驻华使节和外交官(大使、公使等)约30人访问慈溪，参观考察了海通食品集团股份有限公司。副市长胡建国及市府办、市外办、市外经贸局、市农业局、慈溪检验检疫局等相关部门的负责人陪同参观。

【主要出访】 2009年4月13日至19日，市长徐华江率慈溪市经贸代表团赴日本参加"日本(东北亚)·宁波周"活动，并向300余位日本工商界代表对慈溪经济开发区(出口加工区)作了重点推介。在日期间，徐华江会见了佐贺市副市长古贺盛夫，并与长井市市长内谷重治共同出席宁波兴瑞电子有限公司收购日本马谷株式会社的签约仪式。

5月11日至21日，市委书记洪嘉祥率团赴美国、新加坡、斯里兰卡三国进行经贸考察及合作洽谈活动。在美国期间，代表团考察了HCA集团总部及医疗设备采购中心、数据处理交流中心、Skyline医疗服务中心，会见了集团总裁托马斯，双方就医疗合作事宜进行了磋商。拜会田纳西州州长菲尔·布莱森，双方就经贸关系尤其是开展健康产业领域合作交换了意见。在新加坡，会见了该国农粮与兽医局局长蔡新民，国际企业发展局副局长蔡特鑫及元立集团董事长，双方商谈了中新生态农业园合作开发事宜。代表团还考察了新加坡现代农业科技园区、农产品检验检测中心。在斯里兰卡，代表团与该国工业和投资促进部共同举办了投资环境及政策说明会；访问了西北省库鲁内格市，两市签署经贸技术交流合作关系备忘录。

8月20日至27日，市长徐华江率团赴新加坡和以色列进行经贸及合作项目洽谈。代表团拜会了新加坡国际企业发展局助理局长尤善钡、中国业务署署长蔡启川、农粮与兽医局相关官员；会见元立集团负责人，双方就元立集团在杭州湾现代农业园区的投资项目进行了沟通与探讨。代表团对以色列罗斯哈因市进行了友好访问，双方签署两市建立经贸友好合作关系备忘录。

10月26日至11月6日，副市长胡建国率团赴德国、西班牙、意大利开展经贸交流活动。代表团在德国斯图加特参加了"欧洲·宁波周"活动，推介慈东工业区欧洲装备(汽配)产业园，与德国的相应企业举行了对接洽谈活动，并参加了斯图加特欧洲复合材料展览会。代表团在西班牙巴塞罗那举办了慈溪市投资环境推介会。在意大利，代表团考察了米兰市有关企业。

（戚福才）

·宁　海　县·

【外事工作概况】 2009年宁海县派遣因公出国(境)团组101批、215人次，其中从事经贸活动73批、146人次，分别占因公出国(境)团组和人员的72%、68%。对全县党政干部因公出国(境)严格把关，规范管理。

【主要礼宾接待】 2009年5月18日和19日，县委、县政府主要领导会见前来参加2009宁海国际投资洽谈会的新西兰驻上海副总领事亚历山德拉格雷斯、新西兰贸易发展局贸易代表艾伦、新西兰马鸿(中国)投资管理有限公司总经理马大伟、世界华人酒店协会会长张仁标和联合国计划开发署局长助理王从新等部分外宾，向他们介绍了宁海的经济社会发展情况，双方进行了交流。

【重大活动】 2009年5月18日至19日，宁海县人民政府举办2009宁海国际投资洽谈会。本届投资洽谈会共邀请到来自美国、澳大利亚、加拿大、新西兰等16个国家和地区的182位客商。活动期间，组织客商参观考察了经济开发区科技园区、宁东园区、模具城以及温泉景区、天河风景区等，举办了工业、旅游业、服务业三场专场推介会。举行项目签约仪式，共签订14个项目的投资合作意向，其中外资项目9个，协议利用外资1.43亿美元。

【主要出访】 2009年6月14日至25日，县委书记王剑侯率团出访英国、瑞士、法国。考察团先后会晤英国国会下议院议员，与数家公司的多位高管进行洽谈，拜访国际贸易客户，考察市场、工业园区，并接受英国广播公司(BBC)、瑞士电视台等多家新闻媒体采访，向英国、瑞士民众宣传推介宁海投资环境。

10月25日至30日，宁海县组织经贸考察团出访德国，参加由宁波市政府在斯图加特市举办的经贸洽谈活动。其间，宁海县重点推介了宁海开发区的汽车配件园中园项目，力促宁海企业与德国企业之间的对接合作，同时宣传宁海投资环境，扩大宁海的知名度。

【涉外管理】 2009年，在宁波方正汽车模具有限公司工作的日本籍专家方井浩幸获得宁波市政府颁发的“2009茶花纪念奖”。

（尤婷婷）

·象　山　县·

【外事工作概况】 2009年，象山县办理因公出国(境)团组74批、161人次(包括赴港澳团组15批、74人次)，分别比上年减少14批、27人次。其中：党政人员113人次，比上年增加57人次；企业人员36人次，比上年减少59人次；其他人员12人次。

【重大活动】 2009年5月22日至24日，由国家体育总局社体中心、浙江省体育局共同主办的“开元荔港杯”第三届中国·象山国际海钓节暨2009中国体育休闲露营系列活动在象山县举行。来自韩国、日本和中国香港、澳门及内地的36支代表队108名海钓运动员参加节会活动。

【主要出访】 2009年3月10日至12日，县委书记周江勇、县长李关定率团一行53人赴香港参加宁波象山·香港投资合作推介会，进行投资合作项目签约，进一步落实相关在谈项目，并拜会相关香港客商。

3月13日至24日，县委书记周江勇、副县长陈永忠以及县外经贸、建筑管理行业、外事等有关部门主要负责人一行6人赴利比亚、埃及、土耳其进行外经工作调研，考察在当地的建筑工程项目，看望由华丰公司派遣的国内施工组织管理人员和职工；拜访当地政府及有关部门官员，开展项目洽谈活动。

10月24日至11月4日，县人大常委会副主任陈晓发率团赴德国、法国、荷兰参加“欧洲·宁波周”活动，走访象山县企业驻德国办事处及分公司，并进行系列经贸招商及项目洽谈活动。

10月25日至11月3日，县长李关定率招商团赴澳大利亚、新西兰进行旅游招商和政务学习交流，拜会新西兰黑斯廷斯区政府及澳大利亚博活市政府，考察学习两地发展外贸经济和旅游经济的经验，探讨与两地开展经贸合作的可行性。

10月28日至11月6日，副县长孙小雄率团赴美国、加拿大考察农业产业化项目，参观农场、果园、养殖园，与两国农业部相关人员就农业生产的区域化、专业化和现代化等进行交流。

【友好城市往来】 2009年6月，象山县派遣3名食品加工研修生，赴日本爱媛县宇和岛市进行为期9个月的研修。

10月，应日本爱媛县宇和岛市政府和韩国瓮津郡邀请，县委常委、组织部长林雅莲率交流团一行6人赴日本、韩国进行友好城市交流。

【一批外籍专家获荣誉称号】 2009年2月10日，象山县举行第二批“荣誉象山人”授予仪式。宁波创裕制衣有限公司董事长水耀敏、宁波博禄德公司高级顾问大里卫、宁波诗兰姆汽车零部件有限公司总经理胡建雄和韩国瓮津郡郡守赵润吉获得“荣誉象山人”称号。

7月16日，宁波诗兰姆汽车零部件有限公司总经理胡建雄获宁波市政府颁发的2009年“茶花奖”。

（姜　璐）

温 州 市

温州市简称"温",辖鹿城、龙湾、瓯海3个区,瑞安、乐清2个县级市,洞头、永嘉、平阳、苍南、文成、泰顺6个县,陆域面积11784平方千米。2009年末全市户籍人口779.11万。2009年,全市实现地区生产总值2527.88亿元;财政总收入360.72亿元,其中地方财政收入195.64亿元。

概 述

【外事工作概况】 2009年,温州市人民政府外事办公室(简称"市外办")围绕国内、国际两个大局,创新思路,强化服务,为服务中央总体外交和温州经济社会发展大局开展工作。

保持高层交往活跃态势。配合国家外交总体布局,重点与南非、埃塞俄比亚、尼日利亚等非洲发展中国家,美国、加拿大、意大利、英国、法国、日本等发达国家,韩国、马来西亚、越南等周边国家及拉丁美洲发展中国家开展经贸、人才、科技、文化等领域的交流活动,不断发展友好关系,巩固友谊。一是做好市领导出访服务工作。全年有19批、20位市领导出访,各团组出访任务与友城交往、经贸合作等工作结合,富有针对性、互动性和实效性。二是做好外宾接待工作。全年接待外宾138批、1351人次,在接待中深入了解外宾背景和需求,结合中心工作,安排市领导会见,考察民营企业,举办市情介绍会,全方位介绍温州经济社会发展情况。

服务温州经济建设。按照市委、市政府有关"拓市场、保增长"的工作部署,市外办充分利用对外交往渠道资源,主动为经济建设服务。一是为境外大型经贸活动提供支持服务。在"香港·温州经贸周"、"中国温州·非洲经贸周"活动和组织企业参加第35届塞尔维亚贝尔格莱德建筑材料展等大型推介会、展会活动中,市外办做了大量的前期准备、任务上报审批、境外活动衔接、随团翻译等服务工作,对企业集中性参加的各种展会、推介会出国(境)审批开辟绿色通道,确保大型经贸活动团组顺利出行。市外办还与中国驻英国大使馆经商处联系,为温州市服装企业提供英国服装行业信息,组织服装企业赴英国考察。二是牵头举办多场大型推介活动。通过领事渠道,举办"外国使节走进温州"、"2009中(温州)·韩投资洽谈会",为温州市推介民营企业、招商项目和旅游资源提供了较高的平台。三是开展为企业服务活动。简化因公出国(境)审核审批程序,在乐清市试行两层审核审批程序,鼓励外向型企业通过因公出国(境)渠道"走出去"。出台多项措施,加大邀请外国人来华工作力度。扩大APEC商务旅行卡申办范围,受理19家企业43位企业高管的申请,8家企业17人成功获得外交部颁发的APEC商务旅行卡。支持下属单位拓展涉外服务领域,为企业和市民"走出去"提供便利,代办因私签证607批、957人次,代办领事认证281批、479本。

提升友好交流工作水平。友城交流层次不断提升,友协工作领域日益拓宽。一是保持与友好城市和友好交流关系城市的密切交流。成功举办温州与日本石卷市结好25周年系列庆典活动。与德国吉森市、西班牙阿利坎特市、意大利普拉托省、美国匹茨堡市、加拿大本拿比市、韩国仁川广城市中区进行互访，在经贸、教育等方面开展实质性交流。二是广辟友好交流渠道。2009年，温州市新建友城2对、友好交流关系1对，市本级已建立友城8对、友好交流关系城市8对。温州市还与西班牙巴塞罗那市、俄罗斯圣彼得堡市、比利时安特卫普省、荷兰胡斯市、美国帝国郡、马来西亚怡保市、法国欧贝维利耶市、巴西杜克卡西亚斯市等开展经贸、科技、文化、教育、旅游等领域的交流，与其中6个城市签署友好交流意向书、协议书或单项交流协议书。三是加强友协自身建设，积极推进民间外交的发展。召开友协第四届理事会第二次会议。接待日本静冈县友协代表团等民间团组。促成瑞安中学与德国巴伐利亚州罗腾堡帝国直辖市中学建立友好校际关系。举办迎国庆60周年外国专家招待会暨第七届“雁荡友谊奖”颁奖晚会、“三十年后再回首——纪念中美建交30周年图片展”、第五届“英语之星”电视大奖赛等活动。

严格因公出国（境）管理。 2009年是因公出国（境）整治年，做好制止公款出国（境）旅游专项治理工作是市外办全年工作的重点。一是完善制度建设。颁发《关于坚决制止公款出国（境）旅游的通知》，坚持与省外办、市纪委之间的定期通报制度，与财政部门共同建立以个案审核为中心的党政机关出国团组经费先行审核机制。二是严控计划外出访，全年审批团组717批、1714人，其中党政人员447人，与2006年至2008年三年平均数相比，人数减少31.7%。对不符合要求的党政团组调整或不予批准32批、16人、269天。三是做好护照管理和签证代办工作。全年颁发护照973本、通行证268本，护照收缴率达到100%；办理签证330批、1164人次。

加强涉外事务管理。 一是周密部署甲型H1N1流感涉外防控工作。市外办及时成立甲型H1N1流感涉外防控工作领导小组，出台一系列防控措施，做好疫情涉外防控工作。二是妥善处理涉外事件和领事保护事件。处理芬兰科沃拉市“北欧中国城”被查事件、参展中介伪造签证材料被意大利驻沪领馆调查事件、瑞安籍非法移民被遣返事件等57件涉外事件和领事保护事件。三是加强领事管理。做好外国驻华使领馆官员来访的接待工作，加强沟通联络。

【市国际交流中心改制】 2009年7月14日，温州市机构编制委员会批复，同意温州市国际交流中心由自收自支调整为财政全额拨款，增挂“温州市因公出入境办证服务中心”牌子，职能调整为承担对外经济技术文化交流咨询、协助做好因公出入境办证和外事接待服务工作。

【启动国企人员申办APEC商务旅行卡】 2009年7月22日，市外办根据外交部领事司和省外办文件精神，制定温州市国有企业人员持公务普通护照申办APEC商务旅行卡办法，启动为国有企业人员申办APEC商务旅行卡工作。

【出台制止公款出国（境）旅游文件】 2009年8月20日，温州市委办公室、市政府办公室联合下发《关于坚决制止公款出国（境）旅游的通知》，该《通知》是全市制止公款出国（境）旅游，改革和完善因公出国（境）管理制度等工作的指导性文件。

【三十年后再回首——纪念中美建交30周年图片展】 2009年9月1日至7日在温州市图书馆展出，由中国人民对外友好协会、温州市人民对外友好协会主办，温州市文化广电新闻出版局协办，温州市图书馆承办。此次展览展出照片360余幅，通过“历史回顾”、“人民友谊”、“经济交流”、“合作共赢”四个篇章再现了中美建交30周年的画面。

全国友协美洲大洋洲工作部主任谢元，温州市副市长、市友协第一副会长陈宏峰，以及市外办、市文广局、市图书馆的相关负责人参加开幕式。

【纪录片《我的中国父亲》在京首映】 2009年9月7日晚，一部反映非盟主席让·平家族百年传奇的纪录片《我的中国父亲》在北京钓鱼台国宾馆首映，全国政协常委、国务院参事室主任陈进玉，全国政协常委、中非民间商会会长胡德平等出席首映式并致辞。省委常委、秘书长李强应邀参加首映式并致辞。应邀来华访问的让·平与众多中国亲人一起观看了影片。

《我的中国父亲》是大型人文纪录片《温州人》的开篇之作，讲述了让·平父亲及让·平本人在非洲加蓬的奋斗经历，浓缩了温州人在海外创业拼搏追寻梦想的足迹，也是中非友谊的生动见证。这部纪录片是2003年时任加蓬外长的让·平应邀来温参加首届世界温州人大会时拍摄的。

一同观看纪录片的还有部分非洲国家驻华使节，部分与非洲联系密切的国际组织代表，以及部分在京温州籍知名人士。

温州市委常委、宣传部长曹国旗代表市委、市政府赴京参加首映式。

【密切与非洲的联系】 2009年，温州市与非洲各国、非盟组织开展多领域交流。

◎温州市迎国庆60周年外国专家招待会暨"雁荡友谊奖"颁奖仪式

9月9日，非洲联盟委员会主席让·平一行来温访问，赴鹿城区临江镇参加"中加友谊馆"开馆仪式和德嘉木业公司奠基仪式，在临江镇驿头村参加乡亲座谈会，省委书记赵洪祝和温州市委书记邵占维、市长赵一德分别会见让·平一行。

11月6日至14日，市委书记、市人大常委会主任邵占维率团访问非洲，在非洲联盟总部拜会非盟主席让·平，双方进行了亲切的会谈。

11月24日至26日，非盟委员会贸工委员一行对温州进行回访，进一步洽谈双方合作事宜。

【第七届"雁荡友谊奖"颁奖】 2009年9月28日，温州市政府举行迎国庆60周年外国专家招待会暨第七届"雁荡友谊奖"颁奖仪式，市领导赵一德、朱贤良、钱成良、陈宏峰、郑胜涛等出席颁奖仪式，来自美国的本杰明·兰多夫·克拉克等12名外国专家获奖。

【邀请外国人来华管理工作】 2009年，温州市外办适当扩大半年多次来华签证类型通知表的受理范围，降低首次来华人员申请条件，并开通申办外国人来华签证通知表网上受理业务，全年办理邀请外国人来华3634批、5306人次。

附表1 "雁荡友谊奖"外国专家名单

姓　　名	性别	聘用单位	国籍
本杰明·兰多夫·克拉克	男	温州大学外国语学院	美国
韩巍然	男	温州医学院	美国
珊娜·李·休斯	女	温州中学	美国
查克	男	温州外国语学校	美国

续表

姓　　名	性别	聘用单位	国籍
迈克·科勒瑞奇	男	浙江工贸职业技术学院	加拿大
乔尔·詹姆斯·库克	男	温州市实验中学	加拿大
格里高利·马太·贝特	男	温州市第二十二中学	加拿大
亨利	男	温州市第二十一中学	喀麦隆
约翰	男	温州英之辅语言培训中心	英国
温弗瑞德·库哈	男	安固集团有限公司	德国
乔瓦尼·内利亚	男	浙江报喜鸟服饰股份有限公司	意大利
麦克尔·丹尼·库比克	男	温州市实验小学	南非

【市友协第四届理事会第二次会议】 2009年9月30日，温州市人民对外友好协会召开第四届理事会第二次会议，市友协领导及第四届理事会全体理事参加会议，副市长、市友协第一副会长陈宏峰作工作报告。会议宣读并表决通过市委关于市友协领导变动的提议通知，对友协部分理事进行了调整和增补，市委副书记朱贤良当选为市友协新一任会长。

【世界温州人微笑联盟成立】 2009年11月11日，"世界温州人微笑联盟"正式成立，温州医学院与美国微笑联盟基金会合作建立的"温州医学院—微笑联盟唇腭裂治疗中心"同时挂牌。（参见第213页**【温州医学院】**条目）

微笑联盟旨在全方位救助全国贫困唇腭裂患儿，由170家全国地市级温州商会、248家海外温州人侨团联手推出。唇腭裂俗称"兔唇"，是中国口腔颌面部最常见的先天畸形。

市领导出访

【温州市政府代表团访问意大利、西班牙和法国】 应意大利那不勒斯市政厅、西班牙巴塞罗那市政厅、法国巴黎市法华工商联合会邀请，2009年3月27日至4月7日，市委副书记、市长赵一德率温州市政府代表团对意大利、西班牙、法国进行经贸考察和友好访问。

在意大利，赵一德一行与那不勒斯市市长耶尔沃利诺、议长英佩尼奥就经贸、文化、教育等领域合作事宜进行洽谈，签署缔结友好交流关系城市协议。代表团还与该市科技研究院签订科技合作协议，双方将就垃圾处理技术等开展合作。代表团还出席了罗马温州工商总会换届大会，参加"意中广角联合会"成立大会，看望了温籍侨胞。中国驻意大利大使孙玉玺全程参加代表团在意大利的外事活动。

在西班牙，代表团与巴塞罗那市政府代表就建立友好交流关系进行洽谈，并参观了太阳能开发利用等高新技术项目。代表团实地考察了温州商品在欧洲的销售情况，看望温籍侨胞，专题召开"拓市场、保增长"座谈会，听取侨胞的意见建议。

【温州市政府高级经贸代表团访问秘鲁、阿根廷和巴西】 2009年10月14日至25日，市委副书记朱贤良率温州市政府高级经贸代表团对秘鲁、阿根廷、巴西进行考察访问。

代表团一行考察了利马、布宜诺斯艾利斯、圣保罗、里约热内卢等城市的经济社会发展情况和城市建设，与巴西杜克卡西亚斯市政府签订建立友好交流关系协议书。代表团专程拜访了秘鲁中华通惠总局、中国驻里约热内卢总领事馆等机构，介绍温州近年来经济社会发展取得的成就，以及未来发展的基本思路、工作重点等。访问期间，代表团一行还看望了当地温籍侨胞，与温籍华人华侨座谈，了解当地温商发展状况。

【温州市政协代表团访问巴西、阿根廷和智利】 应巴西圣保罗市政府、阿根廷国家议会、智利智中经济贸易促进会的邀请，2009年10月15日至26日，市政协主席包哲东率温州市政协代表团赴巴西、阿根廷、智利进行经贸考察和友好访问。

代表团一行先后考察了巴西的圣保罗、里约热内卢，阿根廷的布宜诺斯艾利斯以及智利的圣地亚哥等地的城市建设和经济发展状况，专程拜访中国驻圣保罗总领事馆、驻阿根廷大使馆、驻智利大使馆，与当地政府官员、中国驻当地使领馆官员等座谈交流，介绍温州市情及产业发展状况，并就引进优势产业、加强双边投资、实现经贸互补的前景与对方进行磋商探讨。代表团还走访慰问了当地温商代表及市政协港澳海外委员，实地考察了温商在当地兴办的市场。

【温州市代表团访问南非、印度和马来西亚】 2009年11月2日至13日，副市长陈宏峰率温州市代表团访问南非、印度和马来西亚，进行经贸交流考察和拓展友城。

在南非期间，代表团参加了第十一届南非国际纺织品、纺织机械及鞋类展览会，陈宏峰为展会开幕式剪彩并发表讲话。代表团一行对开普敦进行了实地考察，了解南非的经济社会发展情况及投资环境。

在印度期间，代表团拜访了印中工商商会执行主席拉马昌德仁，双方就如何促进温州与印度经贸文化交流与合作交换了意见。会谈后，代表团一行参观了该总部为培养中印经贸人才所设立的商业硕士研修班。陈宏峰同印度学生进行了交流。

在马来西亚期间，霹雳州苏丹阿兹兰殿下会见代表团一行。代表团拜访了霹雳州政府，与霹雳州议长甘尼申和州务大臣顾问郑可扬、怡保市市长罗西迪会谈，就如何加强温州与霹雳州的经贸往来、推动怡保市与温州市建立友好交流关系进行交流。代表团还实地考察了温州企业在马来西亚的投资项目。

【邵占维率团访问尼日利亚、埃塞俄比亚和肯尼亚】 2009年11月6日至14日，应非盟委员会主席让·平、尼日利亚奥贡州政府、肯尼亚投资促进署邀请，市委书记、市人大常委会主任邵占维率团访问尼日利亚、埃塞俄比亚、肯尼亚，出席“中国温州·非洲经贸周”活动，走访当地商贸城、工业区，实地考察温州企业在非洲投资创业情况。

在尼日利亚，邵占维出席了温州哈杉公司投资的哈杉（尼日利亚）工业园的投资意向签字仪式并致辞，分别拜会工业园所在地奥贡州州长丹尼尔、中国驻尼日利亚大使徐建国。

在埃塞俄比亚，邵占维一行赴非洲联盟委员会总部拜会非盟主席让·平，双方进行了亲切的会谈。让·平表示，中国是非洲人民的好朋友，希望有更多的温州商人来非洲各国开展投资贸易合作，共同发展，实现双赢。邵占维表示，温州一直重视和珍惜与非洲各国的友好关系，今后要鼓励和支持更多的温州商人来非洲开展投资贸易合作，在巩固传统轻纺工业合作的基础上，加强在新能源高科技等方面的合作，共同谋求新发展。邵占维一行还与非盟组织贸易委员会主任和基础设施能源委员会主任，就非盟组织与温州市开展投资贸易合作等举行工作会谈。邵占维还拜会了中国驻埃塞俄比亚大使顾小杰，参观了亚的斯亚贝巴的商品市场和苍南商人投资的纺织公司。

在肯尼亚，邵占维拜会了中国驻肯尼亚大使邓洪波，并召开肯尼亚温商座谈会。邵占维一行还拜访了肯尼亚国家投资促进署负责人，双方进行了工作会谈。

附表 2　2009 年温州市部分出访团组

序号	出访时间	团长职务、姓名	出访地点	出访任务
1	4 月 20 日～5 月 1 日	副市长陈宏峰	塞尔维亚、土耳其、阿联酋	参加国际建材贸易展，开展经贸交流
2	8 月 26 日～9 月 6 日	市人大常委会副主任陈笑华	英国、法国、瑞士	友好交流
3	9 月 2～13 日	市政协副主席夏克栋	德国、意大利、西班牙	友好访问
4	9 月 24～27 日	市政协副主席姜嘉锋	香港	联谊交流
5	9 月 24～27 日	市委常委、统战部长陈作荣	香港	专项工作
6	10 月 11～22 日	市人大常委会副主任朱铭源	丹麦、瑞典、俄罗斯	友好访问
7	11 月 4～13 日	市委常委、副市长周少政	日本、韩国	友好访问
8	11 月 27 日～12 月 8 日	市委常委、鹿城区委书记余梅生	英国、罗马尼亚、土耳其	经贸考察和友好交流
9	11 月 30 日～12 月 11 日	市委常委、宣传部长曹国旗	巴西、阿根廷、秘鲁	媒体文化交流
10	12 月 6～17 日	副市长徐育斐	英国、意大利、希腊	科技、旅游产业考察交流
11	12 月 5～16 日	市政协副主席高育厅	南非、埃及、阿联酋	议会交流和经贸考察
12	12 月 15～24 日	市委常委、副市长彭佳学	德国、法国	招商引资推介、科技园区考察

重要活动

【香港·温州经贸周】　2009 年 1 月 11 日至 15 日在香港国际会展中心举行，由温州市人民政府、香港贸发局联合主办。市委副书记朱贤良、副市长陈宏峰分别率团赴香港参加此次活动。其间，温州市举办了市情推介会、2009 温州国际贸易合作商洽会、在港贸易投资客商座谈会、温州在港同乡会联谊活动等，温州市代表团考察了香港著名企业。

【“外国使节走进温州”活动】　2009 年 5 月 20 日至 22 日在温州举行，省外办和温州市政府主办。18 个国家的驻华大使、总领事及使领馆官员共 35 人应邀来温参加活动。

此次活动以“发展中的民营经济”为主题，主要让外国使节了解温州民营企业发展情况和发展中的温州经济。温州市政府举行市情介绍会，组织外国使节考察了正泰集团、康奈集团和雁荡山风景区等。

【2009 中（温州）·韩投资洽谈会】　2009 年 6 月 26 日在温州香格里拉大酒店举行，温州市外办、市外经贸局与韩国驻沪总领事馆、大韩贸易投资振兴公社共同主办。副市长陈宏峰、温州市有关部门负责人、行业协会负责人及企业代表 150 余人参加洽谈会。韩国驻上海总领事馆、华东地区 18 家韩国商会会长、韩国贸易投资促进局等机构驻上海代表、韩国企业代表等共 69 人参会。

【温州·非洲经贸周】　2009 年

11月4日在南非港口城市开普敦开幕，由温州市人民政府主办，温州市外贸局和温州市外办承办。温州市副市长陈宏峰为开幕式剪彩并发表讲话。温州市组织29家企业参加南非第十一届服装纺织、鞋类及机械贸易展览会，并考察非洲的投资贸易环境，了解温州企业如何更好地开拓非洲市场及创办工业园、开展境外加工贸易等情况。

重要来访

【美国驻沪副总领事访温】 2009年1月21日至22日，美国驻上海副总领事西蒙·斯图加特一行3人来温州进行友好访问，参观康奈集团、温州知识产权投诉中心及温州天主教堂，副市长陈宏峰会见西蒙·斯图加特一行。

【加蓬驻华大使访温】 2009年1月29日至31日，加蓬驻华大使艾玛努尔·姆巴·阿罗访问温州，洽谈温州市与加蓬让蒂尔港结好的具体事宜，副市长陈宏峰宴请艾玛努尔·姆巴·阿罗。

【壳牌中国集团主席访温】 2009年2月10日，市委书记、市人大常委会主任邵占维会见来访的壳牌中国集团主席林浩光一行。

【尼日利亚驻华公使访温】 2009年3月19日至21日，尼日利亚驻华大使馆公使巴塞·埃约一行3人访问温州，参观哈杉鞋业。

【美国太平洋环境组织总干事来温参加环保活动】 2009年3月25日，美国太平洋环境组织总干事大卫·戈登来温参加大学城"春天，播一颗绿色的种子"系列环保活动启动仪式，并与温州绿眼睛环保组织、温州高校的"绿都"、"屡受之"等环保社团的志愿者代表进行交流。

【荷兰驻华大使访温】 2009年3月25日，市委书记、市人大常委会主任邵占维会见来访的荷兰新任驻华大使裴靖康和荷兰驻上海总领事汪一力一行3人。

【俄罗斯圣彼得堡市代表团访温】 2009年4月13日，俄罗斯圣彼得堡市中国信息事务中心主任诺文科夫·季米特里·谢尔盖耶维奇一行4人来温访问，与温州市商讨两市结好合作事宜，双方签订建立友好合作关系备忘录。

副市长陈宏峰会见代表团一行。

【美国数据集团董事长访温】 2009年6月18日，副市长陈宏峰会见来访的美国国际数据集团(IDG)董事长麦戈文和IDG创业投资基金创始合伙人熊晓鸽等一行6人。

【韩国驻沪总领事访温】 2009年6月26日至27日，韩国驻上海总领事金正基率团一行9人赴温州参加2009中(温州)·韩投资洽谈会，并对温州进行友好访问。

市委副书记、市长赵一德会见金正基一行。

【东盟七国代表团访温】 2009年6月30日至7月3日，以泰国劳工部技能发展厅副厅长苏瓦为团长的东盟七国代表团一行39人访问温州，参观考察亚龙科技集团有限公司、温州职业技术学院。

市长赵一德会见代表团一行，副市长陈宏峰宴请代表团一行。

【非盟主席访温】 相关内容参见第272页**【密切与非洲的联系】**。

市委书记、市人大常委会主任邵占维和市委副书记、市长赵一德等会见让·平一行。

【越南司局级党政干部培训班一行考察温州】 2009年10月20日至24日，应中共中央对外联络部邀请，越南司局级党政干部培训班一行25人访问温州，温州市举行经济社会发展情况介绍会，市委常委、宣传部长曹国旗向代表团介绍温州市情。

【丹麦女王丈夫访温】 2009年10月24日至25日，丹麦女王丈夫亨里克亲王及丹麦驻华大使叶普一行9人访问温州，参观了温州城市规划展、温州财富中心和法国卡伊酒庄。

【非盟贸工委员访温】 2009年11月24日至26日，非洲联盟委员会贸易与工业委员伊丽莎白·汤克由一行3人访问温州，双方商讨了温州与非盟各成员国在贸易、经济等方面的交流合作。

市长赵一德会见代表团一行。

【美国博尔郡客人访温】 2009年12月21日，市委副书记、市长赵一德会见来访的美国得克萨斯州博尔郡议会议长凯文·沃尔夫一行10人，双方分别代表温州市政府和博尔郡政府签订《开展温州—博尔区域经济合作谅解备忘录》。

代表团在温州举办了美国得克萨斯州汽摩配产业集群说明会，并参观温州市容市貌和城市规划展，考察温州医学院及瑞明、瑞立两家汽摩配企业。

附表3 2009年温州市接待的部分来访团组

序号	来访时间	团组名称(团长职务)	团长姓名	人数	来访目的
1	1月1～2日	越南《共产主义》杂志基层专题部部长	范庭党	22	拜访正泰集团和欧丽斯出口商品展贸中心
2	1月8～9日	日本驻沪总领事馆领事	富泽克行	2	考察温州中小企业、劳动环境、不动产、投资融资环境等情况
3	2月12～13日	英国驻沪领事	凯灵	2	拜访中国人民银行温州市分行、温州市对外经济贸易合作局、温州市经济贸易委员会和温州市金融办
4	2月22日	荷兰西荷兰外国投资局局长	范德飞	4	洽谈两市发展经贸合作事宜
5	3月1～7日	日本OSC协会常务理事、日本南风舍代表取缔役社长	冈部正敏	7	考察乐清造船企业、洞头集装箱码头，召开乐清造船与海外技术交流合作恳谈会，与温州市造船、水产养殖业界进行交流
6	3月5～7日	韩国KBS电视台驻上海站记者	姜锡勋	2	来温采访，向韩国民众介绍温州商人成功经验以及温州商人应对全球经济危机的措施等
7	3月16～19日	土耳其眼镜制造协会会长	穆罕默特	3	考察温州市眼镜市场，探讨新形势下两地合作的新路子
8	4月12～16日	澳大利亚莫纳西大学分管外事副校长	斯蒂芬妮·费伊	2	与市外办和市侨办座谈，并与温州大学探讨“普拉托的中国人”项目合作和举办学术讲座
9	4月28～29日	澳大利亚西澳州中学教师	毕成·叶	4	考察温州实验中学、温州外国语学校和温州市第十四中学，寻求合适的学校与西澳州的中小学建立姐妹学校关系
10	5月23～26日	日本石卷市企画部长	西村洋一	4	参观温州大学并与市外办协商相关事宜

续表

序号	来访时间	团组名称(团长职务)	团长姓名	人数	来访目的
11	6月16日	韩国驻沪商务领事	金钟喆	5	与市外办、市外经贸局洽谈共同举办中韩(温州)投资洽谈活动事宜
12	6月10～12日	西班牙丰拉布拉德市第一副市长	胡里奥·克来斯波·桑托斯	9	参观温州市城市规划展、温州康奈集团并游览雁荡山
13	6月22～23日	阿拉伯巴格山公司董事长	巴格山	10	考察温州市场
14	7月17～18日	意大利驻沪总领馆商务领事	弗兰西斯科·瓦里亚莱	4	与市外办举行工作会议,考察夏梦·意杰服饰有限公司
15	7月22～25日	法国欧贝维利耶市市长	雅克·萨尔瓦多	22	参观民营企业,与瓯海区签署建立友好交流关系城市意向书
16	8月18～21日	联合国教科文组织专家	盖伊·马提尼	4	对雁荡山世界地质公园进行中期评估考察
17	9月1日	荷兰胡斯市副市长	范特·韦斯泰德	5	与温州市签订建立友好交流关系协议书
18	9月9日	美国帝国郡郡长	拉尔夫·科多瓦	9	与温州市签订建立友好交流关系协议书
19	9月23日	比利时安特卫普省经济发展厅厅长	吕克·布鲁斯	6	与温州市签订产业合作备忘录
20	10月12～15日	马来西亚霹雳州拿督	陈锦	7	拜访温州知名房地产公司,讨论与温州市结好事宜
21	10月22日	西班牙巴塞罗那市长特派专员	帕拉罗斯	6	拜会市领导,参观市容市貌
22	10月23～25日	意大利米兰市议会副议长	迪·马蒂诺·斯特法诺	50	参观吉尔达鞋业、夏梦·意杰服饰有限公司、华峰集团,并赴文成县玉壶镇考察
23	10月14～18日	美国议会联盟副主席、纽约州议员	奥蒂茨	9	参观康奈集团、正泰集团、温州博物馆、温州城市规划展
24	12月1～3日	美国加州帝国郡议长	杰克·特拉加斯	7	举办加州帝国商业中心项目推介会
25	12月6～8日	荷兰西南部招商局局长	范·列夫兰德	3	拜访市外经贸局,参观康奈、正泰集团

友好城市交流

【温州·石卷结好25周年庆典活动】 2009年5月23日至26日,日本石卷市企画部长西村洋一率领友好代表团一行4人来温进行友好访问,与市外办协商两市结好25周年庆祝事宜。

6月28日至7月7日,市外办派遣工作组一行3人赴日,与石卷市政府签署温州市与石卷市结好25周年庆祝活动备忘录。

10月12日,温州市举办两市结好25周年系列庆典活动,石卷市市长龟山率市政府代表团和市民代表团共28人来温参加庆典活动。市委常委、副市长周少政会见代表团一行。代表团与温州市政府有关部门进行座谈交流,并参加在温州博物馆举行的"温州·石卷书画图片作品联展"开幕式。当晚,市政府举办两市结好25周年庆祝大会暨招待宴会,招待石卷市代表团,市领导周少政、钱成良、谷定英等出席招待会。

11月4日至13日，应石卷市政府邀请，市委常委、副市长周少政率领的政府团和书画团访问石卷市，参加在该市举行的石卷·温州结好25周年庆祝活动。

【温州市与荷兰胡斯市签订结好协议书】 2009年9月1日，副市长陈宏峰会见由副市长范特·韦斯泰德率领的荷兰胡斯市政府代表团一行5人，双方签订两市建立友好交流关系协议书，在经济、贸易、科技、文化等方面开展多种形式的交流和合作。

会见时，陈宏峰说，温州与荷兰有着源远流长的经贸往来历史，两地的经贸结构互补性也很强，希望荷兰客人借此次来访的机会，在温州进行更深入的考察，进一步了解温州，以便两市今后广泛开展交流，开拓更广阔的合作领域，推进双方互利双赢。

范特·韦斯泰德说，她十分佩服温州人的吃苦耐劳精神，希望今后能加强合作，把更多的中国产品和温州产品推向世界。她相信这次会谈和协议不仅是双方友谊的见证，也不仅仅是经济上往来的约定，更为两地今后长久往来开启一扇门，是文化、教育等多方面交流的开端。

【温州市政协考察团访问德国、西班牙和意大利】 2009年9月2日至13日，市政协副主席夏克栋率领的温州市政协考察团一行6人赴德国吉森市、西班牙阿利坎特市和意大利普拉托省进行友好访问。

在德国，代表团与吉森市市长郝曼、议会负责人希赫进行了会谈。其后，夏克栋在吉森市议会厅接受当地媒体的采访。代表团还参观了吉森市市政厅、图书馆、艺术厅、吉森数学博物馆和吉森大学、儿童医院。

在西班牙，代表团拜访了阿利坎特市政府，参观了阿利坎特医学院附属医院、儿童医院。

在意大利，考察团与普拉托省省长朗贝托·加斯特瑞进行了会谈，参观了当地医院和华人中文学校。

【温州市与美国帝国郡签订结好协议书】 2009年9月9日，副市长徐育斐会见来访的美国加州帝国郡郡长拉尔夫·科多瓦一行9人，双方签订两市郡建立友好交流关系协议书。

帝国郡位于美国加利福尼亚州东南部，面积4597平方英里，成立于1907年，多数居民是墨西哥裔。帝国郡由7个市组成，曾是加州重要的农业基地，高科技产业、贸易、物流仓储、零售业的发展，促进了帝国郡经济向多元化产业方向转型。帝国郡也是美国地热能源的重点基地之一。

【意大利普拉托省代表团访温】 2009年11月23日至26日，省长朗贝托·加斯特瑞率意大利普拉托省政府代表团一行12人访问温州，参观了温州华侨中学、温州大学、永昌堡、城市规划展、温州市第二人民医院。市长赵一德会见代表团一行。

【韩国仁川广域市中区代表团访温】 2009年11月29日，韩国仁川广域市中区厅长朴承淑率中区政府代表团一行5人访问温州，参观温州民营企业及市政设施。

【温州市代表团访问加拿大和美国】 2009年12月2日至11日，温州市派遣友城代表团访问加拿大本拿比市和美国匹茨堡市、帝国郡。

在加拿大，本拿比市市长德理克·柯瑞根会见代表团一行。代表团与本拿比市贸易局会谈，双方签订友好交流备忘录。

在美国，市委副秘书长朱增岳代表温州市政府，与匹茨堡市市长南茜签署建立友好交流关系协议书。

代表团成员应邀参加帝国郡郡长交接典礼，并就两市郡交流事宜与新任郡长洽谈。

【新建友好城市关系、友好交流关系】 2009年，经全国友协、省政府同意，温州市与加拿大本拿比市、澳大利亚伊普斯维奇市建立友好城市关系。经省外办同意，温州市与意大利那不勒斯市建立友好交流关系。

（叶　雪）

县(市、区)外事

·鹿城区·

【鹿城区代表团访问美国、加拿大和墨西哥】 2009年2月28日至3月11日，副区长黄夏日率团赴美国、加拿大、墨西哥，开展友好经贸交流活动。在访问美国达拉斯期间，黄夏日被达拉斯市政厅授予“荣誉市民”称号。

【瑞士信贷银行董事访问鹿城区】 2009年8月18日，区长王立彤会见来访的瑞士信贷银行董事总经理郑昌光。

【鹿城区经贸考察团访问日本】 2009年10月4日至9日，副区长黄夏日率经贸考察团一行31人赴日本访问，参加第39届日本国际鞋类及皮革制品展。

【鹿城区代表团访问南非、加蓬和土耳其】 2009年11月26日至12月7日，区委常委、统战部长徐强率团赴南非、加蓬、土耳其，开展侨务考察和友好交流活动。

（翁宗示）

·瓯海区·

【瓯海区与法国欧贝维利耶市结好】 2009年7月22日，法国欧贝维利耶市市长雅克·萨尔瓦多率政府代表团一行10人访问瓯海区，双方签订建立友好交流关系意向书。

【瓯海区代表团赴日本、俄罗斯开展大型经贸活动】 2009年9月12日至21日，区委书记谢再兴率团访问日本、俄罗斯。

访日期间，代表团参加了在大阪举行的浙江出口商品交易会，并于9月14日举办“浙江瓯海”出口产品推介活动。

访问俄罗斯期间，为了解“灰色清关”对瓯海企业造成的影响，寻求解决办法，考察团一行拜访俄罗斯中国总商会，即“华人华商大市场问题临时协调小组”，考察了温州对俄贸易通关服务平台公司，拜访莫斯科市政府国际联系部，走访了瓯海在俄企业。

（谢　策）

·龙湾区·

【组织企业赴荷兰参展】 2009年11月10日至12日，区委常委、统战部长郑建忠率16家不锈钢企业共33人，参加在荷兰南部城市马斯特里赫特举行的第十三届荷兰国际不锈钢大会及展览会。

（胡玉华）

·瑞安市·

【瑞安市教育考察团访问美国和加拿大】 2009年7月20日至29日，副市长林济晚率瑞安市教育考察团访问美国、加拿大。出访期间，瑞安中学与美国瓦萨琪中学签订教育合作项目协议，结为姐妹学校关系。

【瑞安市经贸考察团访问马来西亚和越南】 2009年8月26日至9月4日，应马来西亚霹雳州怡保市政府和越南前江省龙江工业园的邀请，副市长管秀云率瑞安市经贸考察团一行20人访问马来西亚、越南。瑞安市的浙江维多利进出口有限公司分别同马来西亚霹雳州高新技术园区、霹雳州政府和吉隆坡万利有限公司签署一系列招商投资协议。代表团一行考察了越南龙江工业园区，并为温州市远昌进出口贸易有限公司筹建的越南中国(温州)机电产品展示中心揭牌。

（夏　敏）

·乐清市·

【俄罗斯圣彼得堡市滨海区政府代表团访问乐清】 2009年9月14日至16日，以代区长芭莉切娃为团长的俄罗斯圣彼得堡市滨海区政府代表团一行9人访问乐清，双方举行了友好交流座谈会，并签署《备忘录》，达成在两地互设代表处等多项共识。

【乐清市代表团访问香港】 2009年10月10日至15日，副市长胡晓翔率市外侨办、市外经贸局及25家企业组成的代表团访问香港，参加香港2009秋季电子展。

【乐清市与美国纽约市布鲁克林区签署结好意向书】 2009年10月16日至18日，以美国议会联盟副主席、纽约州议员奥蒂茨为团长的美国州议员代表团一行访问乐清市，代表团中随行的纽约市布鲁克林区官员与乐清市签署关于两地建立友好交流关系的意向书。

【乐清市代表团访问日本、韩国和俄罗斯】 2009年11月5日至15日，市委书记潘孝政率团出访俄罗斯、韩国和日本。

在俄罗斯，代表团与圣彼得堡市滨海区区长安德烈·库杰洛夫等就加强两地经济、文化、教育、卫生、建设等各个领域的合作进行会谈，正式签署关于加强城市友好与发展合作备忘录。

在韩国，代表团访问了仁川市中区政府，考察釜山港、仁川港，参观了仁川市中区、三星重工造船基地，拜访韩国中小企业振兴工业公团。

在日本，熊本县荒尾市议会议长岛田稔等会见代表团，双方进行了友好城市交流和经贸合作洽谈。代表团一行还参观了荒尾市日立造船株式会社，拜访了东京大学造船研究所的大内一之等教授，双方就国际造船业发展趋势和技术创新走向等进行了探讨。

【乐清市代表团访问乌克兰】 2009年12月15日至25日，乐清市友好代表团访问乌克兰南方市，双方就经贸、港口、体育和文化等方面的交流合作进行了协商。

（伍培利）

·文　成　县·

【文成县代表团访问美国】 2009年11月28日至12月8日，县政协主席刘建忠率团赴美国参加中美建交30周年系列活动。

【文成县代表团访问荷兰、法国和意大利】 2009年12月31日至2010年1月11日，县委常委、统战部长章寿禹率团访问荷兰、法国、意大利，开展经济文化交流。

（周圣将）

·泰　顺　县·

【联合国组织评估组考察莫拉克台风受灾点】 2009年8月台风莫拉克重创温州后，联合国人道主义事务协调办公室十分关注，并希望能为中国提供人道主义紧急援助。

8月27日至28日，由联合国人道主义事务协调办公室日内瓦办事处协调与监测处处长梅里特·约翰森率领的评估组一行在商务部、民政部及省商务厅、省民政厅等单位人员陪同下，到温州考察受灾情况。

28日，评估组考察了泰顺县彭溪镇镇政府所在地一处遭受莫拉克台风严重影响的山体滑坡灾害情况。

（张周延）

·小资料·

浙江的外国留学生

浙江的外国留学生从2005年开始逐步增加。2005年是3700多人，2006年比上年增长30%，以后每年都以20%以上的速度增加。浙江的外国留学生人数占在校生数量不到1%，申请浙江高校的，大部分选浙江大学。

浙江有资格招收外国留学生的有浙江大学、浙江中医药大学、中国美术学院、宁波大学、温州医学院、浙江师范大学等高校，共32所。

来浙江留学的学生中，韩国人数第一，日本第二，美国第三，接下来是非洲国家，东南亚学生逐渐增多，欧洲国家最少。

专业上，读中文、中国文化、历史等文科类的最多，大多在浙江大学；学医的其次，一般在温州医学院和浙江中医药大学；学艺术类的读中国美术学院。

在浙江留学，一般每学年收费一、二万元；学医最贵，每年二、三万元。

嘉 兴 市

嘉兴市简称"嘉"、"禾",辖南湖、秀洲2个区,平湖、海宁、桐乡3个县级市,嘉善、海盐2个县,总面积3915平方千米。2009年末户籍人口339.6万。2009年,全市实现地区生产总值1917.96亿元;财政收入279.4亿元,其中地方财政收入141.7亿元。

【外事工作概况】 2009年,嘉兴市人民政府外事办公室(简称"市外办")以外事工作服务嘉兴科学发展为工作重点,紧紧围绕市委、市政府工作大局,着力在打造"经济外事、优质外事、诚信外事、和谐外事"上下功夫。

对外实质性交流与合作增强。一是周密组织党宾、国宾、友城市长、议长、外国驻华使节以及重要经贸代表团等重要外宾团组的来访接待。全年接待国(境)外重要来访团组20余批、逾300人次,主要有:泰国公主诗琳通,比利时西弗兰德省代表团,印度大企业代表团,日本富士市大型代表团。二是在市领导出访团组中配足配齐外事、外宣、外经贸等力量,保证了市领导率团出访达到预期效果。5月,李卫宁市长率团访问韩国江陵市,双方就如何审视城市发展理念、提升城市管理效益等进行了探讨。

国际友城工作进一步提升。国际友城工作在扩大嘉兴市对外宣传、提升嘉兴市国际形象、促进嘉兴市经济建设和社会发展等方面起到了积极作用。

截至2009年底,嘉兴市已与14个国家的36个城市建立了友好交流城市关系,建立友好基层单位50余对。县级市(区)均有相应的友城,实现了全市国际友城结好"满堂红",为助推经济建设和社会发展创造了有利的国际环境。

因公出国(境)管理更加规范。一是扩大企业出国(境)直报服务范围,全市已有直报企业123家。二是启动任务审批和护照签证同时受理、同步办理的工作程序,出国(境)手续办理再次提速。三是创新因公出国(境)人员审查手续的新途径、新方法,推出《企业因公出国管理责任书》备案制,最大限度地为信誉度高的企业办理出国(境)手续提供方便。四是设立绿色通道、快捷通道,为出境参展企业、外贸企业人员提供因公、因私签证双通道服务,确保其走得快、走得顺。五是推出计划报批、量化管理、计划审核、计划执行、经费约束和纪检监督等6项因公出国(境)管理措施。完成市委、市政府提出的2009年全市因公出国(境)人数和经费支出在近三年平均数基础上"两个20%"的削减任务。六是发挥联席会议职能,主动会同市纪委、市委组织部、市财政局等部门,共同探讨新形势下因公出国(境)管理工作的新问题新对策,开展因公出国(境)管理工作的走访、座谈和专项自查、检查,取得出国(境)组团单位的理解、支持和配合。全年审批确认因公出国(境)团组287批、916人次,与前三年平均数相比分别下降36.81%、47.84%,其中党政干部出国(境)525人次,比2008年下降22.91%。七是切实加强因公出国(境)团组的行前教育,对出国(境)团组的出访总结、出国情况报告表等进行专项检查,基本杜绝了党政干部出国团组擅自更改行程,增加出访国家、地区或城市,延长境外停留时间等违规现象。因公护照和《省管干部因公临时出国情况报告表》收缴率均达到100%。全年邀请外国人来华1005批、1480人次。

涉外管理与沟通机制加强。一是涉外管理协调机制进一步完善。督促各县(市、区)建立或调整党委外事工作领导小组,外事工作机制进一步完善。初步建立涉外事件反应机制、外国记者来禾采访管理工作联席会议制度、境外非政府组织在禾活动管理工作联席会议制度、境外嘉兴籍人员和机构安全保护工作联席会议制度、制止党政干部出国(境)旅游专项工作联席会议等工作机制。二是与外国驻华使领馆沟通渠道进一步畅通。注重与外国驻沪领馆的沟通,增进互信,营造客观友善的舆论环境,努力借助领事馆渠道打造嘉兴对外形象,促进嘉兴市与领事馆派遣国之间的经贸、文化、旅游等各方面的交流与合作,为嘉兴市进一步提高开放水平、实施"走出去"战略创造条件。三是借外交部及中国驻外使领馆的渠道助推嘉兴企业"走出去"成效进一步显现。7月,外交部在杭州召开"外交为国内发展服务"座谈会,市外办组织嘉欣丝绸、新秀箱包、卡森实业和华友钴业等企业代表参加会议,用"世界眼光"集体会诊嘉兴民营企业在海外发展面临的机遇和存在的问题,初步建立起嘉兴企业与驻外使节团的联系渠道。四是涉港澳工作进一步加强。组织召开部分港资企业座谈会,为其排忧解难。做好来访港澳团组的接待工作,广交深交新老朋友。与市有关部门联合举办嘉兴市服务业项目(香港)推介会,推出110个服务业项目,签约10个项目,总投资约20亿元人民币。

民间对外交往工作水平提高。2009年,嘉兴市人民对外友好协会发挥自身优势,组织理事团体会员出国(境)考察,寻找合作机会,在经贸、文化、教育等领域开展对外交流与合作。做好国(境)外民间友好考察团的接待工作,广交新朋友,深交老朋友,为嘉兴市企业"走出去"奠定群众基础。开展中外友人迎春联谊会、中韩乒乓球友谊赛、外籍专家沙龙、涉外部门与嘉兴韩商联谊会等活动,与有实力、有影响的国外机构、国际友人、企业家或侨领建立稳固的关系。

外事服务科学发展的意识增强。2009年,市外办以ISO9001—2000标准全面推进机关工作质量建设,深入开展学习实践科学发展观活动,努力创建"五型"(即学习型、创新型、服务型、效率型和廉洁型)机关,初步解决了影响和制约外事科学发展的突出问题,提升了地方外事服务嘉兴市经济社会发展的能力。规范外事工作程序,完善市外办规章制度和规范性文件,修正完善《外事礼品管理制度》、《因公出国(境)服务工作制度》等5个工作制度,新增《公派长期出国(境)人员管理制度》、《涉外国家安全工作协作机制》、《建立惩治和预防腐败工作体系实施方案》等11个规章制度。

市领导出访

【嘉兴市政府代表团访问韩国、日本】 2009年5月12日至21日,应韩国江陵市政府和日本富士市政府邀请,市委副书记、市长李卫宁率嘉兴市政府代表团一行6人赴韩国和日本进行友好访问。

在韩国,李卫宁一行分别拜会江陵市市长崔明熙和议长金洪圭,双方共叙中韩友谊,表达了促进两市合作与交流的真诚愿望。参加了嘉兴市与江陵市缔结友好城市10周年系列庆祝活动。李卫宁和崔明熙分别代表两市互赠纪念品;来自嘉兴市群众艺术馆的演员和江陵市的艺人们合作演出节目;此后举行了"两市友城图片展"、"两市旅游图片展"、"两市青少年书画展"开幕仪式。

代表团一行考察了江陵爱迪生科学博物馆、乌竹轩、嘉兴公园等地。当晚,江陵市政府举行庆祝晚宴。

在日本,李卫宁拜会富士市市长和政府相关部门,并就下半年在嘉兴市举行两市结好20周年庆典活动进行会谈;拜会富士市商工会议所,双方就嘉兴市赴日研修生项目的进一步巩固和发展进行磋商。代表团还考察了富士市相关公共设施。

【嘉兴市友协代表团访问南非、埃

及和土耳其】 2009年6月18日至29日，应南非开普敦百大国际交流中心、土耳其土中友好协会和埃及埃中友好协会的邀请，以市委常委、市公安局局长、市对外友好协会顾问梁群为团长的嘉兴市友好代表团先后访问南非、埃及和土耳其。

在埃及和土耳其，梁群分别与埃中友好协会副主席艾哈迈德·瓦利和土耳其·中国商业促进友好协会主席阿德南·阿克佛拉特进行友好会谈，并分别签署建立战略合作关系备忘录。

在南非，代表团考察了开普敦百大国际交流中心，双方就在商贸领域建立长期友好合作关系达成共识；代表团还看望了桐乡巨石南非公司、浙江华友钴镍材料有限公司等嘉兴籍企业家代表，并与他们就落实民营企业"走出去"发展战略等进行座谈。

【嘉兴市政府农业代表团访问巴西、阿根廷】 2009年9月16日至26日，应巴西托坎庭斯州政府和阿根廷密西恩省政府的邀请，市委常委、秘书长蒋唯民率嘉兴市政府农业代表团赴巴西和阿根廷进行农业考察、项目合作洽谈，并就政府间的友好合作交流作进一步的协商。

在巴西，代表团拜会阿雷格列港市市长，就两市开展农业方面的交流合作和两市友好交流等事宜进行磋商，代表团还赴阿雷格列港市考察了巴西阳光农业有限责任公司。此外，代表团拜访了托坎庭斯州农业部，了解巴西农业的发展及其农业政策；与当地农业企业就农业生产、深加工等进行会谈，并就有关合作事项进行磋商。

在阿根廷，代表团拜访了密西恩省农业部，了解阿根廷的农业政策、林业资源及其保护林业资源的措施；与当地的林木生产、加工企业就开展木材生产、加工等方面的合作进行洽谈。

附表1　2009年嘉兴市部分出访团组

序号	出访时间	团长职务、姓名	人数	出访地点	备注
1	2月23日～3月6日	副市长陈越强	1	阿联酋、印尼、斐济	友好访问
2	4月19日～5月1日	嘉兴市委常委、 海宁市委书记俞志宏	4	德国、法国、意大利	经贸交流
3	5月12～21日	副市长蒋仁欢	8	日本、韩国	经贸交流
4	5月19～30日	市人大常委会副主任赵友六	14	瑞士、西班牙、英国	经贸交流
5	6月23日～7月10日	市长李卫宁	1	法国、瑞士、希腊	培训
6	7月5～8日	常务副市长裘东耀	6	香港	经贸交流
7	9月3～12日	市人大常委会副主任金成胜	1	美国、加拿大	人大(议会)交流
8	9月7～16日	市政协副主席王淳	6	美国、加拿大	友好访问
9	9月10～19日	市政协副主席李水根	10	美国、加拿大	经贸交流
10	10月13～15日	市委常委、秘书长蒋唯民	5	澳门	经贸交流
11	11月1～12日	市委副书记鲁俊	1	德国、法国、西班牙	友好访问
12	11月15～28日	常务副市长裘东耀	1	新加坡	培训
13	12月10～21日	市政协副主席金锦根	5	英国、西班牙、日本	经贸交流及 友好访问
14	12月22日～ 2010年1月2日	市人大常委会副主任徐生荣	5	埃及、南非、阿联酋	经贸交流

重要活动

【2009嘉兴市中外友人迎新联谊会暨外国友人中文水平比赛】 2009年1月15日在嘉兴阳光大酒店举行，由嘉兴市外办和嘉兴市友协主办，嘉兴市翻译协会承办。

来自嘉兴经济开发区、嘉兴学院、市教育局、各县（市、区）相关企业以及市翻译协会的近百名中外人士参加联谊会。市人大常委会副主任王新民，市外办主任马洪涛、副主任冯正毅、陈国华，市外经局副局长沈文平等出席活动。

联谊会以比赛、表演、游戏、问答、抽奖等形式交替进行，最后评选出一等奖1组、二等奖2组、三等奖4组、表演奖若干组，嘉兴市穆湖实验小学的韩国学生金太渊、金秀渊、金喜稳和柳艺元演出的小品《小小中国通》获得一等奖。

【2009嘉兴经济开发区（上海）推介说明会】 2009年3月31日在上海龙之梦万丽大酒店举行，由嘉兴经济开发区管委会主办，嘉兴市外办、嘉兴市合作交流办公室协办。瑞典驻上海总领事、以色列驻上海副总领事及美国、西班牙、日本等国驻上海领事机构的商务领事及专员16人和香港特区19家企业代表参加会议，应邀参加会议的还有香港特别行政区政府驻上海经济贸易办事处的代表、美国各州驻上海机构代表、外国机构驻上海代表处代表及外国企业界代表。

会上，嘉兴经济开发区负责人介绍了开发区近年来取得的成就和近远期规划，并回答了与会代表关心的问题。在嘉兴经济开发区投资的企业代表介绍了他们在嘉兴的创业经历。

副市长蒋仁欢，市外办主任马洪涛、副主任陈国华参加会议。

【比利时交响管乐团在嘉兴演出】 2009年4月10日，比利时皇家伊佩利娜交响管乐团在嘉兴大剧院举办“香缇世家伊佩利娜之夜”交响音乐会，演出了《拉德斯基进行曲》、《回娘家》等13首中外名曲。

比利时皇家伊佩利娜交响管乐团被视为比利时皇家音乐的代表，是欧洲高水平交响乐团之一。

【中韩文学论坛】 2009年4月25日至26日在嘉兴举行，论坛主题是“韩国抗日独立运动叙事与嘉兴”。来自韩国、美国、日本以及中国内地和香港、澳门地区著名高校的数十位专家、学者与会，共同研讨中韩文学。市委常委、宣传部长武亮靓出席开幕式。

武亮靓代表市委、市政府对海内外专家、学者的到来表示热烈欢迎。他说，嘉兴与韩国结缘已久，今年是新中国成立60周年，也是韩国临时政府成立90周年；是嘉兴解放60周年，也是金九先生逝世60周年；还是嘉兴与韩国江陵市缔结友好城市10周年。在这个特殊的日子里，中外专家、学者共同探讨韩国抗日独立运动叙事与“韩流三部曲”，并就“韩流”与嘉兴文化进行广泛的交流探讨，具有十分重要的意义。

本次论坛主要包括“韩流三部曲”、韩国现代文学与韩国抗日独立运动叙事、中国当代文学与韩国叙事、中国现代文学与韩国抗日独立运动叙事四个主要议题。

·相关链接·

韩流三部曲

“韩流三部曲”即《船月》、《虎步流亡》、《回归天堂》三部长篇小说，是中国著名作家、童话大师夏辇生历时五年创作的系列作品。“韩流三部曲”成功地塑造了韩国国父金九和民族英雄尹奉若的文学形象，在韩国产生了极大的反响，掀起了“夏辇生旋风”，并引起国际文坛的关注。《船月》韩文版出版仅两个月，就获得了韩国政府奖。《回归天堂》韩文版受到韩国各大媒体的热切关注。东国大学历史系教授金胜一博士说：“在韩国所有写尹奉若的书中，这是最好的一本。”尹奉若义士家乡的政府专门向夏辇生颁发了感谢牌。

美国强磊出版社和全美中国作家联盟专门召开联席会议，决定将夏辇生的“韩流三部曲”作为重点书目，以中文繁体版和英文版在美国出版，并在国际社会和文坛广泛介绍和宣传。

【嘉兴市与江陵市结好 10 周年庆祝活动在江陵市举行】 2009 年 5 月 12 日至 14 日，市委副市记、市长李卫宁，副市长蒋仁欢率市外办、市文化局、市外经贸局、市旅游局、嘉兴经济开发区等单位共 30 多人组成的友好访问团赴韩国江陵市参加两市结好 10 周年庆祝活动。

5 月 13 日，两市缔结友好城市 10 周年庆祝大会在江陵市艺术总会礼堂举行。两市市长分别致辞并互赠礼品，来自嘉兴市群众艺术馆的演员和江陵市的艺人共同表演了文艺节目。会后，两市佳宾共同观看了“两市友好历程图片展”、“两市旅游图片展”、“两市青少年书画展”。

【嘉兴—班布里商务办公室成立】 2009 年 5 月 25 日，市人大常委会副主任王新民、副市长蒋仁欢、市政协副主席金锦根会见以市长大卫·史密斯为团长的澳大利亚班布里市政府经济代表团一行，并举行嘉兴—班布里商务办公室揭幕仪式。

嘉兴市与澳大利亚班布里市、嘉兴港与班布里港于 2000 年分别结为友好城市、友好港口。2008 年 11 月，班布里市成立班布里—嘉兴商务办公室，嘉兴市也相应成立了嘉兴—班布里商务办公室。

【2009 浙江省嘉兴市服务业项目(香港)推介会】 2009 年 7 月 8 日在香港举行，由嘉兴市政府主办，香港特别行政区政府驻上海经贸办事处、香港贸易发展局、香港总商会、香港国际投资总商会、香港物流协会、香港《商报》协办。此次推介会，嘉兴市共推出 110 个服务业项目，主要涉及商务区、市场物流、旅游酒店、商贸、创意产业、服务外包和总部经济等，签约 10 个项目，总投资约 20 亿元人民币。

市委常委、常务副市长裘东耀出席推介会并讲话。裘东耀表示，这次活动是嘉兴市继 2008 年 5 月在香港成功举行大规模服务业项目推介之后的又一次重大活动。连续两年在港举行大规模的服务业推介活动，表明嘉兴市大力扶持发展现代服务业、努力搭建区域性现代服务产业高地的目标坚定不移。为加速推进现代服务业发展，市政府将从加大扶持、放宽准入、强化服务业要素配置、给予优惠的财税政策、优化服务业的发展环境四个方面给予政策扶持。

推介会上，嘉兴市政府与香港旅游业协会签署合作框架协议，双方将利用各自的资源和优势，在旅游资源共享、项目投资、平台建设、人才培训等方面加强合作交流，共同推进嘉兴与香港两地的旅游业发展。

【中英学生合演莎士比亚名剧】 2009 年 8 月 13 日晚，由嘉兴市外办和市教育局共同主办，海宁市教育局和浙江青年艺术学校承办的嘉兴市与英国普利茅斯市教育友好合作项目——中英青年联合排演的莎士比亚名著《罗密欧与朱丽叶》在海宁市文化馆上演，24 名来自海宁市和普利茅斯市的青年学生同台演出，嘉兴市和海宁市相关部门领导及观众近 400 人观看了演出。

用中英两种语言同台演绎莎士比亚《罗密欧与朱丽叶》，这是英国导演娜塔莎在中英文化交流活动中的全新尝试。演出结束后，中方的 12 名学生于 15 日随团赴普利茅斯市进行为期 10 天的访问演出。

【嘉兴市政府表彰外籍友人】 2009 年 9 月 28 日，2009 年度“嘉兴市荣誉市民”、“南湖友谊奖”授予仪式在嘉兴博雅大酒店举行。市领导李卫宁、鲁俊、裘东耀、金成胜、金锦根等出席仪式。

会上，市人大常委会副主任金成胜和常务副市长裘东耀分别宣读关于授予白涛默等 5 位外籍友人“嘉兴市荣誉市民”和阿水氏·维士纳弗等7名外国专家“南湖友谊奖”的决定；李卫宁市长向获奖者颁发证书和奖章。

李卫宁代表市委、市人大、市政府、市政协和全市人民向获奖人士及家属致以诚挚的问候与祝福，向所有支持嘉兴发展的外国友人、华人华侨等表示衷心的感谢。

附表2　2009年嘉兴市人民政府“南湖友谊奖”获奖名单

序号	姓名	国籍	职务	聘用单位
1	高田繁一	日本	总经理	合克萨斯精工(嘉兴)有限公司
2	阿水氏·维士纳弗	印度	总经理	特迈斯(浙江)冷热工程有限公司
3	安敬洙	韩国	董事长	李朝化纤有限公司
4	野村博	日本	总经理	德山化工(浙江)有限公司
5	郑镇甲	韩国	董事长	爱思开浦项(平湖)钢铁有限公司
6	森田国勇	日本	教师	海盐高级中学
7	丹藏淳治	日本	技术顾问	海宁万方经编有限公司

附表3　2009年度获“嘉兴市荣誉市民”名单

序号	姓名	国籍	职务	聘用单位
1	白涛默	比利时	董事长	浙江财纳福诺木业有限公司
2	比尔·梅	英国	首席顾问	英国普利茅斯市政府
3	铃木尚	日本	市长	日本富士市政府
4	太附丰	日本	总经理	东海橡塑(嘉兴)有限公司
5	崔明熙	韩国	市长	韩国江陵市政府

【嘉兴市·富士市缔结友好城市20周年庆祝大会】 2009年10月22日下午在嘉兴市举行，大会授予日本富士市市长铃木尚“嘉兴市荣誉市民”称号，授予市友协等10家单位“嘉兴市·富士市友好交往先进单位”称号，授予远藤敏东等5位日本友人“嘉兴市·富士市友好人士”称号。市委副书记、市长李卫宁，省外办副主任陆国灏，富士市市长铃木尚、富士市议长小长谷义正分别在庆典仪式上致辞，两市市长互赠礼物。

李卫宁在致辞中指出，嘉兴市与富士市自1989年缔结友好城市关系以来，双方人员往来日益密切，合作领域逐渐扩大，在经贸、科技、教育、文化、卫生、体育和旅游等方面不断取得新成果，有力地推动了两市的经济发展和社会进步。庆祝两市缔结友好城市关系20周年，就是要继续巩固

◎嘉兴市中日友好园开园

双方业已存在的友谊，扩大合作，把两市的友好关系不断推向前进。希望在嘉兴、富士两市人民的不断努力下，继续加强合作，增进友谊，推动两市友好关系向更加广泛和深入的方向发展。

【中日友好园开园】 2009年10月22日，为庆祝嘉兴市与富士市缔结友好城市关系20周年，位于嘉兴植物园国际友好园内的“中日友好园”建成开园，来自嘉兴市和日本富士市的百余名嘉宾出席开园典礼。两市领导在开园仪式上互致贺词，共同为友好园揭牌，并种下象征友谊的香樟树，祝愿中日两国人民世代友好。嘉兴国际友好园占地面积约8公顷，由友好城市园区和国际名人园区两部分组成。其中，友好城市园区集中展示嘉兴市各友好城市的市树、市花、城市标志、体现当地城市特色的建筑小品和独特的植物种类；国际名人园区以收藏来禾国际名人留下的纪念物为主。

【嘉兴·富士结好20周年图片展】 2009年10月22日至11月22日在嘉兴市博物馆举办，由嘉兴市人民政府主办，市外办、市旅游局承办。市领导李卫宁、王新民、蒋仁欢、金锦根，日本富士市市长铃木尚、市议会议长小长井义正等出席22日上午的开幕式。市外办主任马洪涛主持开幕式。

市委副书记、市长李卫宁表示，图片展可以加深两市市民的了解和友谊，激励市民进一步理解、支持和参与两市的友好交流，推动两市政府及民间的友好关系新发展，促进两市经济社会共同繁荣。

图片展包括“友好历程”、“美丽富士”、“魅力嘉兴”、“书画传情”四个篇章。

22日，日本富士市关于两市结好20周年的图片展也同时开展。

【2009长三角嘉兴投资洽谈会】 2009年11月8日在嘉兴国际中港城举行。来自30多个国家和地区的400多位客商与会，当天签约25个项目，总投资16.6亿美元。签约的项目主要涉及现代农业、电子、汽车配件、仓储、房地产、商贸、服务外包等行业和领域，其中有7个服务外包项目投资来源主要来自美国、加拿大、德国、新加坡、泰国、印尼、日本、韩国等国家和香港等地区。

【中国嘉兴·韩国江陵乒乓球友谊赛】 2009年11月20日在市农经局活动室举行。

此次来禾的韩国江陵乒乓球代表队一行12人，由该市政府公务员中的优秀选手组成。嘉兴市代表团由16名机关工作人员组成，其中包括市人大常委会主任徐士珍，市委常委、宣传部长武亮靓等。

经过一天的比赛，嘉兴市代表队获得团体、混合双打、男子双打3项冠军，江陵市代表队获得女子双打冠军。

【“海外清华学子浙江行”系列活动在嘉兴举行】 2009年12月22日，由省科技厅主办，浙江清华长三角研究院、浙江省中美科技合作交流中心（筹）承办，硅谷清华联网和美中高层次人才交流

◎嘉兴、富士结好20周年图片展开幕式

协会协办的“清华百年校庆”系列活动之一“海外清华学子浙江行”代表一行 62 人到嘉兴交流考察。

副市长柴永强在欢迎大会上向海外清华学子代表介绍了嘉兴，市组织和人事部门领导介绍了嘉兴市的引智政策。南湖区和秀洲区代表分别介绍了嘉兴科技城和浙江科技孵化城的情况和相关政策，清华学子于江涛作了代表发言。海外清华学子还与嘉兴市近百名科研机构、高等院校及企事业界代表进行了项目对接活动。

中国驻旧金山总领事馆科技参赞董建龙参加此次活动。

重 要 来 访

【韩国外交部记者团访问嘉兴】 2009 年 1 月 15 日至 16 日，以韩国有线新闻台政治部次长金泰贤为团长的韩国外交部记者团一行 11 人访问嘉兴。15 日晚，副市长陈越强会见并宴请访问团一行，市外办主任马洪涛、市广电总台台长张林江等参加会见和宴请。

16 日上午，韩国外交部记者团一行考察了位于市区梅湾街的韩国临时政府旧址及金九避难处，参观了位于嘉兴经济开发区的韩泰轮胎公司新建厂房及生产线。

金泰贤对嘉兴市政府大力保护金九避难处表示感谢，并表示回国后将对嘉兴市进行报道和宣传。

【香港特别行政区驻沪经贸办事处主任访问嘉兴】 2009 年 2 月 25 日，市委副书记、市长李卫宁在市行政中心会见来访的香港特别行政区驻上海经贸办事处主任陈子敬一行。市政府秘书长吴云达、市外办主任马洪涛、市发改委主任陈利众、嘉兴经济开发区管委会主任林毅等参加会见。

李卫宁对陈子敬先生一行来访表示热烈欢迎，并向来宾简要介绍了嘉兴市情及嘉兴与香港两地间的经贸合作情况。李卫宁指出，香港在现代服务业等方面优势较大，而嘉兴正准备优先发展现代服务业，两地间的经贸合作互补性很强，合作前景广阔。

当天下午，陈子敬一行参观考察了嘉兴经济开发区以及开发区内的港资企业，并就如何进一步发展香港与嘉兴间的经贸及投资活动进行了交流座谈。

陈子敬表示，嘉兴经济发展迅速，配套设施齐全，交通区位优势明显，政府和各级部门对外来投资企业十分重视和关心，营造了良好的投资环境，香港在嘉兴投资的企业运营顺利。他对推动香港企业与嘉兴的合作充满信心。

【比利时西弗兰德省代表团访问嘉兴】 2009 年 3 月 20 日，以省长保罗·拜恩为团长的比利时西弗兰德省代表团一行 27 人，在比利时驻上海总领事裴泽东的陪同下访问嘉善县经济开发区，出席浙江财纳福诺木业有限公司开业典礼，并考察嘉兴市块状经济发展情况。

副省长龚正，嘉兴市市长李卫宁，省外办副主任顾建新，市外办主任马洪涛、副主任陈国华，嘉善县委副书记、县长苗伟伦等出席浙江财纳福诺木业有限公司开业典礼。

浙江财纳福诺木业有限公司系西弗兰德省企业在浙江的重点投资项目，投资总额 7500 万美元，由吕祖善省长和保罗·拜思省长亲自促成。

【俄罗斯地方媒体负责人代表团访问嘉兴】 2009 年 4 月 27 日，应中共中央外宣办的邀请，由俄地方媒体领导人联盟主席伊利亚申科·安德烈·维塔利耶维奇率领的俄罗斯地方媒体负责人代表团一行 8 人考察采访海宁市经济发展情况以及中小企业现状。海宁市委常委、宣传部长沈炳忠陪同考察。

代表团听取了海宁经编产业园区、海宁中国皮革城情况介绍，走访了超达经编、澳森实业两家企业，了解金融危机下当地政府如何引导、企业如何应对等有关问题，对企业如何培训员工、中方与俄罗斯开展贸易情况表示了浓厚兴趣。代表团成员表示，愿与中方进行宣传上的战略合作。

【德中友协代表团访问嘉兴】 2009年7月21日至23日，以德国农业部林业局局长理查德·拉默为团长的德中友协代表团一行3人访问嘉兴。代表团此行的主要目的是观看天文奇观日全食，并考察嘉兴市的农业及与农业配套的机械设施。副市长陈越强和市外办主任马洪涛分别会见并宴请代表团一行。

拉默是第二次访问嘉兴，随行的两位企业界代表是农业机械及粮食仓储设施的生产商。他们对嘉兴的农业生产表示了浓厚的兴趣，对于嘉兴市希望借鉴德国高科技、高精度的农业设备制造技术以提升嘉兴市的农业生产水平，拉默表示非常愿意牵线搭桥。他认为，随着嘉兴市与德中友协友好关系的不断深入及与哈勒市友好交流城市关系的建立，双方已建立了互信和友谊，有了合作的前提和基础，希望嘉兴市组团去德国对应的农业机械生产企业考察，以推进双方实质性的交流与合作。

【日本富士市市长和议长率团访问嘉兴】 2009年10月21日至26日，由富士市市长铃木尚和议长小长井义正率领的日本富士市友好访问团、富士市民友好之翼访问团、富士市日中友好协会访问团、富士市商工会议所访问团访问嘉兴，参加嘉兴与富士结好20周年庆祝活动。22日上午，市委副书记、市长李卫宁在市行政中心会见代表团部分成员。

李卫宁代表市政府和嘉兴人民对富士市客人到访表示热烈欢迎，并充分肯定了两市结好20年来取得的合作交流成果，希望两市的友情有新的发展。

铃木尚对嘉兴市的热情接待表示感谢，表示将认真学习嘉兴的发展经验，共同推动两市新的发展。

市领导王新民、蒋仁欢、金锦根等参加会见。

【泰国公主访问嘉兴】 2009年7月22日，以泰国公主诗琳通为首，由泰国外交部、泰国驻华大使馆、泰国驻上海总领事馆、泰国天文研究院、泰国媒体记者组成的代表团一行37人访问嘉兴。

诗琳通公主是普密蓬国王的次女，曾多次访问中国，并著书立说，向泰国人民介绍中国，为增进中泰两国人民的相互了解和友谊作出了卓越的贡献。此次诗琳通公主来访，是慕名专程来海宁盐官观看海宁潮的。

省外办副主任陆国灏，市外办主任马洪涛，海宁市市长沈利农、副书记徐辉等会见诗琳通公主一行，并陪同观看海宁潮。

在观看了气势磅礴的海宁潮后，诗琳通公主欣然题写“天下奇观”四个中文大字。

·相关链接·

海宁潮

海宁潮又称钱江潮，是世界两大涌潮奇观之一，潮位最高达9米多。由于天体引力及地球自转产生的离心力，加上钱塘江特殊的地理条件，遂成“万叠云继起，千寻练不收”的著名景观。

◎诗琳通公主题写“天下奇观”

附表 4　2009 年嘉兴市接待的部分来访团组

序号	来访时间	团组名称(团长职务)	团长姓名	人数	会见(宴请)
1	2 月 12 日	瑞典驻沪总领事	姚汉森	2	李卫宁
2	2 月 19 日	印度大企业代表团	戴思锐	31	李卫宁
3	2 月 28 日	澳大利亚班布里市商会代表团	大卫·莱斯利·克尔	6	赵树梅
4	3 月 5 日	美国驻沪总领事馆商务领事	范思杰	2	
5	3 月 16 日	英国普利茅斯大学代表团	温迪·珀塞尔	4	柴永强
6	4 月 1 日	丹麦驻沪总领事	何丽兰	2	
7	5 月 10 日	德国哈勒市政府经济代表团	达格玛·萨巴道斯	13	李卫宁
8	5 月 11 日	香港中小型企业联合会考察团	陈子敬	12	裘东耀
9	5 月 13 日	日本富士市研修生选拔团	今村正夫	7	徐良骥
10	5 月 25 日	澳大利亚班布里市政府经济代表团	大卫·史密斯	10	蒋仁欢
11	6 月 2 日	韩国驻沪总领事	金正基	2	李卫宁
12	7 月 21 日	日本天文爱好者协会代表团	川村晶	132	
13	9 月 4 日	富士市政府定期协议团	加藤一郎	4	蒋仁欢
14	9 月 16 日	韩国江陵市政府定期协议团	金洪奎	9	李卫宁
15	9 月 18 日	韩国青年指导者联合会江陵市支会友好访问团		10	张志伟
16	10 月 20 日	澳大利亚西澳州建筑设计和建材代表团	罗德尼·莫列特	9	
17	10 月 21 日	日本富士市参加嘉兴、富士两市结好 20 周年庆典代表团	铃木尚	96	陈德荣、李卫宁
18	11 月 20 日	韩国江陵市乒乓球代表队		12	徐士珍
19	11 月 25 日	福井县日中友好协会	酒井哲夫	45	徐良骥
20	11 月 30 日	澳大利亚西澳州西南发展委员会首席执行官	唐·庞奇	1	杨立平
21	12 月 1 日	德国哈勒市经济考察团	沃尔夫汉·诺尔曼	4	蒋仁欢
22	12 月 3 日	以色列驻沪总领事	艾雅克	2	陈德荣
23	12 月 17 日	富士市体育协会访问团	金刺靖雄	5	柴永强

友好城市交流

【嘉兴市与德国哈勒市签署建立友好城市关系协议书】 2009 年 5 月 11 日,以市长达格玛·萨巴道斯为首的德国哈勒市政府经济代表团一行 13 人访问嘉兴。

11 日下午,两市代表在市行政中心举行友好会谈。副市长蒋仁欢致辞,市领导赵友六、金锦根等出席。李卫宁对代表团来访表示热烈的欢迎。他指出,嘉兴有着深厚的文化底蕴和良好的区域优势,改革开放以来嘉兴的经济社会发展日新月异;希望两市建立友城关系后继续增强交流与合作,促进双方共同繁荣,为中德两国人民的友谊谱写新的篇章。

会谈结束后，两市签署建立友好城市关系协议书。

哈勒市是德国萨克森安哈特州最大的城市，有1000多年历史，是德国中部最古老的城市之一。

【嘉兴市与美国洛克维尔市签署建立友好交流关系协议书】 2009年9月17日至26日，应美国洛克维尔市政府和加拿大达蒙维市政府的邀请，以市政协副主席王淳为团长的嘉兴市政府友好访问团赴美国和加拿大进行友好访问。在美国期间，访问团一行与洛克维尔市政府主要官员就两市开展政治、经济、教育等多方面的合作进行洽谈，并签署两市建立友好交流关系协议书。

洛克维尔是美国马里兰州的重要城市，马里兰州蒙哥马利县政府所在地。

县(市、区)外事

·南　湖　区·

【外事工作概况】 2009年，南湖区审核办理党政干部因公出国(境)团组17批、38人次，其中自组团7批、22人次，参加省市团组10批、16人次。主要出访美国、加拿大、英国、法国、越南等国家和香港、澳门等地区。在第七届"南湖之春"文化经贸活动期间，澳大利亚卧龙岗市代表团和韩国达城郡代表团参加"南湖之春"开幕式和相关经贸活动，双方在文化、教育、商业等领域达成多个合作意向。

【中印合作嘉兴(南湖)投资洽谈会】 2009年2月20日在南湖区举行。嘉兴市副市长蒋仁欢、南湖区人大常委会主任傅金根、印度驻上海总领事戴思锐、印度驻上海(商务及签证)领事普拉古光明及中印相关企业代表等出席洽谈会。双方进行了热烈的交流，签订合作备忘录，并提出了今后深入合作的良好愿望。

【第七届"南湖之春"文化经贸活动】 2009年3月上旬至5月下旬，南湖区举行第七届"南湖之春"文化经贸活动。众多外商以及友好城市代表团参加活动，签约外资项目16个，总投资2.7亿美元。

【国际网球赛事】 2009年8月，"郁金香岸杯"国际男子网球巡回赛在南湖区的嘉兴国际网球中心举行。本次比赛由中国网球协会主办，南湖区人民政府、嘉兴浙清晟峰软件园投资发展有限公司、嘉兴国际网球中心协办。这次比赛在国内共设5站，嘉兴是第四站。参加比赛的有来自中国、美国、澳大利亚、日本、韩国等国家的职业网球运动员约100人。

9月，"戴维斯杯"中国·泰国男子团体网球赛在嘉兴国际网球中心举行，中国队主场迎战泰国队。"戴维斯杯"是国际网球联合会主办的代表国际最高水平的男子网球团体比赛。

【重要来访】 2009年4月11日至14日，法国克雷苏依市合唱团应邀来嘉兴进行交流访问演出。副市长蒋仁欢，南湖区常务副区长吴海松、副区长陈天英等会见访问团一行。该合唱团与嘉兴市南湖合唱团举行了两场合唱音乐会。克雷苏依是法国巴黎郊区的小城市，克雷苏依市合唱团成立于1984年，有成员40多人。2001年，南湖合唱团曾到法国参加国际合唱节，此次是克雷苏依市合唱团回访演出。

5月13日，以香港特别行政区政府驻上海办事处主任陈子敬为团长的香港中小型企业联合会考察团来南湖区考察访问。区委常委、常务副区长吴海松会见代表团一行并陪同考察。考察团先后考察了国际中港城、嘉兴科技城、嘉兴工业园区、南湖区创意产业园等，对南湖区的创意产业、医疗保健和教育领域表示了极大的合作兴趣。

【重要出访】 2009年3月，以区委常委、宣传部长赵群乐为团长的南湖区港澳文化招商团访问香港和澳门。赵群乐一行拜会香港和澳门文化、商贸界的浙江籍人士，特别拜会了金庸先生，介绍了南湖区在传承和光大江南武侠文化方面所作的探索和努力，并请金庸先生为南湖武侠文化街区等街名、馆名题字。金庸盛赞南湖区各界为光大武侠文化所作的努力，并希望南湖区武侠文化街区能尽早再现他作品中的场景。

【友协工作】 2009年，南湖区友协开展多层次、多渠道的民间对外交往和交流工作，大力推进文化、教育等各个领域的对外交流合作。一是鼓励投资者增资扩产项目。二是加强调研，赴重点外商投资企业调研，帮助协调解决企业发展中的困难。三是在中秋、元旦等传统节日赴区内外商投资企业慰问，每年圣诞节和新年前夕举办客商迎新联谊会。四是各镇、街道和园区专门成立项目服务机构，为来区落户的外商服务，一切证照和相关手续都由区招商服务人员“一条龙”办理。五是发放“外商直通卡”，外商在嘉兴就学、医疗、出行等可以享受便利。六是出台相关政策，方便外商子女就学。

·秀洲区·

【外事工作概况】 2009年，秀洲区承办因公出国(境)团组出访18批、56人次，主要出访国家有美国、加拿大、法国、德国、英国等，招商团组出访对接洽谈项目近20个，总投资4亿美元；召开了8场招商推介会，300多名客商参会。接待国(境)外来宾近30批、200人次。与美国林肯郡、英国博尔顿市的友好交流关系进一步深化，积极拓展与奥地利萨尔茨堡市、日本大阪府、美国桑尼维尔市的友好交流关系。区主要领导率团访问英国博尔顿市政府、奥地利萨尔茨堡市，考察英国耐思工业有限公司、金帝·威克尔集团、特易购集团等。

【秀洲农民画赴德国展销】 2009年9月16日至21日，秀洲区政府及文化部门携60幅优秀农民画作品赴德国卡尔斯鲁厄市进行展览和销售。

18日晚，举行画展开幕式，农民画画家向与会人员介绍了秀洲农民画的渊源、艺术风格、创作灵感等，区领导介绍了秀洲区经济社会发展情况。卡尔斯鲁厄市市长和市工商大会副主席到场祝贺，德中协会主席等参加开幕式，200多位德国朋友参观了画展，高度评价秀洲农民画。当晚即有21幅农民画被订购，最贵的卖到了300欧元一幅。在卡尔斯鲁厄市展览一周后，上述农民画又赴德国有关城市展览。

秀洲现代民间绘画肇始于1983年，它汲取秀洲传统剪纸、刺绣、灶画、蓝印花布等民族民间艺术的营养，将饱含水乡清新的泥土风韵和江南农村充满生机的现代生活气息融入绘画中，创作出了一幅幅造型夸张、色彩明快、构图饱满、富有水乡风俗情趣的绘画作品，抒发了秀洲人民对劳动的赞美对火热生活的讴歌，展现了奋发向上的精神风貌。

【2009嘉兴秀洲经贸洽谈会】 2009年11月9日在秀洲区举行。300余名国内外客商参会，签订合作协议4项、重大投资项目18个，签约总投资42亿元人民币，其中外资项目9个，总投资1.8亿美元，合同利用外资1.1亿美元。

【与美国林肯郡签订建立年度互访机制备忘录】 2009年11月28日至12月1日，以区友协名誉会长张少初为团长的秀洲区友好访问团一行6人，对美国佐治亚州林肯郡进行友好访问。代表团访问了林肯郡议会，双方签订建立年度友好交流互访机制备忘录，并就人力资源管理、教育、城市和社区建设等进行了深入探讨。

代表团还参观考察了林肯郡高中、林肯社区和林肯郡历史展示园等。

·海宁市·

【外事工作概况】 2009年，海宁市因公出国(境)34批、103人次，包括自行组团和参加浙江省、嘉兴市有关部门组团，进行经贸考察和参加国际会展、国际会议、业务培训等活动。全年接待来自

40多个国家和地区的国(境)外人士6万余人次,其中海宁国际钱江观潮节期间来海宁外宾2.92万人次。

【主要出访】 2009年海宁市主要出访团组有:嘉兴市委常委、海宁市委书记俞志宏率团赴欧洲开展经贸活动;市委常委、常务副市长沈向宏出访欧洲,开展友城缔结和经贸洽谈等活动;市人大常委会副主任马维江参加中国人民对外友好协会代表团赴马里、安哥拉、多哥开展友好交流;副市长施震东出访比利时,开展友好交流和经贸活动。

【主要来访】 2009年到海宁市访问的重要团组有:泰国公主诗琳通访问海宁,观看举世闻名的海宁潮;阿根廷、比利时、瑞典、泰国、印度等驻华大使和驻上海总领事、领事访问海宁;德国巴伐利亚州海尔夏德市市长来海宁进行教育合作和友好访问;澳大利亚西南发展委员会首席执行官唐·庞奇以及澳大利亚班布里市市长一行来海宁进行友好访问。

【重要活动】 2009年9月18日至26日,由国际轮滑联合会速度轮滑委员会主办,国家体育总局社会体育指导中心、中国轮滑协会、浙江省体育局、嘉兴市人民政府及海宁市人民政府承办的2009世界速度轮滑锦标赛在海宁举办。来自40多个国家和地区的400多名运动员参赛,角逐青年男、女和成年男、女4个组别的48枚金牌。参加和观看、采访锦标赛的各国官员、裁判员、教练员、翻译、记者、运动员家属等有300多人。

这是海宁市继2008FIBA"钻石杯"洲际女子篮球赛和第13届亚洲轮滑锦标赛后,承办的又一国际性高水准体育赛事。

【对外友好交流】 2009年,海宁市和澳大利亚西南区玛格丽特河郡达成建立友好关系的初步意向。到2009年底,海宁市有2个国际友好城市,分别是日本的小山町和美国的塞奇威克郡。

·平 湖 市·

【外事工作概况】 2009年,平湖市审核办理因公出国(境)团组18批、53人次,实际出访17批、49人次,与上年基本持平。出访团组中,自行组团8批、33人次;上级组团9批、16人次。调整压缩5批、6人次。出访人员中,党政干部42人次。

【主要出访】 2009年6月23日至28日,市长翁建荣率团一行6人访问日本和韩国,考察了日本电产株式会社、JFE商事、JFE容器和韩国SK、三星物产等多家企业,与其负责人就企业在平湖发展中遇到的困难和问题进行深入的沟通交流。其间,翁建荣一行还考察了韩国骊州郡奥特莱斯项目,并与骊州郡议长李明焕会谈。

2009年11月19日至25日,市长翁建荣率团一行6人对泰国和新加坡进行访问考察。考察团访问了新加坡美福石油集团有限公司、新加坡环宇仓储(新)私营有限公司、新加坡和美投资有限公司、中国航油(新加坡)有限公司、新加坡亚洲能源控股有限公司、新加坡丰益国际有限公司、泰国亿王亚哥大众有限公司等,并就相关项目与对方进行洽谈。

【重要活动】 2009年3月5日,平湖市举行纪念"三八"国际劳动妇女节99周年大会暨"中外妇女携手融情金色平湖"文化交流活动。在平工作、学习、生活的外籍妇女等及平湖各界妇女参加活动,市领导唐远彤、王道平、周建安、冯美仙出席活动。

7月8日,市领导盛全生、翁建荣、石云良会见来访的日本东京特殊电线株式会社社长小泉伸太郎一行,市委书记盛全生向客人介绍了平湖情况。小泉伸太郎表示,今后几年,企业将继续加大在平湖的投资,并带动更多的日本企业来平投资。

8月24日,市领导盛全生、翁建荣、石云良会见来访的日本电产集团会长永守重信一行,双方就过去一年电产集团下属各企业在平发展情况及下一步合作增资等事项进行了会谈。

9月27日,市人大常委会授

予爱思开浦项(平湖)钢铁有限公司董事长兼总经理郑镇甲、津上精密机床(浙江)有限公司总经理唐东雷、浙江荣成纸业有限公司董事李复元、嘉兴三星服饰辅料有限公司董事长積本克司“平湖市荣誉市民”称号;市政府授予日本电产(浙江)有限公司总经理高桥优、日本电产科宝(浙江)有限公司总经理佐藤孝夫、浙江川电钢板加工有限公司副总经理田井真次、南六企业(平湖)有限公司总经理郑德明、嘉兴震洲服装有限公司总经理黄成栩、浙江大明玻璃有限公司董事长兼总经理屠有军、嘉兴金利精密电子有限公司总经理卢清顺等7位境外人士“东湖之友”奖章,以表彰他们对平湖经济社会发展作出的突出贡献。

经申报评选,嘉兴市人民政府授予爱思开浦项(平湖)钢铁有限公司董事长兼总经理郑镇甲“南湖友谊奖”。

【友好交流】 2009年2月13日至15日,日本福井县农产品和旅游商品展示展销会在平湖经济开发区绿阳大酒店举行,这是平湖市首次举办国外商品展示展销活动。展销会上展出了日本原产青花鱼罐头、调味鲐鱼罐头、日本红雪蟹肉散肉松等20余种食品,以及米酒、手工油漆筷子、竹制手工艺品、特色餐具等福井县特产品。展销活动吸引了在平湖工作、生活的日本友人和当地群众。

3月9日,中国·平湖东湖中学与美国·纽约SUFFEN中学国际姐妹学校结对仪式在东湖中学举行。两校交往始于2008年年底,此次两校正式结为姐妹学校。

3月26日,平湖市职业中专2009届陶亮、俞虹、徐秋燕三名学生赴日本进行为期一年的研修。2003年,平湖市职业中专与日本广岛上下町高中建立姐妹学校关系,是年始,该校已连续八年每年从日语专业学生中选派3名优秀学生去日本留学研修。

【三蒙电气赢得反倾销诉讼】 2009年,浙江三蒙电气科技有限公司在遭遇美国国际贸易委员会禁止进口令后,赢得反倾销诉讼,重新进入美国市场,成为第一家获得美国国土安全部和美国海关颁发通行证的中国企业。

三蒙公司主要向美国出口接地故障电路保护器(GFCI)系列产品。接地故障电路保护器是美国政府强制推行的安全保护装置。位于平湖经济开发区的浙江三蒙电气科技有限公司是全国6家GFCI系列产品研发和生产企业之一,其产品90%销往美国市场,并与其他3家中国公司一起占有5%～10%的美国市场份额。2007年8月16日,美国帕西西姆电气有限公司向美国国际贸易委员会提起诉讼,指控三蒙公司等4家中国企业的接地故障电路保护器系列产品侵犯其多项专利,要求禁止进口。经过一年多的诉讼,美国国际贸易委员会于2009年3月9日裁决中国企业侵权并下达禁止进口令。三蒙公司在邀请国内外顶级专家对双方的产品进行认真分析和论证后,确认自己的产品并未侵犯对方专利,遂正式应诉,并聘请美国知名律师,一方面与美国公司对簿公堂,一方面积极获得美国海关和边境保护署的认可。经美国海关确认,三蒙公司的产品并未侵权,终止了美国国际贸易委员会的禁止进口令,三蒙公司的GFCI系列产品重新进入美国市场。

·桐　乡　市·

【外事工作概况】 2009年,桐乡市办理因公出国(境)团组36批、79人次,其中自行组团14批、51人次。接待各类外宾471人次,包括中日服务外包合作论坛、“阿含·桐山杯”中日冠军对抗赛、上海合作组织外交官培训班学员、福井县农业代表团、澳大利亚班布里市政府和美国驻沪总领事馆商务处官员等。

【亚洲学生领袖交流与座谈会】 2009年2月4日至8日在桐乡市求是中学举行。来自新加坡、越南、印度等国的211名师生和国内各地师生364人参加。活动主要包括文化、政治、经济与交流等3个专题讲座、5天的学生领袖品格拓展培训活动营活动。桐乡本地师生218人参与本次活动。

【日本静冈县滨北中小学生代表团访问桐乡】 2009年3月27日至29日，日本静冈县滨北中小学生代表团一行15人应邀访问桐乡。代表团访问了茅盾实验小学、现代实验学校，并与中国学生交流互动，双方表演了特色节目。代表团还参观了市青少年宫，中国书法老师指导滨北中小学生进行了书法练习，中日学生进行了书法交流。日方学生住宿在中方接待学生家中。

【市领导率团赴英国、西班牙开展经贸活动】 2009年6月，市委书记费建文率团在西班牙举办桐乡市投资说明会专场，在英国召开新能源和新型复合材料专题说明会。代表团在西班牙、英国期间共与120多位客商进行接触洽谈，签约项目1个，总投资2000万美元。

【香港嘉兴同乡会桐乡分会5周年庆典】 2009年8月23日在香港举办，桐乡市政府主办并举行了桐乡市投资环境推介会。来自香港工商界、金融界、新闻界的40多名代表参会，中联办经济部副部长、贸易处负责人王晖，中联办协调部副部长王子平，中共浙江省委统战部副部长徐建华等出席会议。

【首届国际家纺高峰论坛】 2009年8月28日在桐乡市举行。本次高峰论坛由桐乡四季汇家纺商城和上海骏易联合筹办，参加人员来自国际著名设计师团队、国外商会、外国驻上海领事馆、国内纺织及家纺行业协会、家纺企业、相关媒体及桐乡市相关领导，总共约500人。高峰论坛以国际家纺行业走势为主题，举办了家纺行业国际高端画稿展示、权威流行趋势发布等一系列活动。

【中澳司法责任与监督研讨会】 2009年10月27日至28日在桐乡市举行，由最高人民法院和澳大利亚人权委员会共同主办。

最高人民法院审判监督庭庭长宫鸣、澳大利亚人权委员会官员维洛尼卡·贝尔、澳大利亚联邦法院大法官玛格丽特·斯通、澳大利亚新南威尔士州最高法院大法官罗纳德·萨克维尔出席研讨会并演讲。全国人大常委会法工委、最高人民检察院等中央国家机关的代表，部分全国、省、市人大代表，专家学者、媒体代表和来自全国法院的法官代表共50余人参加研讨会。

【中日服务外包(浙江)合作论坛】 2009年11月7日在桐乡乌镇举行，由省商务厅与嘉兴市人民政府共同主办。100多名来自全省各市主管服务外包的政府工作人员、各服务外包企业负责人及60余名日本服务外包企业人员参加论坛。桐乡市政府协助承办此次合作论坛，并组织部分本地企业参加论坛。

【第十一届"阿含·桐山杯"中日围棋快棋冠军对抗赛】 2009年12月9日在桐乡乌镇举行。经过职业和业余两场网络预选赛、本选赛、本赛三个阶段，决出国内冠军。最终，中国90后棋手孙腾宇以1又3/4子的优势战胜在日本位列前三的羽根直树，获得本届对抗赛的优胜。至此，中国在"阿含·桐山杯"中日冠军对抗赛中实现对日七连胜。

"阿含·桐山杯"是国内规模最大、规格最高并有业余棋手参加的唯一一项围棋公开赛事。

·嘉　善　县·

【外事工作概况】 2009年，嘉善县因公出国(境)团组20批次、29人次，其中参展团组2批次、2人次，参加省、市双跨团组15批次、17人次，县处级领导出访3人次。接待外宾来访9批次。

【美国驻沪商务领事访问嘉善】 2009年3月5日，美国驻上海总领事馆商务领事范思杰和商务专员唐凝到嘉善县参观考察浙江昱辉阳光能源有限公司，了解嘉善县太阳能行业发展情况，寻找合适的中国太阳能企业与美国企业开展合作。

【比利时西弗兰德省代表团访问嘉善】 2009年3月20日，以省长保罗·拜恩为团长的比利时西弗兰德省代表团一行27人，在比利时驻上海总领事裴泽东陪同下访问嘉善，参观了嘉善经济开发区，考察块状经济发展情况，参加浙江财纳福诺木业有限公司开业典礼。

【挪威代表团访问嘉善】 2009年4月2日，挪威行政与改革部国务秘书文琦·林霍尔姆(副部长级)率代表团一行4人访问嘉善，考察嘉善县经济社会发展情况，了解嘉善县《公务员法》实施情况。

【美国大学生访问嘉善】 2009年5月18日，来自美国路易斯维尔大学的23名MBA在读学生访问嘉善，参观全球500强企业阿克苏诺贝尔公司设在嘉善的涂料生产工厂。

·海　盐　县·

【外事工作概况】 2009年，海盐县办理因公出国(境)16批、42人次，其中县处级领导8人次。

全年接待重要外宾团组6批、30余人次，包括丹麦驻上海总领事何丽兰、韩国驻上海总领事金正基、法中电力协会主席普罗内、丹佛斯总裁雍根·柯劳森等。

巩固与拓展对外交流渠道，与已建立友好交流关系城市保持经常性交流，与日本佐贺县小城市、丹麦塔斯塔普市、法国勒克勒佐市、德国特里尔市等进行初步接触，为下一步开展友好交流打下基础。

【海盐县友好访问团访问日本和韩国】 2009年2月12日至21日，应日本富冈町和韩国长兴郡的邀请，以县纪委书记叶永强为团长的海盐县人民对外友好协会访问团一行6人对富冈町和长兴郡进行友好访问，拜访了富冈町政府和议会、福岛第二核电站，长兴郡政府、大德高等专科学校等，双方就教育、文化、旅游等领域进行了交流。

【丹麦驻沪总领事访问海盐】 2009年4月1日，丹麦驻沪总领事何丽兰来海盐进行工作访问，县长沈晓红会见何丽兰，双方就加强交流与合作进行了商谈。何丽兰还参观考察了在海盐的丹麦独资企业浙江海利普电子科技有限公司。

【韩国驻沪总领事访问海盐】 2009年6月2日，韩国驻上海总领事金正基等一行5人在嘉兴市外办人员陪同下来海盐参观南北湖载青别墅，常务副县长王根良会见金正基一行并陪同参观。

·相关链接·

金九避难处——载青别墅

位于海盐县南北湖畔。

1932年，韩国民族英雄、大韩民国临时政府主席金九策划了震惊中外的“上海虹口公园爆炸事件”，炸死炸伤多名日本高级将领。当时日本政府悬赏60万大洋缉拿金九。金九在上海法学院院长诸辅成儿媳朱佳蕊的帮助下，在南北湖的载青别墅避难半年之久。

金九避难处由载青别墅和金九展示厅两部分组成，其中载青别墅1996年开始对外开放。金九展示厅建成于2001年，主要介绍金九生平，以及避难南北湖的经过与生活。

【法国法中电力协会代表团考察海盐】 2009年6月16日至17日，法国法中电力协会主席普罗内率20余家核电关联产业的协会成员来海盐考察。代表团考察了秦山核电基地、海盐经济开发区和德国克劳斯玛菲公司等外资企业，与浙江中达特钢等6家企业进行了对接座谈，并与海盐县政府签署《推进核电关联产业发展合作意向书》。

【选派教师赴泰国支教】 2009年暑期，经省外办安排，海盐县选派两名艺术类小学教师赴泰国彭世洛府醒民学校执行为期一个半月的支教任务。两位教师的工作得到泰国校方的肯定，该校董事会主席李志山8月份专程来两位教师所在的三毛小学和天宁小学进行回访和慰问。

选派教师赴泰国支教是浙江省与泰国彭世洛府长期友好交流的一项内容。

（王建军）

湖　州　市

湖州市简称“湖”，辖吴兴、南浔2个区，德清、长兴、安吉3个县，总面积5818平方千米。2009年末户籍人口259.2万。2009年，全市实现地区生产总值1111.5亿元；财政总收146.7亿元，其中地方财政收入80亿元。

概　述

【外事工作概况】　2009年，湖州市人民政府外事办公室（简称“市外办”）以打造“经济外事、优质外事、诚信外事”三大品牌为目标，着力构建大外事格局，全面提升服务国家总体外交和经济社会发展水平，全方位推进全市国际友好交流与合作，不断加大因公出国（境）管理和服务力度，切实加强应急涉外管理，大力夯实队伍建设，为加快湖州市经济社会又好又快发展作出积极贡献。被省外办评为“全省外事系统先进集体”。

全年全市审核办理因公出国（境）访问团组244批、774人次。其中：自行审批因公出国（境）团组81批、312人次，确认4批、5人次；赴港澳团组9批、43人次。经审核，调整压缩团组5批，减少8人次。出访人员中，市级领导20人次，县（处）级领导175人次。出访团组中，执行经贸交流任务117批、463人次，执行访问考察任务68批、180人次，执行以上两项任务的团组批数和人数分别占出访总数的75.82%和83.07%。全年自行审批来湖州外国人436批、614人次，分别来自美国、芬兰、土耳其、巴基斯坦、孟加拉国等40个国家，主要从事经贸、科技等活动。

加强因公出国（境）管理工作。一是有序推进计划报批，把计划执行到位。按照“总体平衡、略倾基层”的原则，对因公出国（境）计划指标进行分配。在执行计划管理制度时，规定所有报批团组必须在年初上报计划之列，否则不予审批。二是严格审核审批，把规定落实到位。制定并严格执行湖州市《关于进一步加强因公出国（境）管理的若干规定》。加强对上报团组出访任务、人员结构、邀请函电和出访行程等内容的审核，认真对照双跨团组的有关规定进行审核审批，切实把好审批关。实行组团预报制和审批会审制，要求部门在组团前将团组情况向市外办预报，征得同意后方可履行报批手续，复杂团组由办领导和业务处室集体讨论会审。三是努力降低行政支出，把经费压缩到位。配合市财政局印发《湖州市关于加强因公出国（境）经费管理的通知》，对市级各部门2008年党政干部因公出国（境）经费进行统计，按照在此基础上削减20%的要求，做好2009年度出国经费预算。四是切实强化教育监督，把责任明确到位。按照“谁派出、谁负责”的要求，对派出（组团）单位和出访人员进行行前教育工作的指导和检查，对重点团组办领导亲自到场宣讲。修订和完善《因公出国（境）团组承诺书》，规定团组在完成行前教育后必须完整填写《承诺书》。制定《因公出国（境）团组完成任务情况反馈表》。会同市纪委、市委组织部编印《党政干部出国（境）必读》，分发至每位县处级领导干部。

全力做好服务保障工作。一是做好领导团组的推进与安排工作。根据出访任务和时间顺序，科学安排市领导全年出访任务。

二是加大对企业经贸团组的服务力度。通过召开民主恳谈会等,听取企业对因公出国(境)工作的意见与建议。为企业提供高效便捷的审批与办证服务,力保团组走得了、走得好、走得顺。市外办还积极参与市重大活动,加强与部门和企业的沟通协调。

广交国际朋友,扩大对外交往。2009年,湖州市与世界各国友人广泛开展友好交往,全面开展经济、文化、教育等领域的交流与合作。接待来访的重要外宾和团组有:日本国际贸易促进协会专任副会长中田庆雄,荷兰驻沪总领事馆团组,捷克经贸考察团,日本贸易中心考察团,日本产学研究环境访问团,波兰华沙理工大学代表团,西班牙雷嘎纳斯市市长拉法尔·蒙托亚、常务副市长劳尔·加拉多和副市长玛奴艾尔·甘坡,阿根廷驻沪总领事爱德华多·艾伯林,秘鲁驻沪总领事马雅德,日本岛田市市长樱井胜郎和议长富泽保宏,韩国清州市副议长延哲钦,惠而浦公司董事局主席兼首席执行官杰夫·费蒂格,等等。

密切与外国领馆的关系,扩大对外影响。通过定期拜访等活动,市外办与各国驻沪领馆之间建立了良好而稳定的联络机制。1月和4月,副市长李建平率市外办人员分别拜会日本、澳大利亚、意大利、乌克兰、奥地利、美国和西班牙等国家驻沪总领事,介绍湖州市近年来经济社会发展情况。年中,市外办领导多次专程赴上海拜访韩国、意大利、印度、希腊等国驻沪领馆。6月和12月,市外办应邀赴上海参加菲律宾和日本驻沪领馆举行的相关庆典活动。

深化友好交流,拓宽友城渠道。2009年,市外办积极巩固和发展与现有友城的友好交流关系,主动联系与湖州经济实力相当的国外相关城市。年中,市领导率团访问日本岛田市、韩国清州市、西班牙雷嘎纳斯市等友好城市,进行友好会谈,开展经济、农业、城建等方面的交流。岛田市第21次友好访华团、清州市议会代表团、雷嘎纳斯市友好代表团等分别访问湖州,双方进一步增进了解、加深友谊。10月,湖州市与雷嘎纳斯市在湖州举行两市建立友好交流关系协议书签字仪式。同月,市长马以率团出访波兰拉多姆市,双方就深入开展经济、文化和教育等领域的交流达成一致,并签署两市建立友好交流关系意向书。市外办与国外各友城保持密切联系,互相通报经济社会发展现状、重大活动、重要人事变动等,磋商友好交流的思路、计划和打算。对韩国清州市友好城市展示厅建设给予充分的协助,向其提供文字、影像、实物等各类资料。

【建立健全外事工作长效管理机制】 2009年,市外办采取多项措施,建立健全外事工作长效管理机制:1. 在2008年修订30多项制度的基础上,继续完善干部职工教育培训工作实施意见、加强和改进思想政治工作实施意见等。2. 进一步加强全市外事工作信息的及时传递,加大工作情况的相互沟通和交流。继续落实全市县区外办主任例会制度,每季度就某个热点、重点和难点问题进行专题研究和讨论。3. 加快信息传递,加大信息制度的落实力度。及时更新外办门户网站外事信息,使其成为对外宣传的主要阵地。通过外事制度建设,规范办事程序,提高办事效率。

【开展“双百双千”活动】 2009年,市外办深入开展“双百双千”专项活动,即“百个项目促转型”、“百件实事惠民生”、“千名领导破难题”、“千名干部助千企”,为湖州市“保增长、促转型”服务。办领导带头,赴联系企业澳普兰游艇(湖州)制造有限公司、合作共建企业红鹰集团等进行蹲点调研,了解掌握企业生产经营状况,帮助解决阻碍企业发展的突出问题,尽力为企业因公出国(境)和邀请外国人来华提供便利。4月,澳普兰在尼日利亚拿到一宗游艇订单,为确保客商如期来华签约,市外办在办理邀请外国人来华手续方面给予大力协助,最终促成了上千万美元购货合同的签订。8月,日本化药株式会社总经理东山雷在华工作签证遇到困难,市外办多次向省外办领导请示汇报，争取支持，圆满解决了问题。

【甲型H1N1流感防控工作】 2009年，市外办积极参与甲型H1N1流感防控工作，根据市委、市政府统一部署和省外办的指示精神，主动采取有力措施。及时掌握境外疫情动态，密切跟踪WHO、卫生部、安全部等相关部门公布的出行提示和防治信息，做好向市应急办和省外办的"一日一报"工作。年内，安吉县和吴兴区发生3例输入性甲型H1N1流感事件，市外办积极协助有关部门，密切关注，妥善处理。

【民主党派座谈会】 2009年5月21日，市外办召开民主党派座谈会，市工商联、民革、民盟、民建、民进、农工、九三学社有关负责人应邀出席会议。与会人员充分肯定了市外办近年来在外事工作特别是因公出国（境）管理方面所取得的成绩，对湖州市构建现代外事管理体系提出了许多建设性的意见和建议。

【外事工作民主恳谈会】 2009年5月22日，市外办召开外事工作民主恳谈会，市委办、市府办、市纪委、市委组织部、市财政局、市外经贸局、市人事局等部门，全市县区外办，红鹰集团等企业有关负责人应邀出席。市外办主任黄春安通报了市外办近年来的工作情况。与会人员围绕外事工作如何为实施"走出去"战略、为湖州经济社会发展服务，进行了深入探讨，肯定了市外办在加强因公出国（境）管理中所做的卓有成效的工作，同时对加大外事违纪惩处力度、规范因公出国（境）经费管理、发挥外事资源优势、加大外事培训力度、创新服务方式、强化激励机制等提出了许多建设性意见和建议。

【组织企业家参加"外交为国内发展服务座谈会"】 2009年7月28日，外交部国外工作局与省外办在杭州联合举办"外交为国内发展服务座谈会"。市外办组织美欣达、升华拜克、大港、丝绸之路等4家企业负责人与会。美欣达企业负责人在会上介绍了实施"走出去"发展战略的工作情况。

【全市外事专办员培训班】 2009年12月28日举办，来自市直机关部门、县（区）外办、社会团体、大专院校及涉外企事业的80余名干部参加培训。省外办护照签证处副处长曹波、市外办和市委组织部相关处室负责人分别就涉外礼仪、因公出国（境）审核审批、外国人来华审批、因公护照签证、因公证照收缴和保管以及出国政审等内容为学员授课，并与大家进行业务交流。

【切实做好保密工作】 2009年，市外办多次召开专题会议，研究部署外办保密工作和保密承诺书签订工作，并采取了四项措施：一是加强组织领导。建立健全外办保密工作领导小组，进一步明确责任，落实处室。二是明确保密承诺书签订范围。外办保密领导小组对全办干部和下属事业单位外聘职工进行梳理，对在工作中已经或可能接触、知悉国家秘密的人员全部列入签订范围，不漏一人。三是充实承诺内容。依据国家保密局制定的保密承诺书样本，针对外办工作特点，新增了保密承诺内容。四是建立长效机制。新上岗和离岗的涉密人员，一律签订保密承诺书，加强保密知识教育和保密承诺监督管理。

市领导出访

【湖州市代表团访问尼日利亚、肯尼亚和阿联酋】 2009年8月23日至9月3日，应尼日利亚投资促进委员会、肯尼亚投资促进管理局和阿联酋奥利尔经贸有限公司邀请，市委书记、市人大常委会主任孙文友率湖州市代表团访问上述三国。

在尼日利亚，代表团拜访了尼日利亚投资促进委员会，进行投资推介；与4家当地公司洽谈，签订矿业开发合作协议；考察卡诺市纺织品市场和当地基础设施建设；拜会中国驻尼日利亚大使馆。

在肯尼亚，代表团拜会该国投资促进管理局，与其总经理会谈，并推介垃圾焚烧发电等技术设备；拜访联合国人居署，交流生态和人居建设经验。

在阿联酋，代表团考察了迪拜中国龙城，走访20多家展商，看望了湖州有关企业设在龙城的鼎立家具有限公司、均势食品有限公司等；举办小型对外贸易座谈会，与奥利尔经贸有限公司经理阿汗姆德等进行座谈。

【湖州市经贸代表团访问意大利、德国、瑞典和新加坡】 2009年9月19日至10月2日，应意大利TEMA SINERGIE公司、德国国际企业家商会、瑞典卡尔马省地区委员会和新加坡中国高纤公司邀请，副市长李建平率湖州市经贸代表团访问上述四国。

在意大利，代表团在那不勒斯地区举行经贸推介会，李建平介绍了湖州的基本情况和投资环境；拜会那不勒斯华商会，参观了当地一些公司。

在德国，代表团在柏林举办2009湖州—柏林经贸合作推介会，德国国务秘书泰希特、柏林市经济部主任夏约克、欧洲生态之父克瑞克，以及博世、普茨迈斯特、艾森曼等40余家德国知名企业代表出席推介会。李建平作主旨演讲，已在湖投资的星特集团、正在进行项目洽谈的ZERA集团分别对其投资项目进行宣传。

在瑞典，代表团拜会卡尔马省地区委员会，与首席执行官霍根·布利尼尔森等进行会谈，详细了解瑞典在环保、科技、能源等方面的先进技术。

在新加坡，李建平出席浙江华港涤纶实业有限公司在新加坡证券交易所的挂牌上市仪式，并拜访部分新加坡企业。

【湖州市政府代表团访问俄罗斯、波兰和印度】 2009年10月24日至11月4日，应俄罗斯Magelan俄中经济合作中心、波兰拉多姆市政府、东印度制药有限公司和印度塔塔集团邀请，市长马以率湖州市政府代表团访问俄罗斯、波兰和印度三国。

在俄罗斯，代表团拜会圣彼得堡市瓦西里岛区政府，与区长伕朗基米尔·奥米尼斯基进行友好会谈，了解俄罗斯地方政府的公共管理、公共福利、绩效审计等工作；拜会中国驻圣彼得堡总领事馆，双方就今后如何推进交流与合作交换了意见。

在波兰，代表团访问拉多姆市，与市长考兹托维涅克就两市开展友好交流进行会谈并达成共识，双方签署建立友好交流关系意向书；双方共同举办记者招待会，两市市长回答了记者的提问；考察了波兰著名的生产室外地面砖机床及地面砖的Jadar集团以及汽车零部件企业。

在印度，代表团参观了东印度制药有限公司，双方就生物医药产业创新中心项目进行洽谈；拜访印度塔塔集团，就该集团在湖的扩资项目作进一步商谈。

【湖州市政协代表团访问美国、古巴和墨西哥】 2009年10月26日至11月6日，应美国加州萨克拉门托市市政府、古巴哈瓦那市人大和墨西哥托卢卡市政府经济发展局邀请，市政协主席王金根率湖州市政协代表团访问美国、古巴和墨西哥。

在美国，代表团拜访了萨克拉门托市市政府，与该市经济发展部部长詹姆士等就加强两地交流合作及应对全球金融危机、加快产业转型升级进行会谈；拜会中国驻加州总领事馆官员，介绍湖州经济社会发展和产业结构调整情况；拜会圣荷兰西市议员朱感生和库柏蒂诺市副市长胡宜兰。

在古巴，代表团拜访了哈瓦那市市人大，与国际关系司司长彼得蒙就今后双方在农业、纺织服装等方面加强经贸合作等事宜进行座谈。

在墨西哥，代表团拜访了托卢卡市政府经济发展局，考察了墨西哥城的市场。

【湖州市友好与经贸代表团访问西班牙、肯尼亚和摩洛哥】 2009年11月21日至12月2日，应西班牙雷嘎纳斯市市政府、肯尼亚内罗毕市政府、中国驻摩洛哥大使馆、摩中经济与文化交流协会邀请，市委副书记朱坤民率湖州市友好与经贸代表团访问西班牙、肯尼亚和摩洛哥。

在西班牙，代表团对雷嘎纳斯市进行了友好访问，与以市长拉法尔·蒙托亚为首的政府官员进行会谈，并就加快湖州太湖旅游度假区开发、推动交通领域合作与西方进行了交流和探讨。

在肯尼亚，代表团拜访了内罗毕市政府，听取副市长尼吉亚有关内罗毕基本情况特别是生态建设方面的介绍。

在摩洛哥，代表团拜会了中国驻摩洛哥大使馆，向大使表达了今后与摩洛哥加强交流和合作的意愿。

【湖州市代表团访问希腊和埃及】

2009年11月30日至12月9日，应希腊麦萨那市政府和埃及克鲁比亚市议会邀请，市委常委、宣传部长胡菁菁率湖州市代表团访问希腊和埃及。

在希腊，代表团拜访了麦萨那市政府，与市长克利托斯·帕里斯等政府官员进行会谈，了解该市文化、旅游等方面的发展情况。

在埃及，代表团访问了VIDEO CAIRO SAT电视中心，双方交流了电视新闻制作经验。代表团还考察了埃及媒体制作城，了解埃及电影电视制作情况。

附表1　2009年湖州市部分出访团组

序号	出访时间	团长职务、姓名	人数	出访地点	备注
1	3月	市委常委吴国升	3	日本、韩国	
2	4月	副市长方新旗	6	英国、法国、西班牙	
3	4月	市政协副主席魏秀生	6	阿联酋、南非、肯尼亚	
4	6月	市委常委、纪委书记王敏奇	6	奥地利、瑞士、英国	
5	6月	市人大常委会副主任丁文贲	6	捷克、俄罗斯、瑞士	
6	7月	副市长周杰	6	荷兰、西班牙、葡萄牙	
7	7月	市政协副主席施荣耀	6	英国、瑞典、挪威	
8	10月	市人大常委会副主任曹会明	6	巴西、阿根廷、秘鲁	
9	10月	市人民检察院检察长孙厚祥		巴西、阿根廷、秘鲁	参团
10	11月	常务副市长吴水霖	6	日本、韩国、新加坡	
11	11月	副市长杨建新	6	美国、日本、韩国	
12	11月	市政协副主席施荣耀	2	香港	
13	12月	市委常委、市公安局长金伯中		俄罗斯、匈牙利	参团
14	12月	市政协副主席夏平		马里、安哥拉、多哥	参团

重要活动

【2009年外商新春团拜会】

2009年1月7日，湖州市举行2009年外商新春团拜会，向在湖投资兴业的外商送上新年问候与祝福。市长马以致辞，市人大常委会副主任吴哲勇、副市长李建平、市政协副主席叶鸣，以及100多名外商代表出席团拜会。

【莉扎·利窦当代艺术作品展】

2009年3月12日至4月12日，“永恒的博弈——莉扎·利窦当代艺术作品展”在湖州市博物馆展出。此次作品展展出美籍俄裔女艺术家莉扎·利窦的14套绘画装置和33幅油画作品，包括影响较大的大型装置作品《棋局》和《最后的晚餐》。

【中日农业科技合作项目签约仪式】 2009年4月28日在湖州市举行。副市长杨建新出席仪式，并向嘉宾介绍湖州市基本情况和现代农业发展情况。上海南南全球技术产权交易所与市科技局签署国际技术转移合作协议，浙江绿叶生态有限公司与日本核竹梦株式会社签署农业科技合作项目协议。

南南全球技术产权交易所是联合国为促进中国与发达国家、中国与发展中国家开展技术合作交流而设在上海的一个机构。此次浙江绿叶生态有限公司从日本核竹梦株式会社成功引进和试验示范“PAO发酵印楝液系列产品”项目，得益于该机构的牵线搭桥。

【第十一届浙洽会湖州签约仪式】 2009年6月5日在湖州举行。市委书记、市人大常委会主任孙文友，市长马以，市人大常委会副主任孙新耀，市政协副主席杨金土出席，副市长李建平主持。来自上海市外商投资企业协会以及美国、加拿大、法国、意大利、巴西、日本、韩国、新加坡等国家和香港等地区的嘉宾参加签约仪式。本届浙洽会湖州市共有22个签约项目，在湖州签约仪式上，有17个外资项目签约，涉及汽配、医药、电子、建材、旅游、商贸等行业，总投资5.3亿美元，协议利用外资2.8亿美元。签约仪式上，普华永道(深圳)有限公司上海分公司发布了《2009湖州市投资环境评估报告》。

【日本环保专家在湖交流】 2009年6月14日，日本关西大学名誉教授和田安彦率领的日本产学研究环境访问团一行8人在湖考察。副市长杨建新率市相关部门负责人与日本专家举行座谈会，双方就分散型污水处理等环保问题进行了磋商和交流。在湖期间，访问团还参观考察了赵湾新农村。

【海信惠而浦(浙江)电器有限公司落成】 2009年7月15日，海信惠而浦(浙江)电器有限公司一期工厂落成暨大容积冰箱和滚筒洗衣机批量下线仪式在长兴县举行。省委常委、副省长葛慧君，市委书记、市人大常委会主任孙文友，中国家电协会理事长霍杜芳出席仪式并致辞。省人大常委会副主任冯明，全国工商联副主席、苏宁电器集团董事长张近东，省商务厅厅长金永辉和惠而浦公司董事局主席兼首席执行官杰夫·费蒂格、全球产品运营副总裁大卫·舒帕克，海信集团董事长周厚健、总裁于淑珉等出席仪式。

成立于2008年4月的海信惠而浦(浙江)电器有限公司，由中国海信集团与美国惠而浦公司共同投资组建，投资总额9亿元人民币。企业一期工程设计年产冰箱100万台、滚筒洗衣机产能200万台，是国内设备最先进、规模最大的高端冰箱、洗衣机生产基地之一。

【非洲城镇政府官员在湖考察】 2009年8月22日至25日，非洲国家城镇政府官员能力建设高级研修班学员一行24人在国家发改委城市和小城镇改革中心相关人员带领下，在湖进行考察和调研。

副市长李建平向非洲客人详细介绍了湖州近年来的经济社会发展情况。有关部门负责人就客人感兴趣的湖州市新农村建设、环保、文化、旅游以及国际友城交流等问题作了详细解答。

在湖期间，学员们还考察了吴兴区和长兴县的新农村社区、现代农庄，参观了南浔古镇、市博物馆和太湖渔人码头。

【世博公众论坛在湖举行】 2009年11月6日，以“绿色生态与宜居城市”为主题的世博公众论坛在湖州举行。

本次论坛由2010上海世博会执行委员会、浙江省人民政府主办，上海世博会事务协调局、湖州市人民政府、新华社长三角新闻中心承办。来自联合国环境规划署、住房和城乡建设部、环境保护部，上海市、浙江省、湖州市，上海世博局、浙江省参与世博办，国内外著名大学和研究机构以及企业界、新闻界的200多位嘉宾出席论坛。

上海市人大常委会副主任王培生，浙江省副省长陈加元，湖州市委书记、市人大常委会主任孙文友出席论坛并致辞。市长马以作为论坛演讲嘉宾发言，总结了湖州在建设生态城市、宜居城市方面的做法、感悟和心得，阐述了湖州市政府的生态理念、工作措施以及在生态市建设中遇到的瓶颈和对未来发展的展望。

在论坛上，联合国环境规划署德琛次仁博士、中国环境保护部副司长张欲非、央视著名主持人白岩松、英格索兰集团温控系统技术亚太区总裁阮健平、中国住房和城乡建设部王旭东等专家学者从不同的视角，阐释了“城市，让生活更美好”的世博主题。

论坛期间，嘉宾们还参观考察了湖州的生态和居住环境。

【临沪工业区暨南浔内河临港产业带推介会在上海举行】 2009年11月10日，湖州市在上海举行临沪工业区暨南浔内河临港产业带推介会。乌克兰、俄罗斯、荷兰、德国、泰国等国家的驻沪领事馆官员、商务机构驻华代表、国际知名商会驻华代表、全球500强企业负责人、境外部分大型跨国公司负责人出席。推介会上，共签订9项合作协议，其中外资项目6项，总投资34950万美元，注册资本14868万美元。

湖州市临沪工业区位于南浔城区西南部，规划总面积26平方千米，重点发展装备制造、电子信息、新型建材、新能源四大产业。南浔内河临港产业带涵盖南浔区内6个重点城镇，规划面积9500公顷，重点发展临港装备、大型铸锻、金属加工、交通装备、石油石化和现代物流。

【首届中国·湖州国际生态(乡村)旅游节】 2009年11月10日在湖州举行。副省长王建满宣布开幕，市委书记、市人大常委会主任孙文友会见出席旅游节的代表。国家旅游局党组成员、中国旅游协会副会长吴文学，市长马以，省旅游局局长赵金勇，长三角生态旅游城市代表、上海市旅游局副局长沈山州，亚太旅游协会理事会专家波特·范·沃尔比克等在开幕式上致辞。

国际休闲产业协会主席王军、联合国世界旅游组织专家徐汎；浙江日报报业集团总编辑李丹、省政府办公厅副主任谢济建、省农办副主任余振波、省农业厅副厅长叶新才、省环保厅副厅长方敏、浙江广播电视集团副总裁何跃新；市领导吴水霖、吴哲勇、李建平、魏明，以及来自韩国、日本等国家和香港等地区的嘉宾，有关旅游专家，兄弟城市旅游局负责人等参加开幕式。

开幕式上，上海、杭州、南京、湖州、香港、澳门和日本京都、韩国首尔等27个国内外城市和地区共同发表《加快推进生态(乡村)旅游合作湖州宣言》，提出在设施共建、市场共拓、政策共惠、信息共享、环境共保五大方面加强交流合作，实现共赢。

【首届中国·湖州国际生态(乡村)旅游高峰论坛】 2009年11月12日在湖州市举行，论坛的主题是“走进绿色旅游，感受生态文明”。

市长马以，国家旅游局机关党委常务副书记、全国红色旅游工作协调小组办公室常务副主任罗迪辉，省政府办公厅副主任谢济建出席并致辞。国际休闲产业协会主席王军等出席。亚太旅游协会理事会专家波特·范·沃尔比克、中央党校报刊社社长兼总编肖勤福、中国旅游研究院副院长戴斌、联合国世界旅游组织专家徐汎作主题演讲。上海、杭州、宁波、温州、湖州、无锡、黄山等市旅游局负责人，全国各重点生态旅游景区负责人，以及来自韩国、日本和香港、澳门等地区的嘉宾参加论坛。

会上，与会专家、代表就生态旅游发展战略及发展趋势、生态旅游业转型升级、新型生态(乡村)旅游消费热点的培育，“湖州模式”生态(乡村)旅游业发展特点等课题进行了专题研讨。

重要来访

【日本国际贸易促进协会代表团访问湖州】 2009年1月22日至

23 日，日本国际贸易促进协会专任副会长中田庆雄率代表团一行 6 人访问湖州。

副市长李建平会见并宴请日本客人。双方就该协会有关企业与湖州市合作投资电子项目的计划，以及今后如何更好地推动在新技术、产品等方面的合作等事宜进行了会谈。

在湖期间，日本客人考察了开发区和长兴县，并与相关人员座谈。

【荷兰驻沪领馆官员访问湖州】 2009 年 2 月 19 日，荷兰驻沪总领事馆商务处主管、副领事薄诗珂与荷兰得宝机械制造公司董事委员会主席阿里艾·克拉杰维特等一行 6 人访问湖州。副市长周杰率市经委、市外办等有关单位负责人与荷兰客人会谈。双方就湖州市雀立水泥有限公司与荷兰得宝机械制造公司的淤泥制砖合作项目达成共识。

【外交部领事司副司长在湖考察】 2009 年 2 月 24 日至 25 日，外交部领事司副司长张立国在省外办有关领导陪同下到湖考察外事工作。副市长李建平会见并宴请张立国一行。

在湖期间，张立国赴浙江世友木业有限公司、浙江巨人电梯有限公司，调研湖州市实木地板和电梯的生产与出口情况，并参观南浔古镇和长兴大唐贡茶院。市外办领导黄春安、潘宇文等全程陪同考察。

【捷克经贸考察团访问湖州】 2009 年 3 月 9 日，捷克共和国经贸考察团到湖访问，双方举行交流洽谈会。副市长李建平出席，40 余家企业向捷克客人推介 20 多个招商项目。李建平介绍了湖州市的经济社会发展情况、改革开放 30 年来取得的成就和湖州的区位优势及在长三角区域的地位，并欢迎捷克企业家到湖投资兴业。捷克驻沪领馆商贸领事介绍了捷克共和国的基本情况，捷克企业家分别作企业介绍，并与湖州市企业家进行配对互动。考察团还参观了部分企业。

【美国中国总商会副会长在湖考察】 2009 年 4 月 26 日，美国中国总商会副会长杨洁轶一行 5 人在湖考察。

市政府副秘书长王枫会见客人并介绍了湖州的基本情况及全市经济社会发展现状。

杨洁轶详细了解了国际金融危机给湖州带来的影响。他表示，今后将充分发挥美国中国总商会的优势，为湖州在美国举办经贸招商活动、湖州企业开拓美国市场牵线搭桥，提供协助。

在湖期间，杨洁轶一行与湖州新利商标制带有限公司负责人进行了座谈，并考察了太湖旅游度假区和南浔古镇。

【中澳专家组在湖调研】 2009 年 8 月 25 日至 26 日，国家发改委国际合作中心组织的中澳专家组一行访问湖州，就“太湖水污染治理试点项目”及湖州市太湖水污染治理现状和治理规划进行考察调研，副市长方新旗陪同考察。

专家组与湖州市相关部门负责人及环保企业代表座谈，听取湖州市环保产业发展现状、水环境综合治理现状及存在的问题等情况说明，并介绍了“太湖水污染治理试点项目”的设计框架，就面源污染监测等提出了自己的先进技术和管理经验。专家组还考察了湖州市工业和医疗废物处置中心，欧美环境、四通环境等环保企业，吴兴区东林镇龟鳖养殖污水生物生态净化示范点和太湖口水资源情况，详细了解了企业的生产经营、市场开拓、科技创新等情况。

·相关链接·

太湖水污染治理试点项目

中澳生态与环境发展项目之一，该项目通过省级、市级、流域层面环境治理机制，更好地利用科学来规范、管理，通过现代化的流域综合管理科学和技术，实质性减少水华爆发的频率，减轻水华的严重程度。“水华”是淡水水体中藻类大量繁殖的一种自然生态现象，是水体富营养化的一种特征，主要由于生活及工农业生产中含有大量氮、磷的废污水进入水体后，蓝藻、绿藻、硅藻等藻类成为水体中的优势种群，大量繁殖后使水体呈现蓝色或绿色。

【波兰华沙理工大学代表团来湖考察】 2009年9月16日至18日，波兰华沙理工大学终身教授马切伊·雅罗什等4人访问湖州。市长马以会见并宴请波兰客人，双方就今后如何开展交流与合作进行了会谈。在湖期间，波兰客人考察了湖州师范学院和南浔古镇。

【"携手浙商"湖州行】 2009年12月5日，作为省工商联2009"携手浙商"的活动之一，阿根廷驻沪总领事爱德华多·艾伯林及夫人，秘鲁驻沪总领事马雅德及夫人、经济商务参赞弗拉迪米尔·戈切哈，到湖州访问，市长助理况东权会见并宴请客人。在湖期间，总领事一行还参观游览了南浔古镇和莫干山。

附表2　2009年湖州市接待的部分来访团组

序号	来访时间	团组名称(团长职务)	团长姓名	人数	会见(宴请)
1	1月21～22日	法国驻华大使馆	社会福利卫生事务参赞段恪易	2	
2	6月9日	日本贸易中心		6	李建平
3	9月25日	尼日利亚驻沪领事馆	希图	3	

友好城市交流

【西班牙雷嘎纳斯市副市长访问湖州】 2009年9月21日至22日，西班牙雷嘎纳斯市副市长玛奴艾尔·甘坡等2人在湖访问。副市长方新旗会见并宴请客人。市外办相关人员与甘坡就10月份雷嘎纳斯市友好代表团访湖事宜进行商谈，确定了初步的行程安排。

在湖期间，甘坡一行还参观了南浔古镇。

【湖州市与雷嘎纳斯市建立友好交流关系】 2009年10月19日，湖州市与西班牙雷嘎纳斯市建立友好交流关系签字仪式在湖举行。市委书记、市人大常委会主任孙文友出席签字仪式并致欢迎词，市长马以和雷嘎纳斯市常务副市长劳尔·加拉多签署两市建立友好交流关系协议书，市委副书记朱坤民主持仪式；市人大常务会常务副主任沙铁勇，副市长李建平，政协副主席杨金土等出席。

孙文友对雷嘎纳斯市友好访华团来访表示欢迎，并简要介绍了湖州市基本情况。他说，雷嘎纳斯市交通便利、设施齐全、工业发达、风景优美，与湖州在经济社会发展方面有着很多相似之处，双方优势互补，友好合作的前景十分广阔。希望两市以此次访问和签署友好交流协议书为新的起点，进一步推进两市政府和民间的友好交往，进一步推进双方在经贸、科技、文化、旅游等领域的交流与合作，进一步推动两市友好关系不断向前发展。

劳尔说，雷嘎纳斯市与湖州市建立友好交流关系，对于两市加快经济社会发展必将产生巨大的推动力。希望两市在现有良好基础上，进一步密切来往，加强在经济、文化、旅游等多个领域的交流与合作，共同推进两地繁荣发展。

在湖期间，雷嘎纳斯市友好访华团一行还访问了湖州师范学院，与师生进行了座谈；参观考察了美欣达、七幸等企业和湖州博物馆等；随团到访的西班牙企业家与湖州市企业家进行了深入的交流。

·相关链接·

雷嘎纳斯市

位于西班牙首都马德里大区以北9千米处，总面积43.1平方千米，人口26万左右。

雷嘎纳斯市交通便利，工业和物流业发达，其中最有名的雷嘎纳斯汽车城是欧洲销售量最大的汽车城。该市居民人均收入位居西班牙前列。

【西班牙雷嘎纳斯市市长访问湖州】 2009年10月23日，市长拉法尔·蒙托亚率西班牙雷嘎纳斯市代表团一行访问湖州。

市委副书记朱坤民、副市长李建平等会见并宴请蒙托亚一行。朱坤民对蒙托亚到访表示热烈欢迎。他希望，双方以两市结好为新的起点，在多个领域开展实质性的交流与合作。

拉法尔·蒙托亚表示，雷嘎纳斯市与湖州市建立友好交流关系，将进一步推动双方在经济、文化、教育等方面的交流与合作。两市政府和人民也将会加强团结与协作，以合作的方式开发更多的项目，推进两市繁荣发展。

【湖州市政府代表团访问韩国清州市】 2009年11月8日，副市长杨建新率湖州市政府代表团访问韩国清州市。代表团拜会清州市政府，考察了清州市农业技术中心和农协，就新农村建设、农业技术的研究开发和推广应用等与韩方进行了交流和探讨。

【日本岛田市第21次友好访华团访问湖州】 2009年11月11日至12日，由议长富泽保宏、岛田市日中友好协会会长寺川百合子率领的岛田市第21次友好访华团访问湖州。

市委书记、市人大常委会主任孙文友，市长马以，市委副书记朱坤民，市人大常委会副主任孙新耀，副市长李建平，市政协副主席杨金土等会见访华团。在简要介绍湖州市近年来经济社会发展状况后，孙文友表示，岛田市是湖州市第一个国外友好城市，两市无论是政府还是民间，合作交流日益频繁和密切。

富泽保宏介绍，多年来，岛田市经常举办有关中国文化的各类讲座、展览等，深受市民的欢迎，也加深了岛田市民对中国历史和文化的了解。希望两市在现有良好基础上，进一步加强来往、增进友谊，共同推动两地繁荣发展。

在湖期间，两市举行了友好恳谈会，围绕2010年交流计划及教育合作等有关问题进行交流与研讨。访华团一行还参观了爱山小学、湖州四中和湖州博物馆等。

【韩国清州市议会代表团访问湖州】 2009年11月15日至17日，由副议长延哲钦率领的清州市议会代表团访问湖州。

市委书记、市人大常委会主任孙文友，市人大常委会副主任徐加华，副市长李建平等会见代表团。孙文友说，2008年，中韩两国全面建立战略合作伙伴关系，这为湖州与清州两市进一步开展全方位、多层次的交流合作拓展了新的空间。湖州与清州两市在交通区位、历史文化、生态环境等方面有着许多相似之处，在经贸、科技、文化、教育、旅游等领域交流合作的潜力巨大。希望两市以此次访问为新的起点，进一步加强往来交流，推动友好关系不断向前发展，共同推进两市繁荣进步。

延哲钦说，湖州有着古老的历史文化和优美的自然风光，近年来经济社会持续快速发展。自建立友好交流关系以来，清州与湖州来往密切，交流频繁，彼此友谊不断加深。希望今后两市在经济、文化、旅游等多个领域进行更深入的交流与合作，推动两市经济社会不断取得新发展。

在湖期间，清州市议会代表团参观了湖州博物馆、南浔古镇和渔人码头等。

【湖州市政府代表团访问日本岛田市和韩国清州市】 2009年11月24日、27日，常务副市长吴水霖率湖州市政府代表团分别访问日本岛田市和韩国清州市。

在岛田，代表团拜会了市长樱井胜朗，并与该市的城市和社会管理官员、专家座谈，探讨在城市化进程中如何有效解决各类社会矛盾等问题。

在清州，代表团拜会副市长金钟录，双方共同召开了“和谐社会建设”研讨会。代表团还参观了世界500强企业——海耐斯公司。

县(市、区)外事

·吴 兴 区·

【外事工作概况】 2009年,吴兴区严格落实相关文件精神,严把因公出国(境)审核关。1. 年初,及时调整全年因公出国(境)计划。全年报批因公出国(境)12批、56人次,分别比上年减少6批、62人次。2. 出国团组报批前须填写《因公出国(境)年度计划申报表》,申报表上要注明团组负责人上次出访的时间和届内出访次数。实行党政干部出国预报批制度,在组团出访前拟定团组人员时,区外办主动参与,严格把关,审核拟定的团组人员,排除不符合出国年限的人员。3. 做好出访前的外事教育。每个团组出访前,区外办都要对有关人员进行外事教育,并要求每个归国团组在规定期限内收缴护照,并督促提交境外考察报告。

·南 浔 区·

【外事工作概况】 2009年,南浔区派出因公出国(境)团组16批、46人次,分别比上年下降20%、28%。工作中,抓住规范程序、优化服务、提升效果三个重点,取得较好成效。一是加强管理,严把出国(境)任务审批关。结合南浔实际,出台《关于切实加强因公出国(境)管理坚决制止违规违纪行为的通知》和《关于进一步加强因公出国(境)管理的若干规定》,严格出国(境)计划审核,加强对各因公出国团组的管理和指导,根据工作需要合理安排出国(境)公务活动。二是严肃行前教育,健全监督检查机制。每个团组出访前,均组织专门的行前教育会,教育内容除外事纪律、安全教育外,还包括临行准备工作建议、境外生活等方面的常识和注意事项。三是加强出访总结,注重出访成效。督促团组回国(境)后及时上缴护照,并在半个月内完成出访报告,填写《因公出国(境)团组完成任务情况反馈表》,并抄报市、区纪委、组织、外事等部门。

【"辑里湖丝"惊艳世博英国展】 2009年1月29日,名为"从伦敦到上海"的上海世博会英国推介巡展在伦敦的维多利亚和阿尔伯特博物馆开幕。

作为中国与世博会结缘的第一根红线,南浔"辑里湖丝"亮相本次展览,引起伦敦市民的关注。巡展中,"辑里湖丝"参与的是"百年世博一丝牵"为主题的活动,从当年徐荣村邮寄"辑里湖丝"参加首届世博会获得金奖开始,讲述中国与世博会的渊源。产自南浔的蚕茧、真丝、丝巾也在这次巡展中展出,成为一大亮点。

·相关链接·

辑里湖丝

著名桑蚕丝,因产于湖州南浔镇辑里村而得名。清康熙时织造的9件皇袍,曾指名选取"辑里丝"织造。1851年,上海商人徐荣村向在英国伦敦举办的首届世博会寄送了12包产自南浔的"辑里湖丝",并获评金奖,从此"辑里湖丝"名闻天下。

【国际展览局考察团访问南浔】 2009年5月10日,国际展览局秘书长助理、上海世博会沟通推介顾问布萨在上海世博局新闻宣传部领导陪同下到南浔考察,副市长李建平陪同考察。

市、区领导向布萨介绍了南浔与世博的历史渊源、南浔的丝绸文化、南浔积极参与合作办博等。布萨对南浔与世博的历史渊源表现出浓厚的兴趣,对南浔积极参与世博的举措深表赞赏。她指出,国际展览局非常关注世博会举办城市如何展示本地的文化和特色,相信世博会不仅给上海带来深远的影响,对长三角乃至整个中国都是一次向世界展示的极佳机会。

布萨一行参观了南浔古镇,还考察了丝绸之路集团浙丝二厂、菱湖镇射中村联合国粮农组织桑基鱼塘教学培训基地。

·德　清　县·

【外事工作概况】 2009年，德清县严格执行新的因公出国(境)有关规定，突出重点，统筹安排，抓好各项工作的推进和落实；着眼于拓展服务范围，全面提升服务质量，促进全县外事工作水平的提升。年内接待了德国杜伊斯堡大学代表团、德国慕尼黑律师代表团、美国知名学者查尔斯·莱恩、俄罗斯林业部代表团、阿根廷驻沪总领事、秘鲁驻沪总领事和商务领事等团组。

【因公出国(境)管理新举措】 2009年，结合德清县实际情况，县外办制定了因公出国(境)管理新规定，使全县因公出国(境)管理工作有了规范性依据。严格按照年度计划审核因公出国(境)团组，全年承办16批、91人次，分别比上年下降50%、33.1%。

【日本矢板市民间消防团访问德清】 2009年2月5日，日本矢板市民间消防团一行17人在市长远藤忠带领下，到德清县对民间消防组织进行考察交流。在德期间，消防团参加了两地间消防工作交流会，考察了武康镇城山村义务消防队。

【德清县投资推介暨项目合作签约仪式】 2009年7月5日在上海举行。县招商局、下渚湖管委会、禹越镇政府分别就德清县投资创业环境、下渚湖风景区环境及项目、禹越镇投资创业环境进行宣传推介。上海金山区有关领导及盛大、德国风力发电、绿地集团等公司客商共40余人与会，共签约3个项目。

【德清县友好交流与经贸考察团访问日本和韩国】 2009年7月8日至17日，县委常委、宣传部长张林华率德清县友好交流与经贸考察团赴日本和韩国访问。在日期间，代表团对矢板市进行了友好访问，就城市文明建设、农村现代化建设和文化建设等进行考察和交流。

【德清县教育交流团访问日本矢板市】 2009年7月27日至8月1日，德清县教育交流团一行24人赴日本矢板市进行友好访问。交流团中有18名来自德清二中、千秋外国语学校、华盛达外语学校的学生。交流团主要活动包括学生入住日本普通家庭、参观矢板市中学、与矢板市教育主管部门及学校进行交流、两地学生友谊比赛等。

【2009中国·德清投资贸易洽谈会】 2009年10月16日至17日举行，省人大常委会副主任程渭山宣布开幕。省政协副主席徐辉、湖州市市长马以分别致辞。来自海内外的300余名客商与会。本次洽谈会上，共有42个项目达成合作协议和意向，项目总投资92.7亿元，其中外资项目21个，总投资5.18亿美元，协议利用外资2.19亿美元。

【日本矢板市农业考察团访问德清】 2009年11月18日，矢板市副市长中村修率农业考察团到德清访问。双方举行恳谈会，就两国的农业政策、农业发展现状以及相关农业事项进行交流。在德期间，代表团考察了亿丰花卉园区、溪畔蔬菜合作社和沿河农庄，并参观了下渚湖湿地风景区和朱鹮培育基地。

【积极参与应对甲型H1N1流感联防联控工作】 2009年4月份甲型H1N1流感爆发以后，县外办作为甲流联防联控工作领导小组成员单位，认真负责，密切关注全县因公出国(境)人员，掌握因公出访返回德清人员的相关信息。同时，为因公出国人员准备相应的防护措施和药品，严防流感传入县内。在中学生赴日本交流团的家长说明会上，县外办邀请县疾控中心副主任为学生和家长作关于预防甲型H1N1流感的报告，并为全体团员准备了防护口罩、消毒药片等。

·长　兴　县·

【外事工作概况】 2009年，长兴县一手抓中央和省市政策文件的贯彻落实，一手抓本县重要公务组团出访的申报服务工作，全年办理因公出国（境）团组 30 批、101 人次，其中本县自组团组 17 批、83 人次，出访党政干部 17 批、68 人次；受理参加中央、省、市“双跨”团组 13 批、18 人次，出访党政干部 11 批、13 人次。县外办与县纪委（监察局）联合制定出台《长兴县因公出国（境）管理实施细则（试行）》，对进一步加强因公出国（境）管理工作提出了更加具体的意见和举措，规范全县各级领导干部和公务人员因公出国（境）活动。

长兴县分别与西班牙沙温多市和特鲁艾尔市签订建立友好交流关系意向书。

年内，先后接待瑞士欧米亚集团、瑞典皇家理工学院、美国海力铁奇公司、法国巴黎大区 IFA 职业教育集团、美国路易斯安那州 Eller 商学院代表团、埃及泰达公司、美国江森自控公司以及欧洲理事会副主席保罗·威尔、瑞典科技转移中心主席拉斯·玛尔博格等近 20 个国家的政府和商务团体及友好人士。县外办全年为 39 家企业办理外商来长邀请 63 人次。结合为企业办理外国人来访邀请，建立来访外国客户登记制度，以扩充对外交往的人脉资源。

【澳大利亚客人访问长兴】 2009 年 1 月 30 日和 2 月 4 日，澳大利亚新南威尔士州政府中小企业部和区域经济发展委员会亚洲代表芦金韧、澳大利亚泽大投资集团董事长吴永春等一行两次到访长兴，考察投资环境。

在长期间，芦金韧一行听取关于长兴县区位优势、经济优势、资源优势、文化优势及面临的发展机遇等情况介绍，双方就总部经济建设、环太湖区域开发等事项进行了深入探讨。

【长兴县人民对外友好协会成立】 2009 年 2 月 27 日，长兴县人民对外友好协会成立大会暨第一届理事代表大会召开。省友协专职副会长兼秘书长陆国灏，湖州市外办主任、市友协副会长兼秘书长黄春安到会祝贺。中共长兴县委副书记项乐民被推举为长兴县友协第一届理事会会长，吴频、韩伟方、张加强当选为副会长。

【瑞典卡尔马省地区委员会代表团访问长兴】 2009 年 6 月 8 日，瑞典卡尔马省地区委员会代表团在主席雷夫·拉尔森率领下访问长兴。

双方举行座谈会，就第五届中国长三角与欧洲波罗的海地区合作发展论坛相关事宜进行协商。雷夫·拉尔森表示，2009 年 7 月 1 日以后，瑞典将成为欧盟的轮值国。论坛将充分借助这一优势，扩大影响力，吸引更多中国企业参与论坛，为双方在环保、旅游、科技等方面寻求合作搭建平台。长兴方表示，一定会积极做好准备，组织更多本地及江苏、上海等长三角企业参加第五届合作发展论坛。届时长兴将组团参加论坛，寻求合作空间。

就论坛今后的发展，双方表示，应该在形式上勇于创新，同时拓展合作成果，吸引更多的企业、政府参与论坛。

会议期间，双方还就国际技术转移中心及第六届中国长三角与欧洲波罗的海地区合作发展论坛相关事宜进行了协商。

·相关链接·

中国长三角与欧洲波罗的海地区合作发展论坛

中国长三角与欧洲波罗的海地区合作发展论坛创办于 2005 年，每年举办一届，至 2008 年已成功举办 4 届。论坛旨在促进中国长三角地区与欧洲波罗的海地区经贸、科技合作、交流，推进两地共同发展。

【国际学术论坛在长举行】 2009 年 8 月 16 日，复旦大学近现代市场经济的形成与东西方历史经验比较国际学术讨论会在长兴举行，150 余人参加会议。讨论会内容涉及近现代市场经济的形成与成长。美国三一学院文贯中教授、复旦大学经济思想与经济史研究所李丹研究员主持会议。美国波士顿大学罗伯特·A·玛格、加州大学洛杉矶分校亚洲研究中心主任王国斌、香港中文大学当代中国文化研究中心金观涛、复旦大学经济学院叶世昌、中南财经政法大学经济学院赵德馨等10位教授分别主讲。

【第五届中国长三角与波罗的海地区合作发展论坛】 2009年9月17日至18日在瑞典卡尔马省举行,由长兴县人民政府和瑞典卡尔马省地区委员会共同举办。长兴县政府和企业代表团一行30余人出席论坛。中国驻瑞典大使陈明明,瑞典国务秘书、工商部副部长约兰·海格伦,瑞典外交部负责与中国环保项目合作的高级代表马茨·丹宁格专程到会指导。

论坛期间,来自中国长兴、山东、上海、南京、苏州的36家企业与瑞典、芬兰、拉脱维亚、波兰、英国等国的45家企业进行了120多场对口洽谈,达成一些合作意向。主办方卡尔马省地区委员会组织了10场商务研讨会以及商务展示、技术考察,帮助商务人员、企业家理解如何在中国或波罗的海地区创业和寻求投资项目。作为上届论坛的合作成果,“中国长三角与欧洲波罗的海国际科技转移中心”在此次论坛期间举行了欧洲地区挂牌仪式,标志着转移中心在欧洲地区进入实质性运作阶段。

长兴县政府与卡尔马地区委员会还商定,以2010年中国上海举办世博会为契机,在长兴举办第六届中国长三角与波罗的海地区合作发展论坛。

【2009中国·太湖明珠—长兴国际投资贸易洽谈会】 2009年10月16日至18日在长兴县举行。欧洲理事会副主席、比利时议会比中友好小组主席、自民党党团主席保罗·威尔与会。来自美国、澳大利亚、日本、韩国等海内外嘉宾客商1000多人参加相关活动,其中包括世界500强企业代表。

洽谈会的主要活动有:国际新能源产业论坛、2009中国·长兴高新(实用)技术成果对接洽谈会、第五届上海国际创意产业活动周长兴论坛、2009国际粉体技术商贸交流大会、长兴休闲产业投资恳谈会等。本届长洽会上,集中签约项目22项,其中外资项目10项,总投资4.56亿美元。

·安　吉　县·

【外事工作概况】 2009年,安吉县外办把公务团组出访活动与经贸项目推进有机结合,主动服务经济建设。一是加强因公出国(境)工作的计划执行和总量控制,严格执行全年外事工作计划。全年呈报因公临时出国(境)团组和人员24批、119人次。二是加强因公出国(境)团组和人员的出行管理。认真开展行前教育,集中学习有关外事出访纪律;跟踪境外团组的出访行程,保证团组按既定行程出行;切实做好护照收缴工作;及时上报市管干部出访报告,填报《湖州市因公出国(境)团组完成任务情况反馈表》。

年内,接待丹麦中国商会会长张辉、印度驻沪总领事戴思锐、喀麦隆林业与野生动物部秘书长戴尼斯等来宾和团组。外宾在安吉期间,考察了生态环境、产业经济和新农村建设等。

在甲型H1N1流感的防控重点时期,为更好地掌控出入全县的外籍人员情况,县外办向县传染病工作领导小组办公室提供了全县出入境人员渠道的详细分析,并制定《安吉县邀请国(境)外客商来华安排反馈表》,要求各邀请单位在确定被邀请客商来安吉的实际行程后,及时将《反馈表》报送外办,以同步掌握境外客商来华信息,为全县统筹甲流防控工作提供依据。

【第三届中国(安吉)国际竹产品贸易博览会】 2009年2月23日在安吉开幕。本届竹博会以投资洽谈、产品贸易、经济合作为主要内容,着力构建合作平台、打造产业品牌、展示区域形象、促进共同发展。来自国内外的采购商、参展商,以及经贸界、旅游界、新闻界的嘉宾与会。湖州市副市长李建平宣布博览会开幕。开幕式上,安吉国际竹艺商贸城分别与红星美凯龙和深圳世纪家居中心签订入驻协议,安吉国际竹艺商贸城被县风景与旅游管理局授予安吉(中国)美丽乡村共享券指定消费市场。

【观测"日全食"】 2009年7月22日上午8时21分至10时59分，包括国际天文学联合会日食工作组主席杰·巴萨乔夫教授在内的来自美国、英国等26个国家和地区的243多名天文学家、6000多名外国天文爱好者聚集安吉县，共同观测500年一遇的日全食奇观。

2007年，国际天文学联合会日食组主席杰·巴萨乔夫教授宣布，2009年7月22日，在中国境内可以观测到21世纪以来人类可以观测到的时间最长的一次日全食；这次日全食的最佳观测区在长江流域，而安吉县天荒坪抽水蓄能电站上水库是全球最佳观测点。

【喀麦隆政府代表团访问安吉】 2009年7月22日至24日，由喀麦隆林业与野生动物保护部秘书长戴尼斯率领的喀麦隆林业代表团一行5人在国际竹藤组织副总干事吴志民的陪同下到安吉县考察竹产业。代表团一行先后考察了安吉竹博园、天下银坑、国际竹艺商贸城，并重点考察了永裕、雅风、雪强、建中、华春、圣氏、井村拉丝厂等竹业加工企业和吉泰竹工机械厂。

在安吉县政府举行的安吉—喀麦隆林业交流座谈会上，戴尼斯高度赞赏安吉竹产业开发取得的成就，并表示要把这些好的技术和经验带回去，促进当地竹产业的发展。他表示，喀麦隆的林业产业相对还很落后，他们发展林业的心情非常迫切，非常希望中国特别是安吉县的政府和企业到喀麦隆去考察，与他们共同合作开发林业产业。安吉县介绍了县情以及竹产业发展状况，希望今后和喀麦隆政府在国际竹藤组织的牵线下，互相合作，共同发展。

【全日本竹产业联合会代表团访问安吉】 2009年8月16日至17日，以会长杉田守为团长的全日本竹产业联合会代表团一行23人到安吉县考察。代表团听取了安吉县关于投资环境、竹产业发展等情况的介绍，并考察了鑫顺竹木制品、鑫凤地板、东光食品等竹产业企业。

安吉县是对日农林产品贸易的传统伙伴，与日本除在传统的青白竹、竹凉席、地板等方面有贸易合作关系外，还在有机农业种植、鲜花鲜果提炼等多个领域开展投资与技术合作。

【香港·中国美丽乡村(浙江安吉)投资说明会】 2009年9月1日，安吉县在香港召开香港·中国美丽乡村(浙江安吉)投资说明会。会上，嘉宾们观看了安吉宣传片，听取了安吉投资环境介绍和相关项目推介。本次活动共签约7个项目，总投资10396万美元、2.25亿港元。

【第二届安吉投资贸易洽谈会】 2009年10月26日在安吉县举行，湖州市副市长李建平、省药品与食品监督管理局副局长吴宁一等出席。安洽会期间，共有亚太机电、PS新材料制造、祖名食品等34个项目集中签约，其中外资项目11个，总投资3.56亿美元。

【第十四届国际天文奥林匹克竞赛】 2009年11月9日至14日在安吉举行，来自中国、亚美尼亚、保加利亚、印度、俄罗斯、乌克兰等17个国家的80余名中学生参赛。

与传统的数学、物理竞赛不同，由于天文学是一门以观测为基础的学科，参加天文奥赛的选手们既要具备相当的数学和物理知识、数据分析能力，还要熟悉满天星斗，具备扎实的观测基础。此次比赛分为理论、数据分析、观测三轮，观测点在安吉天荒坪。该项赛事是中学生天文最高水平的赛事，始于上个世纪90年代初，2005年首度在中国举办。

【日本重机公司总裁访问安吉】 2009年11月19日，日本重机公司总裁山冈率团访问安吉，参观浙江明升服装有限公司。日本重机公司是全球最大的工业用缝纫机生产厂家，世界500强企业之一。山冈表示，看到安吉良好的经济发展环境，明升服装有限公司发展势头强劲，重机公司对双方的合作很有信心。重机公司将继续为安吉的企业提供先进设备，并愿意加强与安吉的多方面合作。

（实　锋）

绍兴市

绍兴市简称“绍”，辖越城区和诸暨、上虞、嵊州3个县级市，绍兴、新昌2个县，全市总面积8256平方千米。2009年末户籍人口437.74万。2009年，全市实现地区生产总值2375.46亿元；财政总收入298.53亿元，其中地方财政一般预算内收入160.43亿元。

概述

【外事工作概况】 2009年，绍兴市人民政府外事与侨务办公室（简称“市外侨办”）以服务国家总体外交为基础，进一步强化为地方经济社会发展服务的能力。

*涉外管理。*建立审核审批工作领导小组，制定出台因公出国（境）若干规定等，抓好因公出国（境）管理。重点把握计划控制、目的审查、团组构成、中介管理等环节，严格执行因公出国（境）各项规定。全市通过因公渠道赴国（境）外执行经贸考察、友好访问、科技交流的团组242批、1534人次，分别比2008年下降25%、45%。其中，经贸类团组455人次，占出访总人次的70%。签发邀请外国人来绍《被授权单位签证通知表》1859份、2497人次，分别比2008年下降29%、31%。

*友城交流。*2月，市外侨办在《绍兴日报》上公开征集国际友城线索，征得土耳其、新西兰等国家城市的信息。同时，与印度加尔各答市、匈牙利佩奇市、西班牙圣谷格市、南非开普瓦兰德市等建立了联系，与日本小山市正式建立友好交流关系。全年接待来自日本、韩国、美加、欧洲等20多个国家和地区来绍从事经济考察、经贸交流的外宾和华侨华人2300余人次，绍兴市有8批、45人次出访国际友城，分别访问日本、韩国、美国、俄罗斯等国家的友好城市和友好交流关系城市。

*友协工作。*市友协换届，修改了协会章程，选举产生新一届领导班子，聘请10名海外特聘顾问。友协办转为参照公务员管理单位。“三八”妇女节、中秋节前夕，市友协会同市级有关部门分别举办了相聚绍兴、共话创业——绍兴中外妇女庆“三八”联谊活动和“喜迎中秋、共话发展”中外友好人士座谈会。

*重点活动。*3月下旬，市外侨办联合市招商局、市政府新闻办、袍江新区、镜湖新区，举办了有70多位外国驻上海总领事馆官员参加的“绍兴行”活动，举办绍兴市情说明会，组织“游故里、品黄酒、赏越剧”古城文化系列活动，外宾们考察了开发区。

【张杰捐“市长奖”奖金】 2009年3月4日，获得2008年度“绍兴市市长奖”的浙江省爱乡楷模、上虞旅港同乡会永远名誉会长张杰将5万元“市长奖”奖金捐给绍兴市慈善事业，其中一半给绍兴市慈善总会，一半给上虞市慈善总会。

绍兴市“市长奖”设立于2002年，评选对象是对绍兴市经济、社会事业以及其他方面发展作出重大贡献、有较大影响、得到社会公认的个人，每年评选一次。

自1979年始，张杰已为家乡的教育、文化、卫生和社会公益事业捐赠1300万元。

【市友协第四届理事会第一次全体会议】 2009年5月20日召开。市委书记张金如出席会议并讲话，市人大常委会主任、市友协三届理事会会长黄秋芳作工作报告。省友协专职副会长虞希华到会祝贺。

会议听取和审议市友协三届理事会工作报告，选举产生新一届理事会。黄秋芳当选为市友协第四届理事会会长，翁鲁敏、阮顺泉、徐明光、解晓波为常务副会长，傅陆平为执行副会长，张小华为秘书长。会议还审议通过新的市友协章程，聘请10名与绍兴市有紧密联系的侨领为海外特别顾问。

市领导出访

【绍兴市友好经贸代表团访问日本、印尼和香港】 2009年3月1日至10日，副市长徐明光率绍兴市友好经贸代表团访问日本、印尼和香港特别行政区。

在日本，代表团访问了兵库县西宫市和福井县芦原市，正式邀请两市参加绍兴建城2500周年庆典和第六届世界合唱节活动；出席芦原市建市5周年庆祝大会。代表团还考察了日本新道纤维工业株式会社、白鹿酒造株式会社。

在印尼，代表团考察了富士纺织集团、Surya公司，在雅加达举行了绍兴市投资环境说明会。

访问香港期间，代表团考察了香港庆业集团，拜访了绍兴旅港同乡会。

【绍兴市友好经贸代表团访问印度、尼日利亚和南非】 2009年7月28日至8月8日，市委副书记、市长钱建民率绍兴市友好经贸代表团访问印度、尼日利亚和南非。

在印度，代表团会晤加尔各答市市长巴塔查亚，出席了在市政厅举行的鲁迅铜像揭幕仪式；访问了班加罗尔市，出席在该市举行的绍兴投资环境推介会。代表团还拜会了中国驻印度大使张炎等。

在尼日利亚，代表团考察了绍兴市投资的越美纺织工业园和拉各斯有关商品市场，会见了尼日利亚纺织工业协会前主席亨利。

在南非，代表团会见了南部非洲浙江商会负责人，双方就进一步加深绍兴市与该商会的经贸合作进行了磋商，并签署《绍兴市人民政府与南部非洲浙江商会合作备忘录》，确定绍兴市外侨办和南非浙江商会理事会为具体联络机构。

【绍兴市友好经贸代表团访问古巴、秘鲁和阿根廷】 2009年8月31日至9月12日，市政协主席顾秋麟率绍兴市友好经贸代表团访问古巴、秘鲁和阿根廷。

在三国访问期间，代表团分别拜会古巴对外友协、古巴—中国友好协会、古巴商会、秘中商会、阿根廷南美东亚商会；分别与阿根廷米奥内西斯省、古巴哈瓦那市政府官员进行交流；考察了古巴最大的进出口公司西梅克斯公司。

【绍兴市友好经贸代表团访问瑞士和匈牙利】 2009年10月14日至25日，市人大常委会主任、市友协会长黄秋芳率绍兴市友好经贸代表团访问瑞士、匈牙利。

◎鲁迅铜像揭幕仪式在印度加尔各答市举行

在瑞士，代表团与瓦莱省经济促进委员会和克莱恩·蒙塔纳市政府进行了座谈交流，双方对生物科技、工程等领域的交流合作进行了广泛探讨，就旅游推介、宾馆服务培训等方面的合作达成共识。

在匈牙利，代表团与匈牙利西南地区经济发展协会和佩奇市政府进行了交流。此外，黄秋芳还拜会中国驻匈牙利大使高建，希望中国驻匈使馆利用自身优势协助绍兴扩大在匈牙利的影响，并为绍兴企业在匈牙利拓展提供协助。

【绍兴市友好经贸代表团访问西班牙、捷克和匈牙利】 2009年10月28日至11月7日，市委书记张金如率绍兴市友好经贸代表团应邀访问西班牙、捷克、匈牙利。

在西班牙，代表团访问了巴塞罗那省圣谷格市，会见市长优易斯·列克德，邀请该市参加绍兴建城2500周年庆典和第六届世界合唱节活动；考察了国际商业创业园区，听取西班牙有关创新科技的经验介绍，考察了埃斯特维集团公司。

在捷克，代表团会见了玛丽亚温泉市市长吉里·纳斯帕。

在匈牙利，代表团拜会了匈牙利华商联合会会长郑乾友等，双方签署《绍兴市人民政府与匈牙利华商联合会合作备忘录》。

此外，代表团还拜访了中国驻西班牙、匈牙利大使馆，看望了部分在欧洲投资经商的绍兴籍企业代表。

附表1　2009年绍兴市部分出访团组

序号	出访时间	团长职务、姓名	人数	出访地点	备注
1	4～5月	市政协副主席李露儿	9	南非、埃及	文体交流
2	7～8月	市人大常委会副主任车晓端	7	英国、俄罗斯	友好访问
3	9～10月	市委常委、宣传部长尹永杰	7	英国、意大利	文体交流
4	10月	副市长陈长兴	6	马来西亚、菲律宾、印度尼西亚	业务考察
5	10月	市人大常委会主任黄秋芳	7	意大利	友好访问
6	10～11月	副市长杨文孝	5	美国、墨西哥、加拿大	业务考察
7	10～11月	市政协副主席陈伯怀	6	芬兰、丹麦	业务考察
8	11月	市人大常委会副主任阮顺泉	5	南非、埃及	友好访问
9	12月	市人大常委会副主任舒炳炎	6	英国、俄罗斯	友好访问

重要活动

【中外妇女庆“三八”活动】 2009年3月6日，绍兴市举行“相聚绍兴、共话创业”中外妇女庆“三八”活动，市人大常委会主任、市友协会长黄秋芳，市委常委、组织部长翁鲁敏，副市长丁晓燕，市政协副主席解晓波及市相关部门有关女领导，在绍从事教学工作的外籍女教师代表，在绍投资创业的外商夫人代表等60余人参加。妇女代表们观看了文艺表演。

【外国驻沪总领事馆官员“绍兴行”活动】 2009年3月27日至29日，市外侨办联合市招商局、市政府新闻办、袍江新区、镜湖新区，邀请美国、日本、奥地利、智利、俄罗斯等20多个国家70多位驻上海总领事馆官员组成的考察访问团，参加“绍兴行”活动。代表团参加了绍兴市情说明会，考察了袍江新区浙江贝力生科技有限公司等企业，参观了中国汽车市场城的汽车交易展览会，游览了镜湖湿地公园，并参与“游故里、品黄酒、赏越剧”古城文化系列活动。

【海外侨港胞“绍兴行”活动】 2009年4月18日至21日，市外侨办邀请来自美国、英国、加拿大、澳大利亚、意大利、荷兰、乌克兰、阿联酋、新加坡和香港等14个国家和地区的30多位海外侨港胞到绍兴考察。

代表团一行考察了袍江新区、上虞杭州湾工业园区、诸暨市，观看了“春天里的感动”主题晚会和“沈园之夜”晚会，参加了市委、市政府举办的招待酒会。20日，考察团一行出席了公祭大禹陵典礼。

【市少儿艺校举行名誉校长聘请仪式】 2009年4月22日，绍兴市少儿艺术学校举行名誉校长聘请仪式，聘请绍兴旅港同乡会永远名誉会长倪铁城、车越乔、章传信为终身名誉校长。

【首届国际河姆渡文化节】 2009年5月26日至31日在余姚市举行，省委副书记夏宝龙出席并宣布文化节开幕。省委常委、宁波市委书记、市人大常委会主任巴音朝鲁，省政协副主席徐辉，国家文物局副局长张柏，全国政协常委、中国工程院院士袁隆平等出席文化节相关活动。

文化节期间，举办了中国(余姚)河姆渡国际论坛——河姆渡稻作文明与世界粮食安全国际论坛、国际遗址博物馆馆长河姆渡峰会等一系列活动。

【鲁迅铜像落户印度加尔各答市】 2009年7月29日，市长钱建民和加尔各答市市长巴塔查里亚在加尔各答市政厅为高约1米的鲁迅半身铜像举行揭幕仪式。加尔各答市政府以印度欢迎贵宾的方式，为铜像戴上花环。

加尔各答是印度著名诗人泰戈尔的故乡，而鲁迅在印度是最具影响力的中国作家之一。泰戈尔曾与鲁迅有过交往。2006年，在加尔各答居住的华人在唐人街建造了“中山广场”，广场两侧的主要道路分别命名为“中山街”和“鲁迅路”，该市印华文化发展协会发起，计划在鲁迅路口放置鲁迅半身雕像。这一提议得到了加尔各答和绍兴两市政府以及中国驻加尔各答总领事馆的大力支持。

鲁迅铜像是继“西天取经”的玄奘法师之后在印度树立的第二尊中国人雕像。

◎参加外国驻沪总领事馆官员“绍兴行”活动的各国领事参观鲁迅故里

【市友协举行在绍外国专家联谊活动】 2009年10月14日，市友协邀请部分在绍外国专家举行联谊活动。来自日本、英国、韩国、西班牙、德国等国家的9名外国专家代表参加了联谊活动。

市人大常委会主任、市友协会长黄秋芳，副市长、市友协常务副会长徐明光出席，市外侨办主任傅陆平、副主任张小华参加联谊活动。

【绍兴旅港乡贤出席绍兴文理学院百年庆典】 2009年10月26日，绍兴文理学院举行办学百年庆祝晚会，浙江省同乡会联合会会长、绍兴旅港同乡会永远名誉会长车越乔，绍兴旅港同乡会永远名誉会长倪铁城、章传信、高月明应邀出席。绍兴文理学院内有他们捐建的铁城科技馆、恂如美术馆、月明音乐楼、传信桥等。

重要来访

【美国驻沪农业领事访问绍兴】 2009年2月11日至13日，美国驻上海总领事馆农业领事魏博闻一行2人访问绍兴。市外侨办主任傅陆平宴请客人。

在绍期间，魏博闻分别与市旅游局、市百货协会、市旅游饭店协会的相关领导举行专项座谈，参观考察了国商大厦等6家商贸企业，还游览了鲁迅故里、沈园等绍兴名胜。

【澳大利亚西澳州上议院友好访问团访问绍兴】 2009年2月18日，议长尼古拉斯·格里菲思率澳大利亚西澳州上议院友好访问团访问绍兴。市人大常委会主任、市友协会长黄秋芳，副市长、市友协常务副会长徐明光会见访问团一行，市外侨办主任、市友协执行副会长傅陆平，市外侨办副主任、市友协秘书长张小华参加会见。

【巴布亚新几内亚驻华大使访问绍兴】 2009年3月4日至7日，巴布亚新几内亚驻华大使莫米斯一行访问绍兴。市长钱建民会见莫米斯一行。市外侨办主任傅陆平、副主任张小华参加会见。

【日本荏原制作所株式会社顾问访问绍兴】 2009年4月17日，日本荏原制作所株式会社顾问、前董事长岛川文雄一行来绍兴考察。市长钱建民、副市长徐明光会见日本客人。市外侨办主任傅陆平、副主任张小华参加会见。

【印度驻沪总领事访问绍兴】 2009年6月9日至10日，印度驻上海总领事戴思锐一行3人来绍进行工作访问。市长钱建民、副市长徐明光在绍兴国际友好会馆会见戴思锐一行。市外侨办主任傅陆平、副主任张小华参加会见。

在绍期间，戴思锐一行考察了印度在绍投资企业，参观了鲁迅故里、兰亭等景区。

【加拿大服务外包考察团访问绍兴】 2009年6月27日，以加拿大华人信息技术专业协会会长、加拿大信息实力集团董事长邵青山教授为团长，加拿大浙江商会会长徐勤、加华资深IT协会会长叶军为副团长的加拿大服务外包考察团一行17人来绍兴考察。副市长徐明光会见并宴请考察团一行。市外侨办主任傅陆平、副主任盛伯钧参加会见。

在绍期间，考察团参观了绍兴经济开发区国家高新技术创业服务中心、人才公寓，考察了落户高创中心的山形英持系统软件(上海)有限公司绍兴分公司等3家企业。

【香港特区政府驻沪办事处主任访问绍兴】 2009年7月8日，香港特别行政区政府驻上海经济贸易办事处主任陈子敬一行4人访问绍兴。市长钱建民、副市长徐明光会见并宴请陈子敬一行。市外侨办主任傅陆平、副主任盛伯钧陪同会见。

在绍期间，陈子敬一行考察了位于袍江新区的港资企业浙江加多宝饮料有限公司。

【中国驻安哥拉大使访问绍兴】 2009年8月5日至6日，中国驻安哥拉大使张伯伦一行4人来绍考察参观。张伯伦一行考察了中国轻纺城和浙江日月集团，并与宝业集团和中成集团相关负责人就赴安哥拉建筑外包事宜进行商谈。

【中国驻挪威大使访问绍兴】 2009年9月7日至8日，中国驻挪威大使唐国强一行4人来绍访问，副市长徐明光宴请唐国强一行。

在绍期间，唐国强一行参观考察了鲁迅故里、周恩来祖居、兰亭和沈园等地。

【匈中友协访问团访问绍兴】 2009年9月9日，由匈牙利语言学家、翻译家、教育家、匈中友协副主席冒寿福率领的匈牙利匈中友协友好访问团访问绍兴。市人大常委会主任、市友协会长黄秋芳，副市长、市友协常务副会长徐明光会见访问团一行。

在绍期间，访问团一行专程拜访了鲁迅纪念馆，向纪念馆赠送匈文版鲁迅著作，并参观了鲁迅故里。

【韩国全罗南道政务副知事访问绍兴】 2009年11月10日，韩国全罗南道政务副知事李相勉率团一行5人，在省外办副主任陆国灏陪同下来绍兴访问。市长钱建民会见并宴请客人。市外侨办主任傅陆平、副主任张小华参加会见和宴请。

在绍期间，李相勉一行参观了兰亭与鲁迅故里。

【香港贸发局代表团访问绍兴】 2009年12月17日，香港特别行政区贸易发展局华东华中区首席代表钟永喜率香港贸发局代表团一行6人访问绍兴。

在绍期间，副市长何中伟与钟永喜就通过贸发局在香港举办展览会、电子商务等平台，全方位协助浙江企业开拓国际市场，以及组织民营企业家赴港考察培训等事宜进行了商谈。

【日本大阪府知事访问绍兴】 2009年12月22日，日本大阪府知事桥下彻一行15人，在中国驻大阪总领事郑祥林陪同下来绍访问。市长钱建民、副市长徐明光会见并宴请客人。市外侨办主任傅陆平、副主任张小华参加会见和宴请。

在绍期间，桥下彻一行还参观了仓桥直街、鲁迅故里和八字桥历史街区。

【澳门特区审计署审计长访问绍兴】 2009年12月26日，澳门特别行政区审计署审计长何永安一行11人，在澳门中联办副秘书长王世坤陪同下来绍考察。

在绍期间，客人参观了鲁迅故里、兰亭景区。

附表2　2009年绍兴市接待的部分来访团组

序号	来访时间	团组名称(团长职务)	团长姓名	人数	会见(宴请)
1	1月15日	比利时西弗兰德省政府团		3	
2	3月6～7日	日本东京都日中友好协会代表团	古岛琴子	13	
3	4月1日	日本佐藤渡边株式会社团	大和东悦	4	
4	5月3日	美国科罗拉多州科技大学代表团	David Leasure	3	
5	6月3日	韩国驻沪总领事	金正基	3	钱建民
6	6月5～6日	马来西亚马六甲州驻南京市首席代表	黄轩宇	1	徐明光
7	6月22日	日本静冈县日中友好协会一行	伊藤信行	2	
8	6月27日	密克罗尼西亚联邦前副总统一行	雷德利·基里昂	9	车晓端
9	7月14～15日	英国驻沪商务领事	百瑞·尼克逊	3	傅陆平
10	8月19日	法国SEB集团总裁一行	戴乐涛	8	钱建民
11	10月13日	日本岐阜市文化交流团	细江茂光	30	
12	10月22～23日	日本小山市友好访问团	大久保寿夫	13	钱建民
13	10月26日	绍兴旅港乡贤一行	车越乔		
14	12月3日	爱沙尼亚议会外事委员会代表团	斯文·米科萨	7	

友好城市交流

【日本神栖市友好访问团访问绍兴】 2009年2月18日，日本茨城县神栖市市长保立一男率友好访问团一行10人来绍访问，市外侨办副主任张小华会见访问团一行。

在绍期间，访问团参观了东湖、兰亭、鲁迅故里等景区。

【日本小山市第3次高中生代表团访问绍兴】 2009年3月25日，以副市长小久保吉雄为团长的日本小山市第3次高中生代表团来绍访问，副市长徐明光会见代表团一行。

在绍期间，代表团访问了绍兴市高级中学，日方学生还到该校学生家庭住宿，体验中国同龄人的家庭生活。

【绍兴市友好访问团访问韩国和日本】 2009年5月2日至11日，绍兴市友好访问团一行5人出访韩国、日本，参加了韩国丽水市举行的“龟船节”，并顺访日本富士宫市和小山市。

【日本南砺市第5次少年使节团访问绍兴】 2009年5月3日，南砺市吉江中学校长岛春美率领日本南砺市第5次少年使节团一行25人，来绍进行交流访问。市人大常委会副主任车晓端会见使节团一行。

【绍兴市友好访问团访问英国】 2009年7月29日至8月7日，市人大常委会副主任车晓端一行6人出访英国，出席在英国举行的国际友好城市年会，顺访俄罗斯列宁大区。

【丹麦欧登塞市首席执行官访问绍兴】 2009年9月22日至24日，绍兴友城丹麦欧登塞市首席执行官约根·克劳森一行5人来绍兴进行工作访问，副市长徐明光会见并宴请代表团一行。市外侨办副主任盛伯钧代表绍兴方面与欧登塞市签署《关于绍兴市接受丹麦欧登塞市参加2010年上海世博会城市展品的协议书》。

在绍期间，访问团参观游览了兰亭、鲁迅故里、中国黄酒博物馆和仓桥直街等地。

【韩国丽水市市长访问绍兴】 2009年10月9日，绍兴市友好交流关系城市韩国丽水市市长吴炫燮率团来访。市长钱建民、副市长徐明光会见并宴请客人一行。钱建民诚挚邀请丽水市2010年派团来绍参加第六届世界合唱节和绍兴建城2500周年庆祝大会。会见后，双方签署两市进一步加强友好交流与合作的谅解备忘录。

市外侨办主任傅陆平、副主任张小华参加会见和宴请。

在绍期间，访问团一行还参观了兰亭和鲁迅故里。

【日本南砺市第4次日中友协友好访问团访问绍兴】 2009年10月10日至13日，以市长田中干夫为团长，市议会议长水木猛、市日中友好协会会长桃野忠义为副团长的日本南砺市第4次日中友协友好访问团一行访问绍兴。12日，市领导钱建民、阮顺泉、徐明光等会见日本客人。

在绍期间，访问团成员参加了南砺市商工会在绍开展研修生业务15周年相关活动，考察了部分日资企业，参观了兰亭和中国黄酒博物馆。

【绍兴市与日本小山市缔结友好交流关系】 2009年10月22日，市长大久保寿夫、议长石渡丈夫率日本枥木县小山市友好访问团访问绍兴，绍兴市与小山市签署协议，正式建立友好交流关系。市领导钱建民、黄秋芳、解晓波会见访问团一行并出席签字仪式。市外侨办主任傅陆平主持签字仪式。在绍期间，访问团还参观了兰亭、鲁迅故里等地，访问了浙江越秀外国语学校，大久保寿夫表示，促成小山市的大学与越秀外国语学院交流。

小山市是日本枥木县第二大城市，是日本有名的酒乡。

【日本小矢部园艺高等学校第15次友好访问团访问绍兴】 2009

年10月25日至29日，日本富山县小矢部园艺高等学校校长岛田利隆率第15次友好访问团一行33人访问绍兴，与绍兴市农科院进行了交流。

【日本静冈县日中友协代表团访问绍兴】 2009年10月30日至31日，静冈县日中友协会长渥美泰一率日本静冈县日中友协代表团一行6人访问绍兴，参观中日樱花友谊林。

市政协副主席、市友协常务副会长解晓波宴请代表团一行。

【日本日中友好协会代表团访问绍兴】 2009年11月24日，全日本日中友好协会副会长、福井县日中友协会长酒井哲夫率友好代表团一行35人访问绍兴。市委常委、组织部长、市友协常务副会长翁鲁敏会见并宴请代表团一行。市外侨办主任傅陆平、副主任张小华出席会见和宴请。

访问团在绍兴参观了鲁迅故里。

【日本兵库营养学校第8次中国烹饪进修团访问绍兴】 2009年11月26日至12月2日，以烹饪教授深泽让为团长的日本兵库营养学校第8次中国烹饪进修团一行11人访问绍兴，在诸暨市实验职业中学学习烹饪。市外侨办副主任张小华会见并宴请进修团一行。

【日本西宫市第22次中学生友好访问团访问绍兴】 2009年12月6日至11日，日本西宫市第22次中学生友好访问团一行23人访问绍兴市元培中学，与该校师生交流联欢。市人大常委会副主任车晓端会见并宴请访问团一行。

【日本芦原市第24次少年使节团访问绍兴】 2009年12月7日至12日，日本芦原市第24次少年使节团一行23人访问绍兴文理学院附中和绍兴县鲁迅中学。市政协副主席、市友协常务副会长解晓波宴请使节团一行。

【日本南砺市第10次青年代表团访问绍兴】 2009年12月17日至20日，日本南砺市第10次青年代表团一行10人访问绍兴，与市青联开展交流。

县(市、区)外事

·诸　暨　市·

【中日合资万吨氨纶项目投产】 2009年3月13日，浙江雅迪纤维有限公司与日本伊藤忠商事株式会社合作投资的万吨氨纶项目在诸暨城西工业新城投产。市委书记谭志桂，市委副书记、市长王继岗等，日本伊藤忠商事株式会社有机化学品第二部长宫崎勉一行出席投产仪式。

浙江雅迪纤维有限公司项目总投资4亿多元，采用国际最先进的连续聚合生产，年产氨纶能力1万吨。伊藤忠商事株式会社是世界500强企业、日本五大商社之一，1972年被中国认定为友好商社。

项目投产仪式前，市委副书记、市长王继岗、副市长宣方乐在耀江开元名都大酒店会见由宫崎勉带领的日本伊藤忠商事株式会社代表团。

【日本小说家访问诸暨】 2009年3月27日，日本著名的中国历史小说家塚本青史率中国江南之旅访华团一行9人访问诸暨，参观了西施殿和西施故里，并向西施殿景区赠送其著作《吴越舷舷》和《孙子传》，两书作为重要的史料研究著作保存在西施殿史料陈列馆。

【外交部驻港特派员公署考察团访问诸暨】 2009年4月13日至14日，外交部驻香港副特派员詹永新带领的外交部驻港特派员公署考察团来诸暨考察，市委副书记、市长王继岗会见并宴请考察团。

考察团参观考察了五泄景区、西施故里旅游区、香榧森林公园、大唐轻纺袜业城、华东国际珠宝城和山下湖珍珠集团。

【外国茶叶界人士出席绿茶大会开幕式】 2009年4月22日，由农业部、浙江省人民政府主办，以“绿色、健康、创新、富民”为主题的2009年中国·浙江绿茶大会暨第三届中国绍兴国际茶文化节开幕式在诸暨举行。来自中央、省、市的千余名领导、嘉宾、茶叶界知名专家和学者，以及日本、韩国、澳大利亚、比利时、意大利等11个国家和地区的50多位茶叶界人士出席开幕式。

【外国民间艺术家来西施故里献艺】 2009年8月27日，2009中国杭州西湖国际博览会诸暨分会场启动仪式在诸暨市西施故里旅游区举行，杭州市西博办主任为诸暨分会场授牌，第十届CIOFF亚洲大洋洲民间艺术节诸暨巡演正式开幕。启动仪式结束后，来自土耳其、印度尼西亚、泰国、波兰四国的168位民间艺术家与诸暨市民间艺人一起表演了文艺节目。

【日本秋田县仁贺保市友好访问团访问诸暨】 2009年9月11日，日本秋田县仁贺保市国际交流协会副会长三浦彬率友好访问团一行13人访问诸暨。

在诸期间，访问团与诸暨市商讨了青少年交流等事项，还参观了西施故里旅游区、华东国际珠宝城、诸暨中学暨阳分校等地。

【日本兵库营养学校烹饪进修团访问诸暨】 2009年11月27日，日本兵库营养学校烹饪进修团一行11人来诸暨市进行为期两天的烹饪培训，在绍兴市实验职业中学学习菜肴及点心制作。

【“美邦纺织”并购两家美国公司】

2009年，诸暨的浙江美邦纺织有限公司兼并了美国纽约和洛杉矶的两家无缝内衣企业，从而一跃成为该行业全球最大的跨国集团。两家美国公司的无缝内衣在全美拥有近50%的市场占有率，有较高的品牌知名度。“美邦纺织”成功并购美国两家公司后，将利用美国的渠道、品牌优势，在中国建成全球最大的无缝内衣生产基地。

·绍兴县·

【比利时省政府工作组访问绍兴县】 2009年1月15日，以弗雷德瑞克为团长的比利时西弗兰德省政府工作组一行，在省外办欧非处有关人员陪同下访问绍兴县。工作组一行参观了中国轻纺城，走访部分企业，并邀请绍兴县企业参加浙江省工商局与比利时共同举办的“走进欧盟”活动。

【德国企业家协会考察访问绍兴县】 2009年6月11日，以内卡—莱茵经济发展促进会主席图根塔博士为团长的德国企业家协会考察团一行11人来绍兴县考察。县委常委赵建国、副县长陈德洪会见并宴请代表团一行，并举行中德中小企业家交流会，组织县内部分企业家与德国企业家进行深入交流。

考察团一行还参观考察了滨海工业区和中国轻纺城东升路市场。

【日本X-Brands株式会社考察团访问绍兴县】 2009年8月7日，日本X-Brands株式会社考察团一行对绍兴县进行商贸考察，参观滨海开发区和柯桥经济开发区，重点了解绍兴信息通信情况及高校外语人才情况。

【驻沪总领事馆官员出席纺博会开幕式】 2009年10月24日至25日，以巴基斯坦驻上海总领事为代表的有关国家驻上海总领事馆官员出席2009年中国(柯桥)国际纺织品博览会。市委常委、县委书记徐焕明，副县长陈德洪会见并宴请总领事馆官员一行。

代表团一行出席了纺博会开幕式，参观了柯桥新县城。

【韩国全罗南道灵光郡政府代表团访问绍兴县】 2009年10月24日至25日，韩国全罗南道灵光郡政府代表团访问绍兴县，县委副书记、代县长孙云耀，副县长陈德洪会见并宴请代表团。灵光郡郡守郑基浩出席纺博会开幕式，双方就建立友好城市关系进行了进一步商洽。

(魏　民)

金 华 市

金华市简称“金”、“婺”，辖婺城、金东2个区，兰溪、东阳、义乌、永康4个县级市，武义、浦江、磐安3个县，总面积1.09万平方千米。2009年末总人口463.68万。2009年，全市实现地区生产总值1765.94亿元；财政总收入232.63亿元，其中地方财政收入129.28亿元。

概 述

【外事工作概况】 2009年，金华市人民政府外事与侨务办公室（简称“市外侨办”）围绕全市中心工作，坚持服务中央总体外交、服务地方经济社会发展的方针，发挥外侨部门的职能优势，着力在打造“经济外事、诚信外事、品牌外事”上下功夫。

加强因公出国（境）管理。全面贯彻落实省委、省政府“2009年党政机关因公出国（境）人数在近三年平均数的基础上减少20%”的要求，全年党政机关因公出国（境）计划数400人次，实际出国（境）人数383人次。实行先行经费审核制度，联合市财政局专门制定因公出国（境）经费先行审核表，由申请人填报财政部门核准后再予以审批，有效防止了没有预算要求出访和预算不合理、超标准等问题的发生。以市委办公室、市政府办公室名义下发《关于坚决制止公款出国（境）旅游的通知》，进一步规范了党政干部特别是领导干部的因公出国（境）行为。

积极开展友城工作。2009年，金华市分别与巴西瓜路亚市、美国马里兰州华盛顿郡签署友好交流备忘录。金华职业技术学院与美国卡普兰大学签署合作办学协议。友城德国迪恩市代表团访问金华，双方达成多项合作意向。9月，应迪恩市市长保尔·拉如的邀请，副市长林一心率文化交流团访问迪恩，两市达成卫生交流、建造友谊凉亭等多个项目。10月，应迪恩市政府邀请，金华市中心医院的4名医生到迪恩市的医院进行学习交流。

做好领导出访和外宾接待工作。加强领导干部因公出国（境）管理，按计划安排完成5批次市领导出访任务。接待80多个国外访问考察团访问金华。

开展“外侨为企服务月”活动。6月至7月，市外侨办开展“外侨为企服务月”活动，主要内容为“五个三”，即“走访三类企业、开展三项调研、举办三场活动、优化三项措施、兴办三件实事”。重点走访三类企业，即因公出国（境）审批直报企业、侨资企业和重点涉外企业，征求企业对外事部门在审批、服务等方面的意见建议。开展三个方面的调研，即侨资企业调研、在金外国人调研和涉外企业调研，出台服务企业的政策措施。办了三件实事，即印制首张金华市中英文地图、向省外办及有关国家驻沪使领馆选报涉外企业“红名单”、设立华侨健康基金。“服务月”活动深受企业好评。

此外，市外侨办还与电信部门联合，构建“号码百事通”语言无障碍平台，提供8种外语的114同声翻译服务。在“号码百事通”“阳光政务”栏目中增设“出国服务”菜单，构建“8国语言无障碍平台”。

加强涉外事件的协调处理工作。2009年，市外侨办协调处理涉外事件141件，其中死亡13起、刑事案件11起。

加强甲型H1N1流感涉外防控工作。制定外事系统的《甲型H1N1流感防控应急预案》和《操作程序》。建立组织，明确各处室及各县（市、区）外事部门在防控工作中的责任，落实每天零报告制度和各项防控措施。

市领导出访

【金华市经贸考察团出访印度、英国】 2009年1月11日至20日，应英中贸易协会和印度瑞科集团的邀请，副市长林一心率金华市经贸考察团赴印度和英国，进行经贸考察和友好城市交流。

考察团考察了印度瑞科集团；访问了英国沃灵顿市，会见英中贸易协会执行总裁切利尔·娄，考察了爱丁堡大学、剑桥大学，并与当地的金华籍华人华侨及留学生代表进行了座谈交流。

【金华市经贸考察团访问埃及、南非】 2009年3月4日至13日，以市政协副主席陈云青为团长的经贸考察团访问埃及和南非。

考察团主要了解当地的投资环境和投资政策，着重推介金华市的汽摩配产业。

【金华市文化代表团访问德国】 2009年9月16日至23日，应德国迪恩市市长保尔·拉如的邀请，副市长林一心率金华市文化代表团访问德国，参加迪恩市城市节活动。

访问期间，两市正式达成定期互派医生开展卫生交流的意向，并商定在迪恩市建造一座纪念两市友好并代表中国文化的木雕凉亭。

【金华市经贸考察团访问智利、阿根廷和巴西】 2009年10月13日至24日，副市长金中梁率金华市经贸考察团，赴智利、阿根廷和巴西开展友好交流及经贸洽谈活动。

访问期间，考察团举办了金华市投资环境说明会及金华籍南美企业家座谈会；考察了巴西瓜路亚市，双方签署两市建立友好交流关系备忘录；同三国商界和企业家进行了广泛的联系，宣传金华的投资环境。考察团还拜会了中国驻智利、阿根廷和巴西的使领馆。

【金华市代表团访问澳大利亚、新西兰】 2009年11月18日至27日，市委常委、组织部长蔡国春率金华市代表团访问澳大利亚、新西兰。

代表团考察了澳大利亚蒙纳士大学和新西兰奥克兰大学国际学院，与两校就公务员短期培训项目进行了洽谈，并达成合作意向。代表团在澳大利亚期间还拜会了中国驻墨尔本副总领事汪银儿、澳中国际商会会长任建国和澳大利亚大洋集团、《大洋日报》董事长冯团冰。

重要活动

【金华市友协第三届理事会常务理事会议】 2009年1月7日召开，会议总结2006～2008年市友协工作，安排2009年工作计划。会议调整了部分常务理事，市委副书记黄锦朝任市友协第三届理事会会长，增补市委副秘书长任建生、市政府副秘书长陈志身、市外侨办副主任章宏为副会长，章宏兼任秘书长。

【闽浙赣皖四省九市外事侨务工作第二次联席会议】 2009年4月9日至10日在金华召开。来自福建省南平市，浙江省金华市、衢州市、丽水市，江西省上饶市、景德镇市、鹰潭市、抚州市，安徽省黄山市的外事侨务部门负责人共20余人参加会议。与会人员就新形势下如何做好因公出国（境）管理工作等问题进行了交流。

闽浙赣皖四省九市联席会议机制始创于1986年，2008年在九方经济区联席会议总体框架下创立九市外事侨务工作联席会议机制，为九市外事侨务部门学习先进经验、整合资源、优势互补，共同推进外事侨务事业，服务地方经济社会发展提供了新的平台。

【因公出国(境)直报企业专办员培训】 2009年4月16日,市外侨办举办全市因公出国(境)直报企业专办员培训班,全市8个县(市、区)(不包括义乌)的74家直报企业及各县(市、区)外办的主要负责人参加培训活动。参培人员学习了民营企业因公出国(境)及邀请外国人来华的报批程序和操作流程、因公护照及签证的办理程序和材料要求以及因私签证的办理程序等。

重要来访

【日本静冈县农业技术调查团访问金华】 2009年2月25日至27日,以静冈县畜产技术研究所所长望月启司为团长的日本静冈县农业技术调查团一行6人到金华市考察畜牧业。

调查团一行走访了浙江加华种猪有限公司和金华市金字火腿有限公司及金华火腿博览馆。双方就畜牧产业政策、生产技术、疾病防控对策及畜牧场环境保护措施等进行了交流。

【加拿大驻沪副总领事访问金华】 2009年3月3日,加拿大驻上海总领事馆副总领事芮乔丹、商务专员邓华达和加拿大驻华大使馆参赞孔乐思一行访问金华,参观浙江加华种猪有限公司。

浙江加华种猪有限公司是国家级重点原种猪场,也是中加瘦肉型猪合作项目的实施单位。芮乔丹一行听取了加华公司董事长华坚青的情况介绍,双方就种猪的防疫问题进行了探讨。

【瑞典Litium公司考察金华互联网产业】 2009年6月22日至23日,瑞典Litium公司上海办事处负责人卡尔森来金华考察互联网产业。

Litium公司是北欧互联网和电子商务领先的供应商。在金期间,卡尔森先后拜访食品网、服装网、信息港、5173、华视传媒以及金华新闻网和广重网的负责人。

【英国驻沪贸易与投资领事考察金华汽车产业】 2009年7月7日至8日,英国驻上海总领事馆贸易与投资领事傅罗德一行3人访问金华,重点考察青年汽车集团、万里扬集团等汽车整车及零部件生产企业。

【中国驻斯里兰卡大使访问金华】 2009年7月28日,中国驻斯里兰卡大使杨秀萍访问金华,市委书记徐止平、市长陈昆忠、副市长金中梁会见并宴请杨秀萍一行。在市领导陪同下,杨秀萍一行参观了金轮机电实业有限公司及双龙洞、黄大仙祖宫等景点。

【美国亚裔高级商贸代表团访问金华】 2009年9月13日,以美国商务部国家商业发展总署、美国东北部14州总执行长戴文波为名誉团长,美国全国商业发展高峰会共同主席朱林骥为团长的美国亚裔高级商贸访华代表团访问金华,市委副书记、市长陈昆忠,副市长金中梁会见代表团一行。

在金期间,代表团考察了义乌,听取义乌国际商贸城的发展情况介绍,并进行了实地考察。

【美国马里兰州华盛顿郡代表团访问金华】 2009年11月10日至11日,美国马里兰州华盛顿郡市长约翰·富兰克林·巴尔率领华盛顿郡代表团一行6人,到金华访问考察。

代表团一行参观了金华职业技术学院,考察了学校的教学设施、生活环境、科研基地、实验室。双方就下一步的合作进行了深入的洽谈磋商,并签署在计算机应用专业方面合作办学的意向书。卡普兰大学校长莫兹在学院发表演讲,并与学生进行了对话。其间,代表团参加了金华市和华盛顿郡建立友好关系备忘录签约仪式和金华职业技术学院与美国卡普兰大学合作办学签约仪式。

【英国汽车专家考察金华汽车产业】 2009年11月30日至12月1日,英国著名汽车专家、英国贸易投资总署汽车专员马克·诺克里夫、英国驻上海总领事馆贸易与投资领事露易思到金华考察。副市长金中梁会见马克一行。

在金期间，马克一行考察了青年汽车集团、康迪公司和众泰集团。

友好城市交流

【德国迪恩市经济代表团来金考察】 2009年3月19日至23日，副市长海纳·古特豪森率德国迪恩市经济代表团来金考察。市长陈昆忠会见并宴请代表团一行。副市长金中梁参加会见。

在金期间，代表团与金华市相关部门、企业进行了经济合作洽谈，达成迪恩市在金设立经济办事处等多项合作意向。

【金华市文化考察团访问德国迪恩市】 2009年9月16日至23日，以金华艺术学校师生为主体的金华市文化考察团出访德国迪恩市，参加迪恩城市节活动，在城市节上表演了婺剧《断桥》、《雪里梅》、舞蹈《梁祝》及歌曲、二胡演奏等节目，受到迪恩市民的好评。

【金华市医生赴德国迪恩交流培训】 2009年10月24日至11月21日，应德国迪恩市政府邀请，金华市中心医院派遣4名医生分别前往迪恩市医院、迪恩市玛丽恩医院以及迪恩市奥古斯丁医院开展学习交流。

县(市、区)外事

·东　阳　市·

【外事工作概况】 2009年，东阳市外事办办理政府出访团组3批、9人次，受理因公出国(境)申报手续31批、60人次，邀请外商25批、35人次，认证30批、59本。全市2009年出国经费比近三年平均数下降20%。

◎金华市中心医院医生在德国迪恩交流培训

【以色列驻沪总领事访问东阳】 2009年6月9日至10日，以色列驻上海总领事艾雅克一行来东阳市考察，市委副书记吴国平、副市长陈军会见并宴请艾雅克一行。

艾雅克一行先后参观了市世贸城工艺精品馆、卢宅古建筑群、横店影视产业实验区展览馆和清明上河图，并实地考察了与以色列有经贸往来的横店普洛康裕有限公司和英洛华电子有限公司。

【东阳市影视考察团访问美国】 2009年6月19日至23日，市委常委、副市长施侍伟率东阳市影视考察团出访美国。

代表团考察了美国加州影视旅游市场，与美国星·映象公司建立了长期协作机制。

【东阳市恐龙文化考察团访问日本、韩国】 2009年8月25日至9月2日，市委常委、宣传部长范冬岩率东阳市恐龙文化考察团出访韩国、日本。

考察团先后赴日本东京、大阪、福井和韩国首尔、固城进行考察、交流和学习。固城郡郡守会见考察团一行，考察团还接受了当地电视台的采访。

·相关链接·

中国恐龙之乡——东阳

东阳地处浙江中部，近年来，全市发现30多处恐龙骨骼化石与恐龙蛋化石。其中，2008年9月发现的高约5米、长15米，距今6000余万年的恐龙化石，是中国整体出土最完整的恐龙骨骼化石。经中外专家鉴定，确定此恐龙为新属新种，正式将其命名为“中国东阳龙”。

东阳是中国为数不多的同时发现恐龙骨骼化石与恐龙蛋化石的地方，特别是存在世界罕见的“龙蛋共生”现象。鉴于东阳市恐龙化石发现的地点多，分布面积广，化石类型丰富，2008年5月30日，中国地质调查局地层与古生物中心正式命名东阳市为“中国恐龙之乡”。

【东阳市农业考察团访问日本、澳大利亚】 2009年12月5日至13日，副市长韦国潭率东阳市农业考察团出访日本、澳大利亚。

考察团先后访问日本东京、枥木、宇都宫和澳大利亚悉尼、珀斯等地。日本枥木市市长、议长会见韦国潭一行。

·永 康 市·

【外事工作概况】 2009年，永康市受理因公出访团组12批、17人次；接待外国人访华52批、64人次。

【永康市篆刻艺术研究会作品在阿根廷展出】 2009年5月19日至23日，永康市篆刻艺术研究会成员的一批印章作品与上海市徐家汇区的书法作品一起，在阿根廷首都布宜诺斯艾利斯的雷吉纳艺术学校展出。这是阿根廷首次展出中国的篆刻作品。展出结束后，这些篆刻作品由阿根廷有关单位收藏。

【英国驻沪贸易与投资领事访问永康】 2009年7月8日，英国驻上海总领事馆贸易与投资领事傅罗德及英国驻上海总领事馆高级对英投资官员唐明芳、英国英中贸易协会杭州代表处经理周骏一行访问永康。市长助理吕常青会见傅罗德一行。

傅罗德一行参观了铁牛集团、星月集团和群升集团，并与企业高层管理人员进行了座谈。

【非洲各国教育界人士及政府官员代表团访问永康】 2009年9月16日，由非洲各国教育界人士及政府官员26人组成的代表团访问永康。常务副市长蒋永根会见代表团一行。

代表团一行参观了中国五金城二期市场、众泰控股集团和永康市职业技术学校，并与该校领导座谈，代表团详细了解了该校学生的就业、学费等情况，表示希望能在今后达成交换生的合作意向。

【第十四届中国五金博览会】 2009年9月26日至28日在永康举行。

本届博览会由商务部、浙江省人民政府支持，中国国际贸易促进会、中国商业联合会、中国轻工业联合会、中国科技金融促进会、中国发明协会主办，永康市人民政府、浙江省贸促会承办。

永康市外办积极与各国领事馆取得联系，印度驻上海副总领事吉瑞、意大利对外贸易委员会政府机构官员芭芭拉·卡斯贝丽及其助理朱红贞、英中贸易协会代表周骏、阿根廷友人列奥那多、意大利拉瓦清洗设备有限公司总经理保罗罗斯等参加了博览会。韩国、日本等地还组织了买家采购团。

【英国贸易与投资总署官员访问永康】 2009年12月1日，英国贸易与投资总署官员、英国著名汽车专家马克·诺克里夫协同英国驻上海领事露易丝来永康考察新能源和低碳汽车发展状况。

马克·诺克里夫一行参观了铁牛集团，并与企业高层管理人员座谈，双方探讨了进一步紧密合作的可能。

（叶 峻）

衢　州　市

衢州市简称"衢",辖柯城、衢江2个区,江山市和龙游、开化、常山3个县,总面积8841平方千米。2009年末总人口250万。2009年,全市实现生产总值617.5亿元;财政总收入62.3亿元,其中地方财政收入37.9亿元。

概　述

【外事工作概况】 2009年,衢州市外事与侨务办公室(简称"市外侨办")在服务工业立市主战略中做好外事与侨务各项工作,被评为2009年度全省外事系统先进集体。

为企业"走出去"牵线搭桥。 到2009年为止,市外侨办已与10家中国驻海外使领馆和美、日、俄、英、法、澳等15个重要国家驻沪领事馆保持密切联系,与美、意等国的4家大型中介机构有密切合作,与100多位海外重要侨领建立了联系。一是为衢州市企业与国外市场对接提供服务。2009年7月,省外办在杭州召开"外交为国内发展服务"座谈会,在参会名额十分有限的情况下,市外侨办向省外办多争取了2个名额,推荐浙江开山集团作为浙西地区唯一的企业代表在会上发言,金德管业、乐叶光伏、金凯门业、公任电子等企业代表与23位中国驻外大使和6位总领事进行了交流,掌握了一批宝贵的海外市场和项目信息。二是促成企业出国开展高层次商务谈判。浙江华康药业股份公司组团赴美国、加拿大进行经贸洽谈,取得北美区域2009年木糖醇、麦芽糖醇的全年订单合同,糖醇订货量达到1800吨,超过了2008年。衢州市库米赛诺粮食机械制造有限公司赴印度就碾米设备项目与投资方成功签约,项目总投资600万美元。

对企业"请进来"主动提供服务。 市外侨办把外事管理工作与推进经济发展、服务企业结合起来,针对甲型H1N1流感在全球爆发的具体情况,采取"宽严相济"的应对措施,为企业扩大对外贸易排忧解难。办领导带队走访市经济开发区、市高新园区和各县(市、区)的几十家外向型企业,重点了解企业在邀请外商和外籍专家方面的需求。对邀请疫区国家外商的单位进行劝阻,暂停办理;对邀请来自非疫区国家、来衢签订合同、看样订货、验货把关等的外商,及时办理,跟踪服务。既严格执行上级的规定,又不影响企业的正常业务,得到企业的好评。2009年全市受理企业邀请外国人来华申请101批、166人次,与上年基本持平。

大力压缩出国经费支出。 市外侨办根据中央、省及省外办有关加强因公出国(境)管理的政策精神,采取有效措施,严格审核、审批因公出国(境)团组任务,严格执行计划、量化管理规定,杜绝公款出国(境)旅游现象。2009年全市审核审批因公出国(境)团组112批、188人次,比上年减少61人次,下降26%。其中领导干部96人次,比上年减少56人次,压缩出国经费34%,超过了省委、省政府提出的将出国(境)经费在前三年平均数的基础上压缩20%的要求。出访团组、人员未发生擅自延长在外停留时间、擅自增加出访国家(地区)、滞留不归和其他违反出国管理规定的情况。

市领导出访

【衢州市经贸代表团访问芬兰、瑞典和挪威】 2009年10月5日至16日，以副市长诸葛慧艳为团长，由市外经贸局、市外侨办、开发区、市国际投资促进中心和部分外经贸企业负责人组成的衢州市经贸代表团，赴芬兰、瑞典、挪威三国开展投资推介及经贸交流活动。

代表团先后拜访芬兰赫尔辛基市政厅、瑞典林雪平市政厅和挪威霍尔顿市政厅，分别在芬兰、瑞典和挪威举行3场投资环境推介、经贸合作洽谈活动，芬兰中央商会、瑞典斯德哥尔摩商会、挪威卑尔根商会等和部分与衢州市有投资、贸易合作关系及有意向与衢州市开展投资、贸易的当地企业负责人参加了座谈和交流。诸葛慧艳向来宾详细介绍了衢州市对外开放、区位优势、投资环境、产业发展和对外招商项目等方面的情况，热情邀请大家到衢州考察、访问。

通过系列投资推介和经贸洽谈，达成外资招商意向项目3个，总投资2100万美元，协议利用外资1850万美元；达成贸易出口意向2300万美元，进口意向200万美元。

【衢州市农业技术交流考察团访问肯尼亚、津巴布韦和毛里求斯】 2009年11月18日至29日，应肯尼亚农业研究所、津巴布韦农业部和毛里求斯路易港市政府的邀请，以市委常委、副市长雷长林为团长的衢州市农业技术交流考察团一行5人，赴肯尼亚、津巴布韦和毛里求斯考察。

代表团实地考察了肯尼亚出口茶叶主产区和毛里求斯糖业科学研究院，双方就农业机械出口和加强农业技术交流等进行了洽谈。

代表团还会见了国家开发银行津巴布韦工作组组长马振安，双方就衢州市农业企业赴津投资的政策、环境及市场前景等交换了意见。

【衢州市行政服务考察团访问南非、埃及和阿联酋】 2009年12月28日至2010年1月8日，以市人大常委会主任黄会荣为团长的衢州市行政服务考察团一行5人访问南非、埃及、阿联酋三国，就行政审批服务及服务效率等进行考察和学习。

重要活动

【衢州市首届外事、侨务干部集训班】 2009年6月1日至5日，市外侨办与市委党校联合举办2009年衢州市首届外事、侨务干部集训班，培训以“结合外、侨工作实际，学习实践科学发展观”为主题，聘请省外办、省侨办专家讲授外、侨业务知识。各县(市、区)外办、侨办主任，部分社区书记、主任及乡镇、街道统战委员等共40余人参加集训。

授课结束后，集训人员先后赴宁波、绍兴、义乌等外事、侨务工作先进地区参观考察。

【选派农业专家赴日研修】 根据浙江省和日本静冈县友好交流协议，2009年度浙江省选派3名研修生赴日本静冈县进行技术研修，其中2名由衢州市选派。

经筛选，确定派遣开化县特产局茶叶站站长俞玉梅赴静冈县农林技术研究所茶叶研究中心(菊川市)研修茶叶栽培和加工技术，派遣衢州市柯城区农业局农艺师吴文明赴静冈县农林技术研究所果树研究中心(静冈市)研修柑橘栽培技术。研修时间均为2009年8月5日至2010年2月26日。

【港澳等媒体联合采访衢州】 2009年9月25日，香港《文汇报》、《大公报》、《商报》、凤凰卫视、香港卫视、《亚洲经济周刊》、《成报》和《澳门》杂志、澳亚卫视、《澳门商报》等14家港澳等地区媒体来衢开展大型采访活动。

27日，市委书记孙建国与各大媒体记者见面，并介绍了衢州市有关情况。市委常委、秘书长江汛波,市委常委、宣传部长高启华,副市长诸葛慧艳等参加见面会。

采访团先后考察了浙江开山集团、乐叶光伏等企业以及衢州博物馆、烂柯山、衢州中专、孔氏南宗家庙等,并参加了纪念孔子诞辰2560周年祭祀典礼。

【七国孔子学院领导来衢祭孔】 2009年9月26日至30日,来自泰国、哥斯达黎加、蒙古、新加坡、秘鲁、菲律宾、俄罗斯等7国20位孔子学院的领导应邀到衢州参加纪念孔子诞辰2560周年祭祀典礼,市委书记孙建国会见孔子学院领导代表。

代表团考察了衢州学院(筹)、衢州实验学校和衢州二中,观看了孔子诞辰2560周年纪念晚会、"孔子颂"全国作曲比赛决赛音乐会和全国非物质文化遗产西安高腔表演,并与衢州市领导和孔子第75代嫡长孙孔祥楷进行了座谈交流,游览了龙游石窟和民居苑、衢州古城墙等名胜古迹。

【外事翻译工作座谈会】 2009年11月19日,衢州市外事翻译工作座谈会在市老年大学召开,市外侨办主任叶正义、副主任周立年、相关处室负责人以及首批10名特聘兼职外事翻译参加会议。衢州市外侨办向特聘兼职外事翻译颁发了聘书。特聘兼职外事翻译们交流了翻译工作体会。

重要来访

【日本静冈县定期协议团访衢】 2009年8月18日,以静冈县企画部理事外山敬三为团长的日本静冈县2009年度定期协议团一行6人访问衢州,就农业科技交流合作事项与衢州市磋商。

双方召开了浙江·静冈现代农业科技交流合作座谈会,市委常委、副市长雷长林和外山敬三对双方在农业方面的交流与合作所取得的成绩表示肯定,并提出了下一步交流合作的建议。

双方代表还就具体合作细节进行了讨论。

副市长诸葛慧艳会见日方代表团。

【日本驻沪总领事访衢】 2009年10月21日,日本驻沪总领事横井裕一行2人,在省友协专职副会长虞希华陪同下访问衢州,视察日本利民工程小额无偿援助衢州市衢江区"上方中心卫生院医疗设备配备项目"并为其揭牌。

横井裕一行还参观了孔氏南宗家庙和衢州古城墙,对衢州市的历史和文化表示了很大的兴趣。

副市长罗卫红会见横井裕一行,双方就日本援助衢州市民生事业和生态环保等问题交换了意见。

友好城市交流

【与美国雷德温市进行第十轮教师交流】 根据《2009年度衢州市与雷德温市教师交流协议书》,衢州市与美国雷德温市分别选派教师赴对方执行第十轮教师交流项目。衢州市第二中学派遣华茂外国语学校甘衢芳老师赴美,交流时间为2009年9月5日至2010年1月10日。雷德温市姐妹城市委员会派遣玛乔里·哈卡拉老师来衢,交流时间为2009年10月21日至2010年7月。甘衢芳老师在美交流期间,访问了雷德温市8所学校,包括小学、初中和高中,针对不同年级分别传授汉语基础语言、幼儿广播操、中国饮食、中国民族传统、中美文化差异、中国传统游戏、太极拳等,还在雷德温《鹰报》发表了英语文章。

【衢州中专师生代表团访问日本】 应日本工业大学和足利工业大学的邀请,以副校长吴红光为团长的衢州中等专业学校师生代表团于2009年11月15日至19日访问日本。

代表团首先访问枥木县足利市足利工业大学,与该校校长蟹江好弘博士等就两校专业对接、优势互补、互派留学生等事宜交换了意见。在友好学校琦玉县日本工业大学访问期间,双方就国际班的专业学习、日语教学、留学生选送等问题进行了沟通。

【俄化学专家获全国友协“人民友谊贡献奖”】 2009年11月19日，浙江巨圣氟化学有限公司总工程师西特里维·得米特里被全国友协授予“人民友谊贡献奖”。得米特里原为俄罗斯国家应用科学化工研究中心设计院院长助理兼总工程师，1994年担任中俄合资浙江巨圣氟化学有限公司副总经理兼总工程师，1996年退休后巨圣公司续聘其为总工程师，得米特里为该企业的转型发展和中俄科技合作作出了巨大贡献。

（徐忠友）

县（市、区）外事

·柯　城　区·

【外事工作概况】 2009年，柯城区外事办办理因公出国（境）团组6批、6人次，其中专项技能培训3批次、友好访问1批次、文化交流2批次，主要出访日本、德国、澳大利亚等国家。进一步加强因公出国（境）管理，严格审核把关，确保全区因公出国（境）的有序性和有效性，杜绝了公款出国（境）旅游现象。

【对外交流与合作】 2009年8月，日本柑橘培植专家来柯城区开展柑橘栽培技术交流活动，柯城区与日本静冈县签订农业科技合作交流协议，并在石梁镇坎底村建立浙江—静冈柑橘标准化生产技术合作示范园。

9月，韩国农业研究官金龙湖博士在柯城区考察指导柑橘生产，双方达成开展技术交流与合作协议。

（余莉春）

·衢　江　区·

【外事工作概况】 2009年，衢江区外办审核因公出国（境）团组4批、6人次，超额完成省委、省政府关于压缩出国（境）经费20%的要求。

【重要活动】 2009年，日本利民工程小额无偿援助衢江区上方中心卫生院建设项目资金全部到位，10月21日，日本驻沪总领事横井裕一行出席“上方中心卫生院医疗设备配备项目”揭牌仪式。

【全国第四届特种纸年会暨衢州特种纸产业发展国际论坛】 2009年10月16日至18日在衢州举行，由中国造纸工业生产力促进中心特种纸委员会、衢江区人民政府主办，衢州市特种纸行业协会、衢江区经贸局承办。来自中国制浆造纸研究院、陕西科技大学、华南理工大学等11所院校的16名专家教授，恒丰纸业、万邦纸浆集团、德国VOITH造纸技术有限公司、日本大昌铁公所等98家国内外造纸企业的代表，中国轻工集团副总经理曹振雷，衢州市副市长诸葛慧艳、市政府副秘书长刘根宏，省经信委基地办副主任宫晓鸣，衢江区主要领导和省、市、区相关部门及企业代表等，共约300人参加论坛。

开幕式上举行了授牌仪式，衢江区被授予“中国制浆造纸研究院科技成果示范基地”和“浙江省特种纸产业基地”称号。中国轻工集团副总经理、中国造纸学会秘书长曹振雷作“中国造纸工业现状与分析”的主题报告，华南理工大学、山东轻工学院、南京林业大学、德国VOITH造纸技术有限公司等的专家教授分别作专题讲座，部分专家教授还与企业代表进行了技术交流对接活动。中外来宾参观了浙江仙鹤特种纸有限公司和衢州五洲特种纸有限公司。

（彭雪芳）

·江　山　市·

【外事工作概况】 2009年，江山市派出因公出国（境）团组10批、18人次，分别比上年减少2批、6人次。出访美国、英国、德国、法国、以色列等国家和香港特别行政区。全年为14家企业办理邀请外国人来华25批、45人次，分别比上年增加7批、8人次。全市接待外宾9批、21人次，其中：友好访问5批、9人次，经贸活动3批、5人次，业务交流1批、7人次。

【市领导访问港澳】 应香港江山同乡会和澳门丰岚贸易有限公司邀请，2009年9月4日，市委书记傅根友赴香港参加旅港同乡会换届就职仪式，并专程拜访香港国际投资总商会和中联石油化工国际有限公司，介绍江山市经济发展情况以及旅游、投资环境。在澳门，与丰岚贸易有限公司进行招商洽谈，并达成合作意向。

【世界遗产联盟专家考察江郎山】 2009年9月30日，联合国教科文组织世界自然保护联盟世界自然保护区委员会山区生态区系副主席、联合国教科文组织专家格里姆·沃博伊斯博士，韩国江原大学地质系教授、联合国教科文组织专家禹卿植博士等访问江山，对中国丹霞地貌捆绑申报世界自然遗产江郎山提名地进行实地考察评估。两位专家在考察后认为，江郎山各项保护开发工作管理规范，达到世界水准。

2009年，江山市共接待世界遗产保护联盟专家5批、7人次。

·相关链接·

江郎山“申遗”

有陡崖的陆相红层地貌称为丹霞地貌。丹霞地貌主要分布在中国、美国西部、中欧和澳大利亚等地，以中国分布最广。江郎山位于江山市江郎乡境内，属于丹霞地貌的老年期。

2009年1月24日，经国务院批准，将江郎山风景名胜区连同广东丹霞山、湖南崀山、福建泰宁、江西龙虎山、贵州赤水共6个丹霞地貌景观作为2009年世界自然遗产提名地报送联合国教科文组织世界遗产中心。3月2日，“中国丹霞”“申遗”材料通过联合国教科文组织世界遗产中心审核，正式成为“申遗”提名项目，2010年7月将提交第34届世界遗产大会表决。

（姜　励）

·常　山　县·

【外事工作概况】 2009年，常山县外办审核因公出国（境）人数4批、7人次，分别比上年下降一半以上。帮助中商汽车、经纬药业、赛特尔化工三家企业邀请外国人来常9批、18人次。接待来访外宾、港澳人士12批、31人次。

【与意大利慈幼机构合作开展职业教育】 2009年5月19日至29日，副县长范洁红赴意大利罗马参加“中意技术教育和职业培训研讨会”，参会期间参观了意大利慈幼会大学、维罗纳圣西诺慈幼会职业技术学院等，以及意大利北部地区与职业教育相关的农产品加工企业，并与思高慈善基金会就职业教育合作事宜进行洽谈。

10月7日，意大利慈幼会职业学校协会主席马里奥·托尼尼一行8人来常，考察常山县职业中专、浙江捷姆轴承有限公司、浙江中商汽车有限公司、浙江银田化纤有限公司，并与县职业中专就开展相关合作进行洽谈，双方达成合作意向。

【县领导赴美国招商】 2009年7月27日至8月1日，应美方邀请，常务副县长刘龙一行5人赴美国纽约，与MSD等公司就美方在常投资年产1万台冷藏车生产线项目的相关事宜进行洽谈，达成共识，并签署投资合作备忘录，投资方约定于适当时候再次来常作进一步的实地论证。

（徐小莲）

·开　化　县·

【外事工作概况】 2009年，开化县审核因公出国（境）9人次；办理审核企业邀请尼日利亚、阿联酋等地客商来华3批、6人次。

【开化县经贸代表团访问美国、加拿大】 2009年2月，以县长金明为团长的开化县经贸代表团一行5人赴美国、加拿大进行经贸考察。

在美、加考察期间，代表团就浙江华康药业有限公司与美国中亚化学公司、美国箭牌公司及加拿大P.K化学公司、加拿大箭牌公司等进一步开展木糖醇销售及合作开发新产品麦芽糖醇项目进行磋商；考察了世界知名高新技术产业园区硅谷，为开化县硅产品开辟市场。

【中美篮球对抗赛】 2009年5月5日在开化县体育馆举行，此次篮球对抗赛由浙江省体育局组织，浙江万马职业队与美国洛杉矶闪电职业队进行了比赛。

【日本客人访问开化】 2009年9月13日至14日，应开化县旅游局邀请，日本日昂株式会社社长加滕龙夫一行5人访问开化，与开化县旅游局就森林博览园旅游投资事宜进行洽谈，并考察了开化县旅游资源。副县长华寿军陪同洽谈与考察。

【参与“柏林亚太周”活动】 2009年10月7日至16日，县委常委、常务副县长华寿军带领开化华友单晶硅电子有限公司、开化矽盛电子材料厂两家企业负责人参加由浙江省科技厅组团的德国2009年“柏林新能源展”系列活动，与国外相关企业进行项目洽谈及合作交流。

（邵和生）

·龙　游　县·

【加强因公出国(境)管理】 2009年，龙游县严格控制党政干部因公出国(境)，县委、县政府主要领导放弃出国计划，出国团组数为零。全县党政干部因公出国人数、出国费用明显下降，其中出国费用由2008年的120万元下降至2009年的10万元。

全年企业派出因公出国(境)团组1批、2人次，出访马来西亚，考察当地市场。1名部门专业人员随省农业厅组团赴以色列学习现代农业灌溉技术。有7家企业办理邀请外国人来华16批次、22人次。

【亚太汽车拉力锦标赛中国(龙游)拉力赛】 2009国际汽联亚太汽车拉力锦标赛“广和·新湖风景杯”中国(龙游)拉力赛于11月13日至15日在龙游县举行。这是龙游县第四次举办国际级汽车类体育赛事。

此次比赛经国际汽车联合会、国家体育总局批准，由中国汽车运动联合会、浙江省体育局、浙江省旅游局联合主办，龙游县人民政府承办。

本站比赛是2009年亚太汽车拉力锦标赛的收官之战。赛事历时3天，比赛路段总里程220千米，设置16个赛段，均为砂石路面。来自澳大利亚、日本、新西兰、印度、印度尼西亚、英国、芬兰、意大利、马来西亚等国家和地区以及中国国内的30多支车队81辆赛车参加，其中包括MotorImage赛车队、MRF轮胎车队、斯巴鲁拉力车队、上海大众斯柯达红牛车队、贵州百灵车队等劲旅，最后有33辆赛车完赛。

【做好涉外甲型H1N1流感防控工作】 2009年，龙游县在涉外领域对甲型H1N1流感进行了有效的防控。县外办走访、提醒涉外单位和有关部门，关注因公出访特别是到疫区国家的人员，随时掌握因公出入境人员情况，实行日报告和跟踪观察制度。

在龙游举行亚太汽车拉力锦标赛期间，县外办主动对来自英国、芬兰、意大利、澳大利亚、新西兰、日本、印度、印度尼西亚等8个国家的44名外籍赛员(车手和领航)以及国内疫区赛手进行防控知识宣传，比赛期间没有发生一起甲型H1N1流感。

（秦宏杰）

·知识窗·

20国集团

又叫G20(the Group of 20)，是一个国际经济合作论坛，于1999年12月16日在德国柏林成立，属于布雷顿森林体系框架内非正式对话的一种机制，由八国集团(美国、日本、德国、法国、英国、意大利、加拿大、俄罗斯)和11个重要新兴工业国家(中国、阿根廷、澳大利亚、巴西、印度、印度尼西亚、墨西哥、沙特阿拉伯、南非、韩国和土耳其)以及欧盟组成。20国集团人口约40亿，GDP总量约占世界的85%。

舟 山 市

舟山市简称“舟”,辖定海、普陀两区,岱山、嵊泗两县,总面积2.2万平方千米,由680多个岛屿组成,其中陆域面积1440平方千米,舟山本岛陆域面积502平方千米,是中国第四大岛。2009年末全市常住人口105.39万。2009年,全市实现地区生产总值540亿元;财政总收入76.99亿元,其中地方财政一般预算收入48.78亿元。

概 述

【外事工作概况】 2009年,舟山市人民政府外事与侨务办公室(简称“市外侨办”)创新思维,真抓实干,各项外事工作取得显著成绩,被评为浙江省外事工作先进集体。市友协办主任庄海波被评为浙江省外事工作先进个人。

构建“大外事”工作格局。市外侨办根据涉外工作的新情况,重新调整市委外事工作领导小组,完善全市涉外部门联席会议和全市因公出国(境)管理联席会议,制定重大事项会议通报、财政审核提前干预和党政干部超量化出访组织部联合预审等制度。市外侨办发挥联席会议办公室的牵头作用,各成员单位明确职责,紧密合作,形成涉外部门合力,构建“大外事”工作格局,共同推进各项涉外审批与管理工作。

提高涉外审批与管理水平。市外侨办牵头召开全市因公出国(境)管理联席会议,对各县(区)、市属各单位上报的年度出国计划共87批、570人次进行汇总审核,调整压缩团组40批、270人次,列入计划47批、300人次(不包括文化、体育交流及参加国际会议团组),其中市属27批、180人次,各县(区)20批、120人次。审核、审批因公出国(境)团组173批、469人次,其中行政事业单位团组107批、301人次,企业团组66批、168人次。审核、审批计划管理团组22批、142人次,计划使用率为40%,邀请外国人来华821批、1525人次。与市纪委等部门联合下发《关于进一步加强因公出国(境)管理,坚决制止违规违纪行为的通知》;配合市财政局做好年度因公出国经费削减50%的落实工作;举办全市因公出国境专办员培训班,实现网上申报;做好市政府重要团组的行前外事教育工作,开展行前教育21次。

牵头开展公共场所英语标识规范清理工作。组建舟山市公共场所英语标识专家组,对4个县区、市行政中心、普陀山景区、市旅游局等10个条块的英语标识进行收集、评审并三次反馈、修改。中文汇总材料的翻译通过中外专家的联合评审,形成符合舟山城市特色的英文译法,编写2.6万字的《舟山市公共场所标识英文译法指导手册》,涵盖交通、组织机构、旅游景点、医疗卫生等10个方面的中英文范例条。

提高涉外事件处理水平。针对舟山迎接大桥时代的涉外需求,重新编印《舟山公民涉外实用手册》;在外国人进出频繁的船舶修造、船代等行业初步建立涉外联络员网络,已有网点61个;赴涉外事件多发频发的县区、乡镇开展调研和座谈,就如何预防、处置涉外事件提出具体措施。全年妥善处理涉外事(案)26起,多次得到上级领导的批示和肯定;在市外侨网上发布涉外最新动态、外事知识和出国提醒等100多条。

做好外宾接待和市领导出访团组服务工作。全年接待外宾团组21批、366人次，其中有泰国、印度、韩国、秘鲁、土耳其等国驻沪总领事，希腊提诺斯市政府代表团，韩国江华郡政府代表团，奥地利奥中友协代表团，日本NHK电视台记者，匈牙利桥梁专家以及俄罗斯、巴布亚新几内亚、新加坡、马恩岛等国的经贸交流团等。主要出访团组有：市委书记、市人大常委会主任梁黎明赴新加坡招商推介；市委副书记、市长周国辉赴美国、加拿大考察访问；市委常委、公安局长蔡步雄赴挪威、瑞典考察涉外警务工作；市政协副主席夏夫根赴挪威、瑞典考察海岛城市管理；常务副市长马国华赴美国、加拿大参加波士顿水产展，赴阿联酋、南非参加第二届中东工作船展；副市长王忠志赴新加坡、印尼、马尔代夫开展招商推介等。

巩固并拓展友城关系，深化交流与合作。2009年，市外侨办进一步巩固与美国里士满、日本气仙沼、韩国江华郡、韩国谷城郡、菲律宾伊慕斯市等原有的几对国际友好城市、国际友好交流城市以及国际单项友好交流城市的关系，深化交流与合作层次，在文化交流、加强友城间互访、推动实质性合作等方面都取得了很大进展。同时拓展新的友城，积极构建与希腊提诺斯市、挪威卑尔根市以及秘鲁相关城市的友好关系。

【"为企业服务年"活动】 2009年，市外侨办开展"为企业服务年"活动，推出为民营企业简化因公出国(境)审批手续、支持企业赴境外参展促销、扩大因私签证业务、简化邀请外国人来舟审批程序、代办商业认证、加强政策指导和业务培训等一系列服务措施。11月起，开展外国人在浙就业《签证通知表》代办业务，为常石集团、中船重工等多家企业办理工作签证邀请函，帮助民营企业"走出去"。

市领导出访

【舟山市代表团访问新加坡】 2009年4月19日至23日，以市委书记、市人大常委会主任梁黎明为团长的舟山市代表团赴新加坡参加第二届亚洲海事展，开展招商推介工作。

【舟山市政府代表团访问美国、加拿大】 应美国加利福尼亚州里士满市政府、加拿大哥伦比亚省邓肯市政府的邀请，2009年10月19日至31日，以市委副书记、市长周国辉为团长的舟山市政府代表团，对美国和加拿大进行友好访问。

代表团此行主要是对舟山市姐妹城市——里士满市进行回访，总结15年来两市友好交流的经验和成果，介绍舟山市近年来发展情况，探讨两市今后实质性的交流合作项目，签署两市《2009—2010年友好交流备忘录》。

里士满市市长盖勒·麦克罗琳、姐妹城市委员会主席露丝玛丽·柯宾、市政经理杜尔·林兹、议员纳特·贝兹等会见代表团一行，并召集市政府有关部门负责人与舟山市进行了对口交流。代表团实地考察了里士满市的港口、企业、学校、社区等。

在美国，代表团还访问考察了夏威夷大学和罗德岛州立大学孔子学院、海洋学院、艺术与科学学院，拜会有关单位负责人，考察了教学研究设施，双方就海洋新能源的开发利用、汉文化的交流、海洋生物技术研发、海底考古打捞等进行了广泛的交流，美方院校分别与浙江海洋学院表达了建立对口交流关系的意愿。在夏威夷旅游局，双方就如何加强旅游规划、保护历史文化、开发旅游资源等进行了交流，探讨了交流合作方式。

在加拿大，代表团实地考察了哥伦比亚省温哥华邮轮码头、水上飞机公司，就旅游业及岛际交通的开发进行了咨询并建立了联系合作渠道。

此外，代表团分别拜访了美国罗德岛州副州长伊丽莎白·罗伯兹、加拿大邓肯市市长罗伯特·肯特，双方各自介绍了发展情况，并就经济、文化等方面的合作进行了交流。

代表团在美国期间，还拜访了中国驻美大使周文重和驻旧金山总领事高占生，以及舟山市海外政协委员、著名侨领方惠成和浙江同乡会等侨团。

附表　2009年舟山市部分出访团组

序号	出访时间	团长职务、姓名	人数	出访地点	备注
1	2月23日～3月4日	市委常委、公安局长蔡步雄	6	挪威、瑞典	涉外警务考察
2	3月9～19日	副市长马国华	5	美国、加拿大	参加波士顿水产展
3	4月19～23日	市委书记、市人大常委会主任梁黎明	9	俄罗斯、捷克	招商推介
4	4月19～30日	副市长王忠志	14	新加坡、印尼、马尔代夫	招商推介
5	10月4～13日	副市长马国华	6	阿联酋、南非	参加第二届中东工作船展
6	10月26日～11月4日	市政协副主席夏夫根	6	挪威、瑞典	考察海岛城市和管理

重要活动

【第十一届中国舟山国际沙雕节】
2009年9月11日至10月30日在朱家尖南沙举行。本届沙雕节以“未来海洋之城”为主题，以2010年上海世博会为元素，结合亚特兰蒂斯、迪拜、威尼斯、阿姆斯特丹以及舟山的海上城市景观，塑造一个真实和幻想结合的未来海上之城。来自中国、美国、荷兰等10个国家的32名沙雕手参加创作，作品内容分传说之城、历史之城、未来之城三部分。

【第七届普陀山观音文化节】
2009年11月16日至21日，“舟山群岛·第七届中国普陀山南海观音文化节”(简称“观音文化节”)在普陀山举行。本届观音文化节以“自在人生，慈悲情怀”为主题，着重体现观音文化慈悲济世、利乐有情、和合共生的精髓，包括“千人斋宴”普陀山旅游答谢会、“佛国之约”音乐盛典、开幕式暨佛陀真身舍利朝圣瞻礼法会、“点亮心灯”传灯祈愿法会、“佛顶顶佛”朝拜法会、“弘法演说”讲经法会等主题活动，以及普陀山文化丛书首发仪式、“在海上相遇”——普陀山国际摄影展、新闻发布会、普陀山文化论坛、“普陀山杯”全国文学征文比赛、“心灯·心愿”六和佛灯艺术展等配套活动。

◎沈家门港开港600周年庆典活动。

【俄罗斯仿古帆船参加沈家门渔港开港600周年庆典活动】 2009年11月18日下午，沈家门渔港开港600周年庆典活动在普陀区举行。庆典活动由“渔港印象”踩街巡游、亮灯仪式、以“渔歌、渔号、渔鼓、渔网、渔灯”等渔文化元素组成的渔港秀、“吃遍渔港”美食文化节等环节组成。俄罗斯符拉迪沃斯托克市市长向庆典活动发来贺信，该市的大型仿古帆船“纳齐达”号应邀参加庆典活动的海上巡礼、船员陆上巡游等。

沈家门渔港位于舟山群岛东南部，明永乐七年（公元1409年）建立水寨开港。历经600年，已成为中国最大渔港、世界三大群众性渔港之一。

【韩国代表团参观舟山大陆连岛工程】 2009年12月25日下午，中国规模最大的岛陆联络工程——浙江舟山大陆连岛工程试通车。韩国江华郡政府代表团应邀参观舟山大陆连岛工程。

舟山大陆连岛工程（又名“舟山跨海大桥”）是国家高速公路网甬舟高速公路（G9211）的主要组成部分，起自舟山本岛的鸭蛋山环岛公路，经舟山群岛中的里钓岛、富翅岛、册子岛、金塘岛至宁波镇海区，与宁波绕城高速公路和杭州湾跨海大桥相连接。工程总投资130亿元，1999年9月动工建设。

重要来访

【希腊提诺斯市政府代表团访问舟山】 2009年3月11日至13日，以市长帕拿吉奥提斯为团长的希腊提诺斯市政府代表团访问舟山。

市委副书记、市长周国辉会见代表团一行。双方签署《舟山市与提诺斯市友好交流备忘录》，将根据平等互利的原则，在经济、贸易、科技、文化、教育、卫生、体育、旅游等领域开展多种形式的交流与合作。

【秘鲁渔业代表团访问舟山】 2009年11月6日至7日，以秘鲁驻上海总领事馆经济商务参赞弗拉迪米尔·戈切哈为团长的秘鲁渔业代表团访问舟山。

代表团参观了舟山市水产品交易市场、国际水产城以及兴业公司等水产企业。双方就友城建设、水产品加工、远洋渔业合作、水产品原料进口等问题进行洽谈并建立了合作渠道。弗拉迪米尔·戈切哈代表秘鲁驻上海总领事馆表达了与舟山结好的意向，邀请舟山市政府和企业代表团于2010年访问秘鲁。

【韩国江华郡政府代表团访问舟山】 2009年11月22日至23日，以郡守安德寿为团长、议长具庆会为副团长的韩国江华郡政府代表团访问舟山，参观舟山跨海大桥。

市委副书记、市长周国辉会见代表团一行，双方探讨了在教育、文化、经济等领域开展交流与合作的可能性。

友好城市交流

【拓展新的友好城市】 2009年，市外侨办积极策划友城工作的全新布局和纵深发展，不断拓展新的友城并寻求实质性合作项目。

根据舟山船舶工业和水产养殖业的发展情况，与挪威卑尔根市进行交流，学习其先进的水产养殖技术，寻求船舶配件制造方面的合作。

根据舟山远洋渔业和水产品精深加工的实际，通过秘鲁驻上海总领事馆和中国驻秘鲁大使馆牵线，与秘鲁卡亚俄市、帕亚塔市开展交往，拟在秘鲁建立水产品捕捞和加工基地。

发展与菲律宾的实质性合作，与菲方在菲律宾学生来舟山市留学、专业教师交流、在菲律宾甲米地国立大学设立孔子学院和派出汉语教师及航海、水产教育等众多领域开展广泛的合作。

（袁　滢）

台 州 市

台州市简称“台”，辖椒江、黄岩、路桥3个区，临海、温岭2个县级市，玉环、天台、仙居、三门4个县，总面积9411平方千米。2009年末总人口578万。2009年，全市实现地区生产总值2025亿元，财政总收入263亿元，其中地方财政收入136亿元。

概 述

【外事工作概况】 2009年，台州市人民政府外事侨务办公室（简称“市外侨办”）坚持外事工作“为大局服务、为地方服务”，进一步拓展对外交往空间，外事为经济社会发展服务的能力进一步提升。

注重实效，紧贴地方特色树外事品牌。针对台州市民营经济发达、企业外向度高的特点，市外侨办把举办有影响、有实效的大型外事活动，作为拓宽对外渠道、提升城市品牌认知、推进全市外向型经济快速发展的重要抓手。5月中旬，承办了“签证官看民企——走进台州”活动，来自澳大利亚、日本、意大利等14个国家的19名驻沪领事签证官员到台州参观考察。7月下旬，以中国驻朝鲜大使刘晓明为团长的外交部驻外使节考察团访问台州。两次大型外事活动扩大了台州在外影响力，拓展了民营企业的海外发展空间。

谨慎细致，做好外宾接待工作。全年全市接待外宾41批、305人次，包括韩国保宁市政府代表团、韩国和顺郡教育团、韩国务安郡青年代表团、印度驻沪总领事戴思锐、中波东风文化基金会、保加利亚思维什托夫市访问团、波兰驻沪总领事安杰伊·维夏克、墨西哥驻沪总领事米格尔·巴里奥等客人。

规范安全，全力保障领导团组顺利出访。全年市外侨办承办市级领导出访20批、112人次。实行全面的计划管理，认真编排和严格落实全年出访计划；实行团组总量控制、时间控制、地点控制和次数控制，进一步提高出访的针对性、互动性和实效性；推行“审批护照签证同步办理”，缩短办理时间，提高工作效率，确保按期出访；强化外事纪律管理，编印《因公出访团组服务工作细则》，共对25个团组、160人次进行了行前教育；加强在外情况的动态掌握，确保全年无违纪现象发生。

拓展空间，形成较为活跃的对外交流局面。积极开拓欧洲友城资源，分别与波兰凯尔采市达成友好交流意向，与葡萄牙波尔巴市签订建立友好交流城市关系协议书。继续推进全市文化、教育、卫生的对外交流。联合中波东风文化基金会，共同主办“波兰·肖邦的诗”音乐会；支持台州学院与英国格林威治大学、波兰凯尔采大学、韩国务安郡草堂大学开展留学生互派、教师交流和校企合作；推进三门中学与德国卡尔·吕贝恩学校、温岭中学及台州文武学校与波兰凯尔采市教育机构、洪家中学与韩国务安郡玄庆中学之间的交流；帮助浙江玉环少儿艺术团出访土耳其并获成功。

严格把关，因公出入境管理不断强化。在“出”方面，按照有关规定，严把审核关，着重对团组的结构、出访实质性内容、公务时间、经费预算等加强审核，并建立联合检查机制，全年取消出访任务11批、45人次，调整压缩团组25批，减少出访人数32人。在“入”方面，认真妥善地做好邀请外国人来华工作，简化中间环节，简化申报材料，对申办《通知表》的单位实行分类管理。全年办理邀请外国人来华783批、1202人次，分别比上年增长4%、23%。

*高度重视，及时妥善地处置涉外事件。*2009年台州市发生多次涉外事件，如台州渔民遭韩国海警粗暴执法、台州一公民在墨西哥被歹徒残忍杀害等。市外侨办秉承切实维护公民合法权益的原则，积极协助，多方协调，使涉外事件得到妥善处置，将其负面影响降至最低程度。

*深化服务，群众办事满意度不断提高。*一方面，抓直报企业的服务工作。组织邀请外国领事签证官进企业、下基层，为企业牵线搭桥，支持企业“走出去”；借用短信平台，及时告知企业相关国家的签证新政策；深入一线调研对外依存度较高的企业，采取针对性的措施，帮难解困；推广APEC商务旅行卡。另一方面，以创建“青年文明号”活动为载体，抓窗口服务。办下属市国交中心被团市委评为“市级青年文明号”。市国交中心全年代办因公护照签证676批、1476人次，民事认证149批次，护照收缴率达100%。新增14个因私签证可申办国家，总数达到121个，并成为韩国领馆在台州地区的唯一签证代理机构，全年办理因私签证1790人次。

*扩大影响，外宣工作初有成效。*市外侨办在外事接待中主动地宣传台州的区位、产业、服务优势，让外宾身临其境感受台州市蓬勃向上的经济活力；在出访中扩大宣传工作的受众面，让世界更加了解台州；做好《台州外事年鉴》(2009)、市情资料、网站等的编纂、发布工作，扩展台州在外影响力。

【“签证官看民企——走进台州”活动】 2009年5月13日至15日举行，省外办与台州市人民政府共同主办，市外侨办承办。省外办主任阮忠训，台州市人大常委会主任薛少仙，台州市副市长叶阿东，法国、意大利、澳大利亚、埃及、新西兰、南非等14个国家的使领馆官员及台州20多家企业负责人出席座谈会。薛少仙介绍了台州近年来经济社会发展情况，重点介绍了台州民营企业拓展海外市场情况。阮忠训介绍了浙江省民营企业“走出去”的整体情况，分析了民营企业出国签证中遇到的困难和问题，并提出了解决思路。新西兰、南非等驻沪总领馆官员分别介绍了本国的签证政策。签证官们还参观考察了吉利、海正、宝石等民营企业。

【外交部驻外使节考察团访问台州】 2009年7月25日至26日，以中国驻朝鲜大使刘晓明为团长的外交部驻外使节考察团一行29人访问台州。

考察团一行参观了专利示范企业星星集团、天台银轮机械和宝石集团。刘晓明说，通过这次台州之行，对台州有了更加全面、深入的了解，也更有利于充分发挥使领馆的优势和资源，有针对性地为台州开展对外交流合作做好对接工作，为台州企业开展国际贸易和知识产权保护提供一些实际帮助和服务。考察团成员表示，今后将积极把台州推介到各个国家去，并把国外友好城市和有意与中国投资合作的单位介绍到台州来。

台州市副市长叶阿东陪同考察。

【《台州外事年鉴》(2009)出版】 2009年7月，《台州外事年鉴》(2009)正式出版，该卷年鉴包含特载、总情、部门外事、院校和企业外事、县(市、区)外事等五部分内容，较为全面地记录了2008年台州市对外交往的大事、新事和要事，以及相关文献和统计资料。

【“波兰·肖邦的诗”音乐会】 2009年10月11日在台州举行，市外侨办主办，市群艺馆、市椒江艺术学校等承办。来自波兰的十几位著名音乐家、舞蹈家为台州观众献演了一台高水平的节目。

市领导出访

【台州市友好交流考察团访问俄罗斯、芬兰和捷克】 2009年8

月27日至9月7日，市人大常委会主任薛少仙率台州市友好交流考察团对俄罗斯、芬兰、捷克三国进行友好访问。

考察团与芬兰科沃兰市、捷克奥尔利克市开展了友城交流活动，与俄罗斯亚太国际合作中心进行了座谈，并现场考察了该中心承办的中俄大型合作项目。其间，考察团拜会了中国驻芬兰大使馆。在看望俄罗斯商会人员时，薛少仙勉励在俄台州商人充分利用国际市场发展壮大企业，并积极促进台州与当地的友好交流。

【台州经贸考察团访问埃及、南非和土耳其】 2009年9月12日至23日，市委书记陈铁雄率台州经贸考察团赴埃及、南非、土耳其三国进行经贸考察。

考察团先后访问埃及苏伊士经贸合作区、南非开普敦招商局，听取有关情况介绍；考察吉利集团(埃及)汽车销售公司、兄弟鞋业(埃及)股份有限公司、南非ASD贸易公司、南非ARIANO公司和土耳其中凯进出口有限公司；拜访中国驻埃及大使武春华、驻伊斯坦布尔总领事张志良等。

【台州市友好访问团访问俄罗斯、西班牙和匈牙利】 2009年10月10日至21日，市政协主席陈子敬率台州市友好访问团出访俄罗斯、西班牙、匈牙利三国。

考察团对三国的议会监督体制架构情况作了深入了解。其间，拜访了俄罗斯莫斯科市政府国际关系部、圣彼得堡市外事委员会、西班牙托雷多市政府和匈牙利巴拉顿福瑞市政府，走访了西班牙阿麦克跨行业信息中心，并与匈牙利华人社团妇女联合会进行了座谈。

【台州市政府绩效管理代表团访问英国、西班牙和葡萄牙】 2009年11月24日至12月5日，市委常委、秘书长马世宙率台州市政府绩效管理代表团赴英国、西班牙和葡萄牙三国进行友好访问。

代表团先后考察英国伦敦等7个城市，与相关城市政府就政府绩效管理进行了深入交流。

【台州市交通建设考察团访问瑞典、英国和瑞士】 2009年11月24日至12月5日，副市长叶阿东率台州市交通建设考察团出访瑞典、英国和瑞士三国。

访问团在瑞典斯德哥尔摩、瑞士日内瓦、英国伯恩茅斯，分别就城市管理与公共交通进行了深入学习。其间，考察团拜会了中国驻外使领馆，参观了台州在外企业。

附表　2009年台州市部分出访团组

序号	出访时间	团长职务、姓名	人数	出访地点	备注
1	6月9～19日	副市长虞选凌	6	法国、瑞士、西班牙	经济贸易考察
2	6月16～27日	副市长李跃程	6	英国、西班牙、葡萄牙	农业建设访问
3	8月24日～9月3日	市委常委、常务副市长元茂荣	6	俄罗斯、波兰、加拿大	友城考察
4	8月24日～9月4日	市委常委、公安局长陈棉权	6	匈牙利、罗马尼亚、波兰	警务工作考察
5	9月21～25日	市人大常委会副主任陈海啸	11	香港特别行政区	学术交流
6	10月11～22日	市政协副主席赵跃进	6	巴西、阿根廷、秘鲁	人力资源考察
7	11月5～16日	副市长徐仁鹤	6	捷克、匈牙利、阿联酋	中小企业融资考察

续表

序号	出访时间	团长职务、姓名	人数	出访地点	备注
8	11月5～16日	市委常委、组织部长肖培生	6	英国、奥地利、西班牙	社区管理考察
9	11月23日～12月4日	副市长高敏	5	印度、斯里兰卡、马尔代夫	文化交流
10	12月21～31日	市人大常委会副主任郑玉芳	6	南非、阿根廷、巴西	议会访问

重要来访

【韩国忠清南道保宁市文化研究会代表团访问台州】 2009年2月20日，韩国忠清南道保宁市文化研究会会长任瑾爀一行34人访问台州，探访中国明朝季金将军故里——温岭市松门镇。

季金出身于武将世家，曾任松门卫指挥。明万历二十五年(公元1597年)，季金将军奉钦命率3000名水兵援朝，与朝鲜民族英雄李舜臣共同抵抗倭寇。李舜臣在《难中日记》中记述了与季金等中国援朝将领并肩战斗的经历。保宁市鳌川初等学校校园内至今保存着1598年所建的季金将军功德碑。

保宁文化研究会是专门研究保宁历史文化的民间团体。当天，代表团一行与温岭市外办、松门镇、市文联有关负责人就推进友好交流进行了座谈，并向松门镇赠送了季金将军功德碑复制品。

【波兰驻沪总领事访问台州】 2009年3月15日至17日，波兰驻沪总领事安杰伊·维夏克、经济事务副领事格拉日娜·维夏克访问台州。

副市长叶阿东向安杰伊·维夏克一行介绍了台州的历史、地理和经济发展等情况，希望波兰客人常来台州走走看看，进一步促进双方的合作发展。

安杰伊·维克夏说，虽然是第一次来台州，但已深刻感受到台州的蓬勃发展和台州人民的勤劳善良。

会见中，宾主双方还就加强经贸往来、促进文化交流、开展学生互派、缔结姐妹城市等进行了交流。

【墨西哥驻沪总领事访问台州】 2009年3月24日至25日，墨西哥驻沪总领事米格尔·巴里奥访问台州，就深入开展墨西哥与台州市的友好交往、加强经贸投资领域的双边合作等进行交流。副市长叶阿东会见墨西哥客人。米格尔·巴里奥说，台州的汽车摩托车、能源等许多产业与墨西哥的产业规划具有互补性。台州的民营经济发展迅速，有强烈的寻求海外投资机会的意愿，墨西哥非常愿意成为台州企业扩大贸易、投资海外的战略合作伙伴，成为台州企业进军美洲的门户。

【德国哈瑙市议长访问台州】 2009年10月16日，德国哈瑙市议会议长约根·绍尔曼访问台州。

副市长叶阿东会见客人，双方就进一步加强经济文化交流合作和发展友城关系进行了会谈，表示将在进一步相互了解的基础上签订友好城市协议。

【保加利亚斯维斯托夫市政府考察团访问台州】 2009年11月2日，由市长斯坦尼斯拉夫·彼得罗夫·布拉高夫率领的保加利亚斯维斯托夫市政府考察团访问台州。

副市长叶阿东会见客人，向客人介绍了台州基本情况，并表示，近年来台州工业快速发展，对外交流进一步扩大，港口建设也正在崛起，欢迎四方朋友来台州考察访问，互相交流，共同提高。

斯坦尼斯拉夫·彼得罗夫·布拉高夫表示，他和部分考察团成员已经是第二次来台州，看到台州经济社会发展取得的可喜成就感到十分高兴。布拉高夫还表达了要进一步加深友谊，加强与台州合作与交流的美好意愿。

友好城市交流

【组织友城学生代表团互访】 2009年1月，韩国横城郡中学生友好交流团与临海市外国语学校互相开展结对住家式交流活动。11月16日至21日，日本岩舟町师生16人到天台县进行交流访问，通过住家交流、随班学习、参观座谈，加深了双方的友谊。

【与葡萄牙波尔巴市建立友好交流关系】 2009年6月24日，副市长李跃程访问葡萄牙期间，与波尔巴市签署两市建立友好交流关系协议书。

【与波兰凯尔采市签署建立友好交流关系意向书】 2009年9月2日，市委常委、常务副市长元茂荣访问波兰期间，与该国凯尔采市签署建立友好交流关系意向书。

县(市、区)外事

·路　桥　区·

【主要来访】 2009年，路桥区外办接待的重要客人有波兰驻沪总领事安杰伊·维夏克、墨西哥驻沪总领事米格尔·巴里奥、德国驻沪副总领事卜布、前外交部副部长徐敦信带领的外交部政策咨询委员会学习考察组、2009澳中商务周组委会执行主席西蒙·巴奈特、澳大利亚西澳州政府代表团等。

·临　海　市·

【友好城市交流】 2009年1月，韩国横城郡中学生友好交流团与临海市外国语学校开展学生结对住家式交流活动。3月，由横城郡企划监察室长柳济浩率领的友好访问团访问临海，重点考察了小芝镇生态农牧业建设和邵家渡草莓生产基地。4月2日，大洋街道办事处团委书记祝霄峰赴韩国横城郡进行为期10个月的公务员研修。5月，临海市政府友好访问团访问韩国横城郡。11月，横城郡御使梅艺术团参加2009年临海江南长城节活动，并举办横城郡特产品展示及友好交流活动图片展。

·温　岭　市·

【友好城市交流】 2009年，温岭市与韩国大田广域市西区的友好交流稳步推进，温岭市人大常委会和西区政府实现互访，双方开展了第三期公务员互派交流活动，邀请一批韩国企业来温岭投资考察，温岭市新河中学、大溪中学、温岭市八中分别与韩国木浦大学结成国际姐妹学校。此外，温岭市还组织代表团赴澳大利亚洛根市访问，着力建设经常性交流渠道。

·玉　环　县·

【少儿艺术团出访土耳其】 2009年4月，浙江玉环少儿艺术团出访土耳其，参加第十七届国际卡西亚卡儿童艺术节，取得圆满成功，其中李雨蝶小朋友还作为艺术团演员代表和其他国家演员代表一起，受到土耳其总统的接见。这是玉环县首次组织艺术团出国演出。

·天　台　县·

【主要来访】 2009年，天台县接待的主要外事团组有：澳大利亚等14个国家的19名驻沪领馆官员访问团，日本天台宗座主团，中国驻外使节考察团，日本福井县日中友好协会代表团等。

·三　门　县·

【与德国哈瑙市的交流与合作】 2009年4月，德国哈瑙市卡尔·吕贝恩一级学校师生访问团来三门中学进行友好访问，两校签订友好交流协议书。德国学生学习了中国太极拳、剪纸、国画、核电等课程，中国文化给德国学生留下了深刻印象。10月，哈瑙市议会议长约根·绍尔曼访问台州，表示希望继续推进与三门之间的友好交流与合作。

（王小辉）

丽 水 市

丽水市简称“丽”，辖莲都区、龙泉市（县级）和青田、缙云、遂昌、松阳、云和、庆元、景宁7个县，总面积1.73万平方千米。2009年末全市人口257.4万人。2009年，全市实现地区生产总值542.02亿元；财政总收入65.58亿元，其中地方财政收入37.42亿元。

概 述

【外事工作概况】 2009年，丽水市外事办公室（简称“市外办”）围绕市委、市政府中心工作，配合国家总体外交，主动服务全市的经济建设和社会发展，较好完成了各项工作任务，被评为2009年度全省外事系统先进集体。

工作思路有了新转变。在调查研究、广泛听取意见的基础上，丽水市外办针对丽水外事工作管理和服务不平衡的现状，结合学习实践科学发展观的要求，明确了今后一个时期以管理为基础、以服务为根本，管理与服务并重的工作思路和理念。提出地方外事工作在服从服务国家总体外交战略的前提下，必须在服务中实现自身的科学发展。

严把因公出国（境）管理审核关。根据干部因公出国（境）计划报批及量化管理和市委办、市府办《关于因公出国（境）管理工作的紧急通知》精神，市外办严格把好审核关。3月18日开始，暂停全市自行组团出访任务的审批。全年办理因公出国（境）24批、203人次，其中党政干部148人次。党政干部出访人数比上年下降21%。

配合中心工作取得新成绩。在丽水市筹备和举办中国第十三届国际摄影艺术展览暨2009中国·丽水国际摄影文化节过程中，市外办全力做好国际友城的邀请、联络、接待工作，并安排两位外语专业人员担任两个外宾最多驻地的外事组组长，及时处理涉外事宜和沟通联络工作。同时，对后勤服务人员和志愿者进行了礼宾礼仪知识讲座和涉外知识辅导。8月，外交部在青田县举行“树立海外中国公民文明形象宣传月”启动仪式，市外办会同青田县外办认真细致做好各项筹备工作，外交部领事司为启动仪式的成功举办专门向丽水市政府和青田县政府发来感谢信。做好外国团组、外国驻沪领事等的邀请和接待工作，全年接待的重要外宾和来访团组有：芬兰科沃拉市城市发展部部长西库提，保加利亚索非亚市纳德日达区区长迪莫夫一行，美国西迈阿密市市长塞撒尔·卡拉萨，美国拉美工商会主席朱国明一行，日本驻上海总领事横井裕一行，日本静冈县日中友好协议会理事长柴顺三郎一行，韩国丽水市友好代表团等。

外事为民服务有新突破。2009年8月丽水市外事服务中心（丽水市国际交流中心）在市行政审批中心挂牌。外事服务中心为丽水企业和公民提供包括代办50多个国家的因私签证、40多个国家的领事认证等10多项便捷高效的涉外服务，全年代办因公护照签证8批、22人次，因私签证43批、74人次，领事认证5批、5人次。

探索新的外事工作机制。为进一步健全涉外工作协调机制，加强外事归口管理，整合外事资源优势，提高外事工作“两个服务”能力，2009年11月，建立了丽水市涉外部门联席会议制度，统筹协调全市的外事及涉外工作。同时，利用因公出国（境）渠道，为民营企业“走出去”提供服务。简化审批手续，提高工作效率。对全市民营企业派遣团组和人员因公出国（境）和邀请外国人来华访问审批手续进行调整，由原来的以请示件上报市政府审批改为以表格上报市外办审批，同时将审批程序、各类报表、审批所需材料等在丽水市外办门户网上公布，方便申办单位办理。

加强外事队伍建设。市外办采取以会代训、以工代训、参加上级业务培训、外出考察学习等形式，不断提高外事干部的综合素质。全年组织参加全国、全省、全市各类培训 33 人次，组织外事干部赴湖州、衢州、海南三亚市学习考察涉外服务、管理机制创新以及举办大型涉外活动等方面的经验和做法。市外办选调 1 名外语翻译。

【组织企业家参加外交部与省外办举办的座谈会】 2009 年 7 月 28 日，外交部国外工作局与省外办在杭州举办外交为国内发展服务座谈会。市外办组织凯恩集团有限公司、天喜实业有限公司、新云木业集团有限公司等民营企业负责人与会。

【市委召开外事工作领导小组会议】 2009 年 12 月 25 日，中共丽水市委召开外事工作领导小组会议，听取 2009 年外事工作情况和 2010 年外事工作思路的汇报，审议通过 2010 年丽水市因公出国（境）计划建议方案。领导小组组长陈荣高主持会议并讲话。市委外事工作领导小组成员参加会议。

重要活动

【中国青田稻鱼共生系统试点项目启动暨学术研讨会】 2009 年 2 月 12 日至 13 日在北京召开，研讨会由联合国粮农组织、中国农业部主办，中国科学院地理科学与资源研究所自然与文化遗产研究中心、浙江省青田县人民政府承办，联合国大学协办。联合国粮农组织官员和中国农业部、中国科学院、中国农业科学院的专家出席会议，青田县农业部门和方山乡负责人等 80 多人参加会议。在本次会议上，自然与文化遗产研究中心展示了几年来的研究成果，浙江省青田县、贵州省从江县、云南省红河州、江西省万年县介绍了各地独特的传统农业生产方式，并展示了当地独具特色的农产品。本次会议标志着为期 5 年的“FAO/GEF－GIAHS 动态保护与适应性管理——中国青田稻鱼共生系统试点”项目正式进入实施阶段。

·相关链接·

青田稻鱼共生系统

青田县稻田养鱼已有 1200 多年历史，最早是由农民利用溪水灌溉，溪水中的鱼在稻田里自然生长，经过长期驯化而形成天然稻鱼共生系统。田鱼是淡水鱼的一种，由鲤科鱼类进化而来，有红、黑、花、白、青、粉等颜色，由于自古在稻田中养殖，故俗称"田鱼"。田鱼出自稻田而无泥腥味，肉质细嫩，味道鲜美，深受人们喜爱。

稻田养鱼通过人为控制，建立了一个稻鱼共生、相互依赖、相互促进的生态种养系统，鱼在系统中起到耕田除草、减少病虫害的作用，又可以合理利用水田土地资源、水面资源、生物资源和非生物资源，达到"增粮、增鱼、增肥、增水、节地、节肥、节成本"等多种效果。

2005 年，青田县稻鱼共生系统项目被联合国粮农组织列入全球首批 4 个重要农业文化遗产，青田稻鱼共生系统是亚洲唯一入选项目。

【意大利著名摄影家威拉诺·皮瑞尼作品展】 2009 年 2 月 19 日至 3 月 19 日在中国丽水摄影博物馆展出。这是在丽水市举办个展的首位国外摄影家。展览结束后，威拉诺·皮瑞尼把展出的 58

幅作品捐赠给中国丽水摄影博物馆。

威拉诺·皮瑞尼1953年生于意大利。18岁开始接触摄影，其作品在人物、色彩的运用上非常有特点，层次感特别强，频繁在国际摄影大赛中获奖。

【"透过香港 走向国际"香港专业服务研讨会】 2009年3月24日在丽水举办，研讨会由香港贸易发展局主办，主要交流探讨企业面临国际金融危机的对策，研究如何利用香港的专业服务优势促进企业发展。

副市长蔡小华出席研讨会。

【"树立海外中国公民形象宣传月"浙江(青田)启动仪式】 2009年8月19日，外交部领事司、省外办在侨乡青田举行"树立海外中国公民形象宣传月"浙江(青田)启动仪式。启动仪式由丽水市副市长金建新主持，外交部领事司参赞查立友，国家旅游局监督管理司副司长吴旭，外交部领事保护中心副主任吴键，省外办副主任彭波，丽水市外办主任杨晓宏，中共青田县委常委、常务副县长季力华参加启动仪式，并向与会代表赠送《海外中国公民文明指南》和《中国公民海外安全常识》宣传品。

此次宣传月活动以"海外文明"和"海外安全"为主题，宣传、倡导海外中国公民和企业树立文明形象，增强安全防范意识，提高自我保护能力，自觉遵守中国及所在国法律法规，与当地人民和睦相处，自觉维护中国国家利益和中国人形象，与各国人民共同创造和谐世界。

省内11个市外办和义乌市外办、青田县外办代表、涉外中介代表和群众共100多人参加此次活动。

【国际摄影高端论坛】 2009年9月7日至8日在丽水市举行，此次论坛由中国摄影家协会主办，旨在纪念摄影术诞生170周年。时值中国第十三届国际摄影艺术展览在丽水市评选，来自欧洲职业摄影家联合会、美国传媒摄影学会、英国皇家摄影学会、俄罗斯摄影艺术家联盟、南非摄影学会的7位国际评委，与中国同行围绕"摄影的动机与影像的价值"进行了交流探讨。

【2009中国丽水国际象棋国际公开赛】 2009年9月17日至25日在丽水举行，来自中国、越南、格鲁吉亚、印尼、南非和蒙古六个国家的54名选手参加比赛，其中包括17名国际特级大师。越南选手黎光廉和中国选手章晓雯分别获得男子组和女子组冠军。

【中国第十三届国际摄影艺术展览暨2009中国·丽水国际摄影文化节】 2009年11月28日至12月2日在丽水举行。此次摄影文化节共收到106个国家和地区8400位摄影人投稿7万多幅，来稿量仅次于荷兰的世界新闻摄影比赛。有22个国际知名的摄影节、摄影机构负责人参加，70多位国外摄影家在丽水举办个人作品展，34个国家和地区的173位外国摄影家参加了国际摄影文化节。

【2009中国庆元(国际)竹炭产业发展高峰论坛】 2009年11月30日至12月1日在庆元举行，此次论坛由丽水市人民政府、浙江省林业厅、浙江林学院、南京林业大学联合主办，浙江省竹产业协会竹炭分会和庆元县人民政府共同承办，论坛主题是"加强技术合作交流、促进竹炭产业发展"。中国工程院院士、浙江林学院名誉校长张齐生，国际竹藤组织高级项目官员傅金和出席论坛。国际竹藤组织项目官员，国际竹藤网络中心官员，日本、加拿大、爱尔兰、印度、韩国、德国等国的10名外国专家、学者，国内知名专家、竹业主产区政府领导、竹制品企业负责人、媒体记者等共180多人参加论坛。省林业厅副厅长邢最荣、浙江林学院副校长鲍滨福、中国竹产业协会秘书长程美瑾分别在开幕式上致辞。丽水市副市长金建新主持开幕式。

论坛期间，中国工程院院士张齐生作题为《生物质材料的新利用技术与途径》的主题报告。国际竹藤组织高级项目官员傅金和、日本京都大学生存圈研究所研究员张敏等专家学者和企业界代表分别作技术报告和交流。

庆元是浙南重要的毛竹用材林基地县,拥有竹林面积2.67万公顷。近年来全县竹产业发展迅速,竹炭产业发展越来越快,培育了一批具有较强竞争力的竹炭生产企业群。

重要来访

【芬兰科沃拉市城市发展部部长访问丽水】 2009年1月19日,芬兰科沃拉市城市发展部部长西库提访问丽水,与市外办就两市开展文化、经贸等方面的交流与合作进行了交流。

【保加利亚索非亚市纳德日达区政府代表团访问丽水】 2009年4月24日,保加利亚索非亚市纳德日达区区长迪莫夫一行8人访问丽水市。市长卢子跃会见迪莫夫一行。副市长梁细弟,市外办、市教育局、丽水经济开发区管委会等单位负责人参加会见。

在丽期间,代表团一行参观了市机关第二幼儿园、纳爱斯集团和丽水经济开发区。

代表团还访问了青田县,与青田县政府举行了友好会谈。

【国际商品共同基金“有机茶生产、发展和贸易”项目考察团访问丽水】 2009年5月5日至6日,国际商品共同基金、联合国粮农组织、国际有机农业运动联合会、中国农科院茶叶研究所共同组织的“有机茶生产、发展和贸易”项目考察团一行7人到丽水市莲都区考察有机茶生产基地建设情况。考察团成员包括荷兰国际商品共同基金、意大利联合国粮农组织、德国国际有机农业运动联合会的官员。

考察期间,双方就进一步做好有机茶生产和发展工作进行了交流,并参观了大姆山有机茶基地、丽水梅峰茶叶有限公司的有机茶加工厂。

2007年,联合国粮农组织在中国建立4个有机茶生产示范基地,莲都区大姆山有机茶基地以其优越的生态环境和先进的病虫害防治技术成功入选。

【美国西迈阿密市市长访问丽水】 2009年10月17日至18日,美国西迈阿密市市长塞撒尔·卡拉萨、美国拉美工商会主席朱国明一行3人访问丽水。市委常委、常务副市长沈仁康会见卡拉萨一行。市长卢子跃宴请卡拉萨一行。

在丽期间,卡拉萨一行参观了安特仪表集团、中国石雕城、艾莱依集团、中国丽水摄影博物馆、处州公园等。

【日本静冈县日中友好协议会理事长访问丽水】 2009年11月14日,日本静冈县日中友好协议会理事长柴顺三郎一行3人访问丽水。副市长梁细弟会见代表团一行。省友协专职副会长虞希华、市外办、市经贸委相关负责人陪同会见。

在丽期间,柴顺三郎一行参观了缙云仙都风景区、中国丽水摄影博物馆、花园中学和中国石雕城。

【南美洲和非洲国家土地利用与管理高级研修班学员访问丽水】 2009年12月3日至4日,来自赤道几内亚、阿根廷、玻利维亚、智利、委内瑞拉、墨西哥、哥伦比亚、乌拉圭等8个国家的南美洲和非洲国家土地利用与管理高级研修班的20位学员到松阳、遂昌,考察旧村改造和土地整理项目。

友好城市交流

【日本三岛市青少年代表团访问丽水】 2009年3月24日至27日,日本三岛市中学生友好交流团一行7人到丽水市进行交流访问。副市长蔡小华会见交流团一行。

在丽期间,交流团与莲都区花园中学学生开展了丰富多彩的学习、文艺、体育等方面的交流,同时入住中国学生家庭,体验中国家庭生活。

【韩国丽水市友好代表团访问丽

水】 2009年11月28日至12月2日，以韩国丽水市观光文化水产局局长宋仁钟为团长的韩国丽水市友好代表团一行4人访问丽水市，参加中国第十三届国际摄影艺术展览暨2009中国·丽水国际摄影文化节。29日下午，市政府副秘书长徐国强会见代表团一行。

在丽期间，代表团一行还赴莲都、龙泉、缙云进行参观访问。

县（市、区）外事

·龙　泉　市·

【外事工作概况】 2009年，龙泉市外办接待重要外宾9批、188人次，办理因公出国（境）团组4批、42人次，邀请外商5批、8人次。继续巩固与韩国康津郡的友好关系，两市郡在教育、瓷业、文化等方面的交流进一步加深。

【主要出访】 2009年2月21日至26日，应日本立命馆大学的邀请，常务副市长季柏林率团赴日本参加第二届和谐社会综合示范区建设中日合作研讨会。

【主要礼宾接待】 2009年6月15日至16日，由日本立命馆大学可持续发展学研究中心主任周玮生、日本极东技工咨询公司常务副总经理滨田宗治、日本太比雅集团研究所副所长胡俊杰等组成的日本产学研环境访问团到龙泉考察塔石金岗工业园区工业污水处理工程、安仁镇农村分散型污水处理项目。双方就龙泉市农村分散型污水处理、构建分布式污水处理示范区、农业观光、竹林综合利用、幸福指数调查等项目进行了探讨和交流，并计划在环境保护项目上开展合作。

7月15日至17日，美国旧金山市原副市长李摩西一行3人访问龙泉，就美国IBM与龙泉市纳米技术及环保科技项目的实施进行考察，就灵芝综合开发进行初步协商。

10月22日至23日，日本驻上海总领事横井裕、日本政府小额援助项目负责人佐佐木明彦，在省友协专职副会长虞希华、丽水市外办主任杨晓宏等陪同下访问龙泉。龙泉市市长梁忆南会见横井裕一行。

在龙泉期间，横井裕一行考察了日本利民工程小额援助项目——安仁镇分散型污水处理工程，参观了青瓷宝剑苑和浙江天工食品公司。

11月15日至17日，来自美国、英国、法国、澳大利亚、加拿大、意大利等国家的国际陶艺家一行12人到龙泉考察，进行青瓷文化交流。

【友好城市往来】 2009年1月14日至21日，韩国康津郡女子高中教育交流访问团一行30人首次访问龙泉，与龙泉中学生开展交流活动。

8月6日至12日，龙泉一中第二届学生访问团一行31人赴韩国康津郡访问交流。

8月6日至17日，龙泉青瓷大师陈华一行3人赴韩国参加康津郡第十四届青瓷文化节并开展学术交流活动。

12月18日至20日，韩国康津郡副郡守高大锡率访问团一行7人访问龙泉，参加龙泉置县1250周年庆典大会、龙泉青瓷传统烧制技艺入选“人类非遗”庆祝大会、第四届中国龙泉青瓷·龙泉宝剑节。在龙泉期间，访问团一行参观了龙泉青瓷博物馆、龙泉宝剑厂、青瓷宝剑苑、龙泉一中、龙泉市中等职业学校等。

【重要活动】 2009年12月18日至20日，龙泉置县1250周年庆典大会、龙泉青瓷传统烧制技艺入选“人类非遗”庆祝大会、第四届中国龙泉青瓷·龙泉宝剑节在龙泉举行。来自美国、德国、韩国、日本等8个国家的22名外宾参加了节庆活动。

龙泉的剑瓷文化源远流长，龙泉宝剑是名闻中外的民间艺术品，已有2600多年历史。龙泉青瓷传统烧制技艺于2009年9月30日被联合国教科文组织正式批准列入人类非物质文化遗产代表作名录，是全球第一也是唯一入选的陶瓷类项目。

（余红慧）

义　乌　市

（县级市）

义乌市简称“义”，总面积1105平方千米，2009年末户籍人口73.02万。2009年，全市实现地区生产总值519.5亿元；财政一般预算收入70.8亿元，其中地方财政一般预算收入38.6亿元。

【外事工作概况】 2009年，义乌市办理因公出国（境）团组53批、195人次，出访30个国家和地区。办理义乌企业邀请外商来华手续505批、505人次，代办企业因私出国（境）签证186批、326人次。接待乌干达副总统等外国政府代表团、外交使节等205批、1089人次。作为中意政府委员会（简称“中意委”）的地方成员，承接在义乌召开的中意委中方秘书处第10次会议。外事审批权改革试点进展顺利。

外事为发展地方经济服务。利用义博会、文博会、旅博会、森博会、侨商大会等平台做深做细对外交往工作。义乌市外事与侨务办公室（简称“市外侨办”）主动走访外国驻上海总领事馆，邀请驻华使节、总领事及领事馆代表等重要外宾207人访问义乌。文博会期间，市外侨办主办了“国际文化交流区”，来自8个国家和地区的驻华使领馆、国际友好交流城市和机构协会等14个机构参展。韩国传统民间艺术表演团的演出和中国外交部的精品邮票展，丰富了文博会内容，提升了文博会的国际化程度。

国际友好交流城市缔结工作有序开展。2009年是友好交流城市拓展年，市外侨办加强与国外小商品批发集中或华人华侨聚集的城市或所在区的官方友好交流关系，深化与韩国首尔中区、美国费城、日本大阪、西班牙马德里大区莱加内斯市、西班牙巴塞罗那达罗那市、英国伦敦市西敏区、澳大利亚宝活市和牙买加蒙特哥贝市的合作。

外事工作领导小组作用进一步加强。每季度组织召开市外事工作领导小组办公室联席会议。加强各职能部门之间的协调，提高了应急处理和涉外案（事）件处理的统筹时效性。全年牵头和协助处理121起涉外、侨务案件。建立外事信息库，及时掌握全市外事动态。

【龚希明获“日本福井县友好大使”称号】 2009年3月5日，日本福井县举办一年一度的“日本福井县友好大使”授牌仪式，义乌市外侨办新闻文化科副科长龚希明被授予“日本福井县友好大使”称号，成为本年度3名“福井县友好大使”之一。

福井县每年都要在福井的外国人中选定若干名代表，在他们回国前任命为“友好大使”。龚希明于2008年4月由日本驻华使馆和中国外交部选中赴日本担任国际交流员。在日期间，龚希明在做好常规工作的同时，每周上福井县电视台做节目，向当地民众介绍义乌的历史文化和发展情况等，使越来越多的日本友人知道义乌、了解义乌。龚希明还积极参加当地的各类活动。在福井县外国人日语演讲大赛中，她以义乌为题，结合在日本的工作经历，向福井县民众宣传介绍家乡的新貌，获得演讲大赛第二名。

3月6日，福井县厅再委任龚希明为“中国支部部长”。

【中意委中方秘书处第10次会议】 2009年3月12日至13日在义乌举行，由外交部欧洲司牵头召集。意大利驻华大使馆公使戴世达、外交部欧洲司副司长刘海星、国家相关部委和部分地方城市外办、义乌市相关部门领导共32家单位39人参加会议。义乌市人大常委会主任童香娣、市委副书记陈秀仙分别宴请来宾，副市长傅春明出席中意委中方秘书处会议暨与义乌市交流会，副市长李旭航全程陪同与会来宾。

此次会议总结了2008年中意委中方各主管领域对意合作情况，提出2009年工作计划及建议。

【义乌市外事工作领导小组办公室扩大会议】 2009年3月17日、6月23日、11月20日，义乌市外事工作领导小组办公室分别召开一季度、二季度、三季度办公室主任、副主任单位联席扩大会议。市外事工作领导小组办公室主任、副主任及各主任单位外事信息联络员参加会议，法院、工商局、教育局、人事与劳动局、建设局、国税局、地税局、外汇管理局、出入境检验检疫局、金华海关义乌办事处和商城集团等单位分管领导参加会议。会议就涉外经济纠纷调处、涉外案(事)件处理、涉外事务管理、建立义乌市涉外主体监管机制、义乌市荣誉市民评选等问题进行了讨论。

【义乌市外国人服务和管理工作组访问阿联酋】 2009年3月21日至26日，由市外侨办、市外经贸局、市公安局、市民政局、市民宗局、365便民服务中心人员组成的义乌市外国人服务和管理工作组赴阿联酋沙迦和迪拜考察。

工作组与沙迦市市长萨拉·塔赫·阿里·哈耶、中国驻迪拜总领事高有祯和迪拜市政府有关官员进行了会谈，了解沙迦和迪拜在外国人管理与服务、市政服务等方面的经验和做法，双方进行了广泛深入的交流。工作组还实地考察了当地政府客户服务中心、工商会、劳工部、移民局等部门以及义博会迪拜展的筹备情况。

【义乌市代表团访问美国、日本和香港】 2009年3月29日至4月9日，金华市委副书记、义乌市委书记吴蔚荣率团访问美国、日本和香港特别行政区，主要就城市(区)合作、知识产权保护等进行友好交流。

在美国，代表团一行与美国国务院专利商标局、美国海关和边境保护局、美国司法部和美国商务部等部门的官员和律师就知识产权保护工作进行了深入交流。

在日本，代表团一行受到日本参议院、东京台东区、神户市和大阪市政府的热情接待。

出访期间，吴蔚荣一行分别与中国驻纽约总领事彭克玉、中国驻美国大使馆公使刘光源、中国驻芝加哥总领事黄屏、中国驻大阪总领事郑祥林等进行了会谈。代表团还深入了解了美国和日本的商业环境，实地考察当地批发中心，并与当地侨领座谈。

【在义外国人农家休闲游】 2009年4月21日，市外侨办与市农业和农村工作办公室、赤岸镇政府联合举办“在义外国人农家休闲游”活动。来自12个国家的15位在义外国人参加此次活动，义乌的青山绿水和当地百姓的热情好客给他们留下了深刻印象。

【中阿合作论坛开展“义乌站”活动】 2009年4月22日，在杭州参加中阿合作论坛第三届企业家大会暨投资研讨会的120多位官员、企业家等，来义开展“义乌站”活动，共同探讨国际金融危机下的中阿双边贸易与投资合作之路，特别是扩大义乌小商品在阿拉伯地区销售的问题。市委书记吴蔚荣会见并宴请来宾，副市长吴森民参加会见和宴请。

叙利亚国务部长侯赛因·法扎特、阿拉伯国家经济一体化委员会秘书长贾瓦利、毛里塔尼亚投资促进委员会主席巴·阿卜杜勒及叙利亚投资局主席艾哈迈德·阿卜杜拉·阿齐兹、阿尔及利亚驻华大使贾马尔·艾丁·格林等参加活动。

【“连线义乌”峰会】 2009年4月24日在义乌举行，由省政府新闻办、省外办、中阿友好协会、义乌市人民政府等共同主办。埃及、卡塔尔、也门、肯尼亚四国大使，以及沙特阿拉伯、突尼斯、苏丹等国驻华使节，科威特、黎巴嫩、摩洛哥等国家的15家阿拉伯主流媒体共21名记者，省相关部门负责人，义乌市领导及企业代表约200人出席峰会。

【非公有制企业因公出国人员试点工作启动】 2009年4月，义乌市外侨办会同市委组织部开展非公有制企业因公出国(境)人员审查改革试点工作。相关人员走访了一批建立了党组织、有良好出国记录、经济实力强的重点出口创汇企业，拟将其列为直报企业。

【日本参议院总务委员长访问义乌】 2009年5月4日，日本参议院总务委员长内藤正光一行3人访问义乌市。市委书记吴蔚荣陪同客人参观了国际商贸城进口商品馆，并宴请访问团一行。

【卢旺达驻华大使访问义乌】 2009年6月8日至10日，卢旺达驻华大使本·鲁甘加齐和第一参赞丹尼斯访问义乌。市政协副主席杨桂芳会见并宴请鲁甘加齐一行。

在义期间，鲁甘加齐一行参观了义乌国际商贸城、农贸城和部分企业，并与义乌市部分进口商代表进行了座谈。

【以色列驻沪总领事访问义乌】 2009年6月9日，以色列驻沪总领事艾雅克一行访问义乌。副市长王奎明会见并宴请艾雅克一行。市外侨办副主任李志强陪同艾雅克一行参观了国际商贸城和进口商品馆。

【市外侨办举办外事摄影讲座】 2009年6月11日，市外侨办举办外事摄影讲座，邀请省外办新闻文化处处长苗军，就外事摄影的意义和特点、成功作品的基本要素、正确掌握摄影技巧以及摄影中常见问题和解决办法等进行了详细讲解。全市各机关单位外事联络员以及摄影摄像、新闻媒体工作人员参加讲座。

【密克罗尼西亚前副总统访问义乌】 2009年6月25日至27日，密克罗尼西亚联邦前副总统基里昂一行9人访问义乌市。副市长李旭航宴请基里昂一行。基里昂一行参观了国际商贸城、副食品市场、物资市场和晨云实业。

【韩国女孩在义乌考上清华大学】 2009年6月，义乌二中高三文科班学生、韩国女孩姜有娜被清华大学外语学院提前录取。姜有娜13岁跟随经商的父母来到义乌，先在义乌实验小学上五年级，后到绣湖中学读初中，又到义乌二中读高中。她很快就和中国孩子交上了朋友，汉语学得特别快。2009年5月，姜有娜参加了中国大学面向国际学生的“留学生高考”，报考清华大学外语学院英语专业，并以优异的成绩被提前录取。

【泰国农贸代表团访问义乌】 2009年7月2日，以泰国驻上海代总领事蔡胜利为团长的泰国农贸代表团一行30人访问义乌，副市长傅春明会见代表团一行。

代表团此次访问义乌，旨在实地了解义乌市场情况，以进一步探讨加快泰国农产品通过义乌市场平台进入中国市场的可能性，深化两地交流与合作。

【博茨瓦纳哈博罗内市市长访问义乌】 2009年7月31日至8月1日，博茨瓦纳首都哈博罗内市市长莫泰一行3人访问义乌。市长何美华会见并宴请莫泰一行。

莫泰一行参观了国际商贸城、双童日用品有限公司和浙江义乌梦娜针织袜业有限公司。

【尼日利亚奥贡州州长访问义乌】 2009年9月8日，尼日利亚奥贡州州长奥通巴·葛邦加·丹尼尔一行13人访问义乌。副市长王奎明会见并宴请丹尼尔一行，双方就义乌与尼日利亚的经贸合作和两地市场的发展等问题进行了磋商。

访义期间，丹尼尔一行参观了国际商贸城、浙江梦娜针织袜业有限公司和浙江新光饰品有限公司。

【义乌市政府代表团访问密克罗尼西亚、美国】 2009年9月13日至22日，以市委常委、组织部长缪永法为团长的义乌市政府代表团访问密克罗尼西亚和美国。

在密克罗尼西亚，代表团先后与密克外交部副部长、波纳佩州州长、财政与行政部部长、中国驻密克新任大使座谈，并参加了中密建交20周年庆祝活动。

在美国，代表团一行先后与芝加哥伊利诺大学和伊利诺理工大学就公务员短期培训项目合作进行洽谈，并与中国驻芝加哥总领事黄屏等就加强义乌与芝加哥的交流与合作进行了深入探讨。代表团与纽约布鲁克林区区长及该区美中事务部主任进行了座谈，交流公务员继续教育与培训方面的经验和做法。

【义乌与西班牙巴塞罗那市签署经济合作备忘录】 2009年10月22日，义乌市与巴塞罗那市在义乌大酒店签署经济合作备忘录。

巴塞罗那是西班牙第二大城市，义乌与巴塞罗那的民间商业往来十分密切，巴塞罗那小商品批发中心80%的小商品从义乌市进口，义乌市艳妆化妆品公司等企业在巴塞罗那设立了办事处。

【义乌与西班牙雷嘎纳斯市建立友好交流关系】 2009年10月23日，义乌市与西班牙雷嘎纳斯市签署友好交流意向书。市委常委、副市长米斌代表市长何美华，与雷嘎纳斯市市长拉法尔·巩蒙斯·孟大亚交换《中华人民共和国义乌市和西班牙王国雷嘎纳斯市友好交流意向书》文本。

【义乌市代表团出访俄罗斯、芬兰和瑞典】 2009年11月15日至26日，市长何美华率义乌市代表团出访俄罗斯、芬兰、瑞典。

出访期间，何美华一行会见了俄罗斯原驻华大使罗高寿、俄中友好协会第一副主席库利科娃、莫斯科市政府官员、列宁格勒州州长，芬兰拉彭兰塔市市长，瑞典哥德堡市副市长等；在俄罗斯和瑞典举办了专场座谈会，考察了有关国家和地区发展商贸流通业、市场开发、高新技术产业、城市规划建设和文化、旅游等方面的情况。

【义乌市代表团出访匈牙利、西班牙】 2009年11月16日至25日，市委常委、统战部长赵国荣率义乌市代表团出访匈牙利、西班牙，就古镇保护利用开发进行考察和交流。

代表团一行与匈牙利布达佩斯市第十一区区长、西班牙雷嘎纳斯市市长和巴塞罗那市副市长进行了会谈，双方就经贸、旅游合作等方面内容进行了交流；拜访匈牙利文化遗产保护局和巴塞罗那市旅游局，双方就城市建设、古迹保护和旅游开发等进行了探讨交流。代表团实地考察了当地的文化中心、博物馆、老城区和古建筑。

此外，代表团与中国驻匈牙利大使馆、驻巴塞罗那总领事馆以及西班牙侨商进行了交流，考察了当地小商品批发中心，宣传推介义乌主要展会。

【乌干达副总统访问义乌】 2009年11月26日至27日，乌干达副总统吉尔伯特·巴里巴塞卡·布凯尼亚一行7人在外交部大使仇伯华、省外办副主任顾建新等陪同下访问义乌。

市委书记黄志平会见并宴请布凯尼亚一行；市长何美华陪同凯尼亚一行参观了浙江贝克曼服饰有限公司和浙江博尼服饰有限公司。市委常委、副市长米斌出席会见和宴请并全程陪同凯尼亚一行在义的活动。

访义期间，凯尼亚一行还参观了国际商贸城、义乌家具市场、义乌东方缝纫设备有限公司和义乌市华昕工艺品有限公司。

【意大利米兰市副议长访问义乌】 2009年11月27日至29日，意大利米兰市副议长斯特法诺·迪·马蒂诺一行4人访问义乌。

市长何美华会见并宴请代表团一行，双方就进一步加强经济、文化等领域的交流与合作进行了会谈。

马蒂诺已是第四次访问义乌，他表示对义乌非常热爱，希望能在义乌建立融产品设计、研发、展示和销售于一体的意大利产品中心。

（张晓娜）

外国人看浙江

Zhejiang in Foreigners' Eyes

我舍不得离开杭州了

日本静冈县　金指广海

2008年4月底到2009年3月，我在杭州研修。对我们外国人来说，杭州是个陌生的城市，因为杭州的生活跟故乡的完全不一样，虽然杭州很有魅力，但有时候也会带给我困惑。

不过，我来到杭州后，很快就爱上她了。一看到4月份的杭州，我就着了迷。阳光灿烂，绿叶耀眼，花香四溢……我非常喜欢散步，有空就去外面，或者逛一逛热闹的大街，或者在西湖边散散步，或者跟朋友去爬山。

外出时，我一般坐公交车，很少坐出租车。虽然出租车很方便，省时间省事，但是我认为坐公交车可以给我带来新知识。首先看地图查路线，然后找车站，上了车就欣赏车窗外的风景，哪里有美丽的景色、好玩的商店，下次一定要去那里。坐公交车，然后步行至目的地，这样便能熟悉杭州的地理情况、街道的名字、什么街处于哪个地方。有的时候，错过该下的车站也是个教训，以后再也不会犯同样的错误。

为了掌握汉语，认真听课当然是最重要最基本的方法。我有一个朋友会说几种语言，他对我说，把在教室里学到的词语，在实际的生活里听见十次，自己在实践中用十次，然后才能算是自己掌握的词汇。书上学习的内容很容易忘掉，可我们不会忘记从实践中学到的东西。所以，我总是找机会尽量使用汉语。比如说，去买东西，故意问老板一些问题，比如这种蔬菜叫什么，产地是哪儿？这件衣服是最时髦的吗？最近你生意怎么样？你感觉到金融危机的影响了吗？杭州人都爱聊天，很和气，商店老板或者售货员只要有时间，就会回答我的问题。

回家后，一边看电视，一边查词典，学习新词语。新闻节目告诉我最新的社会新闻和流行用语，电视剧教我日常生活语言。中国有许多电视频道，播放各种各样的节目，对于学习中文有益。而且大部分的节目都有字幕，一看就知道大致的意思。我原来不大看电视，不过在中国，电视就是我的老师，每天非看不可。

去看电影也长了很多见识。我发现中国电影院的特点：每个电影院的票价有很大差别，电影院里也可以随便接电话等。除了电影内容以外，我喜欢看观众的表情，他们怎么反应，我就可以推测他们的想法和感觉。我看过《梅兰芳》、《叶问》等几部电影，印象最深刻的是《非诚勿扰》。这部电影里有在杭州拍摄的部分。银幕上的西溪湿地、茶馆都非常漂亮，很有情趣。另外，影片后半部分是在日本北海道拍摄的。听说，这部电影放映之后，很多中国人想去北海道旅游了，作为一个日本人我很高兴。

我在杭州还参加了茶艺讲座，学习中国茶。浙江省和静冈县都是茶叶之乡。从绿茶产量来看，浙江省居中国首位，静冈县居日本首位。茶业是两省县的共同点，所以我以为学习中国茶是更好地了解浙江省的方法之一。

中国茶的种类很多，可以分成六大类。每一类茶的味道、香味、外形、颜色、做法等都不一样，各有最合适的泡法，茶具、开水的温度、开水和茶叶的比例、泡或者煮的时间等等都不一样。因为中国国土辽阔，茶叶产地非常多，所以即使一个种类里也有各种各样的茶叶。我对中国茶很感兴趣。

日本茶大部分是绿茶，种类比中国茶少。中国有茶艺，日本有茶道。茶叶的种类，喝茶的方法、习惯等，中国茶和日本茶有很多差异。可是我认为目的是相同的，那就是：向客人提供茶水，表达欢迎之意，让客人舒服，跟客人一起过得开心。虽然泡一杯茶不需要费很大力气、花很多金钱和时间，但是能做出不错的效果。

听老师讲课，学习新知识，我觉得挺有意思。不过，实地练习泡茶更好玩。首先老师给我们表演，动作优雅得不得了！茶艺技术看起来比较容易，做起来才知道并不容易掌握。我泡茶的样子根本不漂亮，动不动就弄错，有时候掉茶具。考初级茶艺师的时候，除了笔试以外，还有技术考试，我紧张得发抖。考试成绩不太好，不过考上了，所以今后我打算反复练习，熟能生巧嘛。

杭州到处是茶叶专卖店和茶馆，特别是茶馆，我没想到有那么多。杭州人喜欢在茶馆里悠闲地品茶，跟朋友聊天。日本没有茶馆，茶馆是中国特色的茶文化之一，有地方可以随便品尝茶水，我非常羡慕这样。我一定要坚持学习中国茶，希望有机会参加这方面的交流。

在浙江研修的这11个月，为了满足好奇心，我积极行动，大开眼界。我感受到了杭州的四季和节日氛围。西湖边什么时候都美丽，夏天有荷花，秋天有桂花，春天有玉兰等。我吃过清明节的艾草青团、端午节的粽子、中秋节的月饼以及腊八粥、元宵。春节放鞭炮，元宵节看月亮和孔明灯，我很喜欢中国热闹的节日。

我也有机会亲眼看看其他城市：5月去过刚刚开通的杭州湾跨海大桥，8月去上海看奥运会的足球比赛，9月去海宁看大潮。参加省内研修旅游的时候，我们访问了绍兴、宁波、普陀山等，收获颇多。每个城市的样子、气氛、文化、发展情况等都不一样，各有各的魅力。浙江省具有多种多样的特点，我越来越爱浙江省，舍不得离开杭州了。我一定会再来，那时希望会发现更多的浙江省的魅力。

（作者为日本来浙江研修生，本刊有删节，标题为编者所加）

浙江是连接我和中国的“红娘”

日本福井县　八木幸代

我高中毕业后就到中国留学，在大连生活一年半后再到云南读了四年书，然后来到杭州，掐指算算总共六年了。现在回头想，把我和中国连在一起的“红娘”可能就是浙江省。初中毕业时，我第一次踏上中国大陆。当时访问了北京，亲眼看到了刚刚开始发展的国家的力量，一下子把我吸引住了。上了高中以后我开始学习汉语，当时找的老师是浙江人。上高中二年级的时候我参加了福井县和浙江省合办的国际交流活动。我在杭州留学半个月，跟杭州的中学生用英语和简单的汉语进行交流，还住在老百姓的家里。在浙江的这些亲身体验成了我十分宝贵的经历，就是这些经历让我决定到中国留学。

来浙江省之前我在昆明读大学本科，放假时去民族地区研究扎染、蓝染等民族染色技术，找少数民族的民间艺人跟她们学习民族纺织技术等。那边的生活节奏比较慢，而且很简单，所以我来杭州以后一时适应不过来。首先是饮食习惯。云南人爱吃辣的，浙江人喜欢吃清淡的。我感觉浙江的菜更适合日本人的口味。还有我发现浙江的豆制食品特别丰富，有我爱吃的烤麸。还发现在杭州冬天也能买到茭白，这种蔬菜在云南只有在5月份到8月份才有。我感觉浙江的农业技术很发达。还有在杭州能买得到新疆维吾尔自治区那边的人爱吃的盘菜和牛蒡等很少见的蔬菜。我感觉浙江的物流相当好。再次是气候。浙江的气候四季明显，一年到头都很潮湿，这种气候我觉得很像福井县的气候。还有语言，基本上人们都说普通话，但是不知道为什么很多人以为我是当地人，出去时很多人跟我说浙江话，把我拖到糨糊里去了。

我对织染技术很感兴趣，我来浙江的目的就是研究这边的织染。不过平时在杭州不怎么看得到这样的东西。有一次日本过来出差的一位男士要来杭州玩，我就当他的导游，去乌镇一天游，没想到乌镇就是浙江特色印花染布的产地，它的图案丰富多彩，令人眼花缭乱。还有蚕丝被的加工厂也特有意思。日本没有蚕丝被，没想到蚕丝还可以做被子呀！我实在佩服中国人的创意和灵巧的手艺。

我来中国留学的主要原因跟我的父亲有关。他每个月都去中国的工厂维修冲压机等大型机械，还在跟朋友合资经营的人才公司里做面试官工作。我是一边吃大白兔奶糖，一边听我父亲讲在中国经历的故事长大的。有一次，他为了找中国技术研修生来杭州，结果他对浙江省的技术研修生非常满意，希望长期合作。浙江人把我的父亲都吸引住了。

那么，我的大学生活怎么样呢？原来我来杭州的目的是去美术学院学习国画，不过很可惜没能实现这个心愿。我又想重新学习一下汉语，所以选择在浙江大学学习汉语。果然是全国著名大学，老师的水平、上课内容都很不错。最吸引我的是浙江大学的国际性。我在其他地方学习的时候由于种种原因没有多少外国朋友，但这里不一样。我的朋友们有时候听不懂我说话，我得说英语或者用词典给他们解释。不过这样也可以提高我的语言能力。有时候我还跟着他们学习他们国家的语言。有一次我一个人在外面吃饭，遇到一个才15岁的华侨男生，我们就一起吃饭，后来他要埋单。我觉得他年纪小，而且都是学生，可以AA制。不过他硬是要出钱。后来我听其他日本朋友说，按照中国的习惯，出去吃饭的时候女的不用出钱。我觉得这样不公平，而且那么小的男孩请女生的话感觉太奢侈了，可以学习一下男女都公平的交往方式。如果我在学校里可以做饭的话，我会请他们过来吃饭，不过很可惜没有这个机会，这是我在浙江感觉最遗憾的事。

（作者为日本来浙江研修生，本刊有删节，标题为编者所加）

我不会忘记在浙江进修的日子

日本栃木县　若井田久美子

2007年12月，我参加了“栃木次世代人才抚育事业”进修，那次进修访问地点就是杭州，从那以后我就喜欢上了杭州。因为杭州有西湖和很多美丽的地方，还有像六和塔、灵隐寺等历史建筑物。这些地方很有趣。印象特别深刻的事情是在杭州认识的日语学校学生们，他们努力学习日语和日本文化而且很了解日本历史。当我在这儿感到不习惯、觉得不方便的时候，他们都很热情地帮助我。这是我想来杭州的一个重大原因。同时那时我不知道中国的语言、习惯和历史。回国以后我开始学习汉语，但是一边工作一边学习很难。因此我想有机会就再来浙江学习汉语和中国文化。因为枥木和浙江两省县是友好城市，浙江的人们来枥木的时候我想用汉语帮助他们。

2008年9月，我的梦想成真了，我又来杭州了，在浙江大学学习汉语到2009年2月。日本和中国的习惯不一样，刚到浙江大学的时候，我有点不知所措。过了一个多月，就越来越习惯了。天天要上课，做作业、预习、复习变成日常生活的一部分，使我想起学生时代，感觉自己变得更年轻了。

在学习方面我喜欢口语课。这对我来说是不拿手的课，但是我可以确认老师有没有听懂我说的，所以上课很开心。口语老师很活泼而且很亲切，她经常问我们“最近怎么样”，“那件衣服很可爱”等等。上课时，老师让我们进行口语比赛，输的人要在大家面前做自我介绍，然后同学们给那人提很多问题。我输过一次，那时我很害羞，不过这样能让大家了解我，我也了解了别的同学，我们的关系更密切了。

有一次我学了“在银行”的课。我们先念生词，再对话，然后造句，最后和邻桌做一个对话，并在同学们面前表演。当然不能看书本。那时我很紧张，可是这些对话很有用。这节课以后，我去银行时就用汉语办一些比较简单的手续。我的口语水平不高，语法常常错，说话时常常边说边用手比划，但是老师和同学懂了我说的意思，我非常高兴。有一天下课时，我问老师：“上课时我说的汉语您能听懂吗?”她说：“我当然听得懂。”老师的话对我是很好的鼓励，我有自信了。

我对浙江传统的戏剧越剧感兴趣。我参观过一个越剧的排练场，音乐和台词很好听，动作也很优雅，还有学员们努力向着自己的目标前进的样子让我很感动。我以她们为榜样：她们都很有魅力，她们对人真诚，长得漂亮，声音也好听。

去年10月，我跟朋友一起去黄龙洞欣赏越剧。剧场里有很多老人，没有年轻人。越剧是浙江的传统艺术，可是我觉得青年人不太喜欢看。故事中男女的浪漫离当代年轻人的生活太远，而且节奏太慢，所以不容易被年轻人接受。演员服装的制作材料是丝绸，杭州的特产，非常漂亮，我想买一套带回国去。演出开始了，我们一点也听不懂演员在唱什么，只是觉得唱腔优美。

我印象最深刻的一件事情是我的生日晚会。这是期末考试两天以前的1月6日。这是我在中国过生日，我提前几天订计划了。生日当天下午，我去理发店吹头发。我的好朋友陪我，她在我和美容师之间当翻译，我做了想要的发型。我在学生食堂买了生日蛋糕，然后大家一起去了附近的一家饭店，举行生日晚会。很多人参加了我的生日晚会：中国的朋友们，同学们，交流员们，一共14个人。他们有的暂停了考试准备，有的是下班以后赶过来的。我很高兴，心中充满了感谢之情。我们一边吃饭一边聊天，喝酒还玩游戏，时间很快就过去了。我在杭州的收获是交了这么多的好朋友。对我来说他们是最重要的人。以后我想跟他们一直保持联系，互相交流。

这次进修期间，我遇到了很多事情，有些让我高兴，有些让我遗憾，可是这些都是宝贵的体验，我不会忘记的。今后我会更加努力地学习汉语，促进枥木县和浙江省友好关系的发展。非常感谢帮助过我的浙江省及枥木县的各位，浙江大学国际教育学院的老师，所有的朋友们，还有我的家人。感谢他们给了我这样的好机会。

（作者为日本来浙江研修生，本刊有删节，标题为编者所加）

我开始了解和欣赏浙江

〔美〕柯蒂斯·罗伊·埃文斯

我第一次知道浙江省，是在高中时读到第二次世界大战历史的时候。在第二次世界大战期间，中国的大部分地区都遭到了日本帝国军队的蹂躏。我记得曾读到，1942年4月，大多数美国飞行员在对日本的城市进行了轰炸(作为空袭东京的一部分)后都紧急迫降或跳伞在浙江省境内，日本军队对那些曾给予飞行员帮助的浙江人民进行了野蛮的报复，在浙赣两省进行了长达数月的大屠杀，致使25万平民丧生。我依然记得当时我被这个数据所震惊。在大学期间，我阅读了来自绍兴的著名作家鲁迅的一些作品，并且了解了中国的南宋，其国都就在杭州。我对自己承诺：我以后一定要到访浙江的这两个城市。

1999年，我终于来到了浙江省。时间给杭州带来的变化是多么巨大，除了沿沪杭铁路仍然可见一些老的混凝土堡垒，已经没有什么有形的东西来提醒人们在1930到1940年代这里曾发生过重大的战争。绍兴则仍然保留着鲁迅的故居，还有他孩提时就读的学校。西湖依然存在，苏堤、庙宇、宝塔从宋朝一直保留至今。

第一次到浙江省的时候，我看到的是充满生气的人们通过在田间、在工厂努力工作，通过商业、贸易和教育，在努力地改善他们的生活。

八年过去了，在上海的一所大学里教了七年英语后，我很荣幸地移居到了杭州，在下沙边缘的一所出色的大学里工作。在过去的两年半里，我一直快乐地教授着聪明好学的学生，同优秀的、乐于奉献的且极具天赋的同事一起工作。

即使在上海的时候，我也为浙江的山川、溪流、人民和土地所着迷。六年前，我曾在夏天骑自行车环游浙江。我从上海出发，骑自行车到杭州，然后逆时针到达景宁、泰顺、温州、台州、宁波、绍兴，再兜回杭州和上海。这使我的眼界大开，我不仅看到了富裕的城市，也看到了贫困的边远山区。各地的人们都在行动，新建公路、隧道、大楼，到处开办商店、农场、工厂和小型企业。

杭州在过去的十年里在许多方面都发生了变化，下面是我所注意到的对我的日常生活及其他人的生活产生积极影响的一些事情：努力建设大范围的路边公园和绿化带，这给人们带来了更加安静更加清洁的城市环境。另外一个改变空气质量的重大举措是，禁止高污染的汽油助动车和摩托车在市区通行。还有是向公众提供2万辆免费租用的公共自行车。这种福利性的措施有利于帮助人们应对日益严重的交通问题，同时可以消除成千上万辆汽车尾气排放的污染。重新繁荣的蕴含历史的京杭大运河穿过杭州市中心，河里航行着水上巴士，这也给这个城市和这个省增添了鲜亮的一笔。

人们迫切需要的地铁工程正在迅速推进中，这有望缓解严重的交通问题。还有就是高速公路的建设和许多道路的加宽。

我知道，我只是看到了浙江省的极小一部分，就像井底的青蛙看世界。我现在对中国的语言和文化才刚刚入门，刚刚开始对我周围的中华文明深奥的基本结构有一些粗浅的看法。现在这里已经发展繁荣到了几十年前难以想象的程度，而我才刚开始了解和欣赏浙江——这个卓越的省份。

(作者为浙江工商大学外教，王雯亚、柳杨青译，本刊有删节)

我在杭州过得很开心

〔美〕杰伊·阿瑟·艾弗森

我已经在浙江杭州生活近两年了，在这段时间里我过得非常开心。杭州是一个不管对外国人还是中国人来说都极其适合生活的地方。我喜欢这座城市，因为从一个外国人的角度来看，杭州有我在故乡时所喜欢的一些东西，同时又是一个中国文化浓郁的城市。我很喜欢杭州及其周边城市的许多公园、市场和餐馆。我最爱的去处之一是京杭大运河。我之所以喜欢那里是因为那里散发着古老的中国气息，尽管它已被重新开发。我可以看到附近的居民在那里跳舞、聊天、玩游戏，或者只是和自己的家人散散步，一片祥和，都在尽情地享受生活。

我也很荣幸能在浙江的大学教书。第一次到浙江工商大学上课的时候我很吃惊，因为学生们都很认真地按我的要求完成了课业。我的学生不仅遵守纪律，也非常热爱学习、求知上进。我看到学生们在努力而愉快地完成我布置的作业，这也推动我更加努力地工作。

我很喜欢在杭州的生活。在这里有太多的机会接触中国的文化、娱乐和饮食，以致我不能想象，除了杭州我还能生活在哪里。

（作者为浙江工商大学外教，王雯亚、柳杨青译，本刊有删节，标题为编者所加）

我眼中的浙江

〔尼泊尔〕约翰·柯罗拉

我首先想用一个足以描绘浙江的美丽的说法开始——著名的马可·波罗曾经说过：“上有天堂，下有苏杭”，意思是说杭州和苏州如天堂般美丽。

从2007年10月开始，我就一直生活在浙江省的杭州。我来到中国，来到浙江省的时候，已经是秋天了。我无法用语言来描绘杭州给我留下的美丽的第一印象。同样的，杭州的春天也非常动人。在我的眼中，杭州作为浙江的省会城市，已成为了中国的花园城市。

我喜欢到处走走看看，虽然这对我来说有点难，但也不失为一种有趣的经历和体验。在我眼中，没有什么比在浙江和杭州居住更令人高兴的了。我游历过的让我印象深刻的城市主要有杭州、宁波、义乌、海宁和临安。这些地方是传统与现代艺术和文化、现代的漂亮城市与建筑的结合，同时拥有一些特别的、独特而惊人的历史遗迹。这里的博物馆既具有文化性又具有历史的真实性，向游客们展现了旧时中国的生活风貌。浙江省是最让人放松的旅游目的地之一，这里美丽的自然景观，丰富的文化，友好的人们，还有让人快乐的一切，为人们创造了无穷无尽的乐趣。

浙江省在1978年改革开放以后涌现了大量的中小企业，并且一直在进行改革，这里是开放市场经济的一个缩影。世界上最大的小商品市场，对基础设施的巨大投资，众多的工业园区，大量的外商直接投资，还有在路上奔驰的顶级品牌轿车的数量令人惊讶地猛增，高速公路和快速列车连接各大城市。你可以感受到这个省份的快速发展。在我看来，杭州一点都不比世界上任何一个国际化的大都市逊色。

（作者为浙江工商大学07级企业管理学博士生，王雯亚、柳杨青译，本刊有删节，标题为编者所加）

在杭州，我感觉就在家里

〔美〕马丁·范德·布鲁克

我在杭州生活快一年了。人们一直问我："你不想家吗？"还问我："什么时候回家啊？"其实，我现在感觉就在家里。我在杭州生活和工作，留在这里是我的梦想。

当然我的家乡密歇根州格兰哈芬和加利福尼亚州奥兰治县都非常漂亮，但是杭州有它的特别之处。很多时候，我怀念美国特有的水果和蔬菜，像山莓、小红莓、橡子和笋瓜，但我也非常爱吃杭州的杨梅和榴莲，这些在美国可就看不到了；我经常怀念美国的美味牛排和龙虾大餐，但是我也喜欢只有在杭州才能吃到的好吃的东坡肉。

在杭州，我几乎每天都在认识新的朋友，这些新朋友并不都是杭州本地人，就像我一样。中国各地甚至其他国家的许多人都不断地到杭州来，并像我一样决定在杭州生活。大多数人认为杭州是一个很适合居住的城市，足够大，让你能享受现代生活的便利，但又没有嘈杂与压抑。

我的学生中有很多来自浙江省的不同城市，甚至来自中国的不同省份。我希望以后有更多的人能来杭州，这就是我想通过我的努力让杭州变得更好的原因。在过去的一年中我曾两次出现在杭州当地的报纸上，我希望能产生更多的好的新闻故事，希望能有一些关于如何使杭州成为一个更适合生活的城市的故事。

如果你来过杭州，你就一定会感受到这座城市所散发出的魅力。每个星期我都会发现新的美丽的地方，美丽的风景，美味的餐馆。有人曾这样告诉过我：就杭州城市的大小来说，杭州的人均餐馆数量是最多的。我不能确定这是不是真的，但是我发现了很多我喜欢的餐馆，我会时不时地去造访它们。

我非常喜欢西湖，还有它边上的公园和博物馆。还有很多的地方等着我去参观，还有很多的新朋友等着我去结交。每天都有很多人希望我教他们英语。当然由于我的汉语水平不高，我也在找朋友教我汉语。我想提高我的汉语水平，每天我也忙着帮助我的新老朋友们提高他们的英语水平。

（作者为浙江工商大学外教，王雯亚、柳杨青译，本刊有删节，标题为编者所加）

我眼中的杭州

〔美〕萨拉·凯特琳·柯克兰

在我来中国的时候,选择到哪里生活是最难决定的。我最后选择了在杭州,有两个原因:首先,浙江工商大学的网站看上去很专业(而且它正在告示雇用教师!);其次,马可·波罗喜爱这个城市。在我的记忆里,杭州代表了东西方间的一种奇妙的联系。

当我来到杭州的时候,我才意识到杭州所呈现的不仅仅只有著名的西湖,还有许多其他的东西。我最喜欢的消遣方式之一是晚上沿着京杭大运河散步,我喜欢在那里观看人们跳舞和音乐表演。对我的腰围不幸的是,我还发现了东坡肉有多么的好吃!

可是,我最喜欢的是这个城市里的人们。对我来说,生活在一个不会当地语言的地方是一种挑战,但杭州人非常友好,经常试着以他们能做到的任何方式来帮助我,微笑总是无处不在。我的确选择了在中国极好的城市里生活和工作。

(作者为浙江工商大学外教,王雯亚、杨柳青译)

穆罕默德想把中医带到沙特阿拉伯

穆罕默德来自沙特阿拉伯,现在是浙江中医药大学在读博士生。他读硕士学的是针灸,读博士学的是临床基础。他来杭州已经5年了。

这段时间,穆罕默德每天上午都要到省针灸推拿医院中医名医馆,跟中医老师学习坐诊。

目前,浙江中医药大学有432位留学生,选的全是中医学。阿拉伯学生有4个,穆罕默德是最勤奋、最聪明的一个。学临床后,他天天跟老中医学习,双休日也不休息。学校还给他配了翻译。

穆罕默德说,来中国前他是个眼科大夫,“我一个很要好的朋友心脏不好,脸色发黑,下肢水肿,在沙特看了很多医院都看不好。2003年,他来中国广州旅游,一个月后回国气色变好了。我问他为什么变化这么大,他说他看中医了,还配了中药。

“我当时很奇怪,中医有这么神奇?想来想去,想了半年。我终于决定放弃工作,来中国学中医。我想弄明白中医到底是什么。

“2004年我来中国,我发现这是我人生最好的决定,中医远比我想象的要深奥、神奇。我选择杭州,是因为我有几个朋友在浙江中医药大学学过,对这所学校评价不错。我要学的知识太多了。一个月后,干脆把家人也接过来了。

“在我们那里没有中医,以前有阿拉伯人来学过,但都是短期学习,没人坚持下来。我要学会这门医术,学成后,把它带回去。”

穆罕默德平时除了学习中文,就是学中医,空闲时也和家人在西湖边、动物园等地方玩玩,吃吃中国菜,最喜欢吃的是酸菜鱼。

穆罕默德打算毕业后回国开个中医诊所,不过他很担心能不能开起来。因为光会中医没有中药也不行,在他们国家没人卖中药。

(原载2010年1月6日《都市快报》,本刊有删节)

义乌的好转预示着中国出口趋稳

如果从世界上最大的市场能看出什么的话,中国的出口机器正慢慢地但很确信地在恢复运转。

浙江省的著名商贸城市义乌目前还不够兴旺,在国际商贸城的走廊上,经常来光顾的潜在买家并不多,许多销售人员显得很无聊。

但许多经营户说,与几个月前相比,情况已经有所改善了。这对受到金融危机沉重打击的出口业带来希望:最坏的可能已经过去。

“去年年底,我坐在这里,一天到晚看不到一个客人走过,我只能上网聊天。”摊位号13057卖复古箱子和柜子的经营户说,“过去的两个星期好多了。至少有更多的人走过来,询问价格。”

确实,义乌市场卖的是价钱不高的日用品、玩具和装饰品,它只占中国所有出口的一小部分,中国出口超过一半是高附加值的机电、电子和高科技产品。但是这些劳动密集型商品为全国各地工厂里庞大的农民工群体提供了就业机会,使得义乌成为中国经济在金融危机影响下如何表现的一个风向标。

在这里发生的情况已经引起北京的重视。商务部定期发布“义乌指数”来显示销量、价格和情绪的变化。该指数显示商家信心在12月份(指2008年12月份——编者注)至谷底,但近三个月来有所回升。

更长的队伍

刘明是一家制造各种玩具的温州玩具厂的销售人员。他看到卡车排成长队进入当地海关,认为这是出口正在恢复的一个迹象。他说:“2007年高峰时期,每天有大约1000个集装箱运出,在最坏的时候,这个数字下降到一两百。现在大概是三四百。”

一位卖东北生产的装饰用玻璃花瓶的赵先生有同样感受。“去年下半年是生意最好的时候,但是过去几个星期已经恢复到去年的水平。”

与中东的联系

马来西亚一家贸易公司的负责人说,义乌是多年来他看到的对买家最友好的环境。他在义乌采购塑料花、拉链和其他消费品,他说,我甚至不用开口,供货商立刻给我百分之三到五的折扣。

正是这种低成本的竞争优势,以及出口不局限于欧美市场,使得义乌经受住全球经济放缓的冲击。一家卖铲子的商位的经理说,影响是有的,但是我们卖的是低端产品,我们的主要客户在中欧、东欧和非洲,所以我们还不错。

确实,让这么多商铺好过的是上万来自中东和非洲的商人,他们或常驻在义乌,或者经常来。

“过去我到迪拜采购,现在经济不好,我必须来中国。”一位贸易商说。

(2009年4月29日路透社讯,作者Jason Subler,Zhou xin。摘自义乌市外侨办《看义乌》2009年第二期)

附录

Appendix

中共浙江省委办公厅
浙江省人民政府办公厅
关于坚决制止公款出国(境)旅游的通知

浙委办[2009]44号

各市、县(市、区)党委和人民政府,省直属各单位:

2008年6月,《中共浙江省委办公厅、浙江省人民政府办公厅印发〈关于进一步加强因公出国(境)管理的若干规定〉的通知》(浙委办[2008]55号)以来,省纪委、省委组织部、省外办等9个部门在全省范围内开展了制止公款出国(境)旅游专项治理工作,取得了一定成效。但是,因公出国(境)仍然存在一些问题:一些地区和部门组织缺乏实质内容的一般性考察较多;一些团组人员安排与出访任务无直接关系;有的审批部门对因公出国(境)审批把关不够严格;出国团组擅自改变行程,增加出访国家、地区、城市,延长在外停留时间等违纪违规事件屡有发生。日前,中央办公厅、国务院办公厅下发了《关于坚决制止公款出国(境)旅游的通知》(中办发[2009]12号),要求坚决制止公款出国(境)旅游。为贯彻落实中央精神,进一步加强我省因公出国(境)管理,现就有关事项通知如下。

一、领导干部要以身作则,严格自律。各级领导干部要大力发扬艰苦奋斗和勤俭节约的优良传统,自觉抵制铺张浪费、奢靡之风。带头严格遵守党中央、国务院和省委、省政府因公出国(境)的有关规定和其他有关外事规章制度,不组织、不参加各类公款出国(境)旅游活动。从严掌握因公出国(境)任务安排,不得将因公出国(境)作为福利待遇,不得以任何方式影响因公出国(境)审核审批工作。

二、大力压缩因公出国(境)经费、团组数和人数。严格执行因公出国(境)计划。2009年各地各部门要按照省委、省政府的要求,将因公出国(境)经费支出在近三年平均数基础上压缩20%,党政机关出访团组和人数在近三年平均数基础上减少20%。省、市、县(市、区)财政部门应严格按照有关规定将因公出国(境)经费全部纳入专项预算管理,实行经费先行审核。单位财务部门应严格根据经费预算和临时因公出国(境)人员费用开支标准及管理办法审核出国(境)费用,不得核报与公务无关的开支和超标准、计划外发生的费用。党政干部因公出国(境)不得挪用其他公共资金,不得由企事业单位出资或补助,不得向下属机构和地方摊派,不得用公款报销违反规定持因私证件出国(境)的费用。各地各部门要严格执行已核定的2009年度因公出国(境)计划。计划外的团组和人员,原则上不办理报批手续,确因特殊原因需要派遣的,应在本地区、本部门年度出访计划内调整。

三、切实加强和改进跨地区跨部门因公出国(境)团组(以下简称双跨团组)管理。各地各部门要严格按照省纪委等六部门《关于进一步加强和改进跨地区跨部门因公出国(境)团组管理的通知》(浙外出[2009]6号)精神,切实加强双跨团组管理。凡组织本地区、本部门人事隶属关系以外人员参加的团组均按照双跨团组管理。组织双跨团组出国(境)执行任务应严格限制在组团单位业务主管范围内,要有明确的公务目的和实质内容。团组规模不得突破规定,严禁安排与出访任务无关人员"搭车"出访。严禁短期内组织性质相同或类似团组赴同一国家或地区。严禁将同一团组拆分报批或征求意见。省、市有关单位下属或挂靠的学会、协会、基金会、培训中心、服务中心、公司等单位不得组织双跨团组。严禁以营利为目的组织双跨团组。严禁以"培训"名义组织考察、访问性质的双跨团组。严格履行双跨团组审核审批程序，凡不符合规定的，一律不予批准。

四、审核审批部门要认真履行职责，严格把关。审核审批部门要对因公出国(境)团组有无明确的公务目的、邀请单位是否相对应、邀请函(电)是否真实有效、团组人数和人员结构是否与任务相符合、行程中公务活动是否作了足够安排、访问内容是否对口、在外停留天数是否符合规定要求等内容进行严格审核，切实防止以公务为名、行公款旅游之实。坚决禁止一般性考察、重复考察和无实质内容的一般性访问。纪检监察、组织、外事部门要利用和完善联合督查机制，对出访团组完成任务情况和是否严格执行批准日程等遵守纪律情况进行检查，对出访报告进行评估。财政、审计等部门要加强对因公出国(境)经费使用情况的监督。对违规审核审批以及不认真履行审核审批职责的，要严肃追究有关领导和直接责任人的责任。

五、按照谁派出、谁负责的原则，强化因公出国(境)团组派出单位的责任。各派出单位要高度重视因公出国(境)管理工作，严格执行有关规定，杜绝弄虚作假和违规操作。因公出国(境)团组和人员因故推迟出访，超过批件规定的出国(境)日期3个月以上的，派出单位须重新办理出国(境)任务和人员的审查审批手续。出访团组负责人要切实负起责任，不得擅自更改行程，增加出访国家、地区或城市，延长在外停留时间。将制止公款出国(境)旅游作为党风廉政建设责任制考核的一项重要内容，对出现公款出国(境)旅游情况的，既要追究团组责任人的责任，也要追究派出单位领导的责任。

六、严厉打击旅行社及中介机构为因公出国(境)团组联系或购买邀请函、编造虚假日程等行为。外事管理部门要按照外交部《关于因公出国(境)团组规范使用中介机构的通知》(外外管函[2008]164号)精神，出台实施细则，清理整顿中介机构，规范中介机构管理。严禁通过中介机构联系或出具邀请函以及安排公务活动。旅游、工商等部门要加强监管，对违规操作的，要依法依规进行处罚。情节严重的，要取消其中介或经营资格。

七、严肃查处公款出国(境)旅游案件。各级纪检监察、组织、外事、审计等部门要加强管理和监督检查，对顶风违纪违规的公款出国(境)旅游案件要从严处理并及时曝光。重点查处虚报出国(境)任务、通过购买邀请函骗取批准的案件；擅自更改行程、增加出访国家、地区或城市，延长境外停留时间的案件；党政干部挪用其他公共资金，由企事业单位出资或补助，向下属机构或地方摊派出国(境)费用等案件。对经查实违反规定的，除按照党纪政纪严肃追究有关人员责任外，公款出国(境)旅游的费用，一律由团组成员个人承担。对涉及犯罪的，要移交司法机关依法追究刑事责任。

八、改革和完善因公出国(境)管理制度。外事管理部门要强化外事工作的集中统一管理，解决外事审批权方面存在的问题。未经中央外事工作领导小组或国务院批准，任何地区和部门不得擅自下放或变相下放审批权限。各授权单位不得越权审批因公出国(境)团组和人员。有因公出国(境)团组人员审核审批权的外事部门，要按照有关规定细化审核审批标准和规范办事程序，提高审核审批质量。完善因公出国(境)团组境外活动情况检查机制，并接受群众监督。

中共浙江省委办公厅
浙江省人民政府办公厅
二〇〇九年四月二十一日

关于印发《浙江省国有企业人员申办APEC商务旅行卡管理办法》的通知

浙外出[2009]25号

省直各单位，各市、县（市、区）外办：

日前，外交部领事司制发《关于地方国有企业人员申办APEC商务旅行卡的通知》（领发[2009]279号），决定将地方国有企业人员纳入APEC商务旅行卡计划。为深入贯彻中央"走出去"战略，帮助国有企业更好地拓展海外业务，根据外交部文件精神并结合我省实际，我办制定了《浙江省国有企业人员申办APEC商务旅行卡管理办法》，现印发给你们，请遵照执行。执行中有何问题，请及时告我办。

特此通知。

附件：《浙江省国有企业人员申办APEC商务旅行卡管理办法》

浙江省人民政府外事办公室

二〇〇九年六月十二日

附件

浙江省国有企业人员申办APEC商务旅行卡管理办法

第一条 为进一步贯彻落实"走出去"战略，帮助国有企业更好地拓展海外业务，根据外交部领事司《关于地方国有企业人员申办APEC商务旅行卡的通知》（领发[2009]279号）精神，结合我省实际，特制定本办法。

第二条 APEC商务旅行卡（APEC Business Travel Card，以下简称旅行卡）相当于三年多次有效签证，持卡人可凭该卡及有效护照免办签证，直接出入实施旅行卡计划的经济体，每次停留不超过两个月。

迄今已参加并实施旅行卡计划的经济体有20个：中国、中国香港、中国台北、澳大利亚、新西兰、文莱、印度尼西亚、韩国、菲律宾、马来西亚、泰国、日本、新加坡、越南、智利、秘鲁、巴布亚新几内亚、墨西哥、美国、加拿大。其中，内地、中国香港与中国台北之间人员往来仍按现行办法办理，互不适用旅行卡；美国、加拿大为过渡成员，不接受其他经济体的旅行卡申请，只为其他经济体持卡人提供签证申请便利及入出境通关便利。

第三条 主管机关

外交部领事司是旅行卡的主管机关，负责审批、制作、颁发旅行卡，有权吊销已发旅行卡、中止或取消初审机关审批权。

第四条 初审机关

根据外交部授权，我省旅行卡的初审机关为省外办、宁波市外办、温州市外办。

省外办负责受理、初审除宁波市和温州市外的其他我省隶属国有企业人员申办旅行卡事项。

宁波市外办、温州市外办负责受理、初审本市隶属国有企业人员申办旅行卡事项。

初审机关负责受理、审核旅行卡申请材料，对符合要求的申请者出具《申办 APEC 商务旅行卡专用批件》，并上报主管机关；监督检查旅行卡的保管、使用情况。

第五条　申请人资格

（一）因业务需要经常前往 APEC 地区的国有企业业务人员。

（二）无刑事犯罪记录及被 APEC 地区经济体拒签记录。

（三）符合因公出国条件。

第六条　办理程序

国有企业人员必须持因公护照申请旅行卡。

（一）办理任务报批手续。

申请人所在企业提出申请，按照国有企业因公出国的有关要求和程序逐级报初审机关审批。申报材料一式两份：

1.《因公出国、赴港澳任务审批表》（可在省外办门户网站下载）；

2. 企业进出口情况、与经济体之间业务往来的合同、订单等证明材料；

3.《APEC 商务旅行卡申请人简介表》；

4. 申请人前往上述国家的签证记录（含获签和拒签情况）；

5. 初审机关认为需要提供的其他材料。

（二）初审机关受理审核后，对符合要求的出具《申办 APEC 商务旅行卡专用批件》。

（三）企业持《申办 APEC 商务旅行卡专用批件》办理人员审查手续。

（四）办理公务普通护照和办卡申请。

企业按照办理公务普通护照的程序和要求，向初审机关的护照签证部门递交办理公务普通护照和办卡申请。所需材料如下：

1.《申办 APEC 商务旅行卡专用批件》原件一份；

2. 填妥的有关申办公务普通护照的表格一份；

3. 填妥的《申请 APEC 商务旅行卡专用事项表》一式两份；

4. 填妥的《APEC 商务旅行卡申请表》一式两份；

5.《出国（境）人员审查批件》原件一份（有效期三年以上）；

6. 申请人身份证复印件一式两份；

7. 申办护照介绍信。企业自行申办护照和旅行卡的，由所在地的护照保管部门开具介绍信；护照保管部门专办员前来代办护照和旅行卡的，可凭专办员证办理；

8. 小 2 英寸平光证件照片 3 张；

9. 已持有因公护照的，交验原持护照；

10. 发照机关认为需要提供的其他材料。

（五）初审机关护照签证部门审核。

初审机关的护照签证部门受理审核后，将有效因公护照和其他所需材料报外交部领事司办卡。已持有效期三年以上因公护照的，持护照办理办卡手续；没有因公护照或因公护照有效期不到三年的，初审机关的护照签证部门给予办理新照。

（六）制卡和发卡。

外交部领事司复审同意并提交加入旅行卡计划的相关经济体批准后，为申请人制作和颁发旅行卡。申请人在初审机关护照签证部门领取旅行卡。

第七条　重新申请

遇下列情形之一的申请人可重新申请旅行卡（需提供的材料和程序与初次申请相同）：

（一）旅行卡有效期满、破损或遗失。

（二）旅行卡上注明的护照因遗失或更换新照等原因失效。

第八条　吊销

遇下列情况之一的，初审机关应向外交部领事司呈报吊销持卡人的旅行卡：

（一）旅行卡有效期内，持卡人因工作调动、辞职或其他原因，其所在企业认为持卡人不宜继续持用并书面向初审机关提出申请；

（二）持卡人或所在企业资信出现不良变化或涉及经济纠纷及刑事案件等，不再符合持卡人所具备的资格；

（三）持卡人不遵守旅行卡的

管理办法;

(四)持公务普通护照的持卡人或其所在企业不再符合因公出国条件;

(五)审批、审核机关认定的其他不符合继续持卡的情形。

第九条 保管和使用

(一)持卡人的旅行卡由因公护照收回保管单位参照因公护照收回保管有关规定,实行统一收回保管。各因公护照收回保管单位要制定旅行卡的管理规定,指定专门部门和专人负责,切实做好旅行卡的收回保管工作。同时,要对旅行卡的每次调用情况进行登记,并在每年的1月10日前将上一年度本地区旅行卡的管理和使用情况报初审机关。

(二)因工作需要要求调用旅行卡的,持卡人持企业书面申请、原批准的《申办APEC商务旅行卡专用批件》和在有效期内的人员审查批件复印件向因公护照收回保管单位申请调用。如出访日期已经超过原人员审查批件有效期,应重新办理人员审查批件。持卡人应在回国后10日内将旅行卡当面交还因公护照收回保管单位。

(三)持卡人出入中国国境和相关经济体边检口岸时,应主动出示申请旅行卡时所使用的有效护照和旅行卡。

(四)持卡人享有使用旅行卡专用通道快速通关的便利。

第十条 其他事项

(一)外交部领事司将申请材料递交其他经济体后,各经济体反馈审核结果时间不一。申请人可根据业务需要,选择申办部分经济体的旅行卡。为方便申请人,如部分经济体已审批同意,可先行发卡。发卡后,如更多经济体陆续同意其申请,可再给予换卡。

(二)本办法自发布之日起实施,由省外办负责解释。

附件:1.《申请APEC商务旅行卡专用事项表》(略)
2.《APEC商务旅行卡申请表》(略)
3.《申办APEC商务旅行卡专用批件》(略)
4.《APEC商务旅行卡申请人简介表》(略)

浙江省民营企业人员持公务普通护照申办APEC商务旅行卡管理办法

第一条:为进一步贯彻落实“走出去”战略,帮助民营企业更好地拓展海外业务,根据外交部《关于民营企业人员申办APEC商务旅行卡的通知》(领发[2007]34号)精神,结合我省实际,特制定本办法。

第二条:APEC商务旅行卡(APEC Business Travel Card,以下简称旅行卡)

旅行卡相当于三年多次有效签证,持卡人可凭该卡及有效护照免办签证,直接出入实施旅行卡计划的经济体,每次停留不超过两个月。

迄今已参加并实施旅行卡计划的经济体有17个:中国(CHN)、中国香港(HKC)、中国台北(TWN)、澳大利亚(AUS)、新西兰(NZL)、文莱(BRN)、印度尼西亚(IDN)、韩国(KOR)、菲律宾(PHL)、马来西亚(MYS)、泰国(THA)、日本(JPN)、新加坡(SGP)、越南(VNM)、智利(CHL)、秘鲁(PER)、巴布亚新几内亚(PNG)。其中,内地、中国香港与中国台北之间人员往来仍按现行办法办理,互不适用该卡。

第三条:主管机关

外交部领事司是旅行卡的主管机关,负责审批、制作、颁发旅行卡,有权吊销已发旅行卡、中止或取消初审机关审批权。

第四条：初审机关

根据外交部授权，我省旅行卡的初审机关为省外办、宁波市外办、温州市外办。

宁波市外办、温州市外办负责受理、初审本地区民营企业人员申办旅行卡事项。

省外办负责受理、初审除宁波、温州市以外的其他地区民营企业人员申办旅行卡事项。

初审机关负责受理、审核旅行卡申请材料，对符合要求的申请者出具《申办APEC商务旅行卡专用批件》并上报主管机关；监督检查旅行卡的保管、使用情况。

第五条：申请人资格

（一）因业务需要经常前往APEC经济体的民营企业高层领导以及进行经贸洽谈、技术和售后服务人员，不包括外商独资、合资及台、港、澳资企业人员。

（二）无刑事犯罪记录和未有被外国、特别是实施旅行卡计划经济体拒签记录。

（三）符合因公出国条件。

第六条：办理程序

（一）办理任务报批手续。

申请人所在企业提出申请，按照民营企业因公出国的有关要求和程序报初审机关审批。申报材料一式两份：

1.《民营企业因公出国（境）人员呈报表》（包括表中注明所需材料）；

2. 企业进出口情况、与经济体之间业务往来的合同、订单等证明材料；

3.《APEC商务旅行卡申请人简介表》；

4. 申请人前往上述国家的签证记录（含获签和拒签情况）；

5. 初审机关认为需要提供的其他材料。

（二）初审机关受理、初审，符合要求的出具《申办APEC商务旅行卡专用批件》。

（三）企业持《申办APEC商务旅行卡专用批件》办理人员审查手续。

（四）办照和办卡申请。

企业按照办理公务普通护照的程序和要求，向初审机关的护照签证部门递交办照和办卡申请。所需材料：

1.《申办APEC商务旅行卡专用批件》原件一份；

2. 填妥的《浙江省申请因公出国事项表（护照）》一份；

3. 填妥的《因公护照个人资料登记卡》一份；

4. 填妥的《申请APEC商务旅行卡专用事项表》一式两份；

5. 填妥的《APEC商务旅行卡申请表》一式两份；

6.《出国（境）人员审查批件》原件一份（有效期三年以上）；

7. 申请人身份证复印件一式两份；

8. 申办护照介绍信。企业自行申办护照和旅行卡的，由所在地的护照保管部门开具介绍信；护照保管部门专办员前来代办护照的，可出示专办员证，不需要介绍信；

9. 小2英寸平光证件照片3张；

10. 已持有公务普通护照的，交验原持护照；

11. 发照机关认为需要提供的其他材料。

（五）初审机关护照签证部门审核。

初审机关的护照签证部门受理审核后，将有效公务普通护照和其他所需材料报外交部领事司办卡。已持有有效期三年以上公务普通护照的，持该照办理办卡手续；未持有公务普通护照或公务普通护照有效期不到三年的，初审机关的护照签证部门给予办理新照。

（六）制卡和发卡。

外交部领事司复审同意并递交经济体成员批准后，由外交部领事司为申请人制作和颁发旅行卡，申请人在初审机关领取旅行卡。

第七条：重新申请

遇下列情形之一的申请人可重新申请旅行卡（需提供的材料和程序与初次申请相同）：

（一）旅行卡有效期满、破损或遗失。

（二）因遗失或更换公务普通护照等原因致使旅行卡上注明的护照资料失效。

第八条：吊销

遇下列情况之一的，初审机关应向外交部领事司呈报吊销持卡人的旅行卡：

（一）旅行卡有效期内，持卡

人因工作调动、辞职或其他原因，其所在企业认为持卡人不宜继续持用旅行卡。

（二）持卡人或所在企业资信出现不良变化或涉及经济纠纷及刑事案件等，不再符合持卡人所具备的资格。

（三）持卡人不遵守旅行卡的管理办法。

（四）持公务普通护照的持卡人或其所在企业不再符合因公出国条件。

（五）审批、审核机关认定的其他不符合继续持卡的情形。

第九条：保管和使用

（一）持卡人的旅行卡由公务护照收缴保管单位统一收缴保管。各单位要制定旅行卡的管理规定，指定专门部门和专人负责，切实做好旅行卡的收缴保管工作。旅行卡的每次调用情况要进行登记，并在每年的1月10日前将上一年度本地区旅行卡的管理和使用情况报初审机关。

（二）因工作需要要求调用旅行卡的，持卡人持企业书面申请、原批准的《申办APEC商务旅行卡专用批件》和在有效期内的人员审查批件复印件向收缴保管单位申请调用。如出访日期已经超过原人员审查批件有效期，应重新办理人员审查批件。持卡人回国后应在十日内将旅行卡当面交还保管单位。

（三）持卡人出入中国国境和相关经济体边检口岸时应主动出示申请旅行卡时所使用的有效护照和旅行卡。

（四）持卡人享有使用旅行卡专用通道快速通关的便利。

第十条：其他事项

（一）外交部领事司将申请材料递交其他经济体后，各经济体反馈审核结果时间不一。为方便申请人，如部分经济体已审批同意，可先行发卡。发卡后，如更多经济体陆续同意其申请再给予换卡。

（二）初审机关须指定两名签署《申办APEC商务旅行卡专用批件》的负责人。签名式样和单位公章式样应报送外交部领事司备案。

（三）本规定自发布之日起实施，由省外办负责解释。

附件：1.《申请APEC商务旅行卡专用事项表》（略）
2.《APEC商务旅行卡申请表》（略）
3.《申办APEC商务旅行卡专用批件》（略）
4.《APEC商务旅行卡申请人简介表》（略）

海外中国公民文明社交指南

相互尊重

以良好的修养，展现自尊自信。热情坦诚、以礼相待，在友善待人的同时赢得他人的尊重。

真诚相待

诚实守信，表里如一。以真诚为纽带，促进人与人间信息传递、情感交流、思想沟通。

宽容大度

心胸豁达，宽以待人。多为他人着想，体谅他人难处。

严于律己

交往中清楚自己该做什么，不该做什么，己所不欲，勿施于人。

把握分寸

以平等的态度对待交往对象，以大方得体、不卑不亢为待人接物尺度。既不必自吹自擂、自我标榜，也不要妄自菲薄、自我贬低、过度谦虚客套。

尊重差异

从不同民族、不同国家的社会文化背景出发，了解其礼仪文化差异，了解具体交往对象的不同风俗习惯、宗教信仰和交往禁忌，并给予尊重。

积极融入

主动与居住地人民交流，对居住地的风俗习惯尽量做到入乡随俗，积极融入当地社会，拓宽平安、和谐发展空间。

心系祖国

爱国情怀历久弥新，民族自尊心、自豪感永存心间。不做有辱国格的事，不说有辱国格的话。弘扬中华民族优秀文化，做文明中国人，从日常做起，日积月累，形成习惯。

海外中国公民文明举止指南

讲究仪容仪表

不在公共场合脱去鞋袜，袒胸赤膊，不毫无掩饰地剔牙。不在卧室以外穿着睡衣，不对别人打喷嚏，不在妇女和儿童面前吸烟，不把烟雾喷向他人。

注重个人修养

不语言粗俗，恶语伤人。礼让老弱病残，礼让女士。尊重服务人员劳动。不长时间独占公共设施。不强行与他人合影。

遵守公共秩序

不在公共场所高声呼朋唤友、猜拳行令、扎堆吵闹，或高声接打电话。排队时不跨越黄线，不插队加塞。乘坐交通工具时不争抢拥挤。

尊重风俗习惯

不在教堂、寺庙等宗教场所嬉戏、玩笑。与人谈话应避免问及年龄婚否、收入财务、信仰情感等个人私密情况。在穆斯林国家，女士不宜着装暴露。

爱护公共设施

不损坏公共设施，不踩踏绿地，不摘折花木和果实。不在文物古迹上刻涂，不攀爬触摸文物。

遵守公共规定

不在公共场所和禁烟区吸烟。不在禁止拍照的地区拍照留念。

维护环境卫生

不乱扔垃圾、废弃物，乱倒污水。不随地吐痰、擤鼻涕、丢烟头、吐口香糖。上厕所后冲水。

讲究环保节约

节约用水用电。吃自助餐时一次取食不要太多，吃完后再适量取用，避免在面前摆放多个盛满食物的餐盘，避免浪费。

奉行健康娱乐

拒绝参与色情、赌博活动，拒绝吸食毒品。

海外中资企业机构文明指南

树立风险意识

全面了解所在国家政治、经济、文化、法制、社会和治安环境，正确评估企业和人员面临的日常安全风险，建立有效的风险防控机制，警钟长鸣，确保生产和经营顺利，机构和人员安全。

明确安全成本

保证人员、财产安全是企业海外经营的头等大事，安全成本是企业运营成本的一部分。应根据当地实际情况，加大安全投入，制定落实安全措施，定期排查安全隐患，进行安全教育培训，并为员工购买人身意外及医疗保险。

坚持守法经营

注意维护国家和企业形象，注重企业长远利益，遵守当地法律法规，摒弃违法短视行为。树立合法用工理念，为员工办理与其身份相符的签证、居留等手续，保障员工根本权益。

履行社会责任

正确把握企业发展和回馈社会的关系，重视履行企业社会责任，坚持有取有予的企业发展道路，注重环境保护，兼顾当地利益，发展当地就业，尊重、善待当地雇员。

提倡诚实守信

坚守商业道德，拒绝伪冒假货，远离坑蒙欺骗、行贿索贿。加强中资企业间团结，避免恶性竞争、相互拆台。与当地社会群体、个人发生纠纷时，应要求员工保持克制，采取措施避免矛盾激化，充分利用法律武器维护企业和员工合法权益，并及时与驻外使领馆取得联系。

共建和谐世界

广交朋友，增进友谊，努力扩大与当地社会的利益交汇点。加深互信、共同发展、互利共赢，拓宽企业和谐发展空间，共享平安与繁荣。

中国公民海外安全常识

一、出行必备

1. 身份证件

旅行在外，要养成随身携带身份证件的习惯。遇意外情况时，明确的身份情况是当事人获得及时、有效救助的基本条件之一，也是事后办理索赔、救济等善后手续的基本要求。

2. 证件种类

在境外期间的身份证件包括护照、旅行证、当地的居留证、工作许可证、社会保险卡等。许多情况下，国内的居民身份证也可帮助中国驻外使领馆确定当事人的身份。

3. 个人信息卡

如在境外停留时间长，且当地没有规定外国人必须随身携带护照备查，为避免丢失，建议将护照资料页复印，复印件背后写上紧急情况联系人的姓名、地址、电话，将此页塑封做成“个人信息卡”，一份本人长期随身携带，一份留在国内直系亲属处以备不时之需。

二、行前推荐

1. 购买保险

旅行在外，出现意外情况的几率增加，且国外医药等费用普遍较高，建议出行前以及在海外居留期间，购买必要的人身意外和医疗等方面保险，以防万一。同时，个人购买保险的有关情况也要及时告知家人。

三、行前提醒

1. 了解国情

尽可能多地了解旅行目的国国情，包括风土人情、气候变化、治安状况、艾滋病、流行病疫情、海关规定（食品、动植物制品、外汇方面的入境限制）等信息，并针对突出问题，采取必要的应对或预防措施。

2. 预防接种

根据旅行目的国的疫病流行情况，进行必要的预防接种，并随身携带接种证明（俗称“黄皮书”），以备进入目的国边境时检查。

3. 检查证件

检查护照有效期（剩余有效期应在一年以上）、空白页（应有两页以上空白页），办妥目的国入境签证和经停国家过境签证，确定是否应携带“黄皮书”，核对机（车、船）票上姓名、时间、地点等信息，避免因证件问题影响旅行。

4. 预防万一

携带《中国领事保护和协助指南》、本“常识”和相关宣传折页，认真阅读相关旅行提醒及安全常识，查明目的国中国使馆或领事馆的联系方式，旅行中尽量规避风险，同时还要确保紧急情况下能够及时联络求助。

5. 少带现金

尽量避免携带大额现金出行，建议携带和使用银行卡。如银联卡，目前已可在全球许多国家使用，出境前可查询确认，以方便旅行。

如必须携带大额现金，记得做好安全防范工作，入出境时必须按规定向海关申报，还要注意目的国外汇限制。

6. 勿带禁品

严禁携带毒品、国际禁运物品、受保护动植物制品及前往国禁止携带的其他物品。

切勿为陌生人携带行李或物品，防止在不知情中为他人携带违禁品而引来法律麻烦。

7. 慎带药品

慎重选择携带个人物品，在海关规定允许的范围内选择所携带药品的品种和数量。

携带治疗自身疾病的特殊药品时，建议同时携带医生处方及药品外文说明和购药发票。

8. 配合审查

赴目的国的意图应与所办理的签证种类相符，入境时请主动配合目的国出入境检查机关的审查，如实说明情况。对外沟通时要注意保持冷静、理智，避免出现过激言行或向有关官员"塞钱"，以免授人以柄。

9. 谨慎签字

入境一国遭遇特殊审查时，如不懂当地语言，切忌随意点头应允或在文件上签字。可立即要求提供翻译或由亲友代行翻译。如被要求在文件上签字，应请对方提供中文版本，阅读无误后再做决定。

10. 入境惯例

当一国对您入境意图、停留时间、入境次数等有怀疑时，即使您已取得该国签证，该国也有权拒绝您入境并拒绝说明理由。

11. 维护权益

如被一国拒绝入境，在等待该国安排适合交通工具返回时，应要求该国提供人道待遇，保障饮食、休息等基本权利。否则，应立即要求与中国驻当地使领馆联系。

12. 常念家人

出行期间要与家人和朋友保持联系，及时向家人更新自己在外旅行日程、联络方式。

在外旅行、居留期间，可选择电话、电邮、短信等多种方式保持与家人和朋友的经常性联系。

四、出行安全

1. 管好财物

* 不露富，不炫富。
* 如乘坐公共交通工具，事先准备好零钱。
* 不随身携带大额现金、贵重物品，也不在住处存放。
* 最好在白天人多处使用自动取款机，取款时最好有朋友在身边。
* 因商业往来等原因接收大额现金后，建议立即存入银行。
* 妥善保管证件。
* 丢失银行卡，应立即报警并打电话到发卡银行进行口头挂失，回国后再办理有关挂失的书面手续。

2. 牢记特征

出行如发现可疑情况，留心周围环境的特征，如地点、地形、车辆、人们的行为、衣着等可辨认的细节，以利于意外情况发生后帮助警察抓到罪犯。

3. 严防飞车

上街行走应走人行道，避免靠机动车道太近。

携物（背包、提包等）行走，物品要置于身体远离机动车道的一侧。

在摩托车盛行的国家或地区，应严防飞车抢劫。遭遇飞车抢劫不要生拉硬夺，避免伤害自己。

4. 遵规守则

* 过马路要走人行横道、过街天桥或地下通道。
* 走人行横道时，遵守交通规则，确保安全时迅速通过。
* 在实行左侧通行的国家（如英国、澳大利亚、日本等）要注意调整行走习惯，确保安全。
* 不要边看地图边过马路。

5. 减少夜行

* 远离偏僻街巷及黑暗地下道，夜间行走尤其要选择明亮道路。
* 尽量避免深夜独行，尤要避免长期有规律的夜间独行。

6. 慎选场所

不去名声不好的酒吧、俱乐部、卡拉 OK 厅、台球厅、网吧等娱乐场所。

7. 慎对生人

不搭陌生人便车，不亲自为陌生人带路，不被陌生人带路，不与不熟悉的人结伴同行。

回避大街上主动为你服务的陌生人，不饮用陌生人向你提供的食物、饮料。

8. 安全驾车

* 夜晚停车应选择灯光明亮且有很多车辆往来的地方。
* 走近停靠的汽车前，应环顾四周观察是否有人藏匿，提早将车钥匙准备好，并在上车前检查车内情况，如无异常，快速上车。
* 上车后记得锁上车门，系上安全带。
* 下车时勿将手包等物品留在车内明显位置，以防车窗遭砸、物品被窃。

9. 配合警察

遇到当地警察拦截检查时，应立即停下，双手放在警察可以看到的地方，切忌试图逃跑或双手乱动。请警察出示证件明确其身份后，配合检查和询问。

10. 妥防勒索

如遭遇警察借检查之机敲诈勒索，应默记其证件号、警徽号、警车号等信息，并尽量明确证人，事后及时向当地政府主管部门和中国驻当地使领馆反映。

11. 结伴出行

最好结伴外出游玩、购物，赴外地、外出游泳、夜间行走、海中钓鱼、戏水时尤其要注意结伴而行。

12. 与众同坐

* 乘坐公共交通工具时，尽量和众人或保安坐在一起，或坐在靠近司机的地方。
* 不要独自坐在空旷车厢，也尽量不要坐在车后门人少的位置。
* 尽量避免在偏僻的汽车站下车或候车。

13. 入乡随俗

穿衣着装要充分尊重当地风俗。在穆斯林国家，女士严禁着装暴露，不宜穿过露、过紧、过透的衣服。

14. 预防溺水

* 选择有救生员监护的合格泳场游泳，避免野外随兴下水。
* 雷雨或风浪大的天气不宜游泳。
* 独自驾船、筏要备齐救生设备，包括救生衣、呼救通讯设备，并应避免独自驾船、筏赴陌生水域。
* 乘坐船、筏，要遵守水上安全规定，了解掌握救生设备使用方法，并听从安全人员指挥。

五、居住安全

1. 合法租房

了解当地房屋租售管理机关名称、职能，按照相关指导租住房屋。

租房应通过合法房屋中介，尽量选择在治安、环境条件较好的住宅区寻租，并签订完备的租住合同。

2. 慎选合租

不与陌生人合租。

与友人合租时应注意保护个人隐私，妥存个人证件，防止银行卡遗失、密码泄漏。

3. 严防陷阱

租房过程中注意留存相关广告、收据、合同等文件证据。

警惕低价出租广告，不因贪图廉价、方便而落入不法房主圈套。

当遭遇租房陷阱、被骗或被盗时，应及时向当地房屋租售管理部门投诉、向警方报案或采取进一步法律行动。

4. 熟悉警局

了解所在区域警署位置、主管警官姓名、报警电话或紧急求助电话，将有关信息在下面空白处一一对应记录备用。

警局(署)位置：……………………

……………………

报警电话：……………………

警官姓名：……………………

警官电话：……………………

5. 针对性防范

了解社区治安状况，根据当地突出问题或频发案件类型，采取对应安全措施，或移租至治安情况较好的地区。

6. 居家提醒

* 家里不要存放大额现金。

即使家中必须存放保险箱和贵重物品，也不要放置在客厅或门厅，以防不法分子从门口窥视到。

* 应根据当地社会治安状况，选择安装相应的居室防盗、报警设施，保证居住安全。
* 独自在家保持门窗关闭（上锁）。
* 在楼房底层居住尽量选择空调纳凉。
* 养成就寝时确认水、电、燃气、门、窗关闭（上锁）的良好习惯。

7. *屋外安全*

* 夜间返家应尽量乘电梯不走楼梯。
* 应在到家之前提前准备好钥匙，不要在门口寻找。
* 开门前注意是否有人跟踪或藏匿在住处附近死角。若发现可疑现象，切勿进屋，应立刻通知警方。
* 夜间送朋友回家时应等朋友平安进入后再离开。

8. *慎邀入户*

* 不熟悉的朋友，不轻易带回家。
* 不为陌生人开门，不让送报员、送奶工等服务人员进门。
* 预约修理工上门服务时，应选择在有亲友陪伴或告知邻居后进行，不与外来人员谈论个人或家庭情况。

9. *及时求救*

遇陌生人在门口纠缠并坚持要进入室内时，可在拒其进入的同时打电话报警，或者到阳台、窗口高声呼喊，向邻居、行人求援。

10. *居家防火*

防止易燃气体泄漏引起火灾。使用煤气等可燃气体，室内应具备通风条件。发现漏气现象，切忌使用明火寻找漏源，也不要开灯、打电话，应迅速关闭阀门，打开门窗通风。

防止用电不慎引发火灾。要经常检查家用电器线路、插座，线路老化、受损、插座接触不良均可能导致线路发热引发火灾。不超负荷用电，不用其他导线代替保险丝。

防止烤火取暖引发火灾。不在家中储存大量易燃液体。烤火取暖避免使用汽油、煤油、酒精等易燃物引火。火炉及电暖器周围不堆放可燃物，不在蒸汽管道、取暖器材周围烘烤衣物。老人、小孩烤火需有人监护。

11. *安全出口*

进入建筑物时先观察安全出口（紧急通道）位置，尤其是到达住地或下榻酒店时，应首先确认消防设施和安全出口位置，确认紧急通道畅通，以便紧急情况下自救和逃生。

12. *预防触电*

家用电器、电源设备等出现故障时，尽量寻求专业人员修理，避免自行带电维修。

勿用湿手更换灯泡、灯管，勿用湿布、湿纸擦拭灯管、灯泡。

发现有人触电，要立即切断电源。无法切断电源时，不能直接用手拉救，要用木棍使人和带电体脱离。

13. *居家防雷*

打雷时，应关闭电视机、电脑，更不能使用电视机的室外天线。雷电一旦击中电视天线，会沿电缆线传入室内，威胁电器和人身安全。

勿打手机或有线电话，应在雷电过后再拨打，以防雷电波沿通信信号入侵，造成人员伤亡。

不要靠近窗户，或把头、手伸出户外，更不要用手触摸窗户的金属架，以防受到雷击。

14. *野外防雷*

若在路上、田野等处遇雷雨天气无法躲避时，最好的应急措施是迅速蹲下，做到身体的位置越低越好，人体与地面接触越小越好，离铁路钢轨、高压线越远越好。

迅速关闭手机，不拨打或接听手机。

六、医疗安全

1. *购买保险*

了解当地医疗制度、费用情况，结合自身身体情况制订适宜的医疗计划，选择购买适合的医疗保险。

2. *应急救治*

了解附近药店、医院的具体位置，熟记当地的急救电话。并将医院地址、急救电话信息一一对应记录在以下空白位置。

* 医院地址：

* 急救电话：

3. 关注疫情

关注当地报纸、电视等新闻媒体，了解有无疫情爆发。

4. 饮食卫生

日常生活注意饮食卫生，照顾好自己的身体。不吃不新鲜的食物和变质食物，不吃陌生人交给的食物，不吃捡拾得来的食物，不采摘食用蘑菇和其他不认识的食物。

注意食品保质期和保质方法。加工菜豆、豆浆等豆类食品时须充分加热。不吃发芽、发霉的土豆和花生。保持饮用水和厨房用水清洁干净，否则，应把水煮沸或进行消毒处理后饮用。

5. 中毒救治

发生食物中毒，应立即停止食用可疑食品，赴医院寻求专业救治，或在专业人员指导下，采取饮水、催吐、导泻等方法进行自救。

6. 尊重风俗

伊斯兰国家禁酒，禁止食用动物血液、猪肉和有利齿利爪的猛兽(如狗肉)、非反刍动物(如驴肉)或自死动物(包括因打、摔、触、勒、电等原因而死的动物)。

7. 抑制传染病

有效抑制传染病的流行，关键在于切断传染病的传播链，即控制传染源、切断传播途径、保护易感染人群。

8. 预防先行

* 养成讲卫生的好习惯，注意个人卫生、食品卫生、环境卫生。
* 加强身体锻炼，提高免疫能力。
* 按规定接种疫苗。对传染病人要早发现、早报告、早治疗、早隔离，防止交叉感染。

七、突发事件应对

1. 应对袭击(偷盗、抢劫、行凶、人身侵害)

在公共场所遭遇袭击，要大声呼救，喝阻坏人，为己壮胆，伺机摆脱。

在偏僻地方遭遇袭击，切记保命为重，避免为保全身外之物而遭受人身伤害。

牢记报警：记住不法分子、相关交通工具及周围环境的特征，尽快报案。报案既是为自己，也是为他人，避免因不愿报案，在当地形成中国人胆小、好欺负的印象。

还要向中国驻当地使领馆反映情况，便于使领馆及时向当地政府提出交涉。

及时与家人、朋友联系，告知案情。避免家人、朋友因信息不畅被不法分子借机欺骗、敲诈。

2. 应对恐怖袭击：沉着冷静，不要惊慌。

(1)遭遇炸弹爆炸：应迅速背朝爆炸冲击波传来方向卧倒，如在室内可就近躲避在结实的桌椅下。爆炸瞬间屏住呼吸、张口，避免爆炸所产生的强大冲击波击穿耳膜。寻找、观察安全出口，挑选人流少的安全出口，迅速有序撤离现场。及时报警。

(2)遭遇匪徒枪击扫射：应快速降低身体姿势，利用墙体、立柱、桌椅等掩蔽物迅速向安全出口撤离。来不及撤离就迅速趴下、蹲下或隐蔽于掩蔽物后，迅速报警，等待救援。

(3)遭遇有毒气体袭击：尽可能利用环境设施和随身携带的手帕、毛巾、衣物等遮掩口鼻，避免或减少毒气侵害。尽可能戴上手套，穿上雨衣、雨鞋等，或用床单、衣物遮住裸露的皮肤。尽快寻找安全出口，迅速有序地撤离污染源或污染区域，尽量逆风撤离。及时报警，请求救助，并进行必要的自救互助，采取催吐、洗胃等方法，加快毒物的排出。

(4)遭遇生物恐怖袭击：应迅速利用手帕、毛巾等捂住口鼻，最好能及时戴上防毒面罩，避免或减少病原体的侵袭和吸入。尽快寻找安全出口，迅速撤离污染源或污染区域。及时报警，请求救助。

3. 应对火灾

熟记所在国火警电话，并将电话号码填写在下面空白处，遭遇火灾时应迅速报警求救。

火警电话：

在烟火中逃生要尽量放低身体，最好是沿着墙角匍匐前进，并用湿毛巾等捂住口鼻。必须经过火场逃离时，应披上浸湿的衣服或毛毯、棉被等，迅速脱离火场。

三楼以下楼房逃生时，可以用绳子或床单、窗帘拴紧在门窗和阳台的构件上，顺势滑下。或者利用结实的竹竿、室外牢固的排水管等逃生。

若逃生路线被封锁，应立即返回未着火的室内，用布条塞紧门缝，并向门上泼水降温。同时向窗外抛扔沙发垫、枕头等软物或其他小物件发出求救信号，夜间可通过手电发出求救信号。

(1)**公共聚集场所发生火灾**：应听从指挥，就近向安全出口方向分流疏散撤离，千万不要惊慌拥挤造成踩踏伤亡。在人群中前行时，要和人群保持一致，不要超过他人，也不要逆行。若被推到在地，首先应保持俯卧姿势，两手抱紧后脑，两肘支撑地面，胸部不要贴地，以防止被踏伤，条件允许时迅速起身逃离。

(2)**高层建筑发生火灾**：应用湿棉被等物作掩护快速向楼下有序撤离。应选择烟气不浓、大火未烧及的楼梯、应急疏散通道逃离火场。必要时结绳自救，或者巧用地形，利用建筑物上附设排水管、毗邻阳台、临近的楼梯等逃生。在无路可逃的情况下，到室外阳台、楼顶平台等待救援。不能乘电梯逃生。

(3)**汽车发生火灾**：应迅速逃离车身。如车上线路烧坏，车门无法开启，可就近自车窗下车。如车门已开启但被火焰封住，同时车窗因人多不易下去，可用衣服蒙住头部从车门处冲出去。

(4)**地铁发生火灾**：应利用手机、车厢内紧急按钮报警，并利用车厢内干粉灭火器进行扑救。无法进行自救时，应听从指挥，有序地安全逃生。不要大喊大叫、惊慌失措，也不能从行驶中的列车车窗跳下。

4. **应对洪水**

提早撤离，紧急时登高躲避，危机时就近攀爬树木、高墙、屋顶(不要爬到泥坯房屋顶)，不要惊慌失措，不要游泳逃生，不要接近或攀爬电线杆、高压线铁塔。

携带可长期保存的食品、足够的饮用水和其他生活必需品。

用可漂浮物自救。如被洪水卷走，尽可能抓住固定或漂浮物品。

移动电话可以寻求救援。如情况允许，应将移动电话充足电并使用塑料袋密封包裹，以保证电话的正常使用。

身着醒目的衣服便于搜救人员识别、寻找。选择衣服时，要注意衣服颜色与附近房屋屋顶颜色、植物颜色相区别。

5. **应对地震**

地震发生时应沉着冷静，不要惊慌。

(1)**如果在室内**：迅速关掉电源、气源。蹲下，寻找掩护并抓牢——利用写字台、桌子或者长凳下的空间，或者身子紧贴内部承重墙作为掩护，双手抓牢固定物体。如果附近没有写字台或桌子，用双臂护住头部、脸部，蹲伏在房间的角落。远离玻璃制品、建筑物外墙、门窗以及其他可能坠落、倒塌的物体，例如灯具和大衣柜等。在晃动停止并确认户外安全后，方可离开房间。不要站在窗户边或阳台上。不要跳楼或破窗而出。切勿使用电梯逃生。

(2)**如果在室外**：远离建筑区、大树、大型广告牌、立交桥、街灯和电线电缆，之后待在原地不动。

(3)**如果在开动的汽车上**：在确保安全的情况下，尽快靠边停车，留在车内。不要把车停在建筑物下、大树旁、立交桥或者电线电缆下。不要试图穿越已经损坏的桥梁。地震停止后小心前进，注意道路和桥梁的损坏情况。

(4)**如果被困在废墟下**：要坚定意志，就地取材加固周围的支撑。不要向周围移动，避免扬起灰尘。用手帕或布遮住口部。敲击管道或墙壁以便救援人员发现。可能的话，请使用哨子。在其他方式都不奏效的情况下再选择呼喊——因为喊叫可能使人吸入大量有害灰尘并消耗体能。不在封闭室内使用明火。

6. **应对台风、飓风**

(1)**台风(飓风)到达前**：要随时通过电台、电视了解台风(飓风)移动情况及政府公告，确保门窗牢固，熟悉安全逃离的路径和当地的避难所，准备不易变质的食品及罐装水、自救药品和一定现金，保证家用交通工具可正常使用，并加足燃料，随时听从政府公告撤至安全区域。

(2)台风(飓风)来临时:应紧闭门窗,关闭室内电源,尽量避免使用电话、手机。远离门窗和房屋的外围墙壁,躲到走廊、空间小的内屋、壁橱中,或者地下室、半地下室,不要外出。

如在室外:请不要在大树下、临时建筑物内、铁塔或广告牌下避风避雨。不要在山顶和高地停留,要避开孤立高耸的物体。

如在水上,应立即上岸。

如在汽车上:立即离开汽车,到安全处所躲避。

如在公共场所:要服从指挥,有秩序地向指定地点疏散。

(3)未收到台风(飓风)离开的报告前:即使出现短暂的平息仍须保持警戒。

(4)台风(飓风)过后:应注意检查煤气、水、电路的安全性,不使用未被确认为安全的自来水,不要在室内使用蜡烛等有火焰的燃具。室外行走遇路障、被洪水淹没的道路或不坚固的桥梁,应绕行,并注意静止的水域很可能因为电缆或电线损坏而具有导电性。

八、特殊地理环境、气候应对

1. 应对热带雨林气候

提前做好疾病疫苗注射,准备驱湿防暑药品,多喝些淡盐水、吃些清淡食品,保持身体健康,提高免疫能力。

(1)防病:准备必要的药品,如蛇药片、预防疟疾药品、肠胃药、白药、酒精、碘酒、药棉、纱布绷带等。携带充足的饮用水,如需取用自然水源,请务必加热煮沸。

(2)防蛇咬:用木棍拨打草丛,将蛇惊走。一旦不小心被毒蛇咬伤,不要惊慌,要及时寻求专业医疗救治,并在此前迅速自救。自救处置,应先把伤口上方(靠心脏一方)用绳或布带缚紧,再用力挤压伤口周围的皮肤组织,将有毒素的血液挤出,然后可用清水、唾液洗涤伤口,同时可服下解蛇毒药片,并用药片涂抹伤口。

(3)避雷击:如果在雨林中遇到雷雨,可到附近稠密的灌木带躲避,不要躲在高大的树下。避雨时应把金属物暂存放到附近一个容易找到的地方,不要带在身上。

(4)防蚊:不穿短衣裤,应扎紧裤腿和袖口。当夜幕降临时,最好支起帐篷或蚊帐睡觉,以防蚊虫叮咬。

(5)防水蛭:在鞋面上涂肥皂、防蚊油可防止水蛭上爬,大蒜汁也可驱避水蛭。喝开水,防止生水中水蛭幼虫体内寄生。如被水蛭叮咬,勿用力硬拉,可拍打使其脱落。也可用肥皂液、浓盐水,或用火烤使其自然脱落。压迫伤口止血,或用炭灰研成末或捣烂嫩竹叶敷于伤口。

2. 应对寒冷气候

(1)防雪盲:备墨镜,太阳镜

(2)防干:润肤露和润唇膏

(3)防冻:风雪天外出应戴上手套、防寒帽、耳朵套。保持脚部的温暖干燥,袜子湿了要及时更换,风大时应停止户外活动。经常按摩揉搓冻伤部位以促进血液循环。在高海拔地区,可补充吸氧,促进血液循环。

3. 应对高原环境

* 患有严重心肺疾病者应避免前往高原地区。
* 保持良好心态,消除恐惧心理,避免过度紧张。
* 限制体力消耗,避免剧烈运动,保持良好食欲及体重平衡。
* 保证充足睡眠,不要暴饮暴食,不要酗酒,刚到达高原地区几天内不要洗澡。
* 在专业人员指导下服用抗高原反应药物。适当吸氧。当反应症状加重时,应及时到医院就诊。

索　　引

一、本索引采用内容分析法编制。按标引词第一字的汉语拼音字母(同音字按声调)顺序排列;同音同调,按该字的笔画多少排列,以此类推。

二、标引词后的阿拉伯数字表示内容所在页码,数字后的a、b、c分别表示该页的左、中、右栏。

三、本索引编有参见系统,款目所示第二个页码起,表示参见内容所在位置。

四、“特载”、“大事记”、“外国人看浙江”、“附录”仅以栏目名作索引,表格未作索引。

五、为便于检索,除易产生歧义者外,一般将单位、组织和事件前的“浙江”二字省略。

M

N

Q

R